Ihr Vorteil als Käufer dieses Buches

Auf der Bonus-Webseite zu diesem Buch finden Sie zusätzliche Informationen und Services. Dazu gehört auch ein kostenloser **Testzugang** zur Online-Fassung Ihres Buches. Und der besondere Vorteil: Wenn Sie Ihr **Online-Buch** auch weiterhin nutzen wollen, erhalten Sie den vollen Zugang zum **Vorzugspreis**.

So nutzen Sie Ihren Vorteil

Halten Sie den unten abgedruckten Zugangscode bereit und gehen Sie auf **www.galileocomputing.de**. Dort finden Sie den Kasten **Die Bonus-Seite für Buchkäufer**. Klicken Sie auf **Zur Bonus-Seite / Buch registrieren**, und geben Sie Ihren **Zugangscode** ein. Schon stehen Ihnen die Bonus-Angebote zur Verfügung.

Ihr persönlicher Zugangscode: `qryk-28b3-7udc-asz9`

Nico Lüdemann

Citrix XenApp 5

Das Praxisbuch für Administratoren

Galileo Press

Liebe Leserin, lieber Leser,

schön, dass Sie sich für ein Buch von Galileo Computing entschieden haben. Dieses Buch behandelt ausführlich Installation, Konfiguration und Administration von Citrix XenApp, der Anwendungs-Virtualisierungslösung, die fast schon ein Synonym für die zentrale Anwendungsbereitstellung über Terminaldienste geworden ist. Bekanntermaßen sind es ja die Kosten für Wartung und Verwaltung der bereits vorhandenen IT-Strukturen, die den größten Teil des EDV-Budgets verschlingen. Ein Weg, diese Kosten zu senken, ist die Zentralisierung von Informationen, wie es mit dem Einsatz von XenApp möglich ist.

In diesem Buch finden Sie neben einer Darstellung der Neuerungen von XenApp 5 gegenüber den früheren Versionen, damals noch Presentation Server genannt, eine ausführliche praktische Anleitung zum effektiven Einsatz in Ihrem Unternehmen. Anhand einer Musterfirma wird Ihnen in den Kapiteln von der Installation der Komponenten bis hin zu Troubleshooting und Best Practices gezeigt, wie Sie XenApp am besten in Ihren eigenen IT-Strukturen einsetzen. Ob Sie nun Einsteiger oder bereits erfahrener Administrator sind: Hier finden Sie Lösungen für aktuelle Probleme und Informationen, mit deren Hilfe Sie laufende Projekte vorantreiben können.

Dieses Buch wurde mit großer Sorgfalt begutachtet, lektoriert und produziert. Sollten sich dennoch Fehler eingeschlichen haben oder Fragen auftreten, zögern Sie nicht, mit uns Kontakt aufzunehmen. Sagen Sie uns, was wir noch besser machen können. Ihre Anregungen und Fragen sind uns jederzeit willkommen.

Viel Vergnügen beim Lesen!

Anne Scheibe
Lektorat Galileo Computing

anne.scheibe@galileo-press.de
www.galileocomputing.de
Galileo Press · Rheinwerkallee 4 · 53227 Bonn

Auf einen Blick

1	Einführung	17
2	Strategischer Überblick und Einstieg	33
3	Windows-Server-2008-Terminaldienste	65
4	XenApp-Verwaltungsstruktur	115
5	Installation der Komponenten	151
6	Konfiguration der Basiskomponenten	231
7	Weitere Komponenten des XenApp	403
8	Best Practices	557
9	Troubleshooting	601
10	Ausblick	623

Der Name Galileo Press geht auf den italienischen Mathematiker und Philosophen Galileo Galilei (1564–1642) zurück. Er gilt als Gründungsfigur der neuzeitlichen Wissenschaft und wurde berühmt als Verfechter des modernen, heliozentrischen Weltbilds. Legendär ist sein Ausspruch *Eppur se muove* (Und sie bewegt sich doch). Das Emblem von Galileo Press ist der Jupiter, umkreist von den vier Galileischen Monden. Galilei entdeckte die nach ihm benannten Monde 1610.

Gerne stehen wir Ihnen mit Rat und Tat zur Seite:
anne.scheibe@galileo-press.de bei Fragen und Anmerkungen zum Inhalt des Buches
service@galileo-press.de für versandkostenfreie Bestellungen und Reklamationen
britta.behrens@galileo-press.de für Rezensions- und Schulungsexemplare

Lektorat Anne Scheibe
Korrektorat Tanja Jentsch, Bottrop
Typografie und Layout Vera Brauner
Einbandgestaltung Barbara Thoben, Köln
Herstellung Katrin Müller
Satz III-satz, Husby
Druck und Bindung Bercker Graphischer Betrieb, Kevelaer

Dieses Buch wurde gesetzt aus der Linotype Syntax Serif (9,25/13,25 pt) in FrameMaker. Gedruckt wurde es auf chlorfrei gebleichtem Offsetpapier.

Bibliografische Information der Deutschen Nationalbibliothek
Die Deutsche Nationalbibliothek verzeichnet diese Publikation in der Deutschen Nationalbibliografie; detaillierte bibliografische Daten sind im Internet über *http://dnb.d-nb.de* abrufbar.

ISBN 978-3-8362-1390-5

© Galileo Press, Bonn 2009
3., aktualisierte Auflage 2009, 1. Nachdruck 2010

Das vorliegende Werk ist in all seinen Teilen urheberrechtlich geschützt. Alle Rechte vorbehalten, insbesondere das Recht der Übersetzung, des Vortrags, der Reproduktion, der Vervielfältigung auf fotomechanischem oder anderen Wegen und der Speicherung in elektronischen Medien. Ungeachtet der Sorgfalt, die auf die Erstellung von Text, Abbildungen und Programmen verwendet wurde, können weder Verlag noch Autor, Herausgeber oder Übersetzer für mögliche Fehler und deren Folgen eine juristische Verantwortung oder irgendeine Haftung übernehmen. Die in diesem Werk wiedergegebenen Gebrauchsnamen, Handelsnamen, Warenbezeichnungen usw. können auch ohne besondere Kennzeichnung Marken sein und als solche den gesetzlichen Bestimmungen unterliegen.

Für Mia

Inhalt

Geleitwort von E. Sternitzky und M. Klein, Citrix Central Europe 15

1 Einführung 17

- 1.1 Ein Buch über Citrix XenApp 5.0 17
- 1.2 Die Einteilung des Buches 19
- 1.3 Das Szenario – was ist unsere »Lernumgebung«? 21
  - 1.3.1 Das Unternehmen und seine Struktur 22
  - 1.3.2 Anforderungen an die Netzwerkumgebung 26

2 Strategischer Überblick und Einstieg 33

- 2.1 Ein Blick in die (nicht weit entfernte) Vergangenheit 33
- 2.2 Was genau ist ein Terminalserver und was macht er? 35
- 2.3 Microsoft und die Windows-Terminaldienste 38
- 2.4 Citrix-Lösungen – Umschließen und Erweitern 42
- 2.5 Citrix – das Unternehmen und seine Produkte 44
- 2.6 Das Citrix Delivery Center – Der Fokus auf das Wesentliche 48
  - 2.6.1 Vorüberlegungen 49
  - 2.6.2 Anforderungen moderner IT-Benutzer 49
  - 2.6.3 Das dynamische Rechenzentrum 50
  - 2.6.4 Die Lösungen 51
  - 2.6.5 Die Benennungsstrategie 51
- 2.7 Citrix XenApp 5.0 53
- 2.8 Citrix XenApp bei der Musterhandel GmbH 61

3 Windows-Server-2008-Terminaldienste 65

- 3.1 Remote-Verwaltung/Remotedesktop 65
- 3.2 Lizenzierung 68
- 3.3 Client-/Sitzungsfunktionalitäten 74
  - 3.3.1 Darstellung 74
  - 3.3.2 Lokale Ressourcen 74
  - 3.3.3 Remotedesktopclient-Funktionen 78
  - 3.3.4 Easy Print/Fallback-Druckerteiber 82
  - 3.3.5 RDP-Authentifizierung und Verschlüsselung 85
- 3.4 Terminaldienste-Remoteanwendungen 87
  - 3.4.1 Konfiguration der Bereitstellungseinstellungen 88

		3.4.2	Definieren von neuen Anwendungen	89
		3.4.3	Veröffentlichen einer RemoteApp	91
	3.5	Terminaldienste-Webzugriff		94
	3.6	Terminaldienste-Gateway		95
		3.6.1	Installation des Terminaldienste-Gateway	95
		3.6.2	Konfiguration von sicheren Verbindungen	97
		3.6.3	Herstellen einer Verbindung	102
	3.7	Terminaldienste-Sitzungsbroker		104
	3.8	Gruppenrichtlinien- und Scripting-Unterstützung		108
		3.8.1	Gruppenrichtlinien	108
		3.8.2	Windows Management Instrumentation	109
		3.8.3	Windows PowerShell	111
	3.9	Installation von Anwendungen		112

4 XenApp-Verwaltungsstruktur 115

	4.1	Die Farm – eine zentrale Verwaltungseinheit		115
		4.1.1	Independent Management Architecture (IMA)	116
		4.1.2	Datenspeicher/Data Store	117
		4.1.3	Lokaler Hostcache	121
		4.1.4	Datensammelpunkt/Data Collector	122
		4.1.5	Zonen	124
		4.1.6	Citrix-XML-Dienst	126
		4.1.7	Access Management Console/Erweiterte XenApp-Konfiguration	127
		4.1.8	Zusammenfassung für Domänen-Admins	131
	4.2	Das ICA-Protokoll		133
	4.3	Die ICA-Clients		138
	4.4	Die Citrix-Lizenzierung		140
	4.5	Entwurfsprinzipien		144
		4.5.1	Wie viele Server? Welche Edition?	144
		4.5.2	Lizenzierung – wie und wo?	146
		4.5.3	Datenspeicher – wann welche Datenbank?	147
		4.5.4	Zonen/Datensammelpunkte	149
		4.5.5	Welche Client-Version?	150

5 Installation der Komponenten 151

	5.1	Allgemeine Vorbereitungen		151
	5.2	Installation der Citrix-Lizenzierung		153
		5.2.2	Prüfung der Installation	160

		5.2.3	Konfiguration des Zugriffs	163
		5.2.4	Aktivieren und Hinzufügen von Lizenzen	164
	5.3	Installation des ersten Servers einer Farm		174
		5.3.1	Installationsoptionen	175
		5.3.2	Installation eines neuen Servers	179
		5.3.3	Access-Management-Console-Installation	183
		5.3.4	Webinterface-Installation	186
		5.3.5	Passthrough-Client-Installation	188
		5.3.6	XenApp-Installation	188
		5.3.7	Erweiterte XenApp-Konfiguration – Installation	199
		5.3.8	XenApp-Dokumentbibliothek-Installation	200
	5.4	Installation weiterer XenApp-Server		201
	5.5	Nacharbeiten und überprüfen der Installationen		207
		5.5.1	Überprüfen der Installation	207
		5.5.2	Installation von Citrix-Updates	216
		5.5.3	Nacharbeiten von Berechtigungen	219
		5.5.4	Eintragen der Farm im DNS	228

6 Konfiguration der Basiskomponenten 231

	6.1	Ein Blick auf die Verwaltungswerkzeuge		231
		6.1.1	Einstellungen (mit) der Erweiterten XenApp-Konfiguration	231
		6.1.2	Die Access Management Console	236
	6.2	Bereitstellung von Ressourcen		239
		6.2.1	Die Philosophie des Veröffentlichens von Ressourcen	239
		6.2.2	Veröffentlichen von Terminalserver-Anwendungen	242
		6.2.3	Veröffentlichen von gestreamten Anwendungen	261
		6.2.4	Veröffentlichen von Desktops	265
		6.2.5	Veröffentlichen von Inhalten	269
		6.2.6	Weitere Einstellung der veröffentlichten Ressourcen	273
		6.2.7	Lastenausgleich	281
		6.2.8	Application Isolation Environments	296
	6.3	Konfiguration des ICA-Protokolls		299
	6.4	Die Clientsoftware – der Schlüssel zum Erfolg		305
		6.4.1	Program Neighborhood	307
		6.4.2	XenApp Plugin (Program Neighborhood Agent)	325
		6.4.3	Webclient	339
		6.4.4	Passthrough-Client	340
		6.4.5	ICA-Dateien	341

	6.4.6	Roll-out der Win32-Clients	342
	6.4.7	Citrix App Receiver	350
6.5		System-Richtlinien	353
6.6		Druck oder nicht Druck …	358
6.7		Einstellungen des Citrix-XML-Dienstes	374
6.8		Einstellungen der Farm und Server	377
	6.8.1	Einstellungen der Farm	377
	6.8.2	Einstellungen der Server	382
	6.8.3	Virtuelle IP-Adressen und virtuelles Loopback	384
	6.8.4	Konfigurationsprotokollierung	389
	6.8.5	Systemüberwachung und -Wiederherstellung	400

7 Weitere Komponenten des XenApp ... 403

7.1		Installation Manager	403
	7.1.1	Bereitstellen des Installation Managers für Windows 2008	404
	7.1.2	Starten der Verwaltungskonsole	406
	7.1.3	Verteilen von Softwarepaketen	408
	7.1.4	Erstellung von eigenen Softwarepaketen	410
7.2		Anwendungsstreaming mit dem Streaming Server	411
	7.2.1	Ein wenig zu den Hintergründen	411
	7.2.2	Die Architektur	412
	7.2.3	Erstellen von Anwendungsprofilen	413
	7.2.4	Installation des Streaming Clients	424
	7.2.5	Starten einer gestreamten Anwendung	425
	7.2.6	Weitere Einstellungen	425
7.3		EdgeSight für XenApp	428
	7.3.1	Installation des EdgeSight Servers	430
	7.3.2	Konfiguration des EdgeSight Servers	435
	7.3.3	Installation des Agents	439
	7.3.4	Monitoring und Auswertungen	440
	7.3.5	Active Application Monitoring	443
7.4		Network Manager	445
	7.4.1	Bereitstellung der SNMP Agents	445
	7.4.2	Installation von Plug-ins auf dem Management-System	447
7.5		Management Pack für System Center Operations Manager	447
7.6		Webinterface	450
	7.6.1	Kommunikationswege des Webinterface	451

		7.6.2	Installation des Webinterface 453

- 7.6.2 Installation des Webinterface 453
- 7.6.3 Konfiguration mit der Access Management Console 454
- 7.6.4 Einstellungsmöglichkeiten des Benutzers 481
- 7.7 Secure Gateway 481
  - 7.7.1 Komponenten des Secure Gateway 482
  - 7.7.2 Anwendungsszenarien 483
  - 7.7.3 Installation eines Serverzertifikates 485
  - 7.7.4 Installation des Secure Gateway 486
  - 7.7.5 Konfiguration des Webinterface 491
- 7.8 Access Gateway 493
  - 7.8.1 SSL-VPN über das Access Gateway Standard (Die Box) 493
  - 7.8.2 Der echte Mehrwert – Access Gateway Advanced (Die Software) 496
  - 7.8.3 High-End – Das Access Gateway Enterprise 518
  - 7.8.4 Was bietet die XenServer Platinum Edition? 520
- 7.9 Webinterface for SharePoint (WISP) 520
- 7.10 Password Manager 527
  - 7.10.1 Bereitstellung eines zentralen Speichers 529
  - 7.10.2 Installation des Password-Manager-Dienstes 531
  - 7.10.3 Installation der Verwaltungskonsole 532
  - 7.10.4 Definieren von Anwendungen 534
  - 7.10.5 Erstellen von Benutzerkonfigurationen 539
  - 7.10.6 Arbeiten mit Kennwortrichtlinien 542
  - 7.10.7 Konfiguration der Dienste 542
  - 7.10.8 Installation des Agents 545
  - 7.10.9 Verwendung des Agents 547
  - 7.10.10 Integration mit der XenApp-Umgebung 550
- 7.11 Portable Profiles 550
- 7.12 XenApp for UNIX 553
- 7.13 Workflow Studio 554

8 Best Practices 557

- 8.1 Update einer älteren XenApp-Version 557
- 8.2 Automatisches Roll-Out von XenApp-Servern 558
  - 8.2.1 Installation mit einer Antwortdatei 558
  - 8.2.2 Installation über Windows-Installer-Befehle 560
  - 8.2.3 Windows-Installer-Transformationen 560

8.3	Migration von Anwendungen	561
	8.3.1 Anwendungs-Export/-Import über die Access Management Console	561
	8.3.2 PAT.EXE	563
8.4	Erstellung einer »Remote-Admin-Station«	565
8.5	Dokumentation	566
	8.5.1 Eine kleine Ist-Analyse	567
	8.5.2 Die beste Dokumentation ist ein gutes Konzept!	567
	8.5.3 XenApp: Was sollte exakt dokumentiert werden	568
	8.5.4 Änderungsnachweise erleichtern das Leben	568
8.6	Verwalten des Datenspeichers	569
	8.6.1 Ein kleiner Blick in den Datenspeicher	569
	8.6.2 Sichern und Wiederherstellen des Datenspeichers	570
	8.6.3 Was tun, wenn's brennt?	571
	8.6.4 Verschieben des Datenspeichers	574
8.7	Erstellen einer gesicherten Benutzersitzung	579
	8.7.1 Active-Directory-Gruppenrichtlinien – Basiswissen	580
	8.7.2 Effektiver Einsatz von Gruppenrichtlinien im Terminalserver-Umfeld	587
	8.7.3 Erweitern der Einstellungsmöglichkeiten	589
8.8	Problemfälle der Ressourcenveröffentlichung	590
	8.8.1 Veröffentlichen des Windows Explorers	590
	8.8.2 Zugriff auf den Druckerordner des Servers	592
	8.8.3 Veröffentlichen von Internetseiten oder Verzeichnissen	593
8.9	Citrix CDN – Hilfe auch für Planung und Verwaltung	594
	8.9.1 XenApp SDK	595
	8.9.2 Citrix Server Test Kit	596
8.10	CitrixTools.Net	598
	8.10.1 Session Monitor	598
	8.10.2 Fast Publishing	598
	8.10.3 App Manager	600

9 Troubleshooting ... 601

9.1	Grundsätzliches Vorgehen bei Fehlern	601
	9.1.1 Probleme beim Verbindungsaufbau	601
	9.1.2 Probleme bei der Integration von Client-Ressourcen	602
	9.1.3 Probleme mit dem Datenspeicher oder Lizenzserver	603

9.2	Werkzeuge zur Fehlersuche und -analyse		604
	9.2.1	ACRCFG	604
	9.2.2	APPUTIL	605
	9.2.3	AUDITLOG	605
	9.2.4	CLTPRINT	607
	9.2.5	CSHADOW	607
	9.2.6	CTXKEYTOOL	608
	9.2.7	DRIVEREMAP/DRIVEREMAP64	608
	9.2.8	DSCHECK	609
	9.2.9	ENABLELB	609
	9.2.10	ICAPORT	610
	9.2.11	QAIE	610
	9.2.12	QFARM	611
	9.2.13	QSERVER	612
	9.2.14	DSVIEW	613
	9.2.15	FTACLN	613
	9.2.16	MSGHOOK	614
	9.2.17	QUERYDC	614
	9.2.18	QUERYDS	615
	9.2.19	QUERYHR	615
	9.2.20	MIGRATETOSQLEXPRESS	616
	9.2.21	TWCONFIG	616
	9.2.22	RADEDEPLOY	617
	9.2.23	CLIENTCACHE	618
	9.2.24	MEDEVAC	618
	9.2.25	StressPrinters	619
9.3	Häufige Probleme		621
	9.3.1	Bei aktivierter Sitzungszuverlässigkeit keine Verbindungen möglich	621
	9.3.2	Richtlinienzuweisung und Novell-Client	621
	9.3.3	Veröffentlichte Anwendungen plötzlich verschwunden	621
	9.3.4	Timeout am Webinterface	621
	9.3.5	Entfernen von korrupten Lizenzdateien	622
	9.3.6	Systemstillstand bei Einsatz von /PAE und /3GB in BOOT.INI	622
	9.3.7	XenApp lässt sich nicht deinstalllieren	622

10 Ausblick 623

- 10.1 SafeWord for … 623
  - 10.1.1 Zwei-Faktor-Authentifizierung: Die Philosophie 624
  - 10.1.2 Integration in das Active Directory 625
  - 10.1.3 Integration mit dem Webinterface 626
- 10.2 64-Bit-Systeme 629
- 10.3 Citrix XenServer – virtuelle XenApps zum Greifen nahe? 630
- 10.4 XenDesktop 633
- 10.5 Weiterführende Ressourcen 635
- 10.6 Wie geht es weiter? 637

Index 639

Geleitwort

Nach Ansicht vieler Analysten und Marktbeobachter ist das Thema Virtualisierung einer der wichtigsten IT-Trends für die kommenden Jahre. IDC rechnet damit, dass der Markt für Virtualisierungslösungen und dazugehörige Support-Services von 6,5 Mrd. US-Dollar im Jahr 2007 auf 15 Mrd. Dollar im Jahr 2011 anwachsen wird. Gartner prognostiziert, dass die Zahl der virtuellen Maschinen auf Unternehmensservern bis zum Jahr 2009 auf rund vier Millionen ansteigen wird (Ende 2006: 540.000). Im Jahr 2015 – so vermutet Gartner Senior Analyst Phil Sargent – werde die Virtualisierung nahezu jeden Aspekt der IT betreffen. Hinter dem Schlagwort Virtualisierung verbergen sich dabei eine ganze Reihe technologischer Ansätze und Innovationen. Die teilweise sehr unterschiedlichen Konzepte haben eines gemeinsam: Sie zielen darauf, die logischen IT-Systeme von den physisch vorhandenen Hardware-Ressourcen zu abstrahieren.

Und wo finden sich hierbei die klassischen, erprobten und erfolgreichen Lösungen wie Terminal Services, Server-based Computing, Thin Clients, Remote Access oder Anwendungsbereitstellung wieder? Logischerweise als eine zentrale Komponente im Komplettpaket Virtualisierung, wenn man eine durchgängige Lösungsstrategie betrachtet, die vom Rechenzentrum bis zum Frontend reicht.

Für Citrix, als Hersteller mit tiefgehenden Wurzeln im Bereich Anwendungsbereitstellung, hat das Thema Virtualisierung mittlerweile drei Ausprägungen, die von entsprechenden Produktfamilien abgedeckt werden:

- Server-Virtualisierung
- Anwendungs-Virtualisierung
- Desktop-Virtualisierung

Anwendungs-Virtualisierung, wie sie heute von Citrix XenApp ermöglicht wird, ist jedoch nicht mehr mit den Lösungen vergangener Jahre zu vergleichen. Der schon fast dogmatische Ansatz eines »nackten« Clients, der natürlich eine ständige Verbindung mit dem Server bedingt, ist heute aufgeweicht. Wir sprechen heute von Server-seitiger Anwendungs-Virtualisierung und Client-seitiger Anwendungs-Virtualisierung, auch als Application Streaming bezeichnet. Somit wird die potenzielle Schwachstelle Verbindung bzw. Netzwerk umgangen – wenn die Anwendung einmal auf das Endgerät übertragen wurde, kann der Benutzer sie auch im Offline-Modus verwenden. All dies und noch viele weitere Features finden sich in der neuesten Generation von Citrix XenApp. Grafik- und Multimedia-Beschleunigung, Anwendungs-Isolierung, CPU-Auslastungs-Management, virtuelle Speicheroptimierung, Voice-Integration und Prozess-Automatisierung seien hier beispielhaft erwähnt.

Der Wert des Produktes ist im Laufe der letzten Jahre dramatisch gestiegen, vor allem in der aktuellen Version 5. Um diese Werte nicht brachliegen zu lassen, ist detailliertes Wissen darüber notwendig. Die effizienteste Methode dabei ist, die Praxiserfahrungen anderer zu nutzen, und dazu ist das neue Buch von Nico Lüdemann hervorragend geeignet. Es ist kein trockenes Handbuch, sondern in gewohnt lebhafter Weise praxisorientiert geschrieben. Warum soll es Ihnen gehen wie einem Kollegen vor einiger Zeit. Nach zwei Jahren mit seinem neuen Geschäftswagen stieß er mehr oder weniger durch Zufall auf eine interessante Funktionalität (stand, nebenbei bemerkt, auch im Bordbuch auf Seite 412) – durch eine spezielle Tastenkombination am Autoschlüssel ließen sich die Fenster automatisch remote öffnen und schließen; bewahrt vor Hitzetod im Hochsommer und spart Zeit beim schnellen Verlassen des Wagens. Bezahlt und zwei Jahre nicht genutzt – ob beim Auto oder in der IT, das ist gerade in wirtschaftlich schwierigen Zeiten wie heute nicht mehr vertretbar.

Viel Spaß und neue Erkenntnisse beim Studieren des Buches wünschen

Edwin Sternitzky
Director Marketing Citrix Central Europe

Markus Klein
Leiter Systems Engineering Citrix Central Europe

Die dynamische und flexible Bereitstellung von Anwendungen, Diensten und Informationen ist eine der wichtigsten Zielstellungen der heutigen IT-Welt. Ein Produktportfolio, das maßgeblich zur Erfüllung dieser Vision beitragen kann, ist das Citrix Delivery Center mit seiner zentralen Komponente XenApp. Doch was verbirgt sich hinter diesem Namen und wie sehen die Einsatzmöglichkeiten aus?

1 Einführung

1.1 Ein Buch über Citrix XenApp 5.0

Die heutige Zeit ist geprägt von dem Bestreben, die vorhandenen IT-Strukturen immer weiter zu optimieren, um die Kosten für Wartung und Verwaltung nachhaltig zu senken. Das Fazit vieler Diskussionen ist, dass es nicht die Kosten für Lizenzen und Hardware sind, die das Budget aufsaugen, sondern es sind die laufenden Kosten für die Pflege und Administration von Netzwerken und den damit verbundenen Client-Geräten. Häufig wird hierbei von einem Verhältnis von 20 Prozent Anschaffung zu 80 Prozent Pflege gesprochen. Verantwortliche in allen Branchen sind auf der Suche nach einer Lösung für diese Situation, da nur ein Unternehmen mit einer effizienten und kostengünstigen IT-Infrastruktur auf Dauer wettbewerbsfähig sein kann.

Ein großes Schlagwort, das in diesem Zusammenhang in den letzten Jahren wieder in aller Munde ist, ist die Zentralisierung von Informationen und Anwendungen. Analysen haben ergeben, dass sich eine auf einen Punkt konzentrierte IT-Umgebung leichter und somit kostengünstiger unterhalten lässt als dezentralisierte Systeme, wie sie im klassischen Client-Server-Bereich üblich sind. Konkrete Ausprägungen dieses Zentralisierungsbestrebens sind zum Beispiel die immer häufiger anzutreffenden Terminalserver- oder Portallösungen, die dazu genutzt werden, den Aufwand an den Clients und für die Clients zu reduzieren.

Während Portallösungen vor allem den Zweck der zentralen Bereitstellung von Informationen verfolgen, um so den Benutzern den Zugriff auf Daten zu erleichtern und effizienter zu gestalten, zielen Terminalserverlösungen auf die zentrale Bereitstellung von Anwendungen und somit auf eine Reduktion des Implementierungs- und Pflegeaufwandes an den Endgeräten ab.

Ein sehr häufig in diesem Zusammenhang genanntes Produkt ist Citrix XenApp, das ehemals unter dem Namen Presentation Server vertrieben wurde und bereits seit vielen Jahren ein Synonym für zentrale Anwendungsbereitstellung über Terminaldienste ist. Jeder, der sich in der IT-Branche bewegt, kann mit dem Namen »Citrix« etwas anfangen und verbindet ihn unweigerlich mit den Produkten »Metaframe«, »Presentation Server« und dem Zugriff auf einen Terminalserver.

Ein wichtiger Aspekt, der bei dieser Kenntnis eines Produktes leider in den Hintergrund getreten ist, ist die kontinuierliche Weiterentwicklung zu neuen Versionen mit neuen Namen und anderen, erweiterten Funktionalitäten. Ein konkretes Beispiel, in dem sich dieser Aspekt widerspiegelt, ist nach wie vor eine Analyse der Verfügbarkeit von aktueller (deutschsprachiger) Literatur zu diesem Thema.

So stellt es sich als sehr kompliziert heraus, Literatur zu den neuesten Versionen des XenApp zu bekommen, die auch tatsächlich die neuen Funktionalitäten beschreibt. Möchte man die neuen Funktionalitäten kennenlernen und für sich nutzen, so ist man häufig gezwungen, sich das Wissen darüber durch praktisches Ausprobieren und zeitintensive Internetrecherche selbst zu erarbeiten. Genau dieser Aspekt ist es, der, wie auch schon bei den vorherigen Versionen, zur Erstellung dieses Buches über XenApp 5.0 geführt hat.

Wie auch bei den vorherigen Auflagen sollte wieder ein Buch entstehen, das sowohl für Einsteiger als auch für erfahrene Administratoren Informationen und Hilfestellungen zu aktuellen Problemen und Anforderungen bietet und sie so in die Lage versetzt, ihr Tagesgeschäft zu meistern und ihre laufenden Projekte voranzutreiben, anstatt sich mühselig in neue Technologien einzuarbeiten. Dieses Buch soll sowohl die neuen Funktionen des XenApp 5.0 als auch praktische Anwendungsfälle in ihrem Zusammenhang beschreiben. Es soll nicht einfach nur in herkömmliche Klickanleitungen verfallen, die keinen wirklichen Spaß und vor allem keinen nachhaltigen Lernerfolg beim Lesen mit sich bringen.

Um dieses hehre Ziel zu erreichen, entstand die Idee, den gesamten Inhalt des Buches in ein umfassendes Szenario zu verpacken, in dem sich jeder an einer bestimmten Stelle wiederfinden kann. Für den Einsteiger wird vielleicht der Beginn mit der Einrichtung einer ersten kleinen Umgebung ein guter Start sein. Der erfahrene Administrator findet dagegen seine Anforderungen eher im Wachstum des Szenarios, bei dem es um die Verwaltung von großen Umgebungen und die unterschiedlichen Zugriffsmöglichkeiten auf den XenApp oder andere Lösungen des Citrix Delivery Centers geht. Am Ende sollen jedoch beide gefunden haben, was sie zu Beginn suchten. Natürlich wird auch dieses Buch nicht um »Klickanleitungen« herumkommen, jedoch wird versucht, diese Stellen immer entsprechend thematisch vorzubereiten und somit im Vorfeld klar zu machen, warum später was geklickt werden muss. Es wird immer zuerst das konzeptionelle Wissen vermittelt, bevor es zu dem konkreten Installations- oder Konfigurationspunkt kommt, an dem anhand von schrittweisen Anleitungen und Screenshots die praktische Durchführung besprochen wird.

Im Folgenden gibt es einen Überblick über die Einteilung des Buches und eine Einführung in das Szenario, das sich über die Kapitel des Buches spannt.

1.2 Die Einteilung des Buches

Wie im vorherigen Abschnitt beschrieben, ist dieses Buch nicht im herkömmlichen Sinne in voneinander unabhängige Kapitel unterteilt, sondern in Form eines großen, zusammenhängenden Szenarios aufgebaut. Die Gliederung in einzelne Kapitel dient einzig und allein dem besseren Überblick über die im jeweiligen Abschnitt behandelten Themen und der besseren Wiederauffindbarkeit bei späterem Nachschlagen.

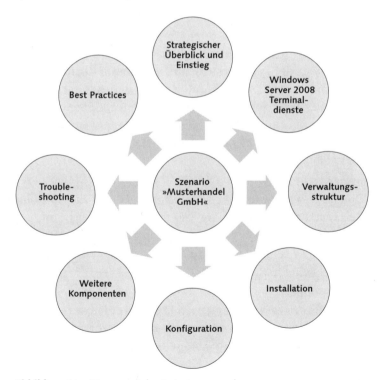

Abbildung 1.1 Die szenariobasierte Lernumgebung

Doch nun genug der Vorrede: Wie ist dieses Buch aufgeteilt und was finden Sie in welchem Kapitel?

- **Einführung**
  Im ersten Kapitel werden die Ziele des Buches und seine Struktur erläutert. Da alle Inhalte anhand eines Gesamtszenarios erläutert werden sollen, wird in diesem Kapitel auch der Grundstein für dieses Szenario gelegt und die entsprechende »Lernumgebung« beschrieben.

- **Strategischer Überblick und Einstieg**
  In diesem Kapitel wird ein Überblick über die Hintergründe und aktuellen Entwicklungen im Bereich der zentralen Bereitstellung von Anwendungen und Diensten gegeben. Ebenso findet sich an dieser Stelle ein Abriss über die historische Entwicklung der Firma Citrix, der Vision des Delivery Centers und des XenApp. Der eine oder andere wird jetzt denken: das wissen wir doch alles schon. In meinen Augen ist dieses Kapitel trotzdem sehr wichtig, da zum einen nochmal einige Hintergründe genannt werden, zum anderen die Benennungsstrategie von Citrix, die in letzter Zeit für recht viel Verwirrung gesorgt hat und noch immer sorgt, erläutert wird.

- **Windows-Server-2008-Terminaldienste**
  In diesem Kapitel wird auf die aktuellen Entwicklungen im Bereich Microsoft-Terminaldienste eingegangen, da sich hierdurch viele neue Fragen über Notwendigkeit und Mehrwert des XenApp stellen, die in diesem Kapitel umfassend beantwortet werden sollen. Hierzu werden einige wichtige Punkte herausgefiltert und kurz mit ihren jeweiligen Hintergründen erläutert. Schließlich soll dies kein Buch über die Microsoft-Terminaldienste werden – aber ganz vergessen darf man sie auch nicht, da sie nun einmal die Basis für den Citrix XenApp darstellen.

- **XenApp-Verwaltungsstruktur**
  Ein wichtiges Unterscheidungskriterium zwischen dem Citrix XenApp und den Microsoft-Terminaldiensten liegt in der zentralen Verwaltung von Servern, Ressourcen und Anwendungen. Damit diese Verwaltungsmöglichkeiten genutzt werden können, ist es notwendig, die theoretischen und technologischen Hintergründe zu kennen und zu verstehen.

- **Installation der Komponenten**
  Nun geht's los! In diesem sehr praxisorientierten Kapitel werden der erste Server und die erste Verwaltungseinheit aufgesetzt und die Voraussetzungen geschaffen, dass die Benutzer später auch damit arbeiten können.

- **Konfiguration der Basiskomponenten**
  Nachdem der erste Server installiert ist, wird es nun Zeit, die ersten Anwendungen zur Verfügung zu stellen und sich ein paar Gedanken über Themen

wie Clients, Drucken und Richtlinien zu machen. Auch Themen wie Lastenverteilung werden hier besprochen.

- **Weitere Komponenten des XenApp**
  XenApp ist im Grunde nicht nur *ein* Produkt, sondern vielmehr eine Sammlung von unterschiedlichen Komponenten, die, je nach Version, eingesetzt werden können. In diesem Abschnitt werden das Web-Frontend, das Application Streaming und die Monitoring Komponenten erläutert.

- **Troubleshooting**
  Unabhängig davon, wie gut man alles geplant und installiert hat – Probleme können immer wieder auftreten. In diesem Kapitel wird gezeigt, wie man Probleme vermeidet, wie man sich darauf vorbereiten kann und wie im Ernstfall die Problemlösung angegangen werden soll. Es werden in diesem Kapitel sowohl grundsätzliche Problemlösungsstrategien als auch konkrete Fehlersituationen beschrieben.

- **Best Practices**
  In diesem Kapitel wagen wir den Blick über den Tellerrand und widmen uns einigen speziellen Anforderungen und deren Lösung. Des Weiteren werden wir ein paar Produkte kennenlernen, die sich geschickt mit XenApp verbinden lassen, um noch bessere Ergebnisse zu erzielen.

- **Ausblick**
  Das letzte Kapitel des Buches wird sich damit beschäftigen, was uns wohl in der Zukunft erwartet und wie man sich darauf einstellen kann. Aber auch weitere Produkte und Erweiterungen einer XenApp-Umgebung werden in diesem Kapitel aufgeführt. Auch werden Einsteiger an dieser Stelle Hinweise finden, wie sie den »Erstkontakt« für sich etwas sanfter gestalten können.

Dies sind zusammengefasst die Inhalte, die den Leser auf den folgenden Seiten erwarten. Insbesondere Einsteigern in das Thema seien die ersten drei Kapitel in der entsprechenden Reihenfolge wärmstens ans Herz gelegt, denn in diesen wird der Grundstein zum Verständnis der generellen Funktionalität eines Terminalservers gelegt und die Hintergründe der Produkte von Microsoft und Citrix erläutert. Obwohl diese Kapitel nur am Rande auf den XenApp 5 eingehen, so helfen sie doch sehr, die Platzierung dieses Produktes und die Abgrenzung zu den Microsoft-Terminaldiensten zu erkennen und zu verstehen.

1.3   Das Szenario – was ist unsere »Lernumgebung«?

Die wesentlichste Eigenschaft dieses Buches, das umfassende Szenario, das sich über alle Kapitel erstreckt und die Inhalte in einem Gesamtkontext miteinander verbindet, beschreibt die Musterhandel GmbH aus Bielefeld.

1.3.1 Das Unternehmen und seine Struktur

Die Musterhandel GmbH ist ein Großhandelsunternehmen, das seit den 1950er Jahren im Bereich des Autoteile- und Elektrogroßhandels tätig ist. Seit der Gründung im Jahre 1954 ist der Personalstamm am Hauptstandort in Bielefeld auf 600 Mitarbeiter angewachsen. Um Kunden in ganz Deutschland möglichst schnell und flexibel mit der gewünschten Ware beliefern zu können, wurden in den späten 1980er Jahren zwei weitere Logistikzentren mit jeweils 80 und 120 Benutzern in Stuttgart und Hamburg eröffnet.

Im Jahre 2001 wurde mit einem kleineren Handelsunternehmen der gleichen Branche fusioniert, was zur Anbindung eines weiteren Standortes in Ulm mit 30 Benutzern führte.

IT/Netzwerk-Infrastruktur

Während die Lokationen in Hamburg und Stuttgart jedoch eine eigene IT-Infrastruktur und jeweils eine eigene kleine IT-Abteilung haben, wird in Ulm immer noch die alte Infrastruktur des vorherigen Unternehmens genutzt und produktiv zu einem großen Teil über die WAN-Verbindung auf den Datenbeständen der Zentrale in Bielefeld gearbeitet. Um für diesen Zweck eine reibungslose Kommunikation der Standorte untereinander zu ermöglichen, sind alle Standorte über synchrone Festverbindungen unterschiedlicher Bandbreite sternförmig von Bielefeld aus miteinander vernetzt. Das Routing ist so konfiguriert, dass jeder Standort über jedes Protokoll mit allen anderen Standorten kommunizieren kann. Die sich hieraus ergebenden Sicherheitsbedenken einiger Administratoren wurden bisher vernachlässigt.

Damit nicht auch der Internet-Datenverkehr über die Festverbindungen fließt, verfügt darüber hinaus jeder Standort über eine eigene breitbandige Internetverbindung, über die die Benutzer auf das Internet zugreifen und ihren E-Mail-Verkehr abwickeln können. Eine zentrale Steuerung des Internetzugriffs gibt es nicht, da die Kosten hierfür bisher als zu hoch eingestuft wurden. Der Grund für diese hohen Kosten lag vor allem darin begründet, dass immer nur die Verwaltungsdatenbank und die Verwaltungskonsole zentralisiert gesehen wurden, die funktional und leistungsmäßig passenden Geräte jedoch für jeden Standort benötigt wurden. Da keine Alternativlösungen zu einer solchen Struktur geboten wurden, landete die Anforderung somit irgendwann mit der Hoffnung »auf Eis«, dass der Markt in Zukunft eine brauchbare Lösung liefern würde.

Systeme/Applikationen

Im Bereich der Applikationen ist historisch gewachsen eine Reihe unterschiedlicher Anwendungen in unterschiedlichsten Versionen im Einsatz. Kern der Client-

Umgebung sind Windows-Betriebssysteme ab Windows 98, wobei ein Großteil, nämlich ca. 95 Prozent, bereits unter Windows XP läuft.

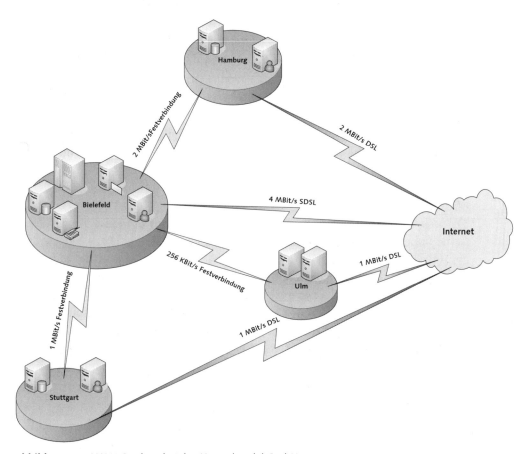

Abbildung 1.2   WAN-Struktur bei der Musterhandel GmbH

Als unternehmenskritische Anwendungen laufen auf den Clients Lotus Notes in unterschiedlichen Releases der Version 8.0 und IBM Client Access für den Zugriff auf eine i5-(AS/400)-Warenwirtschaftslösung. Die Komponenten von Microsoft Office sind in Gänze oder nur zu bestimmten Teilen ebenfalls auf fast allen Clients vertreten. Da lange Zeit die Komponenten »auf Zuruf« aus den Fachabteilungen auf den Clients installiert wurden, ließ sich irgendwann nicht mehr genau feststellen, wer welche Anwendung tatsächlich benötigt und auf welchen PCs sie installiert ist. In sehr vielen Fällen wurden die Anwendungen für einen einmaligen Bedarfsfall installiert, wenn zum Beispiel eine von einem Lieferanten geschickte Diskette mit einer Excel-Tabelle geöffnet werden sollte, später aber aus den unterschiedlichsten Gründen nicht wieder entfernt wurde.

Ein weiterer, wichtiger Aspekt im Hinblick auf Microsoft Office ist die Tatsache, dass viele unterschiedliche Versionen von Office im Einsatz sind. Grundsätzlich sagt die Firmenpolitik zwar aus, dass nur noch Office XP und Office 2003 eingesetzt werden sollen, dies lässt sich jedoch nicht durchgängig realisieren, da zum Beispiel für den Datenaustausch mit Kunden Preislisten in alten Formaten erstellt werden müssen und die hierfür benötigten Formate und Makros nur von Access 2.0 geboten werden. Da sich Access 2.0 und Office 2003 nicht reibungslos parallel auf dem gleichen Rechner installieren lassen, stehen an den für Preisdisketten zuständigen Arbeitsplätzen in vielen Fällen zwei PCs – einer mit Access 2.0 und einer entsprechenden alten Office-Version und ein neuerer mit Office XP oder 2003. Zu allem Überfluss sind aktuelle Systeme bereits mit Office 2007 vorinstalliert, was die Verwaltung der Dateitypen und -Formate zusätzlich erschwert.

Druckanforderungen

Da insbesondere bei den kleineren Kunden der Musterhandel GmbH noch keine hohe Abdeckung von PCs und elektronischer Datenhaltung zu finden ist, wird nach wie vor eine große Menge an Daten in Papierform ausgedruckt und an die Kunden weitergegeben. Da diese Strukturen sehr eingefahren sind und die Mitarbeiter der Firma Musterhandel sich in diesem Punkt als sehr unnachgiebig herausgestellt haben, verfügt nahezu jeder Sachbearbeiter über einen lokal angeschlossenen Drucker an seinem Arbeitsplatz. Zwar gibt es auch einige Netzwerkdrucker, die an Servern freigegeben wurden, jedoch werden diese nur wenig genutzt, da sie nicht automatisch zugewiesen werden und die Mitarbeiter den Aufwand des manuellen Verbindens scheuen.

Remote-Zugriff

Ein Thema, das insbesondere im Bereich des Vetriebsaußendienstes häufig angeschnitten wird, ist die Möglichkeit, von außen, also zum Beispiel direkt aus dem Internet, auf aktuelle Unternehmensinformationen zugreifen zu können. Aus Kosten- und Sicherheitsüberlegungen heraus wurde allerdings bisher nicht auf diese Anforderungen eingegangen. Zwar sieht auch die Geschäftsführung großen Bedarf für den Echtzeitzugriff auf Anwendungen zur Dateneinsicht, jedoch überwiegt bis zum aktuellen Zeitpunkt die Angst vor eventuellem Datenverlust an Mitbewerber.

Mobile Benutzer

Neben den Möglichkeiten eines externen Zugriffs auf die Unternehmensressourcen steht für die Benutzer des Vertiebsaußendienstes auch die Offline-Verfügbarkeit von Anwendungen und Daten im Fokus einer neu zu implementierenden Lösung. Die Mitarbeiter des Vertriebs möchten häufig ihre Notebooks jedoch nicht zu Installations- und Pflegearbeiten abgeben. Dies hat bisher eine solche Lösung vereitelt.

Aus Sicht der Systemadministratoren sind bisherige Überlegungen zur Offline-Verfügbarkeit daran gescheitert, dass keine integrierten Lösungen verfügbar waren. Die Wunschvorstellung eines Administrators war die Verwaltung aller Komponenten über eine einzige Verwaltungskonsole. Ohne eine solche Möglichkeit lehnte er das Thema Offline-Verfügbarkeit kategorisch ab.

Teamwork/Mitarbeiterentwicklung

Da einige Projekte aus Sicht der Unternehmensführung nicht zufriedenstellend abgeschlossen wurden, hat die Geschäftsleitung eine unabhängige Analyse der Prozesse des Unternehmens in Auftrag gegeben. Das Ergebnis zeigte deutlich, dass große Potentiale im Mitarbeiterstamm lagen, diese jedoch auf Grund von räumlicher Trennung und somit mangelnder Abstimmung in diversen Vorgängen nicht genutzt werden konnten. Es stellte sich heraus, dass der Austausch von erarbeiteten Materialien oder auch nur ein einfaches Brainstorming zu einem neuen Thema oder einer neuen Aufgabe nur mit sehr großen Aufwänden zu realisieren waren und somit häufig nicht durchgeführt wurden. Nachdem das Problem eingegrenzt schien, wurde der IT-Leiter der Musterhandel GmbH damit beauftragt, eine einfache, technische Lösung für diese Anforderungen zur Verfügung zu stellen. Dies war jedoch bisher auf Grund von mangelnden Ressourcen für ein solches Projekt nicht möglich.

Sicherheits- und Qualitätsmanagement

Vor dem Hintergrund der stetig wachsenden Anzahl von Mitarbeitern und externen Partnern sieht die Geschäftsführung einen großen Bedarf an sicherheits- und qualitätssichernden Technologien. So existiert etwa zum aktuellen Zeitpunkt keine Lösung für die Verwaltung und Überwachung von Benutzeranmeldungen. Auch eine Technologie für die Überwachung und Analyse der Systeme respektive Verfügbarkeiten ist aktuell nicht im Einsatz. Dadurch werden oftmals Zwistigkeiten zwischen den Abteilungen provoziert, da eine Fachabteilung bei Nicht-Einhalten von Terminen oftmals die Schuld der IT-Abteilung in die Schuhe schieben möchte.

Unternehmensentwicklung

Sieht man sich die Unternehmensentwicklung der letzten Monate und Jahre an, so sind weitere Erweiterungen des Unternehmens an neuen Standorten nicht auszuschließen. Da die gesamtwirtschaftlichen Bedingungen sich jedoch seit der letzten Erweiterung geändert haben, ist davon auszugehen, dass die nächsten

Standortanbindungen nicht in einer großen Laufzeit durchgeführt werden können, sondern Möglichkeiten für eine schnelle Einbindung in die Unternehmensinfrastruktur geschaffen werden müssen.

Ähnliches gilt auch für die Zusammenarbeit mit Kunden und Lieferanten. Vor allem aus dem Kundenumfeld wurden Rufe laut, die einen direkteren Zugriff auf Lagerbestände oder die direkte Platzierung von Bestellungen forderten. In diesem Punkt hat die IT-Leitung aber ebenfalls noch keinen endgültigen Lösungsweg gefunden.

1.3.2 Anforderungen an die Netzwerkumgebung

Bei Betrachtung des Umfeldes der Musterhandel GmbH auf vorhandene Strukturen und eventuell noch »schlummernde«, zukünftige Wünsche aus den Fachabteilungen und von Kundenseite, bietet sich eine breite Spielwiese für zentralisierte Technologien, wie zum Beispiel zentrale Anwendungsbereitstellung über einen oder mehrere Terminalserver.

Im Folgenden werden die Netzwerkumgebung und die aktuellen und »schlummernden« Anforderungen noch einmal zusammengefasst und einige Punkte im Detail erläutert.

Applikationen

In Bezug auf Microsoft Office gibt es eine Reihe von Herausforderungen, die gelöst werden sollen. So ist es zum Beispiel aktuell nicht möglich, den genauen Lizenzbestand mit den tatsächlich installierten Versionen abzugleichen. Ein einmal installiertes Office-Produkt wird mit sehr hoher Wahrscheinlichkeit dauerhaft an dem Arbeitsplatzrechner zur Verfügung stehen, unabhängig davon, ob es noch benötigt wird oder nicht. Auf der anderen Seite sind die Mitarbeiter, die für ihre Arbeit tatsächlich bestimmte Anwendungen benötigen, dazu gezwungen, immer an einem PC zu arbeiten, auf dem diese Anwendungen installiert sind. Ein spontanes Wechseln des Arbeitsplatzes oder auch nur des Endgerätes ist ohne Installationsaufwand nicht möglich.

Der dritte Aspekt im Hinblick auf Anwendungen ist die Tatsache, dass diese teilweise parallel in unterschiedlichen Versionen benötigt werden. Sofern ein Parallelbetrieb der Anwendungen auf einem Endgerät nicht möglich ist, werden mehrere PCs benötigt, was sich ebenfalls in Hard-/Software- und Einrichtungskosten niederschlägt.

1.3 Das Szenario – was ist unsere »Lernumgebung«?

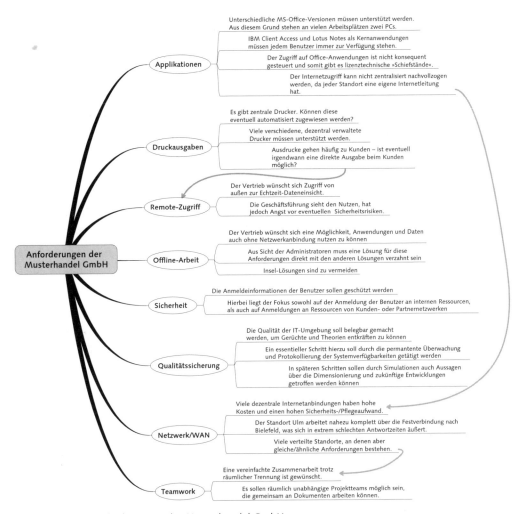

Abbildung 1.3 Anforderungen der Musterhandel GmbH

Druckausgaben

Bei dem Thema Drucken lassen sich drei Anforderungen erkennen, die mehr oder weniger akut zur Debatte stehen. Der erste Punkt ist die Integration von lokal installierten, also dezentral verwalteten Druckern an den Arbeitsplätzen. Welche IT-Lösung auch immer angestrebt wird, diese Drucker müssen unterstützt werden. Und dies sowohl aus politischen als auch aus funktionalen Gründen, da sowohl der Komfort der Benutzer als auch der funktionale Aspekt der schnellen Ausgaben als Prioritäten festgelegt wurden.

Der zweite Aspekt ist die automatische Einbindung der zentralen Drucker vom Druckserver. Zentrale Drucker bieten eine Reihe von Vorteilen im Hinblick auf Geschwindigkeit und Erreichbarkeit, die auch genutzt werden sollten. Wenn die Mitarbeiter diese Drucker nicht aus eigenen Kräften nutzen können, so muss es eine Lösung geben, die die Anfangshürden überwindet und den Benutzern die Drucker automatisiert zur Verfügung stellt.

Dritter und letzter Punkt zum Thema Druckausgaben ist der Wunsch des Kunden, benötigte Ausdrucke direkt bei sich tätigen zu können und diese nicht zeitintensiv per Postsendung zu erhalten. Dieser Punkt greift sehr stark in den folgenden Punkt, den Remote-Zugriff über.

Remote-Zugriff

Der Remote-Zugriff, also der Zugriff auf Unternehmensdaten und -ressourcen von einem beliebigen externen System oder Standort aus, ist eine der wichtigsten Anforderungen, auch wenn sie nicht auf den ersten Blick als solche betrachtet wird. Eine gut geplante Zugriffslösung hat jedoch nahezu unendliche funktionale Potentiale und kann, richtig eingesetzt, die Produktivität bei gleichzeitiger Kostenersparnis erhöhen.

Doch warum ist das so? Um diese Frage zu beantworten, sehen wir uns einmal an, auf welche Anforderungen eine Zugriffslösung eine gute Antwort sein kann.

Der erste Punkt ist mit Sicherheit die Anforderung der Vertriebsabteilung, von außen in Echtzeit auf Unternehmensdaten zugreifen zu können, um bei einem Kundenbesuch konkret aussagefähig zu sein. Denkt man diesen Punkt jedoch weiter, stellt sich die Frage, wo der Unterschied bei dem Zugriff von außen zwischen einem Vertriebsmitarbeiter und einem Kunden ist, der wissen möchte, wann seine Ware geliefert wird, oder der direkt eine Bestellung einpflegen möchte. Natürlich gibt es bei diesen beiden Unterschiede bei dem, *was sie tun*, aber nicht, *wie sie darauf zugreifen*. Aus Sicht einer Zugriffslösung besteht also kein Unterschied zwischen dem Zugriff auf Anwendung 1 und auf Anwendung 2.

> Dieser Aspekt ist sehr wichtig für die Planung von Zugriffslösungen. In der Praxis finden sich sehr häufig Fälle, in denen zum Beispiel für den Außendienstzugriff mit einer Terminalserverlösung gearbeitet wird, während die Kunden einen VPN-Zugang nutzen. Zwei Technologien, die beide gepflegt werden müssen und Kosten verursachen, obwohl sie in den meisten Fällen die gleiche Funktion haben. Dieser Aspekt wird in späteren Kapiteln noch genauer beschrieben.

Einen Schritt weitergedacht, stellt sich die Frage, wo dann noch der Unterschied zwischen einem Reisenden und einem Mitarbeiter in einem kleinen Außenstandort, etwa einer neuen Zweigstelle, ist. Aus Sicht der Zugriffslösung gibt es keinen. Das aktuell so populäre Thema Home-Office wäre zudem gleich mit abgehandelt, denn was ist ein Home-Office anderes als die kleinste Zweigstelle?

Unter dem Strich kann eine Zugriffsstrategie somit die Lösung für viele der aufgeführten Anforderungen sein. Ein weitere wäre zum Beispiel das Thema der Ausdrucke direkt beim Kunden. Fasst man Technologien aus dem Druckwesen und dem Remote-Zugriff zusammen, zeichnet sich auch die Lösung für diese Anforderung ab.

Offline-Arbeit

Neben der Möglichkeit des Remote-Zugriffs auf die Anwendungen und Applikationen wünscht der Vertriebsaußendienst weiterhin eine Möglichkeit, Anwendungen und Daten auch ohne Verbindung mit einem Netzwerk nutzen zu können. Hierbei soll es sich nach Möglichkeit um eine automatisierte Lösung handeln, bei der Anwendungen und Daten stets in einer aktuellen Version auf den Notebooks zur Verfügung stehen.

Der Einwand der Administratoren, keine weitere Insellösung implementieren zu wollen, ist auch aus strategischer Sicht vollkommen einleuchtend und tragbar.

Das Ziel muss somit die Auswahl einer geeigneten Technologie sein, die sich nach Möglichkeit mit den Lösungen für die zentrale Bereitstellung von Anwendungen und dem Remote-Zugriff vereinen lässt.

Sicherheit

In Bezug auf die Sicherheit der Systemumgebungen und Benutzerinformationen sollen Technologien eingeplant werden, die beispielsweise einen erhöhten Schutz für die Anmeldedaten und Kennwörter der Benutzer darstellen.

Hierbei soll jedoch nicht der Komfort der Benutzer über die Maßen eingeschränkt werden, da dies einen negativen Effekt auf die Gesamtlösung haben würde. De facto soll eine höhere Sicherheit gleichzeitig mit einer Vereinfachung für die Benutzer einhergehen, was die Akzeptanz der Gesamtlösung steigern soll.

Qualitätssicherung

Der Aspekt der Qualitätssicherung ist in vielen Fällen ebenso wenig messbar wie wichtig. Insbesondere bei Unternehmen mit verteilten Standorten oder Funktionszentren ist die IT ein wesentliches Werkzeug für die Funktionalität des Gesamtunternehmens. Aus eben diesem Grund ist es umso wichtiger, auch die IT messbar und belegbar zu machen.

Im einfachsten Fall können auf diesem Weg Vorurteile oder Behauptungen widerlegt werden, die in vielen Unternehmen in Richtung der IT-Abteilung gestreut werden. Belegbare Zahlen und Werte zeigen, dass eine IT-Abteilung nicht mehr nur eine Kostenstelle ist, die Unsummen an Geld verschlingt, ohne einen benennbaren Mehrwert zu liefern, sondern eine produktive Abteilung, die andere Abteilungen erst in die Lage versetzt, ihre Aufgaben ausführen zu können.

Der zweite Fall ist das Erkennen und Lösen von Problemen. Nur durch einen definierten und messbaren Status der Systeme können Fehler frühzeitig erkannt und deren Ursachen beseitigt werden. Das Sammeln von Informationen in Form von Protokollen oder Lastauswertungen ist in vielen Fällen der Schlüssel zur Lösung von aufgetretenen Problemen.

Zu guter Letzt sind die erfassten und aufbereiteten Daten ein wichtiges Instrument, um Entwicklungen ablesen oder voraussagen zu können. Nur wenn etwa die zu erwartende Last auf Systemen qualifiziert berechnet oder simuliert werden kann, können realistische Dimensionierungen vorgenommen werden.

> **Kostenoptimierung**
>
> In diesem Zusammenhang eine kleine Bermerkung am Rande: Wir befinden uns aktuell in einer Phase der internen Optimierung. Noch vor wenigen Jahren galt jemand, der eine Serverumgebung dimensionierte als »Könner«, wenn diese Umgebung auch bei Erreichen der Planungsfrist – zum Beispiel nach drei oder fünf Jahren – noch in der Lage war, die Benutzerlast tragen zu können. Und wie wurde dieses Ziel erreicht? Indem bei der Dimensionierung sehr großzügig kalkuliert wurde!
>
> Das Ergebnis sieht in vielen Unternehmen nun so aus, dass Systemumgebungen, die beispielsweise für den Einsatz als Terminalserver geplant waren, während ihrer Laufzeit nur zu 15 oder 20 Prozent ausgelastet sind.
>
> Ein Techniker würde an dieser Stelle die Ressourcenreserve im Vordergrund sehen und ein gutes Gefühl dabei haben. Ein Kaufmann hingegen würde die Hände über dem Kopf zusammenschlagen, da wenigstens 60 bis 70 Prozent der Kosten für die Systeme hätten eingespart werden können.
>
> Genau vor diesem Hintergrund werden zukünftig Lösungen für die Überwachung und die Dimensionierung von IT-Systemen deutlich an Stellenwert gewinnen. Für den IT-ler in seinem Unternehmen bedeutet dies, sich frühzeitig mit diesem Thema auseinander zu setzen, denn die Fragen und Anforderungen von der Geschäftsführung werden kommen!
>
> In diesem Zusammenhang sei auch auf das folgende Kapitel verwiesen, in dem die Zielstellung des Citrix Delivery Centers erläutert wird und in dem auch genau auf die hier aufgeworfene Frage nach der Dimensionierung, aber auch auf die Dynamisierung und Flexibilisierung von IT-Systemen, die hierin eine entscheidende strategische Rolle spielen, eingegangen wird.

Netzwerkstruktur

Die Netzwerkstruktur birgt ebenfalls eine Reihe von Verbesserungsmöglichkeiten, die nur auf den richtigen Ansatz warten. Ein Aspekt wurde bereits im Zusammenhang mit dem Remote-Zugriff genannt – die Einbindung von Außenstandorten und Home-Offices in das Unternehmensnetzwerk. Es können aber auch noch weitere Anforderungen hiermit in Zusammenhang gebracht werden.

Hinsichtlich der Tatsache, dass jeder Standort über eine eigene Internetanbindung verfügt, zeigt sich gleich an zwei Stellen Verbesserungspotential. Zum einen könnten bei einer zentralisierten Lösung alle dezentralen Internetanbindungen in den Außenstandorten abgeschaltet werden, was zu einer enormen Kostenersparnis führen würde. Zum anderen könnte dadurch aber auch für mehr Sicherheit gesorgt werden.

Das Thema Sicherheit bezieht sich dabei nicht nur auf die Internetverbindung in das interne Netzwerk, wie sie durch gezielten Einsatz von Firewall-Systemen erreicht werden kann. Vielmehr geht es auch um die Sicherheit von innen ins Internet. Doch wieso das?

Das Internet ist eine Quelle der unterschiedlichsten Inhalte, nützliche und hilfreiche gehen einher mit schädlichen oder gar illegalen Inhalten. Um das interne Netzwerk und nicht zuletzt auch die Mitarbeiter vor diesen schädlichen oder illegalen Inhalten zu schützen, empfiehlt sich der Einsatz eines Systems zur Überwachung des Internetdatenverkehrs, das in der Lage ist, zu sperrende Inhalte herauszufiltern und somit einen eventuellen Schaden zu vermeiden. Da solche Systeme jedoch häufig sehr teuer und schwer zu pflegen sind, werden sie in verteilten Umgebungen, wo sie mehrfach benötigt würden, oftmals nicht oder nur unzureichend eingesetzt. Bündelt man nun aber den gesamten Internetverkehr eines Unternehmens an einer Stelle, so sind solche Content-Filter-Systeme leichter und kostengünstiger einzusetzen als bei verteilten Anbindungen.

Ein weiterer Aspekt der Netzwerkstruktur und einer zentralisierten Lösung sind aber auch die Festverbindungen zwischen den Standorten. Im Fall des Standortes Ulm, der über die Festverbindung auf Daten in Bielefeld zugreift, kann man sich leicht vorstellen, wie sich diese Zugriffe auf die Bandbreite der Festverbindung auswirken.

Stellt man sich nun den Fall vor, dass ein Mitarbeiter in Ulm auf ein Word-Dokument in Bielefeld zugreifen will, das etwa 10 MB groß ist, so passiert vom Ablauf her Folgendes: Beim Öffnen der Datei vom Endgerät aus wird die Datei komplett von Bielefeld nach Ulm über die Festverbindung kopiert, um dann im lokalen Word angezeigt zu werden. Jedes Mal, wenn der Benutzer in der Datei etwas ändert und abspeichert, wird die geänderte Datei von Ulm nach Bielefeld über die Leitung kopiert. In dieser Zeit kann der Benutzer nicht mit der Datei weiterarbeiten, da Word während des Speicherns die Zugriffe sperrt. Jetzt könnte man denken, na ja, wie häufig wird der Benutzer die Datei schon speichern, wenn er merkt, dass sich das so verhält? Im Prinzip ist es egal, denn Word verfügt über einen Automatismus, der die Datei im Standard ohnehin alle zehn Minuten einmal speichert, um für den Fall eines Strom- oder sonstigen Ausfalls einen Wiederherstellungspunkt zu haben. Jeder wird diese Funktion schon einmal genutzt haben, doch wahrscheinlich, ohne sich Gedanken darüber gemacht zu haben …

Rechnet man diese Fakten einmal in einem kleinen Beispiel zusammen, so kommt man auf 10 MB Datenverkehr beim Öffnen, bei 30 Minuten Arbeit an der Datei auf 20–30 MB Word-Zwischenspeicherung und eventuell noch auf ein- bis zweimal 10 MB für das »Sichern« des Benutzers. In der Summe kommen somit schnell 50 MB zusammen, aber auch 100 oder mehr MB wären keine Seltenheit.

Eine zentralisierte Lösung mittels eines Terminalservers könnte einen anderen Weg gehen. Das Öffnen der Datei und alle Speichervorgänge würden im lokalen Netzwerk des Serverstandortes stattfinden. Die einzigen übertragenen Daten wären die aktuellen Bildschirminhalte sowie Maus- und Tastaturbewegungen des Benutzers. Auch die Speichervorgänge würden schneller ablaufen, da die Datei nicht über eine schmale WAN-Leitung, sondern über einen schnellen Server-Backbone erfolgen würde.

Vor diesem Hintergrund wären also auch schmalere Bandbreiten für die Festverbindungen möglich, was ebenfalls die Kosten reduzieren würde.

Teamwork

Der Aspekt des Teamworks scheint im ersten Moment nichts mit zentralisierter Technologie, sondern eher mit besserer Organisation zu tun haben. Natürlich ist der Einwand, dass man ein besseres Teamwork nicht durch technische »Spielereien« allein erreichen kann, vollkommen richtig, jedoch können ebendiese »Spielereien« ein Unternehmen auf dem Weg zu mehr und besserer Zusammenarbeit auch über große räumliche Trennungen hinweg unterstützen. Wie genau eine solche Lösung aussehen kann, werden Sie in den entsprechenden Kapiteln sehen.

Es gibt noch eine ganze Reihe weiterer Anforderungen, die man »zwischen den Zeilen« lesen kann, jedoch sind hiermit die wichtigsten genannt, die uns im weiteren Verlauf des Buches begleiten werden. Der eine oder andere wird sich in der einen oder anderen Anforderung wiederfinden, denn dies sind die Punkte, wie sie nicht nur bei der Musterhandel GmbH, sondern in fast allen mittelständischen Unternehmen früher oder später an das Tageslicht treten.

In den vergangenen Wochen und Monaten ist sehr viel Bewegung im IT-Markt zu verzeichnen gewesen, wobei insbesondere die Themen der Virtualisierung und Bereitstellung von Anwendungsressourcen von sich Reden gemacht haben. In diesem Kapitel werden einige Hintergründe und Konzepte zu diesem »Boom« erläutert.

2 Strategischer Überblick und Einstieg

2.1 Ein Blick in die (nicht weit entfernte) Vergangenheit

Sieht man sich die IT-Umgebung der Musterhandel GmbH und vieler anderer Unternehmen in den Jahren um 1980/90 an, so spielten zu dieser Zeit PC-basierte Systeme im Unternehmen so gut wie keine Rolle. Zwar gab es an der einen oder anderen Stelle schon PCs, die unter Umständen sogar in das Unternehmensnetzwerk eingebunden waren und auf Dateien und Drucker auf einen Novell Netware Server zugriffen, aber so richtig ernst hat diese Systeme niemand genommen. Die wahren Server waren Großrechner und Mainframes, die bei der Musterhandel GmbH zwei riesige Räume füllten, die gesamte Rechenleistung des Unternehmens auf sich konzentrierten und unzählige Benutzersitzungen abbildeten. An den Arbeitsplätzen befanden sich in den meisten Fällen »dumme« Terminals, die mit Bernsteinfarben die Unternehmensdaten wiedergaben. Zentralisierung von Informationen und Rechenleistung, das war der Stand der Dinge.

Doch bereits in den Jahren 1994/95 änderte sich das Bild im Unternehmen drastisch. Die PCs wurden leistungsfähiger und Betriebssysteme wie Windows NT stärkten die Position der »klugen« Arbeitsplatzrechner. Auf einmal musste alles bunt und animiert sein. Zwar liefen die unternehmenskritischen Anwendungen immer noch auf einem Großrechner, aber der Zugriff erfolgte jetzt nicht mehr über ein Terminal, sondern über eine 3270- oder 5250-Emulation auf dem PC. Die Benutzer genossen die Möglichkeit, sich individuelle Hintergrundbilder einrichten zu können und sich in »Denkpausen« mit virtuellen Kartenspielen auf andere Gedanken bringen zu können. *Zentrale Systeme waren out!*

Zu dieser Zeit war es in der Abteilung Benutzerservice, heute würde man sagen Support, üblich, auch die Möglichkeiten zu genießen, die PC-Systeme boten. Ohne Gefahr zu laufen, das ganze Unternehmen lahm zu legen, konnte man mit diesen PCs hier und da mal ein wenig herumspielen und testen. Ob der jeweilige Benutzer eine halbe Stunde früher oder später wieder an seinem PC arbeiten konnte, war im Prinzip egal. Es war eine Zeit, zu der die Hardwareentwicklung der Software voraus war. Die PCs waren so leistungsstark, dass die Software immer schnell genug lief. Auch waren Aktualisierungen von Anwendungen nicht so sehr an der Tagesordnung wie es heute z.B. durch Patches und Updates der Fall ist.

Diese paradiesische Zeit hielt jedoch nicht lange an. Schon bald wurden die Aktualisierungsintervalle von Anwendungen und Betriebssystemen immer kleiner. Viele Anwendungen setzten plötzlich auf den Clients häufige Aktualisierungen voraus, um im Fehlerfall den Hersteller-Support in Anspruch nehmen zu können. Auch wurde die Lebenszeit von PCs an vielen Arbeitsplätzen immer kürzer, da sie nicht mehr in der Lage waren, die aktuellsten Versionen von Anwendungen performant zur Verfügung zu stellen. Jedes Roll-out eines neuen PCs war mit enormen Aufwand verbunden, selbst wenn auf Images etc. zurückgegriffen wurde. Dies führte dazu, dass gerade von zwei »alteingesessenen« Administratoren erste Stimmen laut wurden, die das allseits beliebte »Früher war alles besser« propagierten. Natürlich war es deutlich einfacher, irgendwo ein Terminal (quasi einen Bildschirm mit Tastatur) hinzustellen und anzuschließen, als einen neuen PC aufzubauen. Aber war ein Weg zurück überhaupt möglich? Hätten die Benutzer nicht lauthals protestiert, wenn man ihnen die »bunten Spielzeuge« wieder weggenommen hätte? Ließen sich Office-Anwendungen auch über einen Mainframe *schön* abwickeln? Die Benutzer interessierten sich im Prinzip doch nicht wirklich für den Aufwand, den jemand für den Aufbau ihrer PCs betreiben mussten. Wieso auch, das war schließlich nicht ihr Problem.

Wären also einzig die Administratoren diejenigen gewesen, die unter diesen Belastungen zu leiden gehabt hätten, hätte es vielleicht nie ein Umdenken in den Reihen der Softwarehäuser gegeben. Doch es waren eben nicht nur die Administratoren, die mit großen Aufwänden konfrontiert wurden, sondern auch die Entscheider und Abteilungsleiter, die mit einem Mal mehr Personal und Ressourcen für den Benutzerservice einsetzen mussten, als sie es vorher gewohnt waren. Dieser Umstand führte zu einer vollkommen neuen Sichtweise auf die Kostenverteilung im Unternehmen – die Gedanken der *Total Cost of Ownership* (TCO) und des *Return on Investment* (ROI) wurden geboren. Mit einem Mal waren es nicht nur die Anschaffungspreise für Hard-/Software und die regelmäßige Wartung, die in die Budgetplanung mit aufgenommen wurden, sondern auch ein nicht unerheblicher Anteil für laufende Kosten für Implementierung, Verwaltung und Support der Client-Umgebung. In vielen Fällen sprach man von einem 20:80-Verhältnis zwischen den Anschaffungskosten und den laufenden Kosten über den Abschreibungszeitraum eines Arbeitsplatz-PCs.

Vor allem dieser zweite Aspekt führte in hohem Maße dazu, dass die Hilferufe der Administratoren nicht ungehört blieben. In den Jahren 1997/98 erschien eine echte Alternative zu verteilten PC-Systemen, ohne jedoch ihre Vorteile bei den Grafik- und Gestaltungsmöglichkeiten einzubüßen. Die Windows NT Terminal Server Edition war geboren. Mit dem Terminalserver wurde mit einem Mal die Möglichkeit geboten, nicht mehr den Großteil des Aufwandes an den verteilten Endgeräten zu betreiben, sondern den Verwaltungsaufwand und die Kosten wieder zu zentralisieren und somit zu senken. Zugegeben, ähnliche Lösungen aus dem Hause Citrix gab es auch schon viel früher, aber erst mit diesem Produkt trat diese Technologie ins allgemeine Bewusstsein und stellte eine anerkannte Alternative zu verteilten PC-Systemen dar. So war es auch ein Artikel mit einer Fallstudie in einer renommierten Fachzeitschrift, der den Abteilungsleiter des Benutzerservice der Firma Musterhandel auf diese neuen Möglichkeiten aufmerksam machte.

2.2 Was genau ist ein Terminalserver und was macht er?

Genau mit dieser Frage sahen sich damals viele Administratoren und Entscheider konfrontiert. Eine sehr häufige Antwort auf diese Frage war dann: »*Ein Terminalserver ist eine Art Mainframe für Windows*«. Technisch gesehen ist das zwar etwas grenzwertig formuliert, funktional ist es jedoch genau richtig. Auch bei einem Terminalserver wird die gesamte Rechenleistung von einer zentralen Instanz geboten und auch hier sind die Aufgaben der Endgeräte grundsätzlich auf das Entgegennehmen von Eingaben und das Darstellen von Ausgaben reduziert.

Im Prinzip ist ein Terminalserver also nichts anderes als ein Server, der zusätzlich zu seinen normalen Fähigkeiten in der Lage ist, die ihm zur Verfügung stehenden Systemressourcen, wie z. B. CPU-Rechenleistung und Arbeitsspeicher, in einzelne »virtuelle PCs« zu unterteilen. Diese voneinander getrennten Bereiche stehen anschließend den Benutzern als Arbeitsumgebungen zur Verfügung, in denen jeder Mitarbeiter die von ihm benötigten Anwendungen starten kann. Diese Benutzerbereiche nennt man *Sitzungen* oder *Sessions*. Da somit mehr als ein Benutzer gleichzeitig auf einem System arbeiten kann, nennt man ein dazu fähiges Betriebssystem auch ein *Multi-User*-Betriebssystem. Sehr frühe Vertreter der Multi-User-Betriebssysteme auf dem PC sind zum Beispiel UNIX-Varianten.

Verbindet sich ein Benutzer auf einen Terminalserver, verbindet er sich mit genau einer Session. Alle Tastatur- und Mauseingaben des Benutzers werden vom Endgerät über ein spezielles Protokoll an die Benutzersitzung auf dem Server übertragen. Die entsprechenden Bildschirmausgaben wiederum werden vom Server an den Client übermittelt und dort auf dem lokalen Bildschirm dargestellt.

2 | Strategischer Überblick und Einstieg

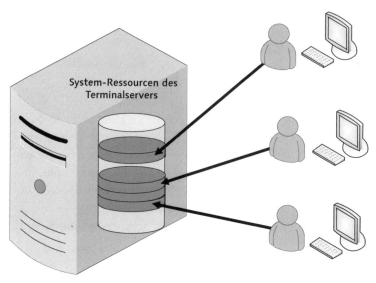

Abbildung 2.1 Ressourcenteilung am Terminalserver

Die Anzahl an unterschiedlichen Sitzungen, die ein Server verwalten kann, hängt von seiner Rechenleistung und der Größe seines Arbeitsspeichers ab. Stellen Sie sich vor, ein Server mit einem 32-Bit-Betriebssystem hat 4096 MB Arbeitsspeicher, wovon 1024 MB für das Betriebssystem selbst genutzt werden, dann stehen für Benutzersitzungen noch 3072 MB zur Verfügung. Wenn eine Sitzung nun zum Beispiel 50 MB benötigen würde, könnten nach dieser einfachen Rechnung ca. 60 Benutzer auf diesem System arbeiten. Diese Rechnung ist natürlich nur beispielhaft zu verstehen. In der Realität sind Benutzersitzungen natürlich nicht immer gleich groß und auch Faktoren wie CPU-Last, Netzwerkanbindungen und Datendurchsatz der Festplatten fließen stark mit in die Berechnung der maximalen Benutzerlast eines Servers ein.

Natürlich hat sich seit den ersten Versionen des Windows-Terminalservers einiges in Sachen Technik und Funktionsumfang getan. Während viele Szenarien und Funktionen in vorherigen Versionen nicht möglich bzw. noch mit Problemen behaftet waren, ist eine Terminalsitzung auf einem Windows Server 2008 heute nahezu vollständig in der Lage, einen Arbeitsplatzrechner zu ersetzen. So besteht zum Beispiel die Möglichkeit, lokale Ressourcen wie Laufwerke, Drucker, parallele und serielle Schnittstellen oder Soundkarten in die Sitzungen einzubinden. Hierdurch lässt sich zum Beispiel eine Textverarbeitung auf dem Terminalserver ausführen und der damit erstellte Brief direkt auf der Festplatte des lokalen PCs speichern. Auch der Ausdruck des so erstellten Briefes auf einem lokal angeschlossenen USB-Drucker ist selbstverständlich kein Problem.

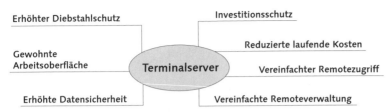

Abbildung 2.2 Vorteile der Terminalserver-basierten Umgebung

Ergänzend zu den bisher genannten Punkten bietet eine zentral bereitgestellte Umgebung eine Reihe von weiteren Vorteilen im Vergleich zu einer dezentralisierten, herkömmlichen Client-Server-Umgebung.

▸ **Reduzierte laufende Kosten**
Dadurch, dass weniger Installations- und Wartungsaufwand an den verteilten Endgeräten notwendig ist, sinken die laufenden Kosten, bekannt als Total Cost of Ownership (TCO). Ein weiterer Aspekt der Kostenreduktion kommt zum Tragen, wenn man vollwertige PCs als herkömmliche Endgeräte (Fat Clients) durch Terminals (Thin Clients) ersetzt, die in der Regel ohne kosten- und wartungsintensive Bauteile wie Laufwerke und aktive Lüfter auskommen und auch in ihrem Energiebedarf deutliche Vorteile gegenüber herkömmlichen PC-Systemen haben.

▸ **Vereinfachte Remote-Verwaltung**
Wenn alle Benutzerumgebungen auf einem zentralen Server abgebildet sind, auf den die Benutzer »nur« remote zugreifen, ist es deutlich einfacher, Zugriff auf eine Benutzersitzung zu nehmen. Es besteht die Möglichkeit, direkt in eine andere Benutzersitzung hineinzusehen. Es ist nicht mehr notwendig, auf jedem Client eine Remotesoftware wie z. B. VNC zu installieren und zu pflegen.

▸ **Vereinfachter Remote-Zugriff**
Der Zugriff auf die Unternehmensanwendungen und -daten kann mit Hilfe eines Terminalservers relativ leicht realisiert werden. Da der Terminalserver vom Prinzip her darauf ausgerichtet ist, dass die Benutzer sich von entfernten Stellen auf ihn verbinden können, ist es kein Problem, z. B. auch eine Sitzung über eine Internetverbindung zu öffnen. Natürlich ist hierbei darauf zu achten, dass keine Sicherheitslücken entstehen.

▸ **Erhöhte Datensicherheit**
Eine Terminalserver-Umgebung kann die Datensicherheit in einem Unternehmen um ein Vielfaches erhöhen, da ein Kopieren von Daten zum Zwecke der Weitergabe an Externe eingeschränkt werden kann. Im Normalfall »sieht« der Benutzer die Daten und Anwendungen nur, kann sie aber nicht mitnehmen.

Ein weiterer Punkt ist die Möglichkeit des zentralen Backups aller Daten. Da alle Informationen und Benutzereinstellungen zentral gehalten werden, besteht kein Bedarf für dezentrale Sicherungen der Endgeräte.

- **Investitionsschutz**
  Die Client-Hardware und -Betriebssysteme können länger eingesetzt werden, da sie nicht den Anforderungen der eingesetzten Anwendungssoftware entsprechen müssen. Die Lauffähigkeit der Anwendungen ist nur abhängig von der Leistungsfähigkeit des Servers und seiner Softwareversionen. Es ist somit generell möglich, die Endgeräte auf Wunsch lange über ihren Abschreibungszeitraum hinaus zu nutzen und erst bei einem Defekt zu ersetzen.

- **Gewohnte Arbeitsoberfläche**
  Die Arbeitsumgebung des Benutzers unterscheidet sich nicht von der Arbeitsumgebung einer Client-Server-Lösung, sprich: Ein Windows-Benutzer arbeitet mit Windows – nur nicht mit dem auf seinem Arbeitsplatzgerät. Somit entfallen zusätzliche Kosten für Einweisung und Schulung der Benutzer.

- **Diebstahlschutz**
  Da an den Arbeitsplätzen keine vollwertigen PCs zum Einsatz kommen müssen, sondern Thin Clients als Endgeräte eine gute Alternative darstellen, sinkt das Risiko des Diebstahls von Endgeräten. Ein Thin Client ist für eine Person ohne Terminalserver nun einmal ohne jeden Nutzen.

2.3 Microsoft und die Windows-Terminaldienste

Sieht man sich die oben stehenden Eigenschaften und Vorteile an, war es eigentlich ein logischer Schritt, dass ein großer Hersteller wie Microsoft sich dieser Technik annehmen würde oder sie zumindest in seine Produkte einzubinden versuchte. Doch wie kam es dazu? Um genau diese Hintergründe zu verstehen, muss man einen kleinen Blick in die Historie der mehr oder weniger aktuellen Microsoft-Client-Betriebssysteme werfen ...

Das erste Betriebssystem, das von Microsoft erstellt wurde, war im Jahr 1981 ein Gemeinschaftsprojekt mit und für IBM. Das PC-DOS, wie es für IBM-Systeme hieß, wurde zum ersten Mal im Sommer des Jahres 1981 in der Version 1.0 mit IBM-Hardware ausgeliefert. Im Frühjahr des darauf folgenden Jahres folgte die erste Version von MS-DOS, das in der Version 1.25 auch für Nicht-IBM-Hardware verfügbar war. Im Grunde unterschieden sich die beiden Systeme MS-DOS und PC-DOS nicht voneinander, da IBM nur die Microsoft-Pakete prüfte und mit neuem Namen wieder verpackte.

Im Jahr 1985 veröffentlichte Microsoft die erste Version von Windows, damals in der Version 1.0, als grafische Erweiterung und Aufsatz auf MS-DOS 3.x. Da diese erste Version von Windows jedoch nicht sonderlich viele Funktionalitäten für den geschäftlichen Einsatz bot, fand sie nur eine sehr geringe Verbreitung.

1987 erschien OS/2 Version 1.0, ein gemeinschaftlich von Microsoft und IBM geplanter Nachfolger von DOS, der zwar noch kommandozeilen-basiert war, aber bereits Funktionalitäten wie Speicherauslagerung und Multitasking enthielt. Im selben Jahr folgte die zweite Version von Microsoft Windows, das zu diesem Zeitpunkt schon als Plattform für MS Word und MS Excel diente und somit einen gewissen Stellenwert im unternehmerischen Einsatz hatte.

Da sich der Trend zu grafischen Benutzeroberflächen (GUIs), nicht zuletzt durch Apple-Betriebssysteme, bereits sehr stark abzeichnete, folgte im Jahr 1988 OS/2 1.1, ebenfalls mit einer grafischen Benutzeroberfläche, dem Presentation Manager (PM), die in den folgenden Versionen immer weiter aufgebohrt wurde.

Zu diesem Zeitpunkt waren viele Administratoren, aber auch viele Hard- und Softwarehersteller der Meinung, dass OS/2 als grafisches Betriebssystem Windows weiter überlegen war. Genau diese Meinung führte dazu, dass einige Softwarehersteller anfingen, Softwarelösungen für die Plattform OS/2 zu entwickeln, die auf gegebene Anforderungen und Probleme reagierte. Einer dieser »jungen Wilden« war die Firma Citrix, die im Jahr 1991 ein Multi-User-OS/2 hervorbrachte – quasi eine erste Version eines Terminalservers. Aus Windows-Sicht war dies jedoch zu diesem Zeitpunkt noch recht uninteressant, denn was nützte eine zentralisierte Serverlösung, wenn die Client-Betriebssysteme sich noch nicht wirklich um ein vorhandenes Netzwerk kümmerten.

Etwa zur gleichen Zeit begann aber die Verbindung zwischen IBM und Microsoft zu zerfallen. Microsoft überließ IBM die Weiterentwicklung von OS/2 und begann die bis dato gewonnenen Erfahrungen mit OS/2 in einer eigenen Windows-Linie fortzuführen. Im Jahr 1993 erschienen mit Windows 3.11 for Workgroups und Windows NT 3.1 die ersten wirklich netzwerkfähigen Windows-Versionen. Windows for Workgroups vertrat hierbei die Produktlinie der 16-Bit-DOS-basierten grafischen Arbeitsoberflächen, während Windows NT mit einem 32-Bit-Kernel basierend auf einem überarbeiteten OS/2 arbeitete.

> **Info**
>
> Nebenbei: Wussten Sie, dass das OS/2-Dateisystem HPFS, das auch von Microsoft entwickelt wurde, schreibend erst mit Windows NT4 und lesend erst mit Windows 2000 nicht mehr unterstützt wurde? Die Unterstützung für Kommandozeilenbefehle von OS/2 1.x entfiel erst mit Windows XP.

Ab dieser Zeit war der Vormarsch von Windows nicht mehr zu stoppen. Im Jahr 1995 wurde es zwar noch mal spannend, als sowohl Microsoft mit Windows 95 als auch IBM mit OS/2 Warp einen gewaltigen Schritt in Sachen Handhabung und Funktionen nach vorn machten. Aber auf Grund der breiten Anwendungsunterstützung, nicht zuletzt aus dem eigenen Haus, war Windows nicht mehr wegzudenken. Mit Windows 95 gelang nun auch der »kleinen« Betriebssystemversion der Sprung auf 32 Bit und im darauf folgenden Jahr übernahm dafür Windows NT in der Version 4.0 die Arbeitsoberfläche mit dem Startmenü vom »kleinen Bruder« und löste endgültig den Programm-Manager als Shell ab.

1997 war dann die Zeit reif für den Weg zum Terminalserver. Citrix war in den letzten Jahren von einer kleinen 5-Mann-Firma zu einem Unternehmen mit 300 Mitarbeitern angewachsen und schloss mit Microsoft einen 5-Jahres-Vertrag über die Lizenzierung ihrer MultiWin-Technologie, die in eine eigene Windows-Version, die Windows NT Terminal Server Edition, einfloss.

Während der interessierte Benutzer, oder besser Administrator, unter Windows NT noch gezwungen war, für den Einsatz der Terminaldienste eine eigene Betriebssystem-Version, nämlich die Terminal Server Edition, zu erwerben, so kam ihm einige Jahre später Windows 2000 einen gewaltigen Schritt entgegen.

Bei Windows 2000 waren die Terminaldienste nicht mehr nur die Komponenten einer speziellen Betriebssystem-Version, sondern sie waren ein direkter Bestandteil jeder Windows-2000-Server-Version. Sowohl der Standard- als auch der Advanced und der DataCenter Server waren in der Lage als Terminalserver zu fungieren, indem einfach der entsprechende Dienst nachinstalliert wurde. In Windows 2000 standen die Terminaldienste noch zur Installation in zwei Modi zur Verfügung, ein Remote-Verwaltungsmodus, in dem lizenzfreie, aber auf ein Maximum von zwei gleichzeitigen Sitzungen beschränkte und auch nur von Administratoren nutzbare Verbindungen möglich waren. Der andere Modus war der Anwendungsservermodus, in dem beliebig viele Benutzer auf die Terminaldienste zugreifen konnten, hierfür jedoch Lizenzen benötigten.

Allein die Tatsache, dass man keine separate Windows-Version erwerben musste, führte zu einer weiteren Verbreitung des Terminalservers. Aber es gab auch noch einen weiteren wichtigen Aspekt, der die Verbreitung ansteigen ließ – die Lizenzierung der Terminalserver-Zugriffe im Anwendungsservermodus. Sofern man als Client ein Windows-2000- und später Windows-XP-Betriebssystem hatte, benötigte man keine separaten Terminalserver-CALs (Client Access Licenses) für den Zugriff, sondern die in einer Domäne auf einem Domänencontroller zu installierende Terminalserver-Lizenzierung stellte für jeden Windows-2000-/XP-Client selbstständig Zugriffslizenzen zur Verfügung. Einzig für Rechner mit

Nicht-Windows-Betriebssystemen oder mit Windows-Versionen älter als 2000 mussten Lizenzen erworben werden.

Ansonsten war das Lizenzmodell recht einfach gehalten. Es gab nur Lizenzen auf Gerätebasis, das heißt, jedes Gerät, das auf die Terminaldienste zugreifen wollte, benötigte eine Lizenz vom Terminalserver-Lizenzierungsdienst, der, sofern der Terminalserver Mitglied einer Domäne war, auf einem Domänencontroller installiert werden musste. Jeder Client bekam bei der ersten Anmeldung an einem Terminalserver von diesem Lizenzierungsdienst zunächst eine temporäre TS CAL (Terminal Services Client Access License) ausgestellt, die nach Ablauf durch eine volle TS CAL ersetzt wurde. Sofern die Lizenzen vorhanden und auf dem Lizenzserver eingetragen waren, erfolgte dieser Vorgang vollkommen automatisch.

> **Fehlermeldung: »kann keine Client-Lizenz ausstellen«**
> Da die Lizenzinformationen sowohl in der Terminalserver-Lizenzierung als aber auch, was etwas unbekannter ist, in der lokalen Registry des Clients gespeichert wurden, konnte es bei diesem Vorgang unter Windows 2000 Professional dahingehend zu Problemen kommen, dass der am Client angemeldete Benutzer nicht die notwendigen Berechtigungen zum Eintragen der Informationen in die Registry hatte. In diesem Fall bekam der Benutzer eine Fehlermeldung beim Verbindungsaufbau und der Server protokollierte einen Fehler »kann keine Client-Lizenz ausstellen«.

Die Windows-2000-Terminaldienste waren schon sehr leistungsfähig im Hinblick auf die Möglichkeiten der Sitzungen. So waren zum Bespiel schon Sitzungen bis zu einer Auflösung von 1024 × 768 Bildpunkten möglich, was der Auflösung eines normalen 17"-Monitors entsprach. Die Farbanzahl war mit 256 Farben auch in den meisten Fällen für einen Standardarbeitsplatz vollkommen ausreichend. Einzig die Integration von lokalen Ressourcen des Clients, wie z.B. eventuell vorhandenen Soundkarten zur Tonausgabe, und die Möglichkeit Lastenausgleich und Ausfallsicherheit zu schaffen, waren noch sehr begrenzt bzw. gar nicht möglich. So war zum Beispiel beim Lastenausgleich ein sehr häufig genutzter Weg eine 1:1-Verteilung der Benutzer auf die Terminalserver mittels DNS Round Robin. Bei dieser Technik wurden für einen Namen, z.B. *Terminalserver.Musterhandel.dom*, mehrere IP-Adressen, konkret: die IP-Adressen der vorhandenen Terminalserver, im DNS eingetragen. Stellt man sich vor, dass drei Terminalserver im Netzwerk vorhanden waren, die die IP-Adressen 192.168.1.10, 192.168.1.20 und 192.168.1.30 hatten, so wurden für diese drei Adressen Host-Einträge auf den gleichen Namen im DNS vorgenommen. Der erste Client, der danach bei einem Verbindungsversuch auf den Terminalserver den Namen Terminalserver.Musterhandel.dom abfragte, bekam vom DNS die IP-Adresse 192.168.1.10 zurück und verband sich somit zum ersten Terminalserver.

Der zweite Client bekam als Antwort die 192.168.1.20 und landete auf dem zweiten Server.

Der dritte Client bekam die 192.168.1.30 und der vierte wieder die 192.168.1.10 und so weiter. Hierdurch konnte realisiert werden, dass die Benutzer relativ gleichmäßig auf die Server verteilt wurden, was sich bei vergleichbaren Terminalserver-Systemen als praktikable Lösung herausstellte. Mit Ausfallsicherheit hatte das jedoch nichts zu tun. Für den Fall, dass der dritte Terminalserver nicht verfügbar war, bekam trotzdem jeder dritte anfragende Client die IP-Adresse 192.168.1.30 zurück und seine Verbindungsversuche schlugen fehl.

Es gab jedoch auch noch ein weiteres Problem. Für den Fall, dass ein Benutzer zum Beispiel auf Grund von Netzwerkproblemen die Verbindung zum Server verlor, wurde die Sitzung auf dem Server nicht beendet, sondern sie lief in dem Status »getrennt« weiter. Baute der Benutzer jetzt manuell wieder eine Verbindung zu dem Server auf, wurde seine alte Sitzung wieder verbunden und er konnte an der Stelle weiterarbeiten, an der er bei dem Netzwerkfehler zuvor gestoppt hatte. Griff der Benutzer aber über einen DNS-Namen mit Round Robin auf die Server zu, konnte es passieren, dass er auf einen anderen Terminalserver verwiesen wurde und dort eine neue Sitzung bekam. Seine alte Sitzung lief jedoch auf dem anderen Server weiter. Dieses Verhalten führte in sehr vielen Fällen dazu, dass auf den Terminalservern viele »Sitzungsleichen« herumdümpelten und dadurch die Speicherlast des Servers herauf- und die Geschwindigkeit herunterdrückten, was unter Windows 2000 oftmals nur durch regelmäßige Serverneustarts behoben werden konnte.

Aber alle diese kleinen »Unannehmlichkeiten« konnten den Vormarsch und die Weiterentwicklung der, nun in das Betriebssystem integrierten, Terminaldienste nicht mehr stoppen. Sowohl Windows 2003 als auch die neuen Windows-Server-2008-Terminaldienste haben viele neue Funktionen und Optimierungen mit sich gebracht, die die Einsatzmöglichkeiten erweitert und die Problemfälle weiter reduziert haben.

Darüber hinaus finden sich die Terminaldienste seit Windows XP auch direkt als Teil des Workstation-Betriebssystems und bilden hiermit nun auch die Basis für die neuen Technologien der Desktop-Virtualisierung.

2.4 Citrix-Lösungen – Umschließen und Erweitern

Wie im letzten Abschnitt bereits kurz angerissen, ist ein Hersteller im Besonderen mit an der Erfolgsgeschichte der Terminaldienste und der zentralen Bereitstellungen von Anwendungsressourcen im Allgemeinen beteiligt gewesen: Citrix.

Wie selbstverständlich steht hierbei natürlich immer mal wieder die Frage im Raum, ob sich Microsoft und Citrix hierbei als Partner oder als Konkurrenten auf dem gleichen Spielfeld begegnen. Insbesondere bei dem Erscheinen von Windows Server 2008 wurden viele Rufe laut, dass dies nun endgültig das Todesurteil für die Erfolgsgeschichte von Citrix sei, da die neuen Terminaldienste ja nun schon alles selber könnten und man sich somit problemlos die Lizenzkosten für den XenApp einsparen könnte. Gleiches hat man allerdings auch schon bei dem Erscheinen von Windows 2003 gehört und wird es wahrscheinlich auch bei dem Erscheinen von Windows 2015 noch hören.

Wie nur sehr selten in der heutigen Wirtschaftswelt handelt es sich bei der Kooperation von Microsoft und Citrix um eine derartige Erfolgsgeschichte, dass nach heutigem Ermessen keiner der Partner von einer Änderung des Verhältnisses oder einer direkten Konkurrenzsituation profitieren würde oder könnte. Das Schlagwort, das von beiden Herstellern zu dieser Partnerschaft genannt wird ist »Umschließen & Erweitern« (engl. »Embrace & Extend«), also die vollständige Unterstützung und Nutzung der Basisfunktionen und -möglichkeiten des Betriebssystems bei gleichzeitiger Erweiterung um eigene Funktionalitäten.

Um diese Strategie besser verstehen zu können, sollte man sich einmal im Detail mit der Firmengeschichte und den Produkten der Firma Citrix auseinandersetzen, wobei wir gleich zu Beginn des Kapitels mit einem der am meisten verbreiteten Irrtümer der IT-Welt aufräumen: *Citrix ist eine Firma und kein Produkt!* Sehr häufig, wenn man mit den Themen Zentralisierung, Server-based Computing oder Application-Delivery-Strategie in Berührung kommt, hört man u.a. folgende Aussagen:

- *Unser Citrix läuft super!*
- *»Ich habe letzten Monat auch das Citrix bei uns installiert.«*
- *»Das Citrix spart uns Unsummen an Supportkosten!«*

Es ist wunderbar, so viel Gutes über die Lösungen von Citrix zu hören, denn man weiß ja, was gemeint ist. Aber wirklich sinnvoll sind diese Aussagen im Kern nicht, oder haben Sie etwa *ein eigenes »Citrix«*, das zufällig so heißt wie ein großes, bekanntes Unternehmen? Das Problem an dieser ganzen Thematik ist, dass das Unternehmen Citrix selbst lange Zeit aktiv dazu beigetragen hat, dass es so weit kommt ... die Geister, die ich rief ... denn schließlich kauft man auch »*Tempos*« und keine Papiertaschentücher.

Um an dieser Stelle ein für allemal mit diesem Verwirrspiel aufzuräumen, widmen sich die folgenden Abschnitte dem Unternehmen Citrix und seinen Produkten, denn eine Eingrenzung auf ein einzelnes Produkt wie XenApp ist bereits seit einigen Jahren absolut falsch.

2.5 Citrix – das Unternehmen und seine Produkte

Das Unternehmen Citrix Systems wurde im April 1989 von Edward Iacobucci in Delaware in den Vereinigten Staaten gegründet. Noch im selben Jahr bekam Citrix von Microsoft eine Quellcodelizenz für die damalige Version von OS/2 und präsentierte erstmalig das *ICA*-(Independent-Computing-Architecture-)Protokoll, das später zum Synonym für Remotedesktop-Protokolle werden sollte. Ein Jahr später, 1990, war der Personalstamm bereits auf 30 Mitarbeiter angestiegen und eine Multi-User-OS/2-Version wurde vorgestellt. Das erste vollständige Produkt wurde im Jahr 1991 ausgeliefert. Hierbei handelte es sich um eine Erweiterung von OS/2, *Citrix Multi-User*, die später unter dem Namen *WinView* bekannt wurde und zahlreiche neue Funktionen bot, die allerdings irgendwann über die Leistungsfähigkeit von OS/2 hinausgingen.

Kurze Zeit später folgte eine Lizenzvereinbarung mit Microsoft über die damals in Arbeit befindliche Version von Windows NT, aus der später *WinView for Networks*, ein erweitertes Windows NT, hervorging. Dieses Produkt war so erfolgreich, das mehrere neue Versionen erschienen. Zuletzt, zum Jahreswechsel 1994/1995, folgte dann *WinView for Networks 2.3*, das mit einer erweiterten TCP/IP-Unterstützung, ISDN-Fähigkeit, einer Mac-Unterstützung für DOS-Anwendungen und vielen weiteren Funktionen aufwarten konnte.

Im Jahr 1995 wurde das Produkt bei einem Versionswechsel umbenannt und bekam den Namen *WinFrame*, der auch heute noch vielen, zumindest vom Hörensagen, bekannt sein dürfte. Dieses Produkt, wie auch seine Vorgänger, war einzigartig, denn bei der Installation durchlief man im Prinzip eine NT-Installation, bei der aber als Ergebnis ein um eine Multi-User-/Multi-Desktop-Funktionalität erweitertes Betriebssystem herauskam. Um die Multi-User-Fähigkeiten voll ausnutzen zu können, mussten auf dem Server virtuelle Systeme, sogenannte *WinStations*, konfiguriert werden, mit denen sich anschließend die Benutzer verbinden konnten. Durch die Möglichkeit, einen kompletten Arbeitsplatz über eine Sitzung abbilden zu können, wurde im gleichen Jahr auch das Prinzip der *Windows-based Terminals* geboren, die von ihrer Funktion her an die alten Großrechner-Terminals erinnerten, da sie nur noch die Funktion boten, die Bildschirmausgaben darzustellen und Maus-/Tastatureingaben entgegenzunehmen.

1997 erfolgten die Eröffnung des neuen Hauptsitzes in Fort Lauderdale in Florida und der Abschluss eines fünfjährigen gemeinsamen Marketing- und Entwicklungsvertrages mit Microsoft. Der Mitarbeiterstamm war mittlerweile auf 300 angestiegen, er sollte sich aber im darauffolgenden Jahr noch verdoppeln.

Im Jahr 1998 wurde der mittlerweile historische Name *Metaframe* an die neue Softwareversion, den *Citrix Metaframe (Application) Server* vergeben. Ein Jahr später erschien *Citrix VideoFrame,* ein Nebenprodukt, das in der Lage war, Videoinhalte an Clients in akzeptabler Qualität und Geschwindigkeit zu streamen. Dieses Produkt wurde aus technischer Sicht später sehr wichtig, viele dieser Funktionen sind dann auch in die Metaframe- bzw. Presentation-Server-Versionen mit eingeflossen. Im selben Jahr übernahm Citrix die Firma ViewSoft, die sehr stark in den Bereichen der webbasierten Anwendungsbereitstellung tätig war, was im Jahr 2000 zum Erscheinen von *NFuse Classic* als kostenfreiem Zusatz zum *Metaframe 1.8* führte. Hierdurch wurde die Möglichkeit geboten, Anwendungen über eine Portalseite im Browser zu starten.

Im Jahr 2001 arbeiteten bereits 35 Millionen Benutzer mit Sitzungen über das ICA-Protokoll, was zum damaligen Zeitpunkt in etwa den Benutzerzahlen von AOL entsprach.

Das Erscheinen von *Metaframe XP* (eigentlich Metaframe Version 2.0) im selben Jahr brachte noch einmal einen gewaltigen technischen Fortschritt mit sich. So war es mit dieser Version möglich geworden, nahezu alle administrativen Tätigkeiten von einer zentralen Administrator-Konsole aus durchzuführen. Noch im gleichen Jahr erschienen das Feature Release 1 für Metaframe XP, mit dem weitere zusätzliche Funktionen eingebaut wurden, und der *Metaframe for UNIX*, eine Metaframe-Version, die auf Unix-Systemen eingesetzt werden konnte, aber nicht mit der Windows-Version kompatibel war.

Insbesondere Funktionen wie die Einbindung von Druckern und sonstigen Ressourcen, oder zu SSL-gesicherte Zugriff auf Anwendungen über das *Citrix Secure Gateway* mit einem einfachen Browser waren gewaltige Sprünge in die Zukunft des Server-based Computing. Das später folgende *Feature Release 2* brachte weitere nützliche Funktionen, wie z.B. die Möglichkeit, innerhalb einer Verwaltungseinheit Richtlinien für viele Einstellungen zentral treffen zu können.

2002 kam ein weiteres Produkt auf dem Markt, das *NFuse Elite*. Hierbei handelte es sich wie bei NFuse Classic um eine Webanwendung, die nun aber nicht mehr als alternativer Zugriffsweg auf die Metaframe-Anwendungen gedacht war, sondern einen ersten Schritt in Richtung »Access-Portal« darstellte. Da es nun zum ersten Mal in der Unternehmensgeschichte nicht nur ein Produkt mit ein paar Zusätzen gab, sondern zwei echte, voneinander unabhängige Produkte, begann man, die Namensgebung der Produkte erneut zu überdenken. Der Metaframe XP Server bekam mit dem Feature Release 3, das ihn Windows-2003-fähig machte, den Zusatz »Presentation Server«, so dass von diesem Zeitpunkt an der *Metaframe XP Presentation Server* das Produkt am Markt war. Gerade dieser Schritt führte zu sehr viel Verwirrung, da vielen Benutzern zu diesem Zeitpunkt nicht bewusst war, dass es sich nicht wirklich um ein neues Produkt, sondern allenfalls um ein neues Release handelte.

In den folgenden Jahren wurde es aber noch »*interessanter*«. Das nächste Produkt in der Linie hieß *Citrix Metaframe Presentation Server 3.0*. Man hat hierbei den Namen der vorherigen Version aufgegriffen, war aber gleichzeitig wieder auf die Versionsnummerierung der alten Metaframe Server zurückgegangen. Da Citrix nun aber mit mehren Produkten auf den Markt drängte, die sich als zusammengehörig darstellen sollten, wurde der Name »Metaframe« ein Bestandteil jedes Produktnamens. So gab es dann die *Metaframe Access Suite 3.0*, die aus dem *Metaframe Presentation Server 3.0*, dem *Metaframe Secure Access Manager 2.x* (dem Nachfolger des NFuse Elite), dem *Metaframe Conferencing Manager 3.0* und *dem Metaframe Password Manager 2.5* bestand. Die Teile der Access Suite konnten zu diesem Zeitpunkt sowohl als Paket als auch als einzelne Produkte erworben werden, wobei nur der Metaframe Conferencing Manager in Abhängigkeit vom Metaframe Presentation Server stand. Die anderen Produkte konnten auch einzeln für sich ohne die anderen eingesetzt werden.

Die Produktpalette schien zu diesem Zeitpunkt perfekt, da durch diese vier Produkte alle Anforderungen an eine Zugriffslösung abgedeckt werden konnten. Der Metaframe Presentation Server bot die Möglichkeit des Anwendungszugriffs von jedem Ort der Welt aus, der Metaframe Conferencing Manager integrierte sich nahtlos in die Presentation-Server-Umgebung und bot die Möglichkeit des gemeinsamen Arbeitens mit einer Anwendung oder an einem Dokument, um Team- oder Projektsitzungen ortsunabhängig durchführen zu können. Mit dem Metaframe Password Manager war eine Single-Sign-on-Lösung geboten, die den Benutzern das Merken von Kennwörtern abnahm und mit der sie sich automatisch an Anwendungen oder Webseiten anmelden konnten. Der Metaframe Secure Access Manager rundete das Portfolio ab, indem er es ermöglichte, dass Benutzer über die Anmeldung an einer Webseite auf personifizierte Inhalte und Anwendungen zugreifen konnten.

Das Problem an dem Portfolio war die Namensgebung – da der Name *Metaframe* überall vertreten war, war es für einen Außenstehenden zu diesem Zeitpunkt sehr schwer zu erkennen, dass es nun, nach fast 15 Jahren Firmengeschichte, nicht mehr »nur« ein Produkte aus dem Hause Citrix gab, sondern insgesamt vier. Hierin war in zweiter Konsequenz begründet, dass viele nicht in der Lage waren, die Produkte voneinander abzugrenzen, was nicht gerade zu einer hohen Verbreitung der drei neuen Produkte beitrug.

Um diesen ungünstigen Zustand nicht auch für die Zukunft zu erhalten, wurde im Jahr 2005, mit Erscheinen der *Access Suite 4.0*, erneut das Namens- und Produktkonzept geändert. Mit Erscheinen der neuen Produkte ist die Namenskomponente *Metaframe* weggefallen, um hier eine deutliche Abgrenzung zu schaffen. (Zumindest aus Marketing-Sicht, denn bei der Installation und in einigen Unterlagen tauchte das Wort noch auf ...)

Auch die Zusammensetzung der Access Suite hatte sich geändert. Die Kernkomponente war nach wie vor der *Presentation Server 4.0*, der die direkte Nachfolge des Metaframe Presentation Server 3.0 antrat. Als wichtige Neuerung war ebenfalls eine Version für Unix Bestandteil, die sich nun auch in eine vorhandene Presentation-Server-Umgebung integrieren ließ. Der Metaframe Conferencing Manager war direkt in den Presentation Server 4.0 eingeflossen und musste nicht mehr separat lizenziert werden. Als Lösung für Single Sign-on trat der Citrix *Password Manager 4.0* das Erbe des Metaframe Password Manager 2.5 an. Die dritte Komponente war das *Citrix Access Gateway*. Hierbei handelte es sich um ein zweigeteiltes Produkt, welches zum einen eine Hardware-, und zum anderen eine Software-Komponenten hatte. Bei der Hardware handelte es sich um eine SSL-VPN Appliance, also ein Gerät, über das ein sehr fein steuer- und verwaltbarer VPN-Zugang zu einem Netzwerk realisiert werden kann. Die Software-Komponente (Advanced Access Controls/Access Gateway Advanced) hingegen erweiterte die VPN-Funktionalität zu einem Zugriffsportal ähnlich dem Metaframe Secure Access Manager. Aus diesem Grund kann es auch als indirekter Nachfolger desselben angesehen werden.

Im Laufe des Jahres 2006 erhöhten sich die Versionen der Produkte im Dezimalbereich, was mit kleineren funktionalen Anpassungen und »Schönheitskorrekturen« einherging. Wesentlich interessanter waren die weiteren Akquisitionen des Unternehmens, die im Regelfall direkt in neuen Produkten mündeten. Mit Produkten wie dem NetScaler, einer Lösung für Bandbreiten- und Zugriffoptimierung auf Webseiten, oder dem WANscaler, einer Lösung für Bandbreitenoptimierung im WAN, wurden neue Märkte adressiert und zahlreiche Synergien mit der vorhandenen Produktpalette geschaffen. Citrix eilte mit großen Sprüngen weiter auf dem Weg der *Multi-Product Company*.

Viele Themen standen zu dieser Zeit auf dem Plan: Die *Access Strategie* für den Zugriff auf beliebige Ressourcen, die bereits genannte *Bandbreitenoptimierung* für Online- und Netzwerksysteme oder auch die Optimierung von Benutzerumgebungen mittels Single Sign-on.

Anfang 2007 geschah dann etwas sehr Unerwartetes und Faszinierendes – mit den neuen Produktversionen wurde erneut eine Anpassung der Namen und des Portfolios durchgeführt. Im Bereich der Bereitstellung von Anwendungen sollte es nun nur noch ein Produkt in drei unterschiedlichen Editionen geben, das die Nachfolge der Access Suite antreten sollte – den *Citrix Presentation Server 4.5*.

Diese Version des Presentation Server stand nun in drei Editionen zur Verfügung – Advanced, Enterprise und Platinum – und beinhaltete in seiner größten Version – der Platinum Edition – nun alle Produkte und Funktionen der Access Suite. So standen etwa der Password Manager 4.5, das Access Gateway 4.5 und für den Bereich *des Application Performance Monitoring* Citrix EdgeSight 4.5 zur Verfügung und konnten über eine einzige Lizenz erworben und genutzt werden.

Im Verlauf der Jahre 2007 und 2008 wurden wiederum weitere Akquisitionen durchgeführt und das Produktportfolio nochmals deutlich erweitert. So kamen durch die Übernahme von Ardence etwa der *Provisioning Server*, also eine Lösung für das Streamen von Betriebssystemen, oder durch den Aufkauf von XenSource der *XenServer* für die Virtualisierung von kompletten Systemen hinzu.

Wegen des angewachsenen Produktportfolios und des Bedarfs an einer entsprechend erweiterten (Namens-)Strategie wurde 2008 darüber hinaus eine erneute Umbenennung der Produkte durchgeführt: Aus dem Presentation Server wurde *Citrix XenApp*. Begleitet wurde die Ankündigung der Namensänderung auf der Citrix Summit in Orlando mit der Bekanntgabe einer neuen Strategie, die nun schlussendlich deutlich machte, wohin Citrix mit den getätigten Akquisitionen der letzten Monate wollte. Es ging um die Zusammenstellung eines Produktportfolios für die dynamische und ganzheitlich betrachtete Bereitstellung und Verwaltung von Anwendungen und Ressourcen – das Citrix Delivery Center.

2.6 Das Citrix Delivery Center – Der Fokus auf das Wesentliche

Betrachtet man die aktuelle Produktstrategie der Firma Citrix, so haben sich der Schwerpunkt und die Zielrichtung in den letzten vier bis fünf Jahren drastisch gewandelt. Während zu Zeiten des Metaframe XP noch »*Server-based Computing*« als Slogan vertreten wurde, so war es zur Zeit des Presentation Server 4.0 »*Access*«. Der rote Punkt war bei Citrix zum Markenzeichen für die *Access-Strategie* geworden. Eine Zeit lang schien der Fokus auf dem Zugriff auf Ressourcen auch die Anforderungen an den heutigen IT-Markt widerzuspiegeln. Bei einer näheren Betrachtung fiel jedoch auf, dass auch die *Access*-Strategie, wie vormals *Server-based Computing*, nur Teil eines noch bedeutenderen, wenn auch abstrakteren Größeren war.

Bei näherer Betrachtung dieses abstrakten Themas bzw. dieser großen Vision, wird schnell klar, dass es nahezu unmöglich ist, sich diesem Thema auf dem »gewohnten« Wege über die Leistungs- oder Funktionsbeschreibungen der einzelnen Produkte zu nähern. Auch wird etwa die erneute Umbenennung einiger

Produkte sich einem nicht erschließen, wenn man der Meinung sein sollte, dass es sich beispielsweise »einfach nur um eine neue Version des Presentation Servers« handelt.

Vielmehr ist der Interessierte heute gezwungen, sich mit einer Strategie auseinanderzusetzen, die nur in ihrer Gesamtheit die vielen einzelnen Schritte oder Bauteile erläutert – dann aber umfassend und erschöpfend.

2.6.1 Vorüberlegungen

Aber wie sieht nun diese Strategie aus? Um diese Frage umfassend zu beantworten, sollte man sich noch einmal kurz die Historie der bereits beschriebenen letzten vier bis fünf Jahre ansehen. Damals wurde die klare Zielsetzung verfolgt, jedem Benutzer über jedes Gerät und über jede Verbindung einen Zugriff auf seine Anwendungen bieten zu können. Um dieses Ziel zu erreichen, wurde der Weg verfolgt, alle Anwendungen an einer zentralen Stelle zu installieren und dann mittels Terminaldiensten »serverbasiert« für die Benutzer bereitzustellen. Durch diese damals wie heute sehr fortschrittliche und innovative Herangehensweise konnte der Verwaltungsaufwand für die Bereitstellung der Anwendungen drastisch reduziert und gleichzeitig die Zufriedenheit der Benutzer deutlich erhöht werden.

Allerdings hatte diese Vorgehensweise auch einen kleinen Schönheitsfehler: sie griff nur dann, wenn die Anwender primär auf normale Windows-Anwendungen zugriffen und auch mehr oder weniger permanent über eine Netzwerkanbindung verfügten.

2.6.2 Anforderungen moderner IT-Benutzer

Was war aber mit Benutzern, die primär mit Webanwendungen arbeiten mussten? Oder mit ultra-mobilen Benutzern, die nur in den seltensten Fällen über eine Netzwerkanbindung verfügten? Während diese Themen in der ersten Zeit noch vernachlässigt wurden, da allein schon die Vorteile der zentralen Bereitstellung von Anwendungen schon einen gewaltigen Schritt nach vorne darstellten, so wurden sie doch insbesondere in den letzten Jahren und Monaten im Rahmen eines immer stärker forcierten Optimierungs- und Konsolidierungsdranges immer weiter in den Fokus gerückt. Auch den neuen Anforderungen von immer anspruchsvolleren Benutzern (Stichwort: *Echo Generation*) musste Rechenschaft getragen werden – warum sollte sich ein Benutzer, der zu Hause über eine 16-Bit-Internet-Anbindung verfügte und mit seinem Browser einkaufen, spielen und arbeiten konnte, in seinem Arbeitsalltag mit weniger zufrieden geben?

Um alle diese Anforderungen adressieren zu können, flossen neue Funktionen in die vorhandenen Produkte ein (z. B. Application Isolation oder Streaming im Presentation Server) und neue Produkte kamen hinzu (z. B. Access Gateway oder NetScaler für den Zugriff und die Optimierung auf interne (Web-)Ressourcen).

Kurz gesagt: Für neue Anforderungen wurden neue Produkte entwickelt!

Auf den ersten Blick handelte es sich hierbei jeweils um eine Hilfe, aber auf den zweiten Blick wurden nur die altbekannten Probleme wie etwa aufwändige Softwarepflege oder komplexe Strukturen von den Endgeräten in das Rechenzentrum verlagert.

Je länger dieses Spiel gespielt wurde, umso mehr wurde das Rechenzentrum zu einer hochkomplexen und deshalb immer starreren Konstruktion, in der es immer schwieriger wurde, flexibel zu reagieren. Böse Zungen sprachen sogar von einer Technisierung der Technik wegen – die IT als Selbstzweck.

Genau an dieser Stelle fand bei Citrix ein Umdenken statt. Nicht mehr die Produkte oder Features sollten im Vordergrund stehen, sondern das, was wirklich zählt – die Benutzer und ihre benötigten Anwendungen.

2.6.3 Das dynamische Rechenzentrum

Verfolgt man nun den Gedanken, dass die Benutzer und ihre benötigten Anwendungen im Fokus stehen sollen, konsequent weiter, so wird bei den hunderten am Markt befindlichen Anwendungen und beinahe ebenso vielen Endgerätetypen schnell klar, dass es nicht »eine« Lösung für diese Anforderungen geben kann.

Vielmehr muss es sich um ein Portfolio von Lösungen handeln, die sich flexibel miteinander kombinieren lassen müssen, aber auch einzeln einen gewissen Mehrwert bieten sollen.

Da am Ende des Tages aber immer auch die Kosten einer Lösung entscheidend für deren Erfolg sind, ist es darüber hinaus wichtig, dass man sich das gewünschte Maß an Anforderungserfüllung nicht mit einem gigantischen Ressourcenbedarf erkaufen muss. Somit muss die Eigenschaft »flexibel« eindeutig im Zentrum stehen.

> Ein schönes Beispiel hierfür ist eine Software für die Lohnbuchhaltung, die immer zum Monatsende von einer Vielzahl von Leuten genutzt werden muss. Jeder Lohn-Benutzer möchte diese Anwendung flexibel und performant einsetzen. Der IT-Verantwortliche bekommt aber womöglich graue Haare, wenn er daran denkt, dass die Systeme jedoch den Großteil des Monats ohne sonderliche Last vor sich hindümpeln.

Lässt man nun seine Gedanken weiter kreisen, so wird schnell klar, dass Flexibilität in letzter Konsequenz immer auch mit Dynamik einhergehen muss. Es muss möglich sein, die vorhandenen Mittel und Ressourcen dynamisch dort einzusetzen, wo sie zu einem gewissen Zeitpunkt benötigt werden. Genau diese Stufe bezeichnet Citrix als das »dynamische Rechenzentrum«.

Aber warum hat Citrix die Strategie dann nicht auch einfach das »dynamische Rechenzentrum« genannt? Die Antwort auf diese durchaus begründete Frage ist wiederum etwas abstrakt: Weil diese Begrifflichkeit wieder einen gewissen Selbstzweck impliziert – im Fokus steht aber nun mal nicht das Rechenzentrum, sondern immer der Benutzer und die Anwendungen, die ihm zur Verfügung gestellt werden – oder besser: die an ihn »delivered« werden!

Das *Citrix Delivery Center* ist somit eine Strategie, die in ihrer ganzheitlichen Ausprägung sowohl die Bedürfnisse der Benutzer als auch – mit dem dynamischen Rechenzentrum – die Bedürfnisse der Administration berücksichtigt und adressiert.

2.6.4 Die Lösungen

Hat man diese Strategie erst einmal verinnerlicht, lässt sie sich auch mit konkreten Lösungen besetzen, die wiederum aus einzelnen Produkten bestehen. So handelt es sich konkret um die Lösungen XenServer, XenApp, XenDesktop und NetScaler. Über diese einzelnen Bausteine legt sich wie eine große Glocke das Workflow Studio, welches für die Administration und Automatisierung der einzelnen Lösungen zuständig sein soll.

Abbildung 2.3 Das Citrix Delivery Center (Quelle: Citrix)

2.6.5 Die Benennungsstrategie

Um nun aber auch die Fragen nach der Benennung der Lösungen und der erneuten Umbenennung des *Presentation Server* in *Citrix XenApp* umfassend zu beantworten, empfiehlt es sich auch an dieser Stelle wieder, etwas weiter auszuholen und sich auf zwei Definitionen einzulassen.

▶ **Definition 1: Der Presentation Server diente seit jeher der Bereitstellung von Anwendungen**
Wie bereits eingangs beschrieben, hat(te) der Presentation Server bzw. Metaframe immer die Aufgabe, Anwendungen für die Benutzer zur Verfügung zu stellen. In den frühen Versionen bezog sich dies ausschließlich auf die zentrale Installation auf einem Terminalserver und die Bereitstellung über eine ICA-Sitzung. Seit der Version 4.5 ist auch die Bereitstellung direkt auf dem jeweiligen Endgerät über die Funktionen des Streaming Server hinzugekommen. Hierbei wird eine paketierte Anwendung (ein Anwendungs-»Profil«) auf das Endgerät übertragen und kann dort in einer gekapselten Laufzeitumgebung ohne eine »echte« Installation auf dem System ausgeführt werden. Im Vergleich zu der Anwendungsnutzung über eine ICA-Sitzung werden bei dieser Variante also auch Offline-Szenarien, wie etwa Notebook-Benutzer berücksichtigt, da die gestreamten Anwendungsprofile auf dem Endgerät gecached werden können und somit auch ohne Netzwerkverbindung genutzt werden können.

▶ **Definition 2: »Xen« ist in gewisser Weise ein Synonym für »Virtualisierung«**
Aus Citrix-Sicht steht der Begriff »Xen« als Synonym für »Virtualisierung«. Dies ist einerseits in der Benamung des Xen-Hypervisors begründet, welcher als weit verbreiteter OpenSource-Hypervisor seit der Übernahme von XenSource auch unter der Citrix-Haube läuft. Andererseits lässt sich dies auch linguistisch begründen, denn wie wir alle wissen, steht der altgriechische Begriff »Xenos«, um dessen Kurzform des sich bei »Xen« handelt, für die Bedeutung »Gast«, also für jemanden, der im Haus wohnt, ohne seinen festen Wohnsitz dort zu haben – etwas lapidar formuliert.

Lässt man sich nun einfach auf diese beiden Definitionen ein, so wird schnell deutlich, was Citrix mit dem neuen Namen sagen will: »Xen« + »App« – Dieses Produkt virtualisiert Anwendungen!

ICA und Virtualisierung

Natürlich wird sich bei dieser Erläuterung der eine oder andere »Metaframe«-Anhänger nach wie vor fragen, was etwa eine ICA-Sitzung mit Virtualisierung zu tun hat. Auch hierbei handelt es sich um eine reine Definitionsfrage. Geht man davon aus, dass gängige Definitionen von »virtuell« salopp mit »so als ob« oder »scheinbar« zu beschreiben sind, so ist eine ICA-Sitzung durchaus eine Form der Virtualisierung: Dem Anwender erscheint die veröffentlichte Anwendung *so, als ob* sie lokal auf seinem Endgerät ausgeführt werden würde. Für den Bereich der gestreamten Anwendungen ist eine solche Definition darüber hinaus nicht einmal mehr notwendig, da es sich hierbei eindeutig um eine Form der Virtualisierung – die »Applikations-Virtualisierung« – handelt.

Auf die gleiche Art und Weise lässt sich auch die Benennung der anderen Lösungen erläutern: Der *XenServer* dient dazu, Systeme zu virtualisieren, während der

XenDesktop für die Virtualisierung von Desktops zuständig ist. Der *NetScaler* optimiert (skaliert) den Netzwerk-Datenverkehr und bei dem *Workflow Studio* handelt es sich um eine Entwicklungs- und Verwaltungsumgebung von Administrationsabläufen.

2.7 Citrix XenApp 5.0

Wie im vorherigen Abschnitt beschrieben, ist der XenApp in seiner aktuellen Version 5.0 somit eine der zentralen Lösungen des Citrix Delivery Centers. Wie einleitend beschrieben gibt es aber nicht nur *einen* XenApp, sondern drei Editionen, die auf die Anforderungen in Umgebungen unterschiedlicher Größe reagieren.

- **Advanced Edition**
  Die »kleine« Version des XenApp stellt die *Advanced Edition*. Sie beinhaltet alle Komponenten der ehemaligen Standard Edition, sowie die Möglichkeit des Lastenausgleichs über mehrere Server. Allein hieran ist zu erkennen, dass die Advanced Edition bereits für den Einsatz in mittleren bis mittelgroßen Umgebungen gedacht ist, in denen zwei oder mehr Terminalserver zum Einsatz kommen.

- **Enterprise Edition**
  Die *Enterprise Edition* stellt die mittlere Version des XenApp 5.0 dar. Sie beinhaltet ihrerseits alle Komponenten der Advanced Edition und bietet darüber hinaus Funktionalitäten für große bis sehr große Umgebungen. Hierzu gehören beispielsweise eine Monitoring-Komponente für die Überwachung von Sitzungen und von Serverressourcen. Auch die Möglichkeiten der Einbindung in Netzwerk-Management-Lösungen wie HP OpenView oder Microsoft Operations Manager sind in dieser Edition enthalten. Des Weiteren beinhaltet diese Version alle Funktionen des Anwendungsstreamings auf Terminalserver und Endgeräte sowie den XenApp für UNIX.

- **Platinum Edition**
  Die *Platinum Edition* ist das Flaggschiff der XenApp-Produktfamilie. Neben allen Komponenten der Enterprise Edition beinhaltet sie die Möglichkeit des SSL-gesicherten Zugriffs auf beliebige Unternehmensressourcen, eine Single-Sign-on-Lösung und eine Komponente für die Überwachung von Anwendungsleistungen. Hinter diesen Funktionen verbergen sich die ehemaligen Einzelprodukte Access Gateway Universal, Password Manager und EdgeSight. Wie auch schon seit dem Presentation Server 4.5 Feature Pack 1 sind ebenfalls Komponenten für das Session Recording, also das Aufzeichnen von Benutzersitzungen und eine Integrationskomponente für VoIP-Lösungen in dieser Edition enthalten.

> **Standard Edition**
> Die bis zur Version 4.0 des Presentation Server ebenfalls vorhandene *Standard Edition* ist seit der Version 4.5 der XenApp/Presentation Server entfallen. Dies liegt darin begründet, dass das typische Kundensegment für die Standard Edition nun von den Citrix Access Essentials adressiert wird.

Im Vergleich zu den vorherigen Versionen des XenApp oder einem reinen Windows-Terminalserver sind einige neue Funktionen hinzugekommen. Diese umfassen beispielsweise:

- **Application Streaming (& Isolation)**
  Seit dem Presentation Server 4.5 besteht auch die Möglichkeit, Anwendungen zu virtualisieren und diese als gekapselte Pakete auf die Endgeräte streamen zu können. Hierdurch können beispielsweise DLLs in unterschiedlichen Versionen von unterschiedlichen Anwendungen genutzt werden. Durch diese Funktion stellt zum Beispiel der Parallelbetrieb von mehreren Office-Versionen kaum noch ein Problem dar. Auch ein Offline-Betrieb bei getrennter Netzwerkverbindung kann hierdurch realisiert werden.

  Darüber hinaus sind neu in dieser Version hinzugekommen die Möglichkeiten des Streamings über das HTTP/S-Protokoll, die Kommunikation zwischen isolierten Umgebungen sowie die differentiellen Updates von Anwendungsprofilen.

- **Virtuelle IP-Adressen**
  Es wird nun möglich, Terminalsitzungen virtuelle IP-Adressen zuzuweisen. Dies ist besonders für Host-Emulationen ein gewaltiger Fortschritt, da diese Anwendungen oftmals die Client-IP-Adresse als Schlüssel für ihre Sitzungen oder Druckausgaben verwenden.

- **IPv6-Unterstützung**
  Durch die Nutzung von Windows Server 2008 als Basis steht nun auch für XenApp-Umgebungen eine Unterstützung für IPv6-Netzwerke zur Verfügung.

- **Spezielle Ordnerumleitungen**
  Seit dieser Version des XenApp besteht die Möglichkeit, spezielle Ordner der Benutzerumgebung über eine Richtlinie umzuleiten. Dies umfasst beispielsweise die Möglichkeit, die Eigenen Dateien eines Benutzers aus seiner Terminalserversitzung in seine lokalen Eigenen Dateien umzuleiten.

- **Verbesserte Druckerunterstützung**
  Das neu eingeführte *Proximity Printing* erlaubt mobilen Benutzern das Drucken vom räumlich nächstgelegenen Drucker. Des Weiteren erlaubt der neu hinzugekommene XPS-basierte universelle Druckertreiber ein schnelleres Drucken und bietet eine Unterstützung für erweiterte Druckereigenschaften wie die Auswahl von Papierschächten etc.

- **CPU-Auslastungs-Management**
  Das von der Firma Aurema lizenzierte *CPU Workload Management* beschreibt eine Technologie zur Steuerung von CPU-Zeit und -Zugriffen. Hiermit wird es in gewissem Maße möglich, die maximale CPU-Last einer Anwendung zu limitieren.

- **Virtuelle Speicheroptimierung**
  Das von RTO lizenzierte *Virtual Memory Optimization Management* hilft, die Speichernutzung eines Terminalservers zu optimieren und somit eine höhere Anzahl an Benutzern pro Server abbilden zu können.

- **Neues Webinterface**
  Das Webfrontend in der Version 5.0 wurde erneut komplett überarbeitet und bietet nun neben der Verwaltbarkeit aus einer zentralen Verwaltungskonsole, der Unterstützung für mehrere Sprachen und der vereinfachten Anpassbarkeit an Firmenvorgaben auch die Möglichkeit, gestreamte Anwendungen bereitstellen zu können. Auch die Integration mit dem Citrix XenDesktop und dem Access Gateway wurde hinzugefügt beziehungsweise deutlich erweitert.

- **Seamless Application Access**
  Die Seamless-Technik ermöglicht die Veröffentlichung von Anwendungen ohne das Desktopfenster des Terminalservers im Hintergrund. Die Version 5.0 bietet erneut eine verbesserte Multi-Monitor-Unterstützung. Sofern mehrere Bildschirme am Endgerät angeschlossen sind, werden diese nun bei den Darstellungsmöglichkeiten noch besser unterstützt.

- **Erweiterte Schnittstellenunterstützung**
  Die Unterstützung für lokale Schnittstellen an den Endgeräten wurde deutlich ausgebaut. Unter anderem besteht hierbei nun eine erweitere TWAIN-Integration für Scangeräte.

- **Lastenausgleich**
  Citrix XenApp unterstützt einen direkten Lastenausgleich, sowohl auf Anwendungs- als auch auf Serverebene. Hierbei können beispielsweise für leistungsschwächere Server andere Schwellwerte gesetzt werden als für leistungsstärkere. Mit der Version 5.0 steht in der Platinum Edition nun auch das sogenannte *Preferential Load Balancing* zur Verfügung, das die Konfigurierung zusätzlicher Priorisierungskriterien für die Lastverteilung ermöglicht.

- **Clear-Type-Schriftglättung**
  Es besteht nun die Möglichkeit, in Sitzungen eine Freischaltung von Clear-Type-Schriftarten zu aktivieren. Hierdurch wird die Darstellungsqualität der entsprechenden Schriftarten deutlich verbessert, auch wenn das einen höheren Bandbreitenbedarf mit sich bringt.

- **Application Performance Monitoring**
  Über einen intelligenten Monitoring-Dienst können die Systeme und Anwendungen einer XenApp-Umgebung überwacht und analysiert werden.

- **Konfigurationsprotokollierung**
  Über die Konfigurationsprotokollierung können Änderungen an der Server-Farm protokolliert und nachvollzogen werden.

- **Single Sign-on für Anwendungen**
  Über den integrierbaren Password Manager können Benutzer alle ihre Kennwörter zentral verwalten lassen, ohne sich jedes einzelne Kennwort merken zu müssen. Über ihre Primäranmeldung wird der Zugriff auf alle weiteren Systeme geschützt.

- **Sicherer Zugriff über Web**
  Über das Access Gateway wird nun der gesicherte Zugriff auf beliebige Ressourcen des Unternehmensnetzwerkes ermöglicht. Auf diesem Weg können veröffentlichte Anwendungen, Webseiten, Datenordner oder Mailkonten bereitgestellt werden.

- **Session Recording (SmartAuditor)**
  Über das SmartAuditor Session Recording können Benutzersitzungen aufgenommen und gesichert werden. Hierdurch wird eine Nachvollziehbarkeit der Benutzeraktivität, etwa bei Finanz-Transaktionen, ermöglicht.

- **SpeedScreen Progressive Display**
  Hierbei handelt es sich um eine Technik, die teilweise auch bei der Bildübertragung im Internet verwendet wird. Die Erstanzeige eines Bildes wird höher komprimiert übertragen, um eine schnellere Darstellung zu ermöglichen. Anschließend wird das Bild im Hintergrund »geschärft«.

- **Systemüberwachung und -wiederherstellung**
  Diese Funktion ermöglicht die dauerhafte Überwachung der Systemumgebung anhand von Testfällen. Sofern auf den Servern ein Problem auftritt, kann das System wiederhergestellt werden.

- **Portable Profiles (User Profile Manager v2)**
  Um eine effiziente Steuerung der Benutzerprofile realisieren zu können, beinhalten die Enterprise und die Platinum Edition des XenApp darüber hinaus eine eigene Komponente für das Benutzerprofil-Management.

- **Workflow-Automatisierung**
  Über das Citrix Workflow Studio lassen sich Abläufe und Prozesse innerhalb der XenApp-Umgebung und auch anderer Komponenten des Delivery Centers automatisieren. Durch die Nutzung von Microsoft PowerShell und der Workflow Foundation können nahezu alle administrativen Tätigkeiten über dieses Werkzeug realisiert werden.

- **WANscaler Plug-in**
  Bei dem WANscaler Plug-in handelt es sind um einen Software-Client für die Bandbreitenoptimierung über einen Citrix WANscaler. Hierbei kann der Datendurchsatz von externen Mitarbeitern durch verschiedene Technologien optimiert werden, um den Benutzerkomfort bei externem Arbeiten – etwa im Home Office – deutlich zu verbessern.

- **EasyCall Plug-in**
  Sofern eine VoIP-Telefonanlage im Unternehmen im Einsatz ist, kann über die EasyCall-Schnittstelle eine Integration der Terminalsitzungen mit der TK-Anlage erfolgen, um bestimmte CTI-Funktionalitäten zu Verfügung stellen zu können.

Nicht jede dieser Funktionen ist in jeder Edition des XenApp 5.0 vertreten, wie Tabelle 2.1 zeigt.

Funktion	verfügbar in
Application Streaming	▸ Enterprise ▸ Platinum
virtuelle IP-Adressen	▸ Advanced ▸ Enterprise ▸ Platinum
IPv6-Unterstützung	▸ Advanced ▸ Enterprise ▸ Platinum
spezielle Ordnerumleitungen	▸ Advanced ▸ Enterprise ▸ Platinum
verbesserte Druckerunterstützung	▸ Advanced ▸ Enterprise ▸ Platinum
CPU-Auslastungs-Management	▸ Enterprise ▸ Platinum
Seamless Application Access	▸ Advanced ▸ Enterprise ▸ Platinum
virtuelle Speicheroptimierung	▸ Enterprise ▸ Platinum

Tabelle 2.1 Die Funktionen der drei XenApp-Editionen im Vergleich

2 | Strategischer Überblick und Einstieg

Funktion	verfügbar in
Bereitstellung von UNIX-Applikationen	▶ Enterprise ▶ Platinum
Webinterface 5.0	▶ Advanced ▶ Enterprise ▶ Platinum
erweiterte Schnittstellenunterstützung	▶ Advanced ▶ Enterprise ▶ Platinum
Lastenausgleich	▶ Advanced ▶ Enterprise ▶ Platinum
Clear-Type-Schriftglättung	▶ Advanced ▶ Enterprise ▶ Platinum
Application Performance Monitoring	▶ Platinum
Konfigurationsprotokollierung	▶ Advanced ▶ Enterprise ▶ Platinum
Single Sign-on für Anwendungen	▶ Platinum
sicherer Zugriff über Web	▶ Platinum
Session Recording (SmartAuditor)	▶ Platinum
SpeedScreen Progressive Display	▶ Advanced ▶ Enterprise ▶ Platinum
Systemüberwachung und -wiederherstellung	▶ Enterprise ▶ Platinum
Portable Profiles	▶ Enterprise ▶ Platinum

Tabelle 2.1 Die Funktionen der drei XenApp-Editionen im Vergleich (Forts.)

Funktion	verfügbar in
Workflow-Automatisierung	▸ Enterprise ▸ Platinum
WANscaler Plug-in	▸ Platinum
EasyCall Plug-in	▸ Platinum

Tabelle 2.1 Die Funktionen der drei XenApp-Editionen im Vergleich (Forts.)

> **XenApp 5.0 nur auf Windows Server 2008**
>
> Wichtig zu erwähnen ist an dieser Stelle, dass der XenApp 5.0 ausschließlich auf Windows Server 2008 als Basisbetriebssystem installiert werden kann. Es wird zwar auch eine Version für Windows 2003 angeboten, diese entspricht aber vollständig dem Citrix Presentation Server 4.5 mit Feature Pack 1. Somit stehen natürlich einige der oben aufgeführten Funktionen auch wirklich nur dann zur Verfügung, wenn als Betriebssystem Windows Server 2008 eingesetzt wird.

Sollte sich irgendwann herausstellen, dass die erworbene Edition den Ansprüchen nicht mehr genügt, so kann ohne Probleme mittels Update-Lizenzen auf eine höhere Edition aktualisiert werden.

Im Gegensatz zum Funktionsumfang arbeitet die Lizenzierung bei allen Versionen nach dem gleichen Schema. Seit dem Metaframe Presentation Server 3.0 gibt es ausschließlich Verbindungslizenzen, die pro gleichzeitiger Verbindung benötigt werden. Diese Vorgehensweise bedeutet, dass man nur so viele Verbindungslizenzen benötigt, wie es maximal gleichzeitige Benutzer auf den Servern gibt. Dieses Modell unterscheidet sich grundlegend von der Lizenzierung der Microsoft-Terminaldienste, bei denen Lizenzen pro Endgeräte oder Benutzer benötigt werden, unabhängig davon, ob eine Verbindung besteht oder nicht.

> **Hinweis**
>
> Im Gegensatz zur Vorgehensweise bis einschließlich Metaframe XP wird seit dem Metaframe Presentation Server 3.0 für jeden RDP-basierten Zugriff ein XenApp-CAL benötigt.

Ein großer Unterschied der Citrix-Lizenzen im Vergleich zu beispielsweise Microsoft-Lizenzen liegt darin, dass XenApp-Lizenzen nicht ohne Wartung, Microsoft nennt sie Software Assurance, Citrix Subscription Advantage, erworben werden können. Bei jedem erworbenen XenApp-Lizenzpaket ist automatisch ein Jahr

Subscription Advantage enthalten, die nach Ablauf des Jahres verlängert werden kann. Die Subscription Advantage berechtigt zum Einsatz des jeweils aktuellsten Produktes für die Laufzeit der Subscription. Hat man also noch eine Laufzeit von sechs Monaten und in dieser Zeit erscheint eine neue Version, so darf diese heruntergeladen und eingesetzt werden.

Unabhängig von der beinhalteten Wartung gibt es vier unterschiedliche Lizenzierungsmethoden für XenApp:

- **Shrink Wrap (Boxed)**
  Unter *Shrink Wrap* wird die Lizenzierung durch Lizenzpakete verstanden. Hierbei erwirbt der Kunde Lizenzen in Form von Lizenzzertifikaten und Installationsmedien. Die Lizenzierung kann in Staffeln von mindestens fünf Zugriffslizenzen erfolgen. Der Vorteil dieser Variante liegt darin, dass man als Kunde »*etwas in die Hand*« bekommt. Der große Nachteil ist jedoch die gegebenenfalls lange Lieferzeit und die geringe Flexibilität, da eine Lizenzierung immer nur in mindestens Fünfer-Schritten möglich ist. Benötigt man beispielsweise nur sieben gleichzeitige Zugriffe, muss man trotzdem zehn erwerben. Diese Lizenzierungsvariante ist nur noch sehr gering verbreitet bzw. steht in einigen Ländern bereits gar nicht mehr zur Verfügung.

- **EASY Licensing**
  Das *EASY Licensing* ist die elektronische Alternative zur Shrink-Wrap-Lizenzierung für kleine und mittelständische Unternehmen. Das EASY Licensing bietet hierbei im Vergleich zum Shrink Wrap alle Vorteile einer elektronischen Lizenzierung, wie beispielsweise die Möglichkeit der Lizenzierung einer exakten Anzahl von Lizenzen (ab einer Einstiegsgröße von fünf Zugriffslizenzen). Hierbei wäre es also ohne Probleme möglich, etwa sieben oder 13 gleichzeitige Zugriffe zu lizenzieren. Als weiteren Vorteil beschleunigt das elektronische Lizenzierungsverfahren einen Bestellvorgang deutlich gegenüber Shrink-Wrap-Produkten. Dieses Verfahren entspricht heute eindeutig dem Standard im Citrix-Lizenzgeschäft.

- **Open Licensing Program (OLP)**
  Mit dem Open Licensing wird ein elektronisches Volumenlizenzprogramm für mittlere und größere Unternehmen geboten, bei dem es pro Citrix-Produkt eine gewisse Anzahl Punkte gibt. Je mehr Punkte man bekommt, desto besser werden die Konditionen in vier Rabattstufen. Das Einstiegslevel in das OLP beträgt 1.500 Punkte, wobei die Rabattstaffel bei der ersten Bestellung festgelegt wird. Es ist also hierbei sinnvoll, direkt bei der Erstbestellung eine möglichst große Anzahl an Lizenzen zu erwerben. Das Lizenzprogramm hat jeweils eine Laufzeit von zwölf Monaten und kann danach neu abgeschlossen werden.

- **FLEX Licensing**
  Das *FLEX Licensing* ist eine erweiterte Variante des OLP für sehr große und gegebenenfalls länderübergreifende Unternehmen. Hierbei gilt es ein Einstiegslevel von 20.000 Punkten in 24 Monaten zu erreichen, wobei 20 Prozent der Gesamtpunktzahl bei der Erstbestellung benötigt werden.

Für öffentliche oder gemeinnützige Kunden oder Kunden aus dem Sparkassen-Finanzwesen gibt es zusätzlich separate Lizenzmodelle, die auf den Volumen-Modellen basieren. Für die öffentlichen Auftraggeber ist dies zum Beispiel das GELA-(Government-and-Education-License-Agreement-)Programm, bei dem eine öffentliche Institution einem der aktuell zwei Lizenzverträge des GELA beitritt und dessen Konditionen nutzen kann. Unabhängig vom gewählten Lizenzmodell sind die Lizenzen bei Citrix-Produkten ausschließlich über den indirekten Vertriebsweg, das heißt über zertifizierte Partner, zu beziehen.

2.8 Citrix XenApp bei der Musterhandel GmbH

Wie auch in vielen anderen Unternehmen, so wurde auch bei der Musterhandel GmbH zunächst eine Pilotierung einer zentral bereitgestellten Anwendungsumgebung auf der Basis der reinen Windows-Server-2008-Terminaldienste durchgeführt. Dies hatte zum Ziel, die grundsätzlichen Möglichkeiten zu evaluieren und erste Erfahrungen mit dem Betrieb von Terminalservern zu sammeln.

In der ersten Zeit schienen bereits viele Anforderungen relativ leicht umgesetzt werden zu können, so dass schnell erste Erfolge zu verzeichnen waren. Im Laufe des Betriebs stellte sich jedoch heraus, dass an einigen Stellen ein erweiterter Bedarf an technischen Lösungen entstand, die mit den Bordmitteln nicht umzusetzen waren. Einige konkrete Punkte in diesem Zusammenhang waren:

- **Lastenausgleich (1)**
  Da aus Kostengründen keine Windows Server 2008 Enterprise Edition auf den Terminalservern zum Einsatz kam, konnte leider nicht auf das Session Directory zurückgegriffen werden. Hieraus resultierten die schon von älteren Windows-Versionen bekannten Probleme mit »verwaisten« Sitzungen auf den Terminalservern, die entweder manuell oder durch einen Serverneustart bereinigt werden müssen.

- **Lastenausgleich (2)**
  Es gab aber noch ein zweites Problem mit dem Lastenausgleich, das selbst durch Nutzung des Session Directory nicht zu lösen gewesen wäre: Bei der Verteilung der Clients an die Terminalserver wird keine Rücksicht auf eine

eventuell bereits vorhandene Last auf den Servern oder auf unterschiedliche Leistungsfähigkeit der Server genommen.

Nimmt man als Beispiel zwei Server, von denen einer auf Basis seines Arbeitsspeichers und seiner Prozessoren 50 Benutzer verarbeiten könnte und der andere nur 20 Benutzer, dann würde Round Robin oder das integrierte Windows-Terminaldienste-Load-Balancing bei 21 Benutzern für Server 2 nicht aufhören, weitere Benutzer an ihn zu verteilen. Die Lastverteilung ist nicht »load aware«, berücksichtigt also nicht die Auslastung der teilnehmenden Systeme.

- **Druckperformance**
  Die Geschwindigkeit des Drucks über einen mittels RDP (Remote Desktop Protocol) verbunden Drucker kann in bestimmten Situationen sehr schlecht sein. Das Problem ist nicht nur, dass der Ausdruck länger dauert, sondern auch, dass sich die Antwortzeiten der gesamten Sitzung hierdurch verschlechtern, was bei Benutzern schnell zu einem gewissen Verdruss führen kann – sind die Antwortzeiten schlecht, wird sich eine generelle Akzeptanz kaum einstellen.

- **Sicherer Zugriff von außen**
  Zwar ist die Sicherheit von RDP-Sitzungen durch die mit Windows Server 2003 Service Pack 1 eingeführten Technologien stark erhöht worden, jedoch werden nur wenige Schnittstellen geboten, diese Sicherheit noch über Windows-Mittel hinaus zu erhöhen. Es sei an dieser Stelle außer Acht gelassen, ob die Authentifizierungstechniken von Microsoft sicher genug sind oder nicht. Das muss jeder Verwantwortliche für sich selbst herausfinden. Für den Fall, dass man sie, aus welchem Grund auch immer, als nicht sicher genug empfindet, fehlt jedoch eine praktikable Schnittstelle für beispielsweise eine Zwei-Faktor-Authentifizierung. (Das soll nicht heißen, dass es solche Lösungen nicht gibt – sie sind häufig nur schwer zu finden und zu implementieren.)

- **Offline-Verfügbarkeit**
  Zwar können nun Anwendungen in einer leicht pflegbaren Form für die Benutzer bereitgestellt werden, jedoch basiert die gesamte Technik auf der dauerhaften Kommunikation zwischen dem Endgerät und dem Terminalserver. Eine Offline-Verfügbarkeit der Anwendungen, wie sie vom Vertriebsaußendienst gewünscht wurde, kann auf diesem Weg nicht realisiert werden.

- **Qualitätssicherung**
  Die Überwachung und Nachvollziehbarkeit der aktuellen Lösung stellt sich als sehr aufwendig und komplex heraus. Anhand von Bordmitteln wie etwa des Performance-Monitors (PerfMon) kann zwar eine Aussage über die Last auf den Systemen getroffen werden, jedoch eine qualitative Bewertung der Funktionalität der Umgebung ist nicht möglich.

Genau die hier aufgeführten Punkte und einige mehr sind in vielen Fällen der Grund dafür, dass in den Augen der Administratoren und Entscheider eine reine Microsoft-Terminalserver-Lösung ab einem gewissen Punkt nicht mehr ausreichend ist. Ab einem bestimmten Anforderungslevel werden Funktionen benötigt, die einen Aufsatz auf die Terminaldienste erfordern, der genau diese Anforderungen behandelt und zufriedenstellend beantworten kann.

Aus diesem Grund beschloss die IT-Abteilungsleitung der Musterhandel GmbH, sich näher mit dem Thema Citrix XenApp 5.0 auseinander zu setzen. Zunächst wurde im Projektteam, das sowohl aus Administratoren als auch aus Mitarbeitern der Fachbereiche bestand, definiert, welche Anforderungen noch nicht gelöst waren und wie eine eventuelle XenApp-Lösung Abhilfe schaffen könnte. Das Ergebnis sah folgendermaßen aus:

▸ **Lastenausgleich**
Da das Terminaldienste-Session-Directory auf Grund der eingesetzten Windows-Edition nicht genutzt werden kann und auch ansonsten keine Unterstützung der aktuellen Systemlast für die Verteilung von Benutzersitzungen zur Verfügung stünde, wäre ein möglicher Lösungsansatz die Nutzung einer XenApp Advanced oder Enterprise Edition, die einen flexiblen Lastenausgleich beinhalten würde.

▸ **Druckperformance**
Über den neuen universellen Druckertreiber und den EMF- oder XPS-Druck wäre eine deutliche Leistungsverbesserung bei Druckvorgängen über langsame Leitungen zu erwarten.

▸ **Sicherer Zugriff von außen**
Über das Webinterface 5 und das Access Gateway könnte von jedem Ort der Welt über eine Internetverbindung eine SSL-verschlüsselte Verbindung zu den Servern aufgebaut werden. Diese wiederum könnte dann nicht nur genutzt werden, um Terminalsitzungen zu realisieren (wie es über das Terminaldienste-Gateway auch möglich wäre), sondern bei Bedarf komplette SSL-VPN-Verbindungen aufzubauen.

Neben diesen offenen Punkten im Zusammenhang mit den Windows-Server-2008-Terminalservern schienen sich jedoch auch eine Reihe weiterer Probleme hierdurch lösen zu lassen. Diese waren beispielsweise:

▸ **Parallelbetrieb von Anwendungen**
Da an vielen Arbeitsplätzen unterschiedliche Versionen von Office-Anwendungen benötigt wurden, die nicht auf einem System zu kombinieren waren, könnte das Application Isolation Environment eine Lösung für das Problem der doppelten Arbeitsplatzrechner darstellen.

- **Benutzeranzahl pro Server**
  Durch die CPU- und Speicher-Optimierung könnte sich eine größere Anzahl von Benutzern pro Terminalserver realisieren lassen, was wiederum zu Einsparungen bei der Hardware und Wartung führen könnte.
- **Offline-Verfügbarkeit von Anwendungen**
  Über die Funktionen des Streaming Server können zentral verwaltete Anwendungen auch ohne Netzwerkverbindung genutzt werden. Dies stellt eine praktikable Lösung für die Anforderungen des Vertriebsaußendienstes dar.
- **Sicherheitsoptimierung durch Single Sign-on**
  Da viele Benutzer zahlreiche Anmeldeinformationen von Partner- oder Kunden-Applikationen verwalten müssen, kann der Einsatz einer Single-Sign-on-Lösung hier einen wesentlichen Mehrwert für die Benutzer bieten.
- **Qualitätssteigerung durch Performance Monitoring**
  Durch die Möglichkeit, die Anwendungsperformance überwachen zu können, erhofft sich die IT-Leitung eine deutliche Verbesserung der Aussagekraft und somit auch des Stellenwertes der IT im Unternehmen.

Auch die weiteren Ergebnisse der Recherchen wurden im Projektteam diskutiert und es wurde der Entschluss gefasst, eine isolierte Testinstallation für den Standort Ulm durchzuführen. Da es sich aber um zwei Server handelte, die in der XenApp-Umgebung auch schon mit einem Lastenausgleich arbeiten und alle Vorteile des Produktes genutzt werden sollten, wurden Lizenzen für die Platinum Edition des Presentation Server erworben. Es wurde das EASY-Licensing-Modell gewählt, da die Anforderungen für FLEX und OLP nicht erfüllt wurden.

Da aber eine auf eigene Faust durchgeführte Testinstallation sich als nicht sonderlich funktional herausstellte, entschied man sich, einen Experten zu Rate zu ziehen, der zunächst eine erneute, »saubere« Bereitstellung der Windows-Server-2008-Terminaldienste durchführen und anschließend die grundlegenden Verwaltungsstrukturen einer XenApp-Lösung vorstellen sollte.

Mit Windows Server 2008 haben die Terminaldienste eine neue Evolutionsstufe erreicht. Aber was steckt hinter den neuen Funktionen und wie funktionieren sie?

3 Windows-Server-2008-Terminaldienste

Betrachtet man einmal realistisch die Funktionsliste des Windows Servers 2008 in Hinblick auf die Terminaldienste, so fällt schnell auf, dass Microsoft hieran sehr viel gearbeitet hat und die Terminaldienste durch neue Komponenten tatsächlich deutlich an Wert gewonnen haben.

In den folgenden Abschnitten sollen die grundsätzliche Konfiguration sowie einige der neuen Funktionen kurz beschrieben werden, um insbesondere die Gemeinsamkeiten und Unterschiede zum Funktionsumfang des XenApp aufzuzeigen.

3.1 Remote-Verwaltung/Remotedesktop

Wie bereits seit Windows Server 2003 sind die Terminaldienste auch im Windows Server 2008 fest im Betriebssystem verankert und stehen direkt mit der Installation des Betriebssystems für die Remoteverwaltung des Systems zur Verfügung.

Betrachtet man jedoch die Konfigurationsmöglichkeiten des *Remotedesktops* unter START • SYSTEMSTEUERUNG • SYSTEM • REMOTEEINSTELLUNGEN, so fällt schnell auf, dass es hier bereits in einigen Punkten Neuerungen im Vergleich zu Windows Server 2003 gibt.

So können nun an dieser Stelle nicht nur die *Remoteunterstützung* und der *Remotedesktop* aktiviert werden, sondern es kann für letzteren auch eine Auswahl erfolgen, ab welcher Version des Remotedesktopclients eine Verbindung hergestellt werden können soll.

Diese kleine Option stellt einen gewaltigen Schritt in Richtung erhöhter Sicherheit der Terminaldienste dar, da sich hinter dieser Einstellung die Möglichkeit verbirgt, nicht – wie früher üblich – zuerst eine RDP-Sitzung aufbauen zu lassen und dann in dieser Sitzung eine Authentifizierung durchzuführen, sondern als Voraussetzung für den Aufbau der Sitzung bereits im Vorfeld eine Authentifizierung auf Netzwerkebene (Kerberos) durchzuführen.

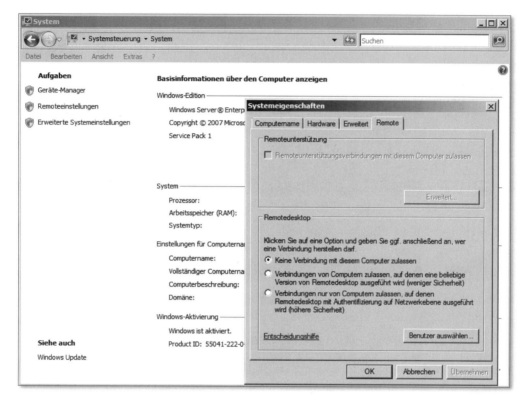

Abbildung 3.1 Einstellungen des Remotedesktops unter Windows Server 2008

An Konfigurationsarbeit für den Remotedesktop sind ansonsten an dieser Stelle nur zwei Punkte zu erfüllen: das Aktivieren des Remotedesktops mittels Setzen des Hakens in das entsprechende Feld und das Auswählen der Benutzer(gruppen), die Zugriff auf den Desktop des Systems bekommen sollen.

Hierbei können beliebige lokale Benutzer und Gruppen oder Konten aus einer Windows-Domäne ausgewählt werden, die anschließend in der Lage sind, eine Verbindung über den Remotedesktopclient mit dem System herzustellen (unter Windows XP: START • PROGRAMME • ZUBEHÖR • KOMMUNIKATION • REMOTEDESKTOPVERBINDUNG, unter Windows Vista/2008: START • ALLE PROGRAMME • ZUBEHÖR • REMOTEDESKTOPVERBINDUNG. Unter älteren Windows-Versionen muss er manuell nachinstalliert werden).

Diese Konfiguration ist auf Windows-Vista- und auf Windows-Server-2008-Systemen prinzipiell identisch. Funktional gibt es jedoch einen Unterschied zwischen Client- und Serverbetriebssystem. Die Clientbetriebssysteme beinhalten Terminalserver-Technologie nur insofern, als das Remote-Desktop-Protokoll (RDP) zur Verfügung steht, um Verbindungen über das Netzwerk auf den Desktop des Systems zuzulassen. Zum Zeitpunkt einer Verbindung wird die Sitzung des eventuell gerade an dem System arbeitenden Benutzers gesperrt und steht für den Remote-Benutzer zur Verfügung. Meldet sich lokal wieder ein Benutzer an, wird die Remote-Sitzung beendet. Es kann also niemals sowohl an der Konsole als auch über das Netzwerk an dem gleichen Windows-XP/Vista-System gearbeitet werden. Auch ein gleichzeitiges Sehen des Bildschirminhaltes ist nicht möglich. (Dies steht allerdings mittels der Remote-Unterstützung zur Verfügung.)

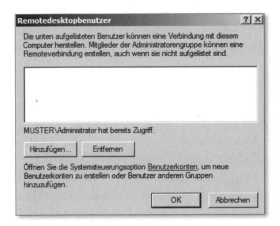

Abbildung 3.2 Auswahl der Benutzer für den Remotedesktop-Zugriff

Führt man sich diese Tatsache vor Augen, so ist der Remotedesktop unter Windows XP/Vista also gar kein Multi-User-Terminaldienst, sondern nutzt nur das gleiche Protokoll zum Aufbau der Sitzung und zur Übertragung des Bildschirminhaltes und der Maus- bzw. Tastatureingaben.

Anders sieht es bei den Windows-Server-Versionen aus. Hier werden zwei echte Terminalsitzungen parallel erlaubt, so dass zwei Administratoren gleichzeitig auf dem Server arbeiten und administrieren können. Darüber hinaus besteht auch die Möglichkeit eines Zugriffs auf die Sitzung 0, also die »echte« Konsolensitzung des Systems, die ein Arbeiten wie direkt am Bildschirm des Servers erlaubt.

Die Möglichkeit, sich ab Windows 2003 auch auf die Konsolensitzung verbinden zu können, hat jedoch auch noch einen weitaus größeren Vorteil, als »nur« eine weitere Sitzung für die Remote-Verwaltung. Sie ermöglicht es, Prozesse zu sehen, die in der Konsole laufen. Jetzt mag der eine oder andere sich fragen, wieso man Serverprozesse nicht als Dienste abbildet. Darauf könnte man sagen, dass eine Konsolenausgabe nichts mit der Startart des Prozesses zu tun hat. Beispielsweise kann Lotus Domino, eine Kommunikations- und Applikationsplattform von IBM, als Dienst gestartet werden, öffnet dann aber ein Statusfenster in der Konsolensitzung. Noch unter Windows 2000 war es nicht möglich, dieses Fenster über RDP zu sehen, man musste immer auf andere Softwarelösungen wie beispielsweise VNC, pcAnywhere oder NetOp zurückgreifen.

Ein anderes Beispiel, bei dem Ausgaben in der Konsolensitzung wichtig sein können, sind Fehlermeldungen als Popup des Betriebssystems. Diese landen ebenfalls in der 0-Sitzung und konnten somit mit Bordmitteln bis Windows 2003 nicht gesehen werden.

3.2 Lizenzierung

Neben dem Remotedesktop, für den nach wie vor keine zusätzlichen TS-CALs benötigt werden, lassen sich die Terminaldienste für den Einsatz als Multi-User-Terminalserver über die *Erstkonfiguration* oder den *Server-Manager* als Rolle installieren.

Für die Nutzung der Terminaldienste muss hierbei für jeden Client eine TS-CAL erworben werden. Genau wie unter Windows 2000/2003 wird auf wenigstens einem Server im Netzwerk der Terminalserver-Lizenzierungsdienst benötigt, auf dem die TS-CALs eingetragen werden und von den Terminalservern bei eingehenden Verbindungen abgefragt werden können. Dieser Dienst kann, muss aber nicht mehr auf einem Domänencontroller laufen.

> **Hinweis**
> Wichtig ist hierbei, dass ein Windows-Server-2008-Terminalserver zwingend eine Windows-Server-2008-Terminalserver-Lizenzierung voraussetzt – ein Lizenzserver von Windows 2000 oder 2003 kann nicht genutzt werden.

Bei der Installation auf einem Domänencontroller, wie seinerzeit unter Windows 2000, wäre der Kunde gezwungen gewesen, immer wenigstens einen Domänencontroller auf 2008 anzuheben, bevor ein Terminalserver mit Windows Server 2008 hätte installiert werden können, was den tatsächlichen Abläufen vielfach nicht entsprechen würde.

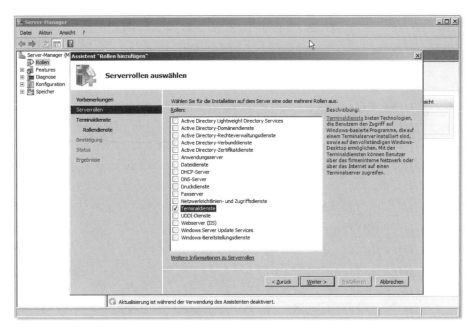

Abbildung 3.3 Server-Manager: Rolle hinzufügen

Dennoch empfiehlt sich natürlich die Installation auf einem Domänencontroller, sobald die Möglichkeit dazu besteht. Der Hintergrund hierfür ist, dass ein Domänencontroller unter Windows ohnehin einer der wichtigsten Infrastrukturserver ist, der wahrscheinlich immer läuft und somit thematisch genau auf diese weitere Infrastrukturrolle als Lizenzserver zutrifft.

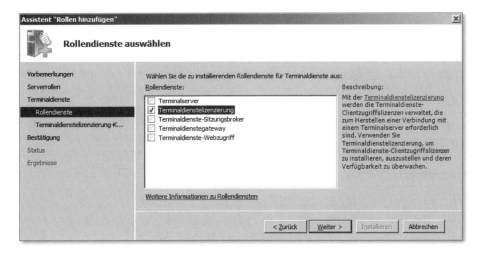

Abbildung 3.4 Rollendienste auswählen – Terminaldienste-Lizenzierung

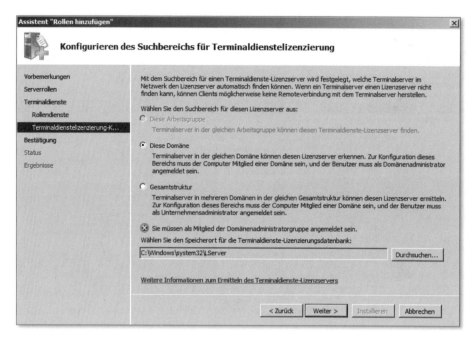

Abbildung 3.5 Konfiguration des Suchbereichs

Nach der Installation der Lizenzierung können die TS-CALs eingetragen und bei Microsoft aktiviert werden. Hierbei besteht sowohl die Möglichkeit, die Lizenzierung pro Gerät durchzuführen, als auch die Option, pro Benutzer zu lizenzieren. Diese Lizenzen tauchen dann auch getrennt in der Lizenzierung auf, wie Abbildung 3.6 zeigt.

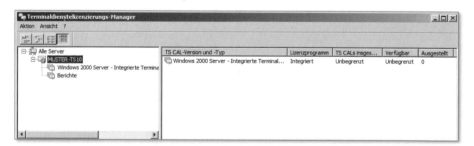

Abbildung 3.6 Terminaldienste-Lizenzierungsmanager

Entsprechend der hier gewählten beziehungsweise installierten Lizenzen muss auf Seiten des Terminalservers der passende Modus festgelegt werden. Man kann also pro Terminalserver entweder pro Gerät oder pro Benutzer lizenzieren.

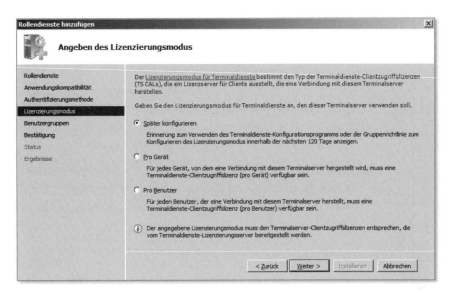

Abbildung 3.7 Auswahl des Lizenzierungsmodus bei der Terminaldienste-Rollendienst-Installation

Spätere Änderungen am Modus lassen sich • über START • ALLE PROGRAMME • VERWALTUNG • TERMINALDIENSTE • TERMINALDIENSTEKONFIGURATION unter EINSTELLUNGEN BEARBEITEN • LIZENZIERUNG • TERMINALDIENSTE-LIZENZIERUNGMODUS ändern, wie in Abbildung 3.8 dargestellt.

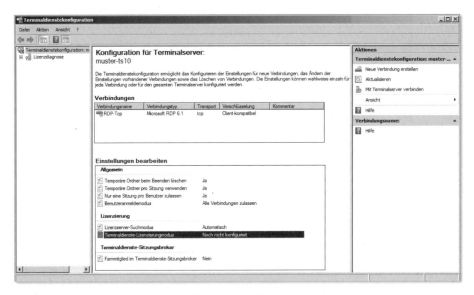

Abbildung 3.8 Ändern der Terminaldienste-Lizenzierung

Die grundsätzliche Entscheidung, welcher Lizenzierungsmodus der richtige für ein Unternehmen ist, ist abhängig davon, wie die Benutzer den Server nutzen. Arbeiten in einem Unternehmen mehrere Benutzer pro Endgerät auf einem Terminalserver, zum Beispiel im Schichtbetrieb, so wäre eine Lizenzierung pro Endgerät die günstigere Variante. Überwiegen in einem Unternehmen jedoch die Benutzer, die von vielen unterschiedlichen Endgeräten auf den Terminalserver zugreifen, also beispielsweise von einem festen PC, einem Notebook und einem Handheld, so wäre eine Lizenzierung auf Benutzerebene günstiger.

Sollten diese kaufmännischen Kriterien keine Entscheidung herbeiführen können, so empfiehlt sich die Lizenzierung auf Benutzerebene, da der heutige Trend in die Richtung geht, dass ein Benutzer mit mehreren Geräten arbeitet (PC, Notebook, Netbook, PDA etc.).

> **Hinweis**
> Unabhängig davon, für welchen Modus die Server konfiguriert werden, müssen für diesen Modus selbstverständlich die entsprechenden Lizenzen erworben werden und auch passend zum Modus des Terminalservers auf dem Lizenzserver eingetragen werden. Sollte einmal Bedarf bestehen, eine bereits vorhandene Lizenzart gegen eine andere zu tauschen, so ist dies ohne Probleme über das Microsoft Clearinghouse telefonisch möglich.

Wie findet aber der Terminalserver seinen Lizenzierungsdienst, wenn er nicht mehr nur auf den Domänencontrollern prüfen muss, wie noch unter Windows 2000? Indem man es ihm vorgibt. Hierzu gibt es unter Windows Server 2008, wie auch schon unter Windows 2003, mehrere Wege, die man je nach Vorlieben und Service-Pack-Stand nutzen kann.

- **Registry-Schlüssel**
  Auf jedem Windows-2008-System lässt sich über die Registry-Einstellungen vorgeben, wer als Server für die Terminalserver-Lizenzierung zur Verfügung steht und welches der bevorzugte Server ist. Um die Liste der Lizenzserver, die für die Verwendung zur Verfügung stehen sollen, zu pflegen, muss im Schlüssel *HKEY_LOCAL_MACHINE\SYSTEM\CurrentControlSet\Services\TermService\Parameters* ein neuer Schlüssel *LicenseServers* angelegt werden. Unter diesem Schlüssel wiederum wird nun einfach für jeden Lizenzserver ein Schlüssel mit dem NetBIOS-Namen oder der IP-Adresse des Servers angelegt, also beispielsweise *HKEY_LOCAL_MACHINE\SYSTEM\CurrentControlSet\Services\TermService\Parameters\LicenseServers\MusterhandelDC01*. Für jeden Schlüssel, der in diesem Pfad eingetragen wird, wird eine Lizenzserver-Suche durchgeführt, bis ein Lizenzierungsdienst gefunden wird.

Möchte man aus dieser Liste einen bestimmten Lizenzserver als Standard vorgeben, so kann dies erreicht werden, indem wieder im Registry-Schlüssel *HKEY_LOCAL_MACHINE\SYSTEM\CurrentControlSet\Services\TermService\Parameters* ein *REG_SZ*-Wert mit dem Namen *DefaultLicenseServer* angelegt wird, der als Wert den Namen des Servers bekommt.

▶ **Bei der Installation**
Wenn die Terminaldienste-Rolle installiert wird, kann bereits bei der Installation die Auswahl eines Lizenzservers erfolgen. Hierbei kann zwischen der direkten Angabe des Lizenzservers, der automatischen Suche und einer späteren Auswahl entschieden werden. Sofern die Auswahl verschoben wird, bleiben 120 Tage, bevor der Terminalserver keine Verbindungen mehr akzeptiert. Bei späterer Auswahl der Serversuche entspräche das Vorgehen dem beim späteren Ändern der Option.

▶ **Terminaldienstekonfiguration**
Ebenfalls lässt sich über START • ALLE PROGRAMME • VERWALTUNG • TERMINALDIENSTE • TERMINALDIENSTEKONFIGURATION unter EINSTELLUNGEN BEARBEITEN • LIZENZIERUNG der Lizenzserver-Suchmodus ändern, wie Abbildung 3.9 zeigt.

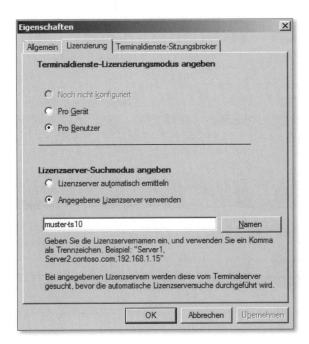

Abbildung 3.9 Lizenzserver-Suchmodus ändern

3.3 Client-/Sitzungsfunktionalitäten

Insbesondere im Bereich der Funktionalitäten des mit Windows Server 2008 gelieferten Clients und der aktuellen RDP-Version 6.1 haben sich große Änderungen im Vergleich zu früheren Systemen ergeben.

3.3.1 Darstellung

Die offensichtlichsten Änderungen sind die erweiterten Darstellungsmöglichkeiten einer RDP-Sitzung, die nun mit bis zu 32 Bit Farbtiefe und einer Auflösung von bis zu 4096 × 2048 Pixel (auch über mehrere Bildschirme) durch den Vollbildmodus des Remotedesktopclient keinen Unterschied mehr zu einem lokalen Arbeiten darstellen. Die wahren Neuerungen liegen jedoch noch eine Stufe tiefer und sind erst auf den zweiten Blick ersichtlich.

3.3.2 Lokale Ressourcen

Es hat gewaltige Erneuerungen bei der Einbindung von lokalen Ressourcen in die Terminalsitzungen gegeben, die es nun ermöglichen, lokale serielle und parallele Schnittstellen, Smartcards, Dateisysteme, Drucker, die Zwischenablage, eine lokale Soundkarte zur Audioausgabe oder sogar bestimmte Plug-and-Play-Geräte in der Sitzung zu nutzen. Wie muss man sich diese Einbindung von lokalen Ressourcen vorstellen?

- Beispiel 1: Ein Benutzer nutzt eine lokale Office-Anwendung, die u.a. Funktionen wie eine automatische Rechtschreib- und Grammatikprüfung bietet, um einen langen Text zu verfassen. Da er keinen lokalen Mailclient auf seinem Rechner installiert hat, nutzt er einen Mailclient auf einem Terminalserver. Durch die gemeinsame *Zwischenablage* ist er nun in der Lage, den Text seiner lokalen Textverarbeitung komplett zu markieren, über die Standardfunktion [STRG] + C zu kopieren und innerhalb der Terminalsitzung direkt über *Einfügen* in eine neue E-Mail einzufügen. Er ist nicht gezwungen, den Text zum Beispiel zunächst irgendwo auf einem Netzwerkpfad zu speichern, um ihn dann vom Terminalserver aus von dort wieder zu öffnen.

- Beispiel 2: Die Vertriebsmitarbeiter der Musterhandel GmbH haben keine festen Arbeitsplätze, sondern arbeiten ausschließlich mit mobilen Notebooks. Um immer und überall ihre Daten zur Verfügung zu haben, speichern sie alle Dateien lokal auf der Festplatte ihres Notebooks. Durch die *Einbindung der lokalen Laufwerke* sind sie in der Lage, aus einer Terminalsitzung heraus auf diese lokal gespeicherten Daten zuzugreifen, da ihre lokalen Laufwerke im *Arbeitsplatz* des Terminalservers für ihre Sitzung angezeigt werden.

▶ Beispiel 3: Wie wir bereits wissen, werden an vielen Arbeitsplätzen der Musterhandel GmbH *lokale Drucker* genutzt, die nicht von zentraler Stelle aus verwaltet werden. Durch das Einbinden von lokalen Druckern in die Sitzung können die Benutzer auch von Anwendungen auf dem Terminalserver aus drucken.

Diese Beispiele sind nur ein kleiner Auszug aus den zur Verfügung stehenden Möglichkeiten durch die Einbindung von lokalen Ressourcen. Abbildung 3.10 zeigt einige Einsatzfälle und Funktionen.

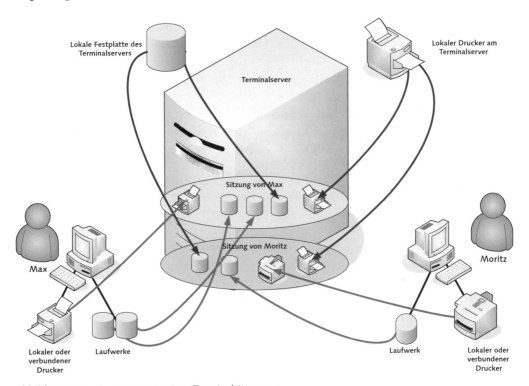

Abbildung 3.10   Ressourcen in einer Terminalsitzung

Sollten nun aber alle diese Möglichkeiten zum Einbinden von Ressourcen genutzt werden? Nein, natürlich nur bei Bedarf! Jede Medaille hat nun einmal zwei Seiten und in diesem Fall stehen der großen Flexibilität durch die Nutzung von lokalen Ressourcen ein gewisses Sicherheitsrisiko zum Beispiel durch Viren, die sich durch die Laufwerksverbindung oder die Zwischenablage übertragen könnten, und ebenso eine Verschlechterung der Performance gegenüber.

Die Verschlechterung der Performance liegt darin begründet, dass mit dem Einbinden von lokalen Ressourcen mehr Informationen über das RDP-Protokoll übertragen werden müssen. So müssen zum Beispiel beim Start einer Sitzung unter Umständen die Laufwerke des Clients, seine Drucker und seine Schnittstellen geprüft und mit den Server in »Einklang« gebracht werden. Das alles kostet Zeit beim Aushandeln der Sitzung.

Aber auch wenn die Sitzung schon aufgebaut ist, kann die Performance leiden. In Beispiel 1 etwa war es ein Vorteil über die Zwischenablage Daten zwischen dem lokalen Rechner und dem Terminalserver austauschen zu können. Modifiziert man das Beispiel aber dahingehend, dass Textverarbeitung und Mailclient lokal laufen und etwa eine Warenwirtschaft vom Terminalserver gestartet ist, würde der Ablauf so aussehen, dass in dem Moment, in dem der Benutzer die Daten in der Textverarbeitung markiert und kopiert, die gesamten Daten über das RDP-Protokoll an den Terminalserver gesandt werden, obwohl sie dort nicht benötigt werden, da der Mailclient ebenfalls lokal ausgeführt wird. Die Daten werden also auch dann übertragen, wenn man sie auf der »anderen Seite« nicht abfragt, und belasten somit in jedem Fall die Bandbreite zwischen Rechner und Terminalserver.

Dieses Beispiel zeigt, dass man nicht pauschal über Sinn und Unsinn dieser Funktion urteilen kann, sondern von Fall zu Fall konkret erfassen muss, wo welche Daten eventuell benötigt werden und wie die Benutzer mit dem Terminalserver arbeiten. In dieser Hinsicht bieten Windows Server 2008 und der Remotedesktopclient jedoch ein großes Maß an Anpassbarkeit, da die Einstellungen, ob und welche Ressourcen eingebunden werden, sowohl generalisiert am Server über das RDP-Protokoll gesteuert werden können als auch im Client selbst gewisse Anpassungen für spezielle Situationen getroffen werden können. Die Abbildungen 3.11 und 3.12 zeigen die Konfigurationspunkte am RDP-Protokoll.

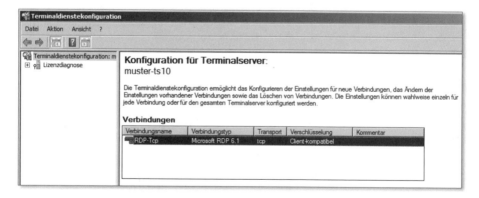

Abbildung 3.11 RDP-Protokoll in der Terminaldienstekonfiguration

Über die Terminaldienstekonfiguration lassen sich unter dem Punkt VERBINDUNGEN die aktuell installierten Verbindungsprotokolle anzeigen. Über die EIGENSCHAFTEN von RDP-tcp gelangt man in die Konfigurationsoptionen des Übertragungsprotokolls, in denen man auf dem Reiter CLIENTEINSTELLUNGEN die Anzeige- und Ressourceneinstellungen für Verbindungen vorgeben kann. Alle hierin getroffenen Einstellungen in Bezug auf die Umleitung von Client-Ressourcen in die Terminalsitzungen lassen sich von der Seite des Clients aus nicht ändern. Ist also beispielsweise die Laufwerkszuordnung durch das Setzen des Hakens deaktiviert, so ist kein Client in der Lage, seine lokalen Laufwerke in der Sitzung zu sehen. Wie Abbildung 3.12 zeigt, können die einzelnen Optionen unabhängig voneinander mittels Setzen eines Hakens *deaktiviert* werden.

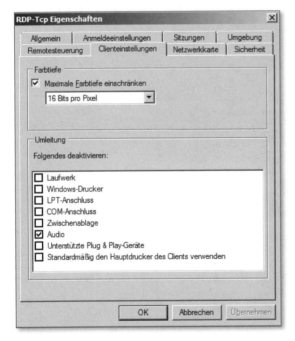

Abbildung 3.12 Clienteinstellungen am RDP-Protokoll

Kommen wir erneut auf unser Beispiel mit den Vertriebsnotebooks zurück. Sofern an dieser Stelle der Haken gesetzt wird, dass Laufwerkszuordnungen deaktiviert werden, so wird der Anmeldevorgang beschleunigt, jedoch können die Mitarbeiter aus der Terminalsitzung nicht auf die Daten ihrer lokalen Festplatte zugreifen. Gibt es auch eine Möglichkeit, den Benutzern von Fall zu Fall selbst die Entscheidung darüber zu überlassen, was ihnen wichtiger ist: Performance oder Datenzugriff? Ja, diese Option gibt es. Und zwar über die Optionen des Remotedesktopclients.

3.3.3 Remotedesktopclient-Funktionen

Vergleicht man den Remotedesktopclient von Windows Vista/2008 mit dem alten Terminalserver-Client von etwa Windows 2000, erkennt man ein gewaltiges Mehr an Funktionen. Eine der wichtigsten ist die Möglichkeit, auf komfortable Weise über die Client-Optionen der RDP-Sitzung entscheiden zu können.

Abbildung 3.13 Lokale Ressourcen im RDP-Client

Unter dem Reiter LOKALE RESSOURCEN hat der Benutzer für jede Verbindung die Möglichkeit, individuell zu entscheiden, ob beispielsweise lokale Drucker mit in die Sitzung aufgenommen werden sollen. Mit dem RDP Client 6.1 können über die Schaltfläche WEITERE sogar einzelne Laufwerke oder Plug-and-Play-Geräte eingebunden werden. Letzteres setzt jedoch zwingend Windows Vista oder Server 2008 als Betriebssystem auf der Serverseite voraus, während die anderen Funktionen auch schon mit Windows-2003-Terminaldiensten genutzt werden konnten.

Grundsätzlich ist bei der Einbindung von lokalen Ressourcen zu beachten, dass im Gegensatz zur Terminaldienstekonfiguration ein Haken die Option *aktiviert* und nicht *deaktiviert*. Generell gilt, dass hier nur Optionen aktiviert und dann auch genutzt werden können, die nicht am RDP-Protokoll auf der Seite des Servers deaktiviert worden sind. Auf der anderen Seite werden aber zum Beispiel

Laufwerke auch nur dann zugeordnet, wenn sie am RDP-Protokoll nicht deaktiviert und am Client aktiviert sind.

> **Hinweis**
>
> Wichtig an dieser Stelle ist, dass es in bestimmten Konstellationen immer wieder zu Problemen mit der Ressourcenumleitung kommen kann, die durch Service Packs behoben werden können. Weit unbekannter ist aber die Tatsache, dass es hin und wieder auch neue Remotedesktopclient-Versionen gibt, die separat von der Microsoft-Internetseite heruntergeladen werden können. Sollten also Probleme mit bestimmten Funktionalitäten auftauchen, so lohnt sich immer auch ein Blick auf die Version des Remotedesktopclients.

Insbesondere bei Verbindungsgeschwindigkeit und Performance bietet der Remotedesktopclient also viel Potential, um kundigen Benutzern eine optimale Verbindungskonfiguration zu ermöglichen. Ein weiteres Beispiel hierfür findet sich unter dem Reiter ERWEITERT.

Abbildung 3.14   Erweiterte Einstellungen

An dieser Stelle lassen sich anhand von Vorlagen, die sich an Netzwerkbandbreiten anlehnen, zusätzliche Performancegewinne erzielen, indem beispielsweise Hintergrundbilder und Animationen deaktiviert werden, wie Abbildung 3.14 zeigt. Insbesondere durch die an dieser Stelle mögliche Konfiguration von Bitmap-Zwischenspeicherung und Desktophintergrund-Deaktivierung lassen sich RDP-Verbindungen nochmals deutlich beschleunigen.

Doch nicht nur bei den Verbindungseinstellungen und der Performance lässt der Remotedesktopclient einiges zu. Auch im Hinblick auf den Benutzerkomfort werden hilfreiche Möglichkeiten geboten. So offenbart der Reiter PROGRAMME in der Remotedesktopverbindung die Möglichkeit, direkt bei Start der Verbindung eine Anwendung auf dem Terminalserver zu starten.

Abbildung 3.15 Direkter Programmstart im RDP-Client

Der große Vorteil liegt darin, dass exklusiv nur die gewählte Anwendung geöffnet wird und die sonstigen Komponenten des Desktops, wie zum Beispiel das Startmenü, nicht zur Verfügung stehen, wie Abbildung 3.16 zeigt. In dem Moment, in dem der Benutzer die exklusive Anwendung beendet, wird auch die RDP-Sitzung beendet.

> **Direkter Programmstart aus dem RDP-Client**
>
> Um es an dieser Stelle schon einmal vorwegzunehmen: Der direkte Programmstart aus dem RDP-Client war zu Windows-2003-Zeiten eine nette Funktion – seit Windows Server 2008 gehört sie jedoch zum »Alten Eisen«, da man ein gleiches beziehungsweise deutlich besseres Ergebnis über die RemoteApp-Funktionalität erreichen kann, die in Abschnitt 3.4, »Terminaldienste-Remoteanwendungen«, beschrieben wird.

Doch wie lassen sich dieser Programmstart oder die Möglichkeiten der Sitzungskonfiguration effektiv nutzen? Eine Möglichkeit, die sowohl dem versierten Benutzer als auch dem Administrator das Leben erleichtern kann, ist die Speicherung von RDP-Konfigurationen in RDP-Konfigurationsdateien. Über den Reiter ALLGEMEIN lässt sich ein Dialog zum Speichern von Verbindungseinstellungen öffnen, über den die gesamten Einstellungen, also Anzeige, Darstellung, Bandbreite und die zu startenden Programme hinterlegt werden können.

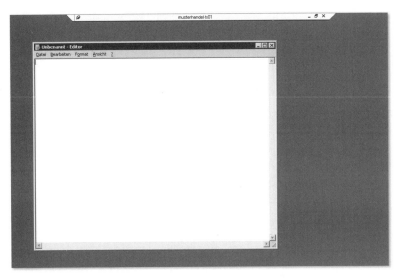

Abbildung 3.16 Beispiel für einen direkten Programmstart

Abbildung 3.17 Speichern der Verbindungseinstellungen

Greifen wir nun unsere Beispiele wieder auf, so könnte man sich für die Vertriebsmitarbeiter vorstellen, dass sie sich, je nachdem, ob sie lokale Laufwerke nutzen wollen oder nicht, zum Beispiel eine RDP-Konfiguration mit und eine ohne Umleitung der Laufwerke in der Sitzung anlegen. Diese könnten sie beide auf dem Desktop oder im Startmenü speichern und nach Wunsch die eine oder die andere Verbindung auswählen.

Aber auch aus administrativer Sicht bieten die Konfigurationsdateien Vorteile. So könnte ein Administrator beispielsweise für zwei auf einem Terminalserver bereitgestellte Anwendungen zwei Konfigurationsdateien erstellen, die von dem direkten Programmstart Gebrauch machen. Diese Dateien könnte er zum Beispiel über ein Login-Skript auf die Desktops der Benutzer verteilen und hätte so eine einfache, aber effektive Art der »Terminalserver-Softwareverteilung« erreicht. Die Möglichkeiten setzen dem Spieltrieb in dieser Hinsicht keine Grenzen.

3.3.4 Easy Print/Fallback-Druckerteiber

Eine mit Windows Server 2008 neu eingeführte Funktion ist das sogenannte *Easy Print*. Hierbei handelt es sich im Kern um eine generische Druckeransteuerung, die es ermöglicht, Client-Drucker in die Terminalsitzungen integrieren zu können, ohne die entsprechenden Treiber installieren zu müssen. Die Aktivierung des Easy Print erfolgt per Gruppenrichtlinie, wie in Abbildung 3.18 dargestellt.

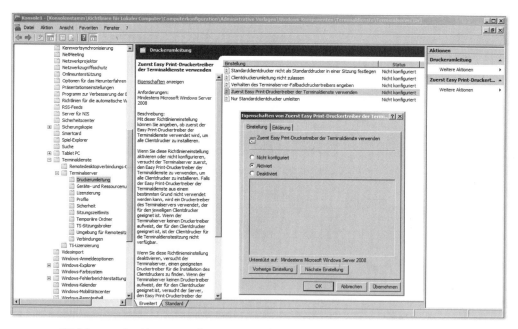

Abbildung 3.18 Aktivierung des Easy Print über eine Gruppenrichtlinie

> **Hinweis**
> Diese Funktionalität ist dem versierten Citrix-Administrator bereits seit einigen Jahren mit dem universellen Druckertreiber ein Begriff. Seit Windows Server 2008 gibt es dies nun auch für die Windows-Terminaldienste.

Eine weitere Funktion, die seinerzeit mit Windows Server 2003 Service Pack 1 eingeführt wurde und auch im Windows Server 2008 weiterhin enthalten ist, ist das sogenannte Druckertreiber-Fallback. Diese Funktion wird bei der Umleitung von lokalen Druckern am Client in eine Terminalsitzung eingesetzt. Um die Möglichkeiten der neuen Funktion zu verstehen, muss man sich die Funktionsweise der Druckerumleitung noch einmal vor Augen halten. Wie bereits beschrieben, lassen sich lokale Drucker des Clients ebenso wie Laufwerke, über serielle und parallele Schnittstellen in die Terminalserversitzung umleiten, um dann dort wie gewohnt zur Verfügung zu stehen (Abbildung 3.10).

Im Gegensatz zu Laufwerken und Schnittstellen wird für Drucker jedoch nicht nur die Information benötigt, wo das Gerät zu finden ist, sondern auch, um was für ein Gerät es sich handelt. Diese Information ist von entscheidender Wichtigkeit für die Druckerumleitung, da die Funktionalität des Druckers von seinem Treiber abhängig ist. Steht für einen Drucker kein passender Treiber zur Verfügung, kann der Drucker nicht genutzt werden. Im Standard von Windows 2003 läuft das Einbinden von Druckern in die Terminalserversitzung etwas vereinfacht nach dem folgenden Schema ab:

- Der Client startet den Verbindungsaufbau zum Terminalserver. Hierbei wird geprüft, ob sowohl am RDP-Protokoll als auch am Remotedesktopclient die Umleitung von lokalen Druckern aktiviert bzw. nicht deaktiviert ist.
- Ist die Umleitung an beiden Stellen aktiviert, übermittelt der Client Informationen über seine eingerichteten Drucker an den Server. Diese Informationen beinhalten als wichtigste Komponenten die Typen der Drucker, also somit der verwandten Treiber.
- Der Terminalserver prüft daraufhin in seinem Treiberspeicher und anhand von Kompatibilitätslisten, ob ein passender Treiber für den Drucker zur Verfügung steht. Die Kompatibilitätslisten sind hierbei von entscheidender Wichtigkeit, da die Treiber auf unterschiedlichen Betriebssystemen womöglich unterschiedliche Namen und Versionen haben.
- Wird ein passender Treiber gefunden, wird dieser bei Bedarf installiert und der Drucker kann in der Sitzung genutzt werden. Falls kein passender Treiber gefunden wird, steht der Drucker in der Sitzung nicht zur Verfügung. Diese Tatsache ist aus einem Eintrag im Systemprotokoll des Servers ersichtlich.

Da sich die Entwicklung von Druckern und deren Treibern häufig schneller vollzieht als Anpassungen an den entsprechenden Kompatibilitätslisten, war dies immer eine der größten Problemquellen bei der Umleitung von Druckern. Hierbei soll durch das Treiber-Fallback Abhilfe geschaffen werden, da die Möglichkeit geboten wird, für die Sitzung auf einen standardisierten PostScript-(PS-) oder Printer-Control-Language-(PCL-)Treiber zurückzugreifen.

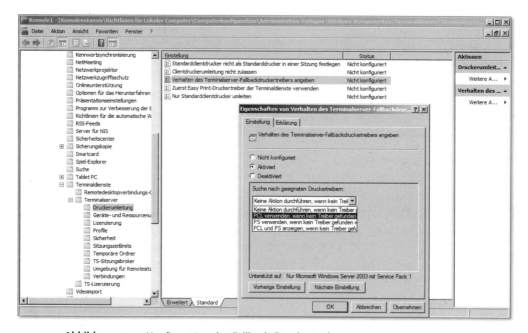

Abbildung 3.19 Konfiguration des Fallback-Druckertreibers

Im Standard ist das Fallback deaktiviert, es kann jedoch ohne Probleme über eine Gruppenrichtlinie aktiviert werden. Die möglichen Konfigurationsoptionen sind:

▶ **Keine Aktion durchführen, wenn kein Treiber gefunden wird**
Diese Einstellung ist die Standardeinstellung. Das Umleiten verhält sich wie seinerzeit unter Windows 2000 oder Windows 2003 ohne Service Pack. Ohne einen passenden Treiber steht der Drucker in der Sitzung nicht zur Verfügung.

▶ **PCL verwenden, wenn kein Treiber gefunden wird**
Sofern kein passender Treiber gefunden wird, nutzt der Terminalserver einen HP-kompatiblen PCL-Fallback-Druckertreiber.

▶ **PS verwenden, wenn kein Treiber gefunden wird**
Sofern kein passender Treiber gefunden wird, nutzt der Terminalserver einen Adobe-kompatiblen PostScript-Fallback-Druckertreiber.

- **PCL und PS anzeigen, wenn kein Treiber gefunden wird**
  Sofern kein passender Treiber gefunden wird, zeigt der Terminalserver sowohl einen PCL- als auch einen PS-Fallback-Druckertreiber in der Sitzung an.

Trotz dieser Optionen kann es in Einzelfällen dazu kommen, dass ein Drucker nicht korrekt erscheint. Dies kann damit zusammenhängen, dass der Hersteller des Druckers weder PostScript noch PCL für seinen Drucker akzeptiert.

3.3.5 RDP-Authentifizierung und Verschlüsselung

Immer häufiger stellt sich auch die Frage nach der Sicherheit von RDP-Sitzungen. Vor allem die Sicherheit der übertragenen Anmeldeinformationen spielt herbei eine große Rolle. Auch hier bietet der Windows-2008-Terminalserver eine Weiterentwicklung an: die Möglichkeit zur Secure-Sockets-Layer-(SSL-)/Transport-Layer-Security-(TLS-)-1.0-Authentifizierung und zur Verschlüsselung von RDP-Sitzungen.

> **Mehr Sicherheit**
>
> Wem dieses Maß an Sicherheit für Terminalsitzungen intern wie extern nicht genügt, findet in Abschnitt 3.6, »Terminaldienste-Gateway« weitere Informationen zu diesem Thema. Diese neue Funktionsrolle von Windows Server 2008 hebt den möglichen Grad an Sicherheit deutlich an und ist somit insbesondere für sicherheitssensible Bereiche interessant.

Um diese Funktionen nutzen zu können, benötigt der Server ein SSL-fähiges Serverauthentifizierungszertifikat, das dem X.509-Standard entspricht, sowie den entsprechenden privaten Schlüssel zu diesem Zertifikat. Das Zertifikat muss im Zertifikatsspeicher des Servers abgelegt werden, damit es für den entsprechenden Zweck genutzt werden kann.

Zertifikate, die die entsprechenden Anforderungen erfüllen, können sowohl über die Windows-Zertifikatsdienste, eine Komponente von Windows 200x, als auch über einen offiziellen Anbieter angefordert und bezogen werden.

Auf der Seite des Clients gelten ebenfalls einige Anforderungen. So muss es sich bei dem Client wenigstens um Windows 2000 oder XP handeln. Der jeweilige Client muss mindestens die Remotedesktop-Verbindung-Version 5.2 (besser: 6.x) nutzen und dem Anbieter des Serverzertifikates vertrauen, sprich: die *Certificate Authority* (CA) muss auf dem Client zu den vertrauenswürdigen Stammzertifizierungsstellen gehören. Sind diese Anforderungen erfüllt, kann über die Eigenschaften des RDP-Protokolls eine Konfiguration der Sicherheitsstufen vorgenommen werden.

Abbildung 3.20 RDP-Sicherheitseinstellungen

Wie auch die am RDP-Protokoll getroffenen Anzeige- und Ressourcen-Einstellungen gelten alle hier getroffenen Konfigurationen ausnahmslos für alle Clients. Aus diesem Grund sollte vor der Konfiguration gründlich getestet werden, ob alle Clients die entsprechenden Anforderungen erfüllen (können). Wichtig an dieser Stelle ist, dass die Authentifizierung und Verschlüsselung nicht mit den RDP-Berechtigungen zusammenhängen, die über den Reiter SICHERHEIT konfiguriert werden (Abbildung 3.21).

Die Sitzungssicherheit definiert, wie die Authentifizierung und die Sitzungen geschützt werden, während die Berechtigungen definieren, wer sich anmelden und was er mit anderen Sitzungen machen darf.

> **Info**
>
> Nebenbei: Die Berechtigungen sind auch der Grund dafür, dass sich im Remote-Verwaltungsmodus unter Windows 2000 und beim Remotedesktop unter Windows 2003 nur bestimmte Benutzergruppen, wie Administratoren, anmelden dürfen. Ändert man an dieser Stelle die Berechtigungen, so können sich zum Beispiel unter Windows 2000 auch normale Benutzer im Remote-Verwaltungsmodus anmelden. Die Beschränkung der Anzahl der Sitzungen bleibt hiervon jedoch unberührt.

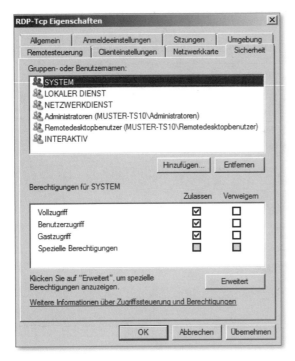

Abbildung 3.21 RDP-Berechtigungen

3.4 Terminaldienste-Remoteanwendungen

Bei den Terminaldienste-Remoteanwendungen (RemoteApp) handelt es sich zum ersten Mal in der Geschichte der Windows-Terminaldienste um eine offizielle Möglichkeit, nicht den kompletten Desktop, sondern nur einzelne Anwendungen (seamless) zur Verfügung zu stellen.

> *Offizielle* Möglichkeit deshalb, weil es auch unter Windows 2003 bereits durch entsprechende Anpassungen am Protokoll möglich war, diesen Effekt zu erreichen. Leider erlosch hierdurch der Support-Anspruch, was den Einsatz dieser Funktion in der Praxis nicht seriös erscheinen ließ.

Die Funktion, die auf den ersten Blick den veröffentlichten Anwendungen des XenApp entspricht, bietet für die Benutzer einen wesentlich höheren Komfort und – als Vision – in Kombination mit der *Desktop Experience* sogar ein Windows Vista Look & Feel mit Aero-Fenstern.

Die Basis für diese Technik bieten über MSI verteilte RDP-Dateien, die über TERMINALDIENSTE-REMOTEAPP-MANAGER erstellt und konfiguriert werden können.

Dieser findet sich unter START • ALLE PROGRAMME • VERWALTUNG • TERMINAL-DIENSTE • TERMINALDIENSTE-REMOTEAPP-MANAGER.

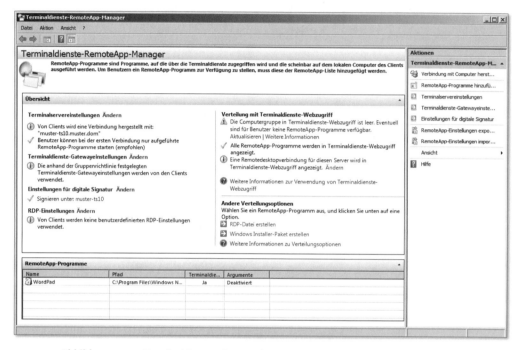

Abbildung 3.22 Terminaldienste-RemoteApp-Manager

Über diese Verwaltungskonsole lassen sich sämtliche Einstellungen der Remote-App-Veröffentlichungen anzeigen und konfigurieren.

3.4.1 Konfiguration der Bereitstellungseinstellungen

So kann beispielsweise über TERMINALSERVEREINSTELLUNGEN ÄNDERN definiert werden, zu welchem Server beziehungsweise zu welcher Farm die Benutzer eine Verbindung herstellen sollen oder welche Zugriffswege hierfür zur Verfügung stehen sollen, wie in Abbildung 3.23 gezeigt.

Auch die Einstellungen für ein eventuell vorhandenes Terminaldienste-Gateway (vgl. Abschnitt 3.6, »Terminaldienste-Gateway«), eine digitale Signatur der bereitgestellten Veröffentlichungen oder benutzerdefinierte RDP-Einstellungen wie die Integration von Clientgeräten lassen sich an dieser Stelle konfigurieren.

> **Hinweis**
> Sofern mehrere Terminalserver zu einer Farm zusammengefügt sind, kann unter SERVER-NAME auch der DNS-Name der Farm bzw. der Round-Robin-DNS-Name eingetragen werden.

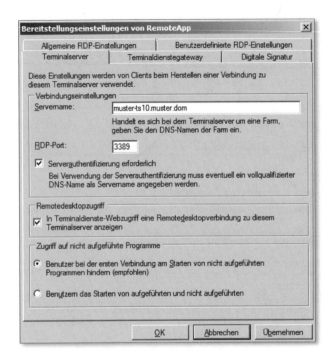

Abbildung 3.23 Ändern der Bereitstellungseinstellungen

3.4.2 Definieren von neuen Anwendungen

Um nun aber eine Anwendung per RemoteApp für die Benutzer zur Verfügung stellen zu können, muss sie zunächst der Liste der *RemoteApp-Programme* hinzugefügt werden. Zu diesem Zweck findet sich im RemoteApp-Manager in der Taskleiste der Punkt REMOTEAPP-PROGRAMME HINZUFÜGEN, über den ein entsprechender Assistent gestartet werden kann.

Wie in Abbildung 3.24 dargestellt, steht in diesem Assistenten direkt eine Liste von installierten Anwendungen bereit, die durch einfaches Anhaken aktiviert werden können. Sofern die gewünschte Anwendung nicht in der Liste erscheinen sollte, kann sie über die Funktion DURCHSUCHEN manuell hinzugefügt werden (Abbildung 3.25).

3 | Windows-Server-2008-Terminaldienste

Abbildung 3.24 Auswahl von Programmen für RemoteApp

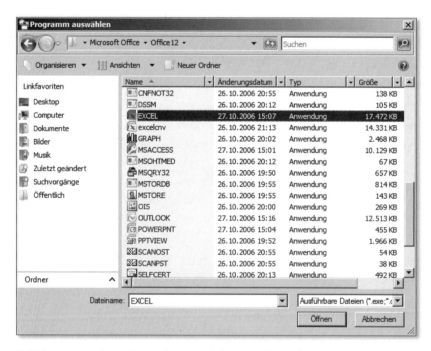

Abbildung 3.25 Auswahl einer benutzerdefinierten Anwendung

Anschließend steht die Anwendung in der Liste der RemoteApp-Programme für die weitere Verwendung zur Verfügung.

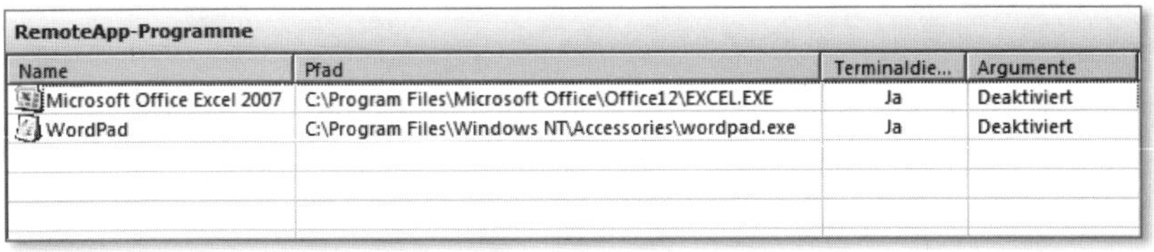

Abbildung 3.26 Liste der RemoteApp-Programme

3.4.3 Veröffentlichen einer RemoteApp

Nach der im letzten Abschnitt durchgeführten, grundsätzlichen Definitionen der gewünschten RemoteApp-Programme müssen diese für die Verwendung durch die Benutzer noch entsprechend bereitgestellt werden. Hierzu muss die gewünschte Anwendung in der Liste markiert und eine der Optionen RDP-DATEI ERSTELLEN oder WINDOWS INSTALLER-PAKET ERSTELLEN gewählt werden.

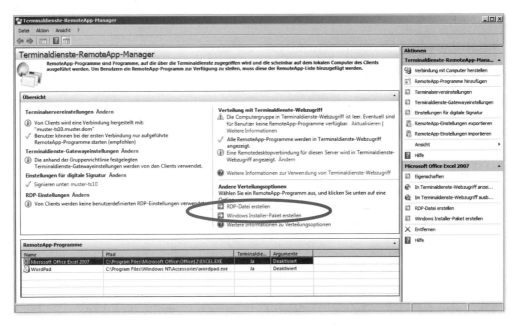

Abbildung 3.27 Bereitstellung eines RemoteApp-Programmes

Sofern die Option RDP-Datei erstellen gewählt wurde, startet ein Assistent, der einige Bereitstellungs- und Verbindungsparameter abfragt, wie in Abbildung 3.28 gezeigt.

Abbildung 3.28 Konfigurationsoptionen des Paketes

Nach Abschluss des Assistenten liegt eine RDP-Datei vor, die von den Benutzern dazu genutzt werden kann, die entsprechende RemoteApp zu starten.

Diese Lösung ist durchaus funktional, hat allerdings das kleine Manko, dass einerseits der Administrator vollständig dafür zuständig ist, die erstellten RDP-Dateien zu verteilen – per Script, manuell etc. – andererseits aber auch der Benutzer genau wissen muss, wie er mit der Datei umzugehen hat. Eine intuitive Bedienung wie mit lokal installierten Anwendungen und den entsprechenden Verknüpfungen im Startmenü ist nicht gegeben.

Genau aus diesem Grund existiert die Option WINDOWS INSTALLER-PAKET ERSTELLEN. Bei diesem Assistenten ist der erste Schritt identisch mit der Erstellung einer RDP-Datei und entspricht dem in Abbildung 3.28 dargestellten Dialog. Nach diesem ist der Assistent jedoch nicht beendet, sondern erlaubt einer Konfiguration der gewünschten Veröffentlichungsform, welche dann im MSI-Paket hinterlegt wird.

Wie in Abbildung 3.29 gezeigt, besteht hier nun etwa die Möglichkeit, die Verknüpfungen zur RemoteApp (in Kern ist dies natürlich wieder die RDP-Datei) auf dem Desktop oder im Startmenü des Benutzers abzulegen. Dies erleichtert dem

Benutzer deutlich die Handhabung einer RemoteApp und kann somit ein wichtiger Baustein für eine Akzeptanz der Lösung sein.

Abbildung 3.29 Verteilungspaket konfigurieren

Allerdings ist auch bei dieser Variante der Administrator zuständig für die Verteilung des MSI-Paketes – jedoch gestaltet sich dies beispielsweise durch die Möglichkeiten der Softwareverteilung mittels Gruppenrichtlinien im Regelfall recht unproblematisch.

> **Historisches**
>
> An dieser Stelle zeigen sich deutlich die unterschiedlichen »Evolutionsstufen« der Anwendungsbereitstellung mit Windows-Terminaldienste-Bordmitteln und Citrix XenApp. Während bei den Bordmitteln noch einiges an Konzeption, Verwaltung und Konfiguration auf dem Administrator lastet, so sind dies Punkte, die in Citrix-Umgebungen bereits seit Jahren keine Rolle mehr spielen – hier kann alles deutlich granularer gesteuert und anschließend automatisiert aus den Verwaltungswerkzeugen heraus verteilt werden, ohne eigene Lösungen dafür »stricken« zu müssen. Wie genau dies geht, wird in Abschnitt 6.2, »Bereitstellung von Ressourcen«, erläutert.

3.5 Terminaldienste-Webzugriff

Eine Komponente, die seinerzeit unter Windows 2000 noch separat bei Microsoft herunterzuladen und auf einem Internet Information Server (IIS) zu installieren war, ist der Terminalserver-Webzugriff oder kurz: TSWeb. Seit Windows 2003 gehört diese Komponente zum Lieferumfang des Betriebssystems und kann unter Windows Server 2008 wie auch die bisher beschriebenen Komponenten über die *Rollendienste* installiert werden.

Sofern bei der Auswahl des Rollendienstes noch kein Internet Information Server (IIS) auf dem Server installiert war, so wird eine entsprechende Hinweismeldung angezeigt, die das automatische Hinzufügen der notwendigen Rollen ermöglicht (Abbildung 3.30).

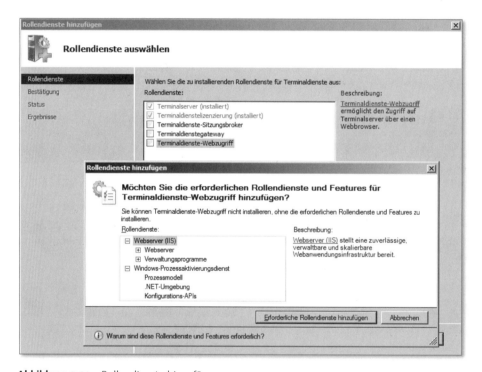

Abbildung 3.30 Rollendienste hinzufügen

Wie in Abbildung 3.31 dargestellt, bietet der Terminaldienste-Webzugriff den Benutzern einen browser-basierten Zugriff auf die für sie zur Verfügung gestellten Anwendungen.

Interessant ist diese Funktion insofern, als beispielsweise die Veröffentlichung von Anwendungen (vgl. Abschnitt 3.4.3, »Veröffentlichung einer RemoteApp«)

eine sehr einfache und schnell zu bedienende Variante darstellt, RemoteApp-Programme bereitstellen zu können – sie entbindet beispielsweise von dem Bedarf MSI- oder RDP-Pakete verteilen zu müssen. Allerdings müssen die Benutzer natürlich in die Nutzung einer Webseite für den Start von Anwendungen eingewiesen werden.

Abbildung 3.31   Terminaldienste-Webzugriff

3.6 Terminaldienste-Gateway

Betrachtet man einmal die bisher beschriebenen Funktionen und insbesondere den Terminaldienste-Webzugriff, so wird man sich unweigerlich früher oder später die Frage stellen, ob und wie man diese Funktionen auch im/über das Internet nutzen kann.

Viele haben diese Frage mit »Nein« beantwortet – unter anderem auch Microsoft. Genau aus diesem Grund gibt es noch eine neue Komponente im Windows Server 2008, die die Terminaldienste erweitert – das *Terminaldienste-Gateway*.

3.6.1 Installation des Terminaldienste-Gateway

Auch bei dem Terminaldienste-Gateway handelt es sich um einen *Dienst* der *Rolle Terminalserver* und daher kann es somit über den Server-Manager nachinstalliert werden.

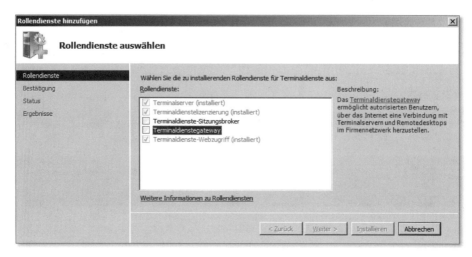

Abbildung 3.32 Installation des Rollendienstes

Wie auch schon an anderer Stelle wird nun darauf hingewiesen, dass weitere Komponenten für den Betrieb benötigt werden, wie Abbildung 3.33 zeigt.

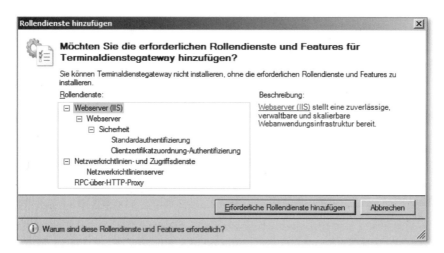

Abbildung 3.33 Hinweis über fehlende Komponenten

Da es sich bei dem Terminaldienste-Gateway im Kern um einen SSL-Gateway handelt, wird im nächsten Installationsschritt nach dem zu verwendenden Zertifikat gefragt.

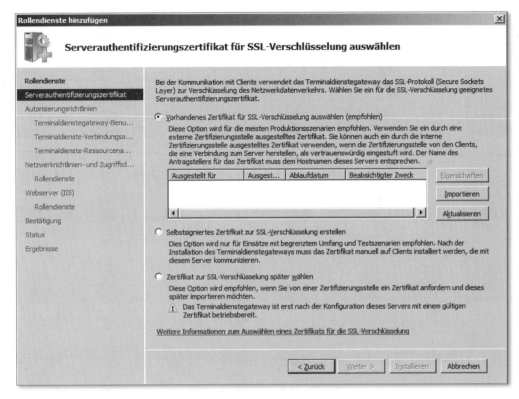

Abbildung 3.34 SSL-Verschlüsselung konfigurieren

Hierbei stehen mehrere Optionen zur Verfügung, wobei für den produktiven Einsatz der Import eines offiziellen Zertifikates die beste ist. Alle weiteren Konfigurationsoptionen können an dieser Stelle übersprungen beziehungsweise in den Standardeinstellungen übernommen werden, um sie später über den Gateway-Manager zu setzen.

3.6.2 Konfiguration von sicheren Verbindungen

Nach der erfolgreichen Installation kann das Gateway konfiguriert werden. Hierfür findet sich unter START • ALLE PROGRAMME • VERWALTUNG • TERMINALDIENSTE • TERMINALDIENSTEGATEWAY-MANAGER die entsprechende Verwaltungskonsole.

Um Verbindungen über das Gateway herstellen zu können, müssen zwei Arten von Richtlinien konfiguriert werden: *Verbindungsautorisierungsrichtlinien* und *Ressourcenautorisierungsrichtlinien*.

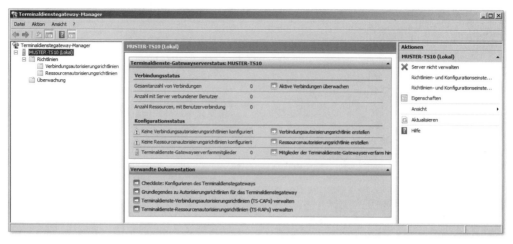

Abbildung 3.35 Verwaltungskonsole des Terminaldienste-Gateways

Bei der Verbindungsautorisierungsrichtlinie (TS-CAP) handelt es sich um eine Richtlinie, in der definiert wird, ob ein Benutzer eine Verbindung herstellen darf und welche Verbindungseinstellungen hierfür gelten sollen.

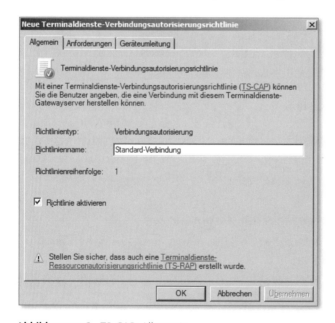

Abbildung 3.36 TS-CAP: Allgemein

Für die Erteilung der entsprechenden Berechtigungen und Einstellungen werden Anforderungen zugrunde gelegt, die über den Anmeldevorgang und Informationen aus den Netzwerkrichtlinien- und Zugriffsdiensten (NAP – Network Access Protection) gewonnen werden.

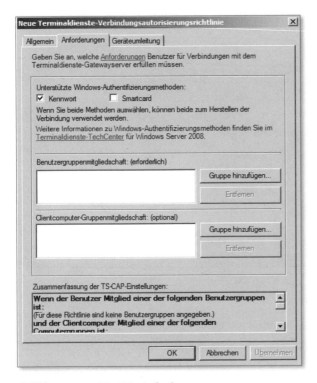

Abbildung 3.37   TS-CAP: Anforderungen

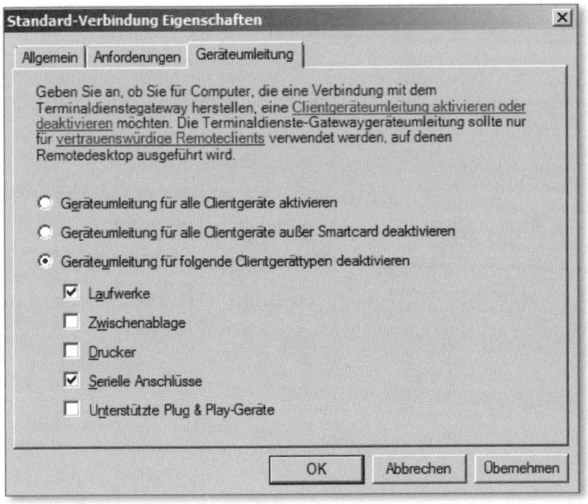

Abbildung 3.38   TS-CAP: Geräteumleitung

Die Ressourcenautorisierungsrichtlinie (TS-RAP) wiederum definiert, welche Benutzer auf welche Ressourcen – sprich: auf welche Terminalserver zugreifen können. Zu diesem Zweck kann in der Richtlinie einer Auswahl der gewünschten Benutzergruppe(n) und der Ziel-Terminalservergruppen erfolgen, wie in Abbildung 3.39 dargestellt.

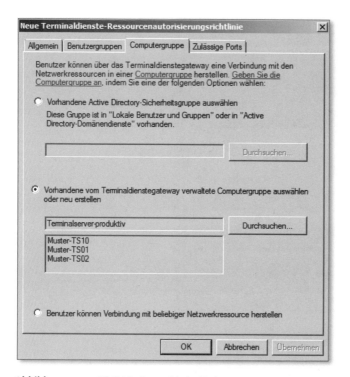

Abbildung 3.39 TS-RAP: Auswahl der Ziele

Auch die Einschränkung auf bestimmte Kommunikationsports ist über eine TS-RAP möglich, wie Abbildung 3.40 zeigt.

Nach der Erstellung und Konfiguration der Richtlinien muss der Server noch in die Terminaldienste-Gateway-Gruppe aufgenommen und gegebenenfalls mit dem passenden Zertifikat versehen werden, um für Verbindungsanfragen von Clients zur Verfügung zu stehen. Dies kann über den entsprechenden Punkt in der Taskleiste durchgeführt werden, wie in Abbildung 3.41 dargestellt.

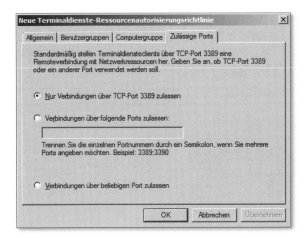

Abbildung 3.40 TS-RAP: Zulässige Ports

Abbildung 3.41 Hinzufügen des Servers zur Gatewayfarm

Weitere Konfigurationsoptionen

Neben den hier aufgeführten Konfigurationsoptionen existieren noch weitere Möglichkeiten, die sich aus der direkten Kombination mit den NAP-Diensten des Windows Server 2008 ergeben. Diese und die für deren Verständnis notwendigen Hintergründe hier aufzuzeigen, würde aber an dieser Stelle den Rahmen sprengen, da der Schwerpunkt dieses Buches auf den XenApp-Technologien und nicht auf den Windows-Server-2008-Technologien liegt.

3.6.3 Herstellen einer Verbindung

Um nach der erfolgten Konfiguration eine Verbindung zum Gateway herzustellen, stehen dem Benutzer mehrere Möglichkeiten zur Verfügung. Die erste und einfachste ist die Nutzung der *Remotedesktopverbindung*. Unter dem Reiter LEISTUNG findet sich seit der 6.x-Version des RDP-Clients die Option *Verbindung von überall aus herstellen*.

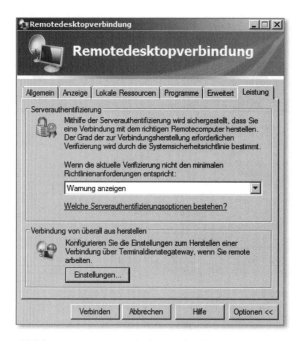

Abbildung 3.42 Remotedesktopverbindung

An dieser Stelle kann nun über EINSTELLUNGEN die Konfiguration der gewünschten Gateway-Parameter erfolgen, wie in Abbildung 3.43 dargestellt.

Ebenso – beziehungsweise weitaus besser – kann die Gatewaykonfiguration natürlich auch über die Verbindungseinstellung in RemoteApp-Programmen eingestellt werden. So kann bei der Bereitstellung von RemoteApp-Anwendungen konfiguriert werden, ob ein Terminaldienste-Gateway für die Verbindungsherstellung genutzt werden soll, wie in den Abbildungen 3.44 und 3.45 gezeigt.

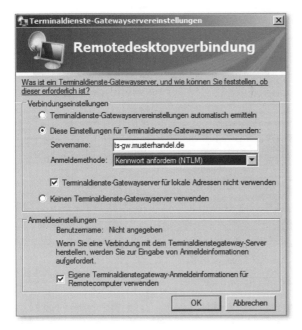

Abbildung 3.43 Verbindungseinstellungen im RDP-Client

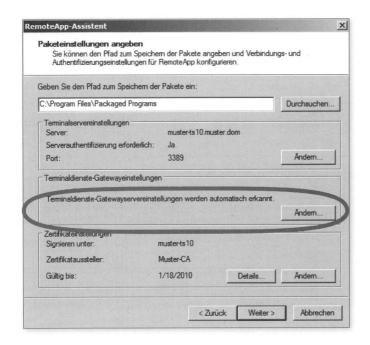

Abbildung 3.44 RemoteApp-Bereitstellung

3 | Windows-Server-2008-Terminaldienste

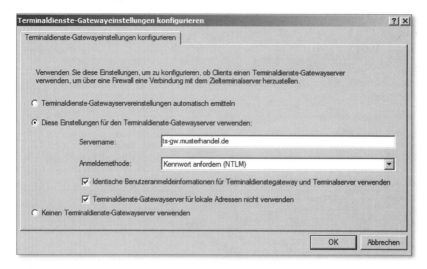

Abbildung 3.45 Gatewayeinstellungen konfigurieren

Gateway-Vergleich

Sofern man sich bereits ein wenig mit dem XenApp-Produktportfolio auseinandergesetzt hat, wird schnell deutlich, dass das Terminaldienste-Gateway wie ein kleiner Bruder des Secure Gateway bzw. des Access Gateway wirkt. Tatsächlich scheinen viele Funktionen auf den ersten Blick recht ähnlich. Auf den zweiten Blick erkennt man jedoch schnell, dass etwa die Möglichkeiten der Endpunkteanalyse – selbst mit NAP – bei weitem nicht an die Möglichkeiten des Access Gateway heranreichen. Das sollen sie ja auch gar nicht – aus Microsoft-Sicht sollen sie eine Basisfunktionalität zur Verfügung stellen, die bisher mit Bordmitteln nicht zu realisieren war – nicht mehr und nicht weniger. Dieser Hintergrund ist jedoch äußerst wichtig, wenn es um einen möglichen Auswahlprozess von Zugrifftechnologien geht – hier dürfen auf keinen Fall Äpfel mit Birnen verglichen werden.

3.7 Terminaldienste-Sitzungsbroker

Das Terminaldienste-Sitzungsbroker (ehemals: *Session Directory*) ist ein wichtiger Schritt in Richtung gezielte Lastverteilung bei Windows-Terminalservern. Auch an dieser Stelle ist für das Verständnis der Technik ein Blick in die Vergangenheit sehr hilfreich.

Erinnern wir uns kurz an Abschnitt 2.3, »Microsoft und die Windows-Terminaldienste«. Dort gab einen Abschnitt über die Lastverteilung von Terminalsitzungen durch DNS Round Robin. Der Kern dieser Lösung bestand darin, dass für einen Hostnamen im DNS mehrere IP-Adressen eingetragen wurden, die den IP-Adressen der vorhandenen Terminalserver entsprachen. Da die eingetragenen

IP-Adressen für jeden Hostnamen bei Round Robin sequentiell zurückgegeben werden, werden die Clients relativ gleichmäßig durch eine 1:1-Verteilung an die Terminalserver verwiesen.

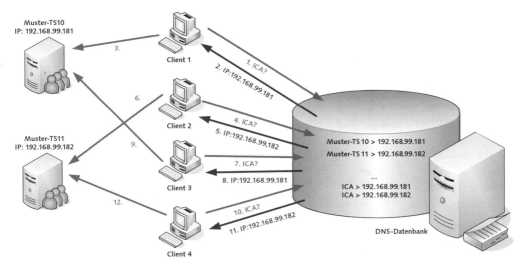

Abbildung 3.46 Lastenverteilung mit DNS und Round Robin

Wie bereits beschrieben, kann es bei diesem Verfahren jedoch zu Problemen kommen, wenn ein Benutzer seine Verbindung kurzzeitig, zum Beispiel durch ein Netzwerkproblem, verloren hat. In diesem Fall würde seine Sitzung auf dem Terminalserver im Status »*getrennt*« gehalten. Bei einem neuen Verbindungsversuch könnte der Benutzer aber auf einen anderen Server verwiesen werden und seine alte Sitzung nicht wieder aufnehmen. Es konnte also nicht nachvollzogen werden, ob der Benutzer bereits eine Sitzung auf einem anderen Terminalserver hatte.

Genau diese Lücke soll mit dem Terminalserver-Sitzungsbroker unter Windows Server 2008 geschlossen werden. Der Sitzungsbroker ist dabei ein Dienst für Windows-Server-2008-Enterprise- oder DataCenter-Terminalserver, der für einen konfigurierbaren Verbund von Windows-2008-Terminalservern Informationen über Benutzersitzungen sammelt und vorhält.

Die Installation des Sitzungsbrokers erfolgt auf dem mittlerweile gut bekannten Wege der Rollendienste.

Nach der Installation des Rollendienstes existiert auf dem Server ein Dienst *Terminaldienste-Sitzungsbroker*. Bei dem Start des Dienstes wird auf das Vorhandensein einer lokalen Gruppe »Sitzungsverzeichnis Computer« bzw. »Session Directory Computers« (auf englischen Systemen) geprüft. Sollte diese Gruppe noch nicht existieren, wird sie automatisch erstellt.

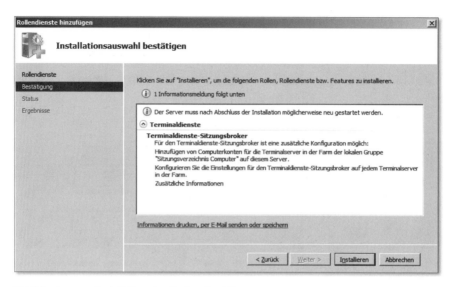

Abbildung 3.47 Installation der Broker-Funktion

> **Wichtig**
>
> Sollte der Server, auf dem der Dienst ausgeführt wird, ein Domänencontroller sein, wird eine domänenlokale Gruppe angelegt, die mit dem Active Directory auf alle DCs repliziert wird. Diese Konfiguration wird deshalb von Microsoft nicht empfohlen.

Nachdem die Gruppe angelegt wurde, müssen die Computerkonten der Server, die das Sitzungsverzeichnis nutzen sollen, dieser Gruppe hinzugefügt werden, da sie anderenfalls keinen Zugriff auf das Verzeichnis bekämen. Im Anschluss daran kann über administrative Vorlagen in einer Gruppenrichtlinie oder über die *Terminaldienstekonfiguration* die Konfiguration des Sitzungsverzeichnisses erfolgen.

Hierzu sind fünf Einstellungen von Belang, die korrekt konfiguriert werden müssen, um die Funktionalität des Sitzungsbrokers nutzen zu können.

- **TS-Sitzungsbroker-Servername konfigurieren**
  Diese Einstellung in der Gruppenrichtlinie übergibt den Namen des Servers für das Sitzungsverzeichnis an die Terminalserver. An dieser Stelle muss somit der Name des Servers eingetragen werden, auf dem der Dienst *Terminaldienste-Sitzungsverzeichnis* ausgeführt wird.

- **Name der TS-Sitzungsbrokerfarm konfigurieren**
  Der Name des Windows Clusters bzw. der Terminalserver-Farm, die zusammen das Sitzungsverzeichnis nutzen sollen. Dieser Name muss bei allen teilnehmenden Servern gleich sein und kann alternativ über die *Terminaldienstekonfiguration* gesetzt werden.

Terminaldienste-Sitzungsbroker | 3.7

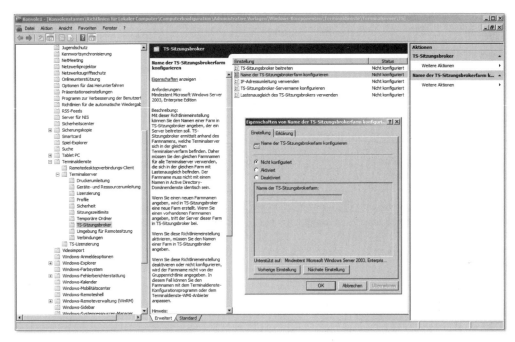

Abbildung 3.48 Konfiguration über eine Gruppenrichtlinie

- **TS-Sitzungsbroker beitreten**
  Diese Option aktiviert das zentrale Speichern von Sitzungsinformationen im Sitzungsverzeichnis und kann ebenfalls über die *Terminaldienstekonfiguration* vorgenommen werden, sofern sie in der Gruppenrichtlinie nicht deaktiviert ist.

- **IP-Adressumleitung aktivieren**
  Diese Konfiguration bezieht sich auf den Einsatz des Sitzungsverzeichnisses in einem Cluster. Über diese Option kann definiert werden, ob bei einer verlorenen Sitzung und der automatischen Neuverbindung die IP-Adresse des Terminalservers oder des Clusters verwendet werden soll.

- **Lastenausgleich des TS-Sitzungsbrokers verwenden**
  Wenn diese Einstellung aktiviert wird, werden neue Benutzer, die nicht über eine vorhandene, getrennte Sitzung verfügen, auf den Terminalserver geleitet, der zu dem Zeitpunkt die geringste Benutzerlast hat.

> **Hinweis**
> Um an dieser Stellen den vollen Funktionsumfang nutzen zu können, müssen alle Terminalserver für NLB (Network Load Balacing) konfiguriert sein.

Nachdem die Konfiguration des Sitzungsbrokers korrekt abgeschlossen ist, werden in der Datenbank alle Sitzungen mit ihrem Status erfasst. Jedes Mal, wenn ein Benutzer einen Verbindungsaufbau zu einem Terminalserver startet, prüft dieser im Hintergrund, ob der Benutzer auf einem anderen Terminalserver im Verbund eine getrennte Sitzung hält. Falls ja, wird der Benutzer an diesen Server verwiesen und verbindet seine getrennte Sitzung. Sollte der Benutzer nicht über eine getrennte Sitzung verfügen, so wird eine neue auf dem Server erstellt, der aktuell die geringste Benutzerlast hat.

> **Hinweis**
>
> Wichtig ist hierbei die Formulierung »der die geringste Benutzerlast hat«. Es wird also auf dem Server, auf dem aktuell die wenigsten aktiven Sitzungen laufen, eine neue Sitzung erstellt. Das Load Balancing der Windows-Server-2008-Terminaldienste erfasst jedoch nicht die effektive Last (CPU, RAM, I/O etc.) des Servers, um diese für den Verteilungsprozess zu nutzen.

3.8 Gruppenrichtlinien- und Scripting-Unterstützung

Verfolgt man bei den Terminaldiensten konsequent die Philosophie der Zentralisierung, hat man sich unter Windows 2000 noch unweigerlich gefragt, warum keine bzw. nur eine sehr begrenzte zentrale Konfiguration der Terminalserver möglich war. Viele Einstellungen, wie die Verbindungskonfiguration und Einstellungen zur Ressourcenumleitung, konnten oftmals nur direkt am Server, z.B. in der Terminaldienstekonfiguration, vorgenommen werden. Dadurch war der Aufwand, einen neuen Server in eine Umgebung mit aufzunehmen, verhältnismäßig hoch, da lange Listen mit Konfigurationsschritten abgearbeitet werden mussten. Gleiches galt für spätere Änderungen der Konfiguration, die ebenfalls oftmals für jeden Server einzeln erstellt werden mussten.

3.8.1 Gruppenrichtlinien

Seit Windows 2003 und in erweitertem Maße bei dem aktuellen Windows Server 2008 kann nahezu die komplette Konfiguration der Terminaldienste über Gruppenrichtlinien vorgenommen werden, wie man beispielsweise bei der Lizenzierung, der Ressourcenumleitung und dem Sitzungsbroker sieht. Ein Blick in Gruppenrichtlinien zeigt, dass es hier noch zahlreiche Einstellungsmöglichkeiten gibt. Sowohl die Konfiguration der Server als auch die Konfiguration der Benutzereinstellungen lassen sich nahezu vollständig hierüber abwickeln. Besonders in dieser Hinsicht lohnt auch immer ein Blick auf die Microsoft-Internetseiten und in das *Windows Resource Kit*, wo ständig aktualisierte und erweiterte administrative Vorlagen für Gruppenrichtlinien zu finden sind.

3.8 Gruppenrichtlinien- und Scripting-Unterstützung

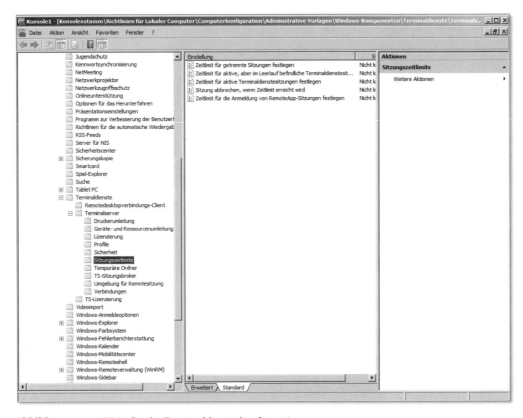

Abbildung 3.49 GPOs für die Terminaldienstekonfiguration

Zwei weitere Möglichkeit zur Automatisierung und Fernwartung von Terminalserverkonfigurationen, die an dieser Stelle nicht weiter ausgeführt werden sollen, sind das Scripting über die *Windows Management Instrumentation* (WMI) oder die *Windows PowerShell*, welche ebenfalls nahezu alle Konfigurationsoptionen unterstützen und besonders im Roll-out von neuen Terminalservern zu helfen wissen.

3.8.2 Windows Management Instrumentation

Um die WMI-Funktionen für die Terminaldienste nutzen zu können, wird ein spezieller WMI-Anbieter verwendet, der die entsprechenden Schnittstellen bietet. Dieser Anbieter ist in der Datei *%windir%\System32\Wbem\tscfgwmi.dll* definiert. Mit dem *Testprogramm für Windows-Verwaltungsinstrumentation* (WBEMTEST.EXE) lassen sich die Namensräume für die Terminaldienste anzeigen und auslesen. Hierzu startet man WBEMTEST mittels START • AUSFÜHREN und ruft das Programm *wbemtest.exe* auf.

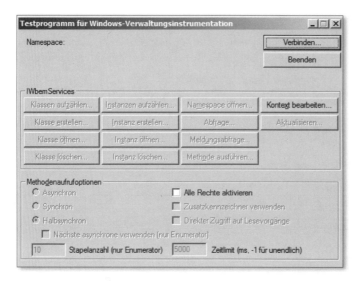

Abbildung 3.50 Testprogramm für Windows-Verwaltungsinstrumentation

Über die Schaltfläche VERBINDEN kann eine Verbindung auf einen Namensraum erfolgen. Der benötigte Namensraum ist *root\Cimv2* (Abbildung 3.51).

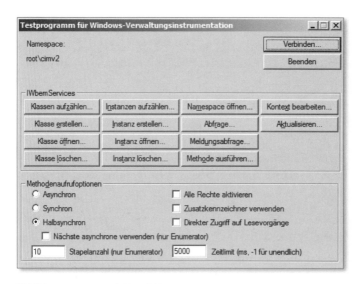

Abbildung 3.51 root\Cimv2 Namespace

Nun kann beispielsweise über die Schaltfläche INSTANZ ÖFFNEN die Instanz *Win32_TerminalService* geöffnet und eingesehen werden.

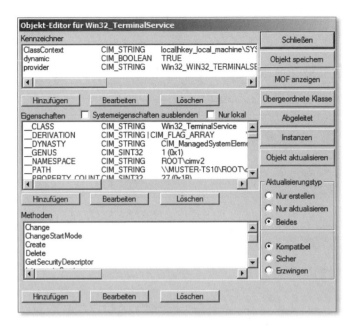

Abbildung 3.52 Win32_TerminalService

Einige Beispiele für Instanzen, die die Terminaldienste betreffen:

- Win32_TerminalService
- Win32_TSSessionDirectory
- Win32_TerminalServiceSetting
- Win32_Terminal
- Win32_TSSessionSetting

Zu diesem Thema gibt es für Interessierte eine Reihe von Artikeln im *Microsoft Technet*. Eine Suche nach *Terminal und WMI* bringt hierbei wahre Perlen zu Tage.

3.8.3 Windows PowerShell

Eine sehr mächtige Verwaltungsschnittstelle, die seit Windows Server 2008 direkt mit dem Betriebssystem geliefert wird, ist die *Windows PowerShell*. Da diese Scripting-Schnittstelle nicht im Standard mit installiert wird, muss sie über die Features hinzugefügt werden, wie in Abbildung 3.53 dargestellt.

Nach der Installation steht die PowerShell im Startmenü für den Start zur Verfügung. Wird sie gestartet, bietet sie die Möglichkeit, sich über WMI auf die im letzten Abschnitt beschrieben NameSpaces und Klassen zu verbinden und hieran entsprechende Aktionen auszuführen.

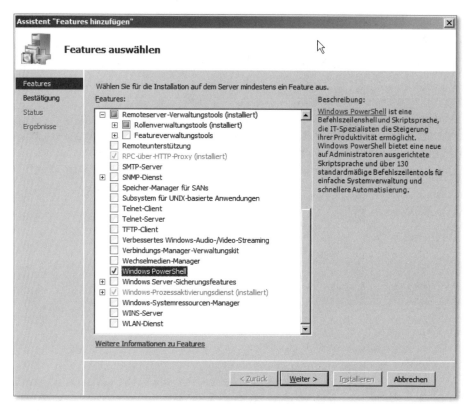

Abbildung 3.53 Installation des PowerShell-Features

> **Info**
>
> Noch interessanter wird es jedoch im Windows Server 2008 R2 werden, da in diesem System ein neuer PowerShell-Provider für die Terminaldienste enthalten sein wird, über den der Funktionsumfang erneut um einiges erweitert werden wird.

3.9 Installation von Anwendungen

Die Installation von Anwendungen hingegen hat sich vom Prinzip her nicht geändert. Wie auch unter Windows 2003 muss der Server vor der Installation von Anwendungen in den *Installationsmodus* versetzt werden. Hierfür gibt es mehrere Möglichkeiten.

Für den Fall, dass die Anwendung über eine Datei SETUP.EXE installiert wird, ist Windows Server 2008 in der Lage, die Installation selbstständig zu erkennen und in den Installationsmodus zu wechseln. Nach Durchlaufen der Installationsroutine muss der Benutzer den Wechsel in den Anwendungsmodus in einem Dialog bestätigen.

Sollte die Installation nicht über SETUP.EXE, sondern über eine anders benannte Anwendung gestartet werden, so funktioniert die automatische Erkennung in den meisten Situationen nicht. In diesen Fällen bietet es sich an, die Installation über die entsprechende Option zur Installation von neuen Anwendungen unter SYSTEMSTEUERUNG • PROGRAMME UND FUNKTIONEN zu starten. Hierdurch wird bei installierten Terminaldiensten ebenfalls der Dialog zum Wechsel zwischen Installations- und Anwendungsmodus gestartet.

Für die Liebhaber der Kommandozeile oder für automatisierte Installationen über Skripte lässt sich der Installationsmodus über `change user /install` vor der Installation starten und nach der Installation mittels `change user /execute` wieder beenden.

Bevor Sie mit der Installation einer Citrix-XenApp-Umgebung beginnen, sollten Sie sich ein paar Gedanken zu den wesentlichen Komponenten und Verwaltungsstrukturen machen ...

4 XenApp-Verwaltungsstruktur

Hierzu gehören etwa die Lizenzverwaltung, das Zusammenfassen von einzelnen Servern zu Verwaltungseinheiten (Farmen) und die Kenntnis um spezielle Funktionsrollen innerhalb einer Farm. Im vorliegenden Kapitel werden diese Punkte beleuchtet und die Grundsteine für eine erfolgreiche Installation der Komponenten gelegt.

4.1 Die Farm – eine zentrale Verwaltungseinheit

Einer der wesentlichsten Vorteile, der einer XenApp-Umgebung im Vergleich zu einer Lösung mit den reinen Windows-Terminaldiensten zugesprochen wird, ist die Möglichkeit, Terminalserver nicht als einzelne, unabhängige Systeme zu betrachten, sondern sie zu Gruppen zusammenzufassen, für die mit einem zentralen Werkzeug an zentraler Stelle die gewünschten Einstellungen und Richtlinien konfiguriert werden können.

> Zwar bezeichnet Windows die Zusammenfassung von Servern über einen Sitzungsbroker ebenfalls als *Farm*, aber wie in diesem Kapitel deutlich werden wird, ist dies in eine ganz andere Liga.

Eine solche Zusammenfassung von Terminalservern zu *Farmen* stellt beispielsweise auch die Grundlage für einen erfolgreichen Lastenausgleich dar, da nur Server, die sich über ihre aktuelle Last und ihre Ressourcen austauschen, in der Lage sind, neue Benutzer effektiv an das Gerät mit der aktuell geringsten Last zu verteilen. Damit aber eine solche Farm gebildet werden kann und damit das Zusammenspiel in einer Farm funktioniert, müssen gewisse Funktionen und Rollen geschaffen werden und im Betrieb verfügbar sein. Im Folgenden werden die Kernkomponenten eines XenApp aufgezeigt und erläutert.

4.1.1 Independent Management Architecture (IMA)

Ein wichtiges Merkmal und die zentrale Komponente einer XenApp-Umgebung ist die sogenannte *Independent Management Architecture* oder kurz: *IMA*. Hierbei handelt es sich im Kern sowohl um einen Dienst als auch um eine Infrastruktur, über die die XenApp-Server miteinander kommunizieren. Sämtliche Komponenten einer XenApp-Farm, mit Ausnahme der Lizenzierung (seit dem Metaframe Presentation Server 3.0), benötigen IMA für die Kommunikation untereinander. Auch der indirekte Zugriff auf andere Dienste, wie zum Beispiel die zentrale Konfigurationsdatenbank, kann über IMA erfolgen.

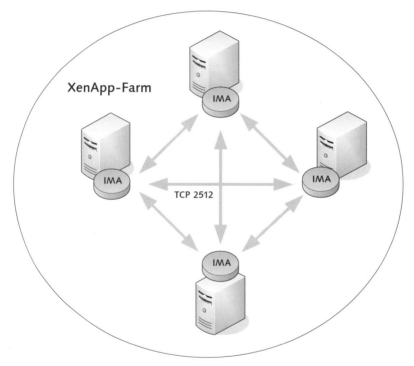

Abbildung 4.1 Server-Kommunikation über IMA

Der IMA-Dienst wird über den TCP-Port 2512 angesprochen, was zur Folge hat, dass dieser Port immer für die Kommunikation zwischen den Servern geöffnet sein muss, da es sonst zu Problemen in der Farm kommen könnte/wird. Dies ist besonders in Umgebungen mit gerouteten Netzwerken, zwischen denen gegebenenfalls mit Port-Filtern gearbeitet wird, von großer Bedeutung.

Wann und wie der Datenaustausch zwischen den Servern erfolgt, ist abhängig von der Konfiguration der Farm. Wir werden im Folgenden sehen, dass es für die Planung einer Farm gewisse Entwurfskriterien gibt, die beachtet werden sollten.

Zusammenfassend gilt: Immer wenn die XenApp-Server Daten untereinander austauschen, erfolgt dies über IMA.

4.1.2 Datenspeicher/Data Store

Wie jede andere Verwaltungsinstanz in der IT-Welt, benötigt auch eine XenApp-Farm einen zentralen Speicher, in dem alle permanenten Daten der Farm gespeichert werden können. Dies können beispielsweise Informationen über die Mitglieder der Farm oder über die zur Verfügung stehenden Anwendungen sein. Dieser zentrale Speicher einer XenApp-Farm wird Data Store oder Datenspeicher genannt. In der Literatur findet man häufig auch die Abkürzung *DS* für den Datenspeicher.

Der Datenspeicher kann lokal auf einem der Server oder auf einem separaten Datenbankserver angelegt werden. Um allen Anforderungen an Struktur und Zugriffsverfahren gerecht zu werden, stehen sowohl für den lokalen als auch für einen separaten Datenbankserver unterschiedliche Varianten zur Verfügung. Als Vertreter der lokalen Datenbank gibt es mit dem XenApp 5.0 zwei Möglichkeiten.

- **Microsoft-Access-Datenbank**
  Die »kleinste« und einfachste Art, die Datenbank des Datenspeichers zu realisieren, ist die Nutzung einer Microsoft-Access-Datenbank. Konkret handelt es sich hierbei um eine Datenbank-Datei (MF20.MDB im Ordner %ProgramFiles%\Citrix\Independent Management Architecture), die auf dem zuerst installierten XenApp-Server an- und abgelegt wird und auf die der IMA-Dienst des Servers über ODBC (*Open DataBase Connectivity*) zugreifen kann. Bei dieser Variante ist es gerade das Modell einer einzelnen Access-Datei, das Fluch und Segen zugleich darstellt. Für eine kleine Umgebung mit einer kleinen Datenbank profitiert diese Lösung von der unkomplizierten, weil automatischen Konfiguration. In größeren Umgebungen stellt diese Variante jedoch einen Flaschenhals dar, der die Leistungsfähigkeit der ganzen Farm einschränken kann.

- **Microsoft SQL Server 2005 Express Edition SP2**
  Die zweite Variante einer lokalen Datenbank auf einem der Terminalserver stellt eine Datenbank auf der Basis der SQL Server 2005 Express Edition mit Service Pack 2. Hierbei handelt es sich um eine vollwertige Microsoft-SQL-Datenbank, die jedoch einige hart verdrahtete Limitierungen im Hinblick auf Datenbankgröße und maximale gleichzeitige Verbindungen mit sich bringt. Im Hinblick auf die Leistungsfähigkeit der Datenbank ist diese Variante der Access-Datei weit überlegen. Der Preis hierfür ist jedoch ein weit höherer Speicherbedarf, da der SQL Express sich bezogen auf den Speicherbedarf ähnlich wie ein »vollwertiger« Microsoft SQL Server verhält.

Sofern man also nicht mit den Leistungseinschränkungen der Access-Datenbank oder dem Speicherbedarf der SQL Express Edition auf einem Terminalserver leben möchte, bleibt die Möglichkeit, die Datenbank auf einem separaten Datenbankserver abzulegen. Hierfür stehen drei Varianten beziehungsweise Datenbanksysteme zur Verfügung.

- **Microsoft SQL Server 2005 oder 2008**
  Die Verwaltung der Datenbank des Datenspeichers auf einem Microsoft SQL Server ist stark vergleichbar mit der Variante des SQL Express, da im Kern das gleiche Datenbanksystem verwendet wird. Der große Unterschied besteht jedoch darin, dass man keine Rücksicht auf die Einschränkungen der Express Edition nehmen muss. Alle Möglichkeiten eines SQL Servers können für die Datenbank genutzt werden. Da jedoch für den Einsatz eines SQL Servers im Gegensatz zur Express Edition Lizenzkosten für die Serverkomponente und die Zugriffe anfallen, sollte der Bedarf genau gegen die Kosten abgewogen werden. Sofern im Netzwerk bereits ein Microsoft SQL Server zur Verfügung steht, könnte dieser aus Sicht von XenApp ohne Weiteres auch für den Datenspeicher genutzt werden. Der Microsoft SQL Server wird aktuell in den Versionen 2005 mit Service Pack 2 oder 2008 unterstützt.

- **IBM DB2 Server**
  Das Datenbanksystem DB2 von IBM erfüllt die gleichen Faktoren wie ein Microsoft SQL Server. Da auch hier Lizenzkosten für den Einsatz anfallen, ist diese Variante ebenfalls primär für den Einsatz mit einem bereits vorhandenen Datenbankserver gedacht. Um den Datenspeicher mit einem DB2 abbilden zu können, wird auf XenApp ein entsprechender Client benötigt, der den benötigten ODBC-Treiber für DB2 enthält. Welche Version einer DB2-Clientsoftware eingesetzt werden sollte, ist von der Version der Serverkomponente abhängig, da nicht jede Client-Version für jede Serverversion freigegeben ist. Die unterstützten Versionen sind IBM DB2 Universal Database Enterprise Edition Version 8.2 für Windows 2003 oder Version 9.5 für Windows Server 2008.

- **Oracle-Datenbankserver**
  Die Nutzung einer Oracle-Datenbank ist von ihrer Funktionalität ebenfalls vergleichbar mit dem SQL Server oder einer DB2. Wie schon bei der DB2 ist das primäre Argument das eventuelle Vorhandensein eines entsprechenden Datenbankservers. Da auch ein Oracle-ODBC-Treiber nicht zur Windows-Installation gehört, wird auch bei der Nutzung einer Oracle-Datenbank ein entsprechender Client auf XenApp benötigt. Die Version des Clients ist auch bei Oracle wiederum abhängig von der Version des Servers, da es anderenfalls zu Problemen kommen kann. Unterstützt werden die Oracle-Versionen Oracle Enterprise 10.2.0.3 oder 11.1.

> **Achtung**
>
> Auch wenn die Daten des Datenspeichers in scheinbar »offenen« Systemen liegen, sollten sie niemals mit anderen Tools als den von Citrix mitgelieferten bearbeitet werden. Durch den direkten Datenbankzugriff mit anderen Programmen könnte es zu Inkonsistenzen kommen und die Farm somit instabil werden.

Die endgültige Entscheidung darüber, welches System das richtige für den konkreten Fall ist, ist neben dem Kostenaspekt für eventuell benötigte Lizenzen in hohem Maße von der geplanten Struktur der Farm und des Netzwerkes sowie der geplanten Anzahl der Terminalserver abhängig. Auch Faktoren wie Ausfallsicherheit und Lastenausgleich spielen hierbei eine große Rolle, wie in Abschnitt 4.5, »Entwurfsprinzipien«, gezeigt wird.

Neben der Auswahl des gewünschten Datenbanksystems für den Datenspeicher stellt auch die Art des Zugriffs auf diese Datenbank einen entscheidenden Faktor der Planung dar. Grundsätzlich unterscheidet man zwischen indirektem und direktem Zugriff auf den Datenspeicher.

- **Indirekter Datenspeicher-Zugriff**
  Der indirekte Datenspeicher-Zugriff stellte den Standard bei Einsatz einer Access-Datenbank dar. Hierbei wird nur von dem Server, auf dem die Datenbank liegt, direkt über ODBC mit der Datenbank kommuniziert. Ein anderer Terminalserver kommuniziert nur mit dem IMA-Dienst des Datenspeicher-Servers, der dann wiederum lokal mittels ODBC die gewünschten Informationen sammelt und zurückgibt. Der indirekte Zugriff auf den Datenspeicher beschreibt somit die Nutzung von IMA zum Zugriff auf den Datenspeicher.

- **Direkter Datenspeicher-Zugriff**
  Bei dem direkten Zugriff kommuniziert der jeweilige Server direkt mit der Datenbank. Ein Beispiel hierfür wären drei XenApp-Server, die alle eine ODBC-Verbindung zu einem SQL Server haben, um mit der darauf befindlichen Datenbank zu kommunizieren. Bei dieser Variante wird der IMA-Dienst nicht als Vermittler eingesetzt.

Beide Varianten haben ihre Vor- und Nachteile. Ein Nachteil des direkten Zugriffs liegt beispielsweise in der Architektur des Zugriffs auf die Datenbank selbst. Die Komponente, die auf einem Windows-System für den Zugriff auf eine Datenquelle zuständig ist, ist die sogenannte *Microsoft Data Access Components* oder kurz: *MDAC*. Diese Komponente wird für den reibungslosen Zugriff auf den Datenspeicher ab einer speziellen Version benötigt. Das allein wäre kein Problem, da man vor der Installation des XenApp nur diese Version zu installieren braucht, um die Funktionalität zu gewährleisten. Das Problem fängt aber an, wenn man beginnt, auf dem Server weitere Software zu installieren. Nahezu jedes Office- oder sonstige Produkt bringt bereits eine MDAC-Version mit und installiert diese oft ohne Nachfrage. Das Ergebnis ist eine wilde Mischung von unterschiedlichen MDAC-Versionen, durch die der Zugriff auf den Datenspeicher irgendwann fehlschlagen kann. Hier hat der indirekte Zugriff einen gewaltigen Vorteil, da bei dem Zugriff über IMA die Version von MDAC auf dem anfragenden Server keine Rolle spielt. Einzig der Server, der die Verbindung zur Datenbank hält, muss korrekt arbeiten.

Man könnte also auf die Idee kommen, dass IMA der bessere Weg für den Zugriff ist. Dies ist aber ebenfalls nicht ohne »Nebenwirkungen« zu realisieren, da der Zugriff über IMA immer die problemlose Kommunikationen mit dem »Verbindungsserver« voraussetzt. Doch was passiert, wenn dieses System einmal ausfällt, weil eine Hardwarekomponente defekt ist? Dann kann keine Verbindung mit dem Datenspeicher hergestellt werden.

Aus diesen Gründen lassen sich bei Bedarf direkter und indirekter Zugriff in einer Farm parallel nutzen. Ein Teil der Server, die beispielsweise eine Anwendung mit einer bestimmten MDAC-Version bereitstellen sollen, könnte indirekt über IMA mit dem Datenspeicher kommunizieren, während der Rest der Server direkt mit dem SQL Server kommunizieren könnte.

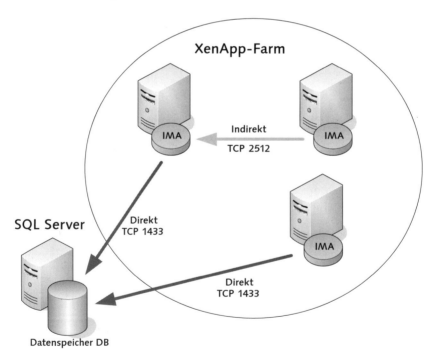

Abbildung 4.2 Direkter und indirekter Zugriff auf den Datenspeicher

Da in diesem Bereich ein gewaltiges Potential für eine leistungsstarke und stabile XenApp-Farm liegt, werden in Abschnitt 4.5, »Entwurfsprinzipien«, weitere Anwendungsbeispiele für Zugriffskonfigurationen aufgezeigt.

4.1.3 Lokaler Hostcache

Da der Datenspeicher sämtliche permanenten Konfigurationsdaten der Farm hält, die für die Gesamtfunktionalität notwendig sind, stellt er eine sehr kritische Funktion einer XenApp-Farm dar. Unabhängig davon, für welchen Datenbanktyp mit welchen Absicherungsmechanismen man sich entscheidet, kann es zum Beispiel bei Hardware- oder Netzwerkproblemen dazu kommen, dass der Datenspeicher für eine gewisse Zeit nicht erreichbar ist.

Um diese Zeit der Nicht-Verfügbarkeit des Datenspeichers überbrücken zu können, hält jeder Server eine lokale Datenbank, in der ein Teil der Informationen des Datenspeichers vorgehalten wird. Dieser *lokale Hostcache* dient sowohl zur Sicherstellung des Fortbetriebes der Farm bei Ausfall des Datenspeichers als auch als lokale Replik des Datenspeichers für beschleunigte Zugriffe.

Um die Aktualität der Daten im lokalen Hostcache zu gewährleisten, werden die Server bei jeder Änderung im Datenspeicher benachrichtigt, diese Änderungen in die lokale Datenbank zu replizieren. Da es aber beispielsweise auf Grund von Netzwerkproblemen möglich ist, dass einer der Server diese Änderungsbenachrichtigung nicht korrekt erhält, wendet sich jeder Server standardmäßig alle 30 Minuten an den Datenspeicher und fragt die Änderungen seit der letzten Replikation ab. Das Zeitintervall kann bei Bedarf über einen Registry-Schlüssel angepasst werden, was jedoch in den meisten Fällen nicht notwendig sein dürfte. Zusätzlich ist über einen Befehl (*dsmaint refreshlhc*) die Möglichkeit gegeben, den lokalen Hostcache manuell zu aktualisieren.

Ohne einen Neustart ist ein XenApp 5.0 auf Grund der Informationen des lokalen Hostcache weiterhin in der Lage, dauerhaft Verbindungen von Clients anzunehmen, auch wenn keine Verbindung zum Datenspeicher möglich ist. Allerdings sind in diesem Fall keine Änderungen an der Farm möglich.

> **Ältere XenApp-Versionen**
>
> Unter älteren Versionen des XenApp war es nur für 96 Stunden möglich, Client-Verbindungen anzunehmen, wenn der Datenspeicher nicht verfügbar war. Nach Ablauf dieser Zeitspanne wurden weitere Client-Verbindungen verweigert.

4.1.4 Datensammelpunkt/Data Collector

In einer XenApp-Farm gibt es neben permanenten Daten, wie sie der Datenspeicher hält, auch eine große Anzahl an dynamischen Daten. Zu diesen dynamischen Daten zählen beispielsweise die aktuell mit einem Server verbundenen Benutzer oder die aktuelle CPU- und Speicherauslastung eines Terminalservers. Alle diese Informationen müssen permanent gesammelt und aktualisiert werden, um sie zum Beispiel für einen effektiven Lastenausgleich zu nutzen.

Da die Informationen an einer Stelle konsolidiert werden müssen, um bei Anfrage eines Clients zentral abgefragt werden zu können, gibt es in einer XenApp-Farm wenigstens einen Server, der diese Sammlung von dynamischen Daten verwaltet. Dieser Server ist der *Datensammelpunkt* oder auf Englisch: Data Collector, abgekürzt durch DC.

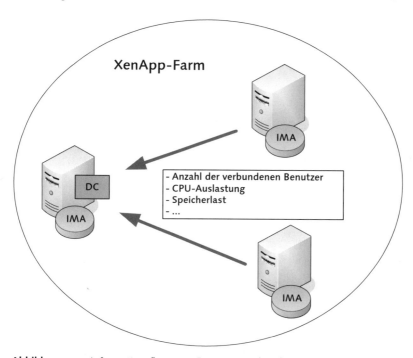

Abbildung 4.3 Informationsfluss zum Datensammelpunkt

Standardmäßig übernimmt der erste Server einer Farm die Funktion des Datensammelpunktes. Die Auswahlreihenfolge für den Datensammelpunkt kann jedoch nach Bedarf über die Vergabe von Prioritäten verändert werden, um beispielsweise ein leistungsfähigeres Gerät für die Funktion des Datensammelpunktes auszuwählen. Dies kann sinnvoll sein, da bei jedem Anmeldeversuch eines Clients der Datensammelpunkt kontaktiert wird und diese Zugriffe Last auf dem

Server produzieren. Die Prioritäten für den Datensammelpunkt umfassen vier Stufen:

- **Höchste Priorität**
  Diese Einstellung eines Servers bedeutet, dass er mit höchster Priorität in die Auswahl eines neuen Datensammelpunktes eintreten soll.

- **Priorität**
  Diese Stufe ist leicht höher als die Standardeinstellung. Der so eingestellte Server würde jedoch einem Server mit *höchster Priorität* bei der Auswahl des Datensammelpunktes unterliegen.

- **Standardpriorität**
  Die *Standardpriorität* ist die Standardeinstellung, die jeder XenApp-Server nach der Installation zugewiesen bekommt. Sofern die Systeme sich leistungstechnisch nicht unterscheiden und kein spezieller Server die Aufgabe des Datensammelpunktes übernehmen soll, besteht kein Bedarf zur Änderung.

- **Keine Priorität**
  Wie der Name schon sagt, dient diese Stufe für die Zuweisung an Server, die erst in letzter Konsequenz die Rolle des Datensammelpunktes übernehmen sollten. Dies könnten beispielsweise sehr leistungsschwache Geräte sein.

> **Hinweis**
> Es ist nicht möglich, für einen Server die Übernahme der Rolle des Datensammelpunktes komplett zu verweigern. Dies wäre auch unlogisch, da beispielsweise für den Fall, dass alle außer einem Server ausfallen, dieser eine auf jeden Fall auch die Rolle des Datensammelpunktes übernehmen müsste.

Die vergebenen Prioritäten sind allerdings nicht der einzige Faktor im Auswahlverfahren des Datensammelpunktes. Neben den Prioritäten spielen zwei weitere Faktoren eine Rolle in diesem Prozess.

Softwareversion
Die installierte Version des XenApp ist ein wichtiges ausschlaggebendes Element des Auswahlprozesses für den Datensammelpunkt. Die höhere Softwareversion gewinnt immer. Die Prüfung auf die Version greift in der Reihenfolge für den Auswahlprozess noch vor den vergebenen Prioritäten. Der Hintergrund hierfür ist das Ziel von Citrix, bei eventuellen Änderungen an der Funktion des Datensammelpunktes in neueren Versionen des XenApp oder Service Packs den Datensammelpunkt immer auf der aktuellsten Maschine zu halten.

Host Ranking
Sofern sowohl Softwareversion als auch konfigurierte Priorität bei den am Auswahlprozess teilnehmenden Servern gleich sind, zieht in dritter Instanz die Prü-

fung auf die *Host-ID*. Die Host-ID ist eine bei der Installation des XenApp generierte Zufallszahl zwischen 1 und 32767, die nicht geändert werden kann. Da auch hierbei die höhere Host-ID die Auswahl gewinnt und die Host-ID zufallsbasiert ist, ist die Installationsreihenfolge der Server für den Auswahlprozess ohne Bedeutung.

> **Hinweis**
>
> An dieser Stelle ist zu beachten, wie sich eine neue Version des XenApp in einer vorhandenen Farm auswirken kann. Da in erster Instanz immer die Softwareversion entscheidet, wird ein Server mit einer neueren Version des XenApp immer die Rolle des Datensammelpunktes übernehmen. Da dies auch für Beta-Versionen gilt, ist das Einbringen einer neueren Version in eine bestehende Farm immer mit Vorsicht zu genießen.

Für extrem große Farmen oder Farmen mit einer hohen Benutzeraktivität im An- und Abmeldeverhalten empfiehlt sich sogar der Einsatz eines eigenen Servers explizit für die Funktion des Datensammelpunktes. Dieser Server hätte keine andere Aufgabe, als sowohl für die Clients als auch für die Server der Hauptansprechpartner für alle dynamischen Informationen zu sein. Durch den Einsatz eines separaten Servers für die Rolle des Datensammelpunktes lässt sich in großen Umgebungen ein deutlicher Leistungsanstieg bei den Client-Verbindungen erreichen.

4.1.5 Zonen

Da der Datensammelpunkt für jeden Anmeldeversuch eines Benutzers kontaktiert wird, ist eine leistungsfähige Netzwerkverbindung zwischen dem Datensammelpunkt und dem vom Benutzer kontaktierten Server notwendig. Insbesondere bei geografisch verteilten Serverstandorten ist dies natürlich nicht immer zu gewährleisten.

Aus diesem Grund wird eine XenApp-Farm logisch in sogenannte *Zonen* eingeteilt, die jeweils einen Datensammelpunkt halten. Da somit jeder Datensammelpunkt einer Zone zugeordnet ist und jeder Zone wiederum auch nur genau einen Datensammelpunkt hat, spricht man häufig analog zum *Data Collector* auch von *Zone Data Collector*, oder kurz: *ZDC*, wobei beide Bezeichnungen sich auf die gleiche Funktionsrolle beziehen.

Jeder Server wird bereits bei seiner Installation einer Zone zugeordnet, die standardmäßig mit *Default Zone* bzw. *Standardzone* benannt ist. Dieser Name kann allerdings beliebig geändert werden. Eine Zonenbezeichnung wie »Bielefeld« oder »Ulm« wäre auch problemlos möglich. Der Vorteil, den Zonennamen bei der Installation im Standard zu belassen, liegt allerdings darin, dass alle Server, die sich im gleichen Subnetz befinden, auch automatisch in der gleichen Zone sind.

Neben der geografischen Trennung zwischen Servern einer Farm könnte auch die Anzahl der Clients an einem Standort ein Kriterium für die Erstellung einer zusätzlichen Zone sein. Durch eine zweite Zone hätte man automatisch zwei Datensammelpunkte, so dass man die Benutzeranmeldeversuche auf diese beiden verteilen könnte. Ein mögliche Konfiguration für einen solchen Fall wären also beispielsweise zwei Zonen mit jeweils einem expliziten Datensammelpunkt pro Zone. Die Clients könnten dann so konfiguriert werden, dass grob die eine Hälfte den einen und die andere Hälfte den anderen Datensammelpunkt als primären Server für Anmeldeversuche nutzen würde. Abbildung 4.4 stellt diese Konfiguration dar.

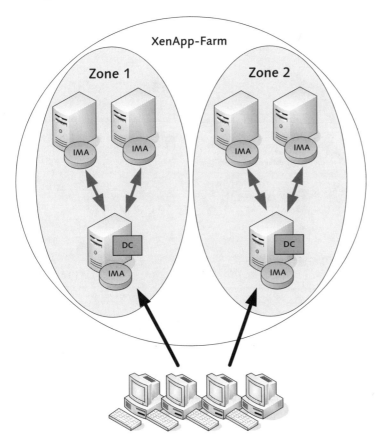

Abbildung 4.4 Client-Verteilung auf ZDCs

Um bei einer solchen Konfiguration aber auch für den Ausfall eines Datensammelpunktes oder einer kompletten Zone gewappnet zu sein, können die Datensammelpunkte ihre Informationen untereinander replizieren, so dass jederzeit in jeder Zone die Informationen über alle Server vorgehalten werden können.

Diese Funktion muss seit Metaframe Presentation Server jedoch manuell aktiviert werden, da hierdurch ein erhöhter Datenverkehr zwischen den Zonen produziert wird.

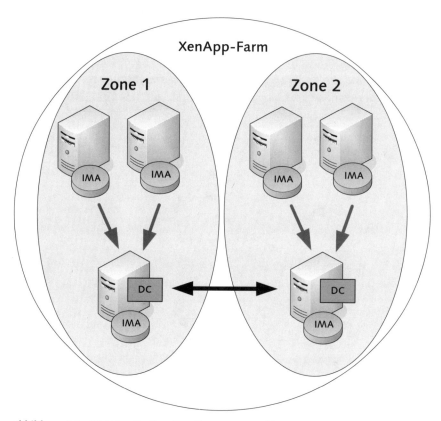

Abbildung 4.5 ZDC-Replikation über Zonengrenzen hinweg

Generell kommunizieren jedoch immer nur die Datensammelpunkte über die Zonengrenzen hinweg, um den Datenverkehr möglichst gering zu halten.

Um zonenübergreifend bei einem Verbindungsversuch den Server mit der geringsten Last zu finden, kann als Alternative zur zonenübergreifenden Replikation von Lastinformationen auch für die Clients eine Einstellung für *Zonenpräferenz und Failover* konfiguriert werden. Dadurch werden die Client-Verbindungen jeweils in bevorzugte Zonen weitergeleitet.

4.1.6 Citrix-XML-Dienst

Um Clients den Zugriff auf Farminformationen, wie etwa zur Verfügung stehende Anwendungen, zu ermöglichen, dient der *Citrix-XML-Dienst* als Vermittler zwischen den Informationen der Farm und den Clients. Clients können dabei sowohl »echte« Endgeräte und Benutzer sein, die eine Verbindung aufbauen, als auch das Citrix Webinterface, das sich über den XML-Dienst beispielsweise Informationen über für einen bestimmten Benutzer anzuzeigende Anwendungen holt. Der XML-Dienst steht grundsätzlich auf jedem XenApp-Server zur Verfügung und kann in zwei unterschiedlichen Varianten eingesetzt werden.

- **Dienst**
  Sofern zum Zeitpunkt der Installation auf dem Server kein Internet Information Server (IIS) installiert ist, wird der XML-Dienst als eigener Dienst mit einem Listener auf Port 80 installiert und konfiguriert. Gleiches gilt für den Fall, dass zwar ein IIS installiert ist, aber bei der Installation ein anderer Port als Port 80 für den XML-Dienst ausgewählt wird. Der so installierte Dienst ist wie jeder andere Systemdienst über die »Verwaltung\Dienste« einzusehen und zu verwalten.

- **ISAPI-Erweiterung**
  Ist bei der Installation des XenApp bereits ein IIS auf dem Server installiert, kann über die Standardeinstellung »Standard-TCP/IP-Port für IIS freigeben« der XML-Dienst gemeinsam mit dem IIS auf Port 80 arbeiten. Dies wird durch das Einbinden einer XML-Dienst-ISAPI (Internet Server API) in den IIS erreicht.

Unabhängig davon, welche Einstellung bei der Installation des XenApp vorgenommen wurde, lässt diese sich später in die anderen Varianten umkonfigurieren. Da der Aufwand für eine Umkonfiguration jedoch ein wenig höher ist, sollte man sich im Vorfeld überlegen, wie man den Dienst betreiben will, und dann gegebenenfalls vor der Installation des XenApp den IIS installieren.

4.1.7 Access Management Console/Erweiterte XenApp-Konfiguration

Neben der reinen Serverseite der XenApp-Farm muss es natürlich auch Werkzeuge geben, die die Möglichkeit schaffen, Konfigurationen an der Farm vorzunehmen. Bis zur Version 4.0 des Presentation Server wurde dies durch die *Citrix Presentation Server Console*, ehemals Citrix Management Console (CMC), erledigt. Seit der Version 5.0 des XenApp ist diese Konsole umbenannt in *Erweiterte XenApp-Konfiguration*.

Im Rahmen der Einführung der unterschiedlichen Produkte und den damit verbundenen Verwaltungswerkzeugen arbeitete Citrix jedoch mit Nachdruck an einer zentralen Verwaltungskonsole, der Access Suite Console, welche in der Lage sein sollte, alle Citrix-Produkte verwalten zu können, ähnlich wie es Microsoft mit der MMC durchgesetzt hat. Die in der Verison 3.0 eingeführte und in der Version 4.0 erweiterte Access Suite Console konnte dieses Ziel jedoch nicht vollständig erreichen. Seit der Version 4.5 und unter dem neuen Namen *Access Management Console* ist die Vision aber in die Tat umgesetzt worden.

Die Access Management Console ist in der Lage, sich über DCOM auf die zu verwaltenden Server aufzuschalten und diese hierüber zu verwalten. Ein weiterer verwendeter Kommunikationsport ist in diesem Zusammenhand TCP 135.

> **Hinweis**
>
> In Bezug auf die Kommunikation der Verwaltungskonsole mit der Server-Farm hat sich somit einiges geändert. Während sich die *Erweiterte Xen-Konfiguration* direkt mit dem IMA-Dienst eines beliebigen XenApp-Servers über den Port 2513 verbindet, kommuniziert die Access Management Console über Port 135 und DCOM. Ein interessanter KB-Artikel ist hierzu CTX107050, der die Kommunikation und die zu treffenden Einstellungen bei Vorhandensein von Firewalls beschreibt.

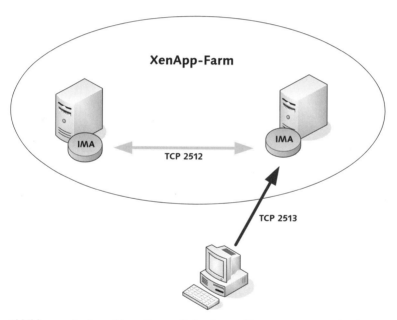

Abbildung 4.6   Farm-Verwaltung mit der Access Management Console über Port 135/DCOM

Grundsätzlich kann die AMC sowohl von einem Terminalserver als auch von einer administrativen Arbeitsstation aus ausgeführt werden. Da die Anwendung jedoch MMC-basierend ist, sollte die korrekte Version der MMC vorhanden sein.

Im Gegensatz zur *Erweiterten XenApp-Konfiguration* verbindet man sich somit auf die komplette Farm, die über einen sogenannten *Discovery* ausgelesen wird.

Verglichen mit der alten *Presentation Server Console* hat die *Erweiterte XenApp-Konfiguration* einen stark eingeschränkten Funktionsumfang, kann aber weiterhin verwendet werden, um sich auf einen Server zu verbinden.

Obwohl der Server, zu dem die Verbindung für die Verwaltung ausgebaut wird, grundsätzlich ein beliebiger XenApp-Server sein kann, empfiehlt es sich natürlich, nach Möglichkeit den Server auszuwählen, der die aktuellsten Informationen über beispielsweise verbundene Benutzer und geöffnete Anwendungen hat. Wie ist dieser Server bei dem Verbindungsversuch ausfindig zu machen? Ganz einfach – es ist immer der Datensammelpunkt der Zone, da dieser die Informationen aller Server seiner Zone hält.

Eine optimale Konstellation für den Einsatz der *Erweiterten XenApp-Konfiguration* wäre demnach ein administrativer Arbeitsplatz, bei dem mit einer lokal installierten Management Console auf den Datensammelpunkt zugegriffen wird. Abbildung 4.7 zeigt diesen Aufbau.

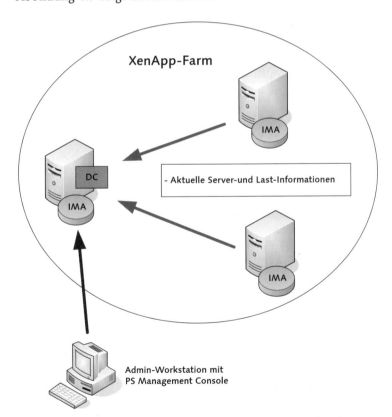

Abbildung 4.7 Verwaltungsverbindung mit dem Datensammelpunkt

Sofern die Administratoren mit mehreren geografisch verteilten Zonen arbeiten, sollte jeder Administrator eine Verbindung auf seinen »lokalen«, also den Datensammelpunkt der lokalen Zone, aufbauen. Hierdurch wird Netzwerkverkehr reduziert und die Geschwindigkeit und Datenaktualität für den Administrator deutlich erhöht.

Grundsätzlich können mit der Access Management Console die folgenden Tätigkeiten durchgeführt werden.

- **Farm- und Server-Verwaltung**
  Alle Einstellungen der Farm und der Server, wie etwa der zu nutzende Lizenzserver oder eine Übersicht über die installierten Versionen und Produkte können eingesehen und verwaltet werden. Auch die Einbindung von zusätzlichen oder alternativen Anmeldeauthoritäten wie einer Novell NDS kann hier vorgenommen werden (nicht XenApp 5.0 auf Windows Server 2008).

- **Inhalts-Verwaltung**
  Alle Inhalte, die den Benutzern zur Verfügung gestellt werden sollen, beispielsweise Anwendungen, Ordner oder Links, werden nun in der Access Management Console erstellt und verwaltet.

- **Anwendungs- und Prozess-Monitoring und -Verwaltung**
  Die laufenden Prozesse und Anwendungen der Farm-Server können eingesehen und verwaltet werden. Die Funktionalität ähnelt der des Windows Task-Manager.

- **Sitzungsverwaltung**
  Alle Benutzersitzungen auf allen Servern, ganz gleich, ob Microsoft RDP oder Citrix ICA, können verwaltet werden. Dies beinhaltet das Abmelden, Zurücksetzen oder Übernehmen (Spiegeln) einer Sitzung.

- **Lastenausgleichsverwaltung**
  Die Konfiguration des Lastenausgleichs für Server oder Anwendungen erfolgt nun auch in der Access Management Console über sogenannte *Lastauswertungsprogramme*, die dann den Servern oder Anwendungen zugewiesen werden können.

- **Offline-Konfiguration**
  Die Verwaltung der Ressourcen, die offline genutzt werden können und der entsprechenden Benutzer für diese Funktion geschieht über die AMC.

Natürlich stehen in dieser Konsole auch noch weitere Optionen zur Verfügung, doch bei den hier aufgelisteten handelt es sich um die wesentlichen. Darüber hinaus gibt es aber auch noch Funktionen, die nach wie vor über die Erweiterte XenApp-Konfiguration durchgeführt werden können. Hierzu zählen etwa:

- **Druckerverwaltung**
  Drucker, die in der Farm auf den Servern zur Verfügung stehen oder direkt einem Benutzer zugeordnet werden sollen, können hier angelegt und die entsprechenden Treiber auf die Server der Farm repliziert werden.

- **Richtlinienkonfiguration**
  Über Richtlinien kann an zentraler Stelle beispielsweise die Umleitung von Client-Ressourcen in die Sitzungen oder die Zuweisung von Druckern realisiert werden.

- **Lastenausgleichsverwaltung**
  Die Konfiguration des Lastenausgleichs für Server oder Anwendungen erfolgt in der *Erweiterten XenApp-Konfiguration* über sogenannte *Lastauswertungsprogramme*, die dann den Servern oder Anwendungen zugewiesen werden können.

Neben diesen Administrationsaufgaben gibt es noch weitere, die über die *Erweiterte XenApp-Konfiguration* oder andere Verwaltungswerkzeuge konfiguriert werden können, die später behandelt werden.

4.1.8 Zusammenfassung für Domänen-Admins

Bis zu dieser Stelle konnten die Windows-erfahrenen Administratoren der Musterhandel GmbH dem Citrix-Experten nach eigener Ansicht noch recht gut folgen. Als dieser jedoch einige Fragen zu den Funktionen der einzelnen Rollen stellte, kamen nur Bruchstücke als Antworten dabei heraus.

Der Experte meinte darauf hin, dass dies nicht verwunderlich sei, da es doch recht viele Informationen gewesen seien, die an anderen Stellen im Zusammenhang mit dem XenApp stehen, und die oftmals nicht genannt werden. Da es sich jedoch um erfahrene Windows-Administratoren handele, könne er ihnen einige Eselsbrücken nennen, die die Funktionsrollen einer XenApp-Farm mit denen einer Active-Directory-Umgebung vergleichen und somit beispielsweise Planungsgrundlagen verdeutlichen. Im Grunde sind es drei Funktionen oder Eigenschaften, die von der planerischen Seite in beiden Umgebungstypen analog vorkommen.

- **Speicher für Informationen**
  In jeder Windows-Domäne werden die Objekte der Domäne in einer Datenbank abgelegt. Diese Datenbank hat, ebenso wie die Datenbank einer XenApp-Farm, einen Speicherort. Etwas lapidar ausgedrückt, könnte man also sagen, dass der Datenspeicher in einer XenApp-Farm etwa einem Domänencontroller in einem Active Directory entspricht. Der einzige Unterschied zwi-

schen den beiden Funktionen ist, dass es mehrere Domänencontroller in einer Domäne geben kann, aber immer nur einen Datenspeicher.

Wobei die letzte Aussage in der Praxis nicht ganz korrekt ist. Bei der Datenablage in einem Datenbanksystem, also beispielsweise in einem SQL Server, könnte die Datenbank mit SQL-Methoden auf einen zweiten Server repliziert werden, auf den dann wiederum einige der XenApp-Server als Datenspeicher zugreifen. Unter dem Aspekt der Rolle des Datenspeichers ist die Aussage jedoch korrekt. Unabhängig von der Zahl der Replikate gibt es im Prinzip nur einen Datenspeicher.

Nun könnte man argumentieren, dass die Domänencontroller einer Domäne auch alle den gleichen Datenbestand haben (was nicht genau zutrifft), aber es geht hierbei nun mal nicht um einen vollständig korrekten Vergleich, sondern um eine Eselsbrücke.

- **Replikationsgrenze**
Sieht man sich die Planungsgrundlagen für das Active Directory an, so gibt es Empfehlungen, etwa bei geografischer Verteilung einer Domäne oder sehr großen Standorten, die Domäne mit Hilfe von *Active-Directory-Standorten*, sogenannten *Sites*, einzuteilen. Diese Sites haben die Eigenschaft, dass die Domänencontroller, die sich in der gleichen Site befinden, sehr schnell replizieren, während die Replikation zwischen den Standorten nur über sogenannte *Bridgehead Server* erfolgt, um den Datenverkehr zwischen den Standorten zu reduzieren.

Überträgt man diese Grundsätze auf eine XenApp-Farm, so gibt es hierbei große Analogien zu Zonen und Datensammelpunkten. Zonen dienen ebenfalls dazu, geografisch getrennte oder sehr große Umgebungen zu unterteilen. Und die Datensammelpunkte wiederum sind die einzigen Server, die über die Zonengrenzen hinweg Informationen replizieren.

- **Sammelpunkt für Metadaten**
Im Zusammenhang mit den Datensammelpunkten gibt es aber noch eine weitere Analogie zu einer Active-Directory-Domäne. Diese findet sich in der Funktion des globalen Kataloges. Dieser dient in einem Active Directory dazu, bestimmte Informationen aus allen Domänen einer Gesamtstruktur zu sammeln und zu bündeln. Bei jeder Anmeldung eines Benutzers erfolgt eine Kommunikation mit dem globalen Katalog, um beispielsweise die Mitgliedschaften in universellen Gruppen zu prüfen. Laut Planungsleitfaden sollte in jedem Active-Director-Standort, jeder Site, genau ein globaler Katalog platziert werden, um die Kommunikation möglichst performant zu gestalten.

Sieht man sich vor diesem Hintergrund den Datensammelpunkt an, erscheint vieles bekannt. Auch der Datensammelpunkt sammelt Informationen und wird bei Verbindungsversuchen kontaktiert. Ebenso gilt der Grundsatz des »einen Servers pro Zone«.

Der externe Berater gab zu, dass der eine oder andere Vergleich sowie die Darstellung der Funktionen des Active Directory doch stark vereinfacht gewesen seien. Dennoch könnten die Vergleiche als Eselsbrücken gerade zu Beginn der Auseinandersetzung mit dem XenApp durchaus nützlich sein.

Der Berater sprach jedoch auch noch eine Warnung aus. Insbesondere, wenn man sowohl in der Active-Directory- als auch in der XenApp-Welt tätig sei, solle man bei Abkürzungen stets auf den genauen Kontext achten. So steht beispielsweise die Abkürzung »DC« in der Windows-Welt immer für einen *Domain Controller*, einen Domänencontroller, während in der Citrix-Welt nahezu immer ein *Data Collector*, ein Datensammelpunkt gemeint ist. Sofern aus Citrix-Sicht tatsächlich ein Domänencontroller gemeint sein sollte, wird dieser auch immer so bezeichnet und niemals abgekürzt.

4.2 Das ICA-Protokoll

Bei dem ICA-Protokoll beschreibt der Name bereits die Kerneigenschaft: ICA steht für *Independent Computing Architecture* und stellt ein Zugriffs- und Kommunikationsprotokoll dar, das seine Funktionen unabhängig von der Art, dem Betriebssystem und der Anbindung eines Clients ermöglicht. Generell erfüllt das ICA-Protokoll hierbei sowohl für den Client als auch für den Server einige wichtige Funktionen.

- **Auf dem Client**
  Auf dem Client werden über das ICA-Protokoll alle Tastatur- und Mauseingaben umformatiert, um über das Netzwerk an den Terminalserver geschickt werden zu können. Auch der anschließende Transport der Daten an den Terminalserver wird von dem ICA-Protokoll übernommen, was verdeutlicht, dass es sich nicht nur auf einer Schicht des OSI-Modells bewegt, sondern im Prinzip eine ganze Sammlung von Protokollen und Funktionalitäten ist.
- **Auf dem Server**
  Auf dem Server wiederum werden alle Bildschirmausgaben der Benutzersitzung über das ICA-Protokoll konvertiert und für den Versand an den jeweiligen Client vorbereitet. Wie auch schon in der umgekehrten Richtung erfolgt der Versand dieser Daten über das Netzwerk ebenfalls über das ICA-Protokoll.

Betrachtet man das Protokoll zunächst aus Netzwerkprotokoll-Sicht, so handelt es sich bei ICA um ein Protokoll, das im Standard über den TCP-Port 1494 mit einem Citrix XenApp kommunizieren kann. Sofern eine Verbindung zu diesem Port nicht möglich ist, ist auch keine ICA-Sitzung auf den Server möglich.

Sollte während einer Sitzung die Netzwerkverbindung abbrechen, wird im Standard ebenfalls, wie bei RDP, die Sitzung getrennt. Das heißt, das Fenster auf der Seite des Clients wird geschlossen und auf dem Server wird die Sitzung im Status »getrennt« gehalten, bis sich der Benutzer erneut auf diese verbindet oder ein Administrator diese schließt.

Unter diesen Gesichtspunkten ist das ICA-Protokoll vergleichbar mit dem RDP-Protokoll von Microsoft. Jedoch beinhaltet das Protokoll einen erweiterten Funktionsumfang, der beispielsweise bei der automatischen Suche von Servern und Anwendungen, der Aufrechterhaltung von Sitzungen bei Netzwerkproblemen (*Sitzungszuverlässigkeit – Session Reliability*) oder der Darstellungsanpassung bei wechselnden Endgeräten (*Workspace Control*) sichtbar wird. Sieht man sich diese drei Beispiele etwas genauer an, erkennt man klare Unterschiede zum Terminalserverzugriff via RDP.

- **ICA-Browsing**
  Über das sogenannte *ICA-Browsing* ist ein Client in der Lage, eine Verbindung zu einem XenApp-Server herzustellen und dort eine Liste der zur Verfügung stehenden Server und Anwendungen abzufragen. Der Vorgang dieser Server- und Anwendungssuche kann auf unterschiedliche Art und Weise, über unterschiedliche Protokolle erfolgen. Ältere Versionen des Metaframe Presentation Server arbeiteten mit einer Abfrage der Server über einen Broadcast, der über UDP Port 1604 gesandt wurde. Da Broadcasts jedoch eine sehr hohe Netzwerklast verursachen, wird diese Technik heute nur noch in Ausnahmefällen für das ICA-Browsing verwendet. Der übliche Weg wäre eine Abfrage des XML-Dienstes auf einem der XenApp-Server über die Ports 80 oder 443, abhängig davon, ob die Anfragen mit SSL verschlüsselt werden oder nicht.

- **Sitzungszuverlässigkeit (Session Reliability)**
  Die Sitzungszuverlässigkeit ist eine Funktionalität, die mit dem Metaframe Presentation Server 3.0 eingeführt wurde. Sie dient dazu, das Fenster des Clients auch bei einem Verbindungsabbruch für eine gewisse Zeit geöffnet zu halten, um keine komplette Veränderung der Arbeitsumgebung zu erzeugen, wie dies etwa bei RDP oder ICA ohne konfigurierte Sitzungszuverlässigkeit der Fall wäre.

  Die Funktionsweise stellt sich so dar, dass bei aktivierter Session Reliability der Client keine Verbindung mehr zu Port 1494, wie bei ICA üblich, aufbaut, sondern zu Port 2598 über CGP, über das *Common Gateway Protocol*. Der auf diesem Port laufende Dienst, der *Citrix XTE Server*, nimmt die Verbindungen an und tunnelt sie lokal auf den ICA-Port 1494. Dieses Tunneln der Sitzungen lässt sich mit einem Protokoll-Analysetool, wie etwa TCPview, auf dem Terminalserver sehr gut nachvollziehen.

Hierdurch wird die Verbindung aus reiner ICA-Sicht auch bei Netzwerkproblemen gehalten, da sie rein technisch gesehen die Netzwerkverbindungen nicht nutzt. Der Dienst auf Port 2598 seinerseits weiß, dass er bis zum Ablauf der Timeout-Zeit (im Standard drei Minuten) die Verbindung aufrecht erhalten soll. Die Funktionalität basiert somit auf einer Einstellung am Server und am Endgerät, da beide den neuen Weg kennen und nutzen müssen. Abbildung 4.8 stellt die beiden Verbindungsarten gegenüber.

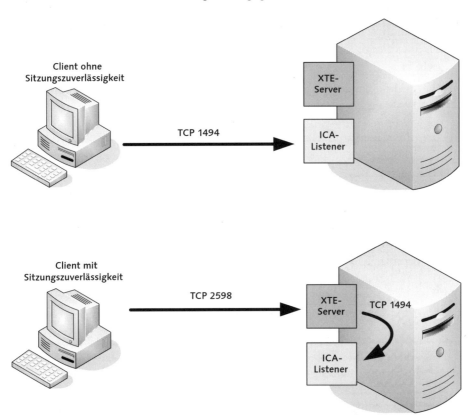

Abbildung 4.8 Sitzungen mit und ohne Sitzungszuverlässigkeit

Unter dem Metaframe Presentation Server 3.0 stand diese Technik nur ohne ein Secure Gateway zur SSL-Verschlüsselung zur Verfügung. Das seit dem Presentation Server 4.0 mitgelieferte Secure Gateway 3.0 ist in der Lage, auch einen Datenstrom für Sitzungszuverlässigkeit zu verwalten.

> **Hinweis**
>
> Wichtig ist an dieser Stelle, dass für die Sitzungszuverlässigkeit durch den Port 2598 ein weiterer Port für die Kommunikation benötigt wird. Dies ist in jedem Fall zu beachten, wenn zwischen den Servern und den Endgeräten mit einer Firewall oder Portfiltern gearbeitet wird.
>
> Ein zweiter wichtiger Aspekt ist die interne Kommunikation zwischen XTE-Server-Dienst und dem ICA-Listener. Da für diese Kommunikation der logische interne Netzwerkadapter genutzt wird, darf bei einem Server mit mehreren Netzwerkkarten das ICA-Protokoll nicht mehr nur an eine Karte gebunden werden, da die interne Kommunikation sonst nicht mehr möglich ist.

- **Workspace Control**

  Die Funktion *Workspace Control* bietet für den Benutzer die Funktionalität des *Smooth Roaming*, also des problemlosen Wechsels von aktiven Sitzungen zwischen unterschiedlichen Endgeräten.

  Ein für diese Funktion gerne zitiertes Beispiel ist das einer Krankenschwester, die sich in einem Krankenhaus zwischen sehr vielen Endgeräten bewegt und jeweils immer ihre geöffnete Anwendung nutzen möchte. Mit XenApp 5.0 wäre es beispielsweise möglich, dass die Krankenschwester jeweils eine Smartcard in das Endgerät steckt, hierdurch angemeldet wird und sofort ihre an einem anderen Endgerät getrennte Anwendung vorfindet. Bei Entfernen der Smartcard würde die Sitzung sofort wieder getrennt, damit sie von einem anderen Gerät aus geöffnet werden kann.

  Ein wichtiger Aspekt hierbei ist, dass das Workspace Control aber auch Rücksicht auf beispielsweise unterschiedliche Auflösungen der Endgeräte nehmen kann und die getrennten Sitzungen entsprechend anpassen kann, was die Flexibilität deutlich erhöht.

> **Info**
>
> Natürlich könnte man sich an dieser Stelle streiten, ob die aufgeführten Funktionalitäten Eigenschaften des Protokolls oder der Clientsoftware sind. Da sie aber allesamt mit dem ICA-Protokoll in Verbindung stehen, werden sie bereits an dieser Stelle aufgeführt.

Neben dieser funktionalen Sichtweise auf das ICA-Protokoll gibt es natürlich auch eine technische Sicht, die sich mit den Spezifika und dem Aufbau des Protokolls befasst. Sieht man sich zunächst einige Eigenschaften des ICA-Protokolls an, so fällt als Erstes auf, dass es eine Reihe von Transportprotokollen gibt, über die ein ICA-Datenstrom genutzt werden kann.

Allein die Tatsache, dass ICA über unterschiedliche Transportprotokolle genutzt werden kann, weist darauf hin, dass es sich auf einer der höheren Schichten des OSI-Modells befindet.

> **Das OSI-Modell**
>
> Das *OSI*- oder Open-Systems-Interconnection-Modell dient als Grundlage für die Beschreibung von Protokollen im Datenverkehr. Es unterteilt die Kommunikation in sieben Ebenen, auf denen jeweils Protokolle mit bestimmten Funktionen angesiedelt sind.
> - Ebene 7: Application/Anwendungsschicht
> - Ebene 6: Presentation/Darstellungsschicht
> - Ebene 5: Session/Sitzungsschicht
> - Ebene 4: Transport/Transportschicht
> - Ebene 3: Network/Vermittlungsschicht
> - Ebene 2: Data Link/Sicherungsschicht
> - Ebene 1: Physical/Bitübertragungsschicht
>
> Das OSI-Modell hat sich in den letzten Jahrzehnten als Standard etabliert, da in diesem Modell nahezu jedes Protokoll angesiedelt werden kann. Hierdurch wird eine hohe Vergleichbarkeit der Protokolle erreicht, da Protokolle auf der gleichen Ebene die gleichen Aufgaben und Funktionen haben.

Im Kern befindet sich das ICA-Protokoll auf der Darstellungsschicht, da übertragene Inhalte aufbereitet und für die Darstellung angepasst werden. Dementsprechend erfolgt für die andere Richtung eine Anpassung für die Übertragung der Inhalte.

Bei den vielen Funktionen fällt es nicht schwer zu glauben, dass das ICA-Protokoll aus mehreren Protokollen besteht, die für unterschiedliche Funktionen zuständig sind. So gibt es beispielsweise ein Protokoll *Thinwire*, das die grafischen Ausgaben einer Anwendung in einen logischen Datenstrom wandelt und über das ICA-Protokoll transportiert. Da es sich bei Thinwire nicht um ein physikalisches Protokoll handelt, übernimmt ICA hierbei die Sicherstellung der Paketierung und die Fehlerkorrektur des Datenflusses.

Um die unterschiedlichen geforderten Komponenten und Funktionen, wie etwa auch das Einbinden von Ressourcen und das Drucken, über einen ICA-Datenstrom realisieren zu können, besteht das ICA-Protokoll aus 32 virtuellen Kanälen, von denen jeder für eine bestimmte Funktion genutzt werden kann.

Man kann es sich so vorstellen, als gäbe es einen Kanal für die Bildübertragung, einen für die Tastatureingaben, einen für … man kann sich den Rest denken. In der aktuellen Version werden noch nicht alle Kanäle genutzt, so dass an dieser Stelle noch Potential für technische Weiterentwicklungen besteht. Auf der anderen Seite werden aber bereits mehr Kanäle genutzt als beispielsweise noch mit dem Metaframe XP, da eine neue Funktion wie bidirektionales Audio natürlich einen Kanal für die Datenübertragung benötigt.

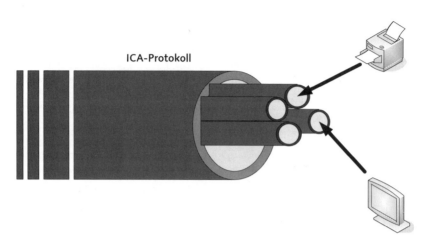

Abbildung 4.9 Die virtuellen Kanäle des ICA-Protokolls

> **Austausch von Sitzungsinformationen**
>
> Ein Kanal, der aber in der Version 4.5 beispielsweise zusätzlich hinzugekommen ist, ist ein Kanal für den Austausch von Sitzungsinformationen für Monitoring-Zwecke. So kann über diesen Kanal beispielsweise erfasst werden, welche Zeit während des Sitzungsaufbaus oder der laufenden Sitzung für die einzelnen Teilkomponenten (z.B. Laden des Benutzerprofils, Abarbeiten von Anmeldescripts etc.) benötigt wurde. Hierdurch wurde ein wichtiges Modul zur Überwachung und Qualitätssicherung der XenApp-Umgebung geschaffen.

Eine logische Konsequenz aus diesen virtuellen Kanälen, die bei dem Verbindungsaufbau zwischen Client und Server ausgehandelt werden, ist aber auch, dass durch Nutzung weniger Kanäle, beispielsweise durch das Deaktivieren von Laufwerk-, Drucker- und Audiomappings in die Sitzungen, das Protokoll »schlanker« ist, da es weniger virtuelle Kanäle nutzt und somit eine bessere Leistung erreicht wird.

4.3 Die ICA-Clients

Wie im vorangegangenen Abschnitt schon erwähnt, sind viele der Funktionalitäten des ICA-Protokolls abhängig von einem entsprechenden Client auf dem Endgerät, der die Funktionen zu nutzen weiß. Grundsätzlich gibt es für nahezu jedes Endgerät und jedes Betriebssystem eine Clientsoftware, die den Zugriff auf XenApp realisieren kann.

Hierzu gehören Clients für Windows (16 Bit und 32 Bit), Windows CE, DOS, EPOC, Macintosh, Java, UNIX und viele weitere Systeme. Insbesondere der Java-

Client dient zu einer Unterstützung nahezu jeden Betriebssystems, für das eine Java-Runtime-Umgebung existiert. An dieser Stelle ist jedoch zu bedenken, dass die Clients für Nicht-Win32-Betriebssysteme oftmals nicht alle Funktionalitäten des Win32-Clients bieten. Konzentriert man sich zunächst auf die Windows-basierten Clients, so stehen an dieser Stelle grundsätzlich drei Client-Versionen zur Verfügung:

- **XenApp Plugin for Hosted Apps – Program Neighborhood**
  Der *Program Neighborhood Client* ist der volle Windows-32-Bit-Client, der alle Möglichkeiten des XenApp bzw. des ICA-Protokolls unterstützt. Da die Konfiguration des Clients mitunter einiges Fachwissen voraussetzt, sollte der PN Client in der Standardform nur von erfahrenen Benutzern oder Administratoren eingesetzt werden. Neben dem Einsatz mit Standardeinstellungen besteht die Möglichkeit der Erstellung von angepassten Installationspaketen, die bereits initiale Konfigurationsschritte enthalten und somit auch für weniger erfahrene Benutzer geeignet sind.

- **XenApp Plugin for Hosted Apps – Program Neighborhood Agent**
  Der *Program Neighborhood Agent* ist vom Einsatzszenario her vergleichbar mit dem Program Neighborhood Client, bietet aber die Möglichkeit einer zentralen Konfiguration über einen Webseite. Insbesondere diese Tatsache macht den PN Agent sehr attraktiv für große Umgebungen, in denen eine zentrale Konfiguration auch der Client-Umgebung essentiell wichtig ist. Der PN Agent kann zusammen mit dem PN Client installiert werden, da er ein Teil des PN-Client-Installationspaketes ist.

  XenApp Web Plugin (Webinterface/Webclient)
  Das *Webinterface* ist die einfachste Version des Clients, da hierbei der Benutzer nur auf eine Webseite zugreifen muss, an der er sich anmelden und anschließend seine Anwendungen starten kann. Das hierfür benötigte *Web Plugin* kann bei Bedarf automatisch von dieser Webseite installiert oder aktualisiert werden, so dass kein Konfigurationsaufwand für den Benutzer anfällt. In Kombination mit dem *Secure Gateway* kann über das Webinterface auch ein sicherer Anwendungszugriff über das Internet realisiert werden.

Für die Nutzung der Streaming Funktionen, also der Offline-Verfügbarkeit von Anwendungen, existiert darüber hinaus noch ein spezieller Client, der über die Zeit in die anderen Clients einfließen wird.

- **XenApp Plugin for Streamed Apps (Streaming Client)**
  Der Streaming Client ermöglicht sowohl auf einem XenApp-Server wie auch auf einem Endgerät die Ausführung von virtualisierten und gestreamten Anwendungen. Hierzu ermöglicht der Streaming Client die Erstellung einer

Laufzeitumgebung auf dem jeweiligen Endgerät, in der die virtualisierte Anwendung ausgeführt werden kann. Der große Vorteil dieser Lösung liegt darin, dass die Anwendung nicht auf dem Endgerät *installiert* werden muss, sondern innerhalb der Laufzeitumgebung direkt gestartet werden kann.

Sofern man die Endgeräte in einer Active-Directory-Umgebung oder mit einer Softwareverteilung verwaltet, kann die Clientsoftware bequem per Gruppenrichtlinie an die Endgeräte verteilt werden, da sie direkt als MSI-Paket zur Verfügung steht. Nach der erstmaligen Verteilung der Software besteht die Möglichkeit, eventuelle Updates der Clientsoftware zentral zur Verfügung zu stellen und den Client beim nächsten Verbindungsaufbau automatisiert zu aktualisieren.

> **Vorteile des App Receivers**
>
> Mit der Einführung des *App Receivers* wird die Verteilung und Verwaltung der Clients noch deutlich vereinfacht. Über eine webbasierte Oberfläche können die Benutzer einen Basisclient – *ein Framework* – herunterladen, in den die sonstigen Clients in Form von Plugins eingeklinkt werden können. Diese neue Technik ist auch der Grund für die Umbenennung der jeweiligen Clients in »Plugins«.

Die konkreten Schritte zur Installation und Konfiguration der unterschiedlichen Client-Typen werden in Abschnitt 6.4, »Die Clientsoftware – der Schlüssel zum Erfolg«, aufgeführt.

4.4 Die Citrix-Lizenzierung

Ein entscheidend wichtiger Punkt für die Funktionalität einer XenApp-Umgebung ist die Lizenzierung der Client-Zugriffe. Nur Clients, die eine Lizenz erhalten, können auf die Farm zugreifen. Die hierfür benötigte Verwaltungskomponente ist die mit der Access Suite 3.0 eingeführte Access-Suite-Lizenzierung, die nun den Namen Citrix-Lizenzierung trägt. Dieser Dienst dient zur zentralen Verwaltung von Citrix-Zugriffslizenzen über Produkte und Verwaltungseinheiten hinweg.

Während mit der ersten Version der Citrix-Lizenzierung nur die Lizenzen für den Presentation Server 3.0 und den Conferencing Manager 3.0 installiert und nachvollzogen werden konnten, werden in der aktuellen Version die Lizenzen für alle Produkte des XenApp 5.0 Platinum und XenDesktop Platinum mit diesem Dienst verwaltet. Dies bietet im Vergleich zu früheren Versionen von Citrix-Produkten, bei denen die Lizenzen immer für ein bestimmtes Produkt, für die jeweilige Farm oder den jeweiligen Server installiert werden mussten, eine Reihe von Vorteilen hinsichtlich Übersichtlichkeit und Flexibilität. So ist es jetzt zum Beispiel möglich, einen Lizenzserver in einem Rechenzentrum an einem beliebigen Standort zu betreiben und weltweit verteilte XenApp-Farmen auf darauf enthaltene Lizenzen zugreifen zu lassen.

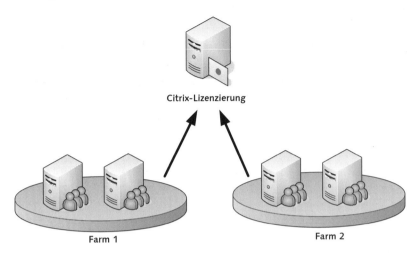

Abbildung 4.10 Farmübergreifender Zugriff auf die Citrix-Lizenzierung

Der Vorteil dieser Funktionalität wird ersichtlich, wenn man beispielsweise an zwei weit entfernten Standorten eine XenApp-Lösung erstellen möchte. Um den Zugriff auf den Datenspeicher performant zu gestalten, könnte man auf die Idee kommen, zwei Farmen, also eine pro Standort, zu erstellen. Bis einschließlich Metaframe Presentation Server XP war man gezwungen, für beide Farmen getrennt voneinander Lizenzen zu erwerben und zu installieren. Gesetzt den Fall es gibt Benutzer, die in beiden Farmen arbeiten, müssten für diese Benutzer doppelt Lizenzen erworben werden, nämlich jeweils eine pro Farm. Mit Einführung der Citrix-Lizenzierung entfiel dieser Umstand und schuf somit mehr Flexibilität im Hinblick auf die Anzahl und Platzierung von Farmen. Ein weiterer konkreter Fall, bei dem dieser Vorteil in einer beliebigen Umgebung zum Tragen kommen könnte, wäre beispielsweise die Erstellung einer separaten Farm als Testumgebung.

Der Zugewinn an Flexibilität geht aber sogar noch einen Schritt weiter, da die Auswahl des Lizenzierungsservers nicht nur auf Farmebene getroffen werden kann, sondern auch auf Serverebene. Es wäre somit also denkbar, die Server einer Farm auf unterschiedliche Lizenzserver zugreifen zu lassen. Ein Anwendungsfall für eine solche Konfiguration könnte beispielsweise ein Unternehmen darstellen, in dem die Citrix-Umgebung bzw. deren Lizenzierung nicht zentral gesehen wird, sondern zum Beispiel auf Abteilungs- oder Kostenstellenebene.

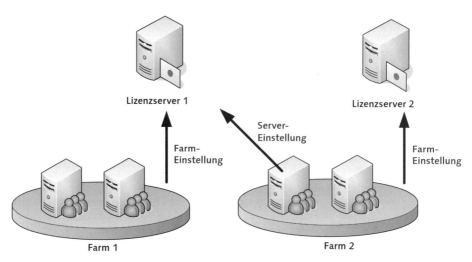

Abbildung 4.11 Lizenzierungskonfiguration auf Serverebene

Generell kann die Auswahl des Lizenzservers also über eine Einstellung an der Farm oder an den einzelnen Servern erfolgen, wobei die Einstellung exklusiv ist. Es kann also an den Servern entweder die Farmeinstellung übernommen werden oder es muss eine eigene Einstellung vorgenommen werden. In beiden Fällen werden einzig der Name des Lizenzservers und der Kommunikations-Port, im Standard: 27000, eingetragen.

Im Kern ist die Citrix-Lizenzierung nichts anderes als ein FlexLM-Lizenzierungsdienst, wie er seit vielen Jahren im UNIX-Umfeld für die Lizenzierung von Anwendungen eingesetzt wird. Im Rahmen der Citrix-Lizenzierung wird direkt bei der Installation eine eigene Instanz des FlexLM für die Citrix-Lizenzierung initialisiert, auf die die Server oder Farmen zugreifen können.

Da die Konfiguration des FlexLM-Lizenzservers über die eigenen Werkzeuge relativ umständlich ist und viel Fachwissen voraussetzt, sind die integrierten Verwaltungswerkzeuge (mit dem Presentation Server 4.5) entfallen. Citrix hat als zweite Komponente der Citrix-Lizenzierung eine Lizenz-Management-Konsole eingefügt, die über ein Webfrontend alle benötigten Konfigurationsschritte der Citrix-Lizenzierung erlaubt.

Die Plattform für die Citrix-Lizenzierung kann auf Grund der Zugriffsarchitektur ein beliebiger Server sein, auf den über den konfigurierten Kommunikationsport zugegriffen werden kann. Die Anforderungen an das System sind ansonsten recht gering, so dass die Citrix-Lizenzierung problemlos auf jedem aktuellen Server mitlaufen kann. Zu beachten ist allerdings, dass der benötigte Festplattenplatz größer werden kann, wenn viele Daten über Lizenznutzung und sonstige

Zugriffe protokolliert werden sollen. Citrix empfiehlt für alle Betriebssysteme immer den Einsatz des jeweils aktuellsten Service Packs, was jedoch im Vorfeld immer gut getestet werden sollte. Als Anwendungen setzt der Lizenzierungsdienst ebenfalls entweder den Microsoft Internet Information Server (IIS) ab Version 6.0 oder einen aktuellen Apache Webserver voraus. Die Tomcat-Servlet-Engine 4.1.24 und eine Java Runtime werden ebenfalls für die Installation benötigt. Für den Zugriff auf die Management Console wird ein HTML3.2-fähiger Browser, etwa der Internet Explorer 5.0/6.0 oder höher benötigt.

Es besteht kein grundsätzlicher Bedarf, für den Lizenzierungsdienst eine dedizierte Hardware einzusetzen. Der Dienst kann durchaus auf einem bereits vorhandenen Server mit installiert werden. Ein sinnvoller Platz für diesen Dienst könnte zum Beispiel, wie beim Terminalserver-Lizenzdienst, einer der Domänencontroller im Netzwerk sein. Diese Server sind im Regelfall nur mit den Domänen- und Infrastrukturdiensten wie DNS, WINS und DHCP beschäftigt und bieten somit noch ausreichend Ressourcen für die Access-Suite-Lizenzierung. Des Weiteren sind diese Server immer aktiv, so dass es keine Probleme mit der Erreichbarkeit des Dienstes geben sollte.

> **Hinweis**
> Soll kein entsprechendes vorhandenes System genutzt werden, sondern eine dedizierte Maschine eingesetzt werden, so empfiehlt sich der Einsatz eines Servers mit einer schnellen CPU. Da die Citrix-Lizenzierung eine Single-Thread-Anwendung ist, hat man keinen Vorteil von mehreren langsameren CPUs.

Im Hinblick auf die Ausfallsicherheit des Lizenzierungsdienstes wird seit dem Presentation Server 4.0 auch die Möglichkeit des Einsatzes mit bzw. auf Microsoft-Clustern ermöglicht. Diese Tatsache ist nicht ganz unbedeutend, da bei Ausfall des Lizenzierungsdienstes die Server nach einer gewissen Zeit keine Verbindungen mehr annehmen.

Wer die Kosten für eine Cluster-Lösung scheut, kann allerdings, wie unter der Access-Suite-Lizenzierung 3.0, einen zweiten Server als »Stand-by«-Lizenzierung vorhalten, der im Falle des Ausfalls des ersten Servers einspringen könnte. Da die Lizenzen auf den Namen des Lizenzservers aktiviert werden, sollte dieser Stand-by-Server allerdings den gleichen Namen wie der aktive Lizenzserver haben.

> **Tipp**
> Eine in der Praxis auch sehr bewährte Methode ist der Einsatz einer virtuellen Maschine, beispielsweise mit XenServer oder Hyper-V, für den Lizenzierungsdienst. Diese virtuelle Maschine kann in Form von Sicherungskopien mehrfach vorgehalten werden und bei Bedarf einfach auf einem entsprechenden Host-System gestartet werden.

4.5 Entwurfsprinzipien

Neben dem grundlegenden Wissen um die Rollen und Funktionen in der XenApp-Farm ist einer der wichtigsten Aspekte für einen erfolgreichen Einsatz eine den konkreten Anforderungen und der konkreten Umgebung entsprechende Planung der Farm.

An dieser Stelle ist es hilfreich, sich noch einmal die Zeit zu nehmen, sich die soeben besprochenen Komponenten ins Gedächtnis zu rufen und sich eine Vorstellung über den Einsatz in seinem konkreten Szenario zu machen. Anschließend gibt es fünf grundlegende Fragestellungen, die beantwortet werden müssen, um von vornherein den richtigen Pfad einzuschlagen.

4.5.1 Wie viele Server? Welche Edition?

Die erste Frage, die man sich stellen sollte, ist, wie viele Server man für die geplante Umgebung benötigt. An dieser Stelle könnte man sich an das Beispiel aus Abschnitt 2.2, »Was genau ist ein Terminalserver und was macht er?«, erinnern. Darin wurde beschrieben, dass die Anzahl an unterschiedlichen Sitzungen, die ein Server verwalten kann, von seiner Rechenleistung und der Größe seines Arbeitsspeichers abhängt. Bei einem Server mit 4096 MB Arbeitsspeicher, wovon 1024 MB für das Betriebssystem selbst genutzt werden, stünden dann für Benutzersitzungen noch 3072 MB zur Verfügung. Wenn eine Sitzung nun zum Beispiel 50 MB benötigen würde, könnten nach unserer Rechnung ca. 60 Benutzer auf diesem System arbeiten.

Die Kunst liegt nun darin, festzustellen, wie viel Speicher und Rechenleistung tatsächlich benötigt werden. Basierend hierauf kann definiert werden, wie viele Server benötigt werden. Grundsätzlich sind somit zur Beantwortung dieser Fragestellung zwei Dinge von Bedeutung:

- **Art und Anzahl der Anwendungen**
  Welche Anwendungen werden über den Terminalserver zur Verfügung gestellt? Jede Anwendung hat einen unterschiedlichen Speicherbedarf. Bei Microsoft Word oder Excel kann man für die erste gestartete Instanz von etwa 15-20 MB ausgehen. Weitere Instanzen benötigen etwas weniger Arbeitsspeicher. Wird innerhalb von Microsoft Word jedoch eine Komponente wie WordArt nachgeladen oder mit einem sehr großen Dokument gearbeitet, kann der Speicherbedarf drastisch ansteigen. Andere Anwendungen, wie etwa Lotus Notes, haben einen weit höheren Speicherbedarf, auch im »Leerlauf«. So benötigt ein gestarteter Notes-Client durchaus zwischen 40 und 50 MB, wobei nach oben fast keine Grenzen gesteckt sind.

An diesen Unterschieden sieht man deutlich, dass es von entscheidender Bedeutung sein kann, welche Anwendungen eingesetzt werden sollen. Als guter Indikator für die Speicherlast einer Anwendung kann im Zweifel immer die Speicherlast auf einem lokalen Arbeitsplatz genutzt werden. Im Zweifel ist die Speicherlast auf dem Terminalserver für alle gestarteten Instanzen der Anwendung gleich hoch. Bei Anwendungen, die für den Terminalservereinsatz optimiert wurden, benötigt nur die erste Instanz den vollen Speicher, die weiteren Instanzen benötigen dann nur noch das benutzerspezifische Delta.

▸ **Anzahl der Benutzer**
Nachdem bekannt ist, wie viel Speicher eine Anwendung benötigt, muss dieser Wert mit der Anzahl der geplanten Benutzer multipliziert werden, um herauszufinden, wie viele Server mit wie viel Arbeitsspeicher benötigt werden. Die Prozessorlast ist in den meisten Fällen mit aktuellen Prozessoren kein Problem, da die Benutzer hierbei nur Last verursachen, wenn sie aktiv etwas tun. Realistisch gesehen, verbringt ein Benutzer aber sehr viel Zeit mit dem Ansehen und gedanklichen Erfassen von Bildschirminhalten.

Dies ist nicht negativ gegen die Benutzer gemeint, sondern eine Tatsache, die sich positiv auf die Prozessorlast eine Terminalservers auswirkt, da ein Benutzer, der den Bildschirminhalt liest, nunmal keine Prozessorlast verursacht. Eine Anwendung, die einen gewissen Inhalt erst einmal aufbereitet und dargestellt hat, verursacht nur noch Speicherlast, aber keine oder nur geringe Prozessorlast.

Basierend auf den so gewonnenen Informationen lässt sich die Anzahl der benötigten Terminalserver kalkulieren.

> **Tipp**
> Sofern auch die weiteren Funktionen der Platinum Edition, wie etwa Access Gateway oder EdgeSight genutzt werden, sollten hierfür noch weitere, dedizierte Server eingeplant werden. Diese wären dann auch keine Teile der Terminalserver-Farm.

Die geplante Anzahl der Server wiederum bringt die Information über die sinnvollerweise einzusetzende Version des XenApp. Grundsätzlich wäre die kleinste Edition – die Advanced Edition – bereits in der Lage, mehrere Server innerhalb einer Farm mit einer adäquaten Lastverteilung betreiben zu können. Sobald man mehr als zehn Server eingeplant hat, sollte man spätestens über die Enterprise Edition des XenApp nachdenken, da ab dieser Edition eine Reihe von hilfreichen Werkzeugen zur Verwaltung und Automatisierung (Installation Manager, Streaming etc.) zur Verfügung stehen. Natürlich können die Anforderungen an die Automatisierung auch schon bei Umgebungen mit drei oder vier Servern so entscheidend sein, dass auch hierbei bereits auf eine Enterprise Edition zu setzen wäre.

Sobald XenApp als strategische Komponente der Anwendungsbereitstellung (*Application Delivery*) betrachtet wird, empfiehlt sich in Umgebungen jeder Größe der Einsatz der Platinum Edition. Mit dieser Edition stehen alle Komponenten und Funktionen zur Verfügung, um eine umfassende Umgebung planen, skalieren und nicht zuletzt auch qualitativ sichern zu können.

Wie auch immer die Entscheidung im Hinblick auf die Edition ausfällt – es besteht immer die Möglichkeit, über ein Lizenzupdate auf eine höhere Edition zu aktualisieren. Allerdings lässt sich durch die von vornherein passende Edition der Aufwand für Umstellungen und Updates vermeiden.

Da die Musterhandel GmbH im ersten Schritt den Standort Ulm in die XenApp-Farm einbinden will und auch die Möglichkeiten des externen Zugriffs sowie der Offline-Verfügbarkeit ein großes Thema sind, fällt die Entscheidung für die Platinum Edition des XenApp 5.0 auf Windows Server 2008. Eine Anpassung der Serveranzahl ist in diesem Zusammenhang nicht notwendig, da eine für einen Windows-Terminalserver kalkulierte Benutzeranzahl auch auf eine XenApp-Lösung angewendet werden kann. Einzig für die Funktionsrollen des Access Gateway und des Anwendungsleistungs-Monitorings werden neue Systeme eingeplant.

4.5.2 Lizenzierung – wie und wo?

Der zweite Punkt der Planung und gleichzeitig der erste des Installationsvorgangs ist die Frage nach der Platzierung der Citrix-Lizenzierung. Das geplante System sollte selbstverständlich die technischen Anforderungen für die Installation des Dienstes erfüllen, aber auch unter anderen Gesichtspunkten geschickt gewählt werden. Hier ein paar Aspekte:

- **Verfügbarkeit**
  Da die Citrix-Lizenzierung bei jedem Verbindungsaufbau eines Benutzers kontaktiert werden muss, um ihm eine Zugriffslizenz zu erteilen, ist die Verfügbarkeit dieses Dienstes von äußerster Bedeutung. Sobald der Lizenzierungsdienst nicht mehr von den Terminalservern erreicht werden kann, werden diese »nur noch« für 30 Tage Verbindungen von Benutzern annehmen. Es stehen somit unterschiedliche Ansätze zur Verfügung. Zum einen wäre die Möglichkeit gegeben, über Windows-Cluster eine Hochverfügbarkeit für den Dienst zu realisieren. Die andere Möglichkeit wäre ein effektives Überwachen der Systeme, um bei einem Ausfall des Dienstes innerhalb von 30 Tagen eine Wiederherstellung des Dienstes zu realisieren.

- **Sicherheit**
  Ein nicht zu verkennender Aspekt der Lizenzierung ist die Sicherheit. Diese kann auf unterschiedlichen Ebenen adressiert werden. Der Kommunikations-Port der Lizenzierung sollte geschützt werden, da bei einer freien Verfügbarkeit theoretisch ein beliebiger XenApp-Server auf diesen Dienst zurückgreifen und die darauf bereitgestellten Lizenzen nutzen könnte. Aber auch die License Management Console kann unter Sicherheitsaspekten als kritisch eingestuft werden, da es sich dabei um einen Webdienst handelt, der, ebenso wie der darunter liegende Webserver, stets auf einem aktuellen Stand der Sicherheitsupdates gehalten werden sollte.

- **Verwaltbarkeit**
  Nicht zuletzt ist auch die Verwaltbarkeit des Dienstes von großer Bedeutung. Sollte man sich beispielsweise für die Installation auf einem Domänencontroller entscheiden, so muss man sich vor Augen halten, dass für die Installation und Verwaltung des Dienstes womöglich recht weitreichende Berechtigungen auf dem Server benötigt werden. Entsprechende Berechtigungen sind aber vor allem auf einem Domänencontroller als kritisch einzustufen und genauestens zu prüfen, um nicht organisatorisch unberechtigten Administratoren Zugriff auf einen Domänencontroller zu gewähren.

Im konkreten Fall der Musterhandel GmbH entschied man sich für die Installation der Citrix-Lizenzierung auf dem Domänencontroller, der auch die Microsoft-Terminaldienste-Lizenzierung hielt. Das System erfüllte alle technischen Anforderungen und durch eine Kombination der beiden Dienste erhoffte man sich einen besseren logischen Überblick, da gleiche oder ähnliche Dienste auf einen Server gebündelt werden. Da auch die Gruppe der Administratoren sowohl für die Citrix-Umgebung als auch für die Domäne zuständig ist, stellt die Installation auf dem Domänencontroller kein Problem unter dem Aspekt der Verwaltbarkeit dar.

4.5.3 Datenspeicher – wann welche Datenbank?

Die Planung der Art und Platzierung des Datenspeichers der Farm ist abhängig von der Größe der Farm, also ebenfalls wieder von der Anzahl der Server und Benutzer. Citrix unterteilt zur Lösungsfindung die Größe von Farmen in vier Kategorien, für die jeweils die empfohlenen Datenspeichertypen aufgeführt werden.

- **Klein**
  Eine kleine Umgebung ist definiert als Farm mit einer maximalen Ausprägung von 50 Servern, 150 Benutzern und 100 veröffentlichten Anwendungen. Für

eine solche Umgebung ist eine Access- oder SQL-Express-Lösung in der Regel ausreichend.

- **Mittel**
  Eine mittlere Umgebung wäre erreicht, wenn 25 bis 100 Server mit einer Anzahl von maximal 3000 Benutzern und 100 Anwendungen gegeben sind. Auch für eine mittlere Umgebung ist in vielen Fällen eine Access- oder SQL Express-Lösung ausreichend. Einzig bei großer geografischer Verteilung der Farm oder vielen An- und Abmeldevorgängen der Benutzer sollte über eine separate Datenbank nachgedacht werden.

- **Groß**
  Die Eckdaten einer großen Umgebung sind laut Citrix 50–100 Server mit maximal 5000 Benutzern und 500 veröffentlichten Anwendungen. Ab dieser Stufe ist der Einsatz von separaten Datenbankservern auf Basis von MS SQL, DB2 oder Oracle sehr empfohlen.

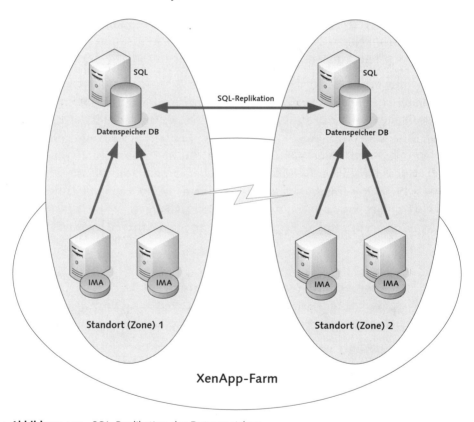

Abbildung 4.12 SQL-Replikation des Datenspeichers

- **Enterprise**
  Eine Enterprise-Umgebung beinhaltet 100 oder mehr Server, mehr als 3000 Benutzer und bis zu 2000 veröffentlichte Anwendungen. Wie auch schon bei einer großen Umgebung, sind separate Datenbankserver sehr empfohlen. Access oder SQL Express kommen hierbei aus Leistungsgründen nicht mehr in Frage.

Neben der Auswahl der Datenbank kann es in besonders großen verteilten und Enterprise-Szenarien unter Umständen sinnvoll sein, sich über die Replikation des Datenspeichers Gedanken zu machen. Hierbei würde mit Datenbankservermitteln die Datenbank des Datenspeichers auf mehrere Datenbankserver repliziert, auf die dann die XenApp-Systeme zugreifen können.

Hierdurch kann eine Lastverteilung des Datenspeichers erreicht und auf eventuelle hohe Latenzzeiten bei dem Datenspeicherzugriff über WAN-Verbindungen reagiert werden.

4.5.4 Zonen/Datensammelpunkte

Wie in Abschnitt 4.1.4, »Datensammelpunkt/Data Collector«, und 4.1.5, »Zonen«, beschrieben, haben die Datensammelpunkte einer Zone die Aufgabe, alle dynamischen Informationen aller Server der Zone zu erfassen und zu verwalten. Als Grundsatz für das Anlegen von Zonen sollte gelten, dass in der Regel pro Netzwerkstandort eine Zone angelegt werden sollte, um den Datenverkehr über WAN-Verbindungen zu reduzieren. Eine Zone kann mehr als 500 Server fassen, wobei ab dieser Größe, genau genommen ab 512 Servern, der Einsatz eines dedizierten Servers als Datensammelpunkt empfohlen ist. Neben diesem Server sollte auch ein weiteres dediziertes System als Backup-Datensammelpunkt konfiguriert werden.

Farmen oder Zonen solcher Größe sind natürlich nicht bei jedem zu finden, so dass man sich von diesen Planungsgrundlagen womöglich nicht angesprochen fühlt. Trotzdem sollte man sie im Auge behalten, da beispielsweise beim Auftreten von Verzögerungen bei der Auflistung von Anwendungen oder dem Aufbau einer Verbindung ein sicheres Indiz für die Überlastung des aktuellen Datensammelpunktes gegeben ist. In diesem Fall sollte entweder über die Verlegung der Rolle auf einen anderen, leistungsstärkeren XenApp-Server oder tatsächlich über den Einsatz eines dedizierten Systems nachgedacht werden. Da die Umgebung bei der Musterhandel GmbH im ersten Schritt recht überschaubar ist, wird hier nicht mit dediziertem Server, sondern mit der Standardeinstellung gearbeitet.

4.5.5 Welche Client-Version?

Sofern im Netzwerk, wie bei der Musterhandel GmbH, nur Windows-Betriebssysteme zum Einsatz kommen, stehen sämtliche Funktionalitäten für die Clients zur Verfügung. Es muss jedoch eine Entscheidung darüber getroffen werden welcher Win32-Client eingesetzt werden soll: Program Neighborhood Client, Program Neighborhood Agent oder Web Plugin.

Die Entscheidung hierüber ist abhängig sowohl von den Fähigkeiten der Benutzer als auch von der Strategie der Administration. Für einen fortgeschrittenen Einsatz bietet sich der vollständige Program Neighborhood Client an, der als Installationsoptionen aber auch den Agent und den Webclient zur Verfügung stellt. Somit kann im Anschluss an die Installation jeder Zugriffsweg genutzt werden. Da diese Variante der vollständigen Installation die größte Flexibilität bietet, ist sie auch die von den Administratoren der Musterhandel GmbH bevorzugte.

Nun geht's los! Die ersten XenApp-Server werden installiert ... das wurde aber auch Zeit!

5 Installation der Komponenten

Nachdem im vorherigen Kapitel beschrieben wurde, welche Komponenten bei einer XenApp-Farm welche Aufgaben übernehmen und wie diese eingesetzt werden, beginnt jetzt die eigentliche Installation der Systeme.

5.1 Allgemeine Vorbereitungen

Bevor die Installation des Citrix XenApp auf einem neuen Windows Server erfolgen kann, müssen einige wichtige Vorarbeiten durchgeführt werden, um später keine Probleme zu provozieren.

- **Windows-Komponenten**
  Vor der Installation sollten alle benötigten Windows-Komponenten auf dem entsprechenden System installiert sein. Dies sind natürlich in erster Linie die Windows-Terminaldienste mit den dazugehörigen Konfigurationen im Hinblick auf beispielsweise die Terminaldienste-Lizenzierung. Da XenApp auf die Terminaldienste aufsetzt, ist eine vollständige und funktionale Konfiguration derselben zwingend erforderlich. Neben den Terminaldiensten kann auf Windows-Server-2008-Systemen aber auch die Installation der Internet-Informationsdienste (IIS) und von ASP.NET notwendig sein, wenn beispielsweise das Webinterface installiert werden soll.

- **Anwendungs- und sonstige Software**
  Sofern die Möglichkeit besteht, ist auch eine vollständige Installation der gewünschten Anwendungssoftware vor der Installation des XenApp sehr sinnvoll. Dies ist natürlich nur bei der initialen Installation des Systems möglich. Für spätere Installationen von Anwendungen ist es in der Regel nicht notwendig, dafür zunächst XenApp zu deinstallieren.

  Der Hintergrund hierfür ist, dass einige Anwendungen oder Softwarekomponenten, wie etwa ein Novell Netware Client, bei der Installation das Anmeldewesen von Windows verändern. Da diese Komponenten auch von einer

XenApp-Installation verändert werden, können in vielen Fällen bei korrekter Installationsreihenfolge Probleme vermieden werden.

- **Service Packs und Patches**
  Nach der Installation von Windows-Komponenten und -Anwendungen sollten die entsprechenden Service Packs und Patches für das Betriebssystem und die Anwendungen installiert werden. Insbesondere im Hinblick auf die Service Packs für das Betriebssystem ist es sehr wichtig, vor der Installation alle benötigten Windows-Komponenten installiert zu haben, da sie nur dann durch das Service Pack aktualisiert werden können. Dies gilt insbesondere für den IIS und ASP.NET. Nach der Installation des aktuellsten Service Packs sollten über einen Dienst wie Windows Update auch alle neueren Patches und Updates installiert werden.

> **Hinweis**
> Natürlich sollten Updates niemals ungetestet in den Produktivbetrieb einfließen. In einigen Fällen kann es notwendig sein, ein Update auf einem Server nicht zu installieren, um die Funktionalität sicherzustellen. Grundsätzlich sollten alle Systeme aber immer auf dem aktuellsten Stand gehalten werden.

- **MDAC**
  Nachdem alle vorherigen Schritte abgearbeitet sind, sollte für den direkten Zugriff auf den Datenspeicher die aktuellste MDAC-Version installiert werden. Dieser Schritt sollte auch nach der Installation von Anwendungen wiederholt werden, da diese häufig eigene MDAC-Versionen mitbringen und die vorhandene Version mit diesen überschreiben. Dieser Schritt ist insbesondere bei der Nutzung einer Access-Datenbank auf dem Server, der den Datenspeicher hält, von großer Bedeutung.

- **Java Runtime 1.6.0 Update 5**
  In der Version 5.0 des XenApp ist die Java Runtime nicht mehr Teil der automatisierten Installation und auch nicht mehr auf den Installations-Datenträgern enthalten. Aus diesem Grund sollte auf den Zielsystemen, also auf den Terminalservern wie auch auf dem System, das die *Citrix-Lizenzierung* halten soll, die aktuelle Version der Java Runtime installiert werden – die Mindestvoraussetzung ist Version 1.6.0 mit Update 5.

- **Microsoft .NET Framework 3.5**
  Ebenso wie die Java Runtime ist auch das .NET Framework nicht mehr Bestandteil der automatischen Installation. Somit muss es auf allen Systemen, auf denen das *Webinterface* installiert werden soll, im Vorfeld installiert werden. Die Installationsquellen befinden sich auf der XenApp-DVD im Unterordner *SUPPORT\DotNet35*.

- **Webserver-Rolle und IIS-Rollendienst**
  Auf dem geplanten *Lizenzserver* sowie auf den Systemen, die das Webinterface beherbergen sollen, wird die Webserver-Rolle mit einigen gezielten IIS-Rollendiensten benötigt. Diese sind beispielsweise ASP.NET, die Windows-Authentifizierung, die IIS6-Metabase- wie auch IIS6-WMI-Kompatibilität. Für die Integration des XML-Dienstes in den IIS werden darüber hinaus die ISAPI-Erweiterungen und ISAPI-Filter, die IIS6-Verwaltungskonsole sowie die Kompatibilität mit der IIS6-Verwaltung benötigt.

Nachdem diese Tätigkeiten durchgeführt sind, kann mit der Installation der Komponenten des XenApp begonnen werden.

5.2 Installation der Citrix-Lizenzierung

5.2.1 Installation des Lizenzierungsdienstes

Als erster Schritt zur Installation einer XenApp-Umgebung sollte auf einem praktikablen System der Citrix-Lizenzierungsdienst installiert werden. Wie im vorhergehenden Abschnitt beschrieben, muss dieser Dienst nicht auf einem der Terminalserver ausgeführt werden, sondern kann auf einem beliebigen System installiert werden.

Nachdem die Entscheidung für einen Server gefallen ist, müssen die Vorraussetzungen für den Dienst geprüft bzw. deren Erfüllung sichergestellt werden. Dies ist recht einfach, da die einzige Voraussetzung für die Installation eines Servers das Vorhandensein eines Internet Information Servers oder eines Apache Webservers für die Lizenzverwaltungskonsole ist. Da beide Komponenten auf Windows-Systemen frei verfügbar sind, bleibt die Entscheidung darüber, welcher Webserver eingesetzt wird, den persönlichen Vorlieben des Administrators überlassen.

In vorliegenden Fall wird der IIS von Microsoft genutzt, der mit Windows Server 2008 mitgeliefert wird. Nachdem der IIS auf dem Server installiert wurde, sollte, wie oben beschrieben, das System erneut einem Windows-Update unterzogen werden, um die aktuellsten Software- und Sicherheits-Updates für diesen Dienst zu erhalten.

Im Anschluss kann durch Einlegen der XenApp-DVD die Installation der XenApp-Komponenten und somit der Citrix-Lizenzierung gestartet werden. Um die Installation der gewünschten Komponente zu starten, muss zunächst die gewünschte XenApp Edition gewählt werden.

5 | Installation der Komponenten

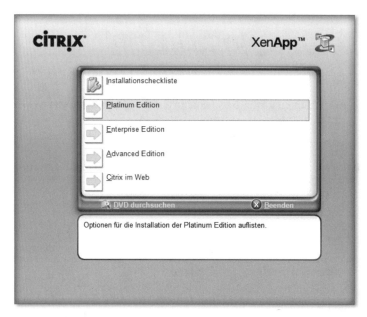

Abbildung 5.1 Auswahl der gewünschten Edition

Anschließend muss für die Installation der Citrix-Lizenzierung der Punkt GEMEINSAME KOMPONENTEN gewählt werden, wie in Abbildung 5.2 dargestellt.

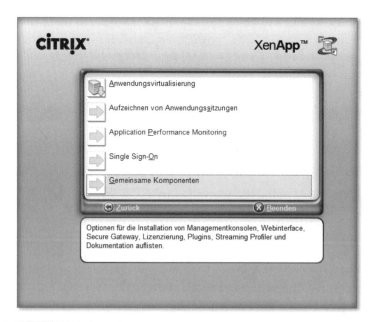

Abbildung 5.2 Installation von gemeinsamen Komponenten

Hierunter findet sich anschließend neben einigen anderen auch die Auswahloption zur Installation der Citrix-Lizenzierung, wie in Abbildung 5.3 zu sehen ist.

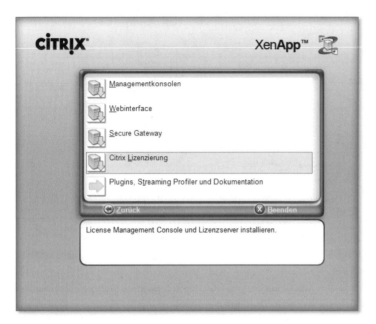

Abbildung 5.3 Citrix-Lizenzierung

> **Tipp**
>
> Die Installation lässt sich auch über das Paket *CTX_Licensing.msi* im Verzeichnis *Licensing* auf der XenApp-DVD direkt starten und man kann sich so den Weg über den Assistenten sparen.

Nach dem Start des Installationsassistenten muss zunächst die Lizenzvereinbarung bestätigt werden, bevor das gewünschte Zielverzeichnis gewählt werden kann. Grundsätzlich kann an dieser Stelle ein beliebiges Verzeichnis auf einem lokalen Datenträger gewählt werden, der den benötigten Speicherplatz zur Verfügung stellen kann. An dieser Stelle ist zu beachten, dass nicht nur der angegebene minimale Speicherplatz von 30 MB zur Verfügung stehen sollte, sondern auch ausreichend Platz für die später anwachsenden Protokolldaten vorgehalten wird. Die Auswertung von Lizenzauslastungen und Verbrauch bietet nur dann ein aussagekräftiges Ergebnis, wenn über einen längeren Zeitraum die Lizenznutzung protokolliert werden kann. Im nächsten Schritt können die zu installierenden Komponenten der Citrix-Lizenzierung gewählt werden.

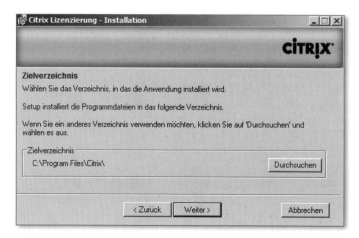

Abbildung 5.4 Auswahl des Zielverzeichnisses

Wie im vorangegangenen Abschnitt beschrieben, handelt es sich bei der Citrix-Lizenzierung um zwei Komponenten, den FlexLM-Lizenzierungsdienst und eine webbasierte Management Console für die Verwaltung der CitrixLicensing-Instanz. Auf dem Lizenzserver sollten beide Komponenten installiert werden. Eine Trennung nach Serverdienst und Management Console ist an dieser Stelle wenig sinnvoll bzw. nicht möglich, da es sich bei der Verwaltungskonsole um eine Webanwendung handelt, die lokal mit dem Lizenzdienst kommuniziert.

Abbildung 5.5 Auswahl der Komponenten

Sofern zu diesem Zeitpunkt die in Abschnitt 5.1, »Allgemeine Vorbereitungen«, beschriebene Installation der Java Runtime noch nicht stattgefunden hat, wird an dieser Stelle die in Abbildung 5.6 gezeigte Hinweismeldung bezüglich der fehlenden Java Runtime erscheinen.

Abbildung 5.6 Hinweis auf die notwendige Java Runtime

Ist diese Anforderung erfüllt, kann mit der Installation fortgefahren werden.

Dass der Lizenzdienst an dieser Stelle bereits mit Basisinformationen konfiguriert werden muss, sieht man im nächsten Dialog, der nach dem Speicherort der Lizenzdateien fragt, wie Abbildung 5.7 zeigt.

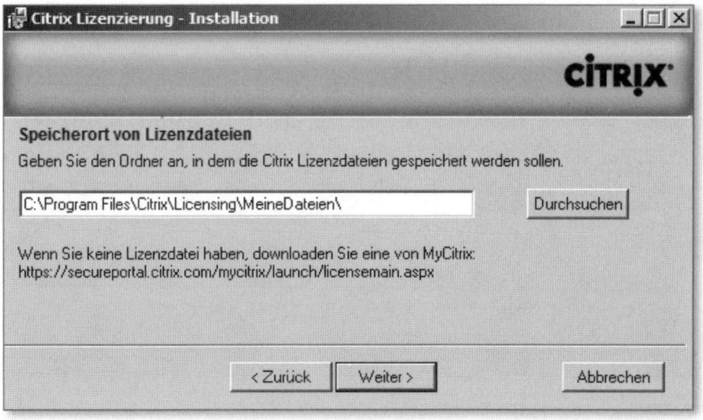

Abbildung 5.7 Speicherort der Lizenzdateien

Dieser Speicherort sollte, sofern er geändert wird, dokumentiert werden, da dieses Verzeichnis auch direkt angesprochen werden kann, um beispielsweise über das Dateisystem Lizenzdateien zur Verfügung zu stellen.

Abbildung 5.8 Auswahl der Kommunikationsports

Im Anschluss können die Kommunikationsports des Lizenzierungsdienstes konfiguriert werden. Wie auch schon bei den vorherigen Dialogen empfiehlt es sich, die Standardeinstellungen beizubehalten beziehungsweise bei einer Anpassung die neuen Werte zu dokumentieren, da sie bei den späteren Installationen der weiteren Komponenten oder anderen Anwendungen (z.B. Access Gateway) benötigt werden.

Die Citrix-Lizenzierung kann mit ihrer License Management Console (LMC) auch auf einen Apache Webserver aufsetzen, der jedoch im Vorfeld auf dem System installiert werden muss.

> **Hinweis**
> Sofern der Apache Webserver verwendet werden soll und noch nicht auf dem Server installiert ist, wird man mit einer Hinweismeldung auf diesen Sachverhalt hingewiesen.

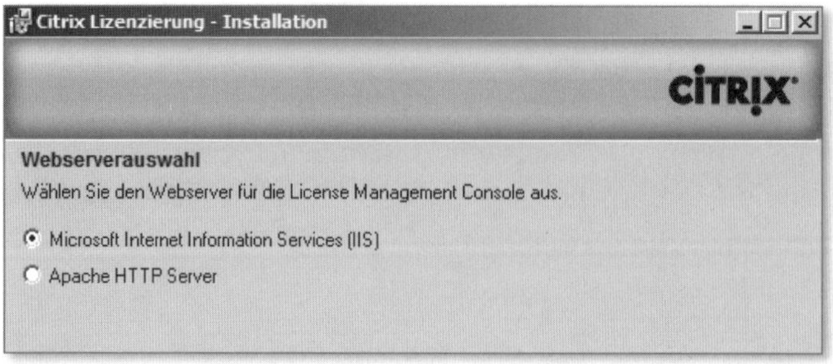

Abbildung 5.9 Serverauswahl für LMC

Um zusätzlichen Konfigurationsaufwand zu vermeiden, bietet sich die Auswahl des IIS als Webserver deshalb im – unter Abbildung 5.9 gezeigten – Fall an. Hierbei werden alle benötigten Konfigurationsschritte automatisiert durchgeführt, was nur zu einem Neustart des Dienstes bestätigt werden muss.

Damit ist der Installationsassistent abgeschlossen und sofern alle Anforderungen auf dem Zielsystem erfüllt sind, beginnt die Installation der Programmdateien. Sollten auf der Seite des Betriebssystems noch Anforderungen unerfüllt sein, wird an dieser Stelle mit einer Meldung darauf hingewiesen, wie in Abbildung 5.10 gezeigt.

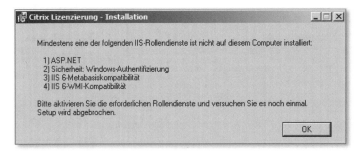

Abbildung 5.10 Hinweis bei fehlenden Betriebssystemkomponenten

Ansonsten laufen die Kopier- und Installationsaufgaben des Setups durch und die Citrix-Lizenzierung ist anschließend auf dem Server aktiv.

Abbildung 5.11 Abgeschlossene Installation

5.2.2 Prüfung der Installation

Um die erfolgreiche Installation dieser beiden Komponenten zu prüfen, müssen zwei Stellen eingesehen werden. Der erste Punkt ist der Grund für den Neustart des IIS. Öffnet man den INTERNETINFORMATIONSDIENSTE-MANAGER und dann den Bereich der ISAPI- UND CGI-EINSCHRÄNKUNGEN, findet sich an dieser Stelle nun in Form der *Tomcat Servlet Engine* die Applikationsplattform für die LMC.

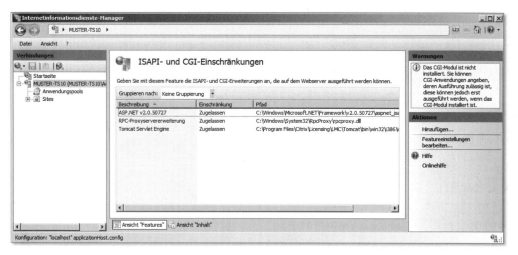

Abbildung 5.12 Tomcat im IIS

Sollte an dieser Stelle noch kein Eintrag für die Tomcat Servlet Engine auftauchen oder dieser verweigert sein, wird die LMC nicht korrekt funktionieren. In diesem Fall sollte sie gegebenenfalls manuell hinzugefügt und zugelassen werden. Die einzutragende Datei für die Servlet Engine ist *[Installations-Pfad]\LMC\Tomcat\bin\win32\i386\isapi_redirect.dll*.

Der zweite Anhaltspunkt für eine erfolgreiche Installation findet sich im Bereich der *Dienste* auf dem Server. Hier muss ein Dienst *Citrix Lizensierung* registriert und gestartet sein. Dieser Dienst stellt die FlexLM-Instanz für die Citrix-Lizenzierung dar. Sollte dieser Dienst auf dem System auch nach einem Neustart nicht verfügbar sein, sollte die Installation der Access-Suite-Lizenzierung wiederholt werden, da durch ein manuelles Hinzufügen des Dienstes zwar der Dienst selbst gestartet werden könnte, jedoch wäre die Wahrscheinlichkeit sehr hoch, dass auch die Konfiguration nicht ordnungsgemäß durchgeführt worden ist.

Installation der Citrix-Lizenzierung | 5.2

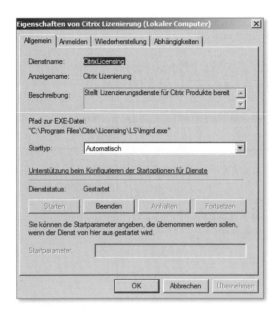

Abbildung 5.13 CitrixLicensing-Dienst

Sofern sowohl die Tomcat Servlet Engine als auch der Lizenzdienst erfolgreich installiert wurden, kann über das Startmenü ein Versuch gestartet werden, die LMC zu starten.

Abbildung 5.14 Verknüpfung mit der LMC

Nach einem Klick auf die License Management Console sollte die in Abbildung 5.15 gezeigte Startseite des LMC erscheinen.

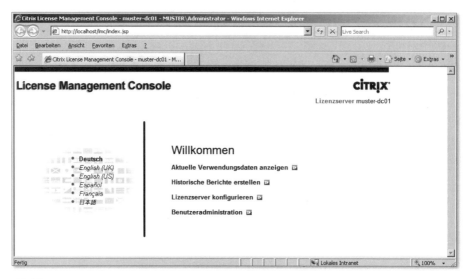

Abbildung 5.15 Startseite der LMC

Über die Optionen auf der linken Bildschirmseite kann daraufhin bei Bedarf die Sprache eingestellt werden. Durch Anklicken der Verknüpfung AKTUELLE VERWENDUNGSDATEN ANZEIGEN lassen sich die aktuell installierten Lizenzen anzeigen.

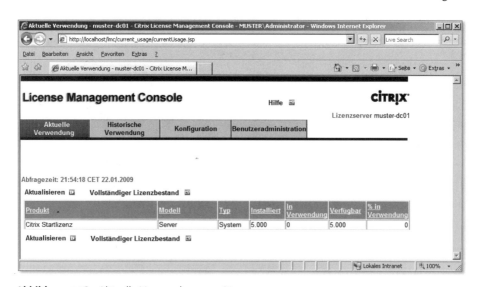

Abbildung 5.16 Aktuelle Verwendung von Lizenzen

Beim ersten Öffnen der LMC werden unter den aktuell verfügbaren Lizenzen nur 5000 Lizenzen für *Server Startlizenz* erscheinen. Der Hintergrund hierfür ist, dass seit dem Metaframe Presentation Server 3.0 ausschließlich Zugriffslizenzen erworben werden müssen. Bei den Versionen vor 3.0 mussten Server- und Zugriffslizenzen eingepflegt werden. Um dies zu ermöglichen, werden 5000 Lizenzen für Server direkt mit der Access-Suite-Lizenzierung bereitgestellt.

> **Tipp**
>
> Sollte man in die »missliche« Lage geraten, mehr als 5000 Server auf einen Lizenzdienst verweisen lassen zu wollen, sollte man sich direkt an Citrix wenden. Nach den Aussagen eines Support-Mitarbeiters kann auch für diesen Fall eine Lösung gefunden werden.

5.2.3 Konfiguration des Zugriffs

Da es sich bei der LMC, wie unschwer zu erkennen ist, um eine Webanwendung handelt, ist sie prinzipiell von jedem PC im Netzwerk erreichbar. Damit die so erfolgenden Zugriffe gesteuert werden können, kann in der LMC ein rudimentäres Berechtigungssystem genutzt werden, das die Zugriffe der Benutzer steuern kann. Unter dem Menüpunkt BENUTZERADMINISTRATION können Benutzerkonten mit einfachen Berechtigungen auf die Bereiche der LMC ausgestattet werden, um beispielsweise die aktuellen Verwendungsdaten einsehen zu können.

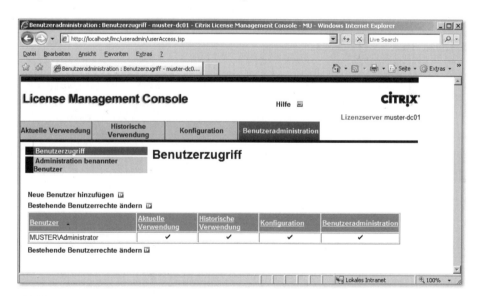

Abbildung 5.17 LMC-Benutzeradministration

5 | Installation der Komponenten

Das Hinzufügen weiterer Benutzern mit entsprechenden Berechtigungen lässt sich intuitiv über die Verknüpfung NEUE BENUTZER HINZUFÜGEN realisieren, wie Abbildung 5.18 zeigt.

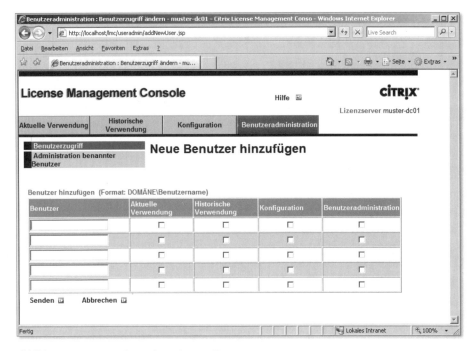

Abbildung 5.18 Hinzufügen berechtigter Benutzer

An dieser Stelle können Windows-Benutzer über das Format *DOMÄNE\Benutzername* hinzugefügt und mittels Setzen von Options-Flags berechtigt werden. Anschließend können die Benutzer über die Adresse *http://LIZENZSERVER/lmc/index.jsp* auf die LMC zugreifen.

5.2.4 Aktivieren und Hinzufügen von Lizenzen

Wie oben beschrieben, enthält jeder Lizenzserver nach der Installation zunächst nur die Lizenzen für die Citrix-Produkt-Server. Da aber für einen erfolgreichen Zugriff der Benutzer auf die Terminalserver entsprechende Zugriffslizenzen benötigt werden, müssen diese nach der Installation der Citrix-Lizenzierung generiert und bereitgestellt werden. Das Hinzufügen von Lizenzen geschieht über den Reiter KONFIGURATION, unter dem man die aktuell installierten Lizenzen in Form der zugrunde liegenden Lizenzdateien einsehen kann.

Installation der Citrix-Lizenzierung | **5.2**

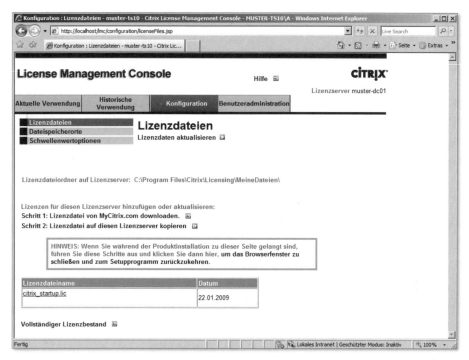

Abbildung 5.19 Konfiguration der Lizenzdateien

Auf dieser Seite sind auch die zwei zur Aktivierung und Installation von Lizenzen benötigten Schritte aufgeführt.

- **Lizenzdatei von MyCitrix.com downloaden**
  Alle erworbenen Citrix-Lizenzschlüssel müssen online bei Citrix eingetragen und aktiviert werden. Während bei allen Versionen älter als 3.0 ein Freischaltcode generiert wurde, wird seit Version 3.0 eine Lizenzdatei generiert, die auf den Lizenzserver kopiert werden muss.

- **Lizenzdatei auf diesen Lizenzserver kopieren**
  Nach dem erfolgreichen Download der Lizenzdatei muss diese über einen vorgefertigten Dialog oder über einfaches Kopieren auf dem Lizenzserver bereitgestellt werden.

Sehen wir uns diese Punkte nacheinander an.

Aktivieren von Lizenzen

Zunächst wird für den Aktivierungsprozess der Lizenzen zum einen die Lizenznummer, zum anderen eine Internetverbindung benötigt. Mittels eines Browsers wie dem *Internet Explorer* wird die Seite *www.mycitrix.com* aufgerufen. Die

Empfehlung des Internet Explorers hat nichts mit einer konkreten Bevorzugung des Herstellers Microsoft zu tun. Da nahezu alle Inhalte auf MyCitrix.com dynamisch sind, kann es hierbei zu starken Problemen mit anderen Browsern als dem Internet Explorer kommen, da nur dieser hundertprozentig unterstützt wird.

Abbildung 5.20 MyCitrix-Login

Sollten noch keine Anmeldedaten für diese Seite vorliegen oder sollten sie in Vergessenheit geraten sein, kann an dieser Stelle eine Neu-Registrierung bzw. eine Bitte auf Zusendung der Anmeldedaten erfolgen. Nach der Anmeldung stehen diverse Menüpunkte zur Verfügung, mit denen man beispielsweise sein Profil oder Lizenzen verwalten kann.

Um erworbene Lizenzen zu aktivieren, kann innerhalb von MEINE TOOLS (LIZENZIERUNG, AKTIVIERUNG, SUBSCRIPTIONS UND MEHR) über das Pulldown-Menü der Punkt ACTIVATION SYSTEM/LIZENZEN VERWALTEN gewählt werden, wie in Abbildung 5.21 gezeigt.

Auf der darauf folgenden Seite *Lizenzen aktivieren, zuweisen und verwalten* muss im Pulldown-Menü der Punkt LIZENZEN AKTIVIEREN/ZUWEISEN gewählt werden. Daraufhin muss in dem folgenden Formular im Feld IHR LIZENZCODE die mit dem Erwerb der Lizenzen erhaltene Nummer eingetragen werden. Diese Lizenznummer besteht im Regelfall aus einer durch Bindestriche getrennten alphanumerischen Zeichenfolge, die sich entweder auf dem Lizenzzertifikat befindet oder, bei einem elektronischen Lizenzmodell, per E-Mail angekommen sein sollte.

Abbildung 5.21 Activation System/Lizenzen verwalten

Die Länge oder Aufteilung der Lizenznummer ist von dem Produkt und der Art der Lizenzierung abhängig, so dass sich hierbei kein festes Format beschreiben lässt. Auf der Formularseite zur Eingabe finden sich ebenfalls Beispiele und Anleitungen zum Auffinden der entsprechenden Lizenznummer.

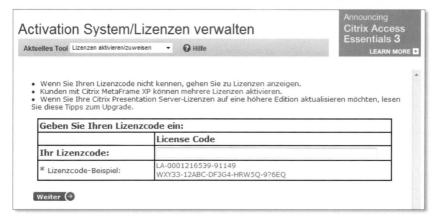

Abbildung 5.22 Eingabemaske für Lizenzaktivierung

Da alle Citrix-Lizenzen nur indirekt, das heißt über Vertriebspartner, verkauft werden, folgt im nächsten Schritt ein Auswahldialog für den entsprechenden Vertriebspartner oder *Solution Advisor*, von dem die Lizenzen bezogen wurden. Die Auswahl an dieser Stelle ist wichtig, da sie sich auch darauf auswirkt, ob der Händler Einsicht in den eigenen Lizenzbestand bekommt. Im Standard bekommt jeder Händler Einsicht in die Lizenzen, die über ihn erworben und in diesem Dialog registriert sind. Diese Einsicht wird vom Händler beispielsweise für die Erstellung eines Angebotes für die *Subscription Advantage*-Verlängerung benötigt und sollte somit an dieser Stelle auch gewährt werden.

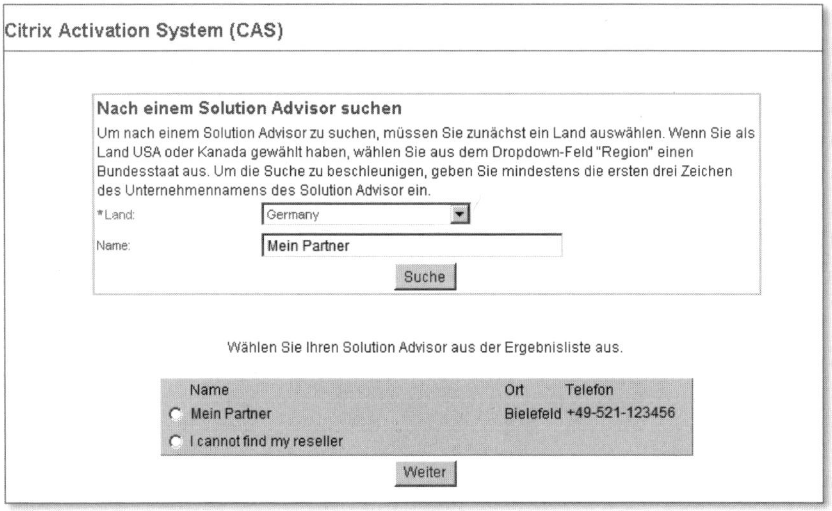

Abbildung 5.23 Auswahl eines Solution Advisors

Um den entsprechenden Händler zu finden, bietet sich die Nutzung der Suchfunktion an, die alle Treffer als Optionsfelder in der Auswahlliste anzeigt, aus der der Lizenzhändler ausgewählt werden kann. Dies wird in Abbildung 5.23 gezeigt. Im darauf folgenden Schritt folgt eine Auswahl des Ansprechpartners für die zu aktivierenden Lizenzen. Der hier gewählte Ansprechpartner wird sowohl von Citrix als auch von eventuellen Vertriebspartnern genutzt werden, wenn es um das Thema Lizenzierung oder Subscription-Advantage-Verlängerung geht.

> **Hinweis**
>
> Wichtig ist, dass die an dieser Stelle hinterlegten Kontaktdaten nicht an beliebige Unternehmen oder weitere Personen weitergegeben werden, sondern einzig und allein für die vom Ansprechpartner freigegebenen Situationen genutzt werden. Für eventuelle Vertriebspartner gilt, dass nur der im vorherigen Schritt ausgewählte Vertriebspartner Zugriff auf diesen Kontakt bekommt.

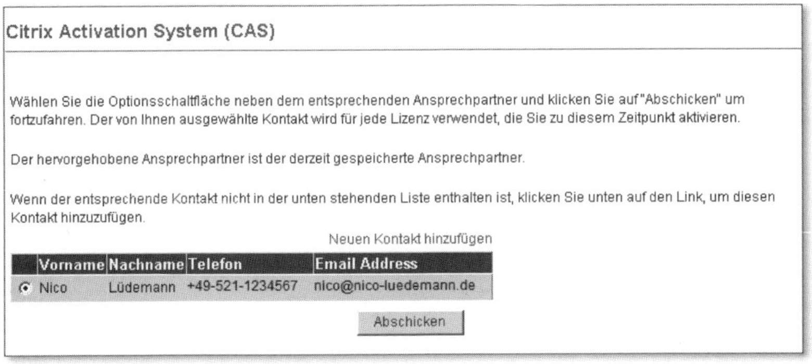

Abbildung 5.24 Auswahl eines Ansprechpartners

Nach Abschluss dieses letzten »organisatorischen« Schrittes und der Überprüfung beziehungsweise Eingabe der Kontaktinformationen folgt ein rein technischer Hinweis.

Zuweisung an einen Lizenzserver

Wie wir bereits wissen, werden die Lizenzen in Form von Lizenzdateien auf einem Lizenzierungsserver bereitgestellt, der anschließend von den Produkten des Delivery Centers für die Verwaltung von Zugriffslizenzen genutzt werden kann. Damit an dieser Stelle nicht bereits generierte Lizenzdateien auf mehreren Lizenzservern eingesetzt werden können, um beispielsweise mehr Zugriffe als eigentlich lizenziert realisieren zu können, werden die Lizenzdateien speziell für einen konkreten Lizenzserver aktiviert und generiert. Der Schlüssel zur Eindeutigkeit eines Lizenzservers ist sein *Hostname*, also sein Name aus Netzwerksicht.

Da für die Eindeutigkeit dieses *Hostname* auch die Groß- und Kleinschreibung und eventuelle Umlaute eine wichtige Rolle spielen, wird, wie in Abbildung 5.25 zu sehen, explizit darauf hingewiesen, dass der Hostname des Lizenzservers genau geprüft werden sollte, bevor er im folgenden Schritt eingegeben wird.

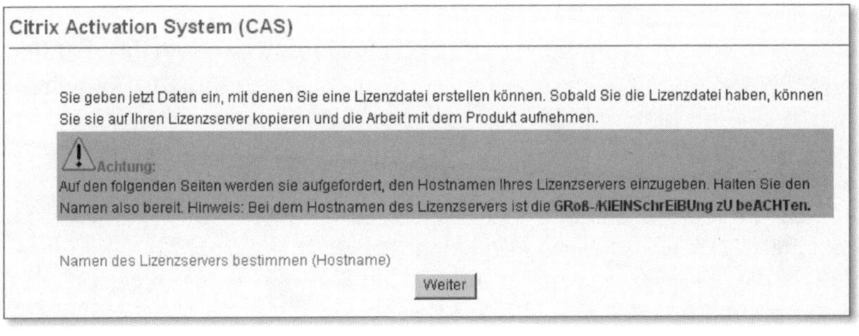

Abbildung 5.25 Hinweismeldung für die Benennung des Lizenzservers

Der einfachste Weg, den korrekten Hostname des Lizenzservers zu erfahren, ist die Eingabe des Befehls `hostname` in der Kommandozeile oder PowerShell des Lizenzservers. Wie Abbildung 5.26 zeigt, wird hierbei der Name mit der aktuellen Schreibweise ausgegeben und kann anschließend im Dialog für die Lizenzzuweisung eingetragen werden.

Abbildung 5.26 Hostname des Lizenzservers

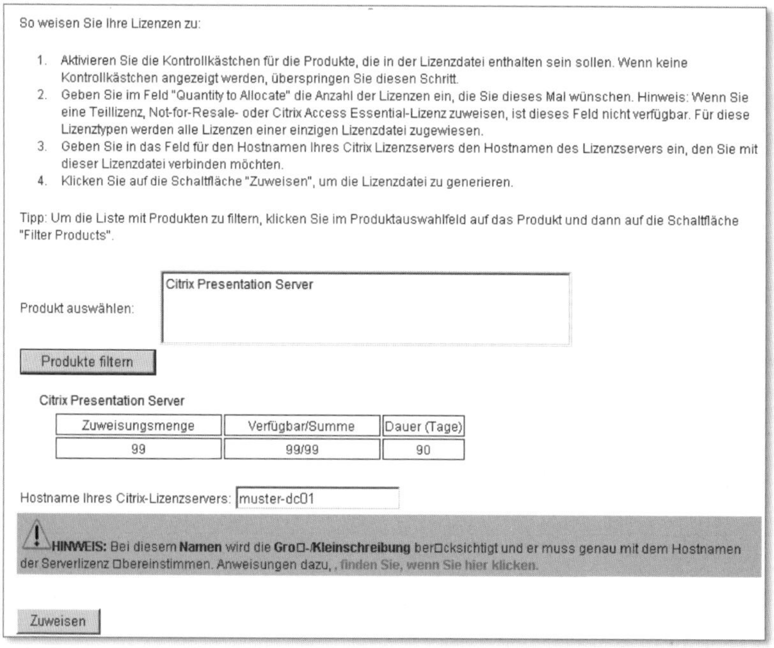

Abbildung 5.27 Zuweisung der Lizenzen zum Lizenzserver

Da dieser Schritt für die Funktionalität der Lizenzen von größter Wichtigkeit ist, folgt nach der Eingabe ein Bestätigungsdialog, in dem die Möglichkeit zur Korrektur besteht.

> **Anzahl der Lizenz-Zuweisungen**
>
> Im Standard können Lizenzen auf diesem Weg drei Mal zugewiesen werden, sofern sie nach einer Zuweisung über einen entsprechenden Online-Prozess zurückgegeben wurden. Ist diese Anzahl erschöpft, kann eine erneute Zuweisung nur mit Hilfe des *Citrix Customer Care* erfolgen.

Installation der Citrix-Lizenzierung | **5.2**

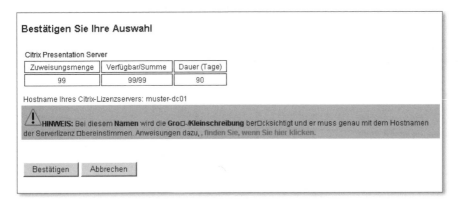

Abbildung 5.28 Bestätigung der Auswahl

Download der Lizenzdatei

Nach erfolgter Bestätigung kann die Lizenzdatei aus dem MyCitrix-Portal heruntergeladen und lokal gespeichert werden. Die Datei kann beliebig oft erneut heruntergeladen werden, jedoch empfiehlt Citrix, eine lokale Kopie an einem sicheren Ort zu archivieren, um beispielsweise bei einer Nicht-Verfügbarkeit des MyCitrix-Portals die Lizenzen für den Fall der Fälle greifbar zu haben.

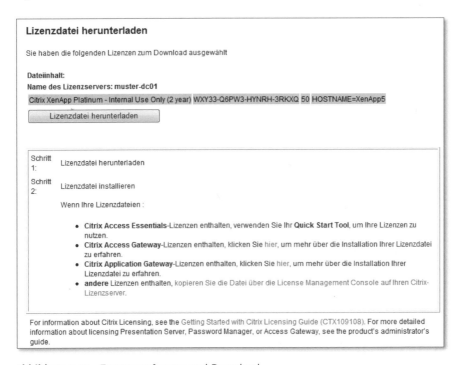

Abbildung 5.29 Zusammenfassung und Download

171

Der Name der zum Herunterladen angebotenen Lizenzdatei wird zufällig generiert und sieht somit unter Umständen bei jedem Download unterschiedlich aus.

Abbildung 5.30 Download der Lizenzdatei

Um die Lizenzdatei aber etwas aussagekräftiger und leichter verwaltbar zu gestalten, empfiehlt es sich an dieser Stelle, die Datei unter einem treffenden Namen zu speichern.

> **Tipp**
>
> Es hat sich bewährt, im Namen der Lizenzdatei zum Beispiel das genaue Produkt, die Anzahl der Zugriffslizenzen und den Lizenzserver zu hinterlegen. Bei zeitlich begrenzten Lizenzen könnte auch das Datum der Aktivierung eine wichtige Information darstellen.

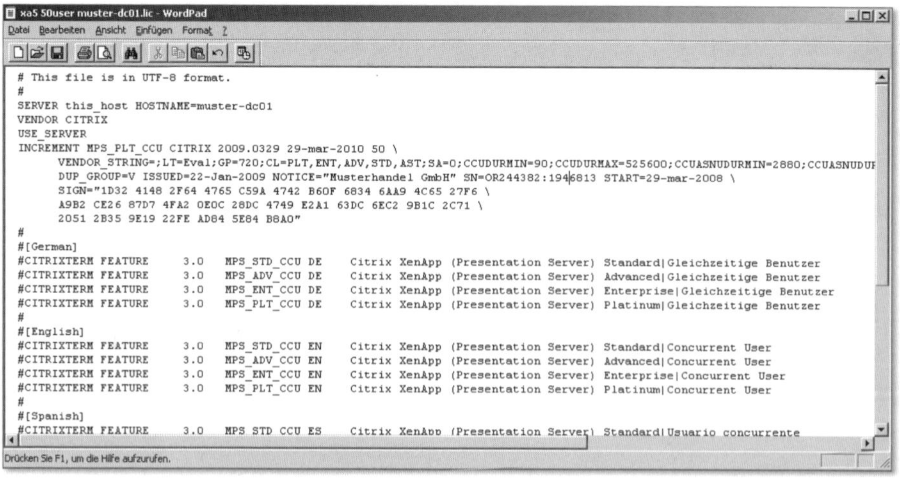

Abbildung 5.31 Die Lizenzdatei in WordPad

Sollte die Benennung der Datei nicht nach einem informativen Schema erfolgt sein, kann die Datei auch beispielsweise mit *WordPad* geöffnet werden, um bestimmte Informationen zu gewinnen. Sämtliche Informationen sind in den Lizenzdateien sowohl im Klartext als auch in verschlüsselter Form enthalten, so dass ein Editieren der Dateien zum Zweck der Lizenzerhöhung nur zu einer Korruption der Datei, aber nicht zum Erfolg führen wird.

Einbinden der Lizenzdatei in den Lizenzierungsdienst

Anschließend kann die Datei mit Hilfe der dafür vorgesehenen Dialoge (Abbildung 5.19) in der LMC für die Verwendung bereitgestellt werden.

> **Tipp**
> Alternativ können die Lizenzdateien auch durch einfaches Kopieren in das Verzeichnis *C:\Programme\Citrix\Licensing\MeineDateien* oder den entsprechenden angepassten Pfad hinzugefügt werden.

Nach der Bereitstellung der Lizenzdatei auf dem Lizenzierungsdienst sind die Lizenzen unter der Übersicht der aktuellen Verwendung einzusehen (Abbildung 5.32).

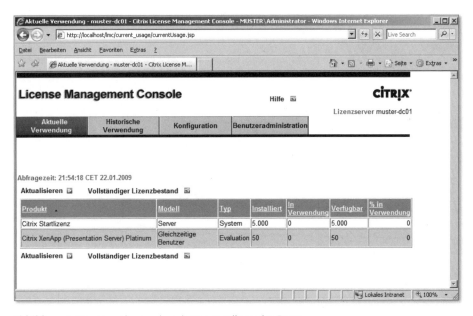

Abbildung 5.32 Lizenzbestand nach Bereitstellung der Datei

5.3 Installation des ersten Servers einer Farm

Sind alle Vorarbeiten auf dem Windows Server abgeschlossen und die benötigten Lizenzen auf dem Lizenzierungsserver bereitgestellt, kann die XenApp-Installation auf dem ersten Server erfolgen. Wie bereits bei der Installation des Lizenzservers startet das *Autorun* der Installations-DVD die entsprechenden Assistenten, die für die Produktinstallationen benötigt werden.

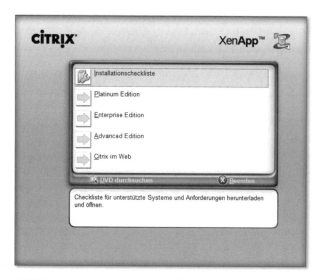

Abbildung 5.33   Autorun der Installations-DVD

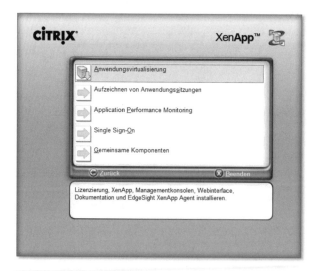

Abbildung 5.34   Auswahl der gewünschten Funktionen

Zunächst muss auch an dieser Stelle wieder die gewünschte Edition des XenApp für die Installation gewählt werden. Im konkreten Fall der Musterhandel GmbH handelt es sich hierbei um die *Platinum Edition*.

Wie in Abschnitt 2.7, »Citrix XenApp 5.0«, beschrieben, besteht die Platinum Edition des XenApp aus mehreren Komponenten, die jeweils für einzelne Aufgabengebiete genutzt werden können. In diesem Schritt der Installation kann eine Auswahl der zu installierenden Funktion getroffen werden (siehe Abbildung 5.34).

5.3.1 Installationsoptionen

Im Gegensatz zur Installation der Citrix-Lizenzierung sollte man sich an dieser Stelle etwas Zeit nehmen, sich die anderen Menüpunkte auf dieser Seite etwas genauer anzusehen. Folgende Optionen stehen zur Auswahl:

- **Anwendungsvirtualisierung**
  Hinter diesem Punkt verbirgt sich der eigentliche XenApp mit seinen Funktionen der Anwendungsbereitstellung von Terminalserver (Hosted)- und virtualisierten (Streamed) Anwendungen.

- **Aufzeichnen von Anwendungssitzungen**
  Die Option AUFZEICHNEN VON ANWENDUNGSSITZUNGEN beschreibt die Installation des *SmartAuditor*, also der für das Session Recording zuständigen Komponente.

- **Application Performance Monitoring**
  Der Menüpunkt *Application Performance Monitoring* startet die Komponenteninstallation von *Citrix EdgeSight*.

- **Single Sign-On**
  Hinter dieser Option steckt der *Password Manager*, also eine Lösung für die zentrale Speicherung und Verwaltung der Benutzerkennwörter.

- **Gemeinsame Komponenten**
  Wie im vorherigen Abschnitt bereits gezeigt, verbergen sich hinter *Gemeinsame Komponenten* allgemeine Dienste wie etwa die Citrix-Lizenzierung, das Webinterface oder Verwaltungskonsolen.

Nach der Auswahl der Option ANWENDUNGSVIRTUALISIERUNG kann mit der Installation der XenApp-Kerndienste fortgefahren werden. Nach dem Betätigen der Schaltfläche startet direkt die Installation des XenApp, eine weitere Auswahl der Komponenten, wie etwa noch beim Presentation Server 4.5, findet nicht statt.

Exkurs

Dem erfahrenen Administrator wird es an dieser Stelle vielleicht auffallen: Es erfolgt keine Abfrage mehr nach der *Neuzuordnung von Laufwerken*. Diese Option ist mit den XenApp 5.0 entfallen.

Für Neueinsteiger: Bis zum Presentation Server 4.5 bestand die Möglichkeit, vor der Installation der Citrix-Komponenten die Laufwerke des Servers mit neuen Laufwerksbuchstaben zu versehen, sprich: beispielsweise für das erste Festplattenlaufwerk des Terminalservers den Laufwerkbuchstaben C: durch S: ersetzen. Der Hintergrund für diese Konfigurationsoption war, dass es seit jeher für den Benutzer sehr schwer nachzuvollziehen war, dass ein Laufwerksbuchstabe und der sich dahinter befindende Inhalt nicht fest mit einander verbunden sind, sondern Laufwerkbuchstaben nichts anderes sind als Verknüpfungen zu Ressourcen, die dem Benutzer das Navigieren zu den entsprechenden Inhalten erleichtern sollen.

Bei anderen Betriebssystemen, beispielsweise UNIX oder Linux, wird auf diesen Komfort weitestgehend verzichtet und die Ressourcen werden unter ihrem »echten« Pfad angesprochen. Doch während erfahrene UNIX-Benutzer sich unter */dev/cdrom* etwas vorstellen können, ist dies bei Windows-Benutzern häufig nicht der Fall. Für den Benutzer ist *sein* bekannter und benutzter Laufwerksbuchstabe eindeutig auf der ganzen Welt und er kann nicht nachvollziehen, dass jemand dies anderes sehen könnte.

Ein kleines Beispiel hierzu: In der Musterhandel GmbH hat es sich in der Historie eingebürgert, dass jede Abteilung einen Abteilungsordner auf einem Dateiserver hat. Obwohl alle Abteilungsordner auf dem Dateiserver im Pfad *D:\Datenverzeichnisse* liegen, also zum Beispiel *D:\Datenverzeichnisse\Buchhaltung*, wurde irgendwann aus »Sicherheitsgründen« entschieden, dass nicht der Sammelordner, sondern der jeweilige Abteilungsordner freigegeben werden sollten. Über das Loginscript wird den Benutzern ihr jeweiliger Abteilungsordner als Laufwerk Y: verbunden.

Das Problem fängt an der Stelle an, an der Benutzer abteilungsübergreifend Daten ablegen und einsehen müssen. Genau in diesem Fall hören die Mitarbeiter des Benutzerservice Gespräche wie »Ich habe die Excel-Tabelle auf Laufwerk Y: gespeichert. Herr Müller sieht die aber nicht, der scheint nicht mal in der Lage zu sein, eine Excel-Tabelle aufzumachen.« Das Herr Müller in einer anderen Abteilung ist, in der Laufwerk Y: in eine andere Freigabe verweist, ist in diesem Moment niemandem bewusst. Natürlich ist die geschilderte Situation etwas überspitzt, aber trotzdem eines der häufigsten »Probleme« beim Datenaustausch.

Ähnlich verhält es sich mit den Laufwerken C: und D: in einer Terminalserversitzung. Der Benutzer legt mit einer Anwendung eine Datei auf C: ab (weil es ja so einfach ist) und wundert sich später, dass er die Datei mit einer Anwendung sieht und mit einer anderen nicht. Durch die Funktionen, die XenApp bietet (Stichwort: Seamless Application Access), ist es dem Benutzer oftmals nicht möglich, zwischen Terminalserver und lokaler Anwendung zu unterscheiden. Hierdurch hat er häufig große Probleme mit Laufwerksbuchstaben, die in beiden Anwendungsfällen vorkommen, sich aber auf unterschiedliche Speicherorte beziehen.

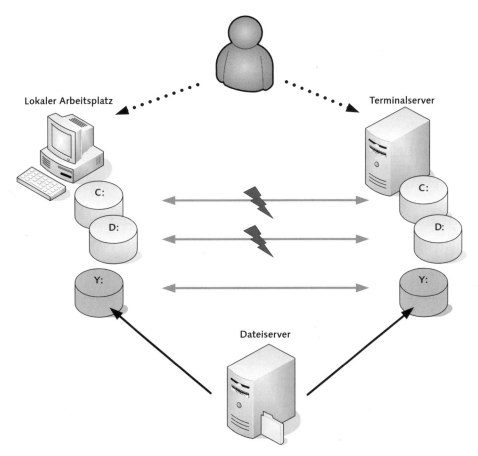

Abbildung 5.35 Konflikte bei der Nutzung von Laufwerksbuchstaben

Eine mögliche Lösung für dieses Problem war seinerzeit, um wieder auf das eigentliche Thema zurückzukommen, die *Neuzuordnung von Laufwerksbuchstaben* auf dem Terminalserver. Hierbei wurden allen lokalen Laufwerken des Terminalservers neue Laufwerksbuchstaben zugeordnet, so dass die Buchstaben C: bis *irgendwas* für eine anderweitige Nutzung zur Verfügung standen.

Kombinierte man dieses nun wiederum mit der Einbindung von Client-Ressourcen (konkret: Laufwerken) in eine Terminalserversitzung, konnte erreicht werden, dass aus der Sicht des Benutzers beispielsweise Laufwerk C: immer auf die gleiche Stelle, nämliche das lokale Laufwerk C: seines Endgerätes, verwies.

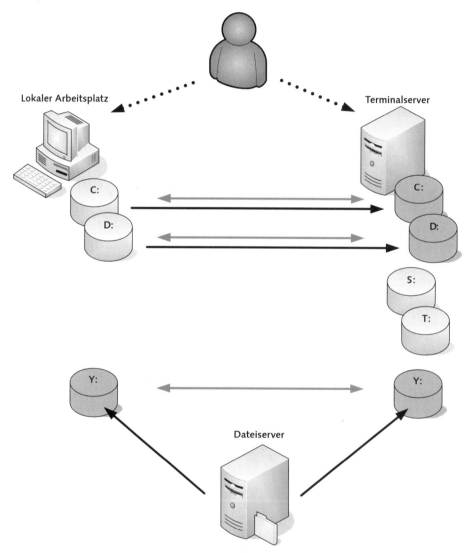

Abbildung 5.36 Laufwerke nach Neuzuordnung und mit Einbindung von Client-Laufwerken

Während es unter älteren Versionen des Presentation Server als sehr empfehlenswert galt, die Laufwerke für den Terminalservereinsatz neu zuzuordnen, hat sich dies nun so weit geändert, dass es nicht mehr möglich ist.

Als Alternative für diese Technologie sind nun etwa Funktionen wie die *Spezielle Ordnerumleitung* in das Produkt eingeflossen.

Darüber hinaus bietet es sich an, den Benutzern anstatt auch auf dem Terminalserver ihre lokalen Laufwerke zur Verfügung zu stellen, sie zu instruieren, sämtliche Daten auf Netzlaufwerken abzulegen, die dann ebenfalls aus der Terminalserversitzung heraus erreichbar sind.

5.3.2 Installation eines neuen Servers

Nach der Annahme der Lizenzvereinbarung und dem Hinweis auf die Voraussetzungen für die Installation erfolgt die Auswahl der gewünschten Komponenten.

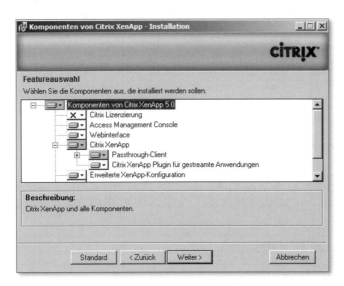

Abbildung 5.37 Auswahl der XenApp-Komponenten

An dieser Stelle sind alle zur Verfügung stehenden Komponenten des XenApp 5.0 zur Auswahl aufgeführt.

> **Hinweis**
>
> Ein kleiner Nachtrag: Alle zur Verfügung stehenden Komponenten? Nein, nur die Komponenten, die zum »Kernprodukt« XenApp gehören. Die weiteren Komponenten, wie etwa Password Manager oder EdgeSight werden über die anderen Autorun-Menüpunkte installiert und tauchen in dieser Liste nicht auf.

Diese Auswahl ist zu einem gewissen Grad dynamisch, so dass nur *mögliche* Optionen angezeigt werden. Sollte also zum Beispiel kein IIS installiert sein, wird die Option für die Installation des *Webinterface* nicht angezeigt. Sofern alle Voraussetzungen erfüllt sind, stehen die folgenden Optionen zur Verfügung:

- **Citrix-Lizenzierung**
  An dieser Stelle würde sich erneut die Möglichkeit zur Installation des Lizenzservers bieten. Da diese Option bereits an vorherigen Stellen aufgezeigt wurde, ist sie an dieser Stelle standardmäßig deaktiviert.

- **Access Management Console**
  Die Access Management Console ist ein sehr leistungsstarkes Verwaltungs- und Analysewerkzeug, das auf alle Komponenten des *XenApp Platinum* zugreifen kann (mit Ausnahme von EdgeSight, da es sich hierbei um eine Webanwendung handelt).

  Die Access Management Console ist eine Voraussetzung für die Installation des Webinterface, da dieses nur hierüber verwaltet werden kann.

- **Webinterface**
  Das Webinterface ist die Browserschnittstelle zur Farm. Hierbei kann über eine Internetseite eine Anmeldung erfolgen, über die dem Benutzer die für ihn bereitgestellten Anwendungen und Ressourcen angeboten werden.

- **Citrix XenApp**
  Hierbei handelt es sich um die Hauptkomponente des XenApp 5.0, die alle Farm-Funktionen, wie etwa das ICA-Protokoll oder IMA, installiert. Ohne diese Komponente lässt sich kein XenApp-System installieren.

  Unter diesem Menüpunkt stehen auch die verfügbaren Clients zur Auswahl. Im Standard ist im XenApp 5.0 nur der PNAgent als ICA-Client aktiv. Die herkömmliche Program Neighborhood muss manuell aktiviert werden.

- **Erweitere XenApp-Konfiguration**
  Wie bereits im Vorfeld beschrieben, handelt es sich bei dieser Konsole, der ehemaligen *CMC*, um eines der Verwaltungswerkzeuge für eine XenApp-Farm und die darin befindlichen Server.

> **Hinweis**
>
> Wie ebenfalls bereits an anderer Stelle beschrieben, handelt es sich bei der CMC um eine Java-basierte Anwendung, die sehr ressourcenintensiv ist. Aus Gründen der Leistungsfähigkeit sollte sie im Normalfall nicht auf einem Terminalserver, sondern auf einem Administratoren-PC genutzt werden. Sofern jedoch die Möglichkeit geboten werden soll, die Farm bei Bedarf von einem beliebigen Endgerät aus zu verwalten, sollte die CMC auf wenigstens einem Terminalserver bereitgestellt werden.

▶ **XenApp-Dokumentbibliothek**
Bei diesem Menüpunkt handelt es sich um eine einfache Hilfe mit Anleitungen und Hinweisdokumenten, die bei der Installation auf die Festplatte des Servers kopiert wird.

▶ **EdgeSight XenApp-Agent**
Wird diese Option aktiviert, wird der EdgeSight Agent für XenApp direkt mitinstalliert.

Um die Installation an dieser Stelle so einfach wie möglich zu gestalten und zunächst eine Blick auf alle Komponenten werfen zu können, werden die Standardeinstellungen mit Ausnahme der zu installierenden Clients (Alle!) beibehalten und bestätigt.

Passthrough-Authentifizierung und Passthrough-Client
Nach der Auswahl der zu installierenden Funktionen erfolgt eine Abfrage für eine Einstellung des zu installierenden Clients.

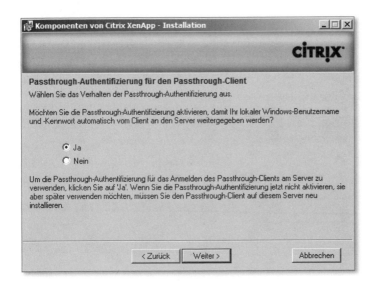

Abbildung 5.38 Passthrough-Authentifizierung der Clients

Bei dieser Abfrage handelt es sich um die späteren Möglichkeiten im Hinblick auf die Durchreichung von Anmeldeinformationen an einen auf dem Server veröffentlichten Client. Doch was ist ein Einsatzfall hierfür und wie wirkt sich diese Einstellung aus?

Wie in der Auswahl der Funktionen zu sehen war, wird auf dem Server in jedem Fall ein ICA-Client installiert. In einigen Fällen kann es sich als sehr sinnvoll herausstellen, diesen Client als veröffentlichte Anwendung zur Verfügung zu stellen, über die die Benutzer anschließend weitere veröffentlichte Anwendungen starten können. Ein Einsatzfall könnte beispielsweise ein Thin Client sein, der nur eine Verbindung ausbauen kann. Von einem solchen Gerät könnte man diese eine Sitzung nutzen, um den Client von einem Terminalserver zu starten und anschließend von dort aus weitere Sitzungen zu öffnen.

Da dieser Client auf dem Server aber für die Verbindung zur Farm ebenfalls die Anmeldeinformationen des Benutzers benötigt, muss der Benutzer sie aber im Regelfall bei Verbindungsaufbau jedes Mal neu eingeben. Mit Hilfe der Passthrough-Authentifizierung ist diese Eingabe nicht mehr notwendig, da die Anmeldeinformationen der ersten Sitzung mittels *GINA-Chaining* von der *MSGINA.DLL* an die *CTXGINA.DLL* übergeben werden. Weitere Informationen zu den möglichen Clients und deren jeweiligen Konfigurationsoptionen, auch im Hinblick auf das Thema GINA-Chaining und Authentifizierung, finden sich in Abschnitt 6.4, »Die Clientsoftware – Der Schlüssel zum Erfolg«.

Da die Einrichtung der Passthrough-Authentifizierung an die Installation des Clients gebunden ist, muss für eine nachträgliche Änderung der Einstellung der Client neu installiert werden. Grundsätzlich ist es sehr zu empfehlen, die Passthrough-Authentifizierung zu nutzen, so dass an dieser Stelle JA gewählt werden sollte. Nach der Bestätigung der Auswahl widmet sich der nächste Dialog den Einstellungen der Konfigurationsseite des Clients.

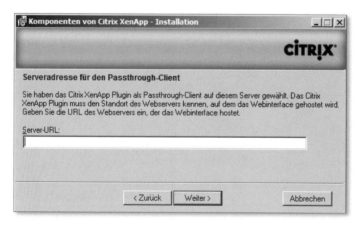

Abbildung 5.39 Serveradresse für den Passthrough-Client

Diese Adresse sollte auf den Server verweisen, auf dem die Client PNAgent-Konfigurationsseite ausgeführt wird – im vorliegenden Beispiel mit einer Einzelserver-Installation, auf dem alle Komponenten der XenApp installiert werden, könnte dies der lokale Servername bzw. *localhost* sein.

Lizenzierungseinstellungen

Da in der Standardeinstellung die Citrix-Lizenzierung nicht installiert wird, folgt eine Warnmeldung, die darauf hinweist, dass für die vollständige Funktionalität des XenApp ein entsprechender Lizenzierungsdienst benötigt wird.

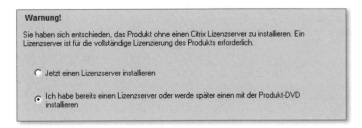

Abbildung 5.40   Warnmeldung mit Hinweis auf Lizenzserver

Wie Abbildung 5.40 zeigt, kann an dieser Stelle entweder die Komponentenauswahl geändert oder mit dieser Option fortgefahren werden.

Anschließend startet der Installationsvorgang der notwendigen, vorausgesetzten Komponenten sowie der Kopiervorgang der XenApp-Dateien, wie in Abbildung 5.41 dargestellt.

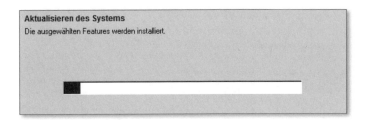

Abbildung 5.41   Installation der Programmteile

5.3.3   Access-Management-Console-Installation

Die Installation der Access Management Console stellt sich als sehr unspektakulär dar. Grundsätzlich ist nur bei einem Schritt eventuell ein Eingriff notwendig – bei der Auswahl der zu installierenden Funktionen.

Die in Abbildung 5.42 gezeigte Auswahl der Komponenten kann im Regelfall im Standard belassen werden.

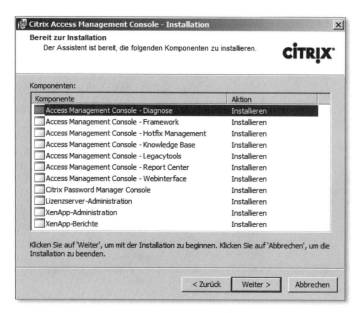

Abbildung 5.42 AMC: Komponentenauswahl

Mit der Access Management Console, die eine Erweiterung der Microsoft Management Console (MMC) ist, können folgende zusätzliche Funktionen in Form von Snap-Ins installiert werden:

- **Diagnose**
  Mit dem *Diagnostic Facility* können auftretende Probleme analysiert werden, indem beispielsweise Fehlermeldungen und Dumps ausgewertet und weitere Diagnoseinformationen gesammelt werden.

- **Framework**
  Bei dem *Framework* handelt es sich um den Kern der Management Console, der in die MMC eingeklinkt wird und seinerseits die Snap-Ins für die verschiedenen Verwaltungsaufgaben enthalten kann.

  Diese Technik ermöglicht weiterhin auch die Integration von Verwaltungstools der anderen Produkte wie etwa Access Gateway Advanced oder Password Manager.

- **Hotfix Management**
  Eine der wichtigsten Komponenten der Access Management Console ist das *Hotfix Management*, mit dem von zentraler Stelle eine Übersicht über alle installierten Hotfixes und Patches aller Access-Suite-Komponenten erstellt werden kann. Hierdurch kann die Verwaltung von benötigten Hotfixes wesentlich effektiver gestaltet werden.

- **Knowledge Base**
  Die Komponente der *Knowledge Base* bietet zusätzliche Informationen über auftretende Warnungen und erleichtert somit die Analyse von Warnungen und Fehlern.

- **Legacy-Tools**
  Bei den Legacy-Tools handelt es sich um die Basiswerkzeuge für die Integration mit anderen Verwaltungswerkzeugen wie etwa der Microsoft Management Console (MMC).

- **Report Center**
  Das *Report Center* stellt ein leistungsstarkes Werkzeug für die Erstellung von Berichten dar. Hierbei können sowohl Echtzeit- als auch protokollierte Daten ausgewertet werden, um beispielsweise Flaschenhälse oder das durchschnittliche Nutzungsverhalten erkennen zu können.

- **Webinterface**
  Hierbei handelt es sich um die Verwaltungskomponenten für ein eventuell installiertes Webinterface. Hierüber kann sowohl die Konfiguration der entsprechenden Komponenten als auch der Zugriffsmöglichkeiten durchgeführt werden. Sofern das Webinterface genutzt werden soll, ist dieses Snap-In für die Konfiguration erforderlich.

- **Citrix Password Manager Console**
  Hierbei handelt es sich um die Verwaltungskonsole für den enthaltenen Password Manager.

- **Lizenzserver-Administration**
  Mit dieser Komponente können später innerhalb der Access Management Console die zur Verfügung stehenden Lizenzserver verwaltet werden.

- **XenApp-Administration**
  Hinter dieser Option verbergen sich Verwaltungsfunktionen für XenApp-Farmen. In Kombination mit dem *Dashboard* können hierüber sowohl mehrere Farmen als auch Server, Benutzer und Sitzungen überwacht, verwaltet und mit Leistungsmonitoren versehen werden.

- **XenApp-Berichte**
  Die Reporting-Funktionen des XenApp können an dieser Stelle konsolidiert und dargestellt werden. Insbesondere vor dem Hintergrund einer ganzheitlichen Überwachung der Systemumgebung wird diese Komponente zukünftig deutlich an Bedeutung gewinnen.

Die komplette Access Management Console benötigt etwa 100 MB Speicherplatz auf dem gewählten Laufwerk, wovon knapp 10 MB für die Console und bis zu 90 MB für Unterfunktionen benötigt werden. Da insgesamt nicht sonderlich viel Speicherplatz benötigt wird, empfiehlt sich die Installation aller Unterfunktionen, um für alle Eventualitäten gewappnet zu sein.

5 | Installation der Komponenten

Abbildung 5.43 Zusammenfassung der Installation

Nach der erfolgreichen Installation wird noch eine kurze Zusammenfassung angezeigt, bevor mit der Installation der weiteren XenApp-Komponenten fortgefahren werden kann.

5.3.4 Webinterface-Installation

Wie auch schon bei der Installation der Access Management Console ist auch bei der Installation des Webinterface der erste Dialog, der eventuell eines Eingriffs bedarf, die Auswahl des Installationsverzeichnisses.

Abbildung 5.44 Installationspfad für das Webinterface

186

5.3 Installation des ersten Servers einer Farm

Dieses sollte ebenfalls, abhängig vom auf Laufwerk C: zur Verfügung stehenden Speicherplatz, auf ein anderes Laufwerk abgeändert werden.

> **Hinweis**
>
> An dieser Stelle ist es wichtig, sich bereits ein paar Gedanken über den nächsten Installationsschritt zu machen, der die Möglichkeit zur Kopie von Clientsoftware bietet. Sofern dies gewünscht wird, wird die gewählte Clientsoftware ebenfalls mit im Installationsordner abgelegt. Dies bringt je nach Auswahl einen Speicherplatzbedarf von 300 bis 400 MB mit sich. Somit bietet es sich hierbei an, den Installationspfad in jedem Fall auf ein Laufwerk mit viel Speicherplatz zu legen.

Nach der Auswahl des Installationspfades erfolgt die soeben beschriebene Abfrage auf die gewünschte Kopie von Clientsoftware auf den Server.

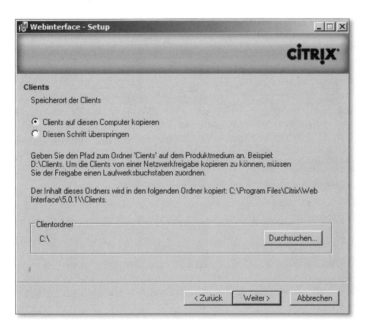

Abbildung 5.45 Clients auf diesen Computer kopieren

Hinter diesem Dialog verbirgt sich eine einfache, aber sehr praktische und leistungsfähige Funktion: das Webinterface. Wie bereits beschrieben, bietet das Webinterface die Möglichkeit, von einem beliebigen Endgerät über einen Browser wie den Internet Explorer auf die Internetseite des Webinterface zuzugreifen. Hieran kann dann eine Anmeldung des Benutzers erfolgen, so dass dieser die für ihn bereitgestellten Ressourcen angeboten bekommt.

Möchte der Benutzer aber nun eine für ihn veröffentlichte Anwendung starten, benötigt er hierfür den *Citrix Webclient*. Sofern dieser nicht bereits auf dem Endgerät installiert ist, kann er automatisch von dem Server, der das Webinterface hält, heruntergeladen und installiert werden. Die Voraussetzung hierfür ist natürlich, dass das Installationspaket des Clients auf diesem Server liegt.

Dies wiederum kann über den aktuellen Installationsschritt realisiert werden, bei dem die Installationspakete für die Clients mit auf den Server kopiert werden können. Vor diesem Hintergrund stellt es sich als sehr sinnvoll heraus, die Clients an dieser Stelle von der DVD zu installieren. Sollte die Option an dieser Stelle nicht gewünscht oder möglich sein, kann sie natürlich zu einem beliebigen späteren Zeitpunkt nachgeholt werden.

5.3.5 Passthrough-Client-Installation

Nach der Installation des Webinterface wird automatisch das Setup des Passthrough-Clients gestartet.

Abbildung 5.46 Installation des Clients

Hierbei können alle Einstellungen im Standard beibehalten werden, um die Komponenten zu installieren.

5.3.6 XenApp-Installation

Die Installation des XenApp stellt die anspruchsvollste und eingabebedürftigste Installation einer Komponente dar, da hierbei die komplette XenApp-Logik mit allen benötigten Protokollen und Diensten installiert wird. Da es, wie in Kapitel 4, »XenApp-Verwaltungsstruktur«, beschrieben, unterschiedliche Versionen und Editionen des XenApp 5.0 gibt und diese wiederum auf unterschiedlichen Datenbanken und Zugriffsmodellen basieren, werden im Verlauf der Installation eine Reihe von Informationen abgefragt, die für die korrekte Lizenzierung und somit Funktionalität von großer Bedeutung sind.

Auswahl der Komponenten

Da bei dem Start des Installationsprozesses die *Platinum Edition* gewählt wurde, werden im nächsten Schritt die in Abbildung 5.47 dargestellten Funktionen für die Auswahl angeboten.

Abbildung 5.47 Funktionsauswahl der Platinum Edition

> **Tipp**
>
> Um sich einen schnellen Überblick über die installierbaren Komponenten der einzelnen Edition zu verschaffen, ist es auch ohne Probleme möglich, in der Auswahl der Produkteditionen eine Edition auszuwählen, um sich die zur Verfügung stehenden Funktionen anzusehen. Des Weiteren kann die Edition auch nach der Installation noch geändert werden, so dass hierbei dem »Spieltrieb« keine Grenzen gesetzt sind.

Im Fall der Platinum Edition, also der Edition mit allen möglichen Komponenten, stehen an dieser Stelle die folgenden Funktionen zur Verfügung.

- **Anwendungsstreaming**
  Hierbei handelt es sich um die Funktion des *Streaming Servers*, über den virtualisierte Anwendungspakete auf XenApp-Systeme und Endgeräte gestreamt und an schließend dort gekapselt ausgeführt werden können.

▸ **Load Manager**
Der *Load Manager* stellt die Plattform für eine effiziente Verteilung von Benutzersitzungen über die Server einer Farm. Mit ihm können Filter und Schwellenwerte für die Verteilung von Benutzern auf Server erzeugt und verwaltet werden.

▸ **WMI Provider**
Zusätzlich zu der Möglichkeit, eine Netzwerkmanagement-Lösung für die Überwachung und Verwaltung der Farm einzusetzen, bietet auch WMI viele Möglichkeiten, in dieser Hinsicht aktiv zu werden. Die Komponente *WMI Providers* installiert die hierfür benötigten Schnittstellen.

> **Hinweis**
>
> Im Vergleich zu früheren Versionen des XenApp/Presentation Server fällt an dieser Stelle auf, dass die Liste der auswählbaren Komponenten deutlich kürzer geworden ist. Dies liegt in erster Linie daran, dass viele Komponenten nun nicht mehr in Abhängigkeit von der Produktedition optional sind und andere Komponenten nun durch die weiteren Produkte der Platinum Edition abgedeckt werden.

An dieser Stelle kann ebenfalls wieder eine Auswahl für den gewünschten Installationspfad getroffen werden. Wie auch bei den anderen Auswahloptionen dieser Art, ist der zur Verfügung stehende Speicherplatz auf dem jeweiligen Laufwerk der ausschlaggebende Aspekt.

Konfiguration von Server-Farm, Datenspeicher und Zone

Wie bereits in den vorherigen Kapiteln ausgeführt, kann ein XenApp-Server nicht ohne eine Farm betrieben werden.

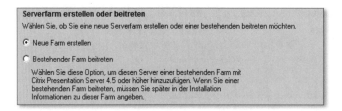

Abbildung 5.48 »Serverfarm erstellen oder beitreten«

Somit stehen an dieser Stelle die Optionen, eine neue Farm zu erstellen oder einer vorhandenen Farm beizutreten zur Verfügung. Da es sich bei diesem System um den ersten Server handelt, wird die Option zur Erstellung einer neuen Farm gewählt.

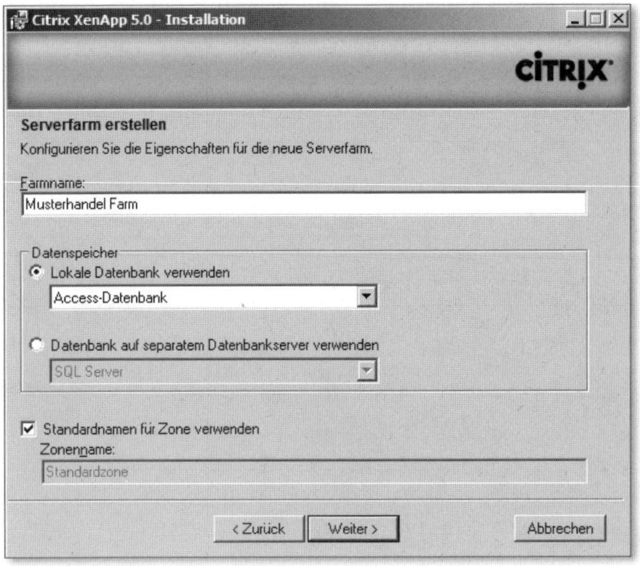

Abbildung 5.49 Farmeinstellungen eingeben

Im folgenden Schritt müssen essentielle Informationen zu der neuen Farm eingegeben werden.

- **Farmname**

    Jede *Farm* oder *Anwendungsgruppe* muss einen im Netzwerk eindeutigen Namen besitzen. An dieser Stelle kann der Name für die neu zu erstellende Farm eingetragen werden. Da der Name später auch auf allen Clients als Name der Anwendungsgruppe erscheint, empfiehlt es sich an dieser Stelle, einen aussagekräftigen Namen, wie etwa *Musterhandel Farm*, zu wählen. Ein aussagekräftiger Name erleichtert vor allem bei Einsatz von mehreren Farmen deutlich die Übersicht und Navigation.

- **Datenspeicher**

    Die Auswahl zum Datenspeicher beschreibt die Art des Datenbanksystems, das für die Ablage der statischen Farmdaten genutzt werden soll. Wie in Abschnitt 4.1.2, »Datenspeicher/Data Store«, beschrieben, stehen unterschiedliche Datenbanksysteme zur Verfügung, die je nach Größe und Aufbau der Farm gegeneinander abgewogen werden müssen. Grundsätzlich gelten zur Entscheidungsfindung die in Abschnitt 4.5.3, »Datenspeicher – wann welche Datenbank?«, aufgeführten Entwurfsprinzipien.

Da das Datenbanksystem auch nachträglich im laufenden Betrieb geändert werden kann, könnte als kleinster Nenner zunächst eine lokale Variante, beispielsweise eine Access-Datenbank, gewählt werden.

> **Hinweis**
>
> Sollte die Entscheidung in Richtung einer DB2 oder Oracle-Datenbank tendieren, ist vor der Installation von XenApp ein entsprechender Datenbank-Client zu installieren. Dies ist zwingend notwendig, da im Windows-Standard nur Datenbanktreiber für einen MS SQL Server mitgeliefert werden und die anderen separaten Datenbanksysteme somit nicht ausgewählt werden können.

Abbildung 5.50 Auswahl eines separaten Datenbankservers ohne zusätzliche Treiber

- **Zonenname**
  Die Zone bestimmt die Replikationsgrenzen für einen Datensammelpunkt.

  Der Standardname einer Zone ist *Standardzone*. Dies könnte jedoch ohne Probleme in einen anderen Namen, wie etwa *Bielefeld*, geändert werden.

> **Hinweis**
>
> Sofern der Name geändert wird, ist es von größter Bedeutung, dies auch bei der Installation weiterer Server in der Farm durchzuführen, da jeder Server im Standard immer den Namen *Standardzone* nutzen würde und die Server somit unterschiedlichen Zonen zugeordnet würden.

Da unsere Farm zunächst nur zwei Server umfassen soll, halten wir uns an die Entwurfsprinzipien und nutzen zunächst eine Access-Datenbank als Datenspeicher. Somit ist der Prozess an dieser Stelle beendet. Bei Auswahl eines anderen Datenbanksystems würde nun ein Dialog zu Eingabe der ODBC-Informationen folgen.

Administratorkonto der Farm

Nach Abschluss der Farmkonfiguration erfolgt die Festlegung des ersten Administratorkontos für die Server-Farm.

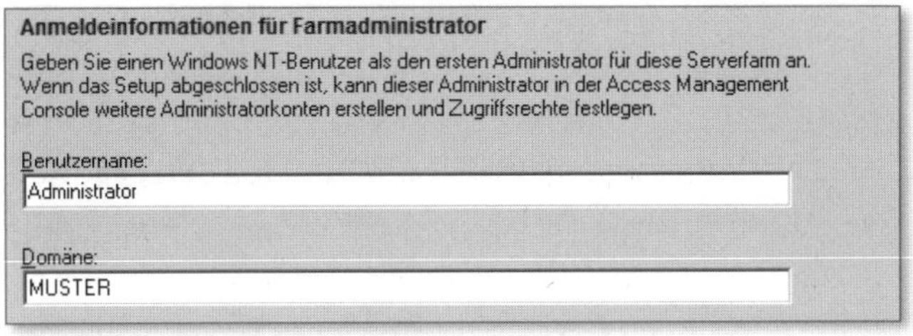

Abbildung 5.51 Anmeldeinformationen für den Farmadministrator

Das an dieser Stelle angegebene Konto wird zunächst allein über die Verwaltungsrechte in der Farm verfügen. Nach der Installation können weitere Benutzer- oder Gruppenkonten hinzugefügt und mit spezielleren Berechtigungen versehen werden.

IMA-Verschlüsselung

Seit dem Presentation Server 4.5 besteht die Möglichkeit, die Datenübertragung des IMA-Dienstes zu verschlüsseln. Hierfür wird auf jedem Server eine entsprechende Schlüsseldatei benötigt, über die der Datenverkehr verschlüsselt werden kann.

> **Tipp**
> Die Funktion der IMA-Verschlüsselung kann jederzeit über das Werkzeug CTXKEYTOOL aktiviert werden. Über dieses Tool werden auch die benötigten Schlüsseldateien erstellt.

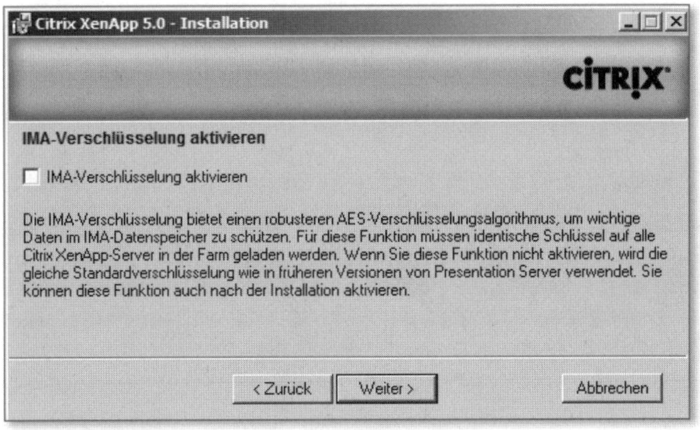

Abbildung 5.52 Aktivieren der IMA-Verschlüsselung

Da zum aktuellen Zeitpunkt noch keine Schlüsseldatei vorliegt, wird die Option zunächst deaktiviert belassen.

Lizenzserver der Farm

Die Angabe des Lizenzservers im nächsten Schritt ist von großer Bedeutung für die Funktionalität der Farm. Sollte kein Server angegeben werden, muss dieser in einem späteren Schritt über die AMC eingetragen werden, um den Server für die Annahme von Benutzerverbindungen zu aktivieren.

Abbildung 5.53 Angabe des Lizenzservers

Soll der Lizenzserver bereits an dieser Stelle eingetragen werden, sind hierfür zwei Informationen von Bedeutung.

- **Hostname**
  Der Name des Lizenzservers, um ihn im Netzwerk zu finden. Da es sich hierbei nur um eine Adresse zu dem Server handelt, wird nicht zwischen Groß- und Kleinschreibung unterschieden. Grundsätzlich wäre auch die Eingabe einer IP-Adresse möglich.

- **Lizenzserverport**
  Der *Lizenzserverport* definiert den Listener auf dem Lizenserver. Sofern am Lizenzserver keine Änderung der Standardeinstellungen vorgenommen wurde, kann auch an dieser Stelle die Option STANDARDPORT VERWENDEN aktiviert bleiben, der dem TCP-Port 27000 entspricht.

Spiegeln von Benutzersitzungen

Das Spiegeln von Benutzersitzungen im nächsten Konfigurationsschritt bezieht sich auf die Möglichkeit, dass ein Benutzer mit entsprechenden Berechtigungen in der Lage ist, sich auf die Sitzung eines anderen Benutzers »aufzuschalten«, um diese entweder nur zu sehen oder sogar direkt in diese eingreifen zu können.

Abbildung 5.54 Spiegeln konfigurieren

> **Hinweis**
>
> Da diese Funktion, die sehr häufig im Bereich des Benutzerservice genutzt wird, sehr sicherheitssensibel ist, sind hieran einige Einstellungen zu treffen, die teilweise nicht rückgängig gemacht werden können. Sofern das Spiegeln von Benutzersitzungen an dieser Stelle nicht zugelassen wird, kann es später nicht wieder aktiviert werden, ohne den XenApp-Server neu zu installieren.

Wird das Spiegeln aktiviert, stehen hierzu zusätzlich drei Optionen zur Verfügung.

▶ **Remotesteuerung verbieten**

Diese Option sorgt dafür, das ein priviligierter Benutzer sich zwar auf eine Sitzung eines anderen Benutzers aufschalten kann, diese jedoch nur sieht und nicht aktiv in dieser Sitzung arbeiten oder konfigurieren kann.

Diese Einstellung kann sinnvoll sein, wenn beispielsweise Administratoren die Sitzung eines Benutzers sehen sollen, um ihm dabei telefonisch Tipps zu geben. Sofern sie dabei aktiv etwas zum Beispiel mit einer Anwendung konfigurieren sollen, ist diese Option wenig sinnvoll.

- **Benachrichtigung bei Spiegeln erzwingen**
  Die Option *Benachrichtigung bei Spiegeln erzwingen* dient dem Schutz der Benutzer. Bei Aktivierung dieser Option bekommt der Benutzer eine Hinweismeldung, sobald ein anderer Benutzer versucht, sich auf seine Sitzung aufzuschalten. Dies dient der Privatsphäre am Arbeitsplatz, da die Desktop- und Anwendungsumgebung eines Benutzers mit darunter fällt.

- **Alle gespiegelten Verbindungen protokollieren**
  Das Protokollieren von gespiegelten Sitzungen bietet eine verbesserte Nachvollziehbarkeit der gespiegelten Verbindungen. Insbesondere wenn die Option für die Benachrichtigung der Benutzer nicht aktiviert ist, sollte die Protokollierung aktiviert sein, um im Zweifelsfall in der Lage zu sein, die Sachverhalte nachzuvollziehen.

Nach Abschluss der Spiegelungskonfiguration fragt der Assistent nach der gewünschten Port-Konfiguration für den Citrix-XML-Dienst.

Einstellungen des XML-Dienstes

Wie bereits in Abschnitt 4.1.6, »Citrix-XML-Dienst«, beschrieben, kann der XML-Dienst in zwei unterschiedlichen Modi genutzt werden: als ISAPI-Filter für den IIS mit gemeinsamer Nutzung des Webserver-Ports 80 oder als eigener Dienst mit eigenem Port.

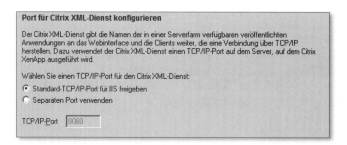

Abbildung 5.55 Konfiguration des Ports für den XML-Dienst

Grundsätzlich sind beide Varianten möglich, jedoch ist es insbesondere im Hinblick auf eine spätere Nutzung in einer durch Firewalls geschützten Umgebung oftmals sinnvoll, den ISAPI-Filter für den IIS zu nutzen – sprich: den *Standard-TCP/IP-Port für IIS freizugeben*. Auch diese Einstellung kann im Nachhinein beliebig oft mittels des Befehls `ctxxmlss.exe` geändert werden, so dass im Bedarfsfall immer die Möglichkeit zu einer späteren Anpassung besteht.

Verbindungsberechtigungen der Benutzer

Im letzten Konfigurationsdialog des Assistenten kann festgelegt werden, welche Benutzer die Berechtigung bekommen sollen, eine Verbindung mit dem Terminalserver aufzubauen.

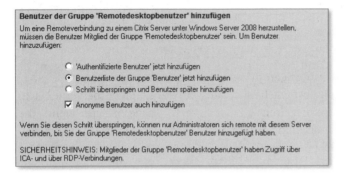

Abbildung 5.56 Konfiguration der Mitgliedschaft der Remotedesktopbenutzer

Grundsätzlich ist es so, dass die Berechtigungen für einen Verbindungsaufbau über das Microsoft-RDP-Protokoll oder das Citrix-ICA-Protokoll sich nicht unterscheiden. In beiden Fällen hat neben der Gruppe der *Administratoren* die Gruppe der *Remotedesktopbenutzer* das Recht, eine Verbindung mit dem Server herzustellen. Da standardmäßig niemand Mitglied der letzteren Gruppe ist, bietet der Installationsassistent die Möglichkeit, bestimmte Benutzergruppen zum Mitglied der Gruppe *Remotedesktopbenutzer* zu machen. In diesem Schritt gibt es vier Optionen, drei davon exklusiv, die zur Auswahl stehen.

- **Authentifizierte Benutzer jetzt hinzufügen**
  Bei Auswahl dieser Option wird die Systemgruppe *Authentifizierte Benutzer* der Gruppe der *Remotedesktopbenutzer* hinzugefügt. Hierdurch ist jeder Benutzer, der sich authentifiziert hat, berechtigt, eine Terminalserver-Sitzung aufzubauen.

- **Benutzerliste der Gruppe Benutzer jetzt hinzufügen**
  Diese Option kopiert die Mitgliederliste der lokalen Gruppe *Benutzer* in die Gruppe der *Remotedesktopbenutzer*. Dieser einmalige Vorgang hat zur Folge, dass alle aktuellen Mitglieder der *Benutzer* berechtigt sind, Verbindungen auszubauen, da sie den *Remotedesktopbenutzern* hinzugefügt worden sind.

  Eine Gruppenkonto, das beispielsweise dazugehören wird, sind die *Domänenbenutzer* der Domäne des Terminalservers, da diese standardmäßig Mitglied der *Benutzer* sind.

- **Schritt überspringen und Benutzer später hinzufügen**
  Bei dieser Auswahl wird die Mitgliedschaft der *Remotedesktopbenutzer* nicht geändert, so dass dies später manuell erfolgen muss, sofern es nicht bereits im Vorfeld geschehen ist.

- **Anonyme Benutzer auch hinzufügen**
  Diese Option hat zur Folge, dass auf dem Server in der lokalen Benutzerdatenbank 15 Benutzerkonten angelegt werden (Anon000 bis Anon014), die später für anonyme Verbindungen mit dem Server genutzt werden können. Anonyme Verbindungen sind beispielsweise veröffentlichte Anwendungen, die jedem Benutzer – im Sinne von »auch ohne explizite Anmeldung« – zur Verfügung stehen. Diese Konten und ihr Einsatzzweck stellen in gewisser Weise eine Sicherheitslücke dar, so dass ihr Einsatz wohl überlegt sein sollte.

Eine empfohlene Variante ist an dieser Stelle, die Konfiguration zunächst zu überspringen und die Konten später manuell hinzuzufügen, sofern dies nicht schon bei der Konfiguration der Windows-Terminaldienste geschehen ist. Weitere Informationen zu den RDP- und ICA-Protokollberechtigungen finden sich in Abschnitt 6.3, »Konfiguration des ICA-Protokolls«. Da der Konfigurationsblock für die Installation an diesem Punkt abgeschlossen ist, wird noch eine Zusammenfassung angezeigt und anschließend die Installation der gewünschten Funktionen gestartet.

Sollten in der Zusammenfassung Fehler auffallen, ist es problemlos möglich, in den Konfigurationsschritten zurückzuspringen und die Einstellungen anzupassen. Sofern alle Einstellungen korrekt sind, kann der Kopiervorgang mittels FERTIG STELLEN gestartet werden. Im Anschluss wird der Kopiervorgang gestartet.

Hinweise während des Kopiervorgangs

Da in dem Konfigurationsdialog für die Einstellungen des XML-Dienstes die Variante des ISAPI-Filters gewählt wurde, erscheint kurz nach dem Beginn des Kopiervorgangs eine Hinweismeldung, die drauf hinweist, dass die Sicherheitseinstellungen für das IIS-Virtual-Scripts-Verzeichnis nicht korrekt sind.

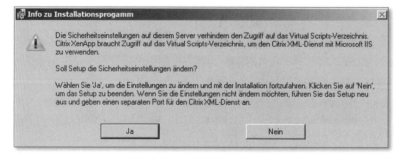

Abbildung 5.57 Berechtigungen im Virtual-Scripts-Verzeichnis

Diese Meldung erscheint, da der ISAPI-Filter als DLL-Datei in diesem Verzeichnis abgelegt wird und bestimmte Sicherheitseinstellungen für die Funktionalität benötigt werden. Durch Bestätigen des Hinweises mit JA werden die entsprechenden Sicherheitseinstellungen automatisch dahingehend angepasst, dass der Funktionalität nichts im Wege steht.

Nach der Installation

Nachdem die Kopier- und Installationsvorgänge abgeschlossen sind, erscheint ein unspektakulärer Abschlussdialog, in dem man sich die README-Datei anzeigen lassen kann.

Abbildung 5.58 Abschlussbericht zur Installation des XenApp

Durch eine Bestätigung des Fensters mittels SCHLIESSEN ist die Installation des XenApp beendet und die Installation der nächsten Komponente wird gestartet.

5.3.7 Erweiterte XenApp-Konfiguration – Installation

Sofern der Installationsprozess der Komponenten in der hier beschriebenen Reihenfolge durchgeführt wird, ist die Installation der *Erweiterten XenApp-Konfiguration* sehr unspektakulär. Alle für die Installation benötigten Informationen werden aus der Installation des XenApp ausgelesen, so dass im Grunde nur eine Bestätigung dieser Informationen erfolgen muss. Nach erfolgter Bestätigung wird die Installation automatisiert durchgeführt.

Abbildung 5.59 Bestätigung der Installation

5.3.8 XenApp-Dokumentbibliothek-Installation

Da es sich bei der Installation der Dokumentbibliothek, wie bereits beschrieben, nur um einen Kopiervorgang eines Verzeichnisses mit Anleitungen handelt, ist die einzige Konfigurationsoption die Auswahl des Zielverzeichnisses.

Abbildung 5.60 Auswahl des Zielverzeichnisses

Weil die Dokumentation ca. 40 MB Festplattenplatz benötigt, sollte auch an dieser Stelle wieder über einen alternativen Speicherort nachgedacht werden, um das Systemlaufwerk nicht zu »überladen«. Da mit dem Document Center die letzte reguläre Komponente des XenApp installiert wird, erscheint nach Abschluss der Installation ein Hinweis auf einen erforderlichen Neustart des Systems, um die Änderungen zu übernehmen. Nach dem Neustart des Systems ist die Installation abgeschlossen.

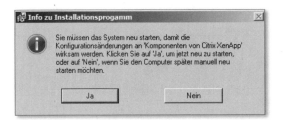

Abbildung 5.61 Neustart des Systems nach erfolgter Installation

Sofern zu diesem Zeitpunkt keine weiteren Server in die Farm aufgenommen werden sollen, kann nach dem Neustart des Systems mit der Prüfung der Installation und den notwendigen Nacharbeiten in Abschnitt 5.5, »Nacharbeiten und überprüfen der Installationen«, fortgefahren werden.

5.4 Installation weiterer XenApp-Server

Nachdem der erste Server einer Farm installiert wurde, können weitere Server in diese Farm aufgenommen werden. Bei jedem weiteren Server, der in die Farm aufgenommen werden soll, ist es jedoch sehr wichtig, sich ein paar Gedanken über die auf diesem Server benötigten Komponenten zu machen. Während wir bei der Installation des ersten Servers aus Gründen der *Flexibilität* und nicht zuletzt des *Spieltriebes* alle Komponenten installiert haben, auch wenn dies nicht unbedingt den Empfehlungen entspricht, sollte bei der Installation weiterer Server auf jeglichen Schnickschnack verzichtet werden.

Zusammengefasst bedeutet dies, dass auf einem zusätzlichen Server im Regelfall nur der reine XenApp mit seinen Funktionen benötigt wird. Gleiches gilt natürlich auch für das Betriebssystem, bei dem beispielsweise auf die Installation des IIS verzichtet werden kann, sofern das Webinterface nicht auf diesem System installiert werden soll. Vor diesem Hintergrund kann nach der Bereitstellung der Voraussetzungen, wie den Windows-Terminaldiensten und den entsprechenden Service Packs, Updates und Patches, wiederum die Installation von der DVD gestartet werden. Wie auch schon bei der Installation des ersten Servers erreicht man den Installations-Assistenten über die *Autorun*-Funktion, über die die Installation des XenApp und seiner Komponenten aufgerufen werden kann.

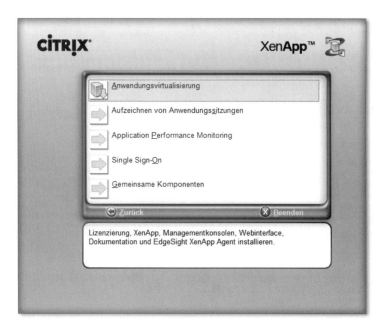

Abbildung 5.62 Installation der XenApp-Anwendungsvirtualisierung

Nach der Bestätigung der Lizenzvereinbarung und der Kenntnisnahme der Voraussetzungen gelangt man in die in Abbildung 5.63 gezeigte Funktionsauswahl, in der alle Komponenten mit Ausnahme des XenApp deaktiviert werden können.

Abbildung 5.63 Auswahl der Komponenten

Natürlich müssen auch bei der Installation weiterer Farmserver die Einstellungen für den Passthrough-Client, die Lizenzierung und die weiteren notwendigen Komponenten konfiguriert werden.

Die Auswahl des gewünschten Installationspfades, der Passthrough-Authentifizierung und der gewünschten Komponenten richtet sich auch bei einem zusätzlichen Server natürlich nach den gleichen Kriterien wie beim ersten Server.

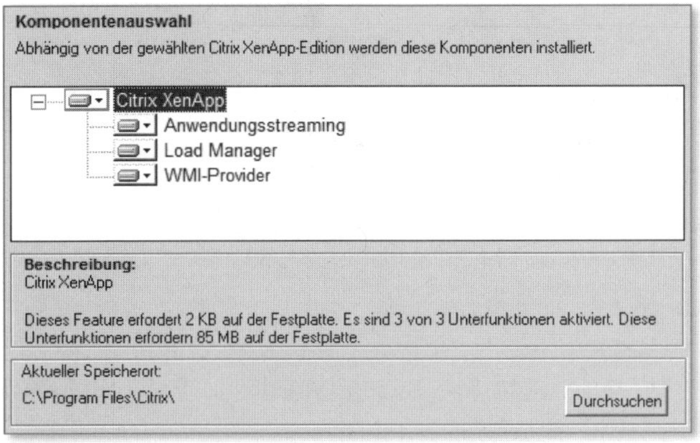

Abbildung 5.64 Auswahl der XenApp-Komponenten

Im Anschluss an die allgemeinen Kopier- und Installationsvorgänge startet das Setup des XenApp. Der große Unterschied zwischen dem ersten und den weiteren Servern tritt in dem Dialogschritt zu Tage, in dem die Farm-Einstellungen konfiguriert werden sollen. In diesem Schritt muss die Auswahl nun BESTEHENDER FARM BEITRETEN lauten, da keine neue Farm mit neuem Datenspeicher für diesen Server angelegt werden soll, wie in Abbildung 5.65 gezeigt wird.

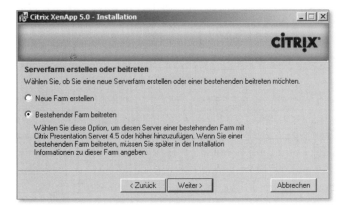

Abbildung 5.65 Bestehender Farm beitreten

Im darauf folgenden Dialogfenster müssen die geforderten Konfigurationsinformationen für den Beitritt zur Server-Farm eingegeben werden, wie in Abbildung 5.66 dargestellt.

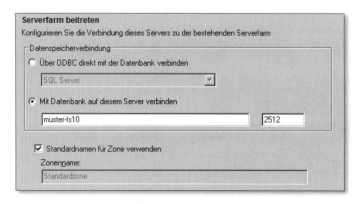

Abbildung 5.66 Konfiguration der Farmverbindung

Im Gegensatz zur Installation des ersten Servers sind an dieser Stelle nur zwei Informationen notwendig.

- **Datenspeicherverbindung**

  Im Konfigurationsbereich der Datenspeicherverbindung muss eingetragen werden, wie der neue Server mit dem Datenspeicher, also den statischen Daten der Farm, kommunizieren soll.

  Wie in Abschnitt 4.1.2, »Datenspeicher/Data Store«, beschrieben, gibt es grundsätzlich zwei Möglichkeiten, mit der Datenbank des Datenspeichers zu kommunizieren: *direkt* oder *indirekt*. Rein von der optischen Aufteilung des Konfigurationsbereiches her erkennt man schnell, dass sich dieses Modell hier wiederfindet. Die erste Option ÜBER ODBC DIREKT MIT DER DATENBANK VERBINDEN ist der Vertreter des *direkten Datenspeicherzugriffs*. Da hierbei direkt auf eine Datenbank zugegriffen wird, muss ein entsprechender Datenbanktreiber vorhanden sein und eine entsprechende ODBC-DSN konfiguriert werden.

  Die zweite Option MIT DATENBANK AUF DIESEM SERVER VERBINDEN steht für die Variante des *indirekten Datenspeicherzugriffs* über den IMA-Dienst eines vorhandenen Servers. Dass der IMA-Dienst hier als Vermittler genutzt wird, ist an dieser Stelle auch am Kommunikations-Port 2512 erkennbar, der, wie aus Abschnitt 4.1.1, »Independent Management Architecture (IMA)«, bekannt, der Port des IMA-Dienstes für die Kommunikation innerhalb der Farm ist.

Da aktuell Access als Datenbanksystem für den Datenspeicher genutzt wird, muss an dieser Stelle der indirekte Zugriff über den MUSTER-TS10 und den IMA-Port 2512 konfiguriert werden.

> **Hinweis**
>
> An dieser Stelle ist wichtig, dass die *indirekte Kommunikation* grundsätzlich immer möglich ist, unabhängig von der Art des Datenspeichers. Auch wenn der Datenspeicher auf einem SQL Server gehalten wird, könnte ein einzelner Server, der mit dieser Datenbank über ODBC kommuniziert, als Vermittler für weitere Server, die für die indirekte Kommunikation konfiguriert sind, fungieren.
> Sofern Access als Datenbank eingesetzt wird, können die anderen Server ausschließlich indirekt mit der Datenbank kommunizieren. Eine direkte Kommunikation ist mit Access nicht möglich.

▶ **Zonenname**
Wie auch der erste Server, muss dieser Server einer Zone zugeordnet werden. Sofern der Standardname des Standortes nicht geändert wurde, sollte der hier eingetragene Zonenname dem des ersten Servers entsprechen.

> **Hinweis**
>
> Sofern bei der Installation des ersten Servers der Zonenname nicht manuell angepasst wurde und beide Server im gleichen Subnetz stehen, sind die Zonennamen automatisch identisch, da im Standard immer *Standardzone* als Name genutzt wird.

Da beim indirekten Zugriff auf die Datenbank eine Ressource auf einem anderen System genutzt wird, ist im folgenden Schritt die Eingabe von Anmeldedaten erforderlich.

Abbildung 5.67 Anmeldedaten für den Datenspeicherzugriff

Das hier verwendete Konto muss berechtigt sein, auf die Datenbank zuzugreifen und Änderungen an ihr vorzunehmen.

Nachdem die Verbindung zum Datenspeicher erfolgreich hergestellt wurde, müssen die Einstellungen für den zu verwendenden Lizenzserver bestätigt werden.

Abbildung 5.68 Lizenzierungseinstellungen

Dieser Dialog erscheint, da die in Abschnitt 4.4, »Die Citrix-Lizenzierung«, beschriebene Möglichkeit besteht, pro Server auf unterschiedliche Lizenzserver zu verweisen. Ist dies gewünscht, kann dies durch die erste Option mit der Eingabe eines Lizenzservers und dessen Ports erreicht werden.

Im Regelfall wird aber die Nutzung der *globalen Farmeinstellungen* die beste Auswahl sein, da hierbei alle Server einer Farm auf den gleichen Lizenzserver verweisen und diese Einstellung bei Bedarf auch an zentraler Stelle (der Farm) angepasst werden kann. Nach den Einstellungen für das Spiegeln von Benutzersitzungen erfolgt die Konfiguration des XML-Dienstes.

An dieser Stelle fällt auf, dass die Option des ISAPI-Filters, also die gemeinsame Nutzung von Port 80 mit dem IIS, nicht zur Verfügung steht, sondern nur die Option SEPARATEN PORT VERWENDEN, also den XML-Dienst als eigenen Dienst zu installieren, wählbar ist. Der Hintergrund hierfür ist denkbar einfach – auf dem aktuellen System ist kein IIS installiert und somit kann die Option des ISAPI-Filters nicht zur Verfügung stehen.

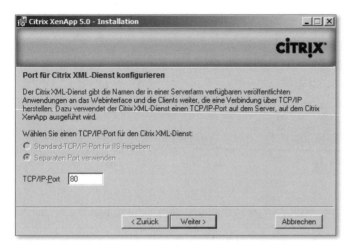

Abbildung 5.69 Port für den XML-Dienst konfigurieren

Um bei den Servern nicht unterschiedliche Ports für den XML-Dienst ansprechen zu müssen, empfiehlt es sich an dieser Stelle, auch bei diesem System Port 80 für den Dienst zu nutzen.

Nach der Auswahl der Mitgliedschaft der Remotedesktopbenutzer und einer Zusammenfassung startet der Installationsvorgang, der auch dieses Mal mit einem Neustart des Systems abgeschlossen wird.

5.5 Nacharbeiten und überprüfen der Installationen

Genau wie vor der Installation eines XenApp-Servers gewisse Vorarbeiten zu leisten waren, um die jeweiligen Voraussetzungen zu erfüllen, sind auch nach der Installation einige Nacharbeiten zu erledigen, die die Funktionalität und Sicherheit gewährleisten sollen.

5.5.1 Überprüfen der Installation

Als erster Schritt nach der Installation der Software sollten gewisse Schritte zur Prüfung der Installation durchgeführt werden.

Ereignisanzeige

Die erste und schnellste Prüfung für den Erfolg der Installation ist ein Blick in die Ereignisanzeigen des Servers. Sofern hierin keine Fehlermeldungen über nicht startende Dienste oder Ähnliches vermerkt sind, kann die Installation des Xen-App nicht vollkommen fehlgeschlagen sein.

Im Regelfall sollten nach einer Neuinstallation des XenApp bei entsprechender Erfüllung der Voraussetzungen tatsächlich keine Fehler in der Ereignisanzeige auftauchen. Anders kann dies bei Aktualisierungen von einer älteren Version des XenApp/Presentation Server aussehen, da hierbei oftmals alte Dienste nicht korrekt deinstalliert werden. Mit diesem Thema befasst sich Abschnitt 8.1, »Update einer älteren XenApp-Version«.

Verzeichnisse und Datenbanken

Sofern während der Installation keine Änderungen an den Installationspfaden vorgenommen wurden, befinden sich alle installierten Komponenten unterhalb des Pfades *C:\Programme\Citrix* bzw. *C:\Program Files\Citrix*. Es ist sehr sinnvoll, an dieser Stelle einmal einen Blick in dieses Verzeichnis zu werfen. Auf dem ersten Server mit allen installieren Komponenten müsste sich das in Abbildung 5.70 gezeigte Bild ergeben.

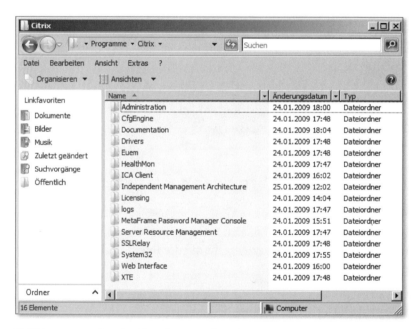

Abbildung 5.70 Standard-Installationsordner des XenApp

Hierbei sind zwei Ordner besonders hervorzuheben – der Ordner *System32* und der Ordner *Independent Management Architecture*. Der Ordner *System32* ist aus Citrix-Sicht analog zum Windows\System32-Ordner zu sehen. In ihm befinden sich alle Systemdateien und Tools des XenApp.

> **Hinweis**
>
> Dieser Ordner *System32* ist auch der Ordner, der genutzt werden muss, wenn später weitere Tools, beispielsweise für weiterführende Protokollierungen, von der DVD auf den Server kopiert werden sollen. Nähere Informationen hierzu finden Sie in Kapitel 9, »Troubleshooting«.

Der Ordner *Independent Management Architecture* enthält das »Herz« des XenApp Servers – die Datenbanken. Wenn man sich diesen Ordner auf dem ersten Server, der den Datenspeicher als Access-Datenbank hält, ansieht, finden sich hierin drei Access-Datenbanken und drei ODBC-Datenquellen (DSN).

Abbildung 5.71 Datenbanken des ersten Servers

Die Dateien mit der Bezeichnung *MF20.** beinhalten hierbei den Access-Datenspeicher und die darauf verweisende ODBC-Datenquelle. Der Hintergrund für diese Bezeichnung *MF20* liegt in dem Format, das mit dem Metaframe XP, also der Version 2.0, eingeführt wurde. Die Datenbank mit ursprünglich drei Tabellen wurde zwar ab dem Metaframe Presentation Server 3.0 um zwei weitere ergänzt, die sonstige Struktur ist aber identisch, so dass aus Kompatibilitätsgründen die alte Bezeichnung beibehalten wurde. Diese Dateien sind nur auf einem Server der Farm zu finden – dem Server mit einem Access-Datenspeicher.

Die Dateien mit dem Namen *Imalhc.** befinden sich auf allen Servern einer Farm. Die Bezeichnung steht für *IMA Local Host Cache* und die Dateien enthalten somit die entsprechende Datenbank und ebenfalls eine darauf verweisende ODBC-Datenquelle. Die Access-Datenbanken bestehen auch bei der Nutzung durch

XenApp aus zwei Komponenten – der Datenbank (MDB) und den entsprechenden Logs (LDF).

> **Tipp**
>
> Sollte der lokale Hostcache fehlen oder korrupt sein, kann er jederzeit mit dem Befehl DSMAINT RECREATELHC wieder neu erzeugt werden.

Seit dem Presentation Server 4.5 sind die Dateien mit dem Namen *RadeOffline.** neu hingekommen. Hierbei handelt es sich um die Offline-Datenbanken des Citrix Streaming Servers, also des Anwendungsstreamings. In dieser Datenbank werden die Checkout-Stempel verwaltet, die bei aktivierter Offline-Verfügbarkeit von Anwendungen erfasst werden.

> **Tipp**
>
> Sollte diese Datenbank fehlen oder korrupt sein, kann sie jederzeit mit dem Befehl DSMAINT RECREATERADE wieder neu erzeugt werden.

Benutzerkonten

Durch den erhöhten Sicherheitsstandard des XenApp 5.0 laufen kritische Dienste nun nicht mehr unter dem Systemkonto, sondern verwenden eigene lokale Benutzerkonten. Die Konten *Ctx_ConfigMgr*, *ctx_cpsvcuser* und die eventuell erstellten *anonymen Benutzerkonten* sollten in der lokalen Benutzerdatenbank angelegt worden sein, wie Abbildung 5.72 zeigt.

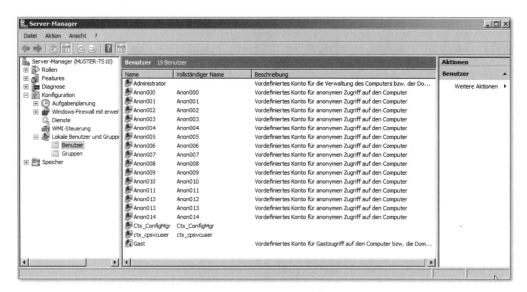

Abbildung 5.72 Lokale Citrix-Benutzerkonten

Dienste

Mit der Installation des XenApp wurde eine Reihe von Diensten auf dem Server angelegt, die unterschiedliche Aufgaben erfüllen und unterschiedliche Starttypen haben.

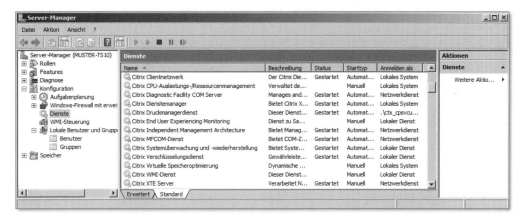

Abbildung 5.73 Citrix-Dienste (der Platinum Edition)

Es ist dabei wichtig zu überprüfen, ob alle Dienste, bei denen als Starttyp *Automatisch* eingetragen ist, wirklich gestartet sind. Diese Prüfung ist als Ergänzung zur Durchsicht der Ereignisanzeige zu sehen, die ebenfalls Informationen über den Status der Dienste enthalten könnte.

> **Hinweis**
>
> Wichtig an dieser Stelle ist, dass nicht jede Edition des XenApp die gleiche Anzahl von Diensten enthält und diese wiederum nicht mit dem gleichen Starttyp installiert werden. Der Hintergrund hierfür ist einfach – da beispielsweise Komponenten wie das CPU-Auslastungs-Management bei einer Advanced Edition nicht verfügbar sind, werden die entsprechenden Dienste nicht installiert bzw. nicht gestartet.

Auf einen Dienst sollte an dieser Stelle ganz besonderer Wert gelegt werden – den Citrix-XML-Dienst. Im Gegensatz zu den anderen Diensten kann dieser Dienst sowohl als eigener Dienst als auch als ISAPI-Filter auftreten.

Bei der Installation des ersten Servers, der über einen installierten IIS verfügte, wurde die Variante des ISAPI-Filters genutzt, was dazu führt, dass der XML-Dienst nicht als eigener Dienst auftritt, wie in Abbildung 5.73 zu erkennen. Stattdessen ist er im *Internetinformationsdienste-Manager* als Webdiensterweiterung aufgeführt, wie in Abbildung 5.74 dargestellt.

5 | Installation der Komponenten

Abbildung 5.74 XML-Dienst als ISAPI-Filter

Betrachtet man nun jedoch den zweiten Server, auf dem der Citrix-XML-Dienst als eigener Dienst auf einem eigenen Port installiert wurde, so ist er hier sehr wohl als Dienst unter den *Diensten* zu finden.

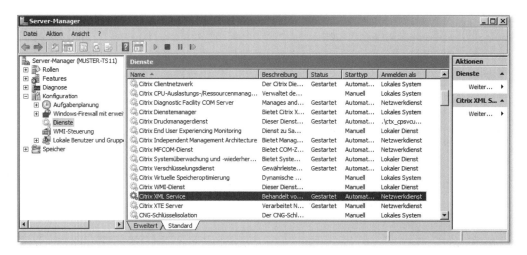

Abbildung 5.75 XML-Dienst als eigener Dienst

> **Hinweis**
>
> An dieser Stelle ist es für die Überprüfung wichtig, genau zu wissen, wie der Dienst installiert wurde. Sofern die Einstellungen nachträglich geändert werden sollen, finden Sie entsprechende Hinweise in Abschnitt 6.7, »Einstellungen des Citrix-XML-Dienstes«.

Protokolle

Mit der Installation des XenApp wurden die Terminaldienste um ein neues Verbindungsprotokoll ergänzt. Das ICA-Protokoll lässt sich ebenso wie das RDP-Protokoll über die *Terminaldienstekonfiguration* einsehen und konfigurieren.

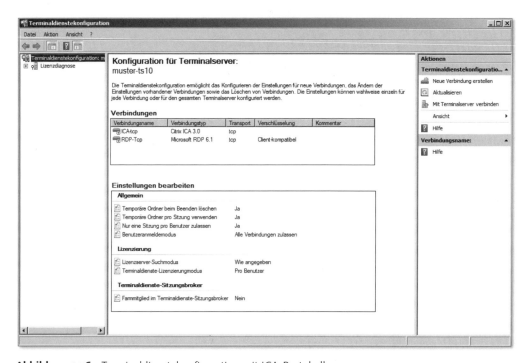

Abbildung 5.76 Terminaldienstekonfiguration mit ICA-Protokoll

Allerdings sind in den Eigenschaften des Protokolls zusätzliche Einstellungsmöglichkeiten gegeben, die das RDP-Protokoll nicht enthält. Einen kleinen Überblick hierzu liefert Abbildung 5.77.

Neben der Möglichkeit, über die Terminaldienstekonfiguration auf das ICA-Protokoll zuzugreifen, wird im Verlauf der nächsten Kapitel noch ein weiteres Werkzeug vorgestellt, das in Bezug auf die Verwaltung der Protokolle analog zur Terminaldienstekonfiguration arbeitet, jedoch weit mehr Konfigurationsmöglichkeiten, besonders im Hinblick auf die erweiterten Möglichkeiten des ICA-Protokolls, bietet.

Weitere Informationen zu den Verwaltungs- und Konfigurationsmöglichkeiten des ICA-Protokolls finden Sie in Abschnitt 6.3, »Konfiguration des ICA-Protokolls«.

5 | Installation der Komponenten

Abbildung 5.77 Eigenschaften des ICA-Protokolls

Anwendungen und Werkzeuge

Die wohl offensichtlichsten Änderungen nach dem Neustart des jeweiligen Systems sind die neu hinzugekommenen Verknüpfungen im Startmenü oder der (Citrix XenApp) Program Neighborhood Agent in der Taskbar.

> **Hinweis**
>
> Ein kleiner Hinweis für »alte Hasen«: Die Citrix-Administratorleiste ist nicht mehr Bestandteil des XenApp 5.0 und die Program Neighborhood liegt nicht mehr automatisch auf dem Desktop.

Eine Anwendung, die zu Testzwecken auf jeden Fall einmal geöffnet werden sollte, ist die Access Management Console. Sofort nach dem Start der Anwendung erscheint ein Dialogfenster, das durch den initialen *Discovery* der Systemumgebung leitet. Hierbei können die verfügbaren Serversysteme für den Suchvorgang ausgewählt werden, währenddessen die AMC die XenApp-Umgebung analysiert und für die weitere Bearbeitung in der Konsole aufbereitet.

Nacharbeiten und überprüfen der Installationen | 5.5

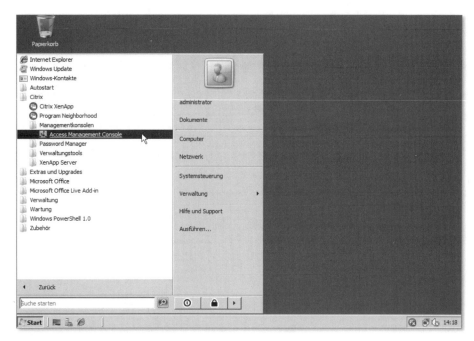

Abbildung 5.78 Desktop des Terminalservers

Abbildung 5.79 Discovery konfigurieren und durchführen

Tipp

Die Option *Password Manager* sollte an dieser Stelle noch deaktiviert werden – da der Password Manager noch nicht installiert ist, wird der *Discovery* ansonsten mit der Fehlermeldung abbrechen, das der zentrale Speicher nicht gefunden werden kann.

Nach dem erfolgreichen Discovery sollte das in Abbildung 5.80 gezeigte Bild erscheinen.

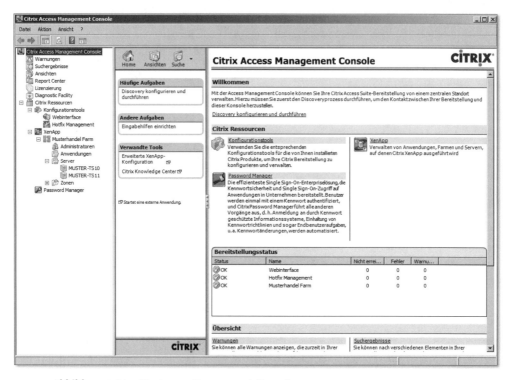

Abbildung 5.80 Die Access Management Console

Sofern diese Console angezeigt wird und die installierten Server unter dem Navigationspunkt SERVER aufgeführt werden, wurde bis dahin alles richtig gemacht und die Konsole kann zunächst wieder geschlossen werden.

5.5.2 Installation von Citrix-Updates

Nach der Überprüfung der Komponenten im vorangegangenen Abschnitt folgt ein wichtiger, wenn auch häufig vernachlässigter Schritt – das Installieren von verfügbaren Updates. Um sich über die aktuell verfügbaren Updates zu informieren, ist die Citrix-Internetseite genau der richtige Ort. Unter der Adresse *http://download.citrix.com* finden sich alle Updates und sonstigen frei verfügbaren Downloads.

Über das Pulldown-Menü kann nach den gewünschten Produkten gefiltert werden. Hier finden sich anschließend alle verfügbaren Aktualisierungen zu den Citrix-Produkten, so auch dem XenApp 5.0, wie in Abbildung 5.82 dargestellt.

Nacharbeiten und überprüfen der Installationen | **5.5**

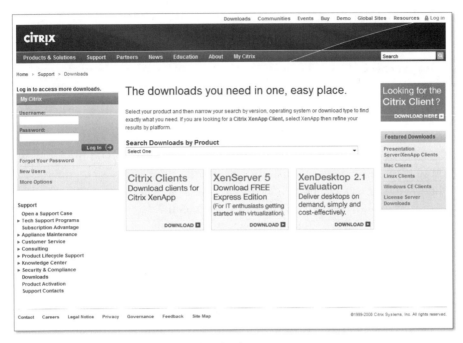

Abbildung 5.81 Startseite von http://download.citrix.com

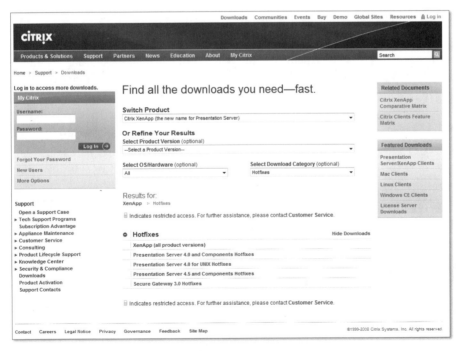

Abbildung 5.82 Hotfix-Download für den XenApp

Gegebenenfalls muss zum Download einzelner Updates eine Anmeldung mit einem MyCitrix-Konto erfolgen.

> **Info**
>
> Zum Zeitpunkt der Erstellung dieser Zeilen und Screenshots waren noch keine Hotfixes für den XenApp 5.0 erschienen, sie fehlen deshalb in Abbildung 5.82.

Bei dem Download der Patches oder Hotfixes ist wichtig, dass, wie auch bei der Installation, zwischen dem XenApp 5.0 für 32-Bit-Windows und 64-Bit-Windows unterschieden wird. Dies liegt daran, dass bestimmte Patches sich konkret auf Probleme und Fehler beziehen, die beispielsweise aus bestimmten Betriebssystem-Updates resultieren. Über ein Pulldown-Menü lässt sich die gewünschte Sprachversion auswählen, um nur die zutreffenden Patches anzuzeigen.

In einigen Fällen kann es aber auch vorkommen, dass beispielsweise ein englischer Hotfix auch Probleme auf einem deutschen System behebt. Sollte also ein konkretes Problem vorliegen, lohnt auch immer ein Blick in die englischen Hotfixes. Nach dem Download können diese auf den Servern installiert werden.

Nach der Installation einiger Hotfixes muss das System im Regelfall neu gestartet werden, um mit der Installation fortzufahren. In einigen Fällen reicht anstelle eines System-Neustarts auch ein Neustart des Dienstes *Citrix Independent Management Architecture* und seiner abhängigen Dienste.

Natürlich gelten auch für Citrix-Updates die gleichen Eigenschaften wie für Microsoft-Updates. Es sollte nicht blindlings »drauflosinstalliert« werden, sondern vor jeder Update-Installation ist ein genaues Studieren der Installationsvoraussetzungen und der möglichen Probleme sehr wichtig, um die Funktionalität des Systems nicht zu gefährden. Auch sind nach jedem Update ausführliche Tests durchzuführen, um nicht im späteren Produktivbetrieb böse Überraschungen zu erleben. Ein Blick in die Eigenschaften des Servers in der Access Management Console verrät, ob die Installation erfolgreich war, wie Abbildung 5.83 zeigt.

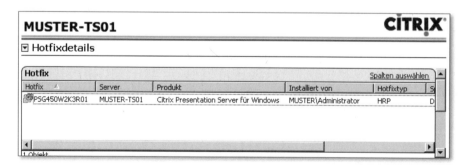

Abbildung 5.83 Hotfix-Übersicht in den Eigenschaften des Servers in der AMC (PS 4.5)

5.5.3 Nacharbeiten von Berechtigungen

Nachdem der Erfolg der Installation und die Funktionalität der Dienste geprüft wurden, sollte im nächsten Schritt sofort eine Konfiguration der benötigten Berechtigungen erfolgen, um von Anfang an mit einer »sauberen« Struktur zu arbeiten. Konkret haben sich aus der Installation zwei Stellen ergeben, an denen Berechtigungen vergeben werden mussten.

▸ **Mitgliedschaft der Remotedesktopbenutzer**
 Ein Schritt, der während der Installation des XenApp übersprungen wurde, war das Hinzufügen von Benutzern oder Gruppen zu den lokalen Gruppen der *Remotedesktopbenutzer*. Solange keine weiteren Benutzer zum Mitglied dieser Gruppe gemacht werden, sind nur die Administratoren in der Lage, Verbindungen mit dem Terminalserver aufzubauen.

 Da es in einer Citrix-Farm im Regelfall so sein wird, dass die Benutzer nur über veröffentlichte Ressourcen, die wiederum nur für bestimmte Benutzer(gruppen) freigegeben sind, zugreifen, könnte im Hinblick auf die Mitgliedschaft der *Remotedesktopbenutzer* durchaus eine Gruppe wie die *Domänenbenutzer* genutzt werden. Weitere Informationen zu den RDP- und ICA-Protokollberechtigungen, die die Basis für die hier vergebenen Berechtigungen darstellen, finden sich in Abschnitt 6.3, »Konfiguration des ICA-Protokolls«.

▸ **Citrix-Administratoren zum Verwalten der Farm**
 Der zweite Bereich, in dem zu diesem Zeitpunkt Berechtigungen vergeben werden sollten, sind die Verwaltungrechte innerhalb der Server-Farm. Während des Setups musste ein Konto angegeben werden, das über die Verwaltungsberechtigungen in der Farm verfügen sollte. Da es jedoch aus Sicherheits- und Nachvollziehbarkeitsgründen wenig sinnvoll ist, dass alle Administratoren mit nur einem Konto (und dazu noch mit dem des Domänen-Admins) arbeiten, sollten Berechtigungsgruppen angelegt und mit entsprechenden Berechtigungen versehen werden. Die Administratoren des Unternehmens können anschließend in die jeweiligen Gruppen aufgenommen werden, um mit ihren eigenen Anmeldedaten die benötigten Konfigurationen vornehmen zu können.

Da die Steuerung der Mitgliedschaft für die Remotedesktopbenutzer eher unspektakulär ist und in Abschnitt 6.3, »Konfiguration des ICA-Protokolls«, und Abschnitt 4.2, »Das ICA-Protokoll«, noch genauer durchleuchtet werden wird, sehen wir uns nun den zweiten Punkt der Verwaltungsberechtigungen einmal etwas genauer an.

Die Verwaltung von Berechtigungen in der Farm wird, wie die meisten anderen Einstellungen auch, über die Access Management Console oder AMC gesteuert.

In dieser findet sich in der Navigation auf der linken Seite der Punkt ADMINISTRATOREN, unter dem die Verwaltungsberechtigungen der Farm konfiguriert werden können.

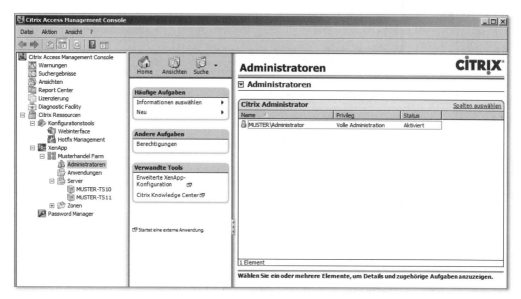

Abbildung 5.84 Administratoren

Im Standard ist an dieser Stelle nur der Administrator der Domäne eingetragen, der während der Installation des ersten Servers dieses Konto als Verwaltungskonto angegeben hat. Da es bei der Vergabe von Berechtigungen aber grundsätzlich sinnvoll ist, nicht mit direkten Zuweisungen von Benutzerkonten, sondern mit Gruppen zu arbeiten, sollte man an dieser Stelle zunächst Gruppen im Active Directory anlegen, denen später die Berechtigungen zugewiesen werden können.

Es sollten wenigstens zwei Gruppen angelegt werden. Eine, die volle Administrationsberechtigungen erhalten wird, und eine, die nur die Berechtigung zum Lesen aller Einstellungen bekommen wird. Die Berechtigungen können in der AMC zwar noch differenzierter vergeben werden, dies kann aber im Nachhinein nach einer Definition des exakten Anforderungsprofils erfolgen.

5.5 | Nacharbeiten und überprüfen der Installationen

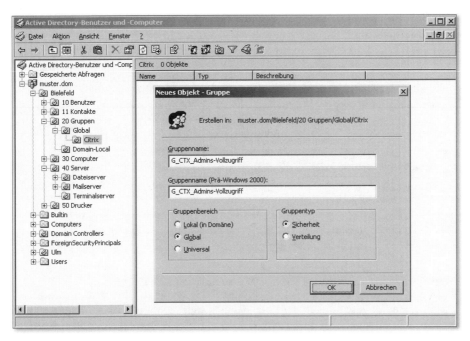

Abbildung 5.85 Anlegen einer Gruppe für volle Administrationsberechtigungen

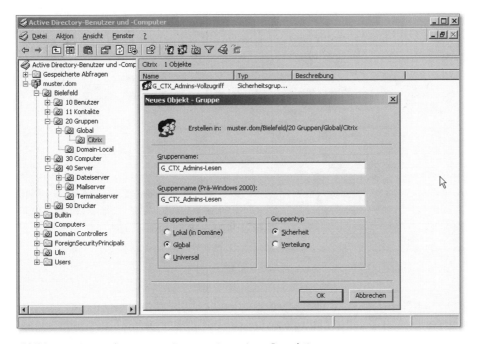

Abbildung 5.86 Anlegen einer Gruppe mit nur Lese-Berechtigungen

Anschließend können die entsprechenden Benutzer den jeweiligen Gruppen zugeordnet werden.

> **Hinweis**
>
> An dieser Stelle wird sich vor allem der Microsoft-versierte Administrator fragen, warum hier globale Gruppen für die Vergabe von Berechtigungen gebildet werden. Die Microsoft-Strategie für die Verschachtelung von Gruppen und das Zuweisen von Berechtigungen sieht vor, dass die Benutzer in globalen Gruppen zusammengefasst werden, diese dann in domänenlokal hinzugefügt werden, denen dann die Berechtigungen erteilt werden.
>
> Dieses Konzept ist grundsätzlich vollkommen korrekt und sollte nach Möglichkeit auch eingehalten werden. Aber: Es funktioniert nur bei Active-Directory-Domänen, die sich im *einheitlichen Modus* befinden. Es funktioniert nicht bei Domänen im *gemischten Modus* (da die domänenlokalen Gruppen auf Nicht-Domänencontrollern nicht gesehen werden können) und nicht in NT-Domänen (da es noch keine domänenlokalen Gruppen gibt).
>
> Da nicht zwangläufig davon auszugehen ist, dass »nur« wegen der Implementierung einer XenApp-Umgebung die eventuell aktive NT-Domänen- und Active-Directory-Umgebung an die Bedürfnisse der Citrix-Admins angepasst werden, werden an dieser Stelle globale Gruppen genutzt – das funktioniert immer. Sollten die Anforderungen für die Microsoft-Gruppenstrategie erfüllt sein, können und sollten natürlich domänenlokale Gruppen verwendet werden.

Nach der Erstellung der Gruppen und dem Zuweisen der Benutzer kann wieder in die Access Management Console gewechselt werden, um die Berechtigungen zu verteilen.

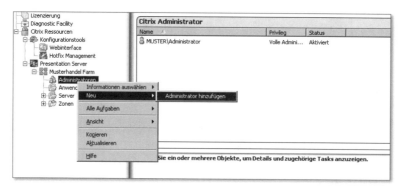

Abbildung 5.87 Hinzufügen eines neuen Farm-Administrators

Über den Kontextbefehl NEU • ADMINISTRATOR HINZUFÜGEN gelangt man in den Berechtigungsassistenten, mit dem man die entsprechenden Konten und Berechtigungen auswählen kann.

5.5 Nacharbeiten und überprüfen der Installationen

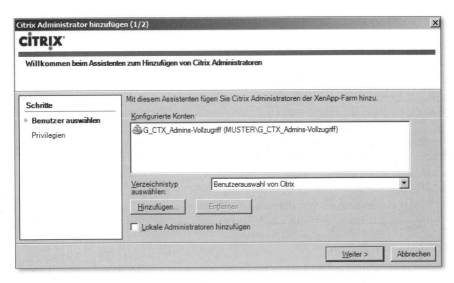

Abbildung 5.88 Auswahl der gewünschten Gruppe

Im zweiten Schritt des Assistenten erfolgt die effektive Zuweisung der Berechtigungen oder *Privilegien*.

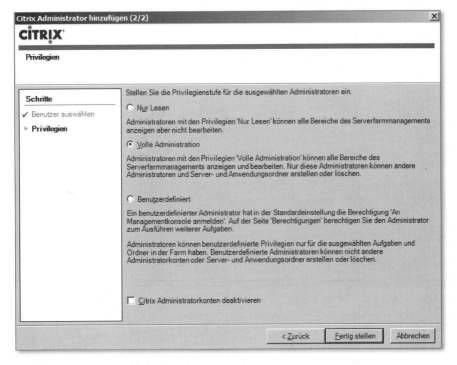

Abbildung 5.89 Auswahl der Berechtigungsstufe

An dieser Stelle stehen drei Optionen zur Verfügung.

- **Nur lesen**
  Wie der Name schon sagt, verbergen sich hinter der ersten Option *Nur lesen* entsprechende Berechtigungen, die in allen Bereichen der Farmverwaltung Lese-Berechtigungen erteilen. Diese Berechtigungen werden später der Gruppe *G_CTX-Admins-Lesen* zugeteilt.

> **Hinweis**
>
> Ein Einsatzfall für diese Berechtigungen ist vor allem in größeren Umgebungen im First-Level-Support zu sehen. Hierbei sind sehr häufig (Hilfs-)Administratoren beim Eingang von Benutzerproblemen damit beschäftigt, diese aufzunehmen und zu klassifizieren. Insbesondere für die Klassifizierung von Problemen kann es dann sehr hilfreich sein, wenn sie berechtigt sind, die aktuellen Einstellungen in einer Farm oder für eine veröffentlichte Anwendung einzusehen.
>
> Da die (Hilfs-)Administratoren in solchen Fällen häufig kein tieferes Wissen um die Backend-Systeme (in diesem Fall XenApp) haben, umgeht man mit Nur-Lese-Berechtigungen der Gefahr, dass unwissentlich oder aus Versehen etwas verstellt oder kaputtkonfiguriert wird.

- **Volle Administration**
  Volle Administrationsberechtigungen beinhalten, wie der Name schon sagt, alle Berechtigungen in allen Bereichen der Farm und den darin befindlichen Ressourcen. Benutzer, die über diese Berechtigungen verfügen, können innerhalb der Farm jede Einstellung beliebig oft verändern oder anpassen.

  Im Rahmen des angestrebten Konzeptes ist dies die Berechtigung, die die Gruppe *G_CTX-Admins-Vollzugriff* erhalten sollte.

> **Hinweis**
>
> Um es mit einem Filmzitat zu sagen: »Aus großer Kraft folgt große Verantwortung« (Onkel Ben zu Peter Parker in Spiderman 1). Ein Administrator, der diese Berechtigungen erhält, sollte auf jeden Fall genau wissen, wie er sie nutzt. Durch einige wenige unbedachte Einstellungen kann die Funktionalität der gesamten Server-Farm extrem beeinträchtigt werden, so dass mit dieser Berechtigungsstufe mit sehr viel Vorsicht umgegangen werden sollte.

- **Benutzerdefiniert**
  Die benutzerdefinierten Berechtigungen sind in der Lage auf spezielle Anforderungen, die an Berechtigungen gestellt werden, zu reagieren. Mit ihrer Hilfe können für jeden Bereich der AMC und somit der Farm granulare Privilegien vergeben werden. Ein Beispiel hierfür wäre etwa das Recht, eine Benutzersitzung zu *trennen*, diese aber nicht *zurücksetzen* zu können. Einen kleinen Auszug der möglichen Berechtigungen zeigt Abbildung 5.90.

Nacharbeiten und überprüfen der Installationen | 5.5

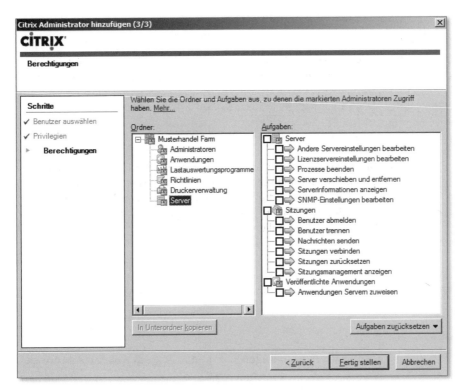

Abbildung 5.90 Benutzerdefinierte Berechtigungen

Diese Berechtigungen sind im Detail sehr komplex und bedürfen für den effektiven Einsatz einiger Planung und Tests. Der Einsatz von benutzerdefinierten Berechtigungen erfolgt sehr häufig in großen Umgebungen von großen bis sehr großen Unternehmen, in denen in der Support-Abteilung die einzelnen Rollen der Support-Level (First-Level, Second-Level ...) nicht nur funktional, sondern auch personell getrennt sind.

In diesen Szenarien werden beispielsweise einige Administratoren, die im First- oder Second-Level angesiedelt sind, mit gewissen administrativen Berechtigungen versehen, um vor allem bereits bekannte Probleme schnell beheben zu können. Hierzu könnte beispielsweise das Zurücksetzen einer Benutzersitzung gehören, wenn die jeweilige Anwendung nicht mehr antwortet.

Auf der anderen Seite ist der Einsatz von benutzerdefinierten Berechtigungen natürlich nicht von der Anzahl der Server oder der Größe des Unternehmens abhängig. Auch in sehr kleinen Umgebungen können Einsatzfälle sinnvoll sein und auftreten. Es spricht also auch bei Einsatz nur eines Servers nichts dagegen, mit benutzerdefinierten Berechtigungen zu arbeiten. Man sollte sich immer nur einen wichtigen Aspekt vor Augen halten – alles, was konfiguriert wird, muss auch dokumentiert werden! Und während es in größeren Unternehmen häufig eigene Funktionsrollen für die Dokumentation und deren Kontrolle gibt (Bespiel: interne Revision), fehlen diese in kleineren Unternehmen häufig, was in sehr vielen Fällen zu einer mangelhaften Dokumentation aus Zeitmangel führt.

Die benutzerdefinierten Berechtigungen sind auf Dauer jedoch ohne eine gute und aktuell gehaltene Dokumentation nicht nachvollziehbar. Dies kann dazu führen, dass sich diese nach »bestem Wissen und Gewissen« eingeführte Konfiguration später als Sicherheitsloch herausstellt. Näheres zu dem Punkt »Dokumentation« finden Sie in Abschnitt 8.5, »Dokumentation«.

Nach der Auswahl der Berechtigungsstufe ist das Hinzufügen der Admin-Gruppe abgeschlossen.

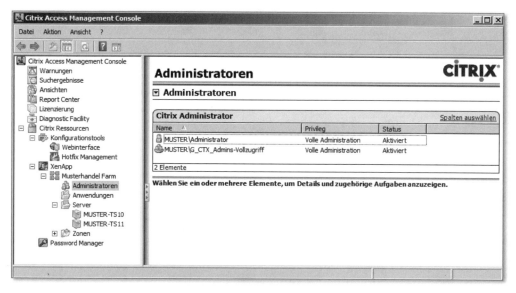

Abbildung 5.91 Die Gruppe ist erfolgreich erstellt.

Auf die gleiche Weise wird auch mit der Gruppe der *Nur-Lese-Administratoren* verfahren, nur dass diese die entsprechenden anderen Berechtigungen erhalten.

Um die Berechtigungen unserer Administratoren mit vollen Administrationsberechtigungen jetzt noch zu komplettieren, sollten sie auf den Servern der lokalen Gruppe der Administratoren hinzugefügt werden.

Nacharbeiten und überprüfen der Installationen | **5.5**

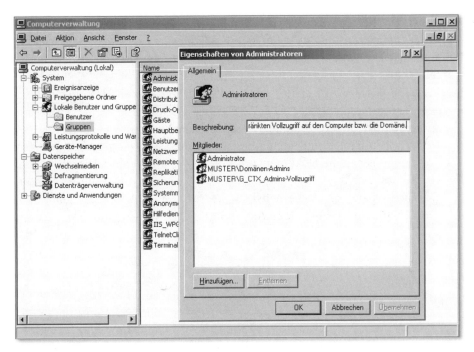

Abbildung 5.92 Hinzufügen der Voll-Admins zu den lokalen Administratoren

Durch diesen Schritt erhalten die Citrix-Administratoren nun auch die Berechtigung, die Server Windows-seitig verwalten und warten zu können. Hierzu gehört beispielsweise das Herunterfahren und Neustarten des Servers, aber auch die Installation von Anwendungssoftware und Hotfixes.

Warum haben wir die Berechtigungen über mehrere Gruppen und auf diese Weise gelöst? Durch den Einsatz von Gruppen werden die Berechtigungen von einzelnen Benutzerkonten entkoppelt. Selbst wenn aus Versehen das Benutzerkonto eines Administrators gelöscht werden sollte, kann er oder ein Nachfolger über die Gruppenmitgliedschaft im Active Directory neu berechtigt werden.

Durch diese Vorgehensweise wird vor allem auch das Active Directory als das genutzt, was es ist und auch immer sein sollte – als zentraler Verzeichnisdienst, der alle angeschlossenen Berechtigungen zentral verwaltet. Ein »Anfassen« der Ressourcen (in diesem Fall der AMC) für spätere Berechtigungsdelegierungen ist nicht mehr notwendig. Ab diesem Zeitpunkt können alle beteiligten Administratoren unter ihrem eigenen Benutzernamen aktiv in das Geschehen eingreifen und bei der Konfiguration, zum Beispiel von veröffentlichten Anwendungen, unterstützend tätig werden.

5.5.4 Eintragen der Farm im DNS

Damit die zukünftigen Clients in der Lage sind, die Farm ohne großen Broadcast-Datenverkehr im Netzwerk zu finden, sollte die Farm im DNS bekannt gemacht werden. Die Clients versuchen über das in Abschnitt 4.2, »Das ICA-Protokoll«, beschriebene *ICA-Browsing,* die Server und Ressourcen einer Farm ausfindig zu machen. Damit dies nicht über Broadcast-Datenverkehr passieren muss, sind alle Clients im Standard so eingestellt, dass sie versuchen, einen XenApp Server über den Hostnamen *ica* zu adressieren.

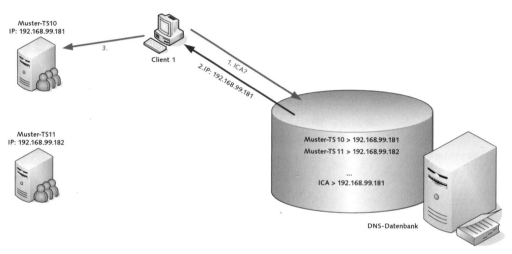

Abbildung 5.93 ICA-Browsing über DNS

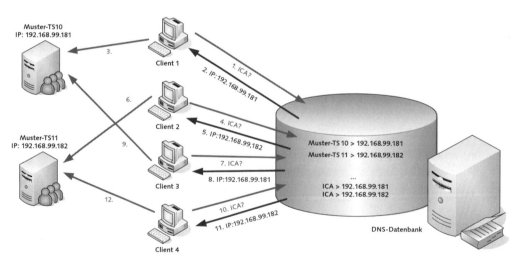

Abbildung 5.94 ICA-Browsing mit Round Robin

Sofern mehrere Terminalserver im Einsatz sind, lässt sich natürlich für das initiale Finden eines Terminalservers über das ICA-Browsing eine gewisse Art der Lastenverteilung realisieren, indem in der DNS-Domäne mehrere Host-Einträge, die auf die IP-Adressen der Terminalserver verweisen, erstellt werden und somit auf die Funktionen von Round Robin zurückgegriffen werden kann, wie in Abbildung 5.94 dargestellt.

> **DNS-Einträge**
>
> Bei den Einträgen im DNS ist es nicht zwangsläufig sinnvoll, alle XenApp-Systeme für den ICA-Eintrag zu registrieren. Vielmehr sollten es in erster Linie der Datensammelpunkt und die von der Priorität als Ersatz angedachten Systeme sein, die hier aufgeführt werden.

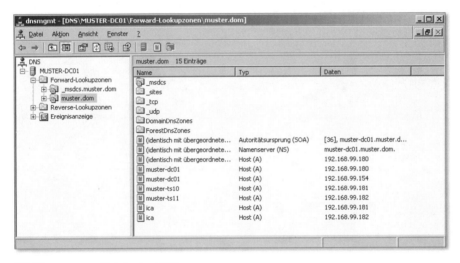

Abbildung 5.95 Einträge im DNS

An dieser Stelle ist zu beachten, dass für die Nutzung von Round Robin mit Host-(A-)Einträgen und nicht mit Aliasen (CNAME) gearbeitet werden muss, da Aliase hierfür nicht unterstützt werden.

> **Hinweis**
>
> Wie immer beim Einsatz von Round Robin ist darauf zu achten, dass nicht oder nicht mehr verfügbare Systeme nach Möglichkeit nicht mehr unter dem entsprechenden Hostnamen im DNS eingetragen sind, da sonst immer noch Clients an sie verwiesen werden würden.
>
> In Bezug auf den Citrix-Client ist dies zwar nicht ganz so kritisch, da er bei einem gescheiterten Verbindungsversuch automatisch neu anfragen und dann einen anderen zurückgemeldet bekommen würde. Allerdings kosten diese Vorgänge viel Zeit beim Verbindungsaufbau, was den Benutzern durch aktuell gehaltene DNS-Einträge erspart werden könnte.

Die Server sind installiert, die Farm steht. Jetzt muss das Ganze mit Leben befüllt werden. Nun gilt es Anwendungen zu veröffentlichen, Clients zu verwalten und eine lauffähige Umgebung zu erstellen.

6 Konfiguration der Basiskomponenten

Nachdem die ersten Server installiert sind, sollen die Administratoren der Musterhandel GmbH nun in die Lage versetzt werden, die neue XenApp-Farm zu verwalten und die darin befindlichen Ressourcen den Benutzern zur Verfügung zu stellen. Zu diesem Zweck werden im Folgenden die Arbeit mit der Access Management Console und deren Möglichkeiten und Einstellungen aufgezeigt.

6.1 Ein Blick auf die Verwaltungswerkzeuge

Wie in Abschnitt 4.1.7, »Access Management Console/Erweitere XenApp-Konfiguration«, bereits theoretisch eingeführt, sind in der aktuellen XenApp-Version zwei Verwaltungswerkzeuge von Bedeutung, welche in den folgenden beiden Abschnitten erläutert werden sollen.

6.1.1 Einstellungen (mit) der Erweiterten XenApp-Konfiguration

Aus historischer Sicht der letzten Presentation-Server-Versionen ist die *Erweiterte XenApp-Konfiguration* jedem Citrix Administrator unter dem Namen *Presentation Server Console* als universelles Verwaltungswerkzeug bekannt, das für die Administration der XenApp-Farmen verwendet werden kann. Es handelt sich bei der Erweiterten XenApp-Konfiguration somit um den direkten Nachfolger der Citrix Management Console (CMC), die seit dem Metaframe XP in der Lage war, auf die Inhalte und Konfigurationen der Server-Farm zuzugreifen.

Da die Server untereinander sämtliche Daten über den IMA-Dienst austauschen, ist dieser Dienst auch genau der Ansatzpunkt für die Konsole auf die Farmdaten Zugriff zu nehmen. Um dem IMA-Dienst jedoch die Unterscheidung zu ermöglichen, ob ein anderer Server oder eine Administrationskonsole mit ihm kommunizieren möchte, nutzt die CMC nicht den Standard-IMA-Port 2512, sondern den Port 2513 über das TCP-Protokoll, wie die bekannte Abbildung 6.1 noch einmal zeigt.

> **Achtung**
>
> Es ist unbedingt zu beachten, dass die *Erweiterte XenApp-Konfiguration* nicht wie ein Server über TCP 2512 kommuniziert, sondern über TCP 2513. Insbesondere in gerouteten Umgebungen mit Portfiltern auf übertragenden Geräten kann bzw. wird es anderenfalls zu Problemen kommen.

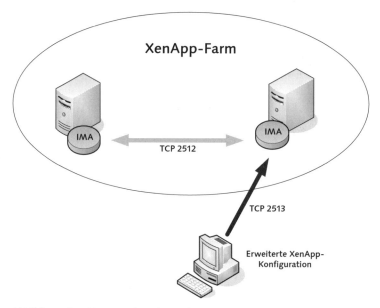

Abbildung 6.1 Kommunikation mit dem IMA-Dienst

Um jeweils die aktuellsten Daten einsehen zu können, sollte die Konsole bei der Anmeldung so eingestellt werden, dass sie eine Verbindung mit dem Datensammelpunkt der Farm aufbaut, da dieser in regelmäßigen Zeitabständen die Informationen der anderen Server zugesandt bekommt.

Um grundsätzlich flexibel in der Administration zu sein, ist die von Citrix empfohlene Strategie im Hinblick auf die Erweiterte XenApp-Konfiguration, diese nicht primär von einem Terminalserver aus zu nutzen, sondern von einem administrativen Arbeitsplatz, auf dem die Konsole lokal installiert wird. Für diese Empfehlung gibt es zwei Gründe, wobei der zweite indirekt mit dem ersten zusammenhängt:

- **Leistung/Performance**
  Die *Erweiterte XenApp-Konfiguration* ist (im Gegensatz zu der Access Management Console) kein Snap-In für die Microsoft Management Console (MMC), sondern eine allein stehende Anwendung, die auf Java basiert.

  Nun kann man an vielen Stellen viel Gutes über Java-Anwendungen erzählen, aber performant sind sie nicht. Die Flexibilität einer Java-Anwendung wird mit dem Preis des hohen Speicher- und CPU-Bedarfs erkauft, was insbesondere im Terminalserver-Umfeld doppelt negativ auffällt. Die CPU-Zeit und der zur Verfügung stehende Arbeitsspeicher sind auf einem Terminalserver das teuerste Gut, so dass hiermit besonders sparsam umgegangen werden sollte. Die Konsequenz aus dieser Überlegung ist die lokale Installation der Konsole auf einem PC und nicht auf einem Terminalserver.

Jetzt wird die Frage auftauchen, warum wir im vorangegangenen Kapitel die *Erweiterte XenApp-Konfiguration* auf dem ersten Terminalserver mitinstalliert haben. Die Antwort ist einfach – weil es sich in der Praxis bewährt hat, nicht allen Hersteller-Empfehlungen eins zu eins zu folgen. Es hat durchaus auch einige Vorteile, die Konsole auf einem oder wenigen Terminalservern bereitzustellen, um eben nicht nur von einem Administrations-PC, sondern vielleicht auch mal vor Ort bei einem Benutzer eine Einstellung anpassen zu können.

Denn eine Sache ist auch klar – Leistung zieht auch die Konsole nur dann, wenn sie gestartet ist. Solange sie für Ausnahmefälle auf den Terminalservern bereitgestellt wird und das geregelte Tagesgeschäft über einen separaten PC erledigt wird, nutzt man die Vorteile aus beiden Welten. Mit diesen Ideen und den sich daraus ergebenden Möglichkeiten befasst sich auch Abschnitt 8.4, »Erstellung einer Remote-Admin-Station«.

- **Update-Flexibilität**
Nachdem die Konsole im vorherigen Punkt auf Grund ihrer Java-Basis sehr hat einstecken müssen, muss an dieser Stelle auch ein guter Punkt an dieser Technik genannt werden. Die Leistungsfähigkeit der Erweiterten XenApp-Konfiguration lässt sich mitunter durch eine aktuellere Version der Java Runtime deutlich steigern. Da die Anwendung mittlerweile in der Lage ist, jeweils die aktuellste installierte Version der Runtime zu nutzen, kann die Bedienbarkeit in Bezug auf Geschwindigkeit extrem verbessert werden.

Nun aber wieder der Haken: Leider arbeiten nicht alle Anwendungen mit allen Java-Versionen zusammen, was wiederum die Einsatzfreude auf einem Terminalserver schmälert. Jegliche Aktualisierung der Konsole (nicht nur im Hinblick auf Java) ist ein gravierender Eingriff in die Stabilität des Terminalservers, der ausführlicher Vorbereitung und gründlicher Tests im Nachhinein bedarf. Um der Gefahr aus dem Weg zu gehen, mit einer administrativen Anwendung produktive Systeme zu beeinträchtigen, sollte dies nicht auf dem Terminalserver geschehen.

Aber was bedeutet dieser Punkt jetzt für dieses Verwaltungswerkzeug, das vielleicht für den Notfall auf einem der Server installiert wurde? Es bedeutet, dass an dieser Instanz nicht unnötig »herumgespielt« werden sollte. Natürlich können auch hierfür Updates oder Aktualisierungen installiert werden, aber für diese müssen dann auch die entsprechenden Prozesse im Hinblick auf Vorbereitung, Test, Nacharbeiten etc. eingehalten werden, wie auch bei jedem anderen Hotfix, das installiert werden soll.

Sobald die *Erweiterte XenApp-Konfiguration* geöffnet ist, ist an den Eigenschaften der Anwendung selbst nur relativ wenig zu konfigurieren. Die einzigen Einstellungen, die getätigt werden können, erreicht man über die Menüleiste unter ANSICHT • PRÄFERENZEN, wie in Abbildung 6.2 dargestellt.

Abbildung 6.2 Anzeige der Eigenschaften

Im daraufhin erscheinenden Konfigurationsfenster können die Einstellungen für die bevorzugten Anmeldemethoden vorgenommen werden. Diese steuern den Dialog beim Start der Presentation Server Console. So kann an dieser Stelle beispielsweise vorgegeben werden, zu welchem Server eine Verbindung aufgebaut werden soll (Datensammelpunkt!) und ob hierfür die Passthrough-Authentifizierung genutzt werden soll.

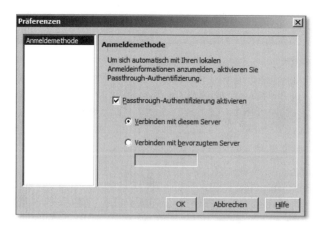

Abbildung 6.3 Konfiguration der Anmeldemethode

Ein Blick auf die Verwaltungswerkzeuge | 6.1

> **Hinweis**
>
> An dieser Stelle könnte auch eine, beispielsweise beim ersten Start der Verwaltungskonsole aktivierte Passthrough-Authentifizierung wieder deaktiviert werden.

Bis zum Presentation Server 4.5 befand sich an dieser Stelle auch die Konfiguration der automatischen Aktualisierung von Ansichten, wie etwa Benutzersitzungen oder geöffnete Anwendungen. Dieser Konfigurationspunkt ist mit der Version 4.5 entfallen, da in der Konsole keine Benutzersitzungen mehr angezeigt und verwaltet werden können. Diese Funktion ist in die AMC »abgewandert«.

Wie schon gesagt: Die Access Management Console (AMC) schickt sich an, die zentrale Verwaltungskonsole für alle Produkte des Delivery Centers und somit auch der XenApp-Familie zu werden. Bei dieser Strategie ist es nur konsequent die Verwaltungsfunktionalitäten aus den alten, produktspezifischen Konsolen zu entfernen.

Nachdem die (wahrlich überschaubaren) Einstellungen der Erweiterten XenApp-Konfiguration entsprechend den Bedürfnissen des Administrators angepasst wurden, kann man sich den Einstellungsmöglichkeiten in der Farm widmen. Grundsätzlich kann man an dieser Stelle feststellen, dass die Konsole auf den ersten Blick noch recht gut gefüllt aussieht. So finden sich in der Navigation auf der linken Seite noch bekannte Konfigurationspunkte, wie etwa die *Richtlinien*, die *Druckerverwaltung* und die *Lastenauswertung*. Auch finden sich nach wie vor die Konfigurationspunkte für die *Anwendungen* und die *Server*.

> **Hinweis**
>
> Wie zu erwarten war, sind in der Version 5.0 auch der Installation Manager und der Resource Manager aus dieser Konsole verschwunden. Die Funktionen gibt es zwar noch, sie werden nun aber über andere Werkzeuge adressiert und verwaltet.

Abbildung 6.4 Konfigurationspunkte der erweiterten XenApp-Konfiguration

Administratoren der älteren XenApp/Presentation-Server-Versionen wird an dieser Stelle zunächst ein Stein vom Herzen fallen. Wahrscheinlich haben sie schon an diversen Stellen gehört, dass es ein neues Verwaltungswerkzeug gibt und dass alles ganz anders aussieht. Das scheint jetzt ja nicht der Fall zu sein.

Falsch! Sobald man einen Blick in einen der Konfigurationspunkte oder die Eigenschaften eines Objektes wirft, wird man mit sehr hoher Wahrscheinlichkeit eine Meldung der in Abbildung 6.5 dargestellten Art bekommen.

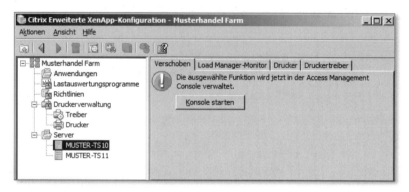

Abbildung 6.5 Die Funktion ist verschoben

Spätestens ab diesem Zeitpunkt ist klar, wohin der Trend geht und wie weit er bereits fortgeschritten ist.

6.1.2 Die Access Management Console

Seit dem XenApp/Presentation Server 4.5 handelt es sich bei der *Access Management Console aus Sicht der Farm-Verwaltung um den quasi-Nachfolger der Presentation Server Console und somit* um das zentrale Verwaltungswerkzeug einer XenApp-Farm. Zwar existierte die Presentation Server Console nach wie vor in Form der *Erweiterten XenApp-Konfiguration*, jedoch sind viele ihrer bisherigen Aufgaben in die Access Management Console gewandert, was auf Grund der logischen und produkttechnischen Entwicklung auch notwendig ist. Somit ist ab dieser Produktversion die Access Management Console die zentrale Schnittstelle zur Welt des XenApp.

Im Gegensatz zur Erweiterten XenApp-Konfiguration handelt es sich bei der Access Management Console nicht um eine scherfällige, Java-basierte Anwendung, sondern um ein Snap-In für die Microsoft Management Console, das analog zu den Verwaltungskomponenten des Windows-Servers auf beliebige administrative Arbeitsplätze verteilt werden kann.

Wie in Abschnitt 4.1.7, »Access Management Console/Erweiterte XenApp-Konfiguration«, bereits beschrieben, ist die AMC über DCOM in der Lage, sich auf eine XenApp-Umgebung zu verbinden und diese in einem ersten Schritt auslesen zu können. Dieser Vorgang, der *Discovery*, dient dazu, die Systeme und Einstellungen der Farm einzulesen und anschließend bearbeiten zu können.

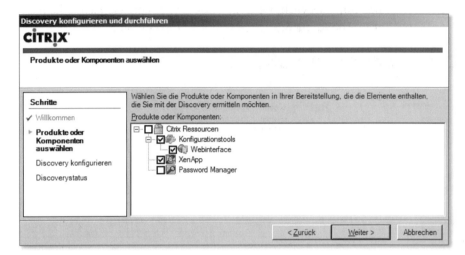

Abbildung 6.6 Auswählen der Produkte für den Discovery

Wenn die AMC das erste Mal gestartet wird, startet automatisch der Assistent für das Konfigurieren und Durchführen des Discovery. Nach einem kurzen Willkommensbildschirm können die zu *discovernden* Produkte ausgewählt werden, wie in Abbildung 6.6 dargestellt.

> **Tipp**
>
> Sollte der Assistent nicht automatisch starten, so kann er auch manuell über einen Rechtsklick auf *Citrix Ressourcen* mit dem Menüpunkt DISCOVERY KONFIGURIEREN UND DURCHFÜHREN gestartet werden.

Sofern ein Webinterface auf dem Server zur Verfügung steht und die entsprechende Option in der Produktauswahl aktiviert wurde, erscheint der in Abbildung 6.7 gezeigte Dialog, bei dem ausgewählt werden kann, ob das Webinterface über die Farm (Konfigurationsdienst) oder über eine lokale Konfigurationsdatei verwaltet wird.

Für den Discovery der XenApp-Farm müssen ebenfalls entsprechende Server angegeben werden.

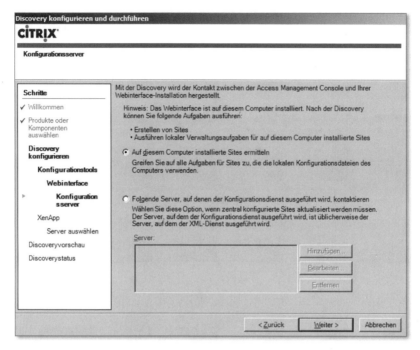

Abbildung 6.7 Konfiguration des Webinterface

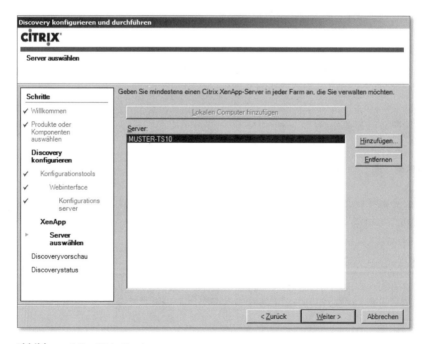

Abbildung 6.8 Citrix XenApp

Im Regelfall sollte es an dieser Stelle ausreichend sein, über die Schaltfläche LOKALEN COMPUTER HINZUFÜGEN eine Verbindung mit dem lokalen System herzustellen sofern die AMC auf einem XenApp-Server ausgeführt wird. Nach einer kurzen Zusammenfassung und dem eigentlichen Discovery steht die Access Management Console zur Verfügung und die Systeme können hierüber verwaltet werden.

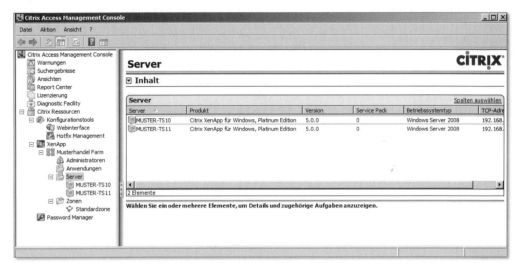

Abbildung 6.9   Die geöffnete AMC nach dem Discovery

6.2 Bereitstellung von Ressourcen

Der erste und mit Sicherheit auch einer der interessantesten Verwaltungspunkte in einer XenApp-Farm ist die Veröffentlichung von Anwendungen und Ressourcen.

6.2.1 Die Philosophie des Veröffentlichens von Ressourcen

Doch was ist die Idee hinter dem Begriff des *Veröffentlichens*? Versucht man diese Technik einmal nicht aus einer technischen oder vertrieblichen Definition, sondern aus einer Anforderung heraus zu verstehen, wird es einem sehr schnell einleuchten. Zu diesem Zweck sollte man sich noch einmal die Abschnitte über die Windows-Terminaldienste vor Augen führen.

Im Prinzip galten für die Einführung der Technologie des *Veröffentlichens* die gleichen Faktoren wie beim Windows Server 2008 in Bezug auf die Einführung der *RemoteApp*-Funktionalität – nur das Citrix dies schon seit über zehn Jahren in seine Produkte eingebunden hat.

Wie war es denn vorher, also bis einschließlich Windows 2003? Sehr viele Punkte hatten auch bis dahin schon für eine zentrale Anwendungsbereitstellung über Terminaldienste gesprochen, jedoch war im laufenden Betrieb aufgefallen, dass neben diesen »harten« Faktoren, wie Kostenreduktion durch einfacheres und schnelleres Roll-out von Anwendungen und die bessere Leistung bei der Arbeit über langsame Anbindungen, auch einige »weiche« Faktoren auftauchten.

So kam beispielsweise der Punkt zu Tage, dass das *Handling von RDP-Sitzungen* nicht sonderlich praktikabel war. Die Benutzer hatten bei den für sie über RDP-Dateien bereitgestellten Anwendungen Probleme damit, zwischen den Anwendungen zu wechseln, da immer ein ganzes Fenster mit leerem Desktop geöffnet wurde, sobald eine Sitzung über eine der RDP-Dateien gestartet wurde.

Auf der anderen Seite war es aber auch für die Administratoren nicht einfach, die RDP-Dateien zu erstellen und diese an die Benutzer zu verteilen. In den Anfängen war ihnen das vielleicht nicht einmal bewusst, da es sich ja bereits um eine deutliche Verbesserung gegenüber lokalen Anwendungsinstallationen handelte. Aber je mehr man damit arbeitete, umso mehr fiel die ganz große Schwäche dieser Lösung auf – obwohl die Terminalserver eine zentralisierte Lösung waren, war die Vorgehensweise der RDP-Dateien eine dezentrale Lösung. Denn wenn die Dateien erst erstellt und auf den Desktop kopiert waren, entzogen sie sich weitestgehend der Verwaltung der Administratoren. Doch wie würde hierfür eine ideale Lösung aussehen?

Ein Frage, die auch mit Windows Server 2008 noch nicht umfassend geklärt ist. So ist etwa die Verteilung der RemoteApp-Pakete ohne den Einsatz des *Terminaldienste-Webzugriffs* nach wie vor auf Skripting, Gruppenrichtlinien oder Drittanbieter-Werkzeuge für die Verteilung angewiesen.

Es müsste sowohl für die Benutzer als auch für die Administratoren leicht zu bedienen sein. Für die Benutzer sollte also tatsächlich *nur* die Anwendung in einer Sitzung geöffnet werden und kein zusätzlicher leerer Desktop. Für die Administratoren müsste die Zuweisung dieser Anwendungen oder Ressourcen an die Benutzer dauerhaft zentral gesteuert sein. Im optimalen Fall sogar so, dass sich der Client bei jeder Anmeldung mit einer zentralen Instanz abgleicht und hierüber stets die aktuellsten Informationen bezieht. Und da aller guten Wünsche drei sind, müsste es zusätzlich auch möglich sein, andere Inhalte, wie etwa eine Verknüpfung auf eine Internetseite oder eine Freigabe, über diese eine Lösung an die Benutzer zu verteilen.

Und genau das ist die Idee hinter der Veröffentlichung von Anwendungen und Ressourcen. Die in der Farm für den Benutzer konfigurierten und bereitgestellten Anwendungen werden von der Clientsoftware des Endgerätes angefragt und dem Benutzer angeboten.

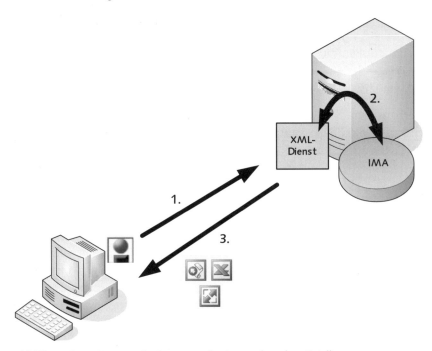

Abbildung 6.10   Kommunikationswege der Anwendungsbereitstellung

Folgende in Abbildung 6.10 dargestellte Schritte werden dabei durchlaufen:

- **Schritt 1**
  Der Client auf dem Endgerät übernimmt die Anmeldeinformationen des Benutzers und kontaktiert mit diesen den XML-Dienst auf einem der XenApp-Server. Dieser Vorgang wird bei jedem Start der Clientsoftware, bei jedem Verbindungsaufbau und in konfigurierbaren Zeitintervallen ausgeführt, damit Änderungen, die beispielsweise von einem Administrator durchgeführt wurden, schnellstmöglich an den Cient weitergegeben werden.

- **Schritt 2**
  Der XML-Dienst tritt mit dem Datenspeicher in Verbindung und prüft, ob für die übergebenen Anmeldeinformationen Anwendungen oder sonstige Ressourcen veröffentlicht sind.

  Sofern dies der Fall ist, wird die genaue Konfiguration der bereitzustellenden Ressourcen ermittelt.

▶ **Schritt 3**

Der XML-Dienst liefert anschließend die für den Client verfügbaren Anwendungen an diesen zurück. Sofern neue hinzugekommen sind, werden diese entsprechend ihrer Konfiguration dargestellt. Sollten Bereitstellungen entfernt worden oder deren Einstellungen geändert worden sein, so werden auch diese Änderungen an den Client übermittelt.

Insbesondere die Funktionen der benutzerbezogenen Zuweisung und die dynamische Übergabe der Einstellungen an den jeweiligen Client stellen hierbei große Vorteile gegenüber anderen Lösungen dar.

Darüber hinaus kann der XenApp 5.0 einen weiteren Mehrwert bieten – die veröffentlichten Anwendungen müssen nicht nur von einem Terminalserver gestartet werden, sondern können über das Anwendungsstreaming auch auf das Endgerät übertragen werden, um dort lokal ausgeführt werden zu können.

6.2.2 Veröffentlichen von Terminalserver-Anwendungen

Um eine neue Anwendung zu veröffentlichen, muss der entsprechende Assistent in der Access Management Console gestartet werden. Dies geschieht über einen Rechtsklick auf den Verwaltungsbereich ANWENDUNGEN. Im Gegensatz zu den aus Microsoft-Konsolen gewohnten Möglichkeiten, irgendwo im freien Bereich der Inhaltsanzeigen einen Rechtsklick mit allen Optionen machen zu können, kann dies in der Access Management Console nur auf dem jeweiligen Konfigurationspunkt erfolgen. Daran muss man sich zu Beginn erst etwas gewöhnen.

Name und Beschreibung

Im darauf folgenden Dialogschritt können grundsätzliche Informationen zu der Anwendung, wie etwa der Name und eine Beschreibung, angegeben werden. Natürlich können in diesen Feldern beliebige Texte eingetragen werden, jedoch ist es sehr empfehlenswert, hier zumindest den tatsächlichen Namen der Anwendung zu verwenden.

Der Hintergrund hierfür ist der höhere Komfort und vereinfachte Einstieg für die Benutzer. Stellt man sich vor, dass die lokalen Anwendungen deinstalliert und durch eine XenApp-Lösung ersetzt werden, wird es bei vielen Benutzern zu großen Verwirrungen kommen. In extremen Fällen soll es in der Praxis schon vorgekommen sein, dass ein Anwender eine Anwendung nicht mehr starten konnte, weil das Symbol der Anwendung auf seinem Desktop nicht mehr in der zweiten Reihe an der dritten, sondern nun an die fünfte Stelle verschoben war. Wie soll ein solcher Anwender reagieren, wenn die Anwendung nun nicht mehr *Microsoft Excel*, sondern nur noch *Excel* heißt?

Abbildung 6.11 Anwendung veröffentlichen

Natürlich ist auch dieses »Anwendungsbeispiel« etwas überspitzt (wenn auch tatsächlich so geschehen). Auf jeden Fall erleichtert man sich als Administrator das Leben, wenn man die Veränderung für die Benutzer an dieser Stelle so gering wie möglich hält.

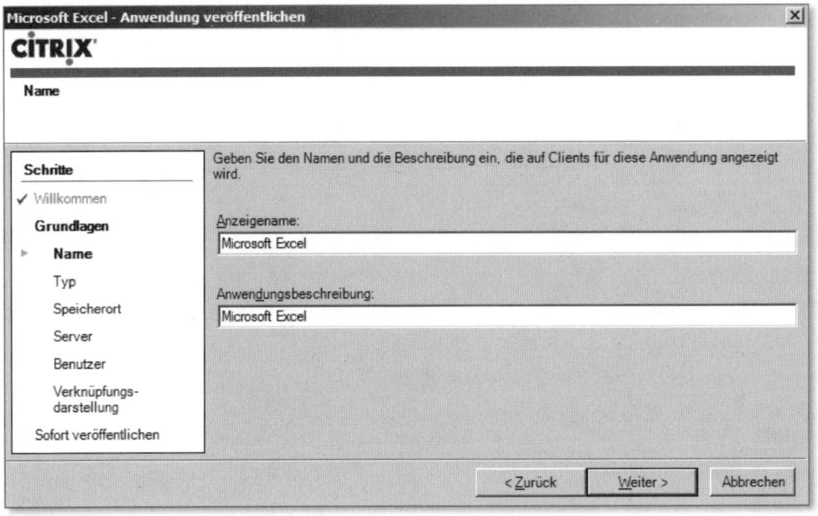

Abbildung 6.12 Name und Beschreibung

6 | Konfiguration der Basiskomponenten

Art der zu veröffentlichenden Ressource

Anschließend folgt die Auswahl der Art der veröffentlichten Ressource. Grundsätzlich stehen an dieser Stelle drei Optionen zur Auswahl des Anwendungstyps zur Verfügung.

- **Serverdesktop**
  Das Bereitstellen eines kompletten Desktops für den Benutzer. Etwa vergleichbar mit einer Windows-Terminalsitzung über den Remotedesktopclient.

> **Info**
>
> Eine kleine Zusatzinformation *über den Tellerrand*: Diese Art der Bereitstellung von kompletten Desktops stellt die am höchsten standardisierte und somit auch kostengünstigste Variante einer Desktopveröffentlichung dar. Leider ist diese Kostenersparnis »erkauft« mit einer entsprechend hohen Inflexibilität was etwa die Berechtigungen der Benutzer auf einen solchen Desktop angeht. Genau aus diesem Grund steht seit Mitte 2008 mit dem Produkt XenDesktop eine Lösung zur Verfügung, mit der Benutzern ein kompletter Windows-XP- oder Vista-Desktop über ICA zur Verfügung gestellt werden kann. Bei dieser Variante kann Benutzern die Möglichkeit gegeben werden, auf ihren Desktops alles tun können und trotzdem nicht auf die Mehrwerte des ICA-Protokolls verzichten zu müssen.

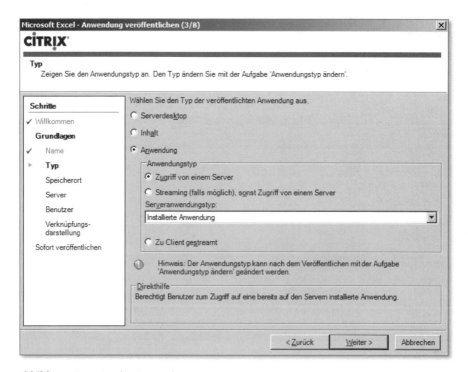

Abbildung 6.13   Art der Anwendung

- **Inhalt**
  Das Bereitstellen einer Verknüpfung auf einen Inhalt, wie beispielsweise eine Internetseite oder eine Freigabe.

- **Anwendung**
  Das exklusive Bereitstellen einer einzelnen Anwendung ohne Desktop, um dem Anwender die Tatsache einer Terminalsitzung für den Anwendungszugriff weitestgehend transparent darzustellen. Alternativ auch Streaming der Anwendung.

In Bezug auf die Veröffentlichung des Typs *Anwendung* können wiederum drei Varianten unterschieden werden:

- **Zugriff von einem Server**
  Bei dieser Variante handelt es sich um das altbekannte Veröffentlichen einer Anwendung von einem Terminalserver. Der Benutzer baut beim Start der Anwendung eine Verbindung zu einem Terminalserver auf, kreiert dort eine Sitzung und startet die Anwendung innerhalb dieser Sitzung.

- **Zu Client gestreamt**
  Sofern die Anwendung als virtualisiertes Paket vorliegt, kann sie auf den Client gestreamt und dort in einer gekapselten Umgebung ausgeführt werden. Bei dieser Option findet kein Zugriff auf einen Terminalserver zum Zweck der zentralen Ausführung von Anwendungen statt.

- **Streaming (falls möglich), sonst Zugriff von einem Server**
  Bei dieser Option wird zunächst geprüft, ob die Anwendung auf das Endgerät gestreamt und dort ausgeführt werden könnte. Falls ja, wird dieser Vorgang entsprechend ausgelöst. Falls ein Streaming auf das Endgerät nicht möglich sein sollte, wird eine Verbindung mit einem Terminalserver hergestellt.

Befehlszeile der Anwendung

Sofern an dieser Stelle bei der Auswahl des Anwendungstyps ANWENDUNG mit dem ZUGRIFF VON EINEM SERVER ausgewählt wird, müssen in den folgenden Feldern die Befehlszeile der Anwendung und ihr Arbeitsverzeichnis angegeben werden.

> **Hinweis**
> Die Option ANWENDUNG ISOLIEREN steht an dieser Stelle seit dem XenApp 5.0 nicht mehr zur Verfügung, da die Application Isolation Environments nun komplett im Anwendungsstreaming aufgegangen sind. In Abschnitt 6.2.8, »Application Isolation Environments«, gibt es aber nochmal einen Überblick über diese Technologie, da sie die Basis für das Streaming stellt.

Um die Befehlszeile und das Arbeitsverzeichnis einer Anwendung an dieser Stelle anzugeben, können die Informationen sowohl direkt eingetragen werden als auch kann über DURCHSUCHEN danach gesucht werden. Sollte die Suche gewählt werden, werden im entsprechenden Assistenten die in der Farm befindlichen Server angezeigt. Durch die Auswahl eines Servers werden seine Laufwerke angezeigt, so dass in den Pfad der Anwendung navigiert werden kann. Nach der Auswahl der Anwendung werden diese Informationen automatisch in den Assistenten für die Veröffentlichung von Anwendungen übergeben, wie in Abbildung 6.14 dargestellt.

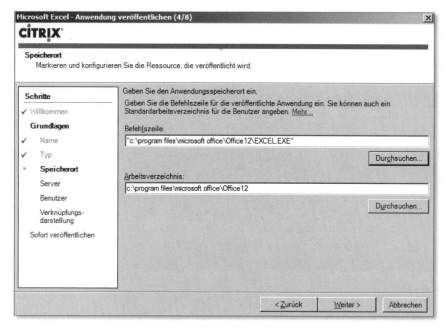

Abbildung 6.14 Pfad und Arbeitsverzeichnis der Anwendung

> **Hinweis**
> Genau wie bei normalen Windows-Desktop-Verknüpfungen kann es bei einigen Anwendungen notwendig sein, einen anderen als den angeboten Pfad des *Arbeitsverzeichnisses* zu wählen. Ein Weg, der sich hierbei in der Praxis sehr bewährt hat, ist die Übertragung der Informationen aus beispielsweise der Anwendungsverknüpfung im Startmenü in die veröffentlichte Anwendung.

Server festlegen

Da in einer Server-Farm viele Server eingesetzt werden können, die womöglich nicht alle identisch konfiguriert sind, muss eine veröffentlichte Anwendung nicht auf allen Servern bereitgestellt werden.

Es besteht die Möglichkeit, für jede Anwendung zu definieren, auf welchen Servern sie installiert ist und wie sie dementsprechend genutzt werden kann. Diese Konfiguration geschieht durch einfaches HINZUFÜGEN von Serverobjekten zu der Liste der *konfigurierten Server*.

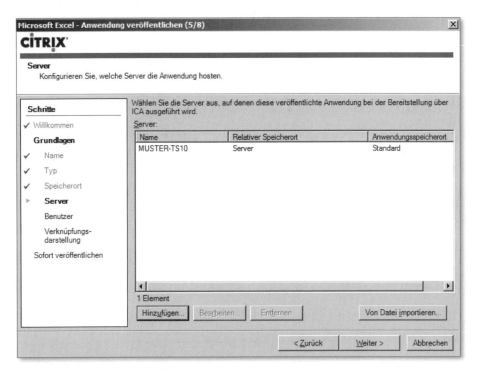

Abbildung 6.15 Auswahl der bereitstellenden Server

Wichtig an dieser Stelle ist natürlich die Frage, ob die Software auf allen konfigurierten Systemen auf die gleiche Art oder wenigstens in den gleichen Verzeichnissen installiert sein muss. Dies ist nicht der Fall. Sobald ein Server in der Liste der konfigurierten Server angeklickt wird, kann über die Schaltfläche BEARBEITEN für diesen Server individuell angegeben werden, wo sich die Anwendung befindet und in welchem Arbeitsverzeichnis sie ausgeführt werden soll.

> **Hinweis**
>
> Auf der anderen Seite sollten die Systeme so installiert werden, dass von dieser Option nur selten Gebrauch gemacht werden muss, da sonst die Gefahr gegeben ist, irgendwann den Überblick zu verlieren.

6 | Konfiguration der Basiskomponenten

Benutzer festlegen

Neben der Auswahl der Server, die für die Anwendung genutzt werden sollen, ist ein weiterer wesentlicher Punkt die Auswahl der Benutzer, für die die Anwendung veröffentlicht werden soll. Um die Auswahl der entsprechenden Benutzer oder Gruppen vornehmen zu können, bietet das nächste Fenster eine Auswahlbox, in der die zur Verfügung stehenden Anmeldeinstanzen zur Auswahl stehen.

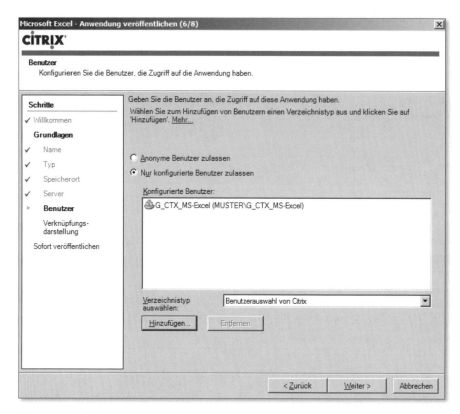

Abbildung 6.16 Benutzer auswählen

Dort findet sich in jedem Fall die lokale Benutzerdatenbank (SAM) des Terminalservers. Sofern der Terminalserver ein Mitglied einer Windows-Domäne ist, erscheint ebenfalls diese Domäne und eventuelle vertraute Domänen. Sollte aber nicht das Active Directory als (einziger) zentraler Verzeichnisdienst eingesetzt werden, könnte hier ebenfalls eine Novell-NDS- oder eDirectory-Struktur zur Auswahl stehen (nicht bei XenApp 5.0 auf Windows Server 2008).

Um nicht den Fehler zu begehen, eine unübersichtliche oder schwer zu dokumentierende Struktur zu schaffen, sollte man an dieser Stelle wieder in das Active

Directory springen, um dort eine Gruppe für die Anwendungszuweisung von *Microsoft Excel* zu erstellen.

> **Hinweis**
>
> Wie schon bei der Erstellung der Gruppen für die Administratoren in Kapitel 5, »Installation der Komponenten«, sollte man an dieser Stelle prüfen, welcher Gruppenbereich für diese Gruppe genutzt werden kann. Die flexibelsten Einsatzmöglichkeiten in jeder Domänen-Umgebung haben auch in diesem Fall wieder globale Gruppen, so dass sie auch hier genutzt werden. Sofern die Anforderungen an das Active Directory erfüllt sind, können natürlich ebenso domänenlokale Gruppen eingesetzt werden.

Bei der Benennung der Gruppe(n) sollte ebenfalls wieder auf einen aussagekräftigen Namen geachtet werden, um die Dokumentation zu erleichtern, wie etwa in Abbildung 6.16 dargestellt.

Verknüpfungsdarstellung

Der nächste Dialogschritt befasst sich mit der Darstellung der veröffentlichten Anwendung im Citrix-Client, oder besser gesagt mit der Darstellung der Verknüpfung im Citrix-Client.

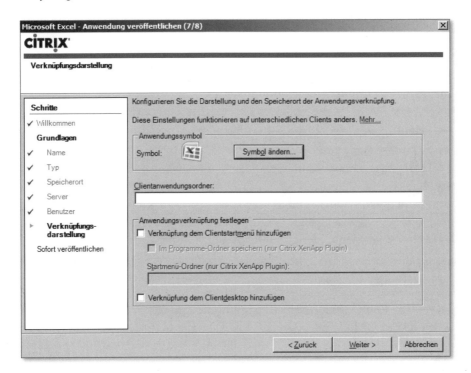

Abbildung 6.17 Verknüpfungsdarstellung

An dieser Stelle können vier Einstellungen vorgenommen werden.

- **Clientanwendungsordner**
  In dieses Feld kann als Freitext ein Ordnername eingetragen werden, in dem im Client die Anwendungsverknüpfung angezeigt werden soll. Dies könnte beispielsweise der Begriff *Microsoft Office* sein, was dazu führen würde, dass in der Program Neighborhood ein Ordner *Microsoft Office* angezeigt würde, der *Microsoft Excel* enthält.

> **Hinweis**
>
> Dies ist die einzige Möglichkeit, die Verknüpfungen, die im Client angezeigt werden, weiter zu untergliedern. Zwar besteht auch in der CMC unter dem Punkt *Anwendungen* die Möglichkeit, Ordner anzulegen, diese dienen jedoch ausschließlich der Übersicht in der AMC und der Berechtigungsvergabe.

- **Verknüpfungen dem Clientstartmenü hinzufügen**
  Über die Option *Verknüpfungen dem Client-Sstartmenü hinzufügen* besteht die Möglichkeit, die Anwendungen nicht nur innerhalb der Client-Anwendung zu finden, sondern auch direkt im Startmenü in einem Ordner, der den Namen der Farm trägt. Sofern das *XenApp Plugin* (Program Neighborhood Agent) genutzt wird, können die Anwendungen auch direkt in die Originalstrukturen des Startmenüs eingeblendet werden.

- **Verknüpfungen dem Clientdesktop hinzufügen**
  Diese Option verhält sich analog zur Erstellung von Verknüpfungen im Startmenü. Bei der Auswahl dieser Option wird für die veröffentlichte Anwendung direkt eine Verknüpfung auf dem Desktop des Benutzers angelegt, über die der Benutzer die Anwendung starten kann.

- **Auswahl des Anwendungssymbols**
  Die Auswahl des Anwendungssymbols stellt sich analog zur Konfiguration des Symbols einer Windows-Verknüpfung dar. Im Standard wird das in der Anwendung hinterlegte Symbol verwendet. Sollte dies aus einem bestimmten Grund nicht erwünscht sein, könnte über einen entsprechenden Assistenten ein alternatives Symbol ausgewählt werden.

In diesem Schritt wird keine dieser Optionen aktiviert, um zunächst das Verhalten mit dem Einsatz des Program Neighborhood Client zu betrachten.

Nach diesem Konfigurationsschritt besteht die Möglichkeit, die Anwendung sofort zu veröffentlichen oder weitere Einstellungen in ihr vorzunehmen.

Bereitstellung von Ressourcen | **6.2**

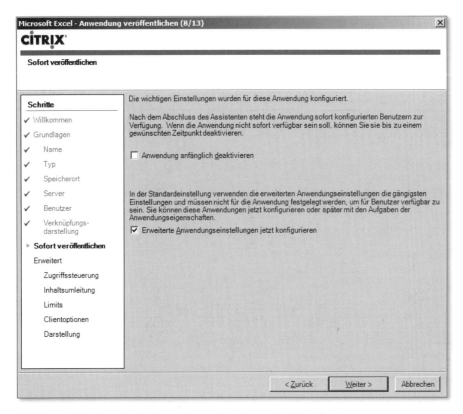

Abbildung 6.18 Erweiterte Anwendungseinstellungen jetzt konfigurieren

Im Regelfall bietet es sich an, an dieser Stelle direkt die erweiterten Anwendungseinstellungen zu konfigurieren.

Zugriffssteuerung konfigurieren

Sofern im Netzwerk eine *Access Gateway Advanced Edition* beziehungsweise *Enterprise Edition* im Einsatz ist, die für den Zugriff auf die XenApp-Umgebung genutzt wird, kann im folgenden Schritt definiert werden, für welche gefilterten Verbindungen ein Zugriff erlaubt werden soll.

Hierdurch könnte es sich beispielsweise realisieren lassen, dass das unternehmenskritische Warenwirtschaftssystem nur aus dem Unternehmensnetzwerk heraus geöffnet werden kann, während die Office-Anwendungen auch aus einem Internet-Cafe heraus genutzt werden können.

Weitere Informationen über die Möglichkeiten und die Konfiguration des Access Gateway finden sich in Abschnitt 7.8, »Access Gateway«.

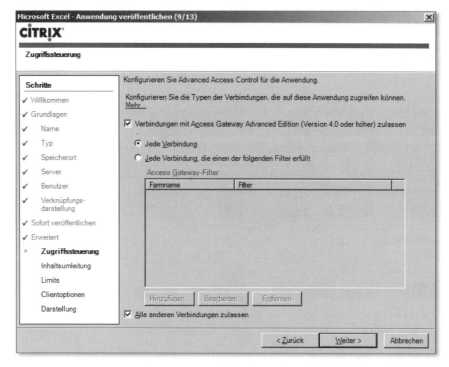

Abbildung 6.19 Zugriffssteuerung

Inhaltsumleitung konfigurieren

Im nächsten Schritt können die von der Anwendung unterstützten Dateitypen aktiviert werden, die an die Clients veröffentlicht werden sollen.

Über die Zuordnung von Dateitypen zu einer veröffentlichten Anwendung lässt sich der Komfort für den Benutzer noch einmal deutlich erhöhen. Man kann sich diese Technik in etwa vorstellen wie die Zuordnung von Dateitypen zu lokal installierten Anwendungen. Ein kleines Beispiel: Auf einem System ist Microsoft Excel installiert. Bei der Installation der Anwendung wurden in der Registry des Clients Einstellungen getroffen, die XLS-Dateien mit der EXCEL.EXE verbinden. Dies hat zur Folge, dass in dem Moment, in dem ein Benutzer einen Doppelklick auf eine Excel-Datei durchführt, automatisch Microsoft Excel gestartet wird und die entsprechende Datei öffnet.

Identisch verhält es sich mit der Zuordnung von Dateitypen zu einer veröffentlichten Anwendung. Der XenApp-Client auf dem Endgerät empfängt die Informationen über die bekannten Dateitypen und registriert diese in der Registry des PCs. Wenn nun in dieser Situation der Benutzer einen Doppelklick auf einen bekannten Dateityp macht, wird die entsprechende veröffentlichte Anwendung vom Terminalserver gestartet und die Datei zu der Anwendung in die Sitzung übertragen, um in ihr angezeigt werden zu können.

Diese Funktion, die leider nicht in allen Editionen des XenApp enthalten ist, bietet somit die lückenlose Möglichkeit, auf lokal installierte Software weitestgehend zu verzichten. Anwendungen, wie zum Beispiel ein Acrobat Reader, die niemand aktiv benötigt, müssten somit nicht mehr präventiv auf alle Endgeräte ausgerollt werden. Um für den Fall, dass ein Benutzer ein entsprechendes Dokument öffnen will, gewappnet zu sein, könnten zentral auf einem Terminalserver die entsprechenden Anwendungen liegen, um nur bei Bedarf genutzt zu werden.

> **Hinweis**
>
> Damit die Funktion der Dateitypzuordnung, also der Datenübertragung vom Client in die Sitzung, funktioniert, müssen die lokalen Laufwerke des Clients in die Sitzungen eingebunden sein.

Anwendungslimits festlegen

Nach der Konfiguration der Inhaltsumleitung werden Anwendungslimits wie CPU- und Instanzen-Einstellungen für die Anwendung definiert. Wie in Abbildung 6.20 gezeigt, besteht hier beispielsweise die Möglichkeit, die Anzahl der zu startenden Instanzen der Anwendung in der Server-Farm zu beschränken.

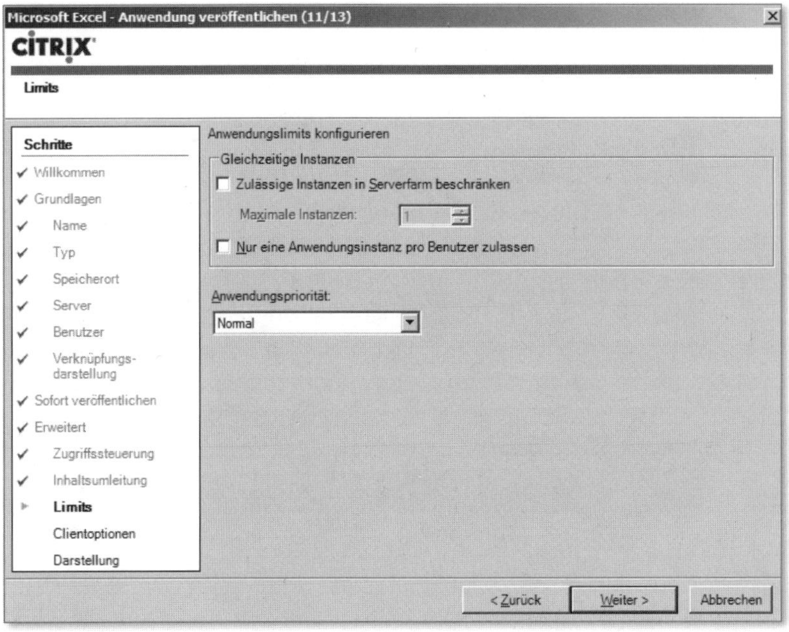

Abbildung 6.20 Anwendungslimits konfigurieren

Ein Anwendungsfall hierfür könnte zum Beispiel in einer Anwendung zu finden sein, für die nur Lizenzen für fünf gleichzeitige Benutzer erworben wurden. Über die Einstellung der maximal zulässigen Instanzen der Anwendungen könnte realisiert werden, dass tatsächlich nur fünf Benutzer diese Anwendung gleichzeitig nutzen können. Ein möglicher sechster Benutzer würde eine Fehlermeldung bekommen, dass die maximale Anzahl der Instanzen erreicht ist und er es später erneut versuchen solle. Die Einstellungen der CPU-Prioritäten sollen eine Möglichkeit schaffen, kritische Anwendungen vorrangig mit Serverressourcen zu versorgen.

> **Achtung**
> Diese Einstellung ist mit großer Vorsicht zu verwenden, da sie dazu führen kann, dass eine Anwendung mit der Priorität *Hoch* allen anderen Anwendungen die Ressourcen entzieht und es somit zu einem Stillstand aller anderen Anwendungen kommen könnte.

Clientoptionen festlegen

Bei der Festlegung der Clientoptionen können die Einstellungen vorgenommen werden, die sich auf die Client-Funktionalitäten der Sitzung beziehen.

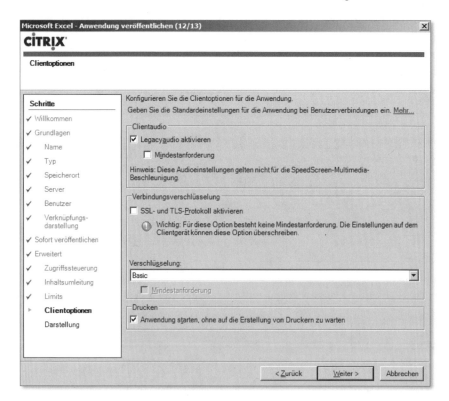

Abbildung 6.21 Clientoptionen für Anwendung festlegen

- **Legacyaudio aktivieren**
  Um diese Option zu verstehen, muss zunächst eine andere Technik kurz eingeführt werden. Die Speedscreen-Multimediabeschleunigung ist eine Funktionalität, die es erlaubt, Audio- und Video-Inhalte nicht auf dem Server verarbeiten zu lassen, sondern die Daten komprimiert an den Client zu übertragen, der diese dann beispielsweise automatisch mit den Komponenten des Windows Mediaplayers in der Sitzung darstellt. Da dies nur mit dem XenApp-Client für Win32 möglich ist, muss eine Alternative für andere Clients geschaffen werden.
  Die Option *Legacyaudio aktivieren* ermöglicht Clients die Nutzung von Audio in der Sitzung, auch wenn Speedscreen-Multimediabeschleunigung nicht verwendet wird.

- **SSL- und TLS-Verschlüsselung aktivieren**
  Grundsätzlich besteht an dieser Stelle auch die Möglichkeit, den Sitzungsdatenstrom über SSL oder TLS verschlüsseln zu lassen. Diese Funktion hat jedoch nichts mit dem Secure Gateway und dem sicheren Zugriff von externen Standorten zu tun.

- **Verschlüsselung**
  Das ICA-Protokoll unterstützt verschiedene Stufen der Verschlüsselung, um die übertragenen Inhalte zu schützen. Die gewünschte Verschlüsselungstiefe für diese Anwendung kann an dieser Stelle konfiguriert werden.

> **Hinweis**
> Die Verschlüsselungseinstellungen wirken sich analog zu der Konfiguration der Auflösungen und Farben auf die Funktionalität des *Session Sharing* aus. Sollten die Anwendungen unterschiedliche Einstellungen haben, kann es vorkommen, dass das Session Sharing nicht korrekt arbeitet.

- **Anwendung starten, ohne auf die Erstellung von Druckern zu warten**
  Die letzte Option bezieht sich auf das Einbinden von Client-Druckern in die Sitzung über das ICA-Protokoll. Im Normalfall werden allen Ressourcen in die Sitzung eingebunden, bevor die eigentliche Anwendung startet. Da dieses Einbinden inbesondere in Bezug auf Drucker relativ lange dauern kann, wird hier die Möglichkeit geboten, die Anwendung schon zu nutzen, während die Drucker noch eingebunden werden.

Anwendungsdarstellung festlegen

Im letzten Schritt des Veröffentlichungsassistenten müssen die grafischen Einstellungen der Anwendung konfiguriert werden. Hier können zunächst zwei grundsätzliche Einstellungen für die Darstellung der Anwendung vorgenommen werden.

- **Größe des Sitzungsfensters**
  Die Einstellung der Größe des Sitzungfensters definiert die Auflösung, in der die Anwendungssitzung auf dem Server gestartet werden soll. Hierbei stehen Auflösungen von 640 × 480 bis 1600 × 1200 Bildpunkten zu Verfügung. Zusätzlich zu den möglichen Auswahlwerten kann auch eine benutzerdefinierte Auflösung oder eine Auflösung, die als prozentualer Anteil des Bildschirms definiert wird, gewählt werden.

- **Farben**
  Im Hinblick auf die Farbauswahl stehen die vier Stufen 16, 256, 16 Bit und 24 Bit zur Verfügung. Auch hier ist diese Einstellung ausschlaggebend für die auf dem Server definierte Sitzung.

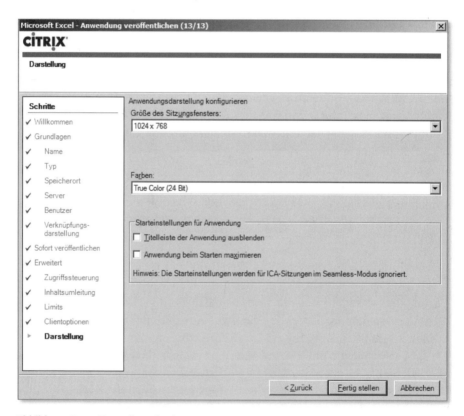

Abbildung 6.22 Darstellung festlegen

Bei diesen beiden Einstellungen sind zwei wichtige Punkte zu beachten.

- **Bandbreite**
  Sowohl die Einstellung für die Auflösung der Sitzung als auch die für die Anzahl der Farben wirkt sich direkt auf die von der Sitzung benötigte Netzwerkbandbreite aus. Je mehr Farben genutzt werden sollen und je höher auflösend der Inhalt sein soll, desto mehr Bandbreite wird für die Übertragung der Sitzungsinformationen benötigt. Die Begründung hierfür ist so einfach wie logisch – je höher beispielsweise die Auflösung, umso mehr Daten müssen übertragen werden, um diese Auflösung abbilden zu können.

  Vor diesem Hintergrund sollte immer realistisch überlegt werden, was tatsächlich von einer Anwendung an Grafikressourcen benötigt wird, damit sie vernünftig arbeitet. Im Regelfall wird beispielsweise für eine DOS-basierte Anwendung eine Auflösung von 640 × 480 Pixeln mit 16 Farben vollkommen ausreichend sein. Eine Office-Anwendung lässt sich beispielsweise mit 800 × 600 Pixeln und 16 Bit Farbtiefe darstellen. Alles was an Auflösung und Farben darüber hinausgeht, benötigt nur zusätzliche Bandbreite ohne einen konkreten Nutzen zu haben.

- **Session Sharing**
  Eine Technik, die mit *Seamless-Anwendungen* in engem Zusammenhang steht, ist das sogenannte *Session Sharing*. Was verbirgt sich konkret hinter dieser Technik? Beim Start der ersten veröffentlichten Anwendung von einem Client aus wird auf einem der Terminalserver eine Sitzung für den entsprechenden Benutzer erstellt und die gewünschte Anwendung darin gestartet. Der Aufbau dieser Sitzung benötigt ein wenig Zeit, da für die Erstellung der Sitzung eine Anmeldung des Benutzers auf dem System durchgeführt wird. Das heißt, dass beispielsweise Login-Skripte, Gruppenrichtlinien etc. für den Benutzer auf dem Terminalserver abgearbeitet werden müssen.

  Startet der Benutzer nun eine zweite Anwendung auf dem Terminalserver, wäre es ungünstig, wenn dieses Procedere für jede Anwendung erneut ausgeführt werden müsste. Zum einen würde es immer Zeit benötigen, zum anderen würde für den Benutzer mehrfach Speicherplatz auf dem Server benötigt, der von der Sitzung als Basis benötigt wird.

  Um dieses Verhalten zu umgehen, unterstützt das ICA-Protokoll das *Session Sharing*. Hierbei wird beim Start einer veröffentlichten Anwendung vom Client geprüft, ob der Benutzer bereits eine Sitzung auf einem Server hält, auf dem auch die neue gewünschte Anwendung geöffnet werden könnte. Sollte dies der Fall sein, so würde die zweite Anwendung direkt in der Sitzung der ersten geöffneten Anwendung gestartet. Der Anmeldeprozess würde hierfür entfallen und der Anwendungsstart somit auch deutlich schneller vonstattengehen.

Doch was hat dies mit der Darstellung einer veröffentlichten Anwendung zu tun? Das Session Sharing funktioniert nur für veröffentlichte Anwendungen, die die gleichen Einstellungen haben. Um den Grund hierfür zu verstehen, stellt man sich die Sitzung am besten bildlich vor. Eine Sitzung sei also eine Röhre, deren Durchmesser von der Auflösung und der Anzahl der Farben bestimmt wird. Nimmt man nun einmal an, dass unsere erste Anwendung mit 640 × 480 Bildpunkten und 16 Farben gestartet wurde, dann könnte dies zum Beispiel einer Röhre von 10 cm Durchmesser entsprechen. Die zweite Anwendung, die gestartet werden soll, hat die Vorgaben 800 × 600 Bildpunkte und 256 Farben, was einem Durchmesser von 18 cm entspricht. Die zweite Anwendung »passt« dann einfach nicht durch die erste Röhre und müsste sich dementsprechend eine eigene zweite aufbauen. Session Sharing würde in diesem Fall also nicht funktionieren.

Jetzt mag es ein paar schlaue Füchse geben, die ein wenig über das Bild nachdenken und zu dem Schluss kommen, dass es dann aber funktionieren müsste, wenn als Erstes die 18-cm-Röhre aufgebaut und dann die 10-cm-Anwendung gestartet würde. Und tatsächlich – in dieser Reihenfolge würde das Session Sharing mit den beiden Anwendungen funktionieren.

Das Problem ist nur, dass man eben nicht immer genau weiß, welche Anwendung zuerst gestartet wird. Aus diesem Grund die allgemeine Empfehlung: Genau darüber nachdenken, wie die Darstellung der Anwendungen konfiguriert wird. Mehr ist nicht immer besser. Gleiches gilt im Hinblick auf eine sehr individuelle Konfiguration der Anwendungen.

Zusätzlich zu Auflösung und Farben können in diesem Fenster noch zwei weitere Optionen im Bereich *Anwendungs-Starteinstellungen* konfiguriert werden.

- **Titelleiste der Anwendung ausblenden**
  Diese Option sorgt bei der Auswahl dafür, dass die Titelleiste der Anwendung nicht im ICA-Sitzungsfenster angezeigt wird. Diese Einstellung ist jedoch nur von Bedeutung, wenn die Anwendung nicht im Seamless-Modus gestartet wird.

- **Anwendung beim Starten maximieren**
  Über diese Einstellung wird die Anwendung im ICA-Sitzungsfenster maximiert. Auch diese Einstellung wird nicht angewendet, wenn der Seamless-Modus verwendet wird.

Test der veröffentlichten Anwendung

Nach diesem Schritt ist die Veröffentlichung der Anwendung abgeschlossen und die Anwendung erscheint in der Liste in der Access Management Console, wie in Abbildung 6.23 gezeigt.

Bereitstellung von Ressourcen | **6.2**

Abbildung 6.23 Die erste veröffentlichte Anwendung

Doch wie stellt diese sich nun auf einem Client dar? Um diese Frage zu beantworten, startet man im einfachsten Fall die *Program Neighborhood* aus dem Startmenü des Servers.

Nach einem Anmeldedialog sollte die Verbindung zur Farm hergestellt worden sein und die veröffentlichte Anwendung im Fenster erscheinen.

Abbildung 6.24 Die Citrix Program Neighborhood

259

> **Tipp**
>
> Wenn die Anwendung dort nicht erscheint, sollte zunächst die Mitgliedschaft der Gruppe für die veröffentlichte Anwendung geprüft werden. Ist die Mitgliedschaft korrekt, hilft im Regelfall ein Ab- und Anmelden. Die Begründung hierfür ist die Tatsache, dass Gruppenmitgliedschaften bei Windows nur bei der Anmeldung aktualisiert werden.

Durch einen Doppelklick sollte die Anwendung nun gestartet werden können.

Abbildung 6.25 Aufbau einer Benutzersitzung

Nach dem Start der Anwendung wird diese nicht von einer lokal gestarteten Anwendung zu unterscheiden sein, sofern nicht der Task-Manager zu Rate gezogen wird.

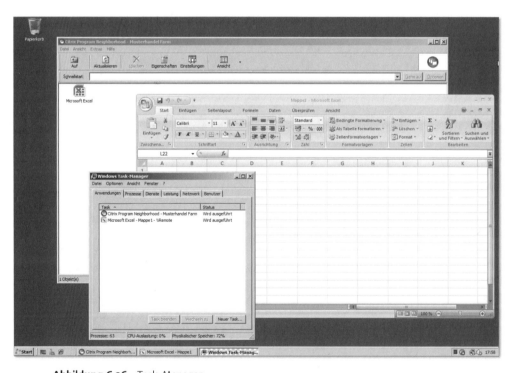

Abbildung 6.26 Task-Manager

Einzig der Hinweis *Remote* in der Bezeichnung der Anwendung verrät, dass es sich hierbei nicht um ein lokal installiertes Microsoft Excel handelt.

6.2.3 Veröffentlichen von gestreamten Anwendungen

Das Veröffentlichen von Anwendungen, die auf einem Terminalserver installiert sind, ist damit erfolgreich abgeschlossen. Aber wie verhält es sich nun mit Anwendungen, die auf die Endgeräte gestreamt werden sollen? Nun ja, der Ablauf der Veröffentlichung ist in weiten Teilen sehr ähnlich.

Um eine zu streamende Anwendung zu veröffentlichen, muss wieder über die Access Management Console unter dem Menüpunkt ANWENDUNGEN über das Kontextmenü die Option NEU • ANWENDUNG VERÖFFENTLICHEN gewählt werden.

Nach der Konfiguration des Anwendungsnamens und der entsprechenden Beschreibung muss der Typ der zu veröffentlichenden Anwendung gewählt werden. In diesem Fall ist es ANWENDUNG • ZU CLIENT GESTREAMT, wie in Abbildung 6.27 dargestellt.

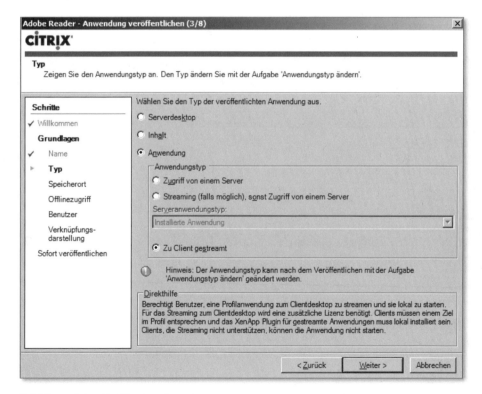

Abbildung 6.27 Zu Client gestreamt

Im darauf folgenden Schritt muss der Pfad des Anwendungsprofils und die darin enthaltene, gewünschte Anwendung gewählt werden.

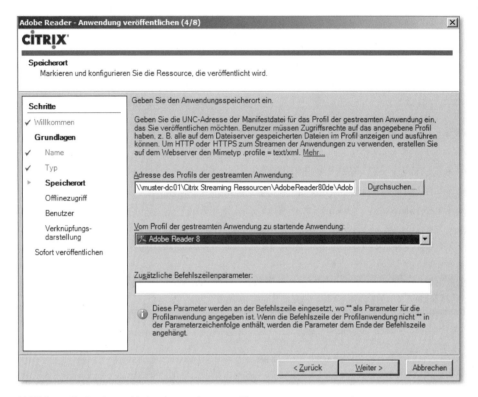

Abbildung 6.28 Auswahl des Anwendungsprofils

Weitere Informationen über die Erstellung von Anwendungsprofilen und die Arbeit mit virtualisierten Anwendungen finden Sie in Abschnitt 7.2, »Anwendungsstreaming mit dem Streaming Server«.

Im nächsten Konfigurationsschritt kann die Offline-Verfügbarkeit der Anwendung konfiguriert werden.

Bereitstellung von Ressourcen | **6.2**

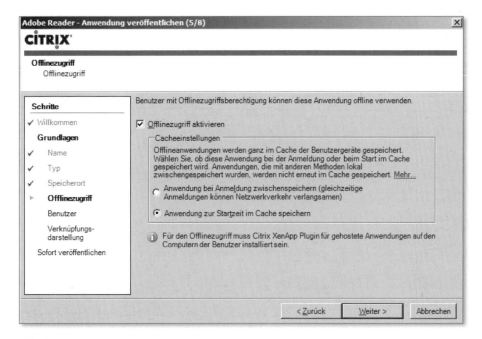

Abbildung 6.29 Offline-Zugriff aktivieren

Eine sehr wichtige Option, insbesondere in Umgebungen mit mehreren Standorten, ist die Konfiguration von alternativen Profilen.

Anschließend können wiederum die gewünschten Benutzer(gruppen) und die automatisch zu erstellenden Verknüpfungen konfiguriert werden.

Analog zur Veröffentlichung einer lokal auf dem Terminalserver installierten Anwendung kann auch bei der Veröffentlichung einer *Streaming Application* ausgewählt werden, ob während des Veröffentlichungsassistenten auch direkt die erweiterten Einstellungen konfiguriert werden sollen.

Sofern diese Option wahrgenommen wird, können zunächst wieder die Zugriffsteuerung über das Access Gateway und die Umleitungen von Inhaltstypen konfiguriert werden.

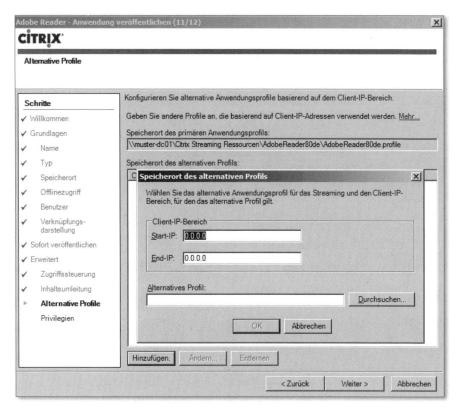

Abbildung 6.30 Konfiguration von alternativen Profilen

Der Hintergrund dieser Einstellungen ist ebenso einfach wie notwendig – da im Rahmen der Veröffentlichung von gestreamten Anwendungen eine Verbindung zu einer Freigabe definiert wird, greifen später die berechtigten Clients auf diese Freigabe zu und laden das entsprechende Anwendungspaket. Sofern die Clients aber in einem entfernten Standort über eine womöglich langsame Leitung angebunden sind, kann es durchaus sinnvoll sein, auch in diesem Standort einen Server zu platzieren, der das Anwendungspaket hält und den Clients zur Verfügung stellen kann.

Somit bietet dieser Konfigurationsschritt die Möglichkeit, basierend auf der IP-Adresse des Clientgerätes eine Zuordnung zu einem bestimmten Paketspeicherort herzustellen. Auf diesem Weg können die Endgeräte das Anwendungspaket jeweils von einem System in ihrer Nähe respektive mit einer schnellen Anbindung laden und ausführen.

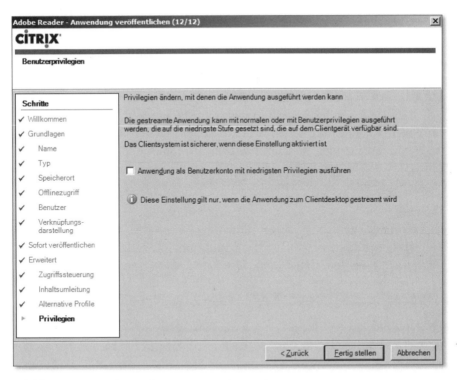

Abbildung 6.31 Privilegien der gestreamten Anwendung

Der letzte Konfigurationsdialog der Veröffentlichung von gestreamten Anwendungen erlaubt die Konfiguration der Privilegien der Anwendung bei der Ausführung auf dem Endgerät.

Wird eine gestreamte Anwendung auf dem Client innerhalb einer gekapselten Umgebung (»Sandbox«) ausgeführt, kann an dieser Stelle definiert werden, ob die Anwendung mit den normalen Privilegien oder mit sehr geringen Benutzerberechtigungen ausgeführt werden soll. Durch die Ausführung einer Anwendung mit geringen Privilegien kann die Sicherheit auf dem Endgerät erhöht werden, jedoch sind nicht alle Anwendungen in diesem Modus vollständig lauffähig.

Mit diesem letzten Schritt ist auch die Veröffentlichung einer gestreamten Anwendung abgeschlossen.

6.2.4 Veröffentlichen von Desktops

Neben der Veröffentlichung von Anwendungen kann es aber in einigen Fällen auch sinnvoll sein, einen kompletten Desktop zu veröffentlichen. Ein Beispiel für einen solchen Fall könnte ein Administrator sein, der den Terminalserver über eine Desktopsitzung wartet. Ein anderes Beispiel wäre ein Benutzer mit einem Nicht-Windows-Endgerät, der auf diesem Weg zu einer Windows-Arbeitsumgebung gelangen möchte.

Die grundsätzliche Vorgehensweise bei der Veröffentlichung eines kompletten Desktops unterscheidet sich hierbei nicht sonderlich von der einer Anwendung. Zunächst muss wieder der Assistent für das Veröffentlichen von Anwendungen gestartet werden. Wie auch schon bei den vorherigen Veröffentlichungen muss der zu veröffentlichenden Ressource wieder ein Name und eine Beschreibung zugewiesen werden. Im vorliegenden Fall empfiehlt sich beispielsweise ein Name wie »Desktop« oder »Terminalserver-Desktop«.

Im Dialogschritt des Typs der zu veröffentlichenden Ressource kann nun das Optionsfeld auf SERVERDESKTOP gesetzt werden, wie in Abbildung 6.32 dargestellt. Anschließend können wieder die zu nutzenden Server und Benutzer(gruppen) ausgewählt werden (siehe Abbildungen 6.33 und 6.34).

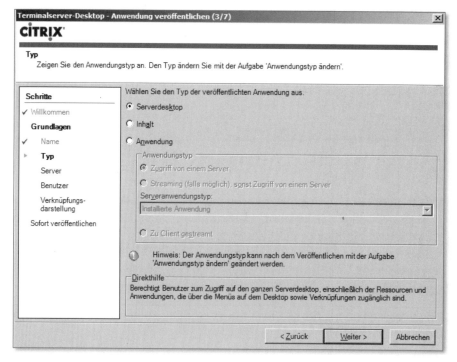

Abbildung 6.32 Typ der zu veröffentlichenden Ressource

Nach der Konfiguration von Servern und Benutzern können wieder die Verknüpfungsoptionen konfiguriert werden, wie in Abbildung 6.35 gezeigt.

Bereitstellung von Ressourcen | **6.2**

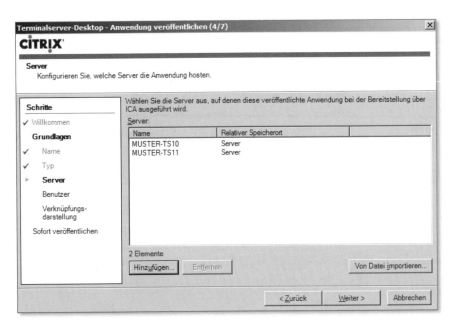

Abbildung 6.33 Auswahl der Server

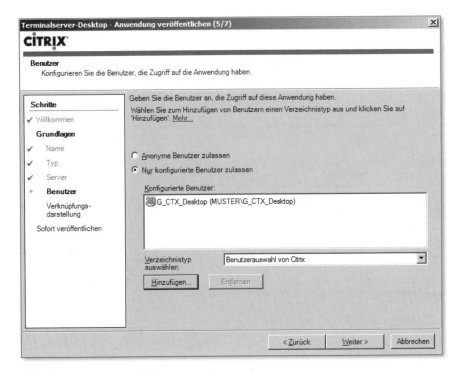

Abbildung 6.34 Auswahl der Benutzer(gruppen)

6 | Konfiguration der Basiskomponenten

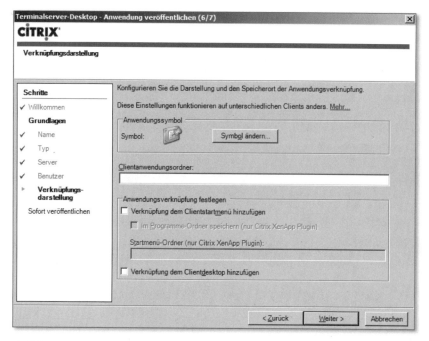

Abbildung 6.35   Verknüpfungsdarstellung

Sofern keine erweiterten Einstellungen mehr getroffen werden sollen, ist mit diesem Schritt die Veröffentlichung des Serverdesktops abgeschlossen.

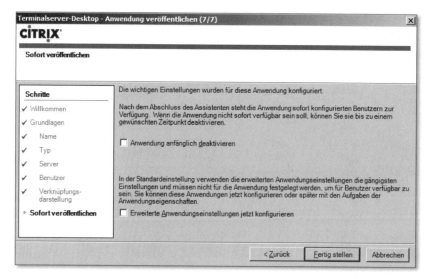

Abbildung 6.36   Sofort veröffentlichen

Der auf diesem Weg veröffentlichte Desktop erscheint ebenfalls in der Citrix Program Neighborhood und kann auf die bekannte Art und Weise gestartet werden.

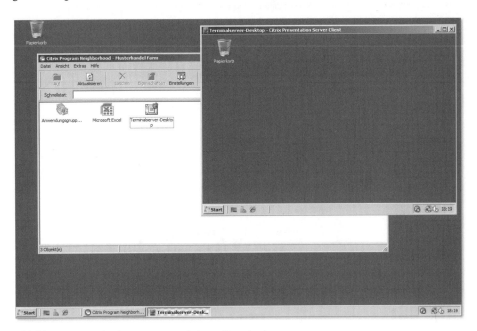

Abbildung 6.37 Desktopsitzung auf einem Terminalserver

Da ein veröffentlichter Desktop im Standard nicht *Seamless* dargestellt wird, zeigt sich hier deutlich die konfigurierte Größe des Sitzungsfensters. Neben einer sinnvollen Konfiguration der Darstellung eines veröffentlichten Desktops sollte als zweiter wichtiger Aspekt ein besonderes Augenmerk auf die Absicherung des Desktops gelegt werden. Da viele Benutzer auf dem gleichen System arbeiten, ist es sehr wichtig, dafür zu sorgen, dass jeder Benutzer nur die unbedingt benötigten Funktionen des Desktops zur Verfügung hat. Abschnitt 8.7, »Erstellen einer gesicherten Benutzersitzung«, beschäftigt sich ausführlich mit der Absicherung von Terminalserver-Verbindungen und der zur Verfügung gestellten Ressourcen.

6.2.5 Veröffentlichen von Inhalten

Als letzter Punkt der »Wunschliste« aus Abschnitt 6.2.1, »Die Philosophie des Veröffentlichens von Ressourcen«, bleibt die zentrale Verteilung von Verknüpfungen zu Ressourcen. Auch dies kann wieder über den Assistenten für die Veröffentlichung von Anwendungen realisiert werden. Nur dass dieses Mal im zweiten Schritt die Option *Inhalt* aktiviert werden muss.

6 | Konfiguration der Basiskomponenten

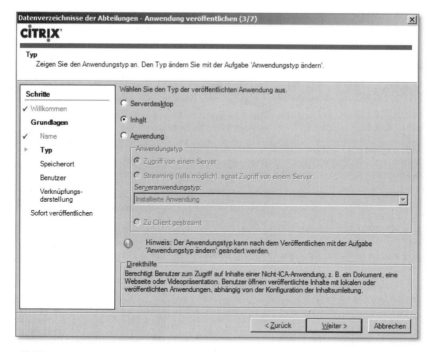

Abbildung 6.38 Veröffentlichung eines Inhaltes

Im darauf folgenden Schritt kann der Pfad zum entsprechenden Inhalt konfiguriert werden. Hierbei kann dieser Pfad sowohl auf einen UNC-Pfad, eine URL oder sogar auf ein explizites Dokument verweisen.

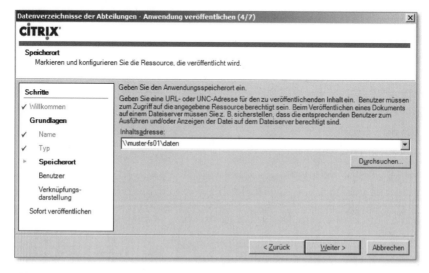

Abbildung 6.39 Auswahl des Pfades zum Inhalt

6.2 Bereitstellung von Ressourcen

Ein Punkt, der nicht zu finden ist, ist die Auswahl der Terminalserver. Dieser Sachverhalt ergibt sich aus der Tatsache, dass die Terminalserver an der Kommunikation zwischen Client und Inhalt im Regelfall nicht beteiligt sind. Was sich wiederum identisch zu Anwendungen und Desktops verhält, ist die Zuweisung von Benutzern zu dem veröffentlichten Inhalt. Selbstverständlich können auch für einen zu veröffentlichenden Inhalt wieder die zu berechtigenden Gruppen ausgewählt werden.

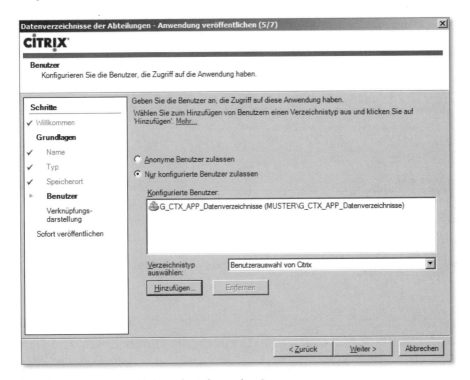

Abbildung 6.40 Auswahl der zu berechtigenden Gruppe

Auch die Konfiguration der Verknüpfungsdarstellung erfolgt analog zu der Veröffentlichung der anderen Ressourcen. In Bezug auf die erweiterten Einstellungen ist bei der Veröffentlichung von Inhalten jedoch deutlich weniger zu konfigurieren. Einzig die Zugriffssteuerung findet sich an dieser Stelle wieder.

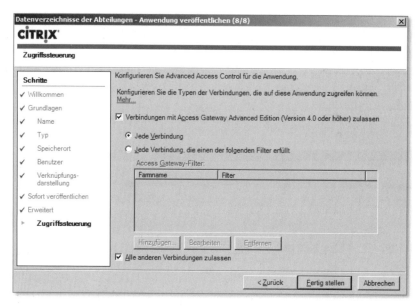

Abbildung 6.41 Zugriffssteuerung

Nach dem Abschluss der Konfiguration erscheint das Symbol des veröffentlichten Inhaltes im XenApp-Client.

Spätestens bei einem Doppelklick auf die neue Verknüpfung wird aber deutlich, dass die Abarbeitung anders erfolgt als bei den Verknüpfungen zu Anwendungen und Desktops. Wie die Beschreibung des Fensters in Abbildung 6.42 zeigt, handelt es sich tatsächlich »nur« um eine Verknüpfung auf einen UNC-Pfad.

Neben der hier gezeigten Möglichkeit des direkten Zugriffs auf den im veröffentlichten Inhalt festgelegten Pfad kann über eine entsprechende Konfiguration der Inhaltsumleitung auch dafür gesorgt werden, dass bestimmte Inhaltstypen nicht von lokalen Endgeräten, sondern ebenfalls über eine Anwendung des Terminalservers geöffnet werden. Dies ist insbesondere in dem Fall interessant, in dem die Benutzer nicht von Endgeräten innerhalb des lokalen LAN oder WAN zugreifen, sondern etwa aus dem Internet über entsprechende Gateway-Komponenten, über die nur ein ICA-Datenverkehr möglich ist.

> **Tipp**
>
> Es gäbe noch eine weitere Alternative dazu, die auch von außen funktionieren würde. Im einfachsten Fall würde der Internet Explorer oder Windows Explorer als veröffentlichte Anwendung bereitgestellt, der ein Pfad zu einem Inhalt als Parameter übergeben würde. Hierdurch hätte man beides kombiniert – die Funktion des Terminalservers mit den direkten Zugriff auf einen Inhalt.

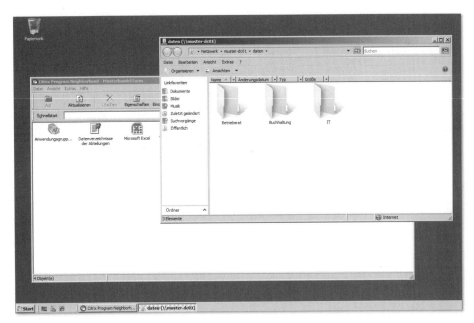

Abbildung 6.42 Start der Inhaltsverknüpfung

6.2.6 Weitere Einstellung der veröffentlichten Ressourcen

Nachdem die ersten paar Objekte in dem Client erscheinen, wird deutlich, dass diese Darstellung auf Dauer nicht praktikabel ist. Je mehr Objekte in dem Client-Fenster erscheinen, umso schwerer wird es für den Benutzer, den Überblick zu behalten.

Um im Bereich der Anwendungen dem Benutzer ein wenig mehr Überblick zu ermöglichen und die Zugriffsmethoden vielleicht noch etwas zu optimieren, sollte man sich einmal die Mühe machen, einen Blick in die Eigenschaften einer veröffentlichten Ressource zu werfen.

Schon bei einem Blick in die Kontextmenüs einer veröffentlichten Anwendung fällt auf, dass eine Reihe von Funktionen angeboten wird.

- **Info**
  Die erste Funktion im Kontextmenü einer veröffentlichten Ressource ist die Auswahl eines »Überblick-Modus«, in dem die wichtigsten Informationen über eine Anwendung eingeblendet werden können. Hierzu zählen etwa die aktuell verbundenen Benutzer, die Server und eventuelle Warnungen.

- **Warnungen**
  Unter dieser Option können direkt eventuell ausgelöste Warnungen eingesehen werden.

▶ **Anwendung deaktivieren**
Mit dieser Option können weitere Benutzerzugriffe auf die veröffentlichte Anwendung unterbunden werden. Dies ist beispielsweise bei einer Wartung der Anwendung (Service-Pack-Installation, Update) sehr hilfreich.

▶ **Anwendung duplizieren**
Diese Funktion ermöglicht das Kopieren einer veröffentlichten Anwendung. In der Praxis gibt es für diese Funktion viele Anwendungsfälle. Ein Beispiel hierfür wäre die Bereitstellung des kompletten Microsoft Office. Um der bisherigen Strategie treu zu bleiben, müssten alle Einzelapplikationen von MS Office als einzelne veröffentlichte Anwendung bereitgestellt werden. Es müsste also x-mal der entsprechende Assistent ausgeführt werden, um Einstellungen zu treffen, die zu 80 Prozent identisch sind, wie etwa Auflösung, Farben oder Verschlüsselung.

Ein einfacherer und schnellerer Weg wäre nun das Kopieren einer bereits erstellten und korrekt konfigurierten Anwendung. Anschließend müssten nur der Name, der Pfad, das Symbol und die Benutzergruppe geändert werden. Der Rest wäre bereits korrekt konfiguriert. Das mag zwar im ersten Moment nicht wesentlich schneller klingen – ist es aber und zusätzlich vermeidet es Fehler wie unterschiedliche Farben, die zu Problemen mit dem Session Sharing führen würden.

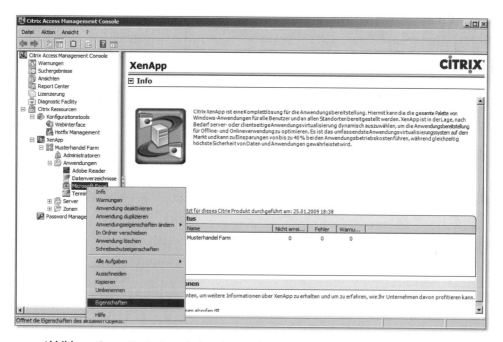

Abbildung 6.43 Kontextmenü einer Anwendung

- **Anwendung löschen**
  Diese Funktion löscht die veröffentlichte Ressource.
- **Eigenschaften**
  Über diese Funktion gelangt man in die Eigenschaften einer veröffentlichten Ressource und kann diese nachträglich anpassen.

Wie in Abbildung 6.43 dargestellt, existieren noch weitere Kontextbefehle, die aber weitestgehend selbsterklärend sind.

> **Hinweis**
>
> Eine Ausnahme sind hierbei vielleicht einige Menübefehle, die sich unter Alle Aufgaben verbergen. Diese werden noch nicht an dieser Stelle behandelt, sondern in den folgenden Kapiteln, da einige Optionen sich erst dann verstehen lassen.

Betrachtet man die Eigenschaften einer Anwendung, so finden sich auf der linken Seite des Fensters die möglichen Konfigurationsbereiche, die bei der Erstellung der Anwendung mit dem Assistenten durchlaufen worden sind.

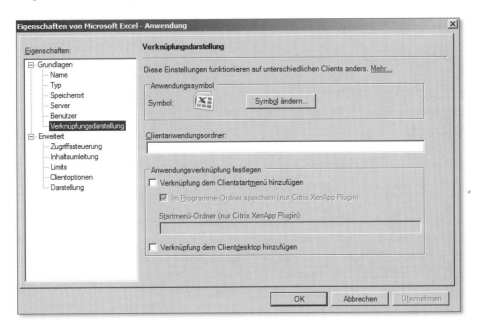

Abbildung 6.44 Eigenschaften einer veröffentlichten Anwendung

Möchte man Einstellungen bearbeiten, die die Darstellung der Verknüpfungen auf dem Client betreffen, so ist der Punkt VERKNÜPFUNGSDARSTELLUNG die richtige Anlaufstelle.

Zunächst soll ein Ordner für alle Microsoft-Office-Anwendungen genutzt werden. Hierzu kann der Name des Ordners als freier Text in das Feld *Clientanwendungsordner* eingetragen werden.

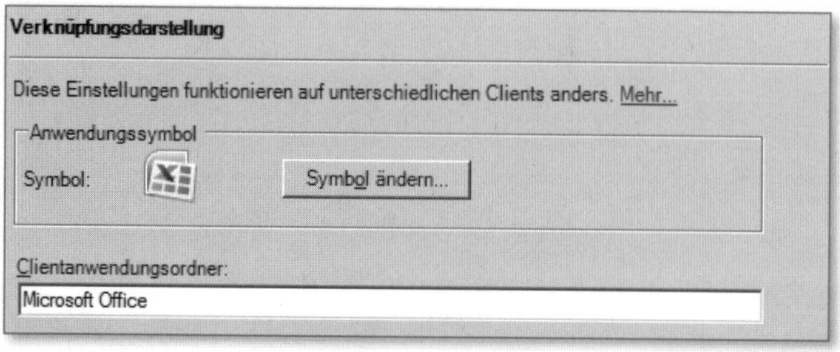

Abbildung 6.45 Clientanwendungsordner

Um den Zugriff auf die Anwendung für den Benutzer so flexibel wie möglich zu gestalten, sollen auch Verknüpfungen im Startmenü und auf dem Desktop erstellt werden. Da aktuell noch kein Program Neighborhood Agent zur Verfügung steht, wird das Feld Startmenü-Ordner zunächst frei gelassen.

Abbildung 6.46 Anwendungsverknüpfungen festlegen

Startet man nun den Client und aktualisiert dessen Einstellungen, so erscheint augenblicklich der Ordner im Client-Fenster und das Symbol auf dem Desktop. Ein kurzer Blick in das Startmenü bestätigt auch die Erstellung der Verknüpfungen, wie Abbildung 6.47 zeigt.

Abbildung 6.47 Darstellung der Anwendungsverknüpfungen

Ein Öffnen des Ordners *Microsoft Office* in der Program Neighborhood zeigt ebenfalls die gewünschte *Microsoft-Excel*-Verknüpfung.

Abbildung 6.48 Microsoft Excel im Microsoft-Office-Ordner

Kopieren von veröffentlichten Ressourcen

Um nun auch die anderen Microsoft-Office-Anwendungen zu veröffentlichen, wird die oben beschriebene Technik des Kopierens von veröffentlichten Anwendungen genutzt. Hierzu wird in der Access Management Console der Bereich ANWENDUNGEN erweitert und über das Kontextmenü von *Microsoft Excel* die Funktion ANWENDUNG DUPLIZIEREN gewählt.

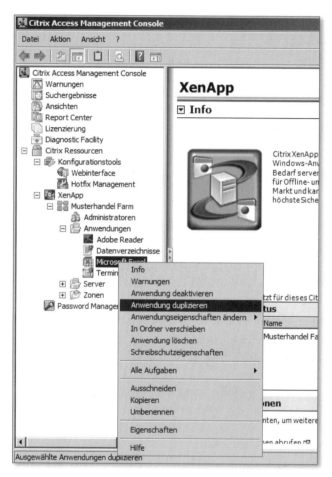

Abbildung 6.49 Kopieren einer veröffentlichten Anwendung

Die so erstellte neue veröffentlichte Anwendung kann anschließend im Hinblick auf Namen, Programmdateien und weitere Einstellungen bearbeitet werden.

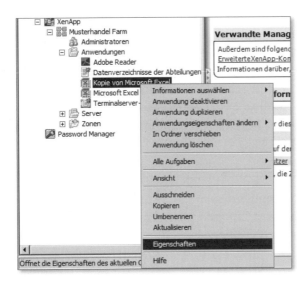

Abbildung 6.50 Eigenschaften der Kopie

Um an dieser Stelle besonders zielgerichtet und effektiv vorzugehen, empfiehlt sich eine bestimmte Reihenfolge bei der Durchführung der Konfigurationsschritte. Die Reihenfolge dieser Schritte basiert unter anderem darauf, dass einige Felder automatisch geändert werden, sobald eine andere Konfiguration durchgeführt wird.

▸ **Name**
Die erste Anpassung sollte sich auf den Bereich der Benennung und Beschreibung der Anwendung beziehen. Hierzu ist in den Eigenschaften der Anwendung der Punkt N*ame* auszuwählen. Durch die Änderung des Namens und der Beschreibung in diesem Schritt wird sofort klar, um welche Anwendung es sich handeln soll. Insbesondere, wenn mehrere Personen gleichzeitig Änderungen vornehmen, ist dies sehr hilfreich.

▸ **Speicherort**
Der zweite Konfigurationsschritt sollte die Anpassung der Befehlszeile sein. Hierdurch wird sichergestellt, dass diese veröffentlichte Anwendung auch wirklich die richtige Software startet. Es ist sehr wichtig, diesen Schritt vor den Einstellungen der Verknüpfungen durchzuführen, da bei der Änderung des Symbols sofort die Symbole der an dieser Stelle eingetragenen EXE-Datei angeboten werden, was einen mühsamen Suchvorgang nach dem korrekten Symbol erspart.

- **Verknüpfungsdarstellung**
  Nach der Konfiguration des Anwendungsstandortes, also der Auswahl der Programmdatei, kann in der *Verknüpfungsdarstellung* das neue Symbol für die Anwendung vergeben werden. Sofern die bisherige Reihenfolge eingehalten wurde, muss hierzu nur auf die Schaltfläche SYMBOL ÄNDERN geklickt werden. Hierbei wird dann automatisch nach hinterlegten Symbolen in der im vorherigen Schritt angegebenen EXE-Datei gesucht und diese sofort angeboten, so dass im Regelfall nur die angebotene Auswahl mit OK bestätigt werden muss.

- **Benutzer**
  Sofern die Strategie der Zuweisungsgruppen für die jeweiligen veröffentlichten Ressourcen beibehalten werden soll, müsste nun die entsprechende Gruppe unter *Benutzer* hinzugefügt und die bereits enthaltene entfernt werden.

- **Server**
  Da in einigen Fällen vielleicht nicht alle Anwendungen auf allen Servern zur Verfügung stehen oder auf diesen unterschiedliche Installationsverzeichnisse haben, sollten im letzten Schritt die Einstellungen unter *Server* geprüft und gegebenfalls angepasst werden.

Diese Schritte müssen für jede zu veröffentlichende Anwendung wiederholt werden, bis alle Ressourcen veröffentlicht sind. Das Ergebnis dieser Aktionen lässt sich mit Hilfe der Program Neighborhood sofort prüfen, wie in Abbildung 6.51 dargestellt.

Führt man an dieser Stelle einmal einen kleinen Selbsttest durch, um zu hinterfragen, warum diese letzten Schritte durchgeführt wurden und warum die Office-Anwendungen nun in einem Unterordner liegen, dann wird man sich daraufhin antworten, dass dies getan wurde, um die Übersichtlichkeit des Clients zu verbessern.

Würde man nun mit dieser Lösung an zwanzig Benutzer herantreten, so würden vielleicht zehn von ihnen sagen, dass sie von den Office-Anwendungen regelmäßig eigentlich nur Outlook benötigen und dass es schön wäre, dafür nicht immer in den *Microsoft-Office*-Ordner navigieren zu müssen.

Wie könnte nun aber eine Lösung für diese Anforderung aussehen? Man könnte *Microsoft Outlook* zweimal veröffentlichen: einmal *im Microsoft-Office*-Ordner und einmal direkt im Stamm. Dies könnte wieder durch ein einfaches Kopieren der Anwendung erreicht werden, nach dem einfach bei der einen Anwendung der *Program-Neighborhood-Ordner* und die Verknüpfungen auf dem Desktop und im Startmenü gelöscht werden müssten.

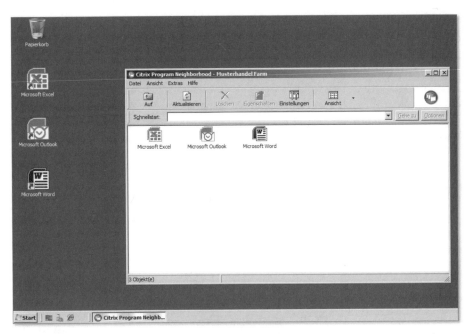

Abbildung 6.51 Die Anwendungen von Microsoft Office

> **Hinweis**
>
> Ein ganz entscheidender Punkt bei einer solchen Umsetzung ist die Tatsache, dass veröffentlichte Anwendungen eindeutige Namen haben müssen. Es darf keine zwei Anwendungen mit dem gleichen Namen geben, da diese sonst nicht korrekt angesprochen werden können. Eine mögliche Lösung für die *Microsoft-Outlook*-Problematik könnte also sein, die Anwendung im *Microsoft-Office*-Ordner tatsächlich Mirosoft Outlook zu nennen, während die andere beispielsweise mit *MS Outlook* oder *Outlook 2007* bezeichnet würde.

6.2.7 Lastenausgleich

Wie bei der Konfiguration von veröffentlichten Anwendungen gezeigt wurde, besteht grundsätzlich die Möglichkeit, für jede Anwendung zu definieren, auf welchen Servern diese ausgeführt werden kann. Sobald man aber davon spricht, die Benutzer einer Anwendung über mehrere Server zu verteilen, wird man früher oder später mit einer wesentlichen Frage konfrontiert werden: Was ist, wenn die Server zum Beispiel aus sehr unterschiedlichen Leistungsklassen stammen? Oder die Server bereits sehr unterschiedlich ausgelastet sind?

Erinnert man sich zurück an die Möglichkeiten der Windows-Server-2008-Terminaldienste, so war eines der ganz großen Probleme der Musterhandel GmbH mit den Windows-Terminaldiensten und Round Robin als Lastverteilung, dass keine Rücksicht auf die bereits vorhandene Last auf einem Terminalserver genommen wurde. Windows NLB und Round Robin verteilten neue Benutzer eins zu eins auf die eingetragenen Server und berücksichtigten dabei überhaupt nicht, dass vielleicht eines der Systeme bereits zu 80 Prozent ausgelastet war oder dass vielleicht einer der Server nur 2 GB Arbeitsspeicher hatte und nur wesentlich weniger Sitzungen aufnehmen konnte als seine Kollegen mit 4 GB Arbeitsspeicher.

Genau an dieser Stelle setzt in einer XenApp-Farm *der Lastenausgleich* oder das *Load Balancing* an. Im Gegensatz zu einer DNS-Round-Robin-Lösung, die keine Informationen über die dahinter befindlichen Systeme sammelt und verwaltet, gibt es in einer Server-Farm eine Instanz, die dies tut – der Datensammelpunkt.

Der Datensammelpunkt erhält in regelmäßigen Abständen von allen Servern seiner Zone deren aktuelle Informationen in Bezug auf angemeldete Benutzer und belegte Systemressourcen. Hierdurch ist die Basis für einen erfolgreichen Lastenausgleich gelegt, da nun nur noch bei einer Verbindungsanfrage eines Benutzers in diesen Daten herausgefunden werden muss, welches der Serversysteme sich aktuell anbieten würde, um diese Benutzersitzung entgegenzunehmen.

Sieht man sich den konkreten Ablauf an, dann ist es so, dass der Server, der als Erster von einem Benutzer kontaktiert wird, sich mit diesen Informationen an den Datensammelpunkt wendet und von diesem zurückgemeldet wird, auf welchen Server der Benutzer verbunden werden soll. Aus diesem Ablauf ergibt sich auch die Empfehlung, die Benutzer nach Möglichkeit immer zuerst mit einem Datensammelpunkt kommunizieren zu lassen, da dieser dann direkt aktiv werden kann und kein Datenaustausch mit einem anderen Server mehr notwendig ist. Aus diesem Grund sollten beispielsweise auch die *ica*-Host-Einträge im DNS auf den Datensammelpunkt verweisen.

Zwei Faktoren, die hierbei allerdings bislang noch nicht berücksichtigt wurden, sind die Leistungsfähigkeit der Serversysteme und die eventuell zu berücksichtigende zusätzliche Last durch die neu hinzukommende Anwendung.

Man stelle sich einfach einmal vor, das in Abbildung 6.52 gezeigte Szenario diene dem Start einer veröffentlichten Anwendung X. Sofern X eine kleine Anwendung wie etwa *Notepad* wäre, könnte sie theoretisch auf beiden Systemen gestartet werden. Würde sie auf dem System mit 80 Prozent Systemlast gestartet, hätte es sogar den Vorteil, dass das noch leistungsstärkere System mit nur 40 Prozent Last weiterhin für eine eventuell anspruchsvollere Anwendung zur Verfügung stünde.

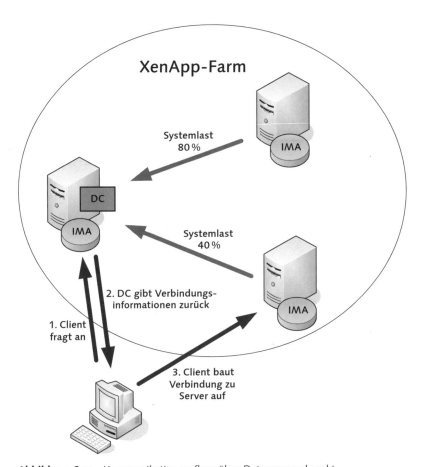

Abbildung 6.52 Kommunikationsaufbau über Datensammelpunkt

Was mit diesem kleinen Beispiel gesagt werden soll, ist, dass auch eine Verteilung, basierend auf der aktuellen Systemlast der Systeme, nicht immer die beste Lösung ist. Genau an diesem Punkt setzen die Konfigurationsmöglichkeiten des Lastenausgleichs mit XenApp an. Es können Filter definiert werden, die sowohl auf einen ganzen Server als auch nur auf eine einzelne Anwendung angewendet werden können, um auf jede Anforderung reagieren zu können und das Optimum aus der Lastenverteilung herauszuholen.

Lastenauswertungsprogramme

Der erste Teil der Konfiguration des Lastenausgleichs erfolgt über die *Erweiterte XenApp-Konfiguration*. Hier können unter dem Navigationspunkt LASTENAUSWERTUNGSPROGRAMME zunächst die entsprechenden Filter eingesehen und konfiguriert werden.

6 | Konfiguration der Basiskomponenten

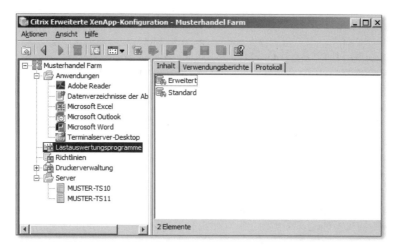

Abbildung 6.53 Lastenauswertungsprogramme

Direkt nach der Installation einer Advanced, Enterprise oder Platinum Edition des XenApp stehen zwei Lastenauswertungsprogramme zur Verfügung.

▸ **Standard**
Dieses Lastenausgleichsprogramm ist sehr einfach gehalten und richtet sich ausschließlich nach der *Benutzerlast des Servers*. Hierbei ist ein Schwellenwert von 100 definiert, der die Vollauslastung des Systems beschreibt.

Im Klartext bedeutet dies, dass der Server bei 100 auf ihn verbundenen Benutzern eine volle Auslastung meldet und somit keine neuen Verbindungen mehr annimmt. Sofern weniger als 100 Benutzer verbunden sind, ergibt sich aus ihrer Anzahl und dem Schwellenwert ein Prozentwert der Auslastung, der an den Datensammelpunkt gemeldet wird. Bei 20 Benutzern wären dies beispielsweise 20 Prozent Systemlast.

Neben dem Kriterium der Benutzerlast findet sich in an dieser Stelle auch ein Punkt *Lastdrosselung*. Diese Funktion adressiert das Problem des *Black-Hole-Effektes*.

Black-Hole-Effekt

Was aber ist der Black-Hole-Effekt? Der Black-Hole-Effekt beschreibt eine ungünstige Situation im Load Balancing, die auftreten kann, wenn im laufenden Betrieb ein neuer Server in die Farm aufgenommen wird oder ein vorhandener Server neu gestartet wird. Nach dem Neustart der Server sind diese natürlich zunächst ohne Last, da noch keine Benutzer auf ihnen angemeldet sind. Geschieht dies zu einer Zeit, in der viele Anmeldeversuche passieren, werden zunächst alle Anmeldeversuche auf den »Server ohne Last« geleitet. Dieser wird von den somit initiierten Anmeldungen so sehr unter Last gesetzt,

> dass er nicht mehr korrekt in der Lage ist, seine Lastinformationen an den Datensammelpunkt zu melden. Somit befindet sich der Server zu diesem Zeitpunkt in einer Art Teufelskreis, der den Server bis in die Instabilität treibt und somit natürlich auch das Benutzerempfinden empfindlich stört. Denn wer meldet sich schon gerne auf einem Server an, der wenige Augenblicke später »die Grätsche« macht?

Um den Black-Hole-Effekt vermeiden oder zumindest reduzieren zu können, arbeitet die Lastdrosselung mit Intelligent Load Biasing (ILB). Mit dem ILB wird dem Vorgang der Anmeldung eine höhere Last innerhalb des Load Balacing zugewiesen, welche sich nach einem Algorithmus bestimmen lässt. Grundsätzlich wird hierbei nach dem folgenden Schema verfahren: Aktuelle Auflösungslast + [(Max. Last–aktuelle Auflösungslast)/2]. Sobald alle ausstehenden Anmeldeversuche abgearbeitet sind, wird ILB automatisch wieder zurückgenommen, so dass der Server nach den normalen Werten innerhalb des Load Balancing agieren kann.

Da das Lastenauswertungsprogramm *Standard* abgesehen von ILB einzig die Benutzerlast des Servers berücksichtigt, ist eine Zuweisung an eine Anwendung wenig sinnvoll.

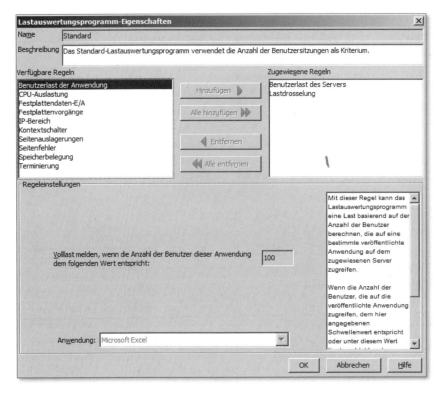

Abbildung 6.54 Das Lastenauswertungsprogramm »Standard«

▶ **Erweitert**

Das Lastenauswertungsprogramm *Erweitert* berücksichtigt drei Faktoren, um die Last eines Systems zu bestimmen. Hierbei sind die *CPU-Auslastung*, die *Seitenauslagerungen* und die *Speicherbelegung* des Systems mit entsprechenden Schwellenwerten konfiguriert.

Da es sich hierbei um etwas komplexere Faktoren handelt, können bei ihnen jeweils ein unterer Schwellenwert, der keine Last meldet, und ein oberer Schwellenwert, der Vollauslastung meldet, konfiguriert werden. Für die CPU-Auslastung würden beispielsweise CPU-Lasten bis 10 Prozent als keine Last verbucht werden, während Werte über 90 Prozent als Volllast verbucht würden.

Natürlich enthält auch dieses Lastenauswertungsprogramm die Funktion *Lastdrosselung*.

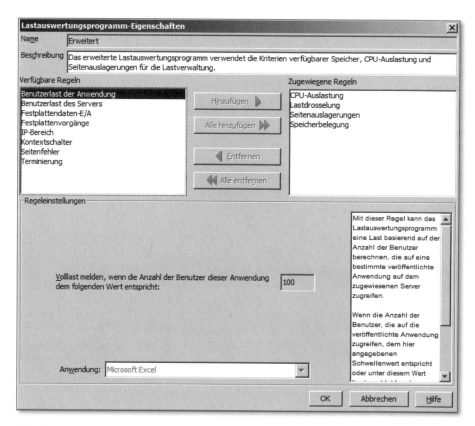

Abbildung 6.55 Das Lastenauswertungsprogramm »Erweitert«

> **Hinweis**
> Diese beiden Lastauswertungsprogramme können nicht verändert werden. Um eine Anpassung vorzunehmen, muss ein entsprechendes neues Lastauswertungsprogramm erstellt werden.

Um nun eigene Einstellungen an den Lastauswertungsprogrammen konfigurieren zu können, muss ein neues Lastauswertungsprogramm erstellt werden.

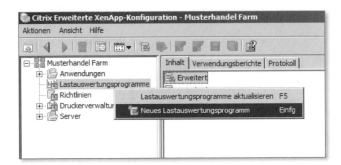

Abbildung 6.56 Erstellung eines neuen Lastauswertungsprogramms

Auch an dieser Stelle sollte wieder mit einem aussagekräftigen Namen und einer Beschreibung gearbeitet werden, um später nachvollziehen zu können, wofür das Lastauswertungsprogramm erstellt wurde und wie es konfiguriert ist.

Abbildung 6.57 Beschreibung und Konfiguration

Anschließend können die Objekte aus der Liste der *verfügbaren Regeln* zu den *zugewiesenen Regeln* hinzugefügt und konfiguriert werden.

6 | Konfiguration der Basiskomponenten

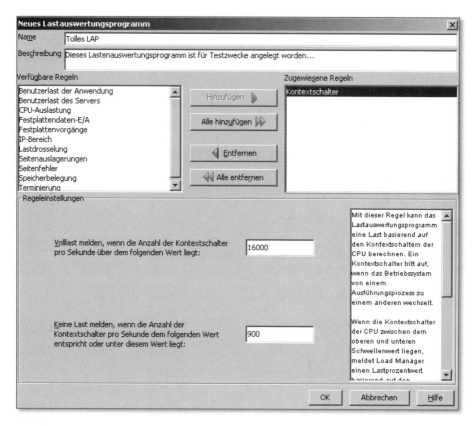

Abbildung 6.58 Hinzufügen von Regelobjekten

Da es hierfür keine allgemeingültigen Lösungen oder Konfigurationsleitfäden gibt und geben kann, sei jedem eine ausführliche Testserie mit unterschiedlichen Einstellungen *vor* dem Produktstart der Umgebung empfohlen.

IP-Bereich

Auf ein spezielles Regelobjekt soll an dieser Stelle noch explizit eingegangen werden: den *IP-Bereich*. Dieses Objekt dient nicht dem Lastenausgleich und kann aus diesem Grund nur zusammen mit einem anderen Regelobjekt eingesetzt werden. Was hierüber aber realisiert werden kann, ist eine Steuerung des Zugriffs auf eine veröffentlichte Ressource oder einen Server.

Hierbei kann in diesem Regelobjekt ein IP-Adressbereich hinterlegt werden, für den entweder der Zugriff erlaubt oder verweigert werden kann. Insbesondere in einer verteilten Umgebung, in der beispielsweise nicht von jedem Standort aus eine geschäftskritische Anwendung ausgeführt werden soll, kann dieses Objekt als Ansatz für eine Lösung genutzt werden.

6.2 Bereitstellung von Ressourcen

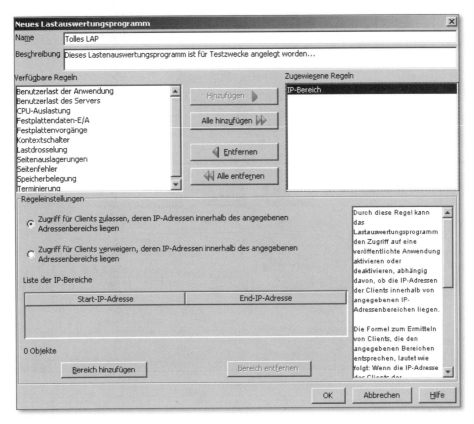

Abbildung 6.59 Das IP-Bereich-Regelobjekt

Nach der Erstellung eines Lastenauswertungsprogramms kann es einem Server oder einer Anwendung zugewiesen werden.

Um diese Tätigkeiten ausführen zu können, muss die Access Management Console aufgerufen werden.

Lastenausgleich für Server

Hierzu muss über das Kontextmenü eines Serverobjektes der Punkt ALLE AUFGABEN • LASTAUSWERTUNGSPROGRAMM ZUWEISEN gewählt werden, wie in Abbildung 6.60 dargestellt.

Abbildung 6.60 Lastenauswertungsprogramm zuweisen

In dem darauf folgenden Dialogfenster kann ein Lastauswertungsprogramm aus der Liste der verfügbaren Programme ausgewählt werden.

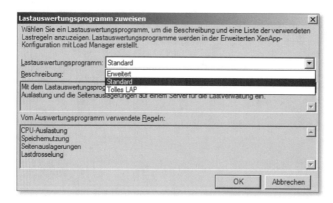

Abbildung 6.61 Auswahl des gewünschten Lastenauswertungsprogramms

Lastenausgleich für Anwendungen

Für die Zuweisung eines Lastenauswertungsprogramms zu einer Anwendung gestaltet sich die Konfiguration etwas komplizierter. Zwar wird auch wieder über das Kontextmenü, diesmal der Anwendung, der Punkt ALLE AUFGABEN • LASTENAUSGLEICH FÜR ANWENDUNG gewählt, allerdings ist das darauf folgende Konfigurationsfenster ein wenig verwirrender als das der Server.

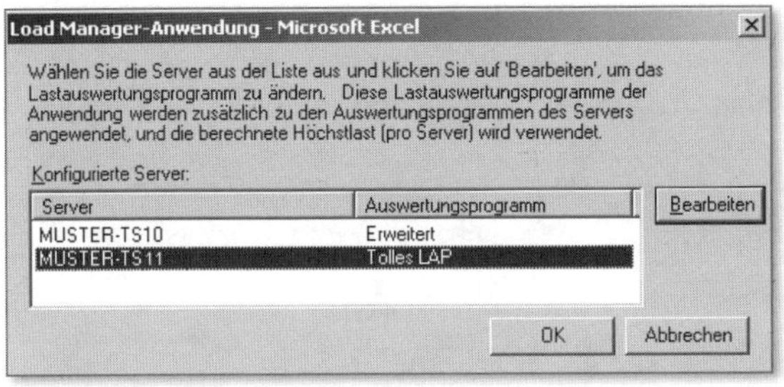

Abbildung 6.62 Lastenausgleich für Anwendungen

Die Begründung hierfür ist einfach: weil die Anwendungen auf unterschiedlichen Servern laufen können. Es ist in den Konfigurationsmöglichkeiten vorgesehen, dass ein Lastauswertungsprogramm für eine Anwendung auch serverabhängig konfigurierbar sein muss. Aus diesem Grund müssen die Filter nicht nur der Anwendung, sondern, genauer, einem Server der Anwendung zugeordnet werden.

Nachdem diese Konfigurationsschritte abgeschlossen sind, lässt sich – wieder in der *Erweiterten XenApp-Konfiguration* – über den Navigationspunkt LASTENAUSWERTUNGSPROGRAMME • VERWENDUNGSBERICHTE eine Übersicht der von den Ressourcen verwendeten Lastauswertungsprogramme anzeigen. Diese können sowohl nach Server als auch nach Anwendung oder Auswertungsprogramm angezeigt werden, um stets einen guten Überblick zu bieten.

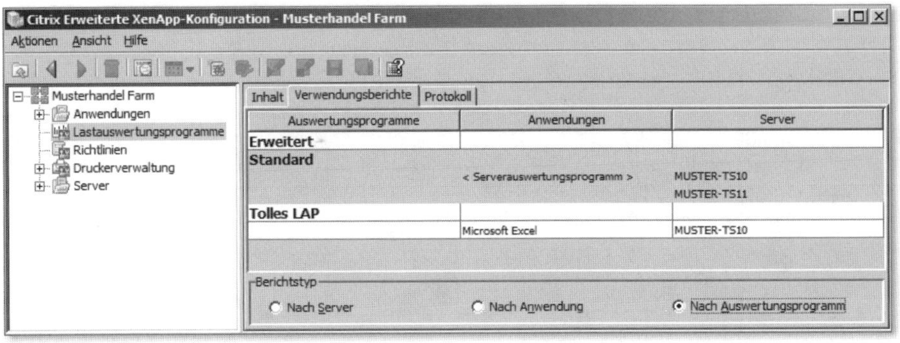

Abbildung 6.63 Verwendungsberichte

Neben den Verwendungsberichten lässt sich mit dieser Konsole und dem *Load-Manager-Monitor* auch der aktuelle Stand der Systemlast eines Objektes anzeigen.

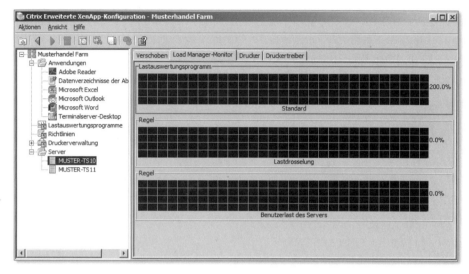

Abbildung 6.64 Load-Manager-Monitor

Ein weiterer wichtiger Punkt im Zusammenhang mit der Lastenauswertung ist das Zusammenspiel mit dem *Session Sharing*. Während der Lastenausgleich immer bestrebt ist, eine Sitzung auf einen Server mit möglichst geringer Last zu verteilen, arbeitet das Session Sharing so, dass beim Start einer Anwendung stets geprüft wird, ob der Benutzer bereits eine Sitzung hält, in der die Anwendung gestartet werden könnte.

Da grundsätzlich weniger Sitzungen auch förderlich für die Last der Server-Farm sind, hat das Session Sharing im Standard Vorrang vor dem Lastenausgleich. Das bedeutet, dass eine zweite Anwendung eines Benutzers auf dem Server gestartet werden würde, auf dem der Benutzer bereits eine Sitzung hat, auch wenn der Server bereits Volllast meldet.

> **Hinweis**
>
> Da es in einigen Fällen sinnvoll sein kann, dieses Verhalten zu ändern, kann die Standardeinstellung über einen Registry-Schlüssel geändert werden. Hierzu kann unter *HKeyLocalMachine\SYSTEM\CurrentControlSet\Control\Citrix\Wfshell\TWI* ein *DWORD*-Wert *SeamlessFlags* angelegt werden. Wenn der Wert auf »1« gesetzt wird, ist das Session Sharing auf diesem Server deaktiviert. Durch Setzen des Wertes »0« oder Löschen des Eintrags wird das Session Sharing wieder aktiviert.

Preferential Load Balancing

Neben diesen Möglichkeiten der Lastenverteilung steht im XenApp 5.0 in der Platinum Edition auch das *Preferential Load Balancing (PLB)* zur Verfügung, welches eine genauere *Steuerung* beziehungsweise *Priorisierung* der Verteilung von Benutzersitzungen ermöglicht. Diese Funktion ermöglicht es somit, Terminalsitzungen für Benutzer mit sehr hohen Anforderungen höher zu priorisieren und anders auf die Server zu routen als die Sitzungen von nieder priorisierten Benutzern.

Ein gerne herangezogenes Beispiel wäre etwa die XenApp-Farm eines Krankenhauses, auf der sowohl Ärzte als auch Krankenschwestern arbeiten. Stellt man sich hierbei einmal vor, dass die Krankenschwestern ihre Sitzungen in erster Linie für die Eingabe von Daten und anderen Standardtätigkeiten nutzen, so wären diese natürlich deutlich geringwertiger zu behandeln als etwa die Sitzung eines Arztes, der während einer OP Zugriff auf die Radiologiedaten des Patienten vor ihm Zugriff nehmen möchte. Das Preferential Load Balacing kann genau dieser Anforderung Rechenschaft tragen, da Sitzung mit entsprechenden Prioritäten versehen werden können.

Um dieses Ziel zu erreichen, können Benutzern, Anwendungen oder beiden gleichzeitig Prioritäten zugewiesen werden.

Die Frage, die sich nun der eine oder andere stellen wird, ist natürlich, wie diese Funktion mit der eben vorgestellten Lastenverteilung der neuen Benutzersitzungen über die Server zusammenspielen kann und wo hier die Schnittstellen liegen – die Antwort ist einfach: Es hat im Prinzip erst einmal nichts miteinander zu tun. (Das ist nicht vollständig korrekt, aber dazu später mehr).

Ein wichtiger Aspekt in diesem Zusammenhang ist somit, dass das PLB in Wirklichkeit mit dem Load Balancing der Benutzersitzungen im Kern relativ wenig zu tun hat, sondern als eine Erweiterung der *Speicher/CPU-Optimierung* zu betrachten ist. Im Kern geht es hierbei darum, dass ein Benutzer oder eine Anwendung mit höherer Priorität auf dem Server mehr CPU-Zyklen zugewiesen bekommt als ein Benutzer/eine Anwendungen mit geringerer Priorität.

Die Aktivierung erfolgt hierbei an verschiedenen Stellen. Zum einen muss das Speicher/CPU-Management auf den Farm-Servern aktiviert werden, wie in Abbildung 6.65 dargestellt (siehe hierzu auch Abschnitt 6.8, »Einstellungen der Farm und Server«).

6 | Konfiguration der Basiskomponenten

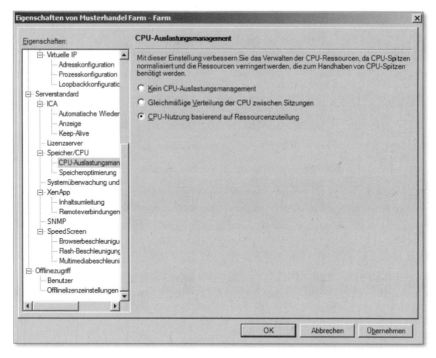

Abbildung 6.65 Aktivieren der CPU-Nutzung basierend auf Ressourcenzuteilung

Sofern die Priorisierung über die Anwendung erfolgen soll, muss anschließend in den Eigenschaften der Anwendung die *Anwendungspriorität* eingestellt werden, wie Abbildung 6.66 zeigt.

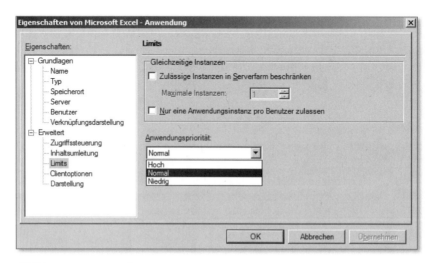

Abbildung 6.66 Einstellen der Anwendungspriorität

Sofern die Priorisierung über den Benutzer erfolgen soll, kann dies über eine XenApp-Richtlinie realisiert werden. Wie in Abbildung 6.67 dargestellt, bietet sich hier unter dem Punkt SERVICELEVEL • SITZUNGSPRIORITÄT die gewünschte Einstellungsmöglichkeit.

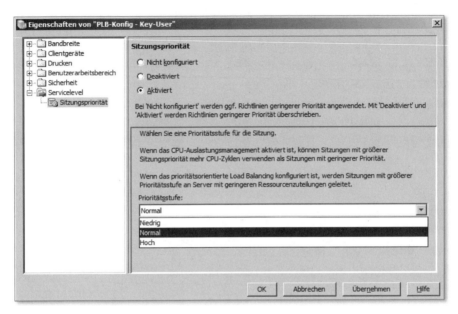

Abbildung 6.67 Sitzungspriorität in den Richtlinien

Weitere Informationen zu der Arbeit mit XenApp-Richtlinien finden sich in Abschnitt 6.5, »System-Richtlinien«.

Wie spielen nun aber die Einstellungsmöglichkeiten zusammen und wie berechnet sich die endgültige Priorität der Sitzung?

Das PLB arbeitet intern mit einer numerischen Darstellung der gewählten Prioritäten: Niedrig entspricht 1, Normal entspricht 2, Hoch entspricht 3. Für die Berechnung der Gesamtpriorität werden nun die Benutzerpriorität und die Anwendungspriorität miteinander multipliziert.

Hat also ein Benutzer die Priorität 3 und die Anwendung die Priorität 2 ist die Gesamtpriorität für diese Sitzung die Priorität 6. Ohne weitere Konfiguration hat jede Anwendung und jeder Benutzer die Priorität 2 (*Normal*) und die Gesamtsitzung somit die Priorität 4.

Sofern ein Benutzer mehrere Anwendungen mit unterschiedlichen Prioritäten gestartet hat, berechnet sich die Gesamtpriorität seiner Sitzung durch Multiplizieren seiner Benutzerpriorität mit der höchsten Priorität einer seiner Anwendungen. Hätte der Benutzer somit die Priorität 3 und zwei Anwendungen gestartet – sagen wir SAPGUI mit Priorität 3 und Outlook mit Priorität 2 – so wäre die Gesamtpriorität seiner Sitzung 9 (3*3).

Kommen wir an dieser Stelle kurz zurück zum Zusammenspiel zwischen der Lastenverteilung für Benutzersitzungen und dem Preferential Load Balancing. Ein paar Seiten vorher hieß es, dass die beiden Punkte im Prinzip nichts miteinander zu tun hätten – sieht man sich die Erläuterungen der letzten Zeilen an, ist dies auch so. Aber: Im Detail ist es wiederum nicht so ganz korrekt, da für die Serverauswahl der Lastenverteilung als weiterer Aspekt tatsächlich auch seine »verplanten« CPU-Zyklen mit zugrunde gelegt werden – sprich: Wenn basierend auf den Faktoren der Lastenauswertungsprogramme zwei Server zur Auswahl für eine neue Benutzersitzung stehen würden und einer davon bereits eine Priorisierungslast von 35 hätte, während der andere nur eine Priorisierungslast von 29 hätte, so würde der Benutzer auf das System mit der Last 29 gelenkt. Insofern gibt es tatsächlich ein Zusammenspiel – dieses ist nur tiefgründiger und komlexer als zunächst erkennbar wäre.

6.2.8 Application Isolation Environments

Gleich vorne weg: Die aus dem Presentation Server 4.0 oder 4.5 bekannten Application Isolation Environments (AIE) sind im XenApp 5.0 nicht mehr enthalten, sondern sind vollständig im Anwendungsstreaming aufgegangen.

Warum nun gibt es aber dann diesen Abschnitt noch? Weil die Theorie hinter den AIE nach wie vor aktuell und auch wichtig für das Streamen von Anwendungen ist – und somit ein kleiner theoretischer Rückblick mit Sicherheit nicht schadet.

Rückblick: Ein Anforderungsszenario

Im Rahmen der Vorstellung des Unternehmens und von dessen Arbeitsprozessen wurde auch das Thema Access-Datenbanken und Access-Anwendungen angesprochen. Für verschiedene Einsatzfälle existieren Datenbankanwendungen für unterschiedliche Access-Versionen, die an den Arbeitsplätzen benötigt werden. Nun ist es aber unter Umständen ein sehr großes Problem, unterschiedliche Versionen von Microsoft Access auf dem gleichen System zu betreiben, da einige Komponenten der Versionen in Konflikt zueinander stehen. Einige DLLs und Registry-Schlüssel werden von den Versionen mit unterschiedlichen Ständen und Einstellungen genutzt.

Bei der Musterhandel GmbH führte dies dazu, dass an den betroffenen Arbeitsplätzen zwei PCs aufgebaut wurden, von denen jeweils einer für die aktuelle Version von Access und der andere für eine ältere Version genutzt wird.

Überträgt man diese Situation wiederum auf eine Terminalserver-Umgebung, so würde dies bedeuten, dass unterschiedliche Terminalserver für die unterschiedlichen Versionen einer Anwendung benötigt würden. Zwar ließe sich dies mit Hilfe der Serverzuweisung einer veröffentlichten Anwendung relativ problemlos lösen, es würde jedoch zu einem gewaltigen Bedarf an Serverhardware und Windows-Server-Lizenzen führen.

Um eben diesem und vergleichbaren Problemen von Anwendungen mit anderen Applikationen oder bestimmten Betriebssystemressourcen einen Riegel vorzuschieben, gab es im Presentation Server 4.0 und 4.5 die Funktion der *Application Isolation Environments* (AIE), der *isolierten Anwendungsumgebungen*.

Funktionsweise der AIE

Bei dieser Technik arbeitete eine veröffentlichte Anwendung nicht mit den »echten« Ressourcen, wie Registry-Schlüsseln und Verzeichnissen, des Betriebssystems, sondern bekam eine eigene virtuelle Umgebung, in der sie ihre Daten und Konfigurationen ablegen konnte. Durch diese Funktion schützte die isolierte Umgebung den Server und die Applikationen vor Konflikten, die andernfalls durch inkompatible Anwendungen hätten auftreten könnten.

Grundsätzlich wurden mit der Aktivierung von AIE Umleitungen von Anwendungszugriffen geschaltet, die gewisse Teile des Betriebssystems simulierten. Dies galt insbesondere für die beiden Bereiche:

▶ **Benutzerprofilstammverzeichnis**
An dieser Stelle ließen sich alternative Dateisystem- und Registry-Pfade für die Datenablage der benutzerspezifischen Daten der Anwendungen konfigurieren. Die hier hinterlegten Pfade bezogen sich alle auf Einstellungen der Anwendung, die im Regelfall im Benutzerprofil abgelegt werden. Sofern die Vorgabewerte beibehalten wurden, landeten die Anwendungseinstellungen zwar auch im Benutzerprofil, jedoch nicht in den allgemein-produktiven Bereichen, sondern in Bereichen, die jeweils nur beim Start der isolierten veröffentlichten Anwendung angesprochen wurden.

▶ **Installationsstammverzeichnis**
Wie bereits bei den Einstellungen für das *Benutzerprofilstammverzeichnis* konnten auch für das *Installationsstammverzeichnis* jeweils die Einstellungen für die Ablage der Dateien und für die Daten der Registry konfiguriert werden. Der Unterschied war jedoch, dass es sich bei diesen Einstellungen nicht um benutzerbezogene, sondern um die generellen Ablagen und Pfade der Anwendungen handelte.

Von einer vollständigen Konfiguration einer isolierten Umgebung waren vier Bereiche betroffen, in denen jedoch in der Regel Standardeinstellungen vorgenommen worden waren, die aus Sicht von Citrix bereits die häufigsten Kompatibilitätsprobleme lösten.

- **Anwendungen**
  Unter *Anwendungen* wurden die Applikationen aufgeführt und verwaltet, die in einer isolierten Umgebung installiert waren oder dieser zugeordnet werden sollten.

- **Regeln**
  Die *Regeln* spezifizierten das konkrete Verhalten der isolierten Umgebung in Bezug auf Dateien, Pfad und Objekte. Hierbei konnte explizit definiert werden, ob Objekte isoliert, umgeleitet oder komplett ignoriert werden sollten. Im Standard existierten an dieser Stelle vier Regeln, die für die häufigsten Probleme definierten, welche Objekte, Dateien und welcher Pfad wie behandelt werden sollten.

- **Sicherheit**
  Im Bereich der *Sicherheit* konnten Einstellungen für Programmstarts aus dem Benutzerprofilverzeichnis definiert werden. Hierfür standen die beiden Optionen *Erhöhte Sicherheit* und *Niedrige Sicherheit* zur Verfügung. Sofern die Option *Erhöhte Sicherheit* gewählt wurde, konnten keine Anwendungen aus dem Benutzerprofilverzeichnis ausgeführt werden, während dies bei *Niedrige Sicherheit* erlaubt gewesen wäre.

- **Stammverzeichnisse**
  Darüber hinaus konnten in Bezug auf *Stammverzeichnisse* die Einstellungen für die virtuellen Dateisystem- und Registry-Pfade, die auf der Ebene der Farm getroffen wurden, für diese spezielle isolierte Umgebung angepasst werden. Dies konnte zum Beispiel notwendig sein, wenn für eine spezielle Anwendung eigene Einstellungen getroffen werden sollten. In einem solchen Fall konnte für diese Anwendung eine eigene isolierte Umgebung mit den spezifischen Einstellungen erstellt werden.

Basis für das Anwendungsstreaming

Wie eingangs bereits angekündigt, stellten die Application Isolation Environments seinerzeit die technologische Basis für die heutigen Funktionen des Anwendungsstreamings, das im Kern mit ähnlichen Mitteln in Form von *Anwendungsprofilen* arbeitet, um Anwendungen ohne Installation auf einem Endgeräte starten zu können. Da sich im diesem Bereich jedoch deutliche Funktionssteigerungen ergeben haben, sind die ursprünglichen Application Isolation Environments heute einfach nicht mehr zeitgemäß und dementsprechend aus dem XenApp als eigenständige Funktion entfallen.

Weitere Informationen zu diesem Thema finden Sie in Abschnitt 7.2, »Anwendungsstreaming mit dem Streaming Server«.

6.3 Konfiguration des ICA-Protokolls

Neben der großen Anzahl der Funktionalitäten, die die Farm, der IMA-Dienst und die vielen weiteren Komponenten einer XenApp-Umgebung bieten, darf nicht darüber hinweggesehen werden, was als Basis für den eigentlichen Zugriff auf diese Funktionen und Techniken genutzt wird.

Für den Benutzer, der täglich damit arbeiten soll, ist nicht interessant, wie und wo die Anwendungen installiert sind oder wie er auf diese verteilt wird. Ihn interessiert nur, wie stabil und schnell seine Sitzung ist und welche Ressourcen ihm in dieser Sitzung zur Verfügung stehen. Aus diesem Grund widmet sich dieser Abschnitt den Möglichkeiten und der Konfiguration des *ICA-Protokolls*.

Um sich ein Bild über die Möglichkeiten und Funktionen des ICA-Protokolls zu machen, muss man sich zunächst klar machen, wie man dieses Protokoll in Zugriff nehmen kann. Wer bereits viel mit den Microsoft-Terminaldiensten gearbeitet hat, wird jetzt sofort auf die Terminaldienstekonfiguration tippen, die als Zugangspunkt für das RDP-Protokoll genutzt wird.

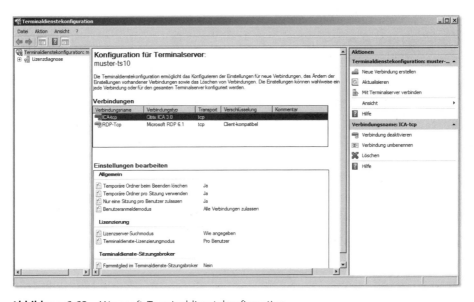

Abbildung 6.68 Microsoft-Terminaldienstekonfiguration

Seit dem Presentation Server 4.5 ist die Terminaldienstekonfiguration auch das Werkzeug der Wahl für die Konfiguration des ICA-Protokolls.

> **Hinweis**
>
> Die *Citrix-Verbindungskonfiguration*, die bis zum Presentation Server 4.0 zur Verfügung stand, ist mit der Version 4.5 entfallen.

Über die *Verbindungen* der Terminaldienstekonfiguration werden die verfügbaren Verbindungsprotokolle RDP und ICA angezeigt. Durch einen *Doppelklick auf ICA-tcp* gelangt man in die Eigenschaften des Protokolls, um aktuelle Einstellungen einsehen oder bearbeiten zu können.

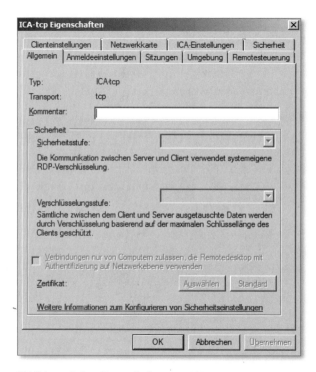

Abbildung 6.69 Eigenschaften von ICA-tcp

Über den Reiter NETZWERKKARTE lassen sich die Bindungen des ICA-Protokolls einsehen und bearbeiten, wie in Abbildung 6.70 gezeigt.

Konfiguration des ICA-Protokolls | 6.3

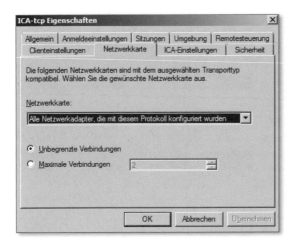

Abbildung 6.70 Netzwerkkarte

Dieses Fenster beinhaltet zwei Einstellungen, die bei Bedarf angepasst werden können.

- **Netzwerkadapter**
  In dem Auswahlmenü unter LAN-Adapter lässt sich bestimmen, auf welchen Netzwerkadaptern das ICA-Protokoll gebunden werden soll. Sofern man ein System mit mehreren Netzwerkkarten in unterschiedlichen Netzwerksegmenten hätte, könnte man an dieser Stelle beispielsweise das Prokoll nur auf eine der Karten binden und somit den Zugriff aus den anderen Segmenten unterbinden.

> **Achtung**
>
> Diese Einstellung ist im Hinblick auf die *Sitzungszuverlässigkeit* mit Vorsicht zu behandeln, da bei aktivierter Sitzungszuverlässigkeit der XTE-Dienst mit dem internen Adapter kommuniziert, der hier nicht zur Auswahl steht. Ein ungünstige Konfiguration an dieser Stelle kann somit zu einer Fehlfunktion bzw. keiner Funktion der Sitzungszuverlässigkeit führen.

- **Max. Anzahl von Verbindungen**
  Über diese Optionsfelder kann die maximale Anzahl von Verbindungen über das ICA-Protokoll beschränkt werden.

Sitzungseinstellungen

Sieht man sich diese Konfigurationsbereiche im Detail an, so bietet der Bereich *Sitzungen* eine Reihe von Optionen, mit denen sich das Verhalten von Sitzungen im Hinblick auf Last und Leistung eines Servers deutlich optimieren lässt.

6 | Konfiguration der Basiskomponenten

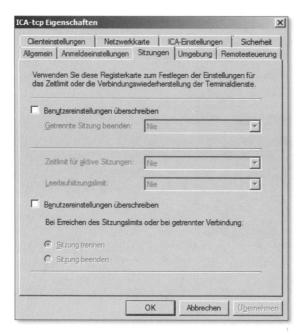

Abbildung 6.71 Sitzungseinstellungen

In diesem Bereich sind insbesondere die Optionen für die Timeout-Einstellungen von großer Bedeutung für das Verhalten des Servers. Oftmals büßen Server mit sehr langer Laufzeit viel Leistung ein, weil sie mit der Verwaltung von getrennten oder leer laufenden Sitzungen beschäftigt sind. Dies kann beispielsweise durch das automatische Zurücksetzen von getrennten Sitzungen nach einer gewissen Zeit optimiert werden. So könnte man sagen, dass Sitzungen, die länger als 15 Minuten getrennt sind, automatisch beendet werden, um Ressourcen auf dem Server zu sparen.

ICA-Einstellungen

Unter dem Reiter ICA-EINSTELLUNGEN finden sich spezifische Konfigurationsoptionen für das ICA-Protokoll, die direkt einige der Funktionen des XenApp 5.0 adressieren.

In diesem Fenster kann beispielsweise die Client-Tonqualität eingestellt werden. Hierzu stehen die Optionen *Hoch*, *Mittel* und *Niedrig* zur Verfügung, wobei die Beschreibung jeweils spezifiziert, welche Qualität bei der jeweiligen Einstellung zu erwarten ist.

Konfiguration des ICA-Protokolls | 6.3

Auch die generellen Optionen für die Benutzersitzungen, wie etwa das Verhalten bei der Integration von Clientdruckern oder dem Spiegeln von Benutzersitzungen, können an dieser Stelle konfiguriert werden.

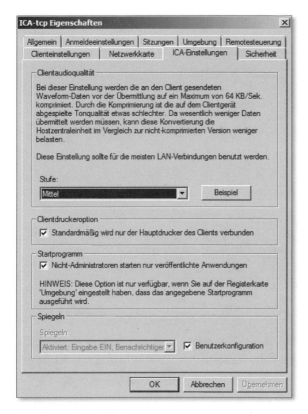

Abbildung 6.72 ICA-Einstellungen

Allerdings wird man feststellen, dass die Möglichkeiten relativ eingeschränkt sind. Der Hintergrund hierfür ist einfach – eigentlich ist dies nicht das richtige Werkzeug. Aus der Strategie heraus sollten alle diese Einstellungen nicht mehr lokal an jedem Server vorgenommen werden, sondern zentral über entsprechende Richtlinien.

Client-Einstellungen

Im Konfigurationsfenster der *Clienteinstellungen* können alle Einstellungen bearbeitet werden, die mit der Einbindung von Client-Ressourcen in die Terminalserver-Sitzung zu tun haben.

6 | Konfiguration der Basiskomponenten

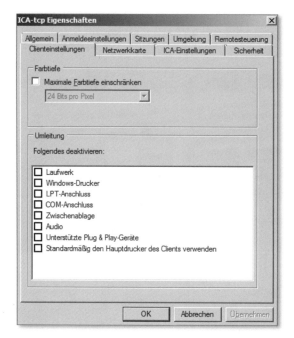

Abbildung 6.73 Clienteinstellungen

Protokoll-Berechtigungen

Darüber hinaus ist es mit der Terminaldienstekonfiguration möglich, Berechtigungen für die Verbindungsprotokolle zu vergeben. Hierzu kann im Startfenster der Anwendung über SICHERHEIT • BERECHTIGUNGEN sowohl für das RDP als auch für das ICA-Protokoll bestimmt werden, welcher Benutzer oder welche Gruppe welche Berechtigungen auf das Protokoll bekommt.

Bei einer Durchsicht der vorhandenen Berechtigungen fällt insbesondere eine Gruppe auf, die bereits bei der Installation von XenApp in Erscheinung getreten ist – die *Remotedesktopbenutzer*. Sieht man sich nun deren Berechtigungen an, so wird deutlich, was es mit dieser Gruppe auf sich hat. Es handelt sich hierbei nicht um eine »mystische« Gruppe, die auf geheimnisvolle Weise in der Lage ist, eine Terminalsitzung aufzubauen, sondern einfach um eine Gruppe, die *Benutzer*rechte auf das ICA- (und RDP-)Protokoll hat.

Mit diesem Wissen im Hinterkopf ist es auch kein Problem mehr, alternative Gruppen mit den entsprechenden Berechtigungen zu versehen, um Terminalsitzungen aufbauen zu können. Auch der umgekehrte Fall, einzelnen Benutzern den Zugriff zu verweigern, ist durch eine entsprechende Konfiguration an dieser Stelle kein Problem mehr.

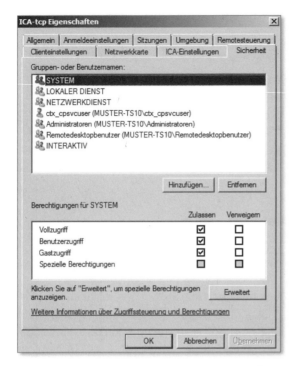

Abbildung 6.74 Berechtigungen des ICA-Protokolls

> **Hinweis**
>
> Nebenbei: Unter Windows 2000 gab es den Remote-Verwaltungsmodus, in dem nur zwei Administratoren Zugriff auf dem Terminalserver hatten. Warum wohl? Durch eine entsprechende Anpassung der RDP-Berechtigungen konnte ohne Probleme eine beliebige Benutzergruppe in die Lage versetzt werden, den Remote-Verwaltungsmodus zu nutzen. Einzig die Begrenzung auf zwei Sitzungen war nicht ohne Weiteres zu umgehen.

6.4 Die Clientsoftware – der Schlüssel zum Erfolg

Neben allen bisher betrachteten zentralen Komponenten hängt ein sehr großer Teil der Leistungsfähigkeit einer XenApp-Umgebung an der angeboten Clientsoftware. Genau in diesem Punkt liegt auch ein weiterer und häufig unterschätzter Vorteil des XenApp gegenüber den Microsoft-Terminaldiensten. Während es ausgesprochen schwer ist, RDP-Clients für Nicht-Microsoft-Betriebssysteme zu finden, bietet Citrix von Haus aus Clients für so ziemlich jedes Betriebssystem. Der kleinste gemeinsame Nenner für die exotischsten Endgeräte ist hierbei ein Client für Java, der auf jedem Gerät ausgeführt werden kann, das eine Java-Runtime-Umgebung bietet. Grundsätzlich stehen Clients für folgende Systeme zur Verfügung:

- **WIN32**
  Der Win32-Client ist die leistungsfähigste aller Client-Versionen. Er unterstützt alle Funktionen des XenApp 5.0 und kann in vier Ausprägungen eingesetzt werden – als Passthrough-Client auf Terminalservern, als Program Neighborhood, als XenApp Plugin (Program Neighborhood Agent) und als Webclient. Der Win32-Client kann auf allen Windows-32-Bit-Betriebssystemen installiert und eingesetzt werden. Er steht mittlerweile aber auch für 64-Bit-Windows-Versionen zur Verfügung.

- **WIN16**
  Neben dem Client für die 32-/64-Bit-Versionen von Windows existiert auch nach wie vor ein Client für 16-Bit-Windows. Hierbei stehen jedoch nicht alle Funktionen zur Verfügung, die der 32-Bit-Client bietet.

- **DOS**
  Wie bei dem Win16-Client stehen auch bei dem DOS-Client nicht alle Funktionalitäten des XenApp zur Verfügung. Im Regelfall würde über diesen Client eine veröffentlichte Program Neighborhood gestartet und von dort aus auf die weiteren veröffentlichten Anwendungen zugegriffen. Der DOS-Client ist jedoch auch der einzige Client, der eine veröffentlichte DOS-Anwendung im Vollbildmodus darstellen kann.

- **ICAJAVA**
  Der flexibelste Vertreter der Clientsoftware ist der Client für Java. Seine einzige Voraussetzung ist eine installierte Java-Runtime-Umgebung, was ihn für nahezu jedes Betriebssystem qualifiziert. Sein häufigster Einsatzfall ist jedoch im Bereich des *Webinterface* zu finden, bei dem er zur Laufzeit heruntergeladen und gestartet werden kann, um eine Anwendung auf einem beliebigen Endgerät ohne vorherige Installationen bereitstellen zu können.

- **ICAOS2**
  Da insbesondere im Banken- und Sparkassen-Umfeld noch sehr stark mit OS/2 gearbeitet wird, steht auch hierfür ein spezieller Client zur Verfügung.

- **MAC-Client**
  Für Macintosh-Betriebssysteme stehen unterschiedliche Clients zur Verfügung. Während besonders bei älteren Versionen des MAC OS ein eigener Client genutzt wurde, wird bei den aktuelleren Versionen häufig auf den Java-Client zurückgegriffen.

- **WinCE/Pocket PC**
  Für mobile Windows-Systeme stehen eine Reihe von Clients für die unterschiedlichen Systemtypen wie MIPS, ARM oder x86-basierte Systeme zur Ver-

fügung. Abhängig vom Typ und System des Endgerätes muss der entsprechende Client genutzt werden.

- **EPOC/Symbian OS**
  Wie auch bei den WinCE-/Pocket-PC-Clients stehen auch die Clients für Smartphones in unterschiedlichen Versionen je nach System zur Verfügung. Einige Beispiele hierfür sind Psion, Nokia Communicator und Sony-Ericsson Pxxx.

- **UNIX**
  Da es eine große Anzahl unterschiedlicher Unix-Derivate gibt, ist auch die Palette der verfügbaren Clients dementsprechend groß. Sie reicht von Linux, AIX, Solaris über SCO und HP UX bis zu SunOS. Es sollte jeweils der dem Betriebssystem entsprechende Client verwendet werden, wobei im Zweifel auch auf einen Java-Client zurückgegriffen werden könnte.

Da an dieser Stelle nicht im Detail auf alle diese Clients eingegangen werden kann, wird das Hauptaugenmerk auf die Win32-Clients gelegt, die am weitesten verbreitet sind und insbesondere für den Einstieg in die XenApp-Umgebung die größte Rolle spielen.

6.4.1 Program Neighborhood

Die *Program Neighborhood* ist aus der Historie heraus der »Standard-Client« für Windows-Betriebssysteme, der sowohl einen sehr hohe Automatisierungs- und Steuerungsgrad als auch die Möglichkeit zur eigenständigen Konfiguration bietet. Sieht man sich die Möglichkeiten der Program Neighborhood etwas genauer an, wird deutlich, was damit gemeint ist.

> **Hinweis**
>
> Wichtig ist hierbei die Formulierung »aus der Historie heraus« – in aktuellen Umgebungen erfreut sich die Program Neighborhood einer sehr großen Verbreitungung und bietet tatsächlich alle Möglichkeiten in Bezug auf Verbindungen und Funktionalitäten. Jedoch hat sie Schwächen im Bereich der zentralen Administration. Aus diesem Grund ist der Xen-App Agent auf dem besten Wege, ihr den Rang abzulaufen – was man beispielsweise auch daran sieht, dass die Program Neighborhood seit dem XenApp 5.0 bei der Installation auf dem XenApp-Server während des Setups standardmäßig deaktiviert ist.

Um sich in die gebotenen Möglichkeiten einzuarbeiten, sollte die Program Neighborhood auf einem Client installiert und gestartet werden. Das erste Fenster, das sich nach dem Start zeigt, ist eine Übersicht der zur Verfügung stehenden Optionen, wie in Abbildung 6.75 dargestellt.

6 | Konfiguration der Basiskomponenten

Abbildung 6.75 Startfenster der Program Neighborhood

Grundsätzlich bestehen zwei unterschiedliche Wege, eine Verbindung zu einem Terminalserver aufzubauen – über eine *Anwendungsgruppe* (Farm) oder über eine *benutzerdefinierte ICA-Verbindung*.

Benutzerdefinierte ICA-Verbindung

Sieht man sich zunächst den Weg über eine benutzerdefinierte ICA-Verbindung an, so lässt sich über einen Assistenten mittels ICA-VERBINDUNG HINZUFÜGEN eine Verbindung zu einem Server konfigurieren, bei der alle Parameter in der Konfiguration vorgegeben werden müssen.

Im ersten Schritt des Assistenten kann der Verbindungstyp ausgewählt werden. Hierfür steht eine Liste mit vier Optionen zur Verfügung. Abhängig vom hier gewählten Verbindungstyp werden womöglich weitere Assistenten, beispielsweise für die Erstellung einer DFÜ-Verbindung, gestartet. Sollte eine feste Netzwerkverbindung zwischen dem Client und dem Server bestehen, ist die Option *LAN* grundsätzlich niemals falsch.

Abbildung 6.76 Neue ICA-Verbindung hinzufügen

Der nächste Schritt befasst sich bereits mit der Adressierung der gewünschten Ressource.

Abbildung 6.77 Adresse des Servers oder der Ressource

An dieser Stelle steht nun eine Reihe von Auswahloptionen zur Verfügung, von denen die Bezeichnung der Verbindung die einfachste ist. Die drei anderen Optionen sind von deutlich höherer Bedeutung für die Funktionalität der ICA-Verbindung.

- **Netzwerkprotokoll**
  Das Auswahlmenü des Netzwerkprotokolls bezieht sich auf den gewünschten Weg, um mit dem Server in Kontakt zu treten – Stichwort: ICA-Browsing. Hierbei stehen sechs Optionen zur Verfügung. *TCP/IP+HTTP* bezieht sich hierbei auf eine Verbindungsinitialisierung und Informationsabfrage über den XML-Dienst. Die Option *SSL/TLS+HTTPS* beschreibt im Kern den gleichen Weg, jedoch mit einer SSL-Verschlüsselung über den SSL-Relay-Dienst. *TCP/IP* entspricht einem reinen IP-Broadcast.
  Im Regelfall sollte die Standardeinstellung TCP/IP+HTTP genutzt werden, um die Last im Netzwerk möglichst gering zu halten.

- **Server oder veröffentlichte Anwendung**
  Grundsätzlich besteht bei einer benutzerdefinierten ICA-Verbindung sowohl die Möglichkeit, sich mit dem Desktop eines Servers zu verbinden, als auch die Möglichkeit, eine Verbindung mit einer veröffentlichten Ressource herzustellen. Um eine Verbindung mit einem Server aufzubauen, müsste in dieses Feld nur der Name oder die IP-Adresse des Servers eingetragen werden. Sofern der Desktopzugriff in den ICA-Eigenschaften des Servers erlaubt ist, sollte die Verbindung auf Anhieb funktionieren.

Um eine veröffentlichte Anwendung zu starten, muss diese aus der Liste der veröffentlichten Anwendungen ausgewählt werden. Im Regelfall wird in dieser Liste jedoch nichts zu sehen sein, bis unter der Schaltfläche SERVERSTANDORT ein Server der Farm angegeben wurde, da der Client sonst nicht weiß, wohin er sich für die Suche nach veröffentlichten Anwendungen wenden soll.

- **Serverstandort**
  Über die Schaltfläche SERVERSTANDORT kann die Adresse eines Servers oder einer Farm für den Zugriff auf veröffentlichte Ressourcen konfiguriert werden. Da der Standort eines Servers insbesondere für die Auflistung von veröffentlichten Anwendungen benötigt wird, sollte er hierfür immer eingepflegt werden.

Abbildung 6.78 Serverstandort

Betrachtet man die Standardeinstellungen für den Serverstandort, wird plötzlich deutlich, warum ein Host-Eintrag für *ica* im DNS von großer Bedeutung ist. Im Standard wird für die Adressliste von XenApp-Servern der Name *ica* im DNS aufgelöst.

Sollte dieser Eintrag nicht existieren oder nicht korrekt aufgelöst werden können, kann an dieser Stelle manuell ein Servername oder eine entsprechende IP-Adresse eingetragen werden. Ebenfalls kann an dieser Stelle eine Adressliste für die jeweiligen Transportprotokolle hinterlegt werden, so dass beispielsweise für eine SSL/TLS-Verbindung eine andere Adressliste genutzt wird als für TCP/IP.

Die Clientsoftware – der Schlüssel zum Erfolg | **6.4**

Nach der erfolgreichen Konfiguration des Serverstandortes können sowohl Server als auch veröffentlichte Anwendungen aus dem Pulldown-Menü ausgewählt werden.

Abbildung 6.79 Auswahl einer veröffentlichten Anwendung

Im darauf folgenden Konfigurationsschritt können die Darstellungsoptionen ausgewählt werden. Hierbei kann zwischen der Darstellung in einem Fenster und einer Seamless-Darstellung gewählt werden.

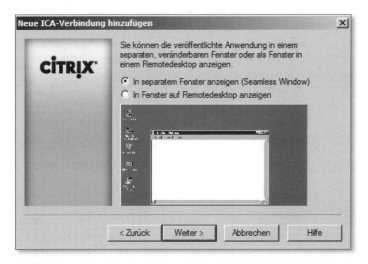

Abbildung 6.80 Darstellungseinstellungen

Analog zu den Einstellungen bei der Erstellung einer veröffentlichten Anwendung kann auch bei der Erstellung einer benutzerdefinierten ICA-Verbindung der gewünschte Verschlüsselungsgrad angegeben werden.

Abbildung 6.81 Verschlüsselung und Sitzungszuverlässigkeit

Da die Option der Sitzungszuverlässigkeit von den Einstellungen und Möglichkeiten des Servers abhängig ist, kann es hierbei notwendig sein, die Vorgabewerte anzupassen. Die Konfiguration der Anmeldedaten und der darzustellenden Farbanzahl für die Sitzung ist nach den persönlichen Wünschen zu gestalten. Nach der Beendigung des Assistenten ist die Konfiguration abgeschlossen und die benutzerdefinierte ICA-Verbindung kann aufgerufen werden.

Abbildung 6.82 Die fertige benutzerdefinierte Verbindung

Solche benutzerdefinierten ICA-Verbindungen sind grundsätzlich immer dann sinnvoll, wenn es um einen Verbindungstest oder eine Spezialanforderung geht. Für einen normalen Benutzer ist diese Vorgehensweise wenig sinnvoll, da für jede Anwendung, mit der gearbeitet werden soll, dieser Assistent genutzt werden muss. Alle Vorteile im Hinblick auf zentrale Konfiguration und Dynamik von veröffentlichten Anwendungen gehen damit weitestgehend verloren.

Verbindung zu einer Anwendungsgruppe

Um aber diese Vorteile nutzen zu können, besteht neben der Möglichkeit, benutzerdefinierte Verbindungen zu erstellen, auch die Möglichkeit, sich mit einer

Anwendungsgruppe zu verbinden, in der die für den Benutzer zur Verfügung stehenden Ressourcen aufgeführt werden. Um eine Verbindung mit einer Server-Farm herzustellen, kann ein entsprechender Assistent über NEUE ANWENDUNGSGRUPPE SUCHEN gestartet werden.

Der erste Schritt des Assistenten befasst sich analog zu einer benutzerdefinierten ICA-Verbindung mit der Auswahl des entsprechenden Verbindungstyps. Doch schon im zweiten Schritt werden die Unterschiede zwischen den beiden Assistenten deutlich. Bei dem Assistenten für die Suche einer Anwendungsgruppe besteht keine Möglichkeit, eine manuelle Verbindung auszuwählen, sondern es existiert ausschließlich der Weg über den *Serverstandort*, um einen Server oder mehrere Server, bevorzugt den Datensammelpunkt, der Farm anzugeben.

Abbildung 6.83 Auswahl der Anwendungsgruppe

Die Konfiguration des Serverstandortes erfolgt hierbei nach dem gleichen Muster wie bei der Erstellung einer benutzerdefinierten Verbindung.

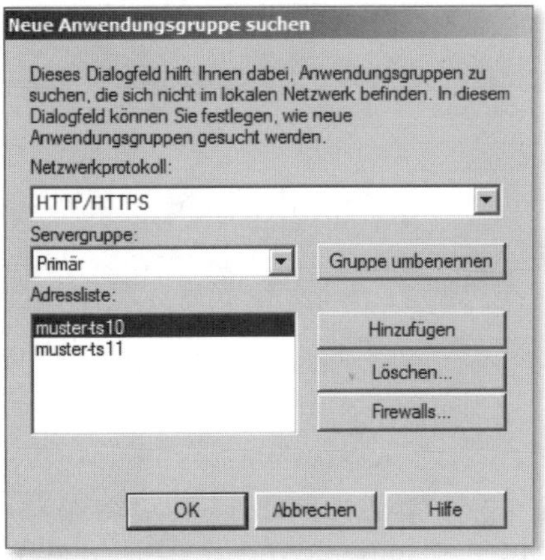

Abbildung 6.84 Konfiguration des Serverstandortes

Im Anschluss an die Konfiguration des Serverstandortes steht die gewünschte Anwendungsgruppe im Pulldown-Menü zur Verfügung und kann ausgewählt werden.

Im letzten Schritt des Konfigurationsassistenten können nun die gewünschten Darstellungsoptionen gewählt werden.

Abbildung 6.85 Darstellungsoptionen der Anwendungsgruppe

Nach dem Abschluss des Assistenten steht die Farm in der Program Neighborhood zur Verfügung und kann von da aus angesprochen werden.

Abbildung 6.86 Die verbundene Farm

Eigenschaften einer Anwendungsgruppe

Betrachtet man nun die ANWENDUNGSGRUPPEN-EINSTELLUNGEN, so können weitere Einstellungen an der Anwendungsgruppe vorgenommen werden, die während des Assistentendurchlaufs nicht zur Verfügung standen und die Leistungsfähigkeit des Clients weiter verbessern. Das erste Beispiel hierfür findet sich unter dem Reiter VERBINDUNG in den Anwendungsgruppen-Einstellungen, wie in Abbildung 6.87 gezeigt.

Neben der Konfiguration des *Verbindungstyps* und des *Serverstandortes* findet sich hier eine Option für die *automatische Erkennung des Netzwerkprotokolls*. Diese Option führt im Standard dazu, dass bei jedem Start des Clients über alle verfügbaren Netzwerkprotokolle getestet wird, ob ein XenApp-Server greifbar ist. Zu diesen Protokollen gehört aber beispielsweise auch das Broadcast-basierte TCP/IP-Verbindungsprotokoll, was ohne unser Wissen und Zutun von jedem Client aus die Netzwerklast nach oben treibt. Es ist somit äußerst sinnvoll, die automatische Erkennung zu deaktivieren und fest ein Nicht-Broadcast-Verbindungsprotokoll einzustellen.

Abbildung 6.87   Eigenschaften der Farm – Verbindung

Unter dem Reiter STANDARDOPTIONEN lassen sich eine Reihe von Einstellungen vornehmen, die sich auf die Leistung und Darstellung von Verbindungen auswirken.

▸ **Datenkomprimierung verwenden:**
  Diese Option verringert die übertragene Datenmenge zwischen dem Client und der Farm, da die übertragenen Daten komprimiert werden. Diese Kompression benötigt jedoch zusätzliche Prozessorressourcen sowohl auf dem

Client als auch auf dem Server. Bei begrenzter Bandbreite überwiegt jedoch in der Regel der Zuwachs an Verbindungsgeschwindigkeit.

▶ **Bitmaps auf Festplatte zwischenspeichern**
Die Option *Bitmaps auf Festplatte zwischenspeichern* kann aktiviert werden, um häufig verwendete Objekte auf der Festplatte des Clients zu speichern. Bei Bedarf können sie dann von dort geöffnet werden und müssen nicht erneut übertragen werden. Wie schon bei der Datenkomprimierung lässt sich auch mit dieser Option insbesondere bei beschränkter Bandbreite eine deutliche Verbesserung der Verbindungsgeschwindigkeit erreichen. Für Wählverbindungen ist der Festplatten-Cache standardmäßig aktiviert.

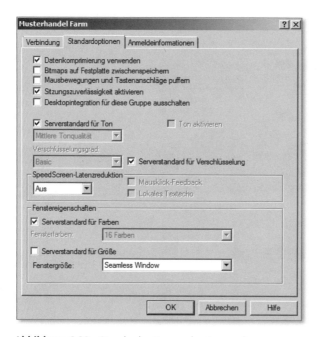

Abbildung 6.88 Standardoptionen der Anwendungsgruppe

▶ **Mausbewegungen und Tastenanschläge puffern**
Durch Aktivieren dieser Einstellung werden Maus- und Tastaturaktualisierungen nicht so häufig an den Server gesendet. Die Folgen sind eine verbesserte Leistung bei schmalen Bandbreiten, aber auch verzögerte Reaktionen auf Maus- oder Tastatureingaben.

▶ **Sitzungszuverlässigkeit aktivieren**
Durch die Sitzungzuverlässigkeit werden Anwendungsfenster bei einer Trennung der Sitzung geöffnet gehalten, während im Hintergrund ein Wiederverbindungsversuch gestartet wird. Dies verhindert eine komplette »Neuorgani-

sation« der Arbeitsumgebung, wie sie bei einem Verbindungsabbruch ohne Sitzungszuverlässigkeit auftreten würde.

▸ **Desktop-Integration für diese Gruppe ausschalten**
Das Ausschalten der Desktop-Integration verhindert, dass Desktopverknüpfungen oder Einträge im Startmenü für die veröffentlichten Ressourcen erstellt werden. Diese Option ist beispielsweise für einen Administrator, der auf alle veröffentlichten Ressourcen zugreifen darf, sehr sinnvoll, da eine Überflutung des Desktops verhindert wird. Für einen normalen Benutzer ist diese Option nicht zu empfehlen, da viele Vorteile der Anwendungsveröffentlichung hiermit ungenutzt blieben.

▸ **Ton aktivieren/Qualität**
Sofern die Einbindung von Audiogeräten in die Sitzung aktiviert ist, können veröffentlichte Anwendungen Audioinhalte auf dem Client-Gerät wiedergeben. Diese Option stellt die Möglichkeit sowohl der Deaktivierung als auch der Einstellung der Tonqualität.

In Bezug auf die Tonqualität ist zu beachten, dass eine höhere Tonqualität immer auch mit einem höheren Bandbreitenbedarf einhergeht.

▸ **Verschlüsselungsgrad**
An dieser Stelle kann der gewünschte Verschlüsselungsgrad aus einem Dropdown-Menü gewählt werden. Um den gewünschten Verschlüsselungsgrad nutzen zu können, muss der Server ihn ebenfalls mindestens unterstützen.

▸ **SpeedScreen-Latenzreduktion**
Die Latenzreduktion ermöglicht eine Verringerung der Verzögerung zwischen einer Maus- oder Tastatureingabe und der sichtbaren Aktion auf dem Bildschirm. Diese Funktion muss sowohl auf dem Client als auch auf dem Server aktiviert und entsprechend konfiguriert sein, um genutzt werden zu können.

▸ **Fensterfarben**
Diese Einstellung definiert die gewünschte Farbtiefe, die von einer ICA-Verbindung verwendet werden soll.

▸ **Fenstergröße**
In diesem Menüfeld lässt sich die gewünschte Fenstergröße für die ICA-Sitzung auswählen. Für den Einsatz in einem Windows-Netzwerk empfiehlt sich hierbei die Option *Seamless Window*, um die Nutzung eines Terminalservers für die Benutzer transparent zu machen.

> **Hinweis**
> Viele dieser Einstellungen wirken sich stark auf die benötigte Bandbreite und somit die Verbindungsgeschwindigkeit aus. Aus diesem Grund sollten Änderungen an dieser Stelle ausschließlich wohl bedacht und getestet geschehen.

Anmeldeinformationen

Der letzte Reiter in den Anwendungsgruppen-Eigenschaften ist *Anmeldeinformationen*, unter dem die Authentifizierung an der Farm konfiguriert werden kann. Hierbei stehen drei Optionen zur Verfügung.

- **Lokaler Benutzer**
  Die Authentifizierung mit einem lokalen Benutzer bezieht sich auf die Anmeldung mit den lokal genutzten Anmeldeinformationen, also dem Benutzernamen, mit dem auch die Anmeldung am Endgerät erfolgt ist. Sofern während der Installation des Citrix-Clients die Funktion der *Passthrough-Authentifizierung* mit installiert worden ist, kann an dieser auch über das GINA-Chaining ohne erneute Eingabe des Kennwortes authentifiziert werden.

Abbildung 6.89 Anmeldeinformationen

Falls die Option *Passthrough* während der Client-Installation nicht aktiviert wurde, steht die Passthrough-Authentifizierung an dieser Stelle nicht zur Verfügung.

- **Smartcard**
  Alternativ zu der Übernahme der lokalen Benutzerinformationen besteht auch die Möglichkeit der Nutzung einer Smartcard für die Anmeldung an der Farm.

▶ **Angegebene Anmeldeinformationen**
Um für die Anmeldung an der XenApp-Farm alternative Anmeldeinformtionen zu nutzen, die nicht mit den lokalen übereinstimmen, können auch freie Anmeldedaten eingegeben und auf Wunsch gespeichert werden. Diese Option ist beispielsweise dann sinnvoll, wenn von einem Endgerät auf die Farm zugegriffen werden soll, das nicht Mitglied der Domäne der Terminalserver ist.

ICA-Einstellungen der Program Neighborhood

Neben den Einstellungen auf der Ebene einer Anwendungsgruppe können auch *ICA-Einstellungen* für den gesamten Client konfiguriert werden. Diese Einstellungen finden sich im Menü EXTRAS • ICA-EINSTELLUNGEN.

Abbildung 6.90 ICA-Einstellungen der Program Neighborhood

Im Bereich *Allgemein* finden sich zunächst sämtliche Einstellungen, die für die Funktion der Program Neighborhood und der Verbindungen von Bedeutung sind.

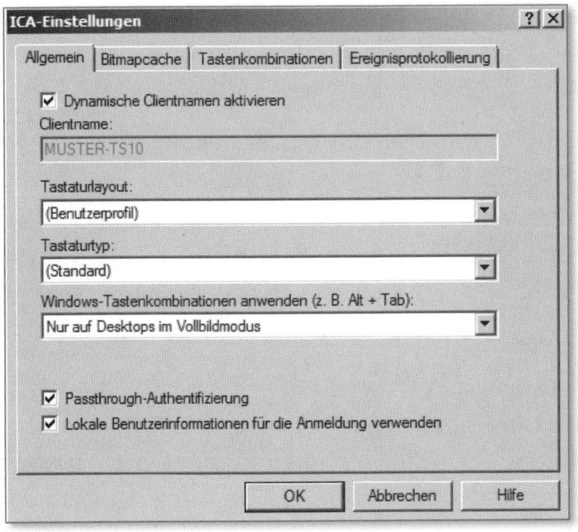

Abbildung 6.91 Allgemeine ICA-Einstellungen

- **Dynamische Client-Namen aktivieren**
  Durch diese Option wird der Client-Name für ICA-Verbindungen mit dem Namen des Endgerätes abgeglichen. Dies ist zum Beispiel dann wichtig, wenn ein Administrator den Namen des Endgerätes ändert. Da der Client-Name für den Zugriff auf eine Server-Farm eindeutig sein muss, können durch die dynamische Aktualisierung des Client-Namens Probleme vermieden werden.

- **Tastaturlayout**
  Diese Einstellung definiert das zu verwendende Tastaturlayout für ICA-Sitzungen. Im Standard wird das Tastaturlayout des Benutzerprofils verwendet.

- **Tastaturtyp**
  Analog zum *Tastaturlayout* kann auch ein *Tastaturtyp* konfiguriert werden. Sofern keine spezielle Einstellung erfolgt, wird auch an dieser Stelle die Einstellung des Benutzerprofils genutzt.

- **Windows-Tastenkombinationen anwenden**
  Diese Option definiert, wann und wie Windows-Tastenkombinationen angewendet werden sollen. Über das Pulldown-Menü kann eine ensprechende Auswahl getroffen werden.

- **Verbindungsdialog beim Herstellen von Wählverbindungen anzeigen**
  Ein Aktivieren dieser Option führt dazu, dass bei Wählverbindungen das Dialogfeld für den Verbindungsaufbau angezeigt wird.

- **Passthrough-Authentifizierung**
  Ein Administrator kann diese Option am Client-Gerät aktivieren, um Benutzern eine Anmeldung am Terminalserver mit seinen lokalen Anmeldeinformationen zu ermöglichen. Die Voraussetzung hierfür ist die Auswahl der benötigten Komponenten während der Client-Installation und ein Aktivieren durch den Benutzer in den Eigenschaften der Anwendungsgruppe.

- **Lokale Benutzerinformationen für die Anmeldung verwenden**
  Über diese Option können die lokalen Anmeldeinformationen, die für die Anmeldung an der Server-Farm verwendet wurden, automatisch an alle zu startenden Anwendungen durchgereicht werden. Sofern diese Option nicht aktiviert ist, müsste der Benutzer beim Start einer Anwendung immer erneut sein Kennwort eingeben, was bei der Arbeit mit vielen veröffentlichten Anwendungen zu einem deutlichen Komfortverlust führt.

Die drei weiteren Reiter *Bitmapcache*, *Tastenkombinationen* und *Ereignisprotokollierung* beinhalten Einstellungsoptionen für die Funktionsweise der Program Neighborhood selbst.

- **Bitmapcache**
  Unter dem Reiter *Bitmapcache* besteht die Möglichkeit, das Verhalten, das maximale Datenvolumen und die Pfade für die in den Eigenschaften einer Anwendungsgruppe konfigurierbare Zwischenspeicherung von Bitmaps zu aktivieren. Im Regelfall können diese Einstellungen im Standard belassen werden, da sie bereits für die übliche Verwendungsweise optimiert sind.

  Da der Pfad für die Zwischenspeicherung der Bitmaps jedoch im Benutzerprofil liegt, kann es insbesondere bei servergespeicherten Benutzerprofilen zu längeren Ladezeiten während der An- und Abmeldung führen. Dies lässt sich durch eine Reduzierung der *Bitmapcache-Größe* optimieren, da hierdurch bei einer An- oder Abmeldung weniger Daten zwischen dem Client und dem Server ausgetauscht werden müssen.

- **Tastenkombinationen**
  Da eine Reihe von Tastenkombinationen bei einer geöffneten Terminalsitzung sowohl für das Client-Gerät als auch für die Sitzung gelten könnten, besteht unter dem Reiter *Tastenkombinationen* die Möglichkeit, übliche Tastenkombinationen für die Sitzung anderweitig abzubilden, um Konflikte zu vermeiden. In der Regel sind alle gebräuchlichen Kombinationen bereits mit Alternativen belegt, wie etwa *STRG-ALT-ENTF* mit *STRG-F1*. Die Alternativen können jederzeit geändert werden, um sie den Vorlieben des Benutzers anzupassen.

- **Ereignisprotokollierung**
  Die Program Neighborhood ist in der Lage, detaillierte Informationen über die Benutzer- und Systemvorgänge zu erfassen. Unter dem Reiter *Ereignisprotokollierung* kann eine Konfiguration der Protokollierung in Bezug auf Protokollpfade, Aufbewahrungstypen und Protokollierungstiefe erfolgen. Da im Standard für jeden Benutzer ein eigenes Protokoll in seinem Benutzerprofil erstellt wird, kann an dieser Stelle unbesorgt mit einer ausführlichen Protokollierung gearbeitet werden, ohne dass ein unberechtigter Benutzer das Arbeitsverhalten eines anderen Benutzers nachvollziehen könnte.

Konfigurationsdateien

Alle in den ICA-Einstellungen und den Eigenschaften der Anwendungsgruppe getätigten Konfigurationen werden in Initialisierungsdateien auf dem Endgerät gespeichert. Grundsätzlich sind für die gesamte Konfiguration der Program Neighborhood drei Konfigurationsdateien zuständig, die an unterschiedlichen Stellen in dem Installationsordner und den Benutzerprofilen abgelegt werden.

- **APPSRV.INI**
  Die *APPSRV.INI* beinhaltet alle Benutzerkonfigurationen für die Darstellung der Program Neighborhood, der Tastenkombinationen und der benutzerdefi-

nierten Verbindungen. Verallgemeinert könnte man sagen, dass alles, was unter den ICA-Einstellungen und innerhalb der Verbindungen konfiguriert werden kann, in dieser Datei gespeichert wird.

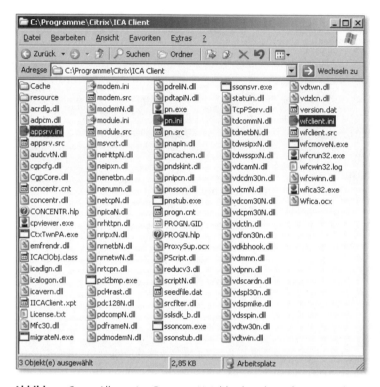

Abbildung 6.92   Allgemeine Program-Neighborhood-Konfigurationsdateien

▶ **PN.INI**

Die *PN.INI* speichert alle Einstellungen der Anwendungsgruppe(n). In ihr befinden sich beispielsweise die Pfade für die Serverstandorte und die Informationen über die zu verwendenden Transportprotokolle.

▶ **WFCLIENT.INI**

In der *WFCLIENT.INI* werden Initialisierungsparameter für ICA-Verbindungen wie etwa Tastaturlayouts oder Auflösungsvorgaben gespeichert.

Da alle drei Konfigurationsdateien für die jeweiligen Benutzer individuell gestaltbar sein müssen, werden sie beim ersten Start der Program Neighborhood eines Benutzers in sein Benutzerprofil kopiert. Der Pfad für die Dateien ist entsprechend *%userprofile%\Anwendungsdaten\Citrix\ICAClient*.

Die Clientsoftware – der Schlüssel zum Erfolg | **6.4**

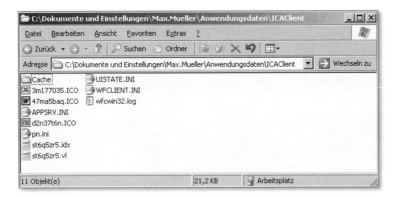

Abbildung 6.93 Program-Neighborhood-Konfigurationsdateien des Benutzers

Neben den Einstellungen, die über die Menüs der Program Neighborhood vorgenommen werden können, besteht auch die Möglichkeit, erweiterte Einstellungen direkt in den Konfigurationsdateien vorzunehmen. Ein Beispiel hierfür wäre das Ausblenden von Schaltflächen und Symbolen aus der Program Neighborhood, um das Hinzufügen von benutzerdefinierten Verbindungen oder das Suchen nach neuen Anwendungsgruppen zu verhindern. Die hierfür zuständigen Einstellungen finden sich in der APPSRV.INI und können mit einem beliebigen Texteditor, wie etwa Notepad, bearbeitet werden.

Abbildung 6.94 Direktes Editieren der Konfigurationsdateien

323

Besteht also beispielsweise der Wunsch, dem Benutzer das Hinzufügen von benutzerdefinierten Verbindungen oder neuen Anwendungsgruppen zu verwehren, so kann dies über die in Abbildung 6.94 gezeigten Einträge erreicht werden.

> **Achtung**
>
> Bei diesen Einträgen handelt es sich um Negationen, also jeweils *IconOff*. Um die Symbole auszublenden, muss entsprechend der Parameter auf *On* gesetzt werden. Zum Beispiel *FindNewApplicationSetIconOff* = *On* zum Ausblenden von *Neue Anwendungsgruppe suchen*.

Doch wie können diese Einstellungen für eine große Anzahl von Benutzern und Endgeräten effektiv verteilt werden? Hierfür gibt es zwei Möglichkeiten. Unabhängig von der gewählten Variante müssen zunächst entsprechend vorbereitete Konfigurationsdateien erstellt werden. Dies geschieht am einfachsten über eine Konfiguration mit der Program Neighborhood und anschließender direkter Bearbeitung der Konfigurationsdateien für die erweiterten Einstellungen. Die so präparierten Dateien, die nun im Benutzerprofil des durchführenden Benutzers liegen, können dann, wie schon gesagt, auf zwei Arten an die Benutzer verteilt werden.

- **Bei bereits installierter Program Neighborhood**
  Sofern die Program Neighborhood bereits auf den Clients installiert ist, bietet es sich an, die vorbereiteten Konfigurationsdateien über ein Skript, beispielsweise das Anmeldeskript des Benutzers, in das Benutzerprofil des Benutzers zu kopieren, um die dort liegenden Dateien durch die präparierten zu ersetzen.

  Diese Methode ist sehr flexibel, da sie unabhängig von der installierten Version der Program Neighborhood und der Windows-Version des Clients immer funktioniert. Der Nachteil dieser Variante ist jedoch die hierfür benötigte Infrastruktur und Verteilungslogik, da einerseits gewährleistet sein muss, dass jeder Benutzer die Dateien bekommt, aber andererseits eine Veränderung der zentralen Kopier-Dateien durch Unbefugte unter allen Umständen verhindert werden muss.

- **Mit der Installation der Program Neighborhood**
  Sofern der Client noch nicht installiert wurde, können die angepassten Dateien bereits mit der Installation der Program Neighborhood verteilt werden. Die Vorgehensweise bei dieser Variante nutzt einen gegebenen Ablauf des Installationsprozesses – alle drei Dateien liegen im Installationspaket der Program Neighborhood als Vorlagen mit der Erweiterung *SRC*, für *Source* – Quelle, vor. Bei der Installation werden diese *Source*-Dateien kopiert und mit der Erweiterung *INI* gespeichert. Der Weg, die konfigurierten INI-Dateien zu

verteilen ist nun, diese auf die Erweiterung SRC umzubenennen und mit ihnen anschließend die Original-SRC-Dateien im Installationspaket der Program Neighborhood zu ersetzen. Hierdurch werden bei jeder Installation von Beginn an die angepassten Dateien auf den Endgeräten verwendet.

Da aber beide Varianten den großen Nachteil haben, dass die Dateien nach der Verteilung dezentral liegen und gepflegt werden (können), bietet sich für eine vollautomatisierte und zentralisierte Client-Umgebung eine andere Win32-Clientsoftware an – der XenApp (Program Neighborhood) Agent, der im nächsten Abschnitt behandelt wird.

6.4.2 XenApp Plugin (Program Neighborhood Agent)

Wie im vorangegangenen Abschnitt ausgeführt, ist die *Program Neighborhood* sehr flexibel in ihren Konfigurations- und Anpassungsmöglichkeiten. Die große Flexibilität wird jedoch mit dem hohen Preis der dezentralen und somit aufwendigen Pflege in einer großen Netzwerkumgebung bezahlt, da alle Vorgabewerte über Konfigurationsdateien auf die Clients verteilt werden müssen.

Um an dieser Stelle eine Alternative zu schaffen, die direkt auf diese Probleme reagiert und die automatische Konfiguration vereinfacht, wurde das *XenApp Plugin (Program Neighborhood Agent – PNA)* entwickelt. Dieser Win32-Client-Typ ist weit weniger flexibel in Bezug auf die Erstellung von benutzerdefinierten Verbindungen oder die Arbeit mit unterschiedlichen Anwendungsgruppen, hat jedoch einen gewaltigen Vorteil – die komplette Konfiguration des Clients erfolgt nicht mehr über die drei lokal gehaltenen Konfigurationsdateien, sondern nur noch über eine *XML-Datei*, die zentral auf einem Webserver mit Citrix-Webinterface bereitgestellt und gepflegt werden kann.

Erstellen einer Konfigurationswebseite

Die benötigte XML-Datei, auch Konfigurationswebseite genannt, muss auf einem Server liegen, auf dem das Webinterface installiert ist. Die Konfiguration und Bereitstellung erfolgt über die *Access Management Console*.

Nach erfolgtem Discovery können die Einstellungen des Webinterface und der Program-Neighborhood-Agent-Konfigurationswebseite vorgenommen werden. Hierzu findet sich im Navigationsmenü auf der linken Seite der Access Suite Console der Punkt CITRIX RESSOURCEN • KONFIGURATIONSTOOLS • WEBINTERFACE, der sowohl für die Konfiguration des Webinterface als auch der PNA-Konfigurationswebseite genutzt wird.

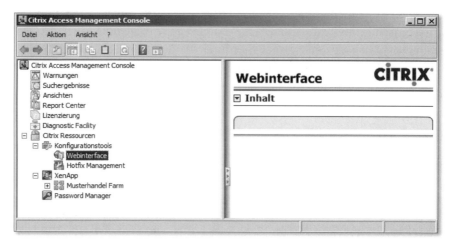

Abbildung 6.95 Webinterface in der AMC

Über einen Rechtsklick auf *Webinterface* lässt sich über die Option SITE ERSTELLEN eine neue Webseite erstellen, für die über einen Assistenten die gewünschte Funktion festgelegt werden kann.

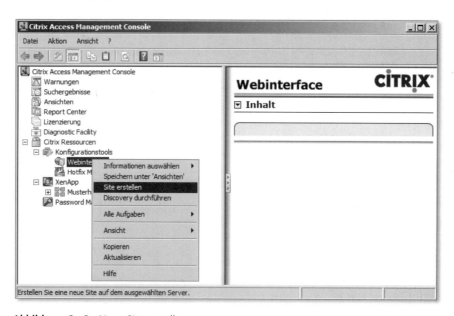

Abbildung 6.96 Neue Site erstellen

Der daraufhin erscheinende Bereitstellungsdialog bietet im ersten Schritt die Auswahl des gewünschten *Site-Typs*, also für die XenApp-Plugin-Konfigurationswebseite entsprechend *XenApp Services*.

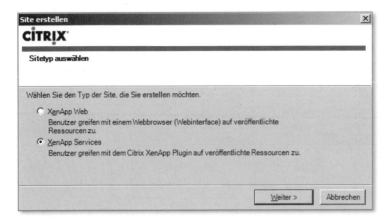

Abbildung 6.97 Auswahl des Site-Typs

Nach der Festlegung des zu erstellenden Site-Typs folgt die Konfiguration der zu nutzenden IIS-Seite. Da die Konfigurationswebseite auf einen vorhandenen Internet Information Server aufsetzt, können die vorhandenen virtuellen Seiten und Verzeichnisse ausgewählt werden, wie in Abbildung 6.98 dargestellt.

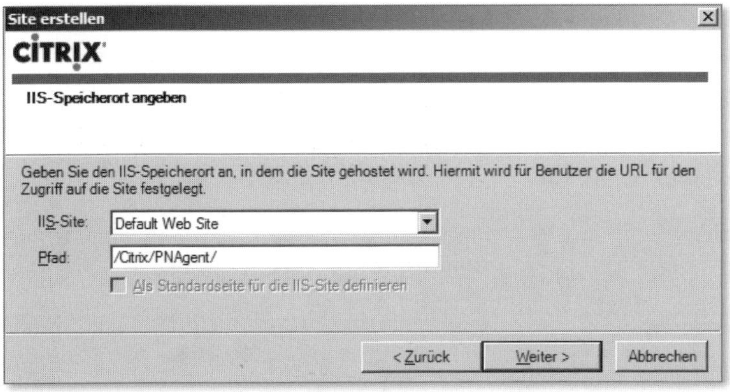

Abbildung 6.98 IIS-Hosting konfigurieren

Die Vorgabewerte für diese Einstellungen sollten in den meisten Fällen korrekt und passend sein. Sofern mit mehreren virtuellen Servern auf dem IIS gearbeitet wird, kann jedoch eine Anpassung dieser Einstellungen notwendig sein.

Nach diesem Schritt ist die Basiskonfiguration der Site zunächst abgeschlossen und nach einer Zusammenfassung kann die Site erstellt werden. Nach der Erstellung wiederum kann mit der Detailkonfiguration der Site fortgefahren werden.

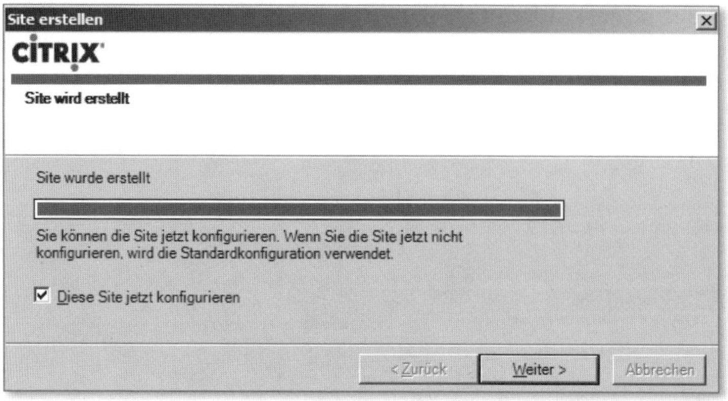

Abbildung 6.99 Site jetzt konfigurieren

Konfiguration der XenApp-Services-Einstellungen

Im ersten Schritt der Detailkonfiguration können die Informationen zur Server-Farm und den entsprechenden zu kontaktierenden Servern eingetragen werden. Spätestens an dieser, in Abbildung 6.100 gezeigten Stelle wird man an den Assistenten zum Auffinden einer neuen Anwendungsgruppe in der Program Neighborhood erinnert. Im Prinzip ist dieser Schritt vergleichbar mit der Eingabe des *Serverstandortes* in den Eigenschaften einer Anwendungsgruppe.

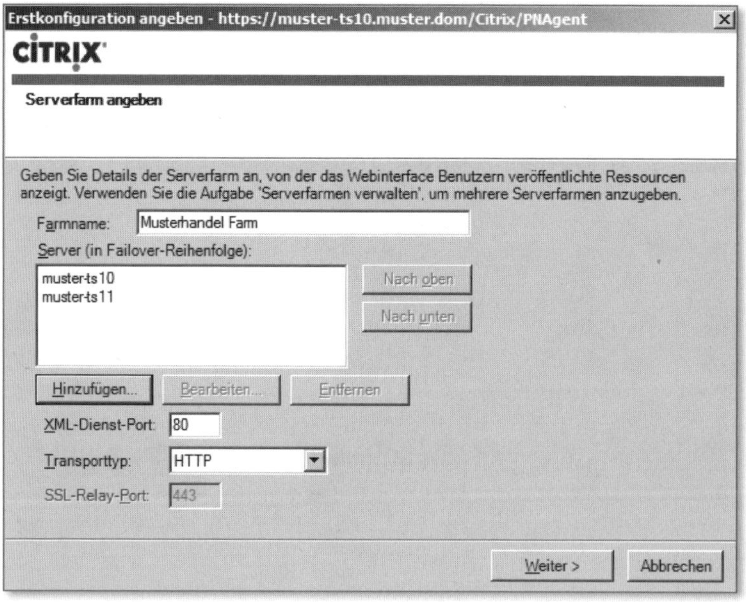

Abbildung 6.100 Konfiguration der Server-Farm

Nach der Definition der Server-Farm und der zu kontaktierenden Server kann ausgewählt werden, welche Anwendungstypen über das *XenApp Plugin* verteilt werden sollen.

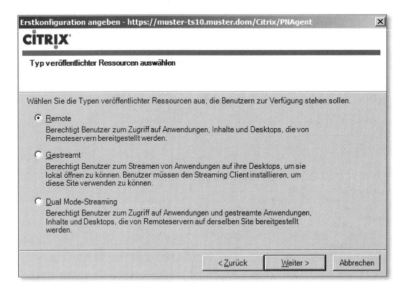

Abbildung 6.101 Anwendungstyp auswählen

Wie in Abbildung 6.101 dargestellt, sind an dieser Stelle drei Optionen möglich, wobei die dritte eine Kombination der beiden ersten ist.

- **Remote**
  Die *Remote*-Anwendungen beschreiben die herkömmlichen Terminalserver-basierten Anwendungen. Es handelt sich hierbei also um die Bereitstellung von Verknüpfungen zu veröffentlichten Anwendungen, die bei ihrem Aufruf auf einem Terminalserver gestartet und ausgeführt werden.
- **Gestreamt**
  Bei den gestreamten Anwendungen handelt es sich um die virtualisierten Anwendungen, die in Abschnitt 6.2.3, »Veröffentlichen von gestreamten Anwendungen«, erstellt wurden.
- **Dual Mode-Streaming**
  Wie eingangs schon beschrieben handelt es sich bei dieser Option um eine Kombination aus den beiden ersten Optionen. Wird diese Einstellung gewählt, unterstützen die *XenApp Services* sowohl Anwendungen von einem Terminalserver als auch gestreamte Anwendungen.

6 | Konfiguration der Basiskomponenten

Da in der aktuellen Umgebung beide Varianten von Anwendungen zum Einsatz kommen, wird an dieser Stelle die dritte Option gewählt. Nach diesem Konfigurationsschritt ist die Erstkonfiguration abgeschlossen.

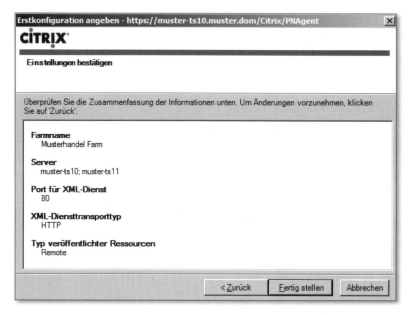

Abbildung 6.102 Einstellungen bestätigen

Ab diesem Zeitpunkt kann die Konfigurationsseite für den Einsatz des *XenApp Plugins* eingesetzt werden.

Authentifizierung konfigurieren

Sofern sich nun ein Benutzer mit dem XenApp Plugin auf die Konfigurationsseite verbindet, muss er sich zunächst an ihr authentifizieren, um die Ermittlung der für ihn freigegebenen Anwendungen realisieren zu können. Bis zu diesem Zeitpunkt muss der Benutzer hierfür sowohl seine Anmeldedaten als auch seine Domäne kennen. Über eine Anpassung der Authentifizierungsmethoden kann hierbei für den Benutzer der Komfort verbessert werden.

Die Konfiguration der Authentifizierung erfolgt über das Kontextmenü der Konfigurationsdatei *config.xml* über den Menüpunkt AUTHENTIFIZIERUNGSMETHODEN KONFIGURIEREN, wie in Abbildung 6.103 dargestellt.

Die Clientsoftware – der Schlüssel zum Erfolg | **6.4**

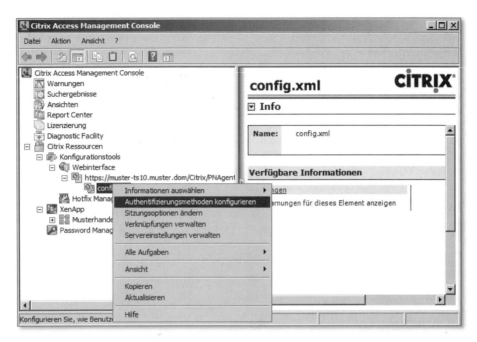

Abbildung 6.103 Authentifizierungmethoden konfigurieren

In dem darauf folgenden Fenster können die zur Verfügung stehenden Anmeldevarianten ausgewählt und konfiguriert werden.

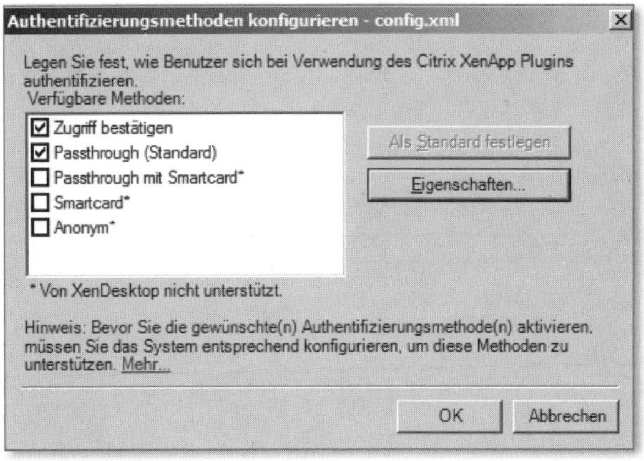

Abbildung 6.104 Passthrough aktivieren

Grundsätzlich stehen an dieser Stelle dieselben Authentifizierungsmethoden zur Verfügung, die auch von der vollen Program Neighborhood geboten werden, einzig die Darstellung der Optionen unterscheidet sich.

6 | Konfiguration der Basiskomponenten

An dieser Stelle empfiehlt es sich, die *Passthrough*-Authentifizierung zu aktivieren und als Standard zu setzen. Dadurch können die Benutzer durch ein *GINA-Chaining* auf dem Endgerät mit ihren lokalen Anmeldeinformationen auch am PN-Agent authentifiziert werden.

> **Hinweis**
>
> In Bezug auf die Verfügbarkeit der Passthrough-Authentifizierung gelten ebenfalls die gleichen Voraussetzungen wie bei der Program Neighborhood. Da die Konfiguration an dieser Stelle jedoch die eventuelle Nicht-Verfügbarkeit auf den Endgeräten nicht berücksichtigen kann, sind immer alle Optionen anwählbar.

Über die Schaltfläche Eigenschaften können die Anmeldeoptionen weiter spezifiziert und konfiguriert werden, wie in Abbildung 6.105 gezeigt.

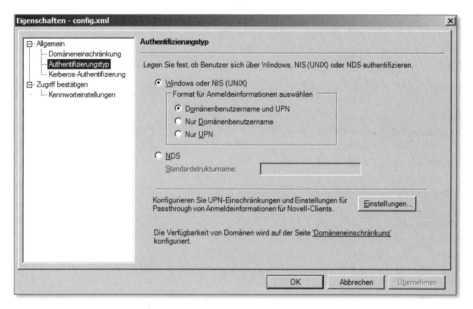

Abbildung 6.105 Weitere Einstellungen

Sitzungsoptionen ändern

Neben den Authentifizierungsmethoden können auf der Site auch die *Sitzungsoptionen* angepasst werden. Die Konfiguration der *Sitzungsoptionen* bezieht sich auf die Funktionalitäten des ICA-Protokolls, wie etwa die Darstellung der Sitzung, der Einbindung von Client-Ressourcen oder Workspace Control.

Die Clientsoftware – der Schlüssel zum Erfolg | **6.4**

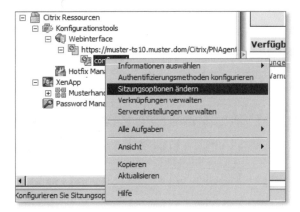

Abbildung 6.106   Sitzungsoptionen ändern

Die hier angebotenen Konfigurationsoptionen sind ebenfalls analog zu den Einstellungen der Program Neighborhood zu betrachten. Es gelten ebenfalls die gleichen Einschränkungen, etwa in Bezug auf verfügbare Client-Ressourcen in den Sitzungen bei falscher oder unpassender Konfiguration in den ICA-Einstellungen der Server.

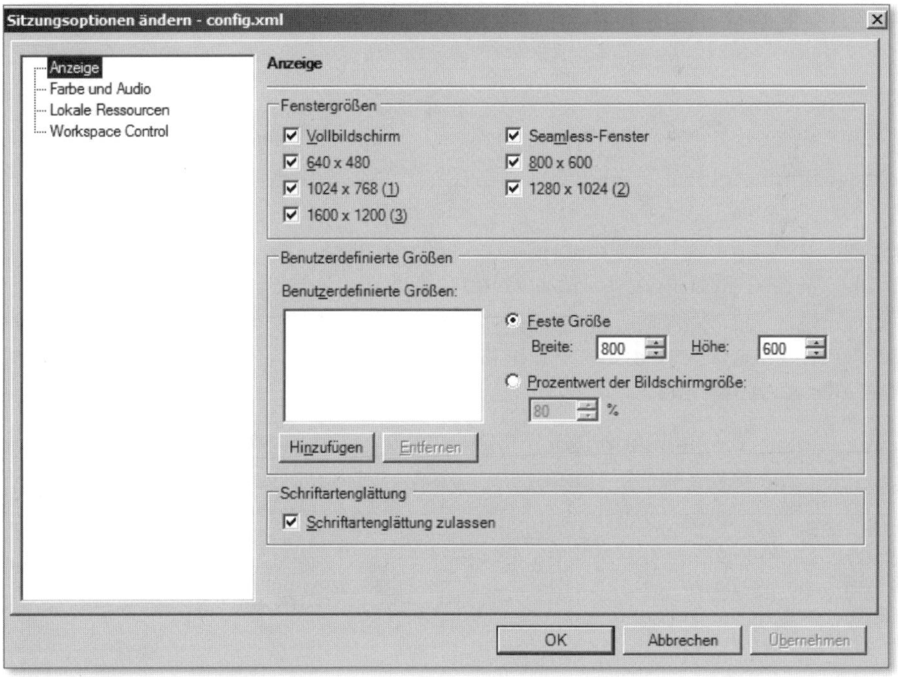

Abbildung 6.107   Sitzungsoptionen

333

Verknüpfungen verwalten

Wie bei der Erstellung von veröffentlichten Anwendungen gesehen, besteht eine Vielzahl von Möglichkeiten, Anwendungsverknüpfungen auf dem Destkop oder im Startmenü zu erstellen. Der Menüpunkt VERKNÜPFUNGEN VERWALTEN bietet an dieser Stelle erweiterte Konfigurationsmöglichkeiten.

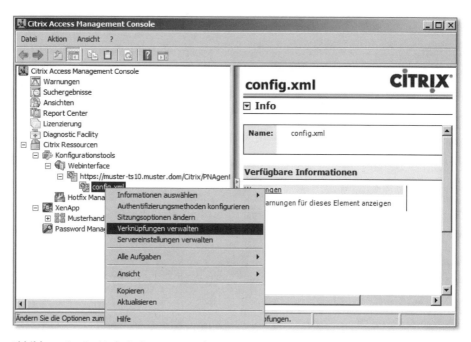

Abbildung 6.108 Verknüpfungen verwalten

Grundsätzlich besteht an dieser Stelle beispielsweise die Möglichkeit, die Kontrolle über die Erstellung von Verknüpfungen zu übernehmen oder diese bei der veröffentlichten Anwendung zu belassen. Zusätzlich können aber Einstellungen, wie etwa tiefere Menüstrukturen im Startmenü, erstellt werden, die über die veröffentlichte Anwendung nicht zu verwalten wären.

Neben den Erstellungsoptionen bietet *Anwendungsverknüpfungen verwalten* auch Einstellungen für das Entfernen von Anwendungsverknüpfungen, über die beispielsweise gesteuert werden kann, dass die Anwendungsverknüpfungen nur angezeigt werden, wenn der Agent gestartet und eine Verbindung zur Server-Farm möglich ist.

6.4 Die Clientsoftware – der Schlüssel zum Erfolg

Einstellungen am Program Neighborhood Agent

Nach der Installation des XenApp Plugins müssen an diesem einige Einstellungen vorgenommen werden, um ihm die Kommunikation mit der Konfigurationsdatei zu ermöglichen. Nähere Informationen zur Installation des XenApp Plugin und über ein automatisiertes Roll-out finden sich in Abschnitt 6.4.6, »Roll-out der Win32-Clients«.

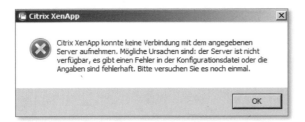

Abbildung 6.109 Fehlermeldung nach Installation des XenApp Plugin

Die wichtigste Einstellung, die nach der Installation des XenApp Plugin vorgenommen werden muss, ist die Eingabe der Server-URL, also der Adresse, unter der der Client die entsprechende Konfigurationsdatei finden kann.

Abbildung 6.110 Eingabe der Server-URL

Sofern auf dem Server, der die Konfiguration bereitstellt, mit den Standardpfaden gearbeitet wurde, genügt an dieser Stelle die einfache Eingabe des Transportprotokolls und Servernamens im Format *http://[Servername]*, wie in Abbildung 6.110 gezeigt.

335

Abbildung 6.111 Program Neighborhood Agent im System Tray (offline)

Sofern die Adresse korrekt eingegeben wurde, sollte im nächsten Schritt das Symbol des Plugin-Symbols im *System Tray* ohne Fehlerzeichen und in strahlendem Blau zu sehen sein.

Abbildung 6.112 Program Neighborhood Agent im System Tray (online)

> **Hinweis**
>
> Der erfolgreiche Verbindungsaufbau in der beschriebenen Form ist von zwei Faktoren abhängig: zum einen von der korrekten Eingabe der Server-URL, und zum anderen von der in den *Authentifizierungoptionen* der XML-Datei gewählten Authentifizierungsmethode. Sofern dort beispielsweise die Passthrough-Authentifizierung aktiviert und als Standard gesetzt wurde, erscheint an dieser Stelle ein Anmeldedialog. Diese Einstellungen können jedoch ohne Probleme nachträglich in der Konfiguration geändert werden, um den genauen Anforderungen zu entsprechen.

Abbildung 6.113 Anmeldedialog bei Konfiguration ohne Passthrough

Über einen Rechtsklick auf das System-Tray-Symbol können weitere Konfigurationsoptionen des XenApp Plugin erreicht werden.

Abbildung 6.114 Kontextmenü des XenApp Plugin

Neben einigen Optionen für die *Anwendungsaktualisierung* oder das *Abmelden* und *Trennen* findet sich an dieser Stelle auch die Schaltfläche für die Konfiguration der *Optionen*.

Abbildung 6.115 Serveroptionen

In den Eigenschaften des Plugin finden sich vier Reiter, unter denen Einstellungen vorgenommen werden können.

▶ **Serveroptionen**
In den Servereinstellungen können der Server und der Anmeldemodus konfiguriert werden. Hierbei ist zu beachten, dass nur Anmeldemodi zur Verfügung stehen, die in der Konfigurationsdatei auf dem Server aktiviert wurden.

▶ **Anwendungsanzeige**
Die *Anwendungsanzeige* definiert die zu erstellenden Verknüpfungen und Ordner im Startmenü. Diese Einstellungen können jedoch von der zentralen Konfigurationsdatei überschrieben werden.

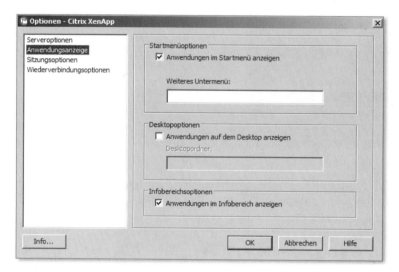

Abbildung 6.116 Anwendungsanzeige

▶ **Sitzungsoptionen**
Die Sitzungsoptionen definieren bekannte Einstellungen wie Auflösung, Farbtiefe und Tastaturlayout.

▶ **Wiederverbindungsoptionen**
In den *Wiederverbindungsoptionen* kann konfiguriert werden, ob und wie Sitzungen wieder verbunden werden sollen. Hierbei ist immer eine Unterscheidung zwischen *getrennten* und *allen* Sitzungen gegeben. Sofern alle Sitzungen wieder verbunden werden, kann es vorkommen, dass ein Benutzer einem anderen die Sitzung entzieht, sofern beide mit dem gleichen Anmeldenamen arbeiten. Genau aus diesem Grund sollten generell niemals mehrere Benutzer mit den gleichen Anmeldedaten arbeiten; jeder sollte einen persönlichen Anmeldenamen haben.

Effekte des XenApp Plugin

Der Farbwechsel des System-Tray-Symbols bedeutet, dass das XenApp Plugin eine erfolgreiche Verbindung zu seiner Konfigurationsdatei aufgebaut hat und die dort konfigurierten Einstellungen übernommen hat. Dies ist direkt daran zu erkennen, dass sich auf dem Desktop und im Startmenü nun die Anwendungsverknüpfungen für die dem Benutzer zur Verfügung stehenden Ressourcen befinden.

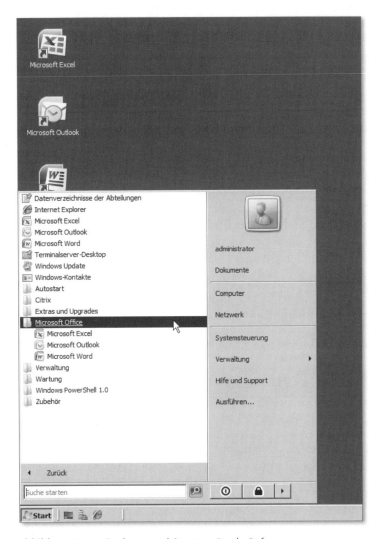

Abbildung 6.117 Desktop- und Startmenüverknüpfungen

6.4.3 Webclient

Der Webclient ist der auf der Client-Seite unspektakulärste unter den Win32-Clients, da er komplett von den Einstellungen auf der entsprechenden *Webinterface*-Webseite »lebt«. Im Kern handelt es sich bei dem Webclient um ein ActiveX-Control, das die Funktionen der anderen Win32-Clients im Hinblick auf ICA-Verbindungen abbildet. Da keine Konfigurationen an der Seite des Clients vorgenommen werden können, soll an dieser Stelle auf den Abschnitt 7.6, »Webinterface«, verwiesen werden.

6.4.4 Passthrough-Client

Der *Passthrough-Client* ist ein Win32-Client, der ausschließlich auf den XenApp-Systemen selbst eingesetzt werden kann. Im Hinblick auf seine Konfiguration und seine Funktionalitäten ist der Passthrough-Client mit der Program Neighborhood gleichzusetzen. Es gibt nur einen Unterschied zwischen diesen beiden Client-Versionen und der liegt in der Initialisierung von neuen Sessions. Um die Funktion des Passthrough-Clients zu verstehen, sieht man sich am besten den Vorgang des ICA-Verbindungsaufbaus und des Session Sharing etwas genauer an.

Im Kern verhält es sich so, dass auf dem Server für das ICA-Protokoll Listener vorgehalten werden, die einen Verbindungsversuch eines Clients erwarten. Sobald sich ein Client auf einen dieser Listener verbindet, wird eine neue *Session* mit einer eindeutigen Session-ID erzeugt. Die zusätzlichen Informationen zu dieser Session-ID sind der Server und der sich verbindende Client bzw. sein *Clientname*. Sobald dieser Client eine weitere veröffentlichte Anwendung startet, erkennt der Server, dass dieser Client bereits eine Verbindung hat, und versucht, die neue Anwendung über Session Sharing in die vorhandene Session zu integrieren. Ein zweiter Client, der seine erste veröffentlichte Anwendung startet, ist dem Server mit seinem Client-Namen nicht bekannt und wird dementsprechend sofort in eine neue Session verwiesen.

> **Hinweis**
> Der Schlüssel zur Erstellung einer neuen Session ist somit der *Clientname*, mit dem ein Endgerät einen Verbindungsversuch startet.

Doch wie verhält es sich, wenn auf einem Terminalserver der normale Citrix-Client veröffentlicht wird, um beispielsweise DOS-Clients den Komfort der benutzerbezogenen Anwendungszuweisung zu ermöglichen?

Im ersten Schritt baut der Client eine Verbindung zu dem Server auf, um die veröffentlichte Program Neighborhood zu starten. Da der Clientname noch nicht bekannt ist, wird eine neue Session mit neuer Session-ID für den Client erstellt und der Benutzer bekommt die veröffentlichte Program Neighborhood mit seinen Anwendungen angezeigt. Startet der Benutzer nun aus der veröffentlichten Program Neighborhood heraus beispielsweise Excel, würde wieder eine Verbindungsabfrage an den Server gesendet. Allerdings wäre in diesem Fall der Server selbst der Client, da die Program Neighborhood auf ihm gestartet wurde. Da der Server selbst noch keine Sitzung für sich hätte, würde dementsprechend einen weitere Session mit neuer Session-ID erstellt und Excel darin gestartet. Unter dem Strich hätte somit ein Benutzer zwei Sessions, die jeweils vom Server verwaltet werden müssen und auch beide Speicherplatz, beispielsweise für die Benutzerumgebung, belegen.

6.4 | Die Clientsoftware – der Schlüssel zum Erfolg

> **Hinweis**
>
> Unter älteren Versionen des XenApp/Presentation Server kam zusätzlich das Problem hinzu, dass für ein solches Szenario auch zwei Lizenzen belegt wurden. Dies ist jedoch in den aktuelleren Versionen nicht mehr der Fall.

Sofern auf dem Server der Passthrough-Client installiert und veröffentlicht wird, verhält sich diese Situation deutlich günstiger. Natürlich würde auch in diesem Fall für die Verbindung des Endgerätes auf den veröffentlichten Passthrough-Client eine Session erstellt. Startet der Benutzer aber hierüber eine weitere veröffentlichte Anwendung, erkennt der Passthrough-Client, dass er bereits über eine Sitzung gestartet wurde, und öffnet die neue Anwendung in dieser vorhandenen Sitzung, wodurch enorme Systemressourcen geschont werden können.

6.4.5 ICA-Dateien

In den bisherigen Abschnitten zum Thema Ressourcenveröffentlichung und Clients wurde sehr viel von *Anwendungsverknüpfungen* gesprochen, über die die Clients ihre Anwendungen starten können. Doch was genau sind diese Anwendungsverknüpfungen, wie sind sie aufgebaut und was kann man eventuell noch mit ihnen anfangen? Genau an dieser Stelle setzen die ICA-Dateien ein.

Die ICA-Dateien sind im Prinzip der Kern einer veröffentlichten Anwendung, da sie sämtliche Informationen über diese Anwendung im Hinblick auf Konfiguration, Server etc. enthalten und somit den eigentlichen Verbindungsaufbau ermöglichen. Sie sind somit vergleichbar mit den RDP-Dateien der Remotedesktop-Verbindung. Die Anwendungsverknüpfungen in der einzelnen ICA-Clients sind somit nichts anderes als Verweise auf die entsprechenden ICA-Dateien.

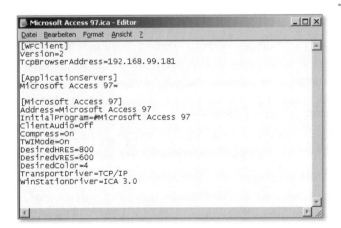

Abbildung 6.118 ICA-Datei für eine veröffentlichte Anwendung

Da es sich bei den ICA-Dateien um einfache Textdateien handelt, lassen sie sich ohne Probleme mit einem Editor öffnen, um deren Einstellungen einzusehen und gegebenenfalls anpassen zu können.

> **Hinweis**
>
> In den Abschnitten 7.6, »Webinterface«, und 7.8, »Access Gateway«, wird deutlich werden, wie hilfreich die ICA-Dateien bei der Fehleranalyse von Verbindungsproblemen sein können, da sie sichtbar machen, mit welcher Adresse und welchem Port eine Verbindung aufgebaut werden soll.

Nach der Erstellung einer ICA-Datei kann diese wie eine RDP-Datei weitergegeben und gestartet werden. Insbesondere im Hinblick auf den Zugriff über eine Webseite könnte die ICA-Datei auch in eine HTML-Seite eingebettet werden. Diese Funktion wird häufig auch mit *Application Launching and Embedding* (ALE) bezeichnet. Weitere Informationen zu ALE finden sich in Abschnitt 7.6, »Webinterface«.

6.4.6 Roll-out der Win32-Clients

Neben der zentralen Konfiguration von Ressourcen ist ein weiterer wichtiger Aspekt in jedem größeren Netzwerk auch immer das zentrale Roll-out von Softwarepaketen. Da man die zu verteilenden Pakete mit einer Terminalserverlösung bereits auf ein Minimum reduziert hat, geht es nun darum, auch die Citrix-Clients automatisiert zu verteilen. In Bezug auf die Win32-Clients wird dies von Citrix in einem sehr hohem Maß gefördert, da die Installationspakete bereits in einer MSI-Version (Microsoft Installer) vorliegen und somit direkt über eine Verteilungslösung oder über die Windows-200x-Gruppenrichtlinien verteilt werden können.

Anpassung des MSI-Paketes

Da das komplette Win32-Installationspaket *XenAppHosted.msi* (ehemals: Ica32Pkg.msi) jedoch nach dem Download von der Citrix-Webseite in einem generischen Zustand vorliegt, sollten hieran vor der Verteilung noch einige Anpassungen vorgenommen werden. Grundsätzlich kann das MSI-Paket natürlich mit einem beliebigen MSI-Editor bearbeitet und angepasst werden. Sollte ein entsprechendes Werkzeug jedoch nicht zur Hand sein, bieten auch die Bordmittel alle Funktionen, die für ein angepasstes Paket benötigt werden.

Um das XenApp Plugin (for Hosted Applications) für eine automatisierte Installation anzupassen, sollte zunächst eine aktuelle Version des Clients unter *http://download.citrix.com* heruntergeladen und auf der Festplatte gespeichert werden. Des Weiteren wird im Netzwerk ein Installationspunkt benötigt, über den später die angepasste Installation an die Clients bereitgestellt werden kann. Zu diesem

Zweck sollte beispielsweise eine Freigabe mit dem Namen »ICA-Client« auf einem der vorhandenen Server erstellt werden.

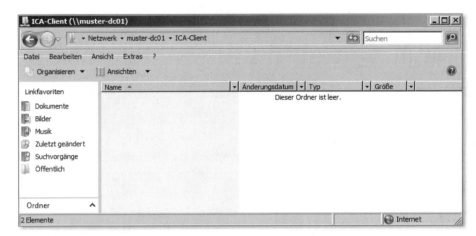

Abbildung 6.119 Freigabe für MSI-Paket

Anschließend kann eine Bereitstellungsinstallation für dieses Paket aufgerufen werden, über die die spezifischen Einstellungen in dem Paket hinterlegt werden können. Der Aufruf der Bereitstellungsinstallation geschieht über den Befehl `msiexec.exe /a [Pfad zum Paket]\XenAppHosted.msi` bzw. den entsprechenden Pfad zum MSI-Paket.

Abbildung 6.120 Aufruf der Bereitstellungsinstallation

In dem daraufhin startenden Installationsassistenten kann nun zunächst der gewünschte Pfad für die Bereitstellung und das gewünschte Format gewählt werden.

Hinweis
Der hier angegebene Pfad sollte ein anderer sein als der, in dem die Quelldatei liegt, um Zugriffsverletzungen zu vermeiden.

Abbildung 6.121 Bereitstellungspfad und -format

Sofern die spätere Verteilung über eine Gruppenrichtlinie oder einen Microsoft Systems Management Server/System Center Configuration Manager geschehen soll, empfiehlt sich die Auswahl der Windows-Installer-Datei, da hierdurch ein neues MSI-Paket erstellt wird. Nach der Bestätigung der Lizenzvereinbarung können die zu installierenden Komponenten und Installationspfade gewählt werden.

Nach der Bestätigung der Lizenzvereinbarung können die gewünschten Komponenten ausgewählt werden.

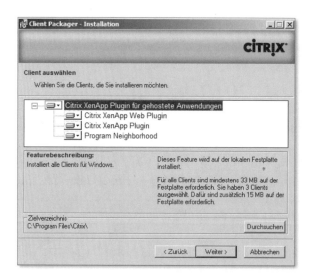

Abbildung 6.122 Auswahl der gewünschten Komponenten

Sofern alle Komponenten ausgewählt werden, kann im darauf folgenden Schritt der Pfad zu der Konfigurationsdatei des *XenAppPlugin* angegeben werden.

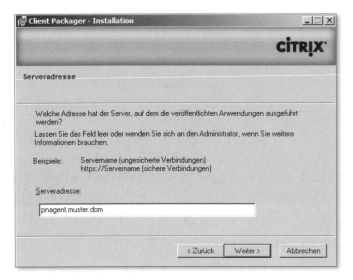

Abbildung 6.123 Konfigurationswebseite

Analog zu einer normalen Installation können *Startmenü-Ordner*, *Clientname* und *Passthrough-Authentifizierung* konfiguriert werden.

Abbildung 6.124 Konfiguration des Clientnamens

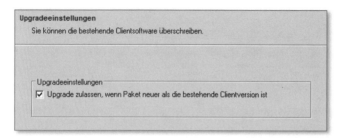

Abbildung 6.125 Anmeldeinformationen

Selbstverständlich können auch Optionen, wie das Einblenden der Schnellstartleiste oder der benutzerdefinierten Verbindungen, in der automatisierten Installation vorgegeben werden. Eine sehr praktische Option ist die Konfiguration des Updates vorhandener Client-Versionen.

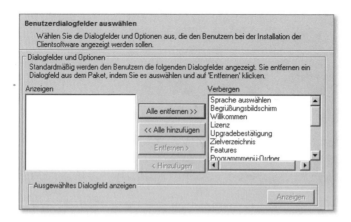

Abbildung 6.126 Upgradeeinstellungen

Im letzten Konfigurationsschritt können die während der Installation anzuzeigenden Bildschirmseiten definiert werden.

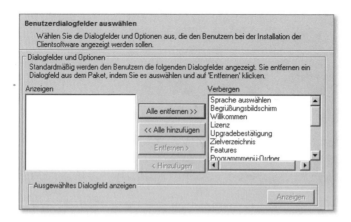

Abbildung 6.127 Benutzerdialogfelder auswählen

Für eine vollautomatisierte Installation sollten alle Benutzerdialogfelder entfernt werden, wie in Abbildung 6.127 gezeigt. Nach dem anschließenden Kopiervorgang ist die Bereitstellung abgeschlossen.

Verteilung über Gruppenrichtlinien

Nach der Erstellung des MSI-Paketes kann es über eine Gruppenrichtlinie an die Clients verteilt werden. Hierzu sollte zunächst ein entsprechendes Gruppenrichtlinienobjekt erstellt werden.

Da das Client-Paket auf die Computerkonten angewendet und verteilt werden kann, muss das Gruppenrichtlinienobjekt an einer Stelle verknüpft werden, von der aus es auf die Computerkonten wirkt. In der Struktur der MUSTER.DOM wäre dies beispielsweise die Organisationseinheit *30 Computer*, da sich darin die Computerkonten befinden, wie in Abbildung 6.128 gezeigt. Nachdem das Gruppenrichtlinienobjekt erstellt und verknüpft wurde, kann es bearbeitet werden.

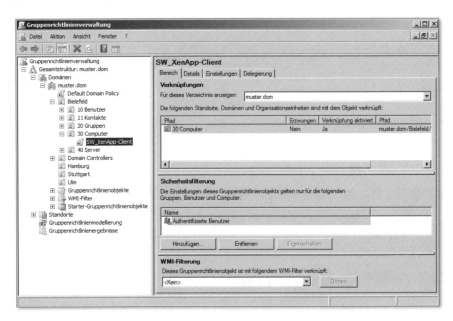

Abbildung 6.128 Gruppenrichtlinienobjekt für die Verteilung des Clients

> **Tipp**
>
> Es empfiehlt sich, für jedes Produkt, das über eine Gruppenrichtlinie verteilt werden soll, eine eigene Richtlinie zu erstellen, da hierdurch eine höhere Flexibilität im Hinblick auf Berechtigungen und WMI-Filter gegeben ist. Außerdem sollten Gruppenrichtlinien, die für die Softwareverteilung eingesetzt werden, immer mit einem entsprechenden Namen, beispielsweise *SW_[Produkt]*, versehen werden, um einen besseren Überblick zu ermöglichen.

6 | Konfiguration der Basiskomponenten

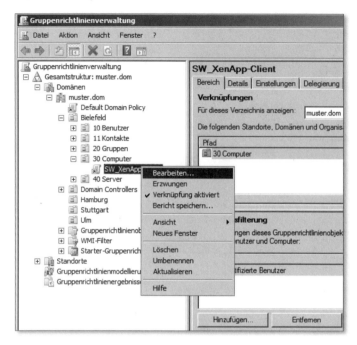

Abbildung 6.129 Bearbeiten des Gruppenrichtlinienobjektes

Da das Softwarepaket auf den Computer angewendet werden soll, muss es dementsprechend auch im Computer-Bereich der Gruppenrichtlinie hinterlegt werden.

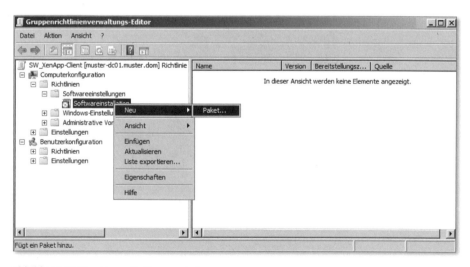

Abbildung 6.130 Neues Softwarepaket

6.4 Die Clientsoftware – der Schlüssel zum Erfolg

Im folgenden Explorer-Dialog muss nun das gewünschte MSI-Paket ausgewählt und zugewiesen werden.

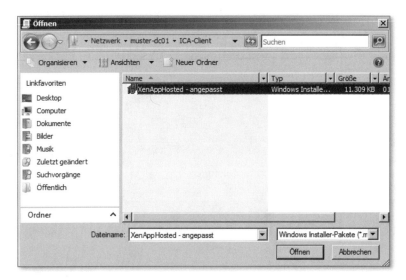

Abbildung 6.131 Auswahl des MSI-Paketes

Abbildung 6.132 Zuweisen des Paketes

Mit diesem letzten Schritt ist die Bereitstellung abgeschlossen und die Software wird auf die Clients verteilt werden.

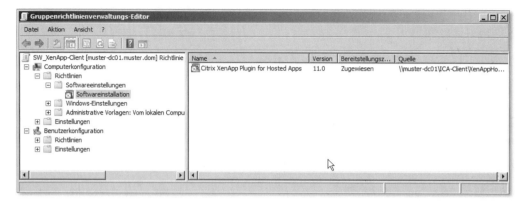

Abbildung 6.133 Fertiges Softwarepaket der Gruppenrichtlinie

> **Hinweis**
>
> Ohne weitere Konfigurationsschritte würde das Paket nach dem zweiten Neustart auf die Clients verteilt werden. Um diesen Vorgang zu beschleunigen, könnte mittels GPUPDATE /FORCE auf den Clients die Übernahme der Gruppenrichtlinieneinstellungen erzwungen werden.

6.4.7 Citrix App Receiver

Betrachtet man nun an dieser Stelle die verfügbaren Clients, die Möglichkeiten ihres Roll-outs und die Namensänderung vieler Clients in *Plugins*, so könnte man auf die Idee kommen, dass das alles noch nicht der Weisheit letzter Schluss sein kann.

Und so ist es auch! Betrachtet man einmal die Vielzahl der Produkte im Delivery Center, so muss man feststellen, dass es eben nicht nur die Produkte auf der Serverseite gibt, sondern in vielen Fällen auch eine entsprechende Clientkomponente auf dem jeweiligen Endgerät. Das Problem hierbei ist auf Dauer allerdings, dass natürlich auch diese Clientkomponenten auf den Endgeräten in regelmäßigen Abständen aktualisiert und gewartet werden müssen, was in letzter Konsequenz natürlich auch immer einen gewissen Aufwand bedeutet.

Aus genau diesem Grund hat man sich im Hause Citrix entschieden, ähnlich wie bei der Access Management Console, auch auf Seiten des Clients auf ein *Framework-Modell* zu setzen, in das die gewünschten Client-*Plugins* einfach eingeklinkt werden können. Somit ist der *Citrix App Receiver* ein zentral verwaltbares Rahmenwerk, das den Endgeräten die notwendigen Clientkomponenten »unter einer Haube« zur Verfügung stellen kann.

Die Clientsoftware – der Schlüssel zum Erfolg | **6.4**

> **Hinweis**
>
> Ein kleiner Hinweis zu den folgenden Inhalten: Leider war der App Receiver noch nicht in einer finalen Version verfügbar, als diese Zeilen entstanden sind. Insofern können sich sowohl der endgültige Funktionsumfang als auch die Optik im Hinblick auf die finale Version gegebenenfalls noch leicht geändert haben.

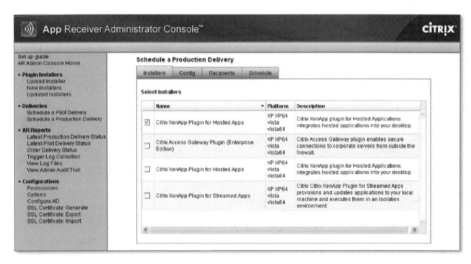

Abbildung 6.134 App Receiver Administrator Console

Hierbei wird die Verwaltungseinheit des App Receivers in Form einer virtuellen Appliance bei Citrix zum Download angeboten, so dass diese nur noch gestartet werden muss. Anschließend kann über einen Browser auf die *Administrator Console* zugegriffen werden, wie in Abbildung 6.134 dargestellt. Hierin können die zur Verfügung stehenden Pakete und die gewünschten Roll-out-Wege konfiguriert werden.

Abbildung 6.135 Zugriff von der Clientseite

351

Aus Sicht des Endgerätes kann die Installation des App Receivers ebenfalls über ein Webfrontend erfolgen, so dass der Benutzer initial nur einmalig auf eine Webseite zugreifen und sich das Paket installieren muss.

Abbildung 6.136 Installation des App Receivers

Hierüber wiederum kann der Benutzer die gewünschten Plugins auswählen, die er für seine tägliche Arbeit benötigt, wie Abbildung 6.137 zeigt.

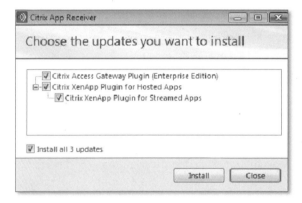

Abbildung 6.137 Auswahl der Plugins

Abbildung 6.138 Citrix App Receiver im Task Tray

Langfristig gesehen wird der *App Receiver* somit die Zukunft der Citrix-Clients darstellen, da er einen Administrator nun auch in die Lage versetzt, die Wartung und Verwaltung der notwendigen Clientkomponenten »out-of-the-box« realisieren zu können.

6.5 System-Richtlinien

Neben der Bereitstellung von Clients und Client-Verbindungen kann es sich insbesondere in Server-Farmen mit einer großen Anzahl an Servern als sehr aufwendig herausstellen, alle Server unter dem Aspekt der Einheitlichkeit zu konfigurieren. Viele Einstellungen beispielsweise am ICA-Protokoll sollten auf allen Servern identisch sein, um keine »geht – geht nicht«-Effekte bei Verbindungsversuchen zu erzielen.

Um den XenApp-Administratoren in dieser Hinsicht unter die Arme zu greifen, wurden mit dem Feature Release 2 für den Metaframe XP die *Richtlinien* eingeführt, die nach dem gleichen Schema auch noch im XenApp 5.0 zum Einsatz kommen. Die Konfiguration der Richtlinien wird wieder einmal über die *Erweiterte XenApp-Konfiguration* durchgeführt.

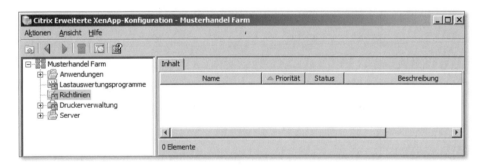

Abbildung 6.139 Richtlinien in der »Erweiterten XenApp-Konfiguration«

An dieser Stelle können, ähnlich den Gruppenrichtlinien im Active Directory, neue Richtlinienobjekte erstellt, konfiguriert und zugewiesen werden.

Erstellen eines neuen Richtlinienobjektes

Über das Kontextmenü des Navigationspunktes *Richtlinien* in der Konsole kann ein neues Richtlinienobjekt erstellt werden.

Abbildung 6.140 Richtlinie erstellen

Im darauf folgenden Dialogfenster können der Name und die Beschreibung für die Richtlinie hinterlegt werden. Auch an dieser Stelle sollte wieder mit aussagekräftigen Namen und Beschreibungen gearbeitet werden, um die dauerhafte Übersicht gewährleisten zu können.

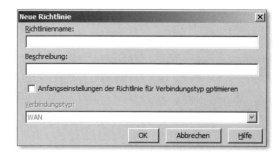

Abbildung 6.141 Benennung und Beschreibung der Richtlinie

Wichtig an dieser Stelle ist die Möglichkeit, bereits hier eine Vorauswahl für einen *Verbindungstyp* treffen zu können, für den die Richtlinie optimiert werden könnte.

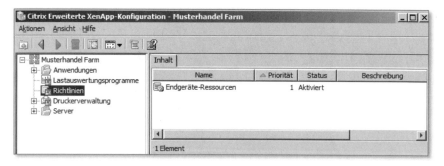

Abbildung 6.142 Übersicht der Richtlinien

Konfiguration einer Richtlinie

Nach der Erstellung können die Einstellungen der Richtlinie konfiguriert werden. Hierzu kann das Richtlinienobjekt über einen Doppelklick geöffnet werden.

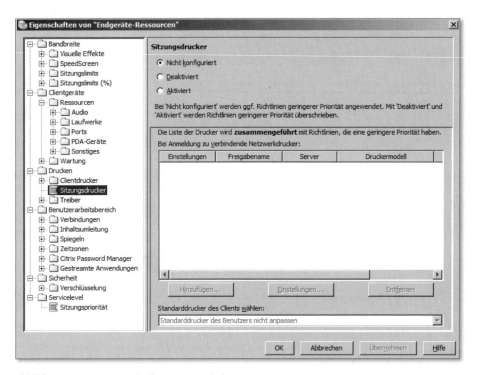

Abbildung 6.143 Eigenschaften einer Richtlinie

Auch bei der Konfiguration der einzelnen Einstellungen findet sich eine Reihe von Parallelen zu den Active-Directory-Gruppenrichtlinien. Grundsätzlich kann jede Einstellung drei Status annehmen: *Nicht konfiguriert*, *Deaktiviert* und *Aktiviert*.

Betrachtet man vor diesem Hintergrund nun beispielsweise die Konfiguration der Einbindung von Client-Ressourcen in die Terminalserver-Sitzungen, so wird schnell deutlich, was das bedeutet. Möchte man zum Beispiel erreichen, dass keine COM-Ports in eine Benutzersitzung übernommen werden, so könnte man dies über den Richtlinienpunkt CLIENTGERÄTE • RESSOURCEN • PORTS • COM-PORTS DEAKTIVIEREN erreichen.

6 | Konfiguration der Basiskomponenten

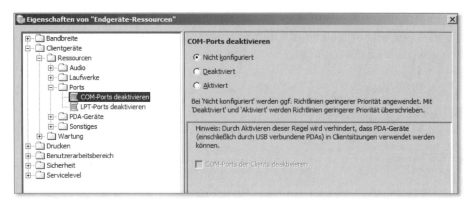

Abbildung 6.144 COM-Port-Einstellungen

Die Einstellung müsste dementsprechend so aussehen, dass die Einstellung zunächst grundsätzlich *aktiviert* wird, wodurch der Haken für das *Deaktivieren der COM-Ports* gesetzt wird.

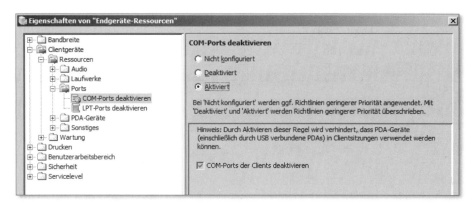

Abbildung 6.145 COM-Ports deaktivieren

> **Hinweis**
>
> Der wichtigste Aspekt bei der Arbeit mit Richtlinien ist die Tatsache, dass über Richtlinien nichts aktiviert werden kann, was über das ICA-Protokoll deaktiviert ist. Wenn also beispielsweise in den Client-Einstellungen des ICA-Protokolls das Verbinden von Client-Ressourcen wie etwa COM-Ports deaktiviert ist, kann in der Richtlinie konfiguriert werden, was will – es wird sich nichts ändern.
>
> Der Weg sollte also immer sein, nach Möglichkeit alle Einstellungen über Richtlinien abzubilden, da hierdurch einerseits durch die zentrale Konfiguration der Aufwand gesenkt werden kann und andererseits Ausnahmen ermöglicht werden, die über die ICA-Protokolleinstellungen nicht möglich wären.

6.5 | System-Richtlinien

Zuweisen einer Richtlinie

Nachdem die Richtlinie mit den gewünschten Einstellungen versehen wurde, kann sie einem Benutzer, einer Gruppe, einem Server oder einer IP-Adresse zugewiesen werden. Erst durch diese Zuweisung bekommt die Richtlinie Gültigkeit und wird angewandt.

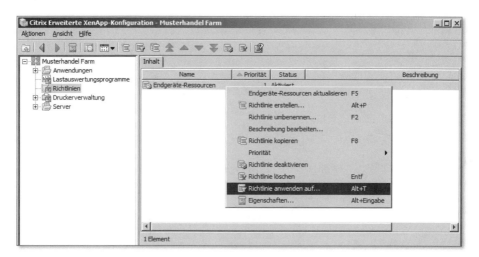

Abbildung 6.146   Richtlinie anwenden auf …

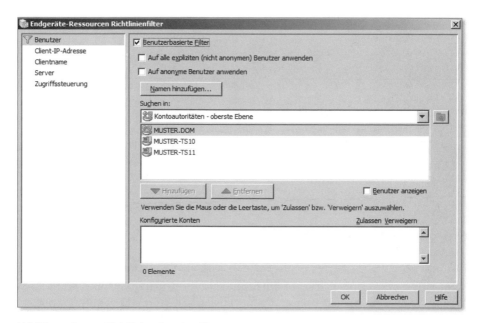

Abbildung 6.147   Richtlinien Benutzerfilter

6 | Konfiguration der Basiskomponenten

Über ein Konfigurationsfenster kann anschließend auswählt werden, für wen oder was die Richtlinie aktiviert werden soll, wobei der einfachste Fall durch einen Benutzerfilter dargestellt wird, wie in Abbildung 6.147 dargestellt.

Ebenso wäre aber auch eine Zuweisung basierend auf einer IP-Adresse oder einem Subnetz möglich.

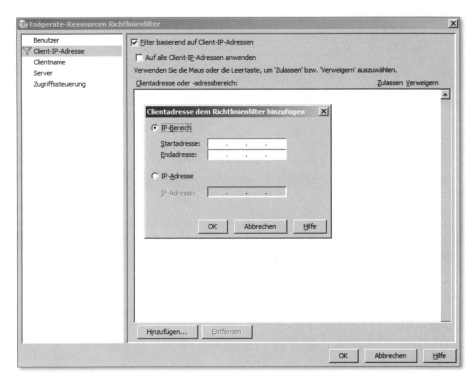

Abbildung 6.148 Richtlinien IP-Filter

Auch Kombinationen von Filterkriterien sind möglich. Diese sollten jedoch genau geplant und dokumentiert werden, da sonst leicht der Überblick verloren geht.

6.6 Druck oder nicht Druck ...

Der Bereich der Druckausgaben ist im Zusammenhang mit den Windows-Terminaldiensten und Citrix XenApp immer ein sehr anspruchsvolles und komplexes Thema. Zwar steht im Prinzip mit der automatischen Einbindung von Client-Ressourcen ein sehr leistungsstarkes Werkzeug zur Verfügung, um Drucker aus einer

Session heraus ansprechen zu können, jedoch sind insbesondere unter den älteren Versionen des XenApp in der Praxis sehr häufig Szenarien vorgekommen, in denen die Standardeinstellungen nicht ausreichend waren und angepasst werden mussten.

Doch warum ist das Drucken ein so schwieriges Thema in einer Terminalserver-Umgebung? Der Grund hierfür sind die vielen Varianten in der Art der Druckausgabe, die grundsätzlichen Anforderungen an die Bandbreite und die große Druckertreibervielfalt.

Arten von Druckern

Im Gegensatz zu der Druckerverwaltung auf einem »normalen« Client hat man es in einem Terminalserver-Umfeld mit vier Grundvarianten von Druckern zu tun.

- **Lokaler Drucker am Terminalserver**
  Eine Möglichkeit, den Benutzern eines Terminalservers eine Druckausgabe zu ermöglichen, wäre die Einrichtung eines lokalen Druckers am Terminalserver. Hierbei würden sowohl der Anschluss des Druckers als auch sein Treiber und sein Spool-Bereich vom Terminalserver selbst verwaltet.

  Obwohl diese Variante sehr »verschrien« ist, da im Regelfall immer empfohlen wird, die Terminalserver nicht mit weiteren *Diensten* zu belasten, so ist sie auf den zweiten Blick in der Praxis in so gut wie jeder Umgebung vertreten.

> **Hinweis**
>
> An dieser Stelle werden viele Administratoren den Kopf schütteln und sich fragen, wer denn so ungeschickt ist, einen Drucker direkt an einem Terminalserver anzuschließen. Nun ja, zum einen bedeutet *lokaler Drucker* nicht zwangsläufig einen Anschluss über einen LTP- oder COM-Port, da auch ein Drucker mit einer Netzwerkkarte, die über einen TCP/IP- oder LPD-Port angesprochen wird, als lokaler Drucker definiert ist. Zum anderen sind auf fast allen Terminalservern der *Microsoft Office Document Image Writer* oder ein PDF-Drucker wie der *Adobe PDF Writer* oder *CutePDF* installiert. Auch wenn bei diesen Druckern die Ausgabe in einer Datei erfolgt, so sind sie doch trotzdem *lokale Drucker*.

- **Netzwerkdrucker am Terminalserver**
  Insbesondere in größeren Netzwerken wird häufig mit dedizierten Druckservern gearbeitet, auf denen alle Drucker lokal installiert und freigegeben sind. Die Clients, auch die Terminalserver, verbinden sich auf einen solchen freigegebenen Drucker, um eine Ausgabe auf ihm zu erzeugen.

  Bei der Nutzung eines Druckerservers mit freigegebenen Druckern wird für die Ausgabe komplett mit Betriebssystem-Bordmitteln gearbeitet, die unabhängig vom Einsatz eines Terminalservers zur Verfügung stehen.

6 | Konfiguration der Basiskomponenten

- **Lokaler Drucker am Client**
  Der Einsatz eines lokalen Druckers am Client entspricht grundsätzlich dem Einsatz eines *lokalen Druckers am Terminalserver*. Das bedeutet, dass sowohl der Druckeranschluss als auch sein Treiber und sein Spool-Bereich vom Client verwaltet werden.

  Da ein solcher Drucker aber zunächst grundsätzlich nur auf dem Client selbst genutzt werden könnte, bedarf es an dieser Stelle der Einbindung *von Client-Druckern* in die Terminalserver-Sitzung, um von einer Session auf diesen Drucker ausgeben zu können.

- **Netzwerkdrucker am Client**
  Der *Netzwerkdrucker am Client* kombiniert zwei der oben beschriebenen Varianten. Als Basissystem für die Verwaltung der Drucker ist hierbei wieder ein Druckerserver im Einsatz, auf dem die Drucker freigegeben sind. Der Client hat eine Verbindung zu einem oder mehreren dieser freigegebenen Drucker, um auf ihnen drucken zu können.

  Da diese verbundenen Drucker aber wie ein *lokaler Client-Drucker* zunächst nur an dem Client zur Verfügung stehen würden, müssen sie auch über die Einbindung *von Client-Druckern* in die Terminalserver-Sitzung aufgenommen werden. Nur so kann auch vom Terminalserver auf ihnen gedruckt werden.

Je nach Anforderungen und Umgebung werden eine oder mehrere dieser Varianten zum Einsatz kommen. Auf den ersten Blick ergeben einige dieser Varianten zunächst wenig Sinn, da sie augenscheinlich auch über eine der anderen Varianten abgebildet werden könnten. Beispielsweise scheinen die Varianten des Netzwerkdruckers am Client und am Server austauschbar zu sein.

Um diesen Eindruck zu widerlegen, sollte man sich mögliche Szenarien vor Augen führen, in denen eine solche Austauschbarkeit nicht gegeben ist. Zu diesem Zweck sollte man sich zunächst die Kommunikationswege für die Druckausgaben in den vier Möglichkeiten ansehen. Betrachtet man zunächst den Fall des *lokalen Drucks am Terminalserver*, so gestaltet sich die Kommunikation wie in Abbildung 6.149 gezeigt.

Es wird vom Client eine Verbindung über den ICA-Port 1494 mit dem Terminalserver aufgebaut und der Ausdruck erfolgt über einen Anschluss des Terminalservers. Die Kommunikationswege zwischen dem Client und dem Terminalserver spielen für die Ausgabe an den Drucker keine Rolle.

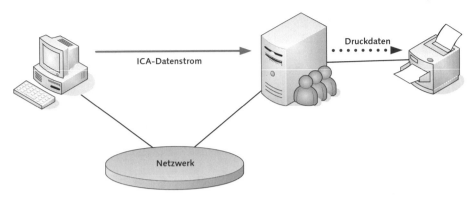

Abbildung 6.149 Lokaler Drucker am Terminalserver

Ähnlich verhält es sich bei der Nutzung eines *Netzwerkdruckers am Terminalserver*. Auch hierbei spielt der Kommunikationsweg zwischen Client und Terminalserver für den Ausdruck keine Rolle, da der Terminalserver über das Netzwerk mit dem Druckerserver über Windows-Netzwerkprotokolle kommuniziert. Der Client nutzt wiederum nur den Port 1494 für den ICA-Datenstrom, während der Terminalserver eine Reihe von Ports für die Anmeldung und Datenübertragung an den Druckserver nutzt.

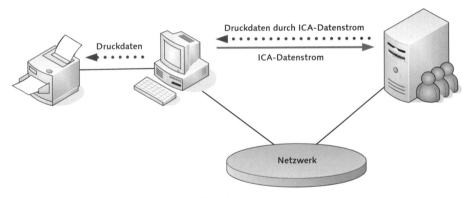

Abbildung 6.150 Netzwerkdrucker am Terminalserver

Sofern es sich um einen *lokalen Drucker am Client* handelt, würde wiederum eine ICA-Verbindung mit dem Terminalserver hergestellt. In diesem Fall allerdings mit der Option, die lokalen Drucker des Clients in die Sitzung einzubinden. Auf diesem Weg erscheinen die Drucker des Clients in der Session und es kann auf ihnen gedruckt werden. Die übertragenen Druckdaten würden durch das ICA-Protokoll getunnelt.

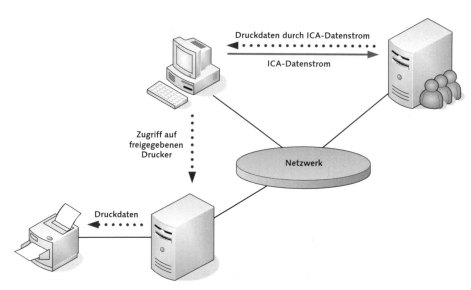

Abbildung 6.151 Lokaler Drucker am Client

Vergleichbar stellt sich auch der Weg bei der Druckausgabe mit einem *Netzwerkdrucker am Client* dar. Auch hierbei müsste die Verbindung so konfiguriert werden, dass die Drucker des Clients in die Sitzung übergeben werden. Der Druckdatenstrom wird wieder bis zum Client durch das ICA-Protokoll getunnelt und anschließend über Windows-Protokolle an den Druckserver übergeben, der die Daten an den Drucker ausgibt, wie in Abbildung 6.152 dargestellt.

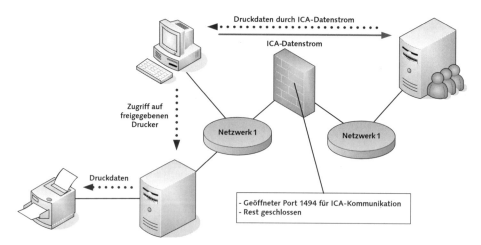

Abbildung 6.152 Netzwerkdrucker am Client

An dieser Stelle sind nun deutlich die Unterschiede zwischen den vier Varianten zu erkennen. Jede dieser Varianten ist in der Lage, einem Client den Ausdruck auf einem Drucker einer Terminalserver-Sitzung zu ermöglichen. Allerdings unterscheiden sie sich grundlegend in ihren Kommunikationswegen und somit in den möglichen Einsatzgebieten.

Da ein Druck mit Windows-Technologien, also Freigaben, immer eine Reihe von Protokollen voraussetzt, über die die Authentifizierung, die Datenübertragung und Fehlerkorrektur realisiert werden, ist es nicht praktikabel, diesen außerhalb eines lokalen Netzwerkes (LAN) zu nutzen. Eine Einbindung von Druckern über das ICA-Protokoll hingegen verwendet den gleichen Port, der auch für die Sitzung selbst genutzt wird, und ist somit auch von einer beliebigen externen Stelle aus nutzbar, von der eine Sitzung aufgebaut werden kann, wie in Abbildung 6.153 gezeigt.

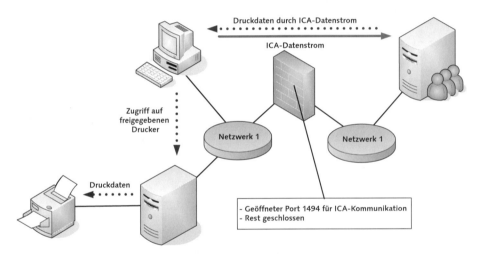

Abbildung 6.153 Druck aus gesicherten Netzwerken

Bandbreitenbegrenzungen

Neben der Anzahl der benötigten Kommunikations-Ports bietet die Nutzung der Einbindung von Druckern aber noch einen weiteren Vorteil, der insbesondere für den Zugriff über schmale Bandbreiten von Bedeutung ist – die Bandbreitenbegrenzung von Druckausgaben. So kann mit Hilfe der Access Management Console in den *Eigenschaften eines Servers* festgelegt werden, wie hoch die maximale Bandbreite für Druckausgaben sein soll.

6 | Konfiguration der Basiskomponenten

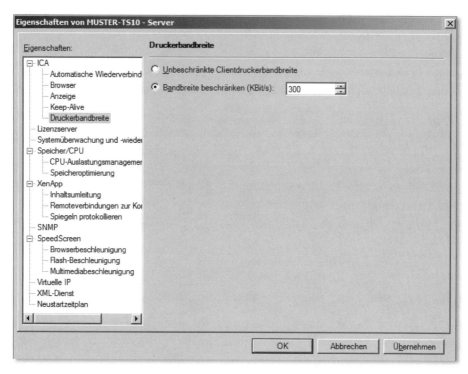

Abbildung 6.154 ICA-Druckerbandbreite

Die Konfiguration erfolgt mittels der Eingabe einer maximalen Bandbreite in KBit/s. Man sollte sich somit im Vorfeld ein paar Gedanken dazu machen, über welche Bandbreiten die Benutzer beim Zugriff auf den Terminalserver verfügen, um einen passenden Wert für die Druckerbandbreite festzulegen.

> **Hinweis**
>
> Wichtig an dieser Stelle ist zu berücksichtigen, dass eine beschränkte Bandbreite natürlich eine Wechselwirkung mit der Dauer einer Druckausgabe hat. Sollte die Druckerbandbreite sehr stark limitiert sein, können Ausdrucke unter Umständen sehr lange dauern. Insbesondere an Stellen mit zeitkritischen Ausdrucken, wie etwa ein Kassen- oder Empfangssystem in einem Hotel, könnte anstelle der Bandbreitenbegrenzung eine schnellere Anbindung sinnvoller sein.

Die Druckertreiber

Ein weiterer kritischer Punkt im Zusammenhang mit Druckern auf einem Terminalserver sind die Druckertreiber. Betrachtet man beispielsweise die Vorgänge beim Druck eine Dokumentes, so werden die Daten des Dokumentes über den Druckertreiber in Steuersignale verwandelt, die dem Drucker sagen, wo und wie er einen »Farbklecks« erstellen soll. Um diese *Steuersignale* transparenter zu gestalten, wurden *einige Druckersprachen* entwickelt, die Hersteller- und geräteübergreifend genormt wurden. Sehr häufige Vertreter dieser Druckersprachen sind beispielsweise die unterschiedlichen Versionen der *PCL (Print Control Language)* oder *PostScript*. Doch neben den standardisierten Sprachen beinhalten die Treiber der Drucker oftmals noch weitere Konfigurationsmöglichkeiten für die jeweiligen Druckertypen. Dies können Einstellungen für Farben, Papierschächte oder Duplexeinheiten sein.

Was macht diesen Punkt nun so kritisch für einen Terminalserver? Um die Druckausgaben einer veröffentlichten Anwendung korrekt aufbereiten zu können, sollte der Drucker den Originaltreiber des Druckers dafür nutzen. Dies gilt insbesondere für spezielle Einstellungen, wie sie bei Farb- oder Hochleistungsdruckern getroffen werden müssen. Da der Treiber aber bei der Einbindung eines Druckers in eine Sitzung nicht mit übertragen wird, muss ein passender Treiber bereits vor dem Verbindungsaufbau auf dem Terminalserver zur Verfügung stehen. Hierfür gibt es drei Möglichkeiten.

- **Originaltreiber**
  Die erste Möglichkeit wäre, auf dem Terminalserver den Originaltreiber des Druckerherstellers zu installieren. Dieser Treiber könnte dann bei einem Verbindungsaufbau mit Einbindung des entsprechenden Druckers genutzt werden. Sofern mehrere Terminalserver in der Server-Farm vorhanden sind, können die installierten Druckertreiber zwischen diesen Servern repliziert werden.

- **Kompatibilitätslisten/Zuordnungen**
  In einigen Fällen kann es vorkommen, dass kein passender Treiber auf dem Server installiert werden kann. Dies könnte beispielsweise vorkommen, wenn der Client ein älteres Betriebssystem einsetzt und für den Drucker keine Treiber für das Serverbetriebssystem vorhanden sind. In diesen Fällen können *Zuordnungen* und *Kompatibilitätslisten* erstellt werden, in denen auf alternative Treiber verwiesen wird.

- **Citrix universeller Druckertreiber (UPD)**
  Die komfortabelste Variante ist der Einsatz des universellen Druckertreibers des XenApp. Hierbei handelt es sich um einen generischen Treiber, der die Druckdaten auf dem Terminalserver in ein Rohformat packt und an den Client überträgt, wo die Daten mit dem Originaltreiber überarbeitet werden. Seit dem Presentation Server 4 unterstützt der universelle Druckertreiber sogar ein Reihe von Zusatzfunktionen wie Papierfachansteuerung oder Farbkonfiguration.

Treiberreplikation

Sofern die Originaltreiber eines Druckers auf einem Terminalserver installiert wurden, können diese Treiber mit der *Erweiterten XenApp-Konfiguration* konfiguriert und repliziert werden.

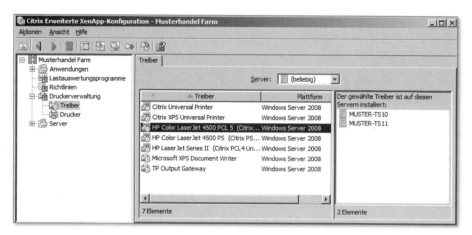

Abbildung 6.155 Druckertreiber in der Presentation Server Console

Um die Replikation eines Druckertreibers zu konfigurieren, kann über einen Rechtsklick auf den Listeneintrag ein entsprechender Dialog gestartet werden, wie Abbildung 6.156 zeigt.

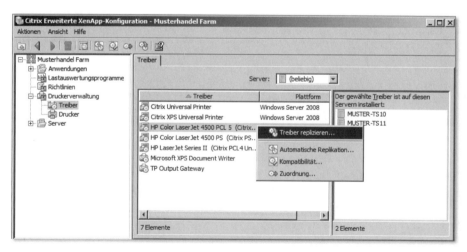

Abbildung 6.156 Treiber replizieren

Auf diesem Weg besteht eine sehr komfortable Möglichkeit, die Treiber in der Server-Farm zu verteilen, ohne manuell eingreifen zu müssen.

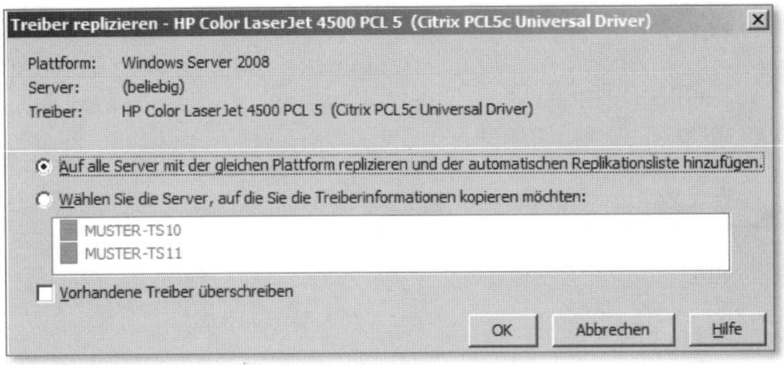

Abbildung 6.157 Replikation konfigurieren

> **Hinweis**
>
> Sofern eine aktualisierte Version eines Treiber verteilt werden soll, ist bei der Konfiguration der Replikation darauf zu achten, dass die Option *Vorhandene Treiber überschreiben* aktiviert ist.

Kompatibilitätslisten/Zuordnungen

Um einen Client-Drucker mit einem auf dem Server installierten Druckertreiber verbinden zu können, wird der Name des Druckertreibers als Schlüssel genutzt. Da insbesondere bei Druckertreibern für unterschiedliche Betriebssysteme auch unterschiedliche Namen genutzt werden, kann an dieser Stelle der Bedarf für eine manuelle Zuordnung entstehen. Über die Kontextmenüfunktion ZUORDNUNG... auf einem Druckertreiber kann definiert werden, welcher Client-Druckertreiber dem Serverdruckertreiber entspricht.

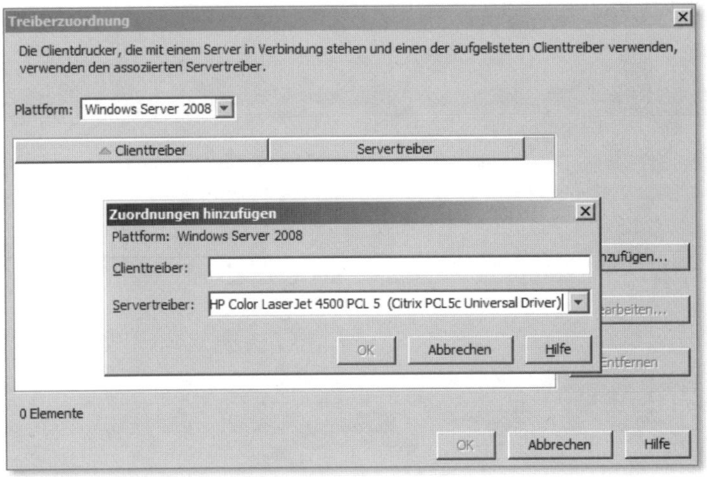

Abbildung 6.158 Treiberzuordnung

6 | Konfiguration der Basiskomponenten

> **Hinweis**
>
> Bei älteren Versionen des XenApp wurde in diesem Zusammenhang mit den Dateien WTSUPRN.INF und CTXUPRN.INF gearbeitet. Beide Dateien müssen seit dem Presentation Server 4.5 nicht mehr manuell gepflegt werden.

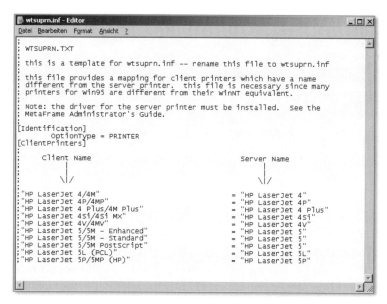

Abbildung 6.159 WTSUPRN.INF

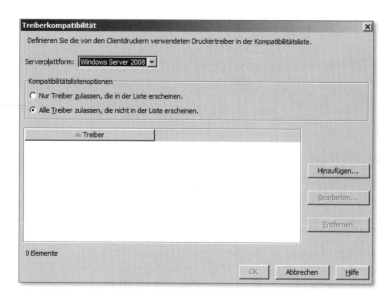

Abbildung 6.160 Treiberkompatibilität

Neben der Treiberzuordnung besteht die Möglichkeit, *Kompatibilitäten* zu definieren. Hierbei kann konfiguriert werden, welche Treiber in der Farm genutzt werden sollen und welche nicht. Abbildung 6.160 zeigt die Konfiguration der *Treiberkompatibilität*.

Der universelle Druckertreiber des XenApp 5.0

Neben den Konfigurationsmöglichkeiten mit den Originaltreibern der Druckerhersteller bietet der XenApp/Presentation Server seit der Version 4.0 eine neue, überarbeitete Version des *Universal Printer Driver (UPD)*, der nun über EMF (Enhanced Metafiles) und XPS (seit XenApp 5.0) auch in der Lage ist, erweiterte Funktionalitäten eines Druckertreibers abzubilden.

Sieht man sich den UPD genauer an, so fällt auf, dass es sich nicht nur um *einen* Treiber handelt, sondern um fünf Treiber (PCL4, PCL5, PostScript, EMF und XPS), die genutzt werden können, wenn der Server bei der Verbindung eines Clients keinen passenden Treiber zur Verfügung hat.

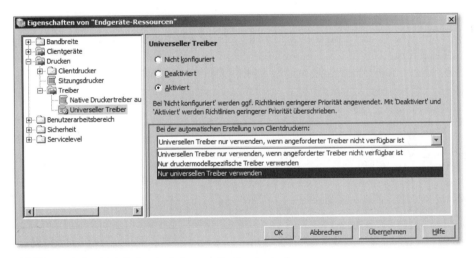

Abbildung 6.161 Richtlinieneinstellungen für Druckertreiber

Da es in einigen Situation sinnvoll sein kann, generell den UPD zu verwenden oder immer nur einen Originaltreiber zu nutzen, können über *Richtlinien* die entsprechenden Voreinstellungen getroffen werden, wie Abbildung 6.161 zeigt.

Um die Liste der verfügbaren universellen Druckertreiber anzupassen, können die entsprechenden Einträge in der Registry des Servers bearbeitet beziehungsweise entfernt werden, wie in Abbildung 6.162 dargestellt.

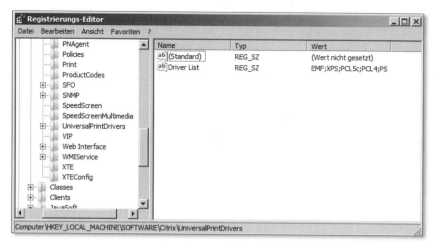

Abbildung 6.162 Registry-Einträge des UPD

Die Einträge des Schlüssels *DriverList* definieren hierbei die Treiberpräferenzen des UPD. Laut Citrix kann an dieser Stelle die Reihenfolge der Präferenz geändert werden, was in der Praxis jedoch nicht immer korrekt funktioniert. Sobald ein Client-Drucker über den UPD in einer Sitzung verbunden ist, stehen die Funktionen des universellen Treibers zur Verfügung.

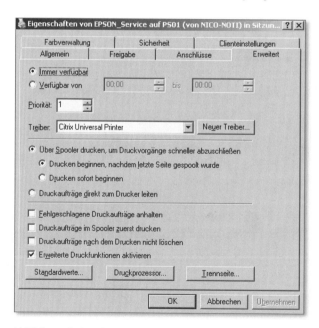

Abbildung 6.163 Erweiterte Einstellungen des Citrix Universal Printer

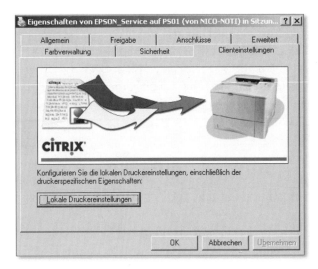

Abbildung 6.164 Client-Einstellungen des Citrix Universal Printer

An dieser Stelle ist es wichtig, sich ein wenig Gedanken darüber zu machen, wo wohl die Einstellungen gespeichert werden, die an dem universellen Druckertreiber konfiguriert werden.

Auf dem Terminalserver? Auf dem Endgerät? Sind es echte Treibereinstellungen? Die Antwort auf diese Fragen ist einfach – »Es kommt drauf an!«

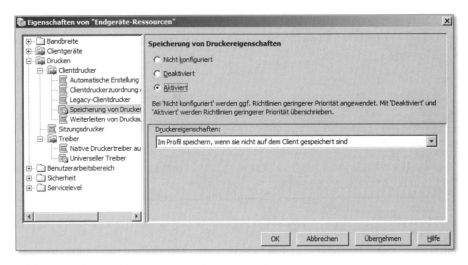

Abbildung 6.165 Speicherung der Druckereigenschaften

Das Problem ist an dieser Stelle natürlich, dass die Einstellungen des universellen Druckertreibers nicht identisch mit den Einstellungen des *echten* Druckertreibers sein können. Sie haben zwar die gleichen Effekte, sind aber nun mal generisch. Die Speicherung der hier getroffenen Einstellungen muss also in irgendeiner Form etwas Besonderes sein. Und so ist es auch – die Speicherung der hier getroffenen Einstellungen kann und sollte über eine sogenannte *Printer Retention Policy* definiert werden, wie in Abbildung 6.165 dargestellt.

Importieren eines Druckservers

Neben den Verwaltungsmöglichkeiten von Client-Druckern, die in die Terminalserver-Sitzungen eingebunden werden, besteht auch die Möglichkeit, Drucker von einem Druckserver im Netzwerk in die Farm einzubinden. Zu diesem Zweck können in der *Erweiterten XenApp-Konfiguration* über einen Rechtsklick auf DRUCKERVERWALTUNG und die Option NETZWERKDRUCKSERVER IMPORTIEREN Drucker in der Farm bekannt gemacht werden.

Hierbei kann ein beliebiger Windows-Server ausgewählt werden, der freigegebene Drucker enthält. Diese Drucker stehen anschließend in der Farm zur Verfügung.

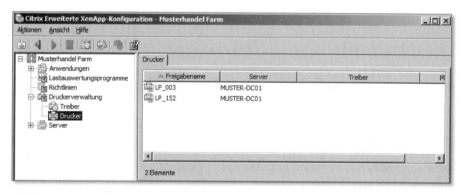

Abbildung 6.166 Lokale und importierte Drucker

Die so importierten Drucker können anschließend Benutzern oder Endgeräten zugewiesen werden, wodurch sie in den Sitzungen der Benutzer erscheinen.

Zuweisen von Druckern

Um einen importierten Drucker einem Benutzer zuzuweisen, wird eine Richtlinie benötigt, die die Zuweisung konfiguriert.

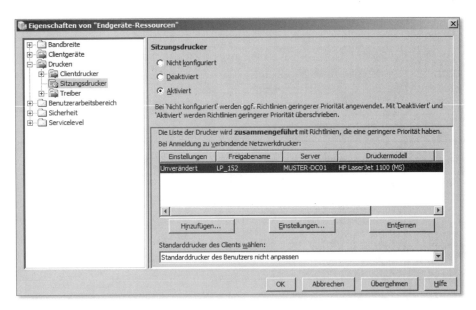

Abbildung 6.167 Richtlinie für Sitzungsdrucker

Hierzu muss eine Richtlinie geöffnet werden und in dem Bereich DRUCKEN • SITZUNGSDRUCKER die entsprechende Konfiguration vorgenommen werden. Hierbei werden die zu verbindenden Drucker ausgewählt und die Richtlinie anschließend den gewünschten Benutzern zugeordnet.

> **Hinweis**
>
> Diese Vorgehensweise zur Zuweisung von importierten Netzwerkdruckern zu Benutzersitzungen existiert seit dem Presentation Server 4.0. Unter älteren Versionen des Presentation Server erfolgt die Zuweisung direkt über die Presentation Server Console DRUCKERVERWALTUNG • DRUCKER • [NAME DES DRUCKERS] und die Kontextmenüfunktion DRUCKER ZUWEISEN. Diese Vorgehensweise findet sich auch noch in einigen Dokumentationen, auch wenn sie unter dem Presentation Server 4.0, 4.5 und XenApp 5.0 nicht mehr funktioniert.

Neben der Zuweisung an einen Benutzer können Drucker auch Endgeräten zugewiesen werden. Hierzu muss unter DRUCKERVERWALTUNG • DRUCKER der gewünschte Drucker angewählt werden und über das Kontextmenü die Funktion CLIENTDRUCKER gewählt werden. Im darauf folgenden Dialog können Drucker den Endgeräten zugewiesen werden.

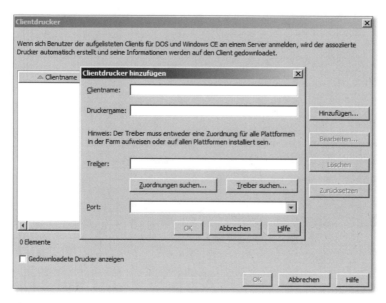

Abbildung 6.168 Client-Drucker hinzufügen

6.7 Einstellungen des Citrix-XML-Dienstes

Wie bereits in Abschnitt 4.1.6, »Citrix-XML-Dienst«, beschrieben, dient der Citrix-XML-Dienst als Bindeglied zwischen der Server-Farm und den Clients. Da der XML-Dienst sowohl als eigenständiger Dienst als auch als ISAPI-Erweiterung für den Internet Information Server auftreten kann, sollte man sich vor Augen halten, wann welche Variante die bessere ist und zwischen ihnen gewechselt werden kann.

Grundsätzlich gilt, dass immer dann, wenn kein IIS auf dem Server installiert ist, der Einsatz des ISAPI-Filters nicht möglich ist, da dieser direkt auf dem IIS basiert. Es bleibt in diesem Fall also nur die Konfiguration als eigenständiger Dienst.

Sofern auf dem Server aber ein IIS installiert ist, beispielsweise um auch eine Konfigurationsseite für den Program Neighborhood Agent zu enthalten, empfiehlt sich der Einsatz des ISAPI-Filters. Zum einen vermeidet dies ein Umlegen des Standard-XML-Ports 80 auf einen alternativen Port, da 80 bereits vom IIS verwendet wird. Zum anderen bietet der IIS eine sehr einfache und komfortable Möglichkeit, sämtliche Kommunikation über SSL zu verschlüsseln, indem ein Serverzertifikat installiert wird. Sollte jedoch der Wunsch bestehen, den eigenständigen XML-Dienst zu betreiben, so kann dieser über den Befehl *CTXXMLSS* konfiguriert werden. Die Installation eines Serverzertifikates wird in Abschnitt 7.7, »Secure Gateway«, behandelt und deshalb an dieser Stelle vernachlässigt.

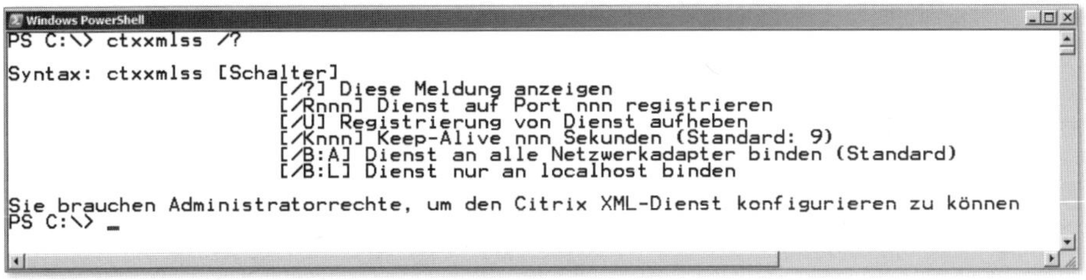

Einstellungen des Citrix-XML-Dienstes | **6.7**

```
Windows PowerShell
PS C:\> ctxxmlss /?
Syntax: ctxxmlss [Schalter]
                 [/?]   Diese Meldung anzeigen
                 [/Rnnn] Dienst auf Port nnn registrieren
                 [/U]   Registrierung von Dienst aufheben
                 [/Knnn] Keep-Alive nnn Sekunden (Standard: 9)
                 [/B:A] Dienst an alle Netzwerkadapter binden (Standard)
                 [/B:L] Dienst nur an localhost binden
Sie brauchen Administratorrechte, um den Citrix XML-Dienst konfigurieren zu können
PS C:\> _
```

Abbildung 6.169   Parameter des Befehls CTXXMLSS

Grundsätzlich können zwei Situationen für diesen Fall vorkommen – der XML-Dienst wurde bereits während der Installation von XenApp als eigenständiger Dienst konfiguriert oder er soll nachträglich registriert werden, da während der Installation zunächst der ISAPI-Filter ausgewählt wurde. Sofern der Dienst nachträglich registriert werden soll, kann dies über den Befehl `ctxxmlss /R[Port]` erfolgen. Der Befehl `ctxxmlss /R888` registriert den Dienst dementsprechend auf Port 888, wie in Abbildung 6.170 gezeigt.

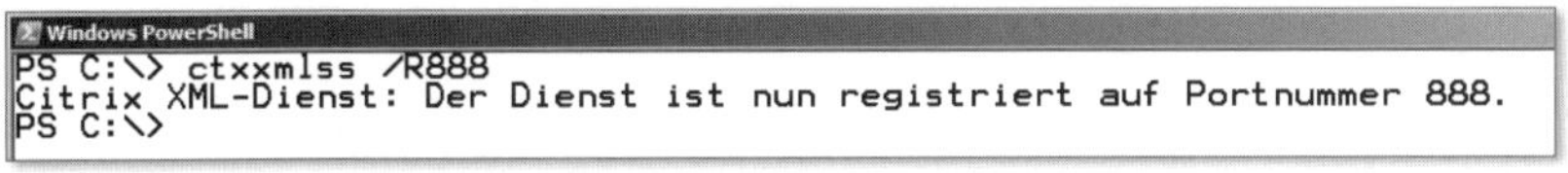

```
Windows PowerShell
PS C:\> ctxxmlss /R888
Citrix XML-Dienst: Der Dienst ist nun registriert auf Portnummer 888.
PS C:\>
```

Abbildung 6.170   Registrierung des XML-Dienstes auf Port 888

Direkt im Anschluss an diesen Befehl erscheint der XML-Dienst in der Liste der *Dienste* des Servers und kann gestartet werden. Über den gleichen Befehl kann der Dienst auf einen anderen Port gebunden werden.

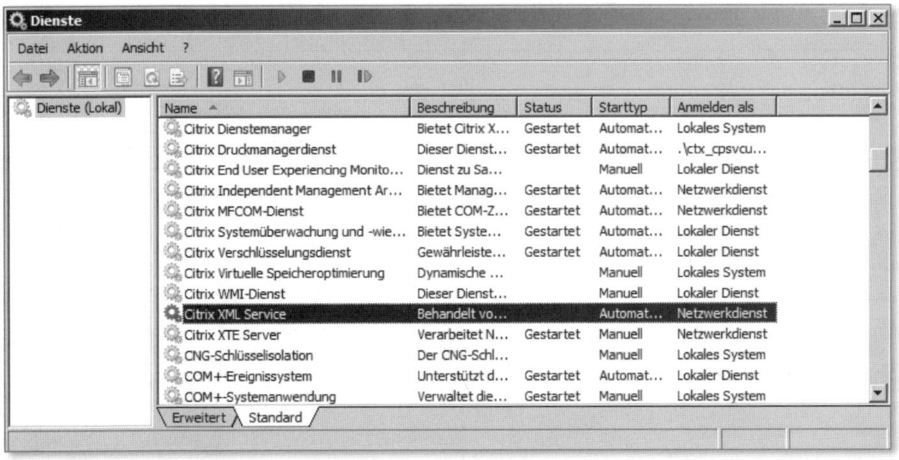

Abbildung 6.171   Der XML-Dienst in der Liste der Dienste

Sollte sich zu einem späteren Zeitpunkt herausstellen, dass der XML-Dienst nicht mehr als eigenständiger Dienst arbeiten soll, so kann seine Registrierung über den Befehl `ctxxmlss /U` wieder aufgehoben werden.

Abbildung 6.172 Aufheben der Registrierung

Sobald die Registrierung aufgehoben wurde, verschwindet der XML-Dienst aus der Liste der Serverdienste, wie in Abbildung 6.173 dargestellt.

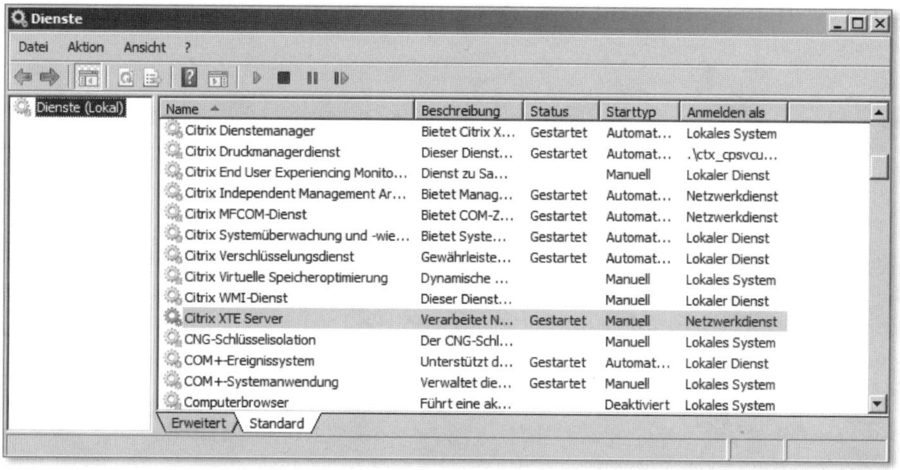

Abbildung 6.173 Serverdienste ohne Citrix-XML-Dienst

Sofern die Registrierung des Dienstes aufgehoben wurde, muss der ISAPI-Filter manuell im IIS registriert werden. Hierzu muss die in Abbildung 6.174 gezeigte DLL mit dem passenden Pfad in den *ISAPI- und CGI-Einschränkungen* des IIS eingetragen und erlaubt werden.

> **Hinweis**
>
> Der Kommunikations-Port des XML-Dienstes wird für viele Einstellungen beispielsweise an den Clients und am Webinterface benötigt, so dass die Konfiguration des XML-Dienstes sehr genau dokumentiert werden sollte und Änderungen stets einer genauen Prüfung unterzogen werden sollten.

Abbildung 6.174 Citrix-XML-ISAPI

6.8 Einstellungen der Farm und Server

Neben der Konfiguration der Komponenten und Funktionen der XenApp-Farm existiert eine Reihe von weiteren Einstellungen, die an der Farm und an den Servern vorgenommen werden können.

6.8.1 Einstellungen der Farm

Betrachtet man zunächst die Eigenschaften einer Server-Farm, so kann an ihr nahezu alles konfiguriert werden, was sich auch auf der Ebene der Server befindet. Der Hintergrund hierfür ist, dass die Einstellungen der Farm eine Art Vorlagencharakter haben, da ein neuer Server grundsätzlich zunächst alle Einstellungen von der Farm erbt. Im Nachhinein können ihm dann individuelle Einstellungen mitgegeben werden.

Sieht man sich nun die Eigenschaften der Server-Farm an, so finden sich die unterschiedlichen Konfigurationsbereiche in der Navigationsleiste auf der linken Fensterseite, von denen einige bereits aus vorherigen Abschnitten bekannt sind.

Allgemeine XenApp-Einstellungen

Einer der wichtigsten Punkte findet sich im Bereich des XenApp • Allgemein, da hier ein sehr großer Teil der Farmlogik konfiguriert wird.

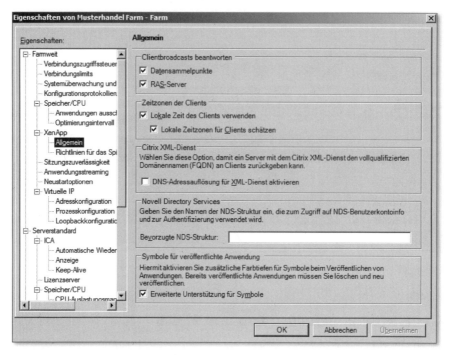

Abbildung 6.175 XenApp-Einstellungen

Neben der Konfiguration der Client-Zeitzonen sind vor allem die folgenden Optionen von großer Bedeutung für die Funktionalität der Farm.

- **Antwort auf Broadcasts**
  Die erste Einstellung führt dazu, dass der oder die Datensammelpunktserver einer Farm auf Broadcast-Anfragen von Clients antworten. Diese Einstellung klingt im ersten Moment nicht sonderlich spektakulär, hat allerdings einen tieferen Sinn. In den Eigenschaften der Server befindet sich eine ähnliche Option, die besagt, dass die Server auf Broadcast-Anfragen der Clients antworten. Sofern diese Option an den Servern deaktiviert wird, kann erreicht werden, dass alle Clients, die über einen Broadcast eine Anfrage an die Farm stellen, ihre Informationen von dem Datensammelpunkt bekommen. Hierdurch wird sichergestellt, dass sie immer mit den aktuellsten Informationen versorgt werden, da der Datensammelpunkt die Informationen aller Server der Farm auf einem aktuellen Stand hat.

- **Bevorzugte Novell-Directory-Services-Struktur**
  Sofern neben Windows-Servern auch Netware-Server im Einsatz sind und die Benutzer nicht gegen eine Windows-Domäne, sondern gegen ein Novell-NDS authentifiziert werden sollen, muss an dieser Stelle der Name der NDS-Struktur eingetragen werden. Sobald dies geschehen ist, wird bei der Anmeldung

eines Clients an der Server-Farm neben einem Windows- auch immer ein NDS-Anmeldekonto abgefragt.

Für die NDS-Funktionalität der Terminalserver muss auf den Systemen natürlich ein Novell-Client installiert sein. Darüber hinaus wird diese Funktionalität mit XenApp 5.0 auf Windows Server 2008 nicht unterstützt.

▶ **DNS-Adressauflösung für XML-Dienst aktivieren**
Sofern man diese Option aktiviert, wird in den Anwendungsverknüpfungen der Benutzer (ICA-Dateien!) nicht mehr die IP-Adresse eine Citrix-Servers eingetragen, sondern sein voll qualifizierter DNS-Name. Dies kann beispielsweise für den Einsatz mit wechselnden IP-Adressen von Nutzen sein.

Damit diese Option fehlerfrei eingesetzt werden kann, muss einerseits der Server über eine korrekte DNS-Konfiguration verfügen und andererseits der Client in der Lage sein, den zurückgegebenen DNS-Namen korrekt aufzulösen.

Sitzungszuverlässigkeit

Im Bereich *Sitzungszuverlässigkeit* können die Einstellungen für die Aufrechterhaltung von getrennten Sitzungen konfiguriert werden. An dieser Stelle kann sowohl der Port für den XTE-Dienst als auch die Dauer der Aktivhaltung der Sitzung konfiguriert werden.

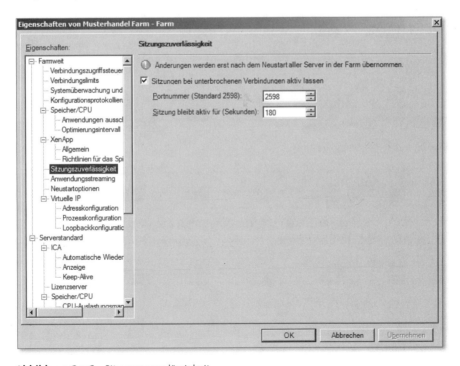

Abbildung 6.176   Sitzungszuverlässigkeit

Verbindungslimits

Auf der Ebene der Farm kann definiert werden, ob die maximale Anzahl der Verbindungen eines Benutzers begrenzt werden soll. Hierdurch kann beispielsweise erreicht werden, dass nicht mehrere Personen gleichzeitig mit dem gleichen Benutzernamen arbeiten. Dies kann wichtig sein, wenn die Benutzeraktivität protokolliert wird, da sonst Unstimmigkeiten auftreten können.

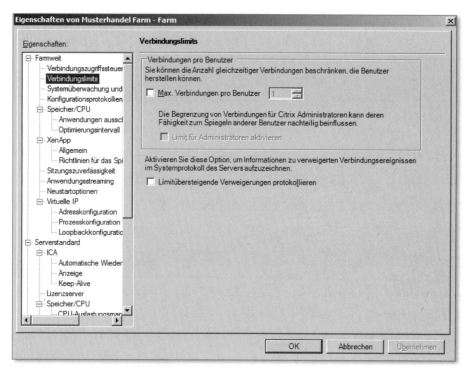

Abbildung 6.177 Verbindungslimits

Verbindungszugriffssteuerung

Sofern auf die Farm nicht nur über Clients aus dem Netzwerk, sondern auch über ein Access Gateway zugegriffen werden kann, bietet die *Verbindungszugriffssteuerung* die Möglichkeit, diese Zugriffe zu reglementieren.

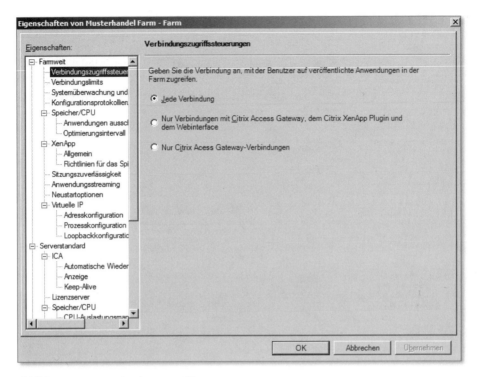

Abbildung 6.178 Verbindungszugriffssteuerung

Speicher/CPU-Optimierung

Wie in den einleitenden Abschnitten beschrieben, ermöglicht XenApp eine Optimierung der Speicher- und CPU-Leistung, um die Möglichkeit zu schaffen, mehr Benutzer pro Serversystem realisieren zu können.

Bei der Speicheroptimierung wird hierbei eine Art *Bereinigungslauf* des Arbeitsspeichers vorgenommen, bei dem im RAM geprüft wird, ob Elemente wie etwa DLLs mehrfach im Speicher gehalten werden. Falls dies der Fall ist, werden die doppelten Elemente entfernt und durch Verweise auf das Original ersetzt.

Da dieser Vorgang nicht dauerhaft läuft, sondern zeitgesteuert durchgeführt wird, kann in den Eigenschaften der Farm definiert werden, in welchen Intervallen diese Optimierung durchgeführt werden soll.

> **Hinweis**
>
> Die Funktion der CPU-Optimierung arbeitet mit einer Steuerung der zur Verfügung stehenden CPU-Zyklen, wodurch sie etwa auch die Basis für das im XenApp 5.0 neu hinzugekommene *Preferential Load Balancing* bietet.

6 | Konfiguration der Basiskomponenten

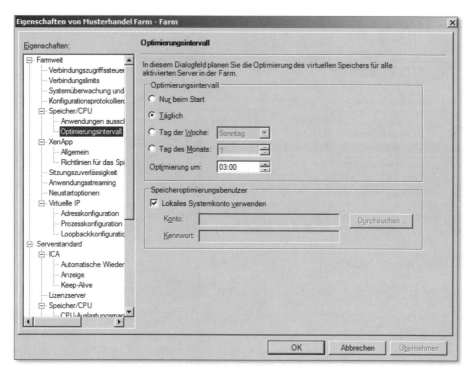

Abbildung 6.179 Optimierungsintervall

6.8.2 Einstellungen der Server

Neben den Einstellungen auf Farmebene können viele Funktionen pro Server konfiguriert werden. Diese Funktionen können zum Teil über die Eigenschaften des Servers eingestellt werden. Einige werden jedoch auch über Kontextmenüfunktionen auf dem Serverobjekt konfiguriert.

Einstellungen über das Kontextmenü

Eine der wichtigsten Einstellungen, die über das Kontextmenü eines Serverobjektes in der Access Management Console getätigt werden kann, ist die Auswahl der XenApp *Edition*.

Über die Option SERVEREDITION EINSTELLEN, kann zu einem beliebigen Zeitpunkt ausgewählt werden, ob es sich bei dem Server um einen *Advanced, Enterprise* oder *Platinum* Server handelt.

6.8 Einstellungen der Farm und Server

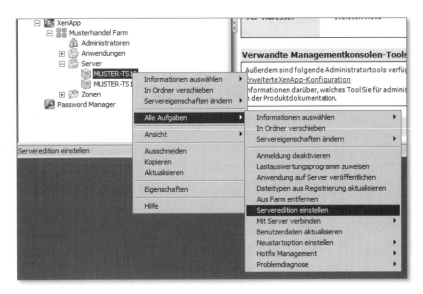

Abbildung 6.180 Edition einstellen

Abbildung 6.181 XenApp Edition einstellen

Über die Option *Andere* kann mittels eines Produktcodes eine alternative Edition, beispielsweise eine Entwickleredition, aktiviert werden.

> **Hinweis**
> Um die eingestellte Edition nutzen zu können, müssen auf dem Lizenzserver die entsprechenden Lizenzen installiert sein.

Allgemeine XenApp-Einstellungen

Wie in den Eigenschaften der Server-Farm, so können auch in den Eigenschaften eines Servers die XenApp-Einstellungen konfiguriert werden.

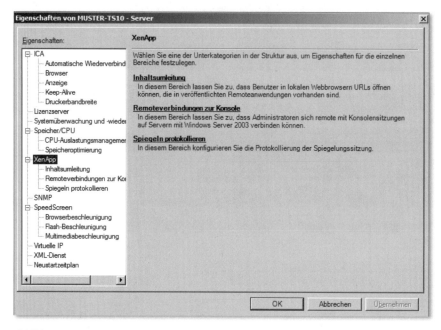

Abbildung 6.182 XenApp-Einstellungen

Im Gegensatz zu früheren Versionen des XenApp finden sich nun an dieser Stelle nicht mehr alle Optionen, die schon auf der Farmebene konfiguriert werden konnten, sondern tatsächlich nur die serverspezifischen Konfigurationen. Für jemanden, der die Verwaltung der älteren Versionen gewohnt ist, wird dies eine kleine Umstellung bedeuten – unter dem Strich sind diese Optionen nun jedoch weitaus logischer angeordnet, als dies bisher der Fall gewesen ist.

Die weiteren Einstellungen in den Eigenschaften des Servers orientieren sich hingegen weiterhin an den Einstellungen auf Farmebene.

6.8.3 Virtuelle IP-Adressen und virtuelles Loopback

Eine neue Funktionalität, die mit dem Presentation Server 4.0 eingeführt wurde, ist die Möglichkeit, einer Benutzersitzung eine virtuelle IP-Adresse zuzuweisen. Diese Funktion ist insbesondere dann von großer Bedeutung, wenn eine Anwendung die IP-Adresse des Clients als Schlüssel für eine Funktion nutzt. Dies ist beispielsweise sehr häufig bei Mainframe oder Host-Systemen der Fall, die die IP-Adresse des Clients nutzen, um seine Sitzung eindeutig zu definieren. Bisher war

Einstellungen der Farm und Server | **6.8**

es in solchen Fällen immer notwendig, manuell eine entsprechende Eindeutigkeit, beispielsweise durch Einträge in einer INI-Datei, zu erzeugen.

Hier besteht nun die Möglichkeit, einen IP-Adresspool vorzugeben, aus dem die Sitzungen individuelle virtuelle IP-Adressen beziehen können.

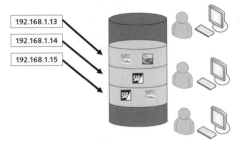

Abbildung 6.183 Virtuelle IP-Adressen für Benutzersitzungen

Konfiguration der virtuellen IP-Adressen

Um den Benutzersitzungen diese virtuellen IP-Adressen zur Verfügung stellen zu können, muss zunächst auf der Ebene der Server-Farm ein entsprechender Bereich von IP-Adressen konfiguriert werden, wie in Abbildung 6.184 dargestellt.

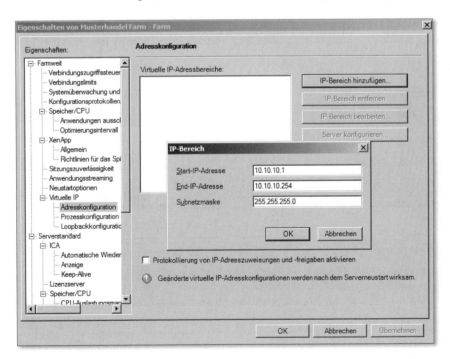

Abbildung 6.184 IP-Bereich hinzufügen

Nach der Erstellung des IP-Adressbereiches müssen diesem Bereich Server hinzugefügt werden, die sich aus diesem Pool bedienen können.

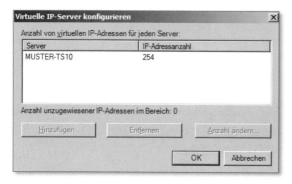

Abbildung 6.185 Server hinzufügen

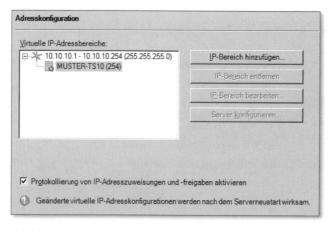

Abbildung 6.186 Der konfigurierte IP-Adressbereich

Nach einem Neustart der betroffenen Server ist die Konfiguration abgeschlossen. Ab diesem Zeitpunkt können Benutzersitzungen jeweils eine virtuelle IP-Adresse erhalten.

> **Wichtig**
>
> Der angegebene Adressbereich muss dem Adressbereich entsprechen, aus dem auch der zugewiesene Server seine Adresse bezieht. Sofern sich die Subnetze unterscheiden, können keine virtuellen IP-Adressen zugewiesen werden. Um die Zuweisungen von virtuellen IP-Adressen nachvollziehen zu können, kann die Protokollierung aktiviert werden, die sämtliche Vorgänge in das Windows-*Anwendungsprotokoll* schreibt.

Konfiguration des virtuellen Loopback

Neben dem Bedarf an einer individuellen IP-Adresse kann es bei einigen Anwendungen auch vorkommen, dass sie ein *virtuelles Loopback*, also eine Auflösung für den *localhost*, benötigen. Dieser kann ebenfalls über die Eigenschaften der Farm oder der Server aktiviert werden.

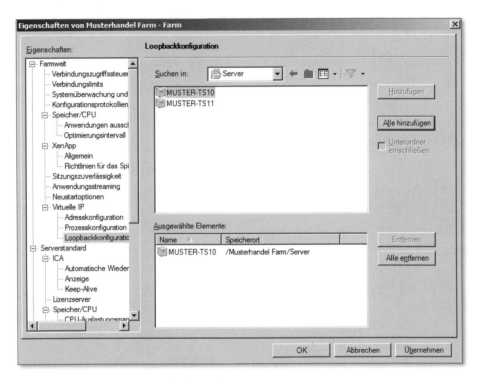

Abbildung 6.187 Virtuelle Loopback-Konfiguration

Virtuelle IP-Prozesse

Nach der Konfiguration der virtuellen IP-Adressen oder des virtuellen Loopback können die Prozesse definiert werden, die die entsprechenden Konfigurationen verwenden sollen. Hierzu können die gewünschten Prozesse in die Liste für die jeweilige Konfiguration aufgenommen werden.

6 | Konfiguration der Basiskomponenten

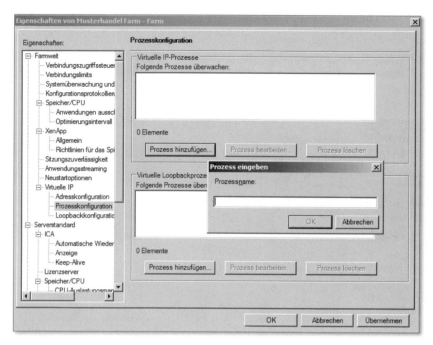

Abbildung 6.188 Virtuelle IP-Prozesse

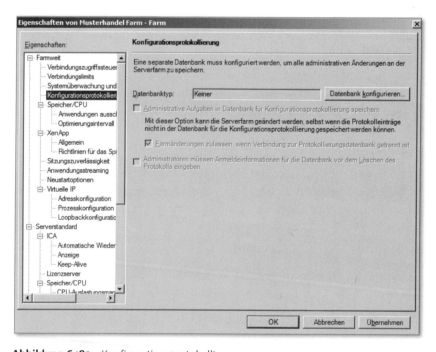

Abbildung 6.189 Konfigurationsprotokollierung

6.8.4 Konfigurationsprotokollierung

Eine neue Funktionalität seit dem Presentation Server 4.5 ist die Konfigurationsprotokollierung.

Bei dieser Funktionalität kann eine Datenbank definiert werden, in die sämtliche Konfigurationsänderungen der XenApp-Umgebung geschrieben werden. Auf diese Art und Weise kann jede Änderung nachvollzogen und bei Bedarf rückgängig gemacht werden (Abbildung 6.189).

Um die Konfigurationsprotokollierung zu aktivieren, wird zunächst eine Datenbank auf einem Microsoft SQL Server 2005/2008 oder Oracle 10.2 benötigt. Dieser Datenbank muss ein entsprechender Datenbankbenutzer zugeordnet sein, der die Datenbank vollständig verwalten darf. Wichtig: Dieser Benutzer darf kein leeres Kennwort haben.

Konfiguration der Datenbank

Nach der Erstellung der Datenbank und der Konfiguration eines entsprechenden Datenbank-Benutzers kann in der Access Management Console in den Eigenschaften der Server-Farm unter dem Navigationspunkt KONFIGURATIONSPROTOKOLLIERUNG die Schaltfläche DATENBANK KONFIGURIEREN gewählt werden.

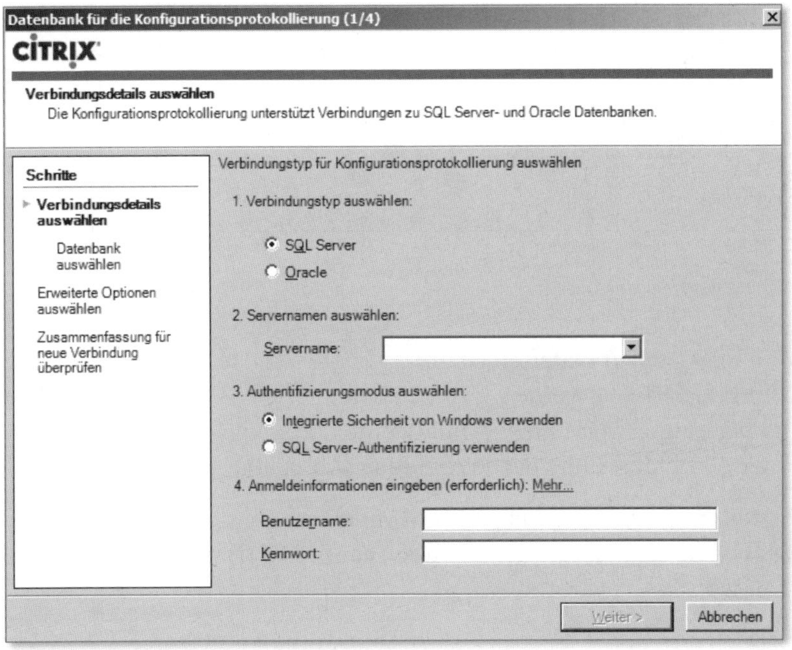

Abbildung 6.190 Datenbank konfigurieren

An dieser Stelle können zunächst die entsprechenden Verbindungskonfigurationen eingetragen werden, um die Verbindung zur Datenbank herstellen zu können.

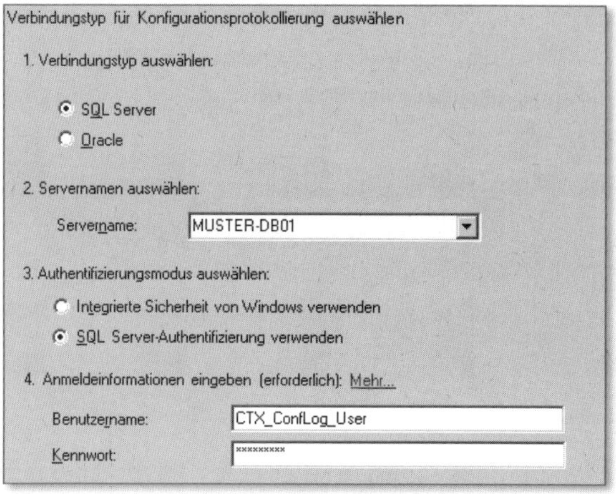

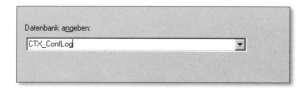

Abbildung 6.191 Datenbankverbindung

Sofern an dieser Stelle die korrekten Verbindungsinformationen eingegeben wurden, kann im nächsten Schritt die gewünschte Datenbank ausgewählt werden.

Abbildung 6.192 Auswahl der Datenbank

Die daraufhin folgenden erweiterten Optionen können im Regelfall bei den Standardeinstellungen belassen werden, sofern nicht spezielle Voraussetzungen zu erfüllen sind beziehungsweise nicht erfüllt werden. Ein typischer Kandidat hierfür ist etwa die Verschlüsselung der Verbindung (Abbildung 6.193).

Im Rahmen der anschließend gezeigten Zusammenfassung kann die Datenbankverbindung über die Schaltfläche DATENBANKVERBINDUNG TESTEN getestet werden (Abbildung 6.194).

Einstellungen der Farm und Server | **6.8**

Abbildung 6.193 Erweiterte Optionen

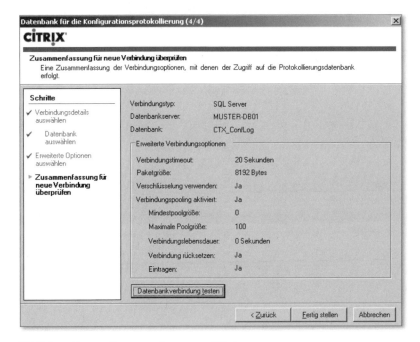

Abbildung 6.194 Zusammenfassung und Test

Abbildung 6.195 Erfolgreicher Verbindungstest

Konfiguration der Protokollierung

Nach der erfolgreichen Einrichtung der Datenbankverbindung kann mit der Konfiguration der Konfigurationsprotokollierung fortgefahren werden.

Im Grunde ist hierfür zunächst nicht viel zu tun. Über das Setzen eines Hakens an der richtigen Stelle werden ab diesem Zeitpunkt die administrativen Konfigurationen an der Server-Farm protokolliert.

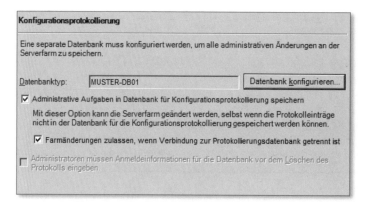

Abbildung 6.196 Aktivierung der Protokollierung

Erzeugen von Berichten über Konfigurationsänderungen

Um nach einiger Zeit die Ergebnisse der Konfigurationsprotokollierung einsehen zu können, wird in der Access Management Console das *Report Center* genutzt.

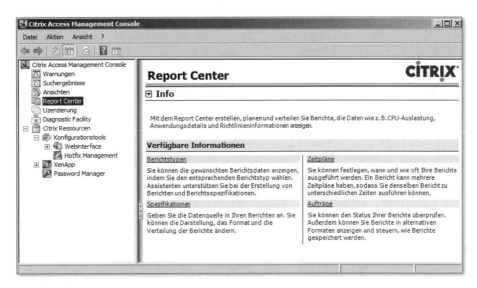

Abbildung 6.197 Report Center

Hierin kann über das Kontextmenü der Punkt BERICHT ERSTELLEN gewählt werden, wodurch ein Assistent aufgerufen wird, der durch den Prozess der Berichtserstellung leitet.

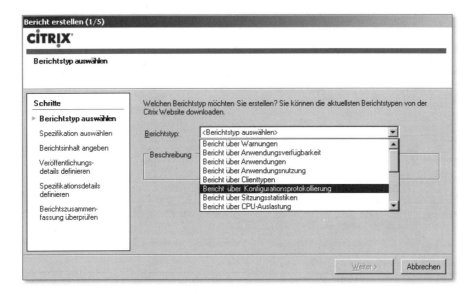

Abbildung 6.198 Auswahl des Berichtstyps

Nach der Auswahl des Berichtstyps BERICHT ÜBER KONFIGURATIONSPROTOKOLLIERUNG kann die gewünschte Spezifikation gewählt werden. Sofern noch keine entsprechende Spezifikation existiert, kann sie direkt neu erstellt werden.

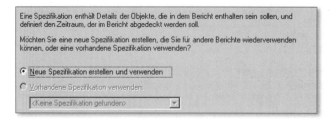

Abbildung 6.199 Neue Spezifikation erstellen

Anschließend muss die zu nutzende Konfigurationsprotokoll-Datenbank definiert werden.

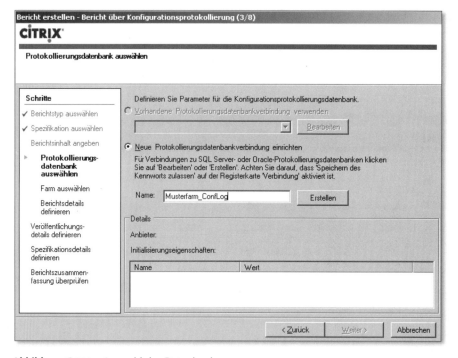

Abbildung 6.200 Auswahl der Datenbank

Über ERSTELLEN kann die zu nutzende ODBC-Verbindung konfiguriert werden. Im Regelfall wird hierbei der OLE DB PROVIDER FOR SQL SERVER zum Einsatz kommen, über den die Verbindung zur Datenbank konfiguriert und hergestellt werden kann.

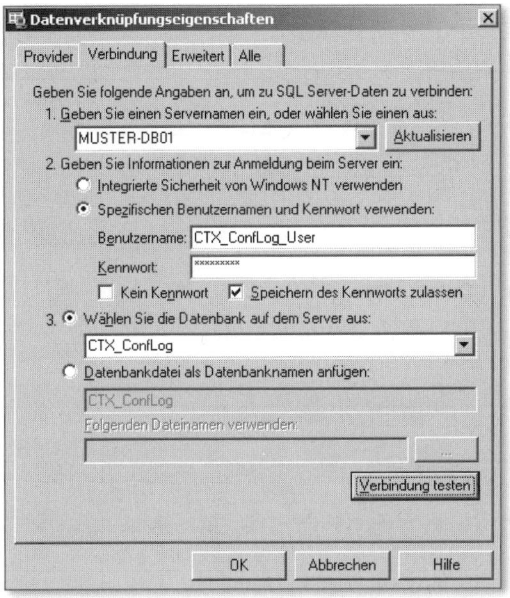

Abbildung 6.201 Datenbankverbindung

Sobald die Datenbankverbindung erstellt ist, werden deren Parameter im Inhaltsfeld des Assistentenfensters wiedergegeben.

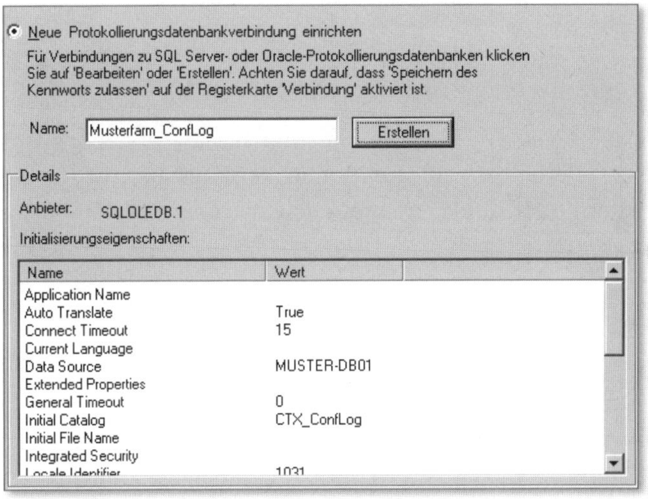

Abbildung 6.202 Die erstellte Protokolldatenbankverbindung

Im nächsten Schritt kann die XenApp-Farm gewählt werden, deren Konfigurationsprotokoll eingesehen werden soll.

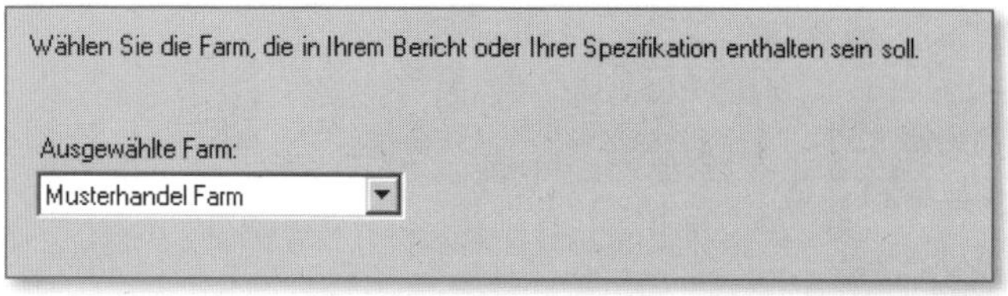

Abbildung 6.203 Auswahl der Server-Farm

Nach der Auswahl der Server-Farm können der gewünschte Zeitraum und die gewünschten Objekte ausgewählt werden, wie in Abbildung 6.204 dargestellt.

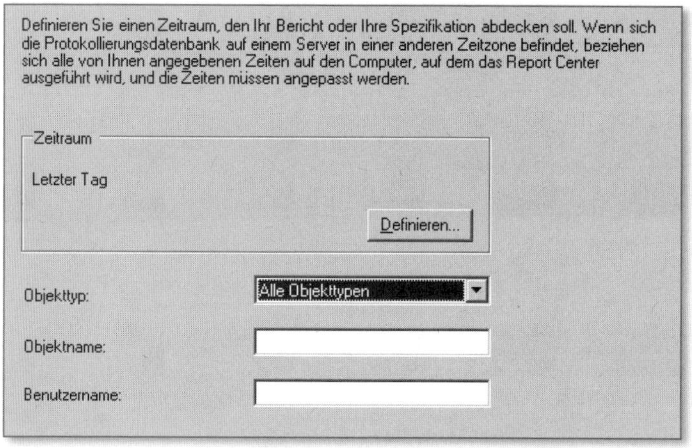

Abbildung 6.204 Auswahl des Zeitraumes und der Objekte

Die hier gewählten Einstellungen werden anschließend für die Erstellung des Berichtes zugrunde gelegt. Hierbei besteht die Möglichkeit, den Bericht für die spätere Einsicht zu speichern oder direkt in einem gewünschten Format – etwa als HTML-Dokument – zu exportieren.

6.8 | Einstellungen der Farm und Server

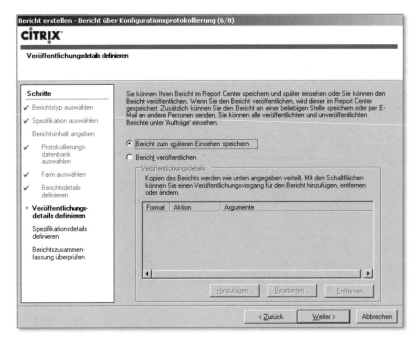

Abbildung 6.205 Veröffentlichungsdetails

Ähnliches gilt im nächsten Schritt für die gewählten Berichtsspezifikationen.

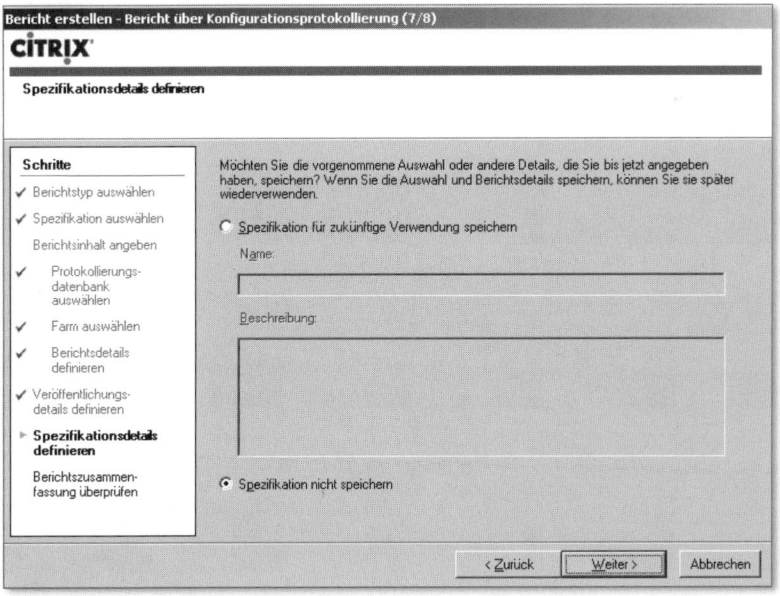

Abbildung 6.206 Berichtsspezifikationen

Mit diesem Schritt ist der Assistent abgeschlossen und eine Zusammenfassung wird angezeigt, wie in Abbildung 6.207 dargestellt.

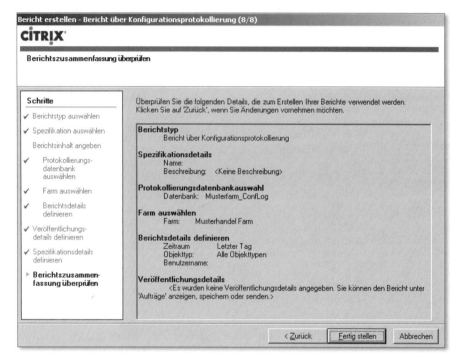

Abbildung 6.207 Zusammenfassung und Ende des Assistenten

Der auf diese Weise erstellte Bericht steht nun im Report Center der Access Management Console zu Verfügung und kann eingesehen werden (Abbildung 6.208).

Über die Option BERICHT IM STANDARDFORMAT ANZEIGEN kann der Bericht eingesehen werden (Abbildung 6.209).

Einstellungen der Farm und Server | **6.8**

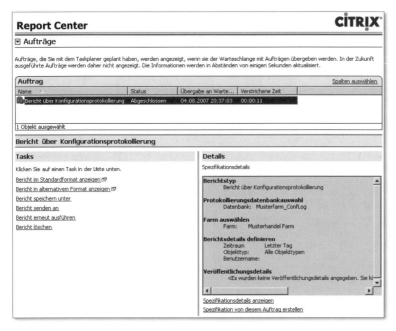

Abbildung 6.208 Report Center mit Bericht

Abbildung 6.209 Ein kurzer Bericht

Interessiert man sich nun an dieser Stelle für eine besondere Änderung, etwa die letzte in der Liste, so kann über einen Klick auf den Link eine detaillierte Übersicht der Änderung eingesehen werden.

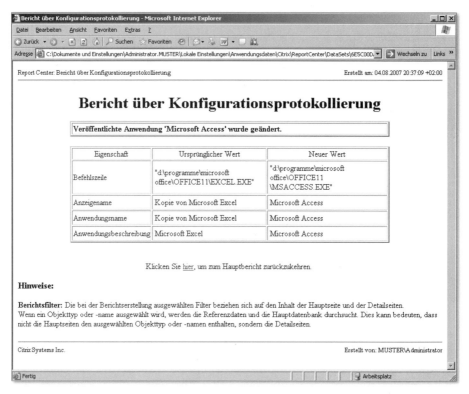

Abbildung 6.210 Änderungsdetails

Ehrlicherweise muss man an dieser Stelle sagen, dass die erstellten Berichte in Bezug auf ihre Optik durchaus noch Verbesserungspotential bieten. In Bezug auf ihre Aussagekraft und den Nutzen für die Transparenz von Konfigurationsänderungen sind sie jedoch sehr positiv zu bewerten. Endlich ist es möglich, auch in verteilten Administrationsteams eine gewisse Nachvollziehbarkeit und somit Qualitätssteigerung erreichen zu können.

6.8.5 Systemüberwachung und -Wiederherstellung

Eine weitere interessante Funktion des XenApp ist die Systemüberwachung und -Wiederherstellung. Hierbei handelt es sich um eine Komponente der Enterprise und Platinum Edition, die in der Lage ist, bestimmte Tests durchzuführen, um eventuelle Probleme frühzeitig erkennen und beheben zu können.

Um in Bezug auf die Tests möglichst schnell Erfolge erzielen zu können, liefert Citrix bereits eine Reihe von Tests mit, die durch eigene Tests erweitert werden können. Zu den bereits enthaltenen Prüfoptionen zählen beispielsweise Tests für die Terminaldienste, den Citrix XML-Dienst, den IMA-Dienst und die Anmelde-/Abmeldezyklen.

Die Konfiguration der Systemüberwachung und -Wiederherstellung findet sich in den Eigenschaften der Server-Farm unter dem Punkt SERVERSTANDARD • SYSTEMÜBERWACHUNG UND -WIEDERHERSTELLUNG, wie in Abbildung 6.211 gezeigt.

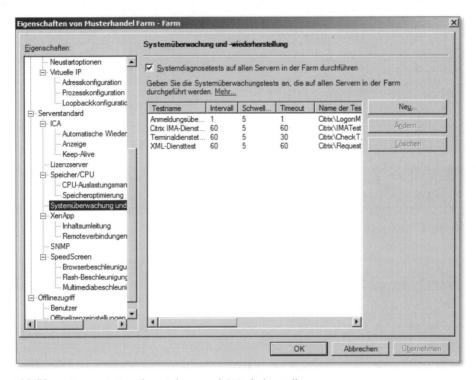

Abbildung 6.211 Systemüberwachung und -Wiederherstellung

An dieser Stelle können neue Tests erstellt und vorhandene bearbeitet werden.

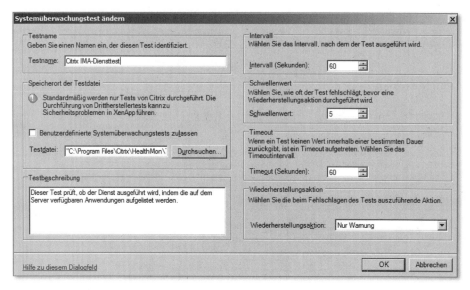

Abbildung 6.212 Ändern eines Tests

> **Hinweis**
>
> Um neue Tests hinzufügen zu können ohne diese selbst entwickeln zu müssen, lohnt ein regelmäßiger Blick in das Citrix Developer Network (CDN). Hier stehen sowohl fertige Tests als auch ein entsprechendes Software Development Kit (SDK) zur Verfügung.

Ein genauerer Blick in die Eigenschaften eines Tests erklärt auch, warum diese Funktionalität nicht nur *Systemüberwachung* sondern auch *-Wiederherstellung* heißt. In den Wiederherstellungsaktionen kann die durchzuführende Aktion bei Auftreten eines fehlgeschlagenen Tests konfiguriert werden.

Abbildung 6.213 Wiederherstellungsaktion

Die an dieser Stelle zur Auswahl stehenden Optionen scheinen auf den ersten Blick nicht allzu reichhaltig zu sein, decken aber einen Großteil der sinnvollen Schritte ab, so dass diese Funktion durchaus als sehr praktikabel und hilfreich zu bewerten ist.

Der XenApp bietet noch wesentlich mehr als »nur« Server-based Computing. Eine Vielzahl von weiteren Komponenten und Modulen schafft weitere Vorteile und Erleichterungen.

7 Weitere Komponenten des XenApp

Nachdem die Basiskomponenten des XenApp 5.0 installiert und konfiguriert wurden, können mit Hilfe der weiteren Komponenten und Module eine Reihe von zusätzlichen *Benefits* generiert werden, die die Arbeit mit und an XenApp sowohl für die Administratoren als auch für die Benutzer deutlich erleichtern.

Einige dieser Zusatzkomponenten können direkt während der Installation von XenApp ausgewählt werden. Andere können von der DVD nachinstalliert werden und wieder andere stehen als Downloads im Internet zur Verfügung und können dort bei Bedarf bezogen werden. Die folgenden Abschnitte zeigen einige dieser Erweiterungen mit ihren Möglichkeiten und Konfigurationen auf und bieten somit eine Basis für die weitere Ausschöpfung des vollen Potentials des Citrix XenApp.

7.1 Installation Manager

Eine der nach wie vor nützlichsten Komponenten des XenApp in der Enterprise und Platinum Edition ist der Installation Manager. Dieser ermöglicht die Verteilung von Softwarepaketen in der Server-Farm.

Entgegen früheren Versionen des XenApp bzw. Presentation Servers ist der Installation Manager im XenApp 5.0 für Windows Server 2008 nicht mehr auf der Installations-DVD enthalten, sondern kann als Download von der Citrix-Webseite bezogen werden.

7 | Weitere Komponenten des XenApp

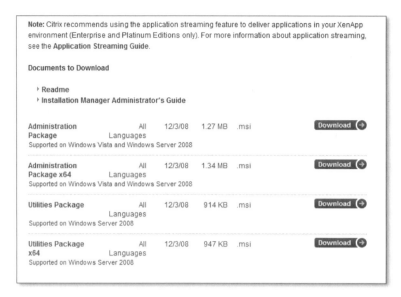

Abbildung 7.1 Download der Installation-Manager-Komponenten

7.1.1 Bereitstellen des Installation Managers für Windows 2008

Hierbei besteht der Download aus zwei Komponenten, die jeweils auf dem Server bzw. auf einem administrativen Gerät installiert werden können. Selbstverständlich können auch beide Komponenten auf dem XenApp Server installiert werden.

- **Administration Package**
  Das *Administration Package* beinhaltet die Verwaltungskonsole des Installation Managers in Form eines MMC-Snap-Ins. Da es sich hierbei nur um ein Snap-In handelt, erfolgt die Installation des Paketes nahezu ohne Benutzereingriff.

Abbildung 7.2 Installation des Administration Package

▸ **Utilities Package**
Die Installation Manager *Dienstprogramme* beinhalten PowerShell cmdlets für die Installation von MSI- und MSP-Paketen. Da der Installation Manager in dieser Version direkt auf die Funktionalitäten des Windows Task Schedulers zugreift, sind diese Komponenten zwingend notwendig, um flexibel agieren zu können.

Abbildung 7.3 Installation der Dienstprogramme

Für die Installation der Dienstprogramme sind ein paar mehr Einstellungen notwendig, da beispielsweise auch Firewall- und Dienstkonfigurationen angepasst werden.

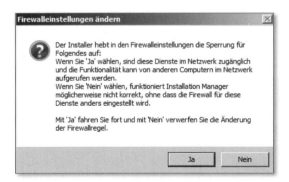

Abbildung 7.4 Anpassen der Firewall-Einstellungen

Ebenso werden für die verschlüsselte Übertragung von Daten und die Signatur von Paketen Anpassungen an den Zertifikate-Einstellungen des Rechners vorgenommen, wie Abbildung 7.5 zeigt.

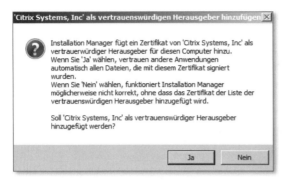

Abbildung 7.5 Anpassen der Zertifikate

Darüber hinaus wird auf einem System eine Freigabe benötigt, über die die ausstehenden Aufträge und Cache-Inhalte abgeglichen werden können. Diese Freigabe kann auf einem beliebigen Windows-2003-, 2008- oder Vista-System liegen. Für den Zugriff auf diesen Ordner und die geplanten Installationen sollte eine Windows-Gruppe angelegt werden, die auf den Zielsystemen über lokale Administratoren-Berechtigungen und auf dem Ordner über Vollzugriff verfügt.

> **Hinweis**
>
> Wichtig ist an dieser Stelle der Vollzugriff auf die Freigabe. Da über die Tasks auch Berechtigungen auf den Inhalten der Freigabe angepasst werden, ist die »Ändern«-Berechtigung an dieser Stelle nicht ausreichend.

7.1.2 Starten der Verwaltungskonsole

Nachdem die Komponenten des Installation Managers auf den gewünschten Systemen installiert sind und die benötigte Freigabe erstellt ist, kann die Konsole des Installation Managers gestartet werden.

Hierzu kann eine leere MMC gestartet werden, in die mittels SNAPIN HINZUFÜGEN/ENTFERNEN das Snap-In des IM geladen wird (Abbildung 7.6).

Direkt in diesem Schritt erfolgt die Auswahl der für den IM zu nutzenden Freigabe (Abbildung 7.7).

Anschließend kann die Administrationskonsole des Installation Manager eingesehen und genutzt werden (Abbildung 7.8).

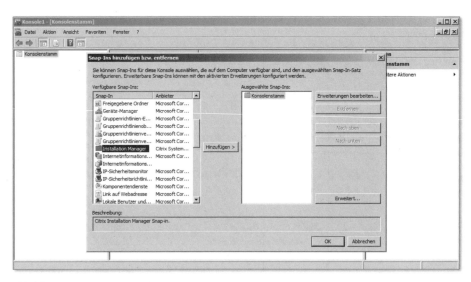

Abbildung 7.6 Hinzufügen des Snap-Ins

Abbildung 7.7 IM-Freigabeordner

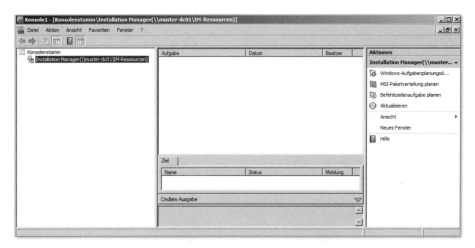

Abbildung 7.8 IM-Administrationskonsole

7.1.3 Verteilen von Softwarepaketen

Um nun ein Softwarepaket für die Verteilung über den Installation Manager zuzuweisen, kann über die *Aktionen* die Option MSI-PAKETVERTEILUNG PLANEN ausgewählt werden.

Spätestens bei dem in Abbildung 7.9 dargestellten Dialogfeld wird deutlich, dass der Installation Manager für Windows Server 2008 nichts mehr mit dem Installation Manager älterer XenApp-Versionen gemein hat. Es handelt sich um eine durch und durch auf Windows-Basistechnologie basierende Lösung für die Verteilung von MSI-Paketen und PowerShell-Skripten, die bei Bedarf auch unabhängig von einem XenApp-Server genutzt werden könnte.

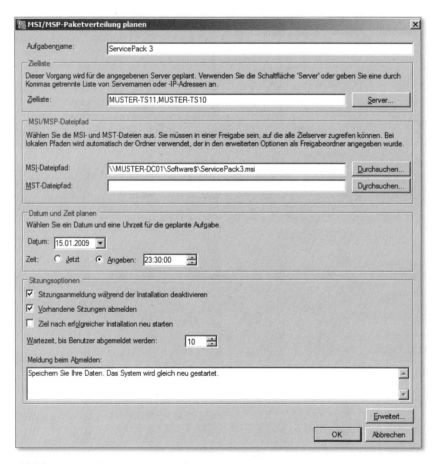

Abbildung 7.9 Planen einer MSI-Paketverteilung

In diesem Dialogfenster können die Benamung des Pakets, seine MSI-Quelle und ein entsprechender Zeitplan mit Sitzungsoptionen konfiguriert werden. Sofern für eine erfolgreiche Installation des Paketes noch *Transformationen* (*.MST) oder weitere *Befehlszeilenparameter* benötigt werden, können diese ebenfalls angegeben werden.

> **Hinweis**
>
> Ein typischer Verteter für benötigte Transformationen ist beispielsweise Microsoft Office. Hierbei kann über Transformationen gesteuert werden, welche Komponenten während der Softwareverteilung installiert werden sollen und welche Einstellungen für den Standard getroffen werden sollen. Mit dem *Custom Installation Wizard* aus dem *Office Resource Kit* lassen sich benutzerdefinierte Transformationen erstellen.

Die PowerShell-Technologie unterhalb des Installation Managers wird ebenfalls deutlich, wenn man sich die Funktionsaufrufe eines erstellten Paketes im unteren Teil der Konsole ansieht, wie in Abbildung 7.10 dargestellt.

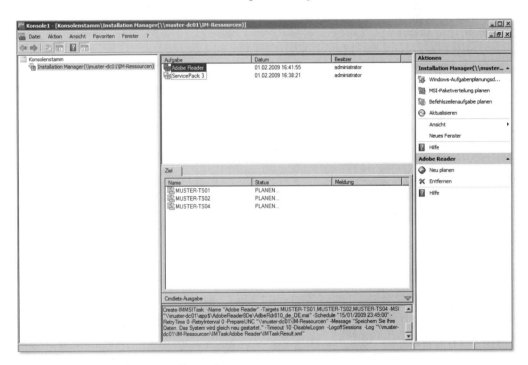

Abbildung 7.10 Konsole mit erstellten Paketen

Sofern es sich bei dem Zielsystem um einen XenApp-Server handelt, kann über das Kontextmenü des erstellten Auftrages die Option ANWENDUNG VERÖFFENTLI-

CHEN gewählt werden, um die verteilte Anwendung automatisch auch auf dem Zielserver zu veröffentlichen.

Nun könnte man sich natürlich die Frage stellen, warum die Technologie des Installation Managers so grundlegend geändert wurde. Nun, die Antwort ist wieder einmal recht einfach: Weil es dringend notwendig war!

Grundsätzlich kann man feststellen, dass der Bedarf an einer automatisierten Verteilung von Anwendungen in einer Server-Farm rapide gesunken ist, seit etwa Technologien wie das Anwendungsstreaming hier ihre großen Potentiale ausspielen. Was also bleibt dann noch als Aufgabenfeld für den IM? Die Verteilung von Systemkomponenten und -updates. Durch die neue Plattform ist aber auch ein sehr interessantes Feld hinzugekommen – die Verteilung des XenApp selbst. Da der Installation Manager nun über den Windows Task Scheduler prinzipiell auf jeden Windows Server installieren kann, ist es nun auch kein Problem mehr, etwa mehrere XenApp-Server vollständig automatisiert mit Bordmitteln installieren zu lassen. Und das wiederum macht diese Komponente doch recht interessant.

7.1.4 Erstellung von eigenen Softwarepaketen

Da nicht jede Anwendung von Haus aus in einem verteilbaren Paket zur Verfügung steht, kann es in einigen Fällen notwendig sein, selbst Installationspakete für die Verteilung zu erstellen. Zu diesem Zweck sind auf dem Markt eine Reihe von mehr oder weniger leistungsstarken Produkten verfügbar, die eben diese Funktion erfüllen.

Der Installation Manager selbst enthält seit dieser Version keine eigene Komponente mehr für die Erstellung von MSI-Paketen, so dass ab sofort auf die Lösungen von Drittanbietern zurückgegriffen werden muss.

Dies klingt im ersten Moment etwas ärgerlich, ist aber auf den zweiten Blick genau der richtige Schritt: Dadurch, dass bei der aktuellen Version des Installation Managers eine klare Fokussierung auf Standardtechnologien wie MSI und PowerShell zu erkennen ist, wäre der alte *Packager* nicht mehr in der Lage gewesen, hier als sinnvolle Ergänzung genutzt werden zu können.

Da der Markt bereits jetzt vor Paketierungslösungen nur so strotzt und aus strategischer Sicht ohnehin das Streaming im Fokus steht, war es nun an der Zeit hier keine eigene Energie mehr zu verschwenden, sondern direkt an die vorhandenen Lösungen zu verweisen.

7.2 Anwendungsstreaming mit dem Streaming Server

Wie im vorherigen Abschnitt erläutert, ist ehemals der Installation Manager der Dreh- und Angelpunkt für die (integrierte) Softwareverteilung und -bereitstellung in einer XenApp-Umgebung. Betrachtet man aber die allgemeinen Tendenzen und Trends in der heutigen Anwendungsbereitstellung, so nimmt das Thema *Softwarevirtualisierung* einen immer größeren Stellenwert ein.

7.2.1 Ein wenig zu den Hintergründen

Verschiedene Hersteller – unter anderem auch Microsoft mit App-V (ehemals SoftGrid) – bieten mittlerweile Lösungen, mit denen sich Anwendungen nicht nur auf die herkömmliche Art paketieren und automatisiert verteilen lassen, sondern in Form von in sich geschlossenen Paketen auf den jeweiligen Endgeräten in einer speziell gekapselten Laufzeitumgebung (*Sandbox*) ausgeführt werden können.

Durch die gekapselte Ausführung der Anwendung werden in hohem Maße Kompatibilitätsprobleme mit anderen Anwendungen vermieden.

> Aus Sicht der Musterhandel GmbH trifft dies beispielsweise auf die unterschiedlichen Office-Versionen zu. Unterschiedliche Versionen eines Programms sollen parallel auf dem gleichen System ausgeführt werden können.

Basierend auf den Erfahrungen mit den *Application Isolation Environments* der früheren XenApp/Presentation-Server-Versionen musste somit eine Lösung gefunden werden, die auch in der Lage war, Anwendungen auf diese gekapselte Weise sowohl auf einem XenApp-Server als auch auf einem Endgeräte zur Verfügung stellen zu können.

Mit dieser Vision wurde bereits von einigen Jahren das *Project Tarpon* initiiert, das eine Lösung für diese Anforderungen hervorbringen sollte.

> **Hinweis**
>
> Nebenbei: Im Regelfall haben die Citrix-Projektnamen immer einen Bezug zum Inhalt des Projektes. So handelt es sich bei *Tarpon* um den englischen Namen eines großen stromlinienförmigen Fisches, der sehr schnell durch das Wasser *gleiten* kann. Man könnte auch sagen: Er *streamt*.

7 | Weitere Komponenten des XenApp

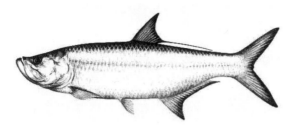

Abbildung 7.11 Ein Tarpon

Die Idee der Entwickler war zunächst, eine Serverlösung zu schaffen, die die Möglichkeiten der Anwendungsvirtualisierung und des Anwendungsstreaming bieten sollte, hierbei aber auf eine bewährte Basis zurückgreifen sollte. So kam es, dass sich die Infrastruktur auf der Serverseite mit dem IMA-Dienst und den anderen Infrastrukturkomponenten sehr stark am Presentation Server orientierte, aber unter dem Namen *Citrix Streaming Server* ein eigenständiges Produkt werden sollte.

Im Rahmen der Umgruppierung und Umbenennung einiger Citrix-Produkte ist der Streaming Server jedoch als weitere Komponente vollständig in der Enterprise und Platinum Edition des XenApp aufgegangen.

7.2.2 Die Architektur

Betrachtet man die Architektur der Streaming-Server-Funktionalitäten, so gibt es vier Komponenten, die für Funktion genutzt werden.

- **XenApp-Farm (Streaming Server)**
  Die gesamte Verwaltung der Anwendungen und deren Bereitstellung geschieht über die XenApp-Farm. Das Werkzeug der Wahl ist hierbei die Access Management Console, wie in Abschnitt 6.2.3, »Veröffentlichen von gestreamten Anwendungen«, beschrieben.

- **Anwendungsprofil-Quelle**
  Die zur Verfügung stehenden Anwendungspakete werden im Netzwerk über eine Dateifreigabe oder einen Webserver adressiert und an die Clients bereitgestellt. Die hierfür zu nutzende Quelle kann durchaus auch auf einem XenApp Server liegen, sollte aber insbesondere in größeren Umgebungen von einem dedizierten System bereitgestellt werden.

- **Streaming Client (XenApp Plugin for Streamed Apps)**
  Auf der Seite des Endgerätes wird ein spezieller Client für die Ausführung von gestreamten Anwendungen benötigt. Hierbei handelt es sich wie beim Win32 ICA-Client um ein MSI-Paket, dass auf die Endgeräte ausgerollt werden kann.

Darüber hinaus stellt das XenApp Plugin das Bindeglied zwischen den beiden Welten.

▶ **Streaming Profiler**
Die vierte Komponente ist der *Streaming Profiler*. Der Profiler ist das Paketierungswerkzeug für die Erstellung von virtualisierten Anwendungen. Der Name *Profiler* entstammt der Tatsache, dass aus der Citrix-Definition heraus die Anwendungen nicht paketiert werden, sondern ein *Profil* der Anwendung erfasst wird, welches während des Streaming auf das jeweilige Endgerät übertragen werden kann.

In Bezug auf die Endgeräte sind beim Streaming Server alle Möglichkeiten gegeben, da ein sogenannter Dual-Mode unterstützt wird. Hinter diesem Begriff verbirgt sich die Möglichkeit, Anwendungen sowohl auf einen XenApp-Server als auch auf ein Windows-Endgerät streamen und dort ausführen zu können. Wie in Abschnitt 6.2.3, »Veröffentlichen von gestreamten Anwendungen«, gezeigt, kann bei der Veröffentlichung der Anwendung sogar die Option gewählt werden, zuerst auf die Möglichkeit des Streamens zum Endgerät zu prüfen und bei Nicht-Verfügbarkeit dieser Option automatisch eine »herkömmliche« XenApp-Veröffentlichung nutzen zu können.

7.2.3 Erstellen von Anwendungsprofilen

Der erste Schritt zu virtualisierten beziehungsweise profilierten Anwendungen ist das Profilieren. Hierzu wird zunächst auf einem Referenzsystem der Streaming Profiler benötigt.

Referenzsystem bedeutet in diesem Zusammenhang, dass ein dediziertes System zur Verfügung steht, das für die Profilierung von Anwendungen genutzt werden kann. Hierbei sollte es sich nicht um einen produktiv genutzten Terminalserver oder Arbeitsplatz handeln, sondern um ein System, das speziell für diesen Einsatzweck genutzt wird. Im Regelfall bietet sich hierfür der Einsatz einer virtuellen Maschine an, da hierdurch keine dedizierte Hardware bereitgestellt werden muss.

Installation des Streaming Profiler

Auf diesem System wird zunächst der Streaming Profiler installiert, welcher auf der Installations-DVD im Verzeichnis *Citrix Streaming Profiler* zu finden ist.

> **Hinweis**
> Mitunter werden aktualisierte Versionen des Streaming Profilers auf der Citrix-Webseite beziehungsweise unter MyCitrix zur Verfügung gestellt. Es ist somit ratsam, hier hin und wieder einen Blick zu riskieren und jeweils die aktuellste Version für den Profilierungsvorgang zu nutzen.

Abbildung 7.12 Installation des Streaming Profiler

Nach dem Start der Installation, der Auswahl der Sprache und der Bestätigung der Lizenzvereinbarung kann das Zielverzeichnis der Installation ausgewählt werden.

Abbildung 7.13 Auswahl des Zielverzeichnisses

Gleiches gilt im darauf folgenden Schritt für den Startmenü-Ordner. Anschließend kann die eigentliche Installation gestartet werden und die notwendigen Dateien werden kopiert.

Nach dem Kopiervorgang ist die Installation mit FERTIG STELLEN beendet und das System muss neu gestartet werden.

Anschließend kann der Streaming Profiler über das Startmenü gestartet werden.

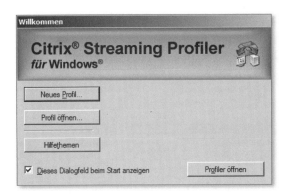

Abbildung 7.14 Startdialog des Streaming Profiler

Profilieren einer Anwendung

Über die Schaltfläche NEUES PROFIL kann nun ein neuer Profilierungsvorgang für eine Anwendung gestartet werden.

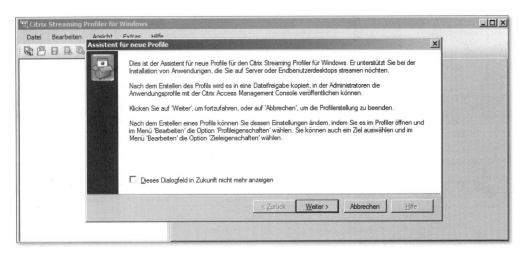

Abbildung 7.15 Neues Profil erstellen

7 | Weitere Komponenten des XenApp

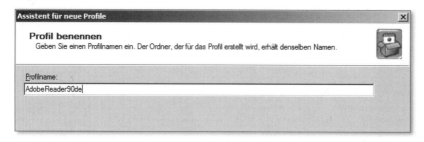

Abbildung 7.16 Benennen des neuen Profils

Nach der Benennung des neuen Profils kann die gewünschte Sicherheitsstufe für das Profil definiert werden. Hierfür stehen sowohl eine *erhöhte* wie auch eine *niedrige* Sicherheit zur Auswahl.

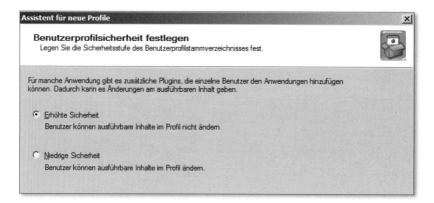

Abbildung 7.17 Profilsicherheit festlegen

Wie im Dialogfenster beschrieben, wird bei der erhöhten Sicherheit ein Zugriff auf Dateien und Programme im Benutzerstammverzeichnis verhindert. Dies erhöht die Sicherheit, führt aber bei einigen Anwendungen zu einer Nicht-Funktionalität. An dieser Stelle muss pro Anwendung womöglich zunächst getestet werden, welches Sicherheitsniveau machbar ist.

Im darauf folgenden Dialogschritt können die Einstellungen für die Interisolierungs-Kommunikation konfiguriert werden.

7.2 Anwendungsstreaming mit dem Streaming Server

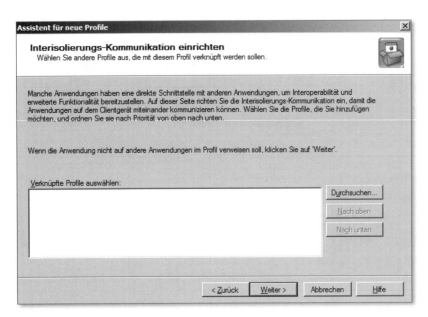

Abbildung 7.18 Interisolierungs-Kommunikation

Diese Funktion ist mit dem Streaming Profiler 1.2 neu hinzugekommen und bietet die Möglichkeit, mehrere Anwendungsprofile miteinander zu verknüpfen.

> **Hinweis**
>
> Dieser Punkt klingt zunächst recht unspektakulär, ist aber ein gewaltiger Fortschritt im Bereich der Anwendungsvirtualisierung. Bevor diese Möglichkeit geschaffen wurde, war die größte Stärke der Anwendungsvirtualisierung auch gleichzeitig ihr größter Fluch – die Kapselung der Anwendungen in *Sandboxen*. Zwar war es ein großer Schritt nach vorne im Hinblick auf Anwendungsinkompatibilitäten, dass die Anwendungen nicht über ihre Profile hinaus sichtbar waren, andererseits hatte dies aber den Nachteil, dass Anwendungen, die zusammenarbeiten sollten, zwangsläufig in das gleiche Profil gepackt werden mussten. Dies ist nun nicht mehr so.

Die Verknüpfung von Profilen kann hierbei unterschiedlich ausgebildet sein, je nachdem in welcher Beziehung die Pakete zueinander stehen sollen.

Im nächsten Schritt kann, wie in Abbildung 7.19 dargestellt, definiert werden, auf welchen Zielsystemen die Anwendung später ausgeführt werden soll. Hierbei stehen sowohl die Betriebssysteme mit entsprechenden Service Packs als auch Sprachen als Auswahlkriterien zur Verfügung.

7 | Weitere Komponenten des XenApp

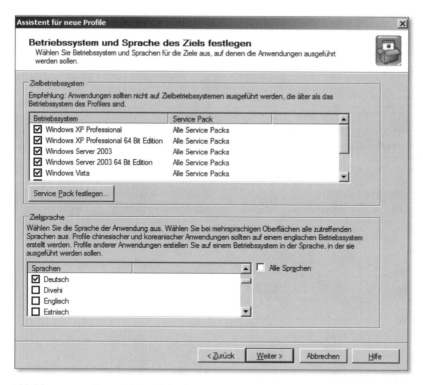

Abbildung 7.19 Auswahl der Zielsysteme

Werden an dieser Stelle Betriebssysteme ausgewählt, die nicht dem System des Profilierungs-PCs entsprechen, so erhält man eine Hinweismeldung, dass das möglicherweise zu Problemen bei der Ausführung der Anwendungen führen kann.

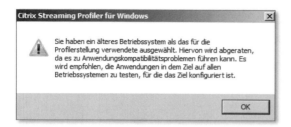

Abbildung 7.20 Hinweismeldung bei Betriebssystemunterschieden

Dieser Hinweis liegt darin begründet, dass die Betriebssysteme einige Anwendungen unterschiedlich unterstützen oder installieren, was zur Folge haben kann, dass die Anwendung für die einzelnen Betriebssysteme jeweils separat profiliert werden muss.

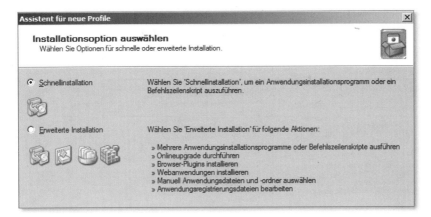

Abbildung 7.21 Installationsoptionen auswählen

Anschließend können die Installationsoptionen ausgewählt werden, bei denen im Regelfall die ERWEITERTE INSTALLATION die richtige Auswahl ist. Hierdurch können die einzelnen Installationsschritte besser nachvollzogen und angepasst werden.

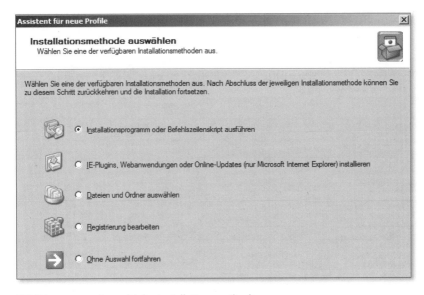

Abbildung 7.22 Auswahl der Installationsmethode

Um eine Anwendung wie den Adobe Reader zu profilieren, kann an dieser Stelle die erste Option genutzt werden. Dadurch folgen im nächsten Schritt die Auswahl und der Aufruf des Installationsprogramms.

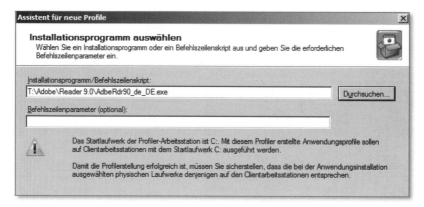

Abbildung 7.23 Installationsprogramm für Anwendungen

Nach einer kurzen Zusammenfassung kann das Installationsprogramm über INSTALLATIONSPROGRAMM STARTEN aufgerufen werden.

Interessant ist an dieser Stelle die Option VIRTUELLEN NEUSTART DURCHFÜHREN, wodurch dem Installationsprogramm ein Neustart des Systems vorgegaukelt wird. Insbesondere bei Anwendungen, die nach dem Neustart noch Aktionen durchführen, kann diese Option sehr hilfreich sein.

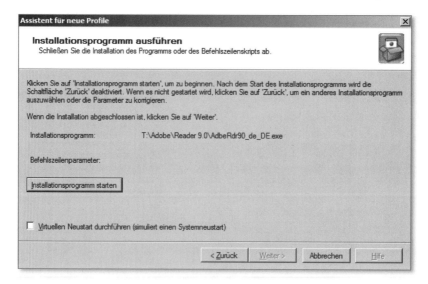

Abbildung 7.24 Zusammenfassung und Aufruf

Die eigentliche Installation der Anwendung verläuft nun zunächst wie auch bei einer *normalen* Installation.

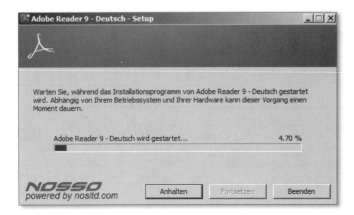

Abbildung 7.25 Installation des Adobe Reader

Nach dem Abschluss der Adobe-Reader-Installation kann auch im Profilierungsassistenten über WEITER der nächste Dialogschritt aufgerufen werden, bei dem die Installation abgeschlossen werden kann. Alternativ besteht an dieser Stelle auch die Möglichkeit, etwa noch weitere Anwendungen oder Updates zu installieren.

Abbildung 7.26 Installation abschließen

Abbildung 7.27 Anwendung ausführen

Anschließend kann über den Assistenten die gewünschte Anwendung gestartet werden, um die Funktionalität zu prüfen und gegebenenfalls die Installation vollständig abzuschließen. Sofern die Liste der Anwendungen an dieser Stelle nicht vollständig ist, können über Hinzufügen auch weitere Verknüpfungen erstellt werden.

Im darauf folgenden Schritt können die gewünschten Anwendungen bestätigt und die nicht erwünschten entfernt werden.

Sofern das erstellte Profil digital signiert werden soll, bietet der nächste Schritt die Möglichkeit, dies durchzuführen.

Abbildung 7.28 Profil signieren

Anschließend ist der Profilierungsvorgang abgeschlossen und das Profil kann bereitgestellt werden.

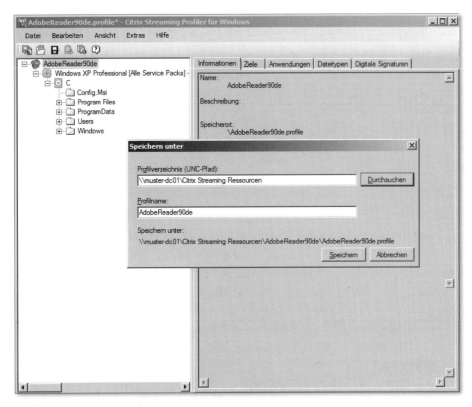

Abbildung 7.29 Profil auf einer Dateifreigabe bereitstellen

Von dem hier gewählten Pfad aus kann die Anwendungen anschließend über die AMC veröffentlicht werden.

Zusammenfassung

Natürlich ist der Vorgang des Profilierens an dieser Stelle nur sehr kurz und oberflächlich behandelt worden. Eine umfassende Auseinandersetzung mit diesem Thema würde ganze Bücher füllen, was aber den Rahmen dieses Werkes eindeutig sprengen würde.

Zusammenfassend kann man aber sagen, dass es im Regelfall nicht den *Goldenen Weg* gibt, der immer zum Erfolg führt. Die Anwendungen sind in ihrer Machart und ihren Anforderungen zu verschieden, als dass man sie alle über *einen Kamm scheren* könnte. Man kommt somit um mehrfache Profilierungsvorgänge und entsprechende Tests der Ergebnisse nicht herum.

Um sich das Leben hierbei etwas leichter zu machen, sollte man aber einen guten Ratschlag befolgen: Dokumentieren Sie Ihre Einstellungen und Testfälle.

Sofern alle getätigten Einstellungen und die durchzuführenden Testfälle gut dokumentiert sind, wird sich mit der Zeit eine gewisse Routine und auch Qualität einstellen, die das Arbeiten mit dem Profiler und den virtualisierten Anwendungen wesentlich angenehmer gestaltet.

Insbesondere Funktionen wie die Integration von Start- oder Endskripten oder spezielle Parameter für Anwendungen sind ohne eine entsprechende Dokumentation quasi nicht zu handhaben.

7.2.4 Installation des Streaming Clients

Im Vergleich zur Profilierung von Anwendungen gestaltet sich die Installation des Clients wiederum sehr einfach. Nach dem Aufruf der Installation, der altbekannten Auswahl der Sprache und der Bestätigung der Lizenzvereinbarung kann auch hier wieder das Installationsverzeichnis gewählt werden.

Abbildung 7.30 Installation des Streaming Client

Mit dieser anspruchsvollen Aufgabe ist der Installationsassistent auch schon abgeschlossen und der Kopiervorgang kann beginnen. Anschließend muss das System neu gestartet werden, um die Installation vollständig abzuschließen.

7.2.5 Starten einer gestreamten Anwendung

Der Weg zum Start einer veröffentlichten Anwendung läuft im Kern über den Citrix Streaming Client und das XenApp Plugin. Über letzteren werden die Anwendungen auf dem Endgerät angezeigt. Über den Streaming Client wird bei Aufruf der Anwendung die isolierte Umgebung erstellt, in die das Profil übertragen wird.

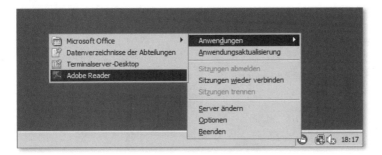

Abbildung 7.31 Der gestreamte Adobe Reader

Bei einem Start der Anwendung wird diese somit zunächst auf das Endgerät übertragen.

Abbildung 7.32 Vorbereiten der Anwendung

Der anschließende Start der Anwendung ist aus Sicht des Benutzers nicht von einer lokal gestarteten Anwendung zu unterscheiden.

7.2.6 Weitere Einstellungen

Neben den bisher kennengelernten Konfigurationsmöglichkeiten existieren noch weitere, die insbesondere für den Feinschliff und das Troubleshooting wichtig sein können.

7 | Weitere Komponenten des XenApp

Einstellungen an der Server-Farm

So kann in der AMC in den Eigenschaften der Farm definiert werden, ob Anwendungsereignisse protokolliert werden sollen und wie mit vertrauenswürdigen Clients umzugehen ist.

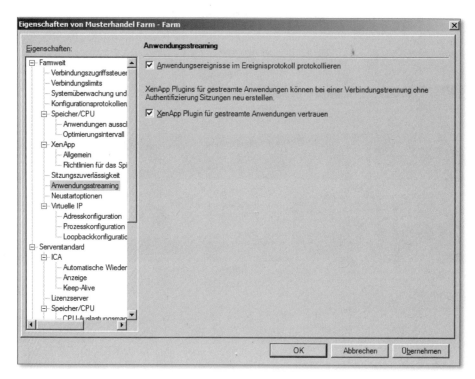

Abbildung 7.33 Eigenschaften der Server-Farm

Beide Einstellungen können unter FARMWEIT • ANWENDUNGSSTREAMING vorgenommen und durch einfaches Setzen der Häkchen aktiviert werden.

Darüber hinaus finden sich unter OFFLINEZUGRIFF die notwendigen Einstellungen für die zu berechtigenden Benutzer und die Lizenzierungseinstellungen.

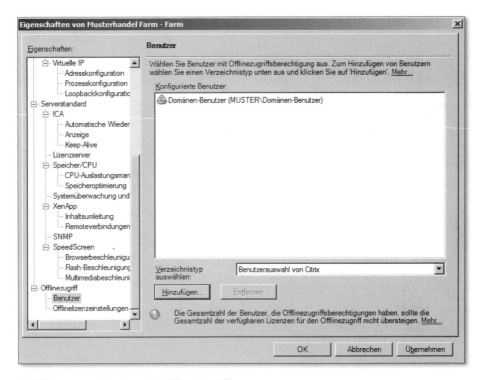

Abbildung 7.34 Benutzer für Offline-Zugriff

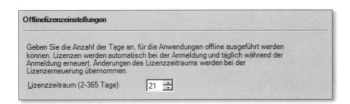

Abbildung 7.35 Lizenzeinstellungen für den Offline-Zugriff

Einstellungen über Richtlinien konfigurieren

Neben den Einstellungen, die direkt in den Eigenschaften der Server-Farm konfiguriert werden können, existieren weitere, die über Richtlinien in der *Erweiterten XenApp-Konfiguration* konfiguriert werden können.

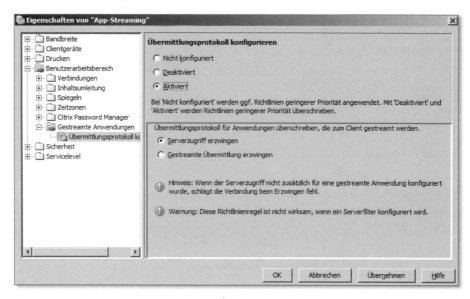

Abbildung 7.36 Übermittlungsprotokoll konfigurieren

So kann in einer Richtlinie konfiguriert werden, auf welche Art der Benutzer später auf die Anwendungen zugreifen können soll. Sofern mehrere Möglichkeiten zu Auswahl stehen, kann hierbei durch die geschickte Zuweisung der Richtlinien flexibel auf Spezialanforderungen reagiert werden.

Die Zuweisung der Richtlinien erfolgt hierbei wie in Abschnitt 6.5, »System-Richtlinien«, beschrieben.

7.3 EdgeSight für XenApp

Je größer eine XenApp-Umgebung ist, umso wichtiger wird die zentrale *Überwachung* und eine zentrale *Leistungsauswertung* der Server-Farm. Um beide Funktionen durchführen zu können, boten frühere Versionen von XenApp die Komponente *Resource Manager*. Hierbei wurden Ereignisse und Vorgänge der Server-Farm in eine SQL-Datenbank geschrieben, die anschließend nach unterschiedlichen Kriterien auswertbar war. Mit dem XenApp 5.0 für Windows Server 2008 ist diese Komponente entfallen – beziehungsweise wurde ersetzt durch *den Resource Manager powered by EdgeSight*, also quasi eine leicht abgespeckte EdgeSight-Version für den Einsatz mit XenApp-Servern.

Bei *EdgeSight* handelt es sich um eine Monitoring-Lösung, die ein besonderes Augenmerk auf die Anwendungsleistung aus Benutzersicht legt und darüber hinaus speziell für den Einsatz mit und auf einem XenApp-Server optimiert ist.

Anwendungsleistung aus Benutzersicht

Aber was bedeutet *Anwendungsleistung aus Benutzersicht*?

Die Antwort auf diese Frage ist ebenso einfach wie tiefgreifend – die spürbare Leistung und Geschwindigkeit einer Anwendung am Benutzer.

Viele XenApp-Administratoren kennen die folgende Situation: Ein Benutzer ruft an und beschwert sich, dass »die Systeme heute wieder extrem langsam sind.« Um das Problem zu analysieren werden nun die meisten Administratoren loslegen und auf allen Servern den Task-Manager oder die Windows-Leistungsüberwachung öffnen. Eine langwierige Analyse aller Systeme zeigt deutlich, dass die Server eigentlich viel zu wenig zu tun haben und die Systemlast überall im normalen Bereich liegt.

Freudestrahlend ruft der Administrator nun wieder beim Benutzer an und sagt den magischen Satz: »Nun müsste alles wieder schnell sein, [rhetorisches] oder?«

Was dann passiert, lässt für den unerfahrenen Administrator eine Welt zusammenbrechen – der Benutzer schnautzt ihn an und sagt, dass es immer noch genau so besch** laufen würde oder sogar noch schlechter als vorher.

Wie kann das sein? Alle Systeme zeigen einen normalen oder guten Status und trotzdem beschweren sich die Benutzer. Der Grund hierfür ist, dass insbesondere bei Terminalserverlösungen nicht unbedingt die Server alleine ausschlaggebend für die Geschwindigkeit der Anwendung beim Benutzer sind. Viele Faktoren, allen voran die Netzwerkanbindung, spielen in das Thema der Leistung herein und machen eine Analyse sehr aufwendig wenn nicht vollkommen unmöglich. Bis jetzt.

EdgeSight geht hierbei einen anderen Weg. Es dient nicht dazu, die Last auf den Servern zu überwachen, sondern es klinkt sich in die Anwendungen ein und misst die Zeiten, die für einzelne Aktionen benötigt werden. So kann beispielsweise gemessen werden, zu welchen Teilen die Zeitverzögerungen bei einem langsamen Anmeldevorgang auf die einzelnen Module der Anmeldung zurückzuführen sind – etwa auf den Aufbau der Sitzung, das Laden des Benutzerprofils oder die Ausführung von Anmeldeskripten.

Wenn es um die echten Anwendungen geht, ist EdgeSight in der Lage, über eine *Code-Injection*-Technologie Kommunikationsinformationen von Anwendungen auszulesen, die eigentlich keine derartigen Informationen preisgeben.

Die Architektur

Um die Aufgaben erfüllen zu können, setzt sich EdgeSight aus mehreren Komponenten zusammen, die an unterschiedlichen Stellen implementiert werden.

- **SQL Server und Reporting Services**
  Die Basis für die Datensammlung und die Auswertung der gesammelten Informationen stellt ein Microsoft SQL Server mit den Microsoft Reporting Services. Die hierbei empfohlene Version ist der SQL Server 2005, da alle benötigten Komponenten hierin bereits enthalten sind.

  Die Express Edition des SQL Server 2005 kann leider nicht verwendet werden, da zeitgesteuerte Prozesse auf der Datenbank ausgeführt werden, welche den SQL Agent voraussetzen. Dieser ist in der Express Edition nicht enthalten.

- **EdgeSight Server**
  Der EdgeSight Server ist im Kern eine Webanwendung auf der Basis des Internet Information Servers, welcher direkt auf die Datenbanken und Reporting Services zugreift. Alle Clients kommunizieren über HTTP(S) mit dem Server.

- **EdgeSight Agent**
  Der Agent ist eine Softwarekomponente, die auf die jeweiligen Endgeräte ausgerollt werden muss. Er setzt sich zusammen aus einer Monitoringkomponente und einer Firebird-Datenbank, die alle gesammelten Daten zunächst lokal speichert und periodisch (im Standard: täglich) an den EdgeSight Server überträgt. Darüber hinaus werden die erfassten Daten in der Datenbank konsolidiert und durch periodische Mittelwertbildung optimiert, um das zu übertragende Datenvolumen zu reduzieren.

  Grundsätzlich stehen sowohl Agenten für XenApp als auch für Endgeräte zur Verfügung, welche jedoch nach einem anderen Schema lizenziert werden.

Aus Sicht der Administration wird auf dem Server eine sogenannte *Company* angelegt, die quasi die Verwaltungseinheit der Umgebung darstellt. Unterhalb der Company können *Departments* angelegt werden, die funktional die Aufgaben einer organisatorischen Einheit übernehmen. Jeder Agent verbindet sich zu einem Server, einer Company und einem Department.

7.3.1 Installation des EdgeSight Servers

Wie im vorangegangenen Abschnitt bereits erklärt, ist die zentrale Komponente einer *EdgeSight-* bzw. *Resource-Manager-powered-by-EdgeSight*-Umgebung der EdgeSight Server, welcher in Form einer Webanwendung auf dem Microsoft SQL Reporting Services basiert.

> **Hinweis**
>
> Nebenbei: Der Unterschied zwischen dem vollständigen *EdgeSight (for XenApp)* und dem *Resource Manager powered by EdgeSight* liegt nicht in der Serverkomponente, sondern in dem Funktionsmodus des EdgeSight Agents. Hierbei kann bei der Installation zwischen *Basic* (= Resource Manager) und *Advanced* (= EdgeSight) unterschieden werden.

Wie auch schon die anderen Installationen, kann auch die Installation des EdgeSight Servers über die Installations-DVD gestartet werden. Über die Autorun-Funktion kann die gewünschte Edition des XenApp und anschließend das *Application Performance Monitoring* gewählt werden, wie in Abbildung 7.37 dargestellt.

Abbildung 7.37 Auswahl der EdgeSight-Installation

Alternativ kann auch auf der DVD im Ordner *EdgeSight\Installers\ EdgeSight_Server* die *SETUP.EXE* gestartet werden. Direkt nach der Bestätigung der Lizenzvereinbarung kann die gewünschte Installationsvariante – komplett oder nur Datenbank – gewählt werden.

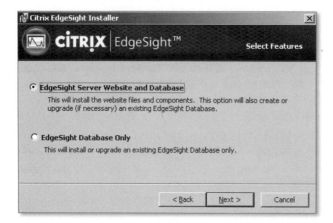

Abbildung 7.38 Installationsvarianten

Für eine Einzelsysteminstallation empfiehlt sich an dieser Stelle die Auswahl der ersten Option, wie in Abbildung 7.38 gezeigt. Nach der Prüfung der Systemvoraussetzungen kann das gewünschte Datenbanksystem gewählt werden.

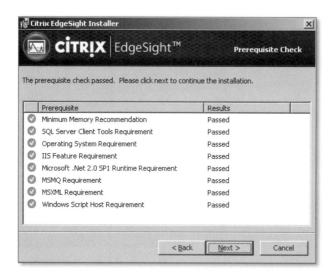

Abbildung 7.39 Systemvoraussetzungen

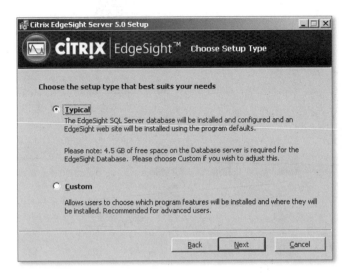

Abbildung 7.40 Auswahl der Datenbankplattform

Sofern bereits eine SQL-Datenbank mit Reporting Services im Netzwerk vorhanden ist, kann die benutzerdefinierte (Custom-)Installation gewählt werden, bei der im nächsten Schritt der gewünschte Datenbankserver und die Authentifizierungsmethode konfiguriert werden muss. Ist dies erfolgreich geschehen, kann die neue EdgeSight-Datenbank durch den Installationsassistenten auf diesem Server erstellt werden. Dafür müssen – je nach gewählter Authentifizierungsmethode – gegebenenfalls die Anmeldeinformationen eingegeben werden.

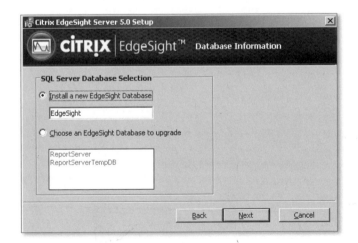

Abbildung 7.41 Erstellen der Datenbank

Die Datenbank wird in Form einer SQL-Dateigruppe bestehend aus acht einzelnen Datenbankdateien erstellt.

> **Hinweis**
>
> Dies ist insbesondere bei der Auswahl der Datenbank- und Protokolldatei-Größe zu berücksichtigen. Wenn hierbei, wie in der Voreinstellung, 500 MB ausgewählt werden, bedeutet dies 8 mal 500 MB, also 4 GB Speicherbedarf für die Datenbank.

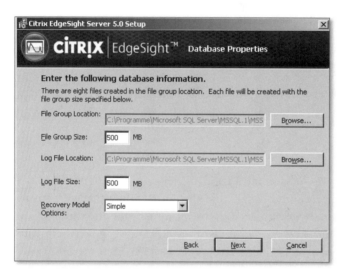

Abbildung 7.42 Datenbank- und Protokolldateien: Größe und Speicherort

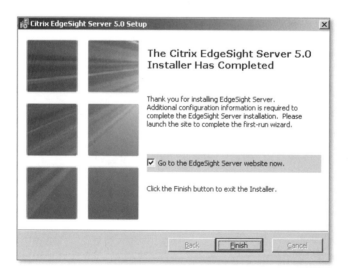

Abbildung 7.43 Ende der Installation und Start der Komponentenkonfiguration

Im letzten Schritt der Installation muss nur noch der Installationsordner der EdgeSight-Server-Installation gewählt werden, dann kann der Kopiervorgang gestartet werden.

Nach dem Abschluss des Installationsvorganges kann direkt der Assistent für die Komponentenkonfiguration gestartet werden, wie Abbildung 7.43 zeigt.

7.3.2 Konfiguration des EdgeSight Servers

Bei der erstmaligen Verbindung zu der EdgeSight-Webanwendung muss zunächst der Konfigurationsassistent für die EdgeSight-Umgebung durchlaufen werden.

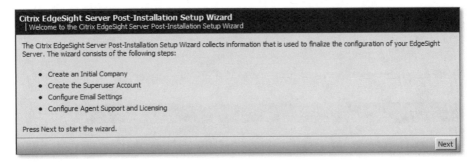

Abbildung 7.44 Start der EdgeSight-Konfiguration

Hierbei müssen die Information der zu erstellenden *Company*, des Administrator-Benutzers, die E-Mail-Konfiguration sowie der gewünschte Betriebsmodus konfiguriert werden.

Den Start macht die recht einfach gehaltene Konfiguration der Company, bei der nur ein Name, eine Zeitzone und eine Sprache ausgewählt werden müssen, wie in Abbildung 7.45 zu sehen ist.

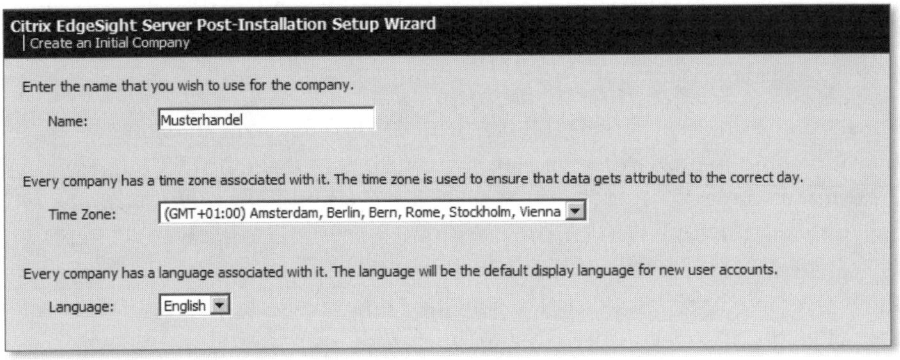

Abbildung 7.45 Erstellen der Company

7 | Weitere Komponenten des XenApp

Auch die darauf folgende Konfiguration des *Superusers*, also des EdgeSight-Administrators, stellt sich nicht wesentlich komplexer dar.

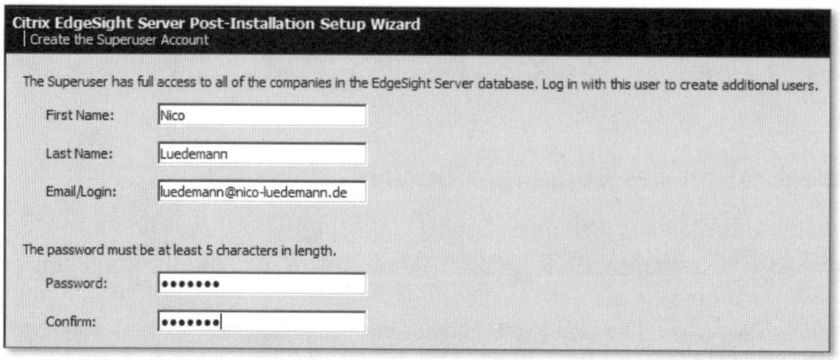

Abbildung 7.46 Konfiguration des Superusers

Gleiches gilt für die Konfiguration der E-Mail-Einstellungen.

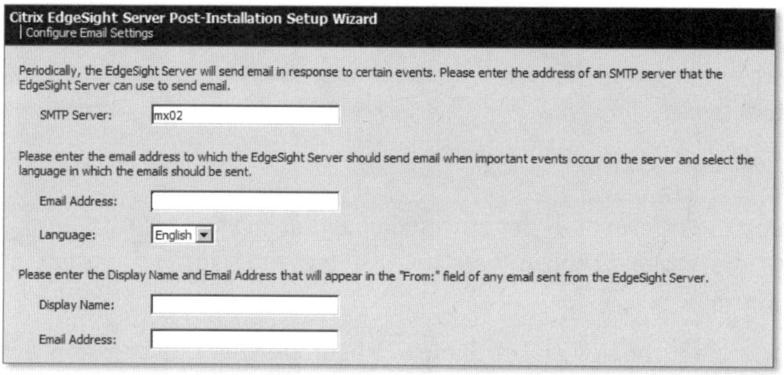

Abbildung 7.47 E-Mail-Einstellungen

Erst der letzte Konfigurationsschritt bedarf der genauen Überlegung, da er über die Funktionsweise und den möglichen Funktionsumfang der EdgeSight-Installation entscheidet (Abbildung 7.48).

Zunächst muss hierbei ausgewählt werden, welche EdgeSight-Versionen von diesem Server unterstützt werden sollen. Grundsätzlich stehen hierfür *EdgeSight for Presentation Server* (gemeint ist natürlich: XenApp) und *EdgeSight for Endpoints* zur Auswahl. Da wir uns in einem Terminalserver-Umfeld bewegen, können wir EdgeSight for Endpoints an dieser Stelle ignorieren. Dies wäre beispielsweise interessant in einer XenDeskop-Umgebung, in der die Performance von gehosteten Windows XP- oder Vista-Systemen überwacht werden soll.

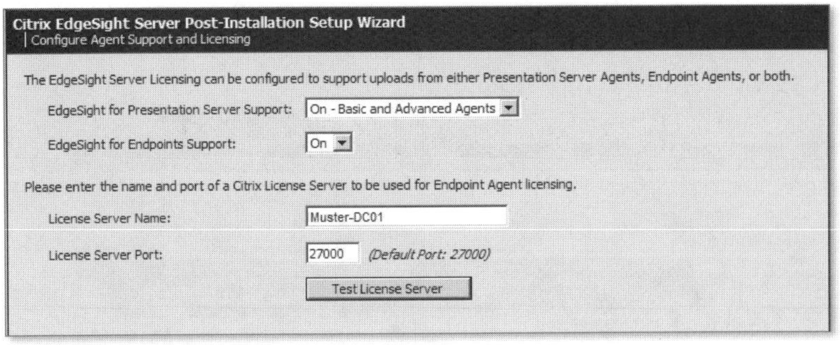

![Citrix EdgeSight Server Post-Installation Setup Wizard - Configure Agent Support and Licensing]

Abbildung 7.48 Support und Lizenzierung

Bei der Version EdgeSight for XenApp gibt es aber wiederum zwei Optionen – den *Basic-* und den *Advanced*-Agent. Wie eingangs bereits beschrieben bezieht sich diese Konfiguration auf den Einsatzfall des EdgeSight Servers.

Sofern die vorhandenen XenApp-Lizenzen die Platinum Edition umfassen, kann an dieser Stelle auf den vollständigen EdgeSight-Server, also inklusive des Advanced Agents, zurückgegriffen werden. Sofern »nur« Lizenzen für die Enterprise Edition vorhanden sind, wäre der Basic-Modus zu wählen, also entsprechend die Funktionalität *Resource Manager powered by EdgeSight*.

Nach diesem Konfigurationsschritt ist dieser Teil ebenfalls abgeschlossen und eine Anmeldung an der Webseite kann erfolgen.

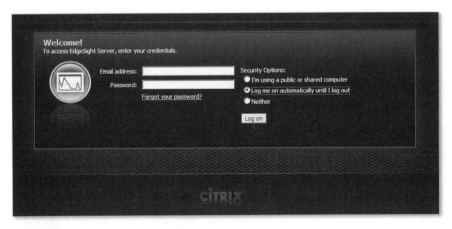

Abbildung 7.49 Anmeldung am EdgeSight Server

Ist die Konfiguration jetzt wirklich schon abgeschlossen? Nein, eine Kleinigkeit ist noch zu tun – die Anbindung an die SQL Reporting Services muss noch konfiguriert werden.

7 | Weitere Komponenten des XenApp

Direkt nach der Anmeldung an der Webseite wird man auf die entsprechende Konfigurationswebseite verwiesen und kann dort die notwendigen Informationen hinterlegen, wie in Abbildung 7.50 dargestellt.

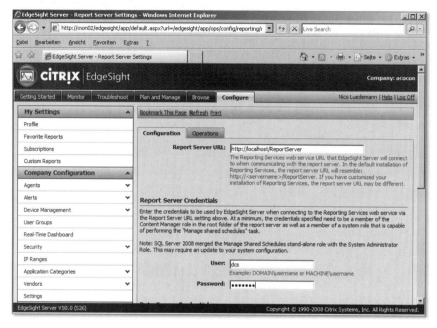

Abbildung 7.50 Reporting-Services-Konfiguration

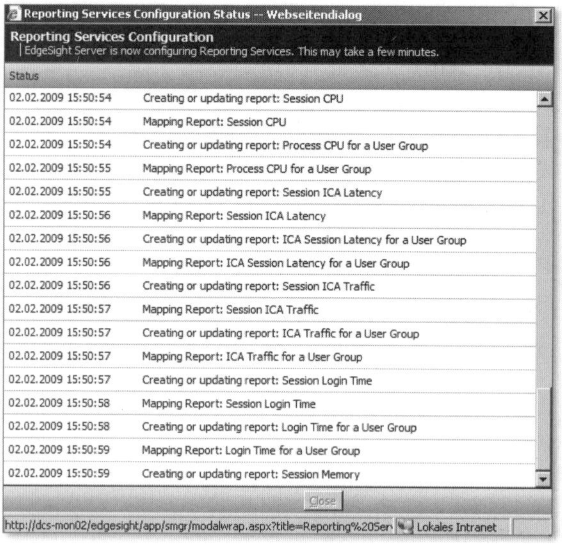

Abbildung 7.51 Reporting Services

Anschließend stehen die Server-Komponenten zur Verfügung, so dass mit der Installation der Agents fortgefahren werden kann.

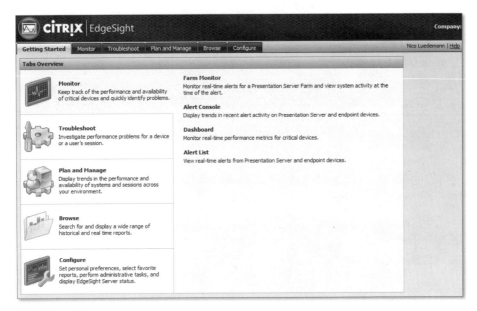

Abbildung 7.52 Startseite der EdgeSight Servers

7.3.3 Installation des Agents

Die Installation des EdgeSight Agents verhält sich ähnlich unspektakulär wie die Installation der Serverkomponenten.

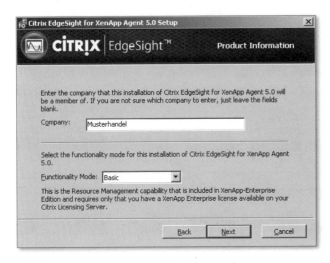

Abbildung 7.53 Company und Funktionsmodus

Nach der üblichen Bestätigung der Lizenzvereinbarung können direkt die gewünschte *Company* und der gewünschte *Funktionsmodus* gewählt werden, wie in Abbildung 7.53 und 7.54 gezeigt.

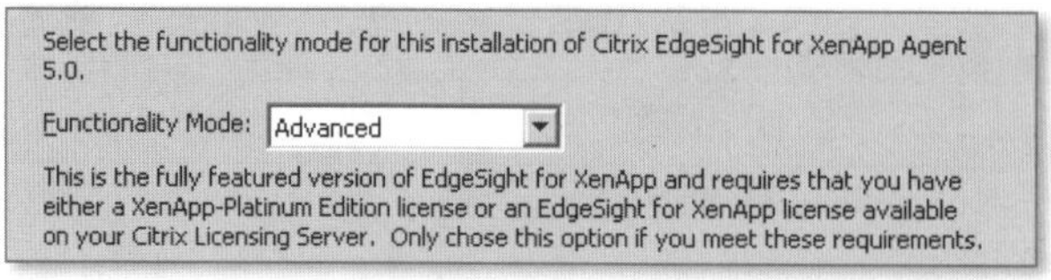

Abbildung 7.54 Funktionsmodus – Advanced

Anschließend müssen nur noch die Adresse des EdgeSight Servers sowie gegebenenfalls die notwendigen Proxy-Einstellungen konfiguriert werden, dann ist die Installation abgeschlossen.

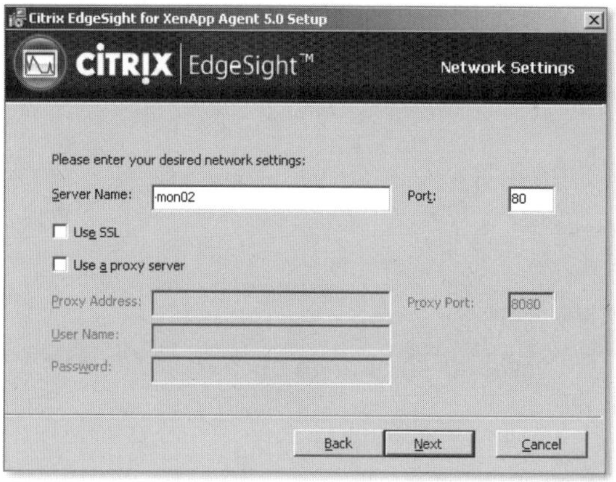

Abbildung 7.55 Konfiguration des Servers

Nach einem anschließenden Neustart des Systems ist der Agent bereit und meldet in regelmäßigen Abständen Status- und Lastinformationen an den EdgeSight Server.

7.3.4 Monitoring und Auswertungen

Nachdem die Agents auf den Servern installiert und diese neu gestartet wurden, beginnen die Agents mit der Sammlung von Daten auf den Terminalservern.

Diese werden regelmäßig – im Standard einmal pro Tag – an den EdgeSight Server übertragen und stehen dort für Auswertungszwecke zur Verfügung.

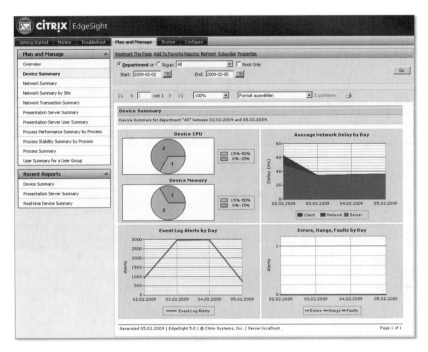

Abbildung 7.56 EdgeSight Report – Device Summary

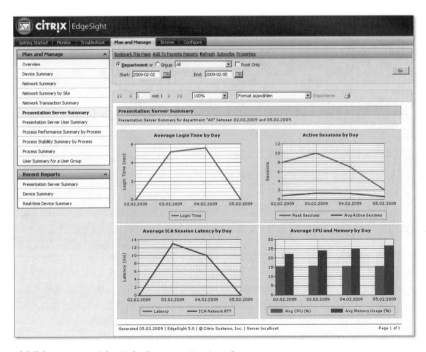

Abbildung 7.57 EdgeSight Report – XenApp Summary

Wie sich auf den Abbildungen 7.56 und 7.57 unschwer erkennen lässt, sind die Analysemöglichkeiten mit diesem Werkzeug nahezu unbegrenzt. Diese Tatsache darf jedoch nicht darüber hinwegtäuschen, dass für die umfassende Analyse insbesondere von Performance-Problemen natürlich eine gehörige Portion Knowhow notwendig ist, da beispielsweise die Zusammenhänge zwischen bestimmten Werten oder auftretende Wechselwirkungen bekannt sein müssen. Das Entscheidende jedoch ist, dass nun ein für den XenApp optimiertes Werkzeug zur Verfügung steht, dass diese Werte überhaupt erst einmal liefern kann.

> **Ein kleines Beispiel für die Optimierung**
>
> Wie eingangs erläutert, arbeitet das ICA-Protokoll mit virtuellen Kanälen, durch die unterschiedliche Ressourcen in die Sitzungen eingebettet werden können. Seit dem Presentation Server 4.5 und dem ICA-Client 10.0 ist einer dieser Kanäle für die Überwachung der Sitzungen mittels EdgeSight zuständig. Hierdurch ist ein auf dem XenApp-Server installierter EdgeSight Agent in der Lage, die Leistung der Anwendung bis auf das Endgerät zu verfolgen. Und dieses Endgerät könnte bekanntlich am anderen Ende der Welt stehen.

Kommt man jedoch zum Ausgangspunkt dieses Abschnitts zurück, so lässt sich leicht erkennen, dass ein Administrator mit EdgeSight wesentlich aussagefähiger ist, als mit den herkömmlichen Leistungsmonitoren, die auf das reine Sammeln von Echtzeit-Leistungsdaten spezialisiert sind.

Was mit EdgeSight übrigens auch funktioniert, wie Abbildung 7.58 zeigt.

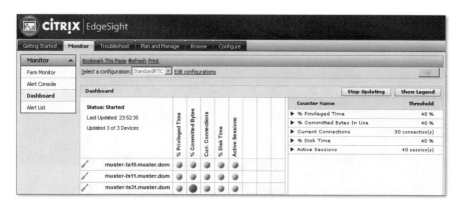

Abbildung 7.58 EdgeSight Dashboard

Spätestens ab dieser Stelle wird eine gewisse Ähnlichkeit mit anderen Monitoring-Werkzeugen oder auch dem (alten) Resource Manager deutlich.

Eines ist jedoch jetzt schon klar – bei EdgeSight handelt es sich nicht nur um eine Komponente des XenApp, sondern vielmehr um den Einstieg in die Welt des System Monitoring, was spätestens bei der Übernahme von ThinGenius durch Citrix deutlich wurde. Deren Produkt TLoad wird nun unter dem Namen *Citrix EdgeSight for Load Testing* vermarktet und steht sogar in Form des *EdgeSight Active Application Monitoring* auf der XenApp-DVD zur Verfügung, wie der folgende Abschnitt zeigt.

7.3.5 Active Application Monitoring

Das *EdgeSight Active Application Monitoring* ist eine weitere Komponente der EdgeSight-Familie. Hierbei handelt es sich nicht in erste Linie um eine Monitoring-Lösung, sondern vielmehr um eine Simulationslösung, mit der Sitzungen einmal aufgezeichnet und zeitlich gesteuert wieder gegen die XenApp-Farm gefahren werden können, um die Leistung und somit die Qualität der Anwendungsbereitstellung zu überwachen.

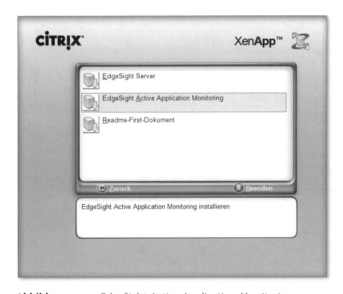

Abbildung 7.59 EdgeSight Active Application Monitoring

Die Installation dieser Komponente, die nur in der Platinum Edition enthalten ist, erfolgt wieder direkt von der XenApp-DVD.

EdgeSight Active Application Monitoring ist im Kern eine eingeschränkte Version von *EdgeSight for Load Testing*, die in der Lage ist, die aufgezeichnete Sitzung nur einmal zu Überwachungszwecken zu starten, während das »Vollprodukt« die aufgezeichneten Skripte in beliebiger Anzahl zu Testzwecken gegen die XenApp-Farm fahren kann, um Aussagen über die hierbei entstehende Last und notwendige Skalierung treffen zu können.

Das AAM besteht aus zwei Komponenten, die getrennt voneinander oder auf dem gleichen System installiert werden können.

- **Controller**
  Der *Controller* ist die Bearbeitungs- und Steuerungskomponente der Lösung. Hierin können die Automatisierungsskripte erstellt und bearbeitet werden sowie die gewonnen Lastinformationen ausgewertet werden.

- **Launcher**
  Der *Launcher* ist eine Verbindungsverwaltung, über die die erstellten Skripte gegen die Terminalserver gefahren werden können.

Über den *Controller* können die Aufzeichnungssitzungen erstellt und verwaltet werden, während der *Launcher* ausschließlich für den Verbindungsaufbau zu den Terminalservern zuständig ist.

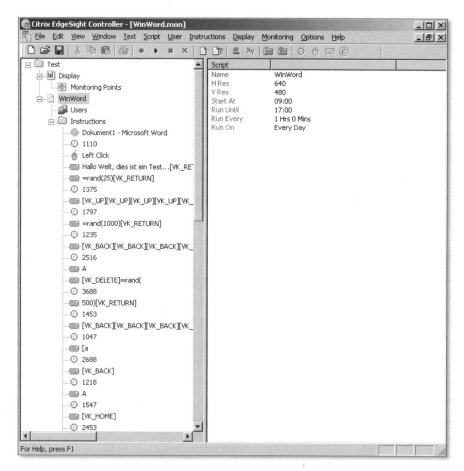

Abbildung 7.60 AAM Controller

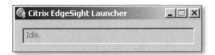

Abbildung 7.61 AAM Launcher

Auf diese Weise unterstützt diese Komponente insbesondere bei Skalierungsfragen und kann deutlich zu einer Qualitätssteigerung in der XenApp-Umgebung beitragen.

7.4 Network Manager

Der *Network Manager* ist eine weitere Komponente, die ausschließlich in der Enterprise und Platinum Edition des XenApp verfügbar ist. Bei ihr handelt es sich um eine Verwaltungskomponente, die es SNMP-basierten Verwaltungswerkzeugen von Drittanbietern ermöglicht, XenApp zu verwalten. Hierfür wird zum einen auf dem Terminalserver ein SNMP-Agent bereitgestellt, der als Schnittstelle zu den Verwaltungssystemen dient. Zum anderen stehen Plug-Ins zur Verfügung, die auf den Verwaltungssystemen installiert werden müssen.

7.4.1 Bereitstellung der SNMP Agents

Um den Network Manager auf den XenApp-Systemen nutzen zu können, muss auf diesen zunächst der SNMP-Dienst über die *Windows Features* installiert werden. Anschließend kann in den *Eigenschaften des Dienstes* die Konfiguration der SNMP-Umgebung vorgenommen werden.

> **Hinweis**
> Die korrekte Konfiguration des SNMP-Dienstes ist abhängig von der im Netzwerk eingesetzten SNMP-Infrastruktur und sollte im Zweifel beim zuständigen Administrator erfragt werden.

Sobald diese Schritte auf allen Servern der XenApp-Farm durchgeführt wurden, kann SNMP für die Farm aktiviert werden. Dies geschieht in der Access Management Console über die *Eigenschaften der Farm*. Wie in Abbildung 7.63 gezeigt, kann dort unter dem Navigationspunkt *SNMP* der Agent für die Server der Farm aktiviert werden.

7 | Weitere Komponenten des XenApp

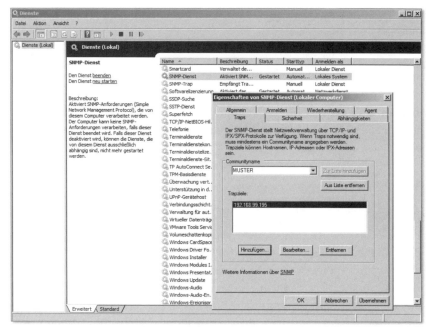

Abbildung 7.62 Einstellungen am SNMP-Dienst

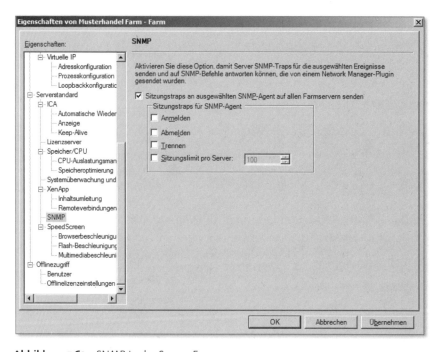

Abbildung 7.63 SNMP in der Server-Farm

Mit diesem Schritt ist die Konfiguration der Server und der Server-Farm abgeschlossen, so dass die Agenten ab diesem Zeitpunkt aktiv arbeiten.

7.4.2 Installation von Plug-ins auf dem Management-System

Um die XenApp-Umgebung von einer SNMP-Verwaltungskonsole aus verwalten zu können, muss nun das entsprechende Plug-in für das Verwaltungssystem installiert werden. Unterstützt werden hierbei *Tivoli NetView*, *HP OpenView* und *CA Unicenter*. Für die Installation des Plug-ins muss auf die Installations-DVD des XenApp zugegriffen werden können, auf der die entsprechenden Pakete im Verzeichnis *Network Manager* zu finden sind.

Da die weiteren Schritte sehr stark von dem jeweiligen Management-System abhängig sind, sollten sie mit einem auf dem System erfahrenen Administrator zusammen durchgeführt werden.

> **Tipp**
>
> Neben der Installation des Network-Manager-Plug-ins kann es durchaus sinnvoll sein, auch die Access Management Console auf dem Management-System zu installieren, um von dort aus direkt verwaltend tätig werden zu können.

Neben den offiziell unterstützten Systemen ist es grundsätzlich möglich, auch von anderen SNMP-Konsolen aus die Meldungen des XenApp zu empfangen. Um die empfangenen Traps jedoch korrekt auswerten zu können, sollte hierfür die MIB des XenApp in die Konsole importiert werden. Die Datei *METAFRAME.MIB* findet sich auf der Installations-DVD im Verzeichnis *Network Manager\mibs*.

7.5 Management Pack für System Center Operations Manager

Neben den Netzwerkmanagement-Lösungen, die durch den Network Manager unterstützt werden, bietet der XenApp in der Enterprise und Platinum Edition auch ein separat herunterladbares Management Pack für den MOM 2005 beziehungsweise System Center Operations Manager 2007.

Durch den Import des Management Packs (genau genommen sind es drei einzelne), können XenApp-Systeme der Enterprise oder Platinum Edition über den OpsMgr überwacht werden. Hierzu gehört neben der in Abbildung 7.64 gezeigten Analyse der Topologie beispielsweise auch eine Leistungsüberwachung oder die Überwachung der Lizenzierung.

7 | Weitere Komponenten des XenApp

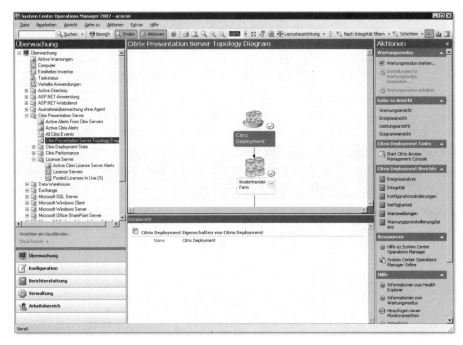

Abbildung 7.64 Topology Diagram im OpsMgr 2007

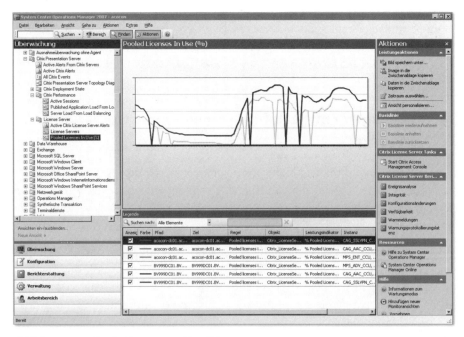

Abbildung 7.65 Pooled Licenses in Use (%)

Um die XenApp-Server auf die dargestellte Weise überwachen zu können, muss auf jedem System der OpsMgr Agent installiert sein.

> **Hinweis**
> Die ebenfalls vom OpsMgr gebotene Funktion des *Clientless-Monitoring* ist für den XenApp nicht ausreichend.

Darüber hinaus muss der Agent mit einem Konto ausgeführt werden, dass wenigstens über Lese-Berechtigungen in der Server-Farm verfügt, um die Konfigurationen und Topologie auslesen zu können.

Viel mehr ist im Zusammenhang mit dem Management Pack im Operations Manager nicht zu tun, was aber nicht bedeutet, dass eine qualifizierte Monitoring-Lösung einfach zu implementieren wäre.

Insbesondere die Feinanpassungen der Schwellwerte und eine intelligente Alarmierung wollen wohl überlegt und geplant sein. Diese Punkte gehören jedoch eher zum Themengebiet des Operations Managers und werden deshalb an dieser Stelle nicht weiter vertieft. Wichtig ist an dieser Stelle vor allem das Wissen um die Möglichkeiten, so dass bei der gestellten Anforderung schnell der richtige Weg einschlagen werden kann.

> **Hinweis**
> Falls Sie Operations Management jedoch nutzen möchten, so ist der Einsatz des System Center Operations Manager 2007 durchaus empfehlenswert.

Da im Citrix-Umfeld primär über Windows-Systeme gesprochen wird, sind die Integrationsmöglichkeiten und die Qualität der gesammelten Informationen sehr hoch.

So existiert beispielsweise bereits ein fertiges Management Pack für die Windows-Terminaldienste, welche bekanntlich die Basis für XenApp stellen. Auch angegliederte Dienste, wie ein SQL Server, lassen sich vortrefflich mit dem OpsMgr überwachen.

Und nicht zuletzt lässt sich EdgeSight mit dem Operations Manager verheiraten, so dass an einer zentralen Stelle sämtliche Informationen über den Betrieb der Systemumgebung zusammenfließen – sei es aus System- oder Benutzersicht.

7 | Weitere Komponenten des XenApp

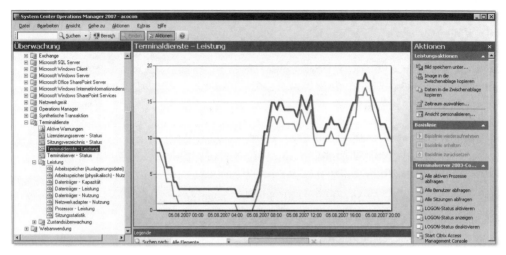

Abbildung 7.66 Management Pack für Terminaldienste – Leistung

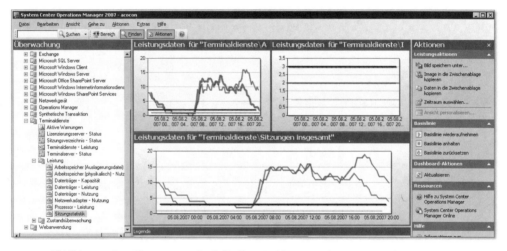

Abbildung 7.67 Management Pack für Terminaldienste – Sitzungsstatistik

7.6 Webinterface

Eine der Komponenten, die bereits während der Installation mit ausgewählt werden kann, ist das *Citrix Webinterface*. Das Webinterface, das in früheren Versionen unter dem Namen *NFuse* und später *NFuse Classic* als Erweiterung für den Metaframe XP aus dem Internet heruntergeladen werden konnte, dient zur Bereitstellung von Anwendungen über einen Webbrowser wie den Internet Explorer.

Die Funktion des Webinterface könnte so beschrieben werden, dass ein Benutzer mit seinem Browser eine Internetseite besucht, an der er seine Anmeldedaten eingeben muss. Daraufhin werden ihm auf dieser Internetseite alle Inhalte angeboten, die er auch in einem lokalen Client wie der Program Neighborhood angezeigt bekäme. Vergleichbar dem lokalen Client können die Anwendungen über einen Mausklick gestartet werden. Sofern zu diesem Zeitpunkt kein XenApp-Client auf dem Endgerät verfügbar ist, kann nun in Echtzeit der Webclient heruntergeladen und installiert werden, um Zugriff auf die Anwendungen zu bekommen. Durch diese Techniken und die Möglichkeit, auch einen Java-Client zu benutzen, der nicht einmal auf dem Endgerät installiert werden muss, bietet das Webinterface ein Höchstmaß an Flexibilität.

Doch welche vorbereitenden Schritte müssen unternommen werden, um diese Funktionen nutzen zu können? Wie und wo sollte ein Webinterface installiert werden?

7.6.1 Kommunikationswege des Webinterface

Bevor man mit der Installation und Konfiguration des Webinterface beginnt, sollte man sich ein paar Gedanken über die Funktionen und beteiligten Komponenten bei der Arbeit mit dem Webinterface machen. Grundsätzlich könnte man sagen, dass das Webinterface die gleichen Kommunikationswege und Komponenten nutzt wie ein normaler Client.

- **Schritt 1**
  Ein Benutzer an einem Endgerät verbindet sich, wie beschrieben, mit einem Browser auf die Anmeldeseite des Webinterface. Dort muss er seine Anmeldedaten eingeben, um sich an der Umgebung zu authentifizieren.

- **Schritt 2**
  Das Webinterface nutzt die Anmeldedaten des Benutzers, um mit ihnen am XML-Dienst eines Farmservers zu prüfen, welche Ressourcen für den Benutzer zur Verfügung stehen.

- **Schritt 3**
  Der XML-Dienst bezieht die benötigten Informationen über die zur Verfügung stehenden Ressourcen aus den Daten der Server-Farm.

- **Schritt 4**
  Das Ergebnis der Abfrage aus *Schritt 3* wird in Form von Anwendungsverknüpfungen wieder an das Webinterface übertragen, um dort anhand von ICA-Vorlagendateien bereitgestellt zu werden.

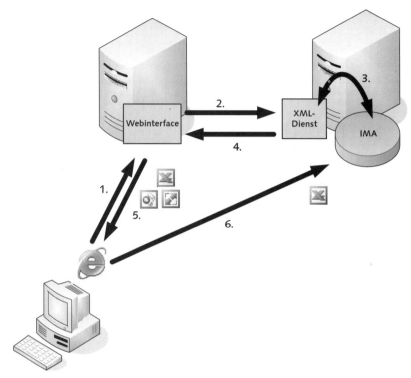

Abbildung 7.68 Kommunikationswege des Webinterface

- **Schritt 5**
  Das Webinterface bereitet die Informationen des XML-Dienstes auf und stellt diese in der Webseite dar, so dass der Benutzer von dort aus auf sie zugreifen kann. Die Darstellung ist hierbei vergleichbar mit der Darstellung in der Program Neighborhood.

- **Schritt 6**
  Der Benutzer ist nun in der Lage, eine im Webinterface angebotene Anwendung zu starten. Hierbei wird geprüft, ob der hierfür benötigte Client auf dem Endgerät verfügbar ist oder ob ein Java-Client genutzt werden soll. Ist kein Client verfügbar und Java keine Alternative, wird das Installationspaket des Webclients vom Webinterface an den Client übertragen und installiert. Daraufhin kann die Verbindung mit einem Farmserver aufgebaut und die Anwendung gestartet werden.

> **Hinweis**
> Um diesen Weg in der hier beschriebenen Weise nutzen zu können, müssen natürlich die entsprechenden Konfigurationen durchgeführt und alle Voraussetzungen erfüllt sein.

An dieser Stelle wird deutlich, dass es von größter Wichtigkeit ist, sich der Funktionen und Rollen einer Server-Farm sicher zu sein, da sie für die Funktionalität zwingend benötigt werden. Es wird dabei noch eine zweite Sache offensichtlich – die Möglichkeiten zur Platzierung des Webinterface-Servers.

Da das Webinterface ausschließlich über den XML-Dienst mit der Farm kommuniziert, ist man sehr flexibel, was die Platzierung des entsprechenden Servers angeht, da immer nur sichergestellt sein muss, dass das Webinterface über einen Port mit dem XML-Dienst in Verbindung treten kann und das Webinterface selbst von einem Client aus erreichbar ist. Vom eigentlichen Verbindungsaufbau des Clients zu der veröffentlichten Ressource ist das Webinterface nicht mehr betroffen, da diese Kommunikation direkt zwischen den beiden Partnern aufgebaut wird.

7.6.2 Installation des Webinterface

Für die Auswahl eines geeigneten Servers für die Installation des Webinterface gibt es einige Empfehlungen, die man kennen und gegen die verfügbaren Systeme abwägen sollte. Grundsätzlich empfiehlt Citrix, das Webinterface auf einem Nicht-Terminalserver zu installieren, um zum einen den Terminalserver nicht mit zusätzlichen Aufgaben zu belasten, und zum anderen auf einem Terminalserver weniger Angriffsflächen für Sicherheitsbedenken zu geben. Der Sicherheitsgedanke kommt vor allem bei den in den Abschnitten 7.7, »Secure Gateway«, und 7.8, »Access Gateway« behandelten Themen zum Tragen, bei dem das Webinterface auch eine sehr große Rolle spielt.

Natürlich ist es prinzipiell nicht falsch, diese Funktion von den anderen Funktionen einer XenApp-Farm zu trennen, jedoch ist es insbesondere in kleineren Umgebungen sehr schwer zu argumentieren, warum man für ein bis zwei Terminalserver noch einen dritten Server für das Webinterface benötigt. Dies kommt besonders dann zum Tragen, wenn das Webinterface nur von wenigen Benutzern genutzt wird.

Für eine rein interne Nutzung des Webinterface können die Sicherheitsbedenken somit vernachlässigt werden, so dass eine Installation des Webinterface auf einem Terminalserver als praktikable Alternative zu einem weiteren Server angesehen werden kann. Bei größeren Umgebungen (>10 Server) sollte jedoch auf jeden Fall ein separater Server genutzt werden, auf dem dann aber beispielsweise auch die *XenApp-Services-Konfigurationswebseite* liegen könnte.

Sofern das Webinterface auf einem der Farmserver installiert werden soll, vollzieht sich die Installation wie in Abschnitt 5.3.4, »Webinterface-Installation«, beschrieben. Soll das Webinterface auf einem separaten Server installiert werden, so sind einige Voraussetzungen zu schaffen, um die Installation erfolgreich durchführen zu können.

- **Access Management Console**
  Für die Konfiguration des Webinterface wird die *Citrix Access Management Console* benötigt. Ähnlich der bereits bekannten Konfiguration des XenApp Services wird auch die Konfiguration des Webinterface vollständig über dieses Werkzeug realisiert.

- **Windows-Systeme**
  Sofern das Webinterface auf einem Windows-System installiert werden soll, wird hierfür ein entsprechender Webserver in Form des *IIS 6* auf Windows 2003 oder IIS7 auf Windows Server 2008 benötigt. Zusätzlich müssen *ASP.NET* und das *.NET Framework* mit den entsprechenden Service Packs auf dem Server installiert sein. Über den Installationsassitenten kann anschließend *Visual J# .Net* installiert werden.

  Wie bei der Installation von Software üblich, sollte darauf geachtet werden, die möglichen Patches und Aktualisierungen für die jeweiligen Komponenten ebenfalls auf den Server zu bringen, um beispielsweise Sicherheitslöcher zu schließen.

- **UNIX-Systeme**
  Sollte das Webinterface auf einem UNIX-Derivat eingesetzt werden, so stehen hierfür aktuell die *Red Hat Enterprise Edition* und *Sun Solaris 9* zur Auswahl. Unter Red Hat könnte als Webserver sowohl ein Apache 2.x mit einer Tomcat Servlet Engine oder ein IBM Websphere Application Server zum Einsatz kommen. Für Solaris stehen der Sun ONE oder der Weblogic Server auf der Liste der möglichen Plattformen.

  Eine weitere Aufschlüsselung der möglichen Plattformen würde an dieser Stelle zu weit führen. Welche Varianten und Versionen außerdem unterstützt werden, kann bei Bedarf dem *Webinterface Administrator's Guide* entnommen werden.

7.6.3 Konfiguration mit der Access Management Console

Nach der Installation kann das Webinterface mit der Access Management Console installiert werden. Hierzu muss die AMC gestartet und über einen *Discovery* die aktuelle Farmkonfiguration ausgelesen werden.

Discovery
Der Discovery dient zum einen dazu, eine Verbindung zwischen den Verwaltungseinheiten und -komponenten der Server-Farm und der Console herzustel-

len. Zum anderen werden hierbei immer die jeweils aktuellsten Informationen ausgelesen und dargestellt. Dies ist vor allem dann wichtig, wenn mehrere Administratoren gleichzeitig Änderungen an der Farm vornehmen. Damit der Discovery erfolgreich durchlaufen kann, müssen ihm hierzu zunächst einige Informationen über die Farmserver übergeben werden.

Wie schon in Abschnitt 6.1, »Ein Blick auf die Verwaltungswerkzeuge«, beschrieben, können zunächst die Konfigurationsserver angegeben werden, die für die Verwaltung des Webinterface zuständig sein sollen. Hierbei kann es sich um einen oder mehrere Server handeln, die später von der Access Management Console kontaktiert werden. Nach der Bestätigung einiger Zusammenfassungen und Auswahlfenster wird der eigentliche Discovery durchgeführt und seine Ergebnisse werden in die Access Management Console übertragen. Die so erfassten Daten und erstellten Verbindungen können nun für die Erstellung einer Webinterface-Seite genutzt werden.

Erstellung einer Webinterface-Seite

Im ersten Schritt muss, ähnlich der PNA-Konfigurationswebseite, zunächst eine Webinterface-Webseite erstellt werden. Dies geschieht über das Kontextmenü des Menüpunktes *Webinterface*, wie in Abbildung 7.69 dargestellt, über den Punkt SITE ERSTELLEN. Der daraufhin erscheinende Assistent führt nun durch die benötigten Konfigurationsschritte.

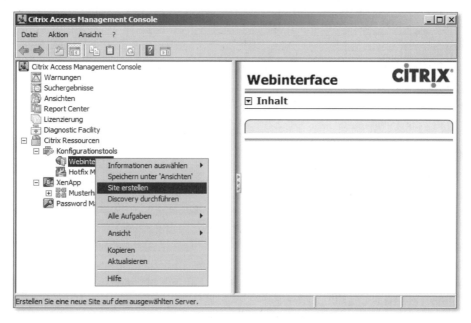

Abbildung 7.69 Site erstellen

Da das Webinterface mehrere Funktionen auf sich bündelt, wie etwa auch die XenApp Services, muss ausgewählt werden, welche Art von Site erstellt werden soll. Um eine Webseite für das eigentliche Webinterface zu erstellen, muss die Auswahl XENAPP WEB getroffen werden.

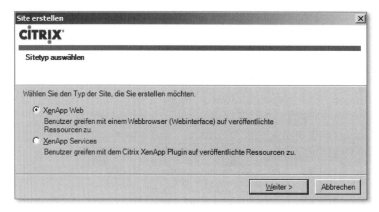

Abbildung 7.70 Site-Typ auswählen

Anschließend muss der Speicherort der Webseite konfiguriert werden. Zusätzlich können einige Einstellungen für die Standardumleitungen des IIS definiert werden.

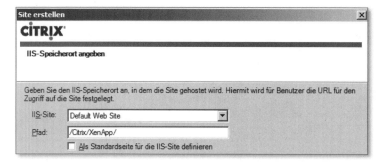

Abbildung 7.71 IIS-Speicherort angeben

- **IIS-Site**

  Über dieses Auswahlmenü können die auf dem Server verfügbaren virtuellen Sites angezeigt und ausgewählt werden. Sofern nur eine Site vorhanden ist, wird die *Standardwebseite* genutzt.

  In einigen Fällen kann es sinnvoll sein, eine zusätzliche IIS-Site zu erstellen und für das Webinterface zu nutzen, da hierdurch beispielsweise alternative Authentifizierungsmethoden genutzt werden könnten, um das Webinterface zu schützen.

▸ **Pfad**

An dieser Stelle kann das virtuelle Verzeichnis für das Webinterface eingetragen werden. Im Standard des Webinterface 5 wäre dies */Citrix/XenApp*. Diese Einstellung kann aber nach Belieben geändert werden.

> **Hinweis**
>
> Da das Webinterface 4.x nun auch in der Lage ist, mehrere unterschiedliche Websites auf dem gleichen Server abzubilden, sollte man sich ein paar Gedanken dazu machen. Beispielsweise könnte man für alle Firmen eines Konzerns individuelle Webinterface-Seiten erstellen, die in Farben und Logos an die jeweilige *Corporate Identity* des Unternehmens angelehnt sind. In einem solchen Fall könnte man sich überlegen, beispielsweise einen Pfad */Citrix/[Unternehmensname]* anzulegen.

▸ **Als Standardseite für die IIS-Site definieren**

Ohne diese Option wären die Benutzer gezwungen, das Webinterface unter seinem vollen Pfad, also beispielsweise *http://muster-ts10/Citrix/XenApp* anzusprechen. Bei der Aktivierung dieser Option wird eine Datei im Stamm des Webservers angelegt, die in diesen Pfad umleitet, so dass die Benutzer nur noch den Pfad *http://muster-ts01* eingeben müssten.

Sofern mit mehreren Webinterface-Seiten gearbeitet werden soll, ist diese Option mit Vorsicht zu genießen.

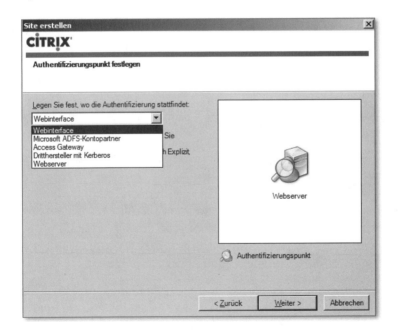

Abbildung 7.72 Authentifizierungspunkt festlegen

Im Anschluss an diesen Schritt können die Authentifizierungseinstellungen konfiguriert werden. Hierbei stehen mehrere Optionen zur Auswahl, die jeweils vom eingesetzten Szenario abhängig sind. Die häufigsten sind *Webinterface*, *Access Gateway* oder *ADFS*.

> **ADFS**
>
> Bei ADFS handelt es sich um eine claim-basierte Authentifizierungsform, die nicht mehr das Wissen um die Anmeldeinformationen in der eigenen Domäne voraussetzt, sondern über eine Art definiertes Attribut-Vertrauen (Claiming), einen Benutzer aus einer anderen Domäne – beispielsweise eines Partners oder Kunden – authentifizieren kann.

Mit diesen Einstellungen ist die Basiskonfiguration zunächst abgeschlossen und die Site kann erstellt werden.

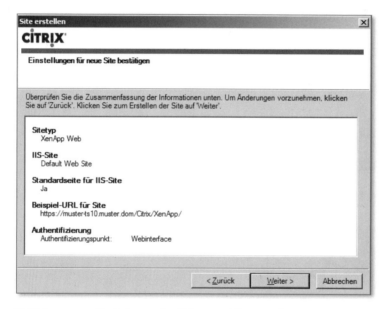

Abbildung 7.73 Einstellungen bestätigen und Site erstellen

Nach der Erstellung kann die Site konfiguriert werden. Die Auswahl der Server-Farm im ersten Schritt ist vergleichbar mit der Angabe des Serverstandortes in einem lokalen Client. Jedoch wird hier offensichtlich, dass der XML-Dienst der Dreh- und Angelpunkt für die Kommunikation mit der Farm ist.

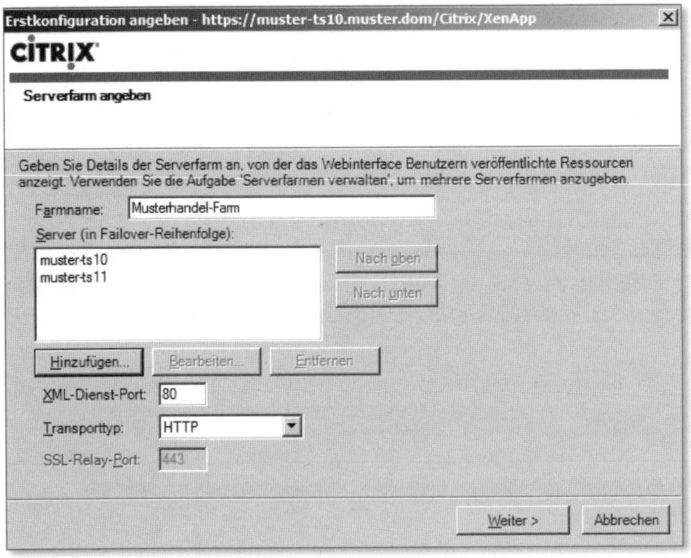

Abbildung 7.74 Server-Farm angeben

Bei der genaueren Betrachtung fällt aber noch etwas auf – der Port für den XML-Dienst kann nur allgemein und nicht serverbezogen angegeben werden.

> **Hinweis**
>
> Da der Port für den XML-Dienst nur für alle Server einheitlich angegeben werden kann, sollte man bestrebt sein, diesen Port auf allen Servern identisch zu konfigurieren. Dabei ist es ohne Bedeutung, ob es sich um den eigenständigen Dienst oder den ISAPI-Filter handelt.

Anschließend können die gewünschten Authentifizierungsmethoden gewählt werden.

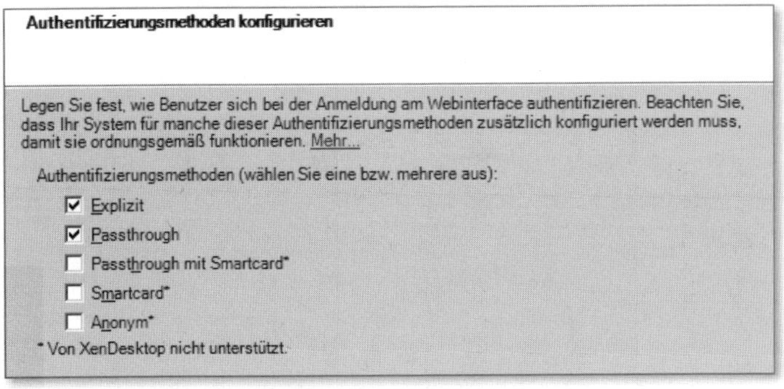

Abbildung 7.75 Authentifizierungsmethoden wählen

> **Hinweis**
>
> Hierbei ist ein wichtiger Punkt zu beachten: Grundsätzlich kann das Webinterface 5 oder höher (auf der DVD befindet sich Version 5.0.1) nicht nur für den XenApp, sondern auch für den XenDesktop (oder beide gleichzeitig) genutzt werden. XenDesktop unterstützt jedoch bis zur Version 2.1 noch nicht alle Authentifizierungsmethoden – insofern sind diese nicht auszuwählen, wenn XenDeskop mit genutzt werden soll.

Die Konfiguration der *Domäneneinschränkungen* erfolgt im nächsten Schritt intuitiv anhand der vorgegebenen Felder, und auch die daraufhin folgende Konfiguration der Darstellung der Anmeldeseite ist durch einfache Optionsfelder zu erstellen.

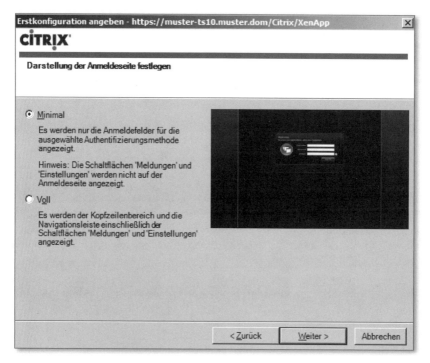

Abbildung 7.76 Darstellung der Anmeldeseite

Analog zur Konfiguration der *XenApp-Services*-Konfiguration muss im nächsten Schritt gewählt werden, auf welche Art die Anwendungen über das Webinterface bereitgestellt werden sollen.

7.6 Webinterface

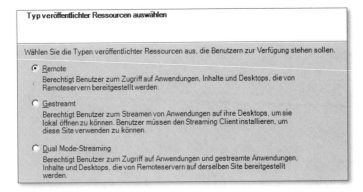

Abbildung 7.77 Anwendungstyp auswählen

Nach einer erneuten Zusammenfassung ist die Erstellung der neuen Site abgeschlossen und deren Einstellungen können konfiguriert werden. Ab diesem Zeitpunkt kann bereits mit einem Browser auf diese noch nicht angepasste Seite zugegriffen werden, wie in Abbildung 7.79 dargestellt.

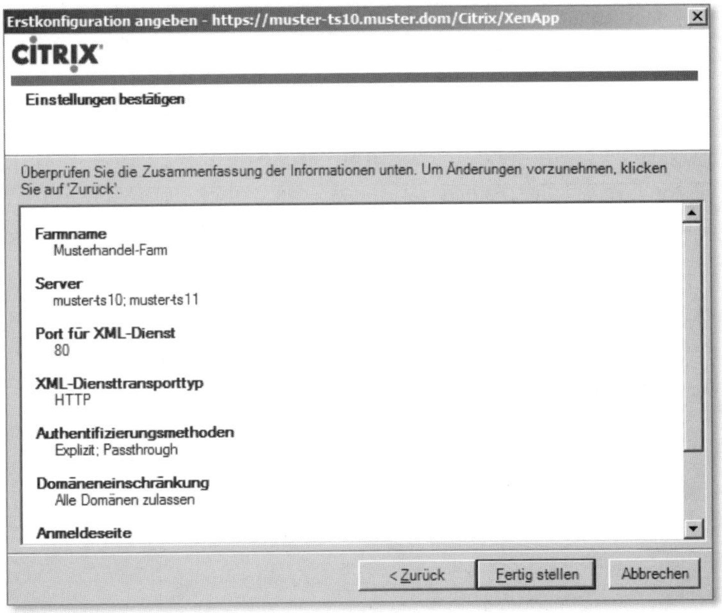

Abbildung 7.78 Zusammenfassung

7 | Weitere Komponenten des XenApp

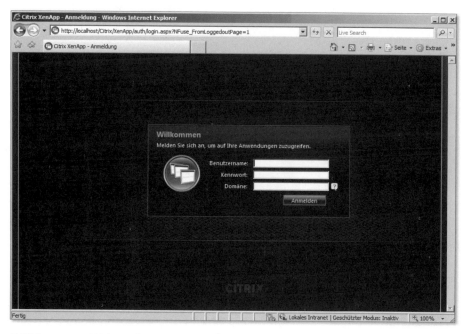

Abbildung 7.79 Webinterface-Anmeldung

Konfiguration der Authentifizierung

Als erster Schritt nach der Erstellung einer Webinterface-Site sollte die Authentifizierung der Benutzer konfiguriert werden. Hierzu kann über den Menüpunkt AUTHENTIFIZIERUNGSMETHODEN KONFIGURIEREN der entsprechende Assistent gestartet werden.

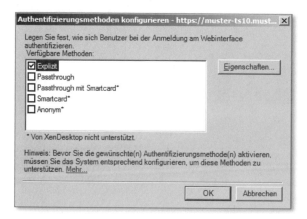

Abbildung 7.80 Authentifizierung konfigurieren

Bei der Auswahl der *verfügbaren Methoden* stehen fünf Varianten mit unterschiedlichen Sicherheitsstufen zur Verfügung. Bei einer *expliziten* Anmeldung muss der Benutzer seine Anmeldeinformationen eingeben, um sich anmelden zu können. Die anderen Varianten setzen gewisse Gegebenheiten an den Clients oder für den Benutzer voraus.

> **Hinweis**
> Von einer anonymen Anmeldung sollte im Regelfall abgesehen werden, um unbekannten Benutzern keinen Zugriff auf Anwendungen zu bieten.

Über die Schaltfläche EIGENSCHAFTEN können die konkreten Einstellungen der jeweiligen Authentifizierungsmethode geändert werden. So können etwa Einschränkungen auf bestimmte Domänen vorgenommen werden, um einem Benutzer nicht die Anmeldung an einer beliebigen Domäne zu gestatten.

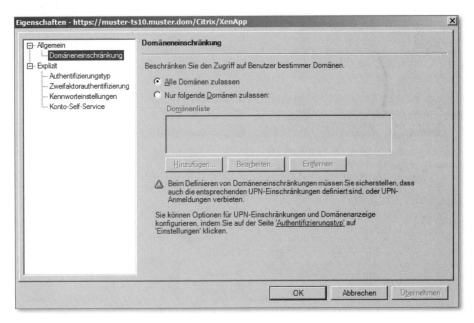

Abbildung 7.81   Domäneneinschränkungen

Auch die Art und Eingabe der Anmeldung kann konfiguriert werden. Wie in Abbildung 7.82 dargestellt, ist auch die Anmeldung über eine Novell NDS möglich.

Sollen auf der Anmeldeseite für den Benutzer die zur Auswahl stehenden Domänen fest vorgegeben werden, so kann dies über einen Klick auf EINSTELLUNGEN konfiguriert werden.

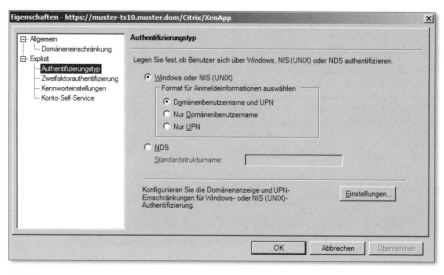

Abbildung 7.82 Authentifizierungstyp

Durch eine Angabe der möglichen Anmeldedomänen oder UPN-Suffixe und das Ausblenden des Domänenfeldes kann die Sicherheit des Webinterface weiter erhöht werden. Dies gilt insbesondere, wenn das Webinterface über das Internet erreichbar ist, da einem Benutzer nur sehr wenig Spielraum für die Anmeldung gelassen wird. Nach der Fertigstellung des Assistenten werden die Änderungen sofort auf der Webseite sichtbar, indem beispielsweise das Domänenfeld nicht mehr erscheint.

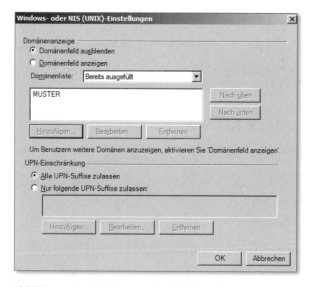

Abbildung 7.83 Windows- oder NIS-Einstellungen

Neben der reinen Nutzung von Benutzername und Passwort bietet das Webinterface die Möglichkeit, einen zweiten Faktor für die Anmeldung zu nutzen. Weitere Informationen über die Idee der Zwei-Faktor-Authentifizierung und ihre Möglichkeiten finden Sie in Abschnitt 10.1, »Safeword for ...«.

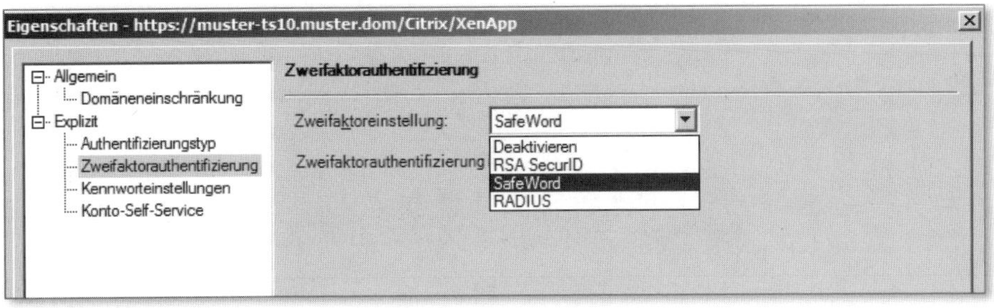

Abbildung 7.84 Zwei-Faktor-Authentifizierung

Unter dem Menüpunkt Kennworteinstellungen kann definiert werden, ob die Benutzer über das Webinterface in der Lage sein sollen, ihr Kennwort zu ändern. Diese Option ist insbesondere dann interessant, wenn Anwender existieren, die ausschließlich über das Webinterface arbeiten.

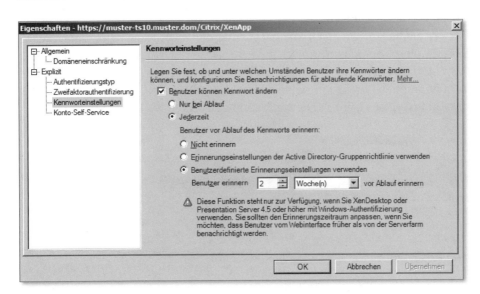

Abbildung 7.85 Kennworteinstellungen

Sofern im Unternehmen ein Citrix Password Manager im Einsatz ist, kann auch dieser in die Webinterface-Authentifizierung integriert werden. Unter dem

Punkt Konto-Self-Service können hierbei beispielsweise die Kennwortzurücksetzung oder die Aufhebung der Kontosperrung aktiviert werden.

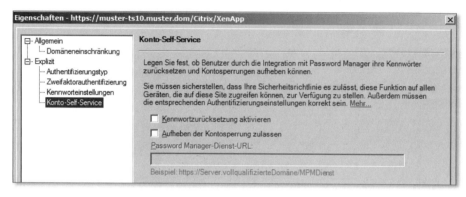

Abbildung 7.86 Konto-Self-Service

Weitere Informationen zum Citrix-Password-Manager finden Sie in Abschnitt 7.10, »Password Manager«.

Anpassung der Darstellung

Neben den Einstellungen, die der Funktionalität dienen, ist die Anpassung des Designs an die Unternehmensstandards einer der wichtigsten Punkte, um Akzeptanz für eine Komponente zu schaffen. Im Gegensatz zu älteren Versionen des Webinterface bieten die 4er-Versionen eine komfortable Oberfläche um diese Konfigurationen durchzuführen. Über den Punkt WEBSITEDARSTELLUNG ANPASSEN des Kontextmenüs kann die Konfiguration aufgerufen werden.

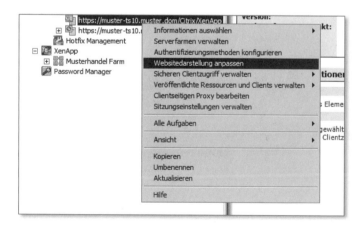

Abbildung 7.87 Websitedarstellung anpassen

Wie auch bei den anderen Verwaltungsoptionen öffnet sich ein neues Fenster, in dem die vier möglichen Konfigurationsbereiche aufgezeigt werden. Über die Vorschau und die Beschreibungen neben den Schaltflächen lässt sich schnell die gewünschte Option lokalisieren.

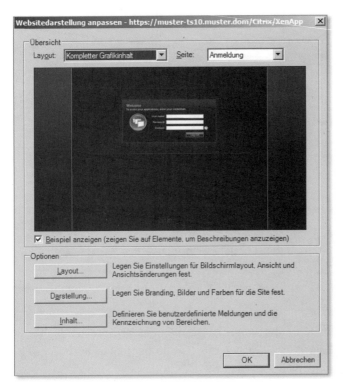

Abbildung 7.88 Konfigurationsübersicht

Über das *Layout* kann der Aufbau der Webinterface-Seite bearbeitet werden. Zwar kann der Aufbau hierüber nicht komplett geändert werden, jedoch stehen Formate zur Verfügung, die für die Benutzer vorgegeben werden können.

Der weitaus interessantere Punkt ist die *Darstellung* der Webseite, da hierbei die Designvorgaben des Unternehmens in Form von Farben und Logos bedacht werden können.

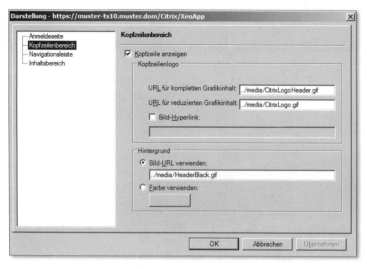

Abbildung 7.89 Darstellung

Auf diesem Weg lässt sich mit sehr geringem Aufwand ein positives Ergebnis erzielen, das zwar aus rationaler Sicht nicht zu erklären ist, für die Akzeptanz jedoch von größter Wichtigkeit ist. Aus diesem Grund sei es immer empfohlen, das Branding an dieser Stelle zu bearbeiten. Auch wenn es nur ein Logo und ein paar Farben sind.

Der *Inhalt* bietet in erster Linie die Möglichkeit, die Standardsprache des Webinterface auszuwählen. Sofern dies geschehen ist, kann bei Bedarf auch der Text der Willkommensnachricht angepasst werden.

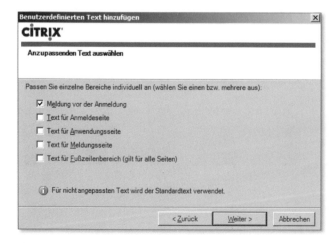

Abbildung 7.90 Hinzufügen einer Nachricht

Abbildung 7.91 Übersicht der Inhalte

Neben den über die Access Management Console gebotenen Möglichkeiten der Anpassung kann natürlich auch auf Ebene der Webseite oder der Vorlagen selbst gestalterisch eingegriffen werden. Sollen beispielsweise die scheinbar festen Textblöcke der Seite geändert werden, sei ein Blick in den Ordner *[Citrix-Installation]\Webinterface\[Version]\languages* empfohlen. Dort finden sich die Dateien, in denen die Textblöcke für die unterschiedlichen Sprachen definiert sind. Für die deutsche Sprache wäre eine dieser Dateien beispielsweise *common_strings_de.properties*, wie in Abbildung 7.92 dargestellt.

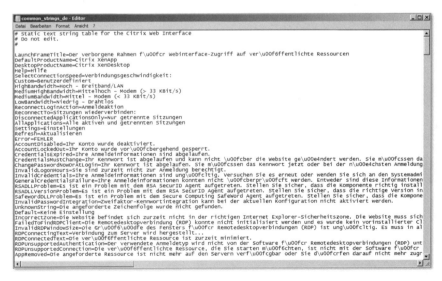

Abbildung 7.92 common_strings_de.properties

> **Hinweis**
>
> Nach einer Anpassung in dieser Datei muss der WWW-Dienst neu gestartet werden, um die Änderungen in das Webinterface zu übernehmen.

Client-Bereitstellung verwalten

Neben der reinen Funktionalität und dem Design der Seite spielt der Verbindungsaufbau mit dem Client die größte Rolle. Um sicherzustellen, dass das Endgerät über einen qualifizierten Client verfügt und diesen auch nutzen kann, können diverse Einstellungen über den Punkt ALLE TASKS • VERÖFFENTLICHTE RESSOURCEN UND CLIENTS VERWALTEN • CLIENTBEREITSTELLUNG VERWALTEN getroffen werden.

> **Achtung**
>
> Dieser Punkt war früher weniger *versteckt*!

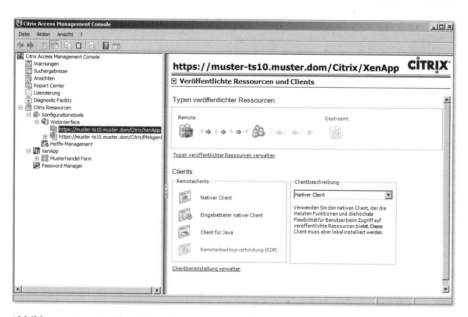

Abbildung 7.93 Veröffentlichte Ressourcen und Clients

Wie in Abschnitt 6.4, »Die Clientsoftware – der Schlüssel zum Erfolg«, beschrieben, existiert eine Reihe von Client-Varianten, die für den Verbindungsaufbau genutzt werden können. Im ersten Schritt des Assistenten können die generell verfügbaren Client-Typen ausgewählt werden, wie Abbildung 7.94 zeigt.

Nur die in der Liste aktivierten Client-Methoden können später von den Benutzern für den Verbindungsaufbau genutzt werden. Sofern die Benutzer in der Lage sein sollen, sich selbstständig für einen Client-Typ zu entscheiden, so kann dies über die Option *Benutzer können Clienttyp wählen* ermöglicht werden.

> **Tipp**
>
> Da der Client für Java der allgemeinste und flexibelste der Clients ist, sollte er immer mit aktiviert werden. Dies ermöglicht auch ein *automatisches Fallback*, falls keine der anderen Client-Methoden genutzt werden kann.

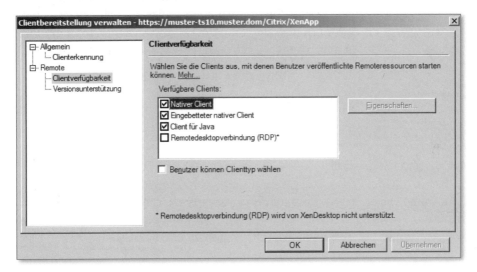

Abbildung 7.94 Clientbereitstellung

Sofern der Java-Client mit ausgewählt wurde, kann im nächsten Schritt das *automatische Clientfallback* aktiviert werden.

Die Eigenschaften und Einstellungen des Java-Clients lassen sich durch markieren und auswählen von EIGENSCHAFTEN bearbeiten (Abbildung 7.95).

Für den Java-Client können explizit die Pakete und Funktionen gewählt werden, die den Benutzern zur Verfügung gestellt werden sollen. Wie schon an anderen Stellen kann auch dem Benutzer die Möglichkeit gegeben werden, selbst über die zu nutzenden Pakete zu entscheiden.

Sofern der Java-Client über das *Secure Gateway* genutzt werden soll, ist die Konfiguration des privaten Stammzertifikates von äußerster Wichtigkeit, da nur hierüber ein erfolgreicher Aufbau des SSL-Tunnels realisiert werden kann. Die Anforderungen und Komponenten des Secure Gateway werden in Abschnitt 7.7, »Secure Gateway«, ausführlich behandelt.

7 | Weitere Komponenten des XenApp

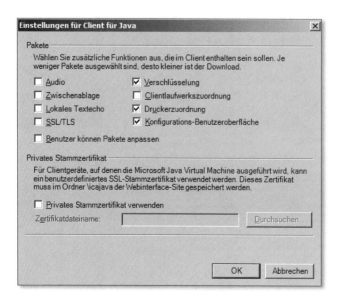

Abbildung 7.95 Eigenschaften des Java-Clients

Zurück im Fenster CLIENTBEREITSTELLUNG VERWALTEN kann unter VERSIONSUNTERSTÜTZUNG festgelegt werden, welche Versionen des Client unterstützt werden. Auch ob und wie diese automatisiert bereitgestellt und aktualisiert werden, kann an dieser Stelle definiert werden.

> **Tipp**
>
> Um alle Funktionen des Webinterface nutzen zu können, sollte ein Client der Version 10 genutzt werden. Die Version 8 bietet eine Unterstützung für nahezu alle Funktionen, was bei älteren Clients nicht der Fall ist. Aus diesem Grund kann die *unterstützte Clientversion* konfiguriert werden.

Um auch Benutzern älterer Client-Versionen alle Funktionen zu ermöglichen, sollte die *automatische Clientaktualisierung* aktiviert werden, die unter CLIENTAKTUALISIERUNG konfiguriert werden kann.

Client-seitigen Proxy bearbeiten

Da das Webinterface im Prinzip mit einer »normalen« Internetseite zu vergleichen ist, spielt auf der Seite des Clients häufig ein Proxy eine große Rolle für den Verbindungsaufbau. Insbesondere bei der Verbindung über ein *Secure Gateway*, bei der im Standard der SSL-Port 443 genutzt wird, kann in vielen Fällen nur über einen Proxyserver eine Verbindung »nach außen« aufgebaut werden. Da aber nicht in jedem Fall die Einstellungen des Internet Explorers übernommen werden können, kann über das Webinterface vorgegeben werden, ob der Client einen Proxy nutzen soll oder nicht.

Über das in Abbildung 7.96 dargestellte Fenster kann für die jeweiligen Quelladressen der Clients konfiguriert werden, ob und welchen Proxyserver sie für einen Verbindungsaufbau nutzen sollen. Sofern die Quelladresse der Clients nicht bekannt oder definiert ist, werden die Einstellungen des *Standard*-Eintrages genutzt.

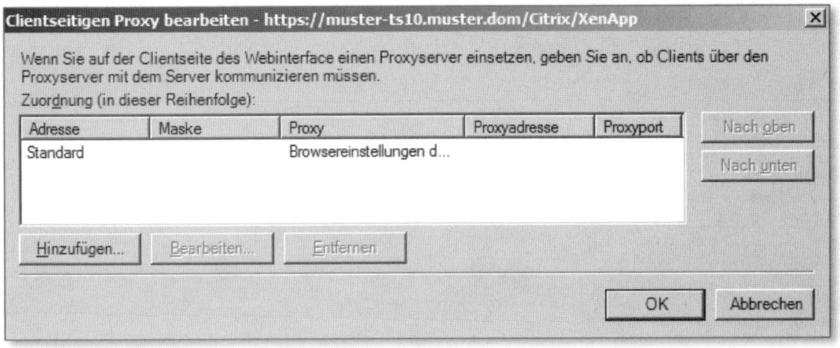

Abbildung 7.96 Client-seitigen Proxy bearbeiten

Über die Schaltfläche HINZUFÜGEN können weitere Einstellungen für den Client vorgenommen werden, bei denen aus einer vordefinierten Liste die Art des Zugriffs ausgewählt werden kann. Sofern ein spezieller Zugriff genutzt werden soll, kann dies ebenfalls über diesen Dialog geschehen, wie in Abbildung 7.97 gezeigt.

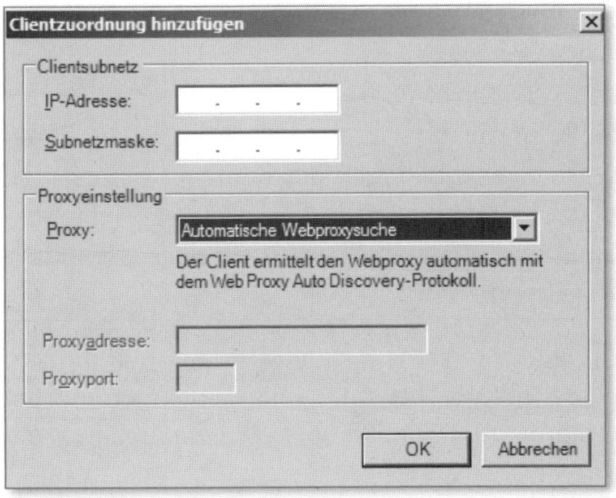

Abbildung 7.97 Client-Zuordnung hinzufügen

In sehr vielen Fällen ist die Einstellung *Clienteinstellung verwenden* die praktikabelste, da hierbei, wie der Name schon sagt, die Einstellung des Clients übernommen wird.

Sitzungseinstellungen verwalten

Analog zu den Einstellungsmöglichkeiten der Program Neighborhood können auch am Webinterface erweiterte Einstellungen für die Client-Verbindungen konfiguriert werden. Hierbei können dem Benutzer beispielsweise einige Optionen freigeschaltet werden, um selbstständig Einfluss auf die *Verbindungsleistung* zu nehmen, indem einige ICA-Funktionen von ihm selbst konfiguriert werden können. Auch Einstellungen für Tastaturkürzel oder die Synchronisation mit einem PDA können an dieser Stelle definiert werden.

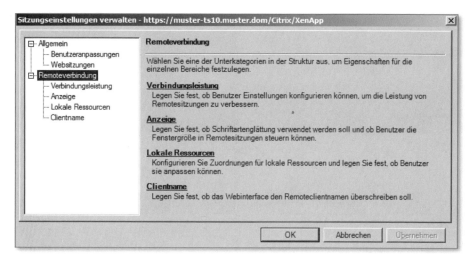

Abbildung 7.98 Einstellungen für Sitzungen verwalten

Eine wichtige Option an dieser Stelle ist die Aktivierung beziehungsweise Deaktivierung des Kioskmodus, bei dem die Einstellungen der Benutzer beibehalten oder verworfen werden können. Abhängig davon, für welches Einsatzgebiet das Webinterface eingeführt wird, kann diese Einstellung dafür sorgen, dass immer mit einem einheitlichen Standard gearbeitet wird.

Sehr nützlich ist auch die Einstellung unter Websitzungen. Hier können nun die Time-Out-Werte für die Anmeldung am Webinterface eingestellt werden. Bei älteren Versionen des Webinterface musste dies noch über eine manuelle Eintragung in den Webseiten geschehen.

Workspace Control verwalten

Über den Navigationspunkt WORKSPACE CONTROL VERWALTEN erreicht man einen der Punkte, die für die größte Verwirrung in einem Netzwerk sorgen können.

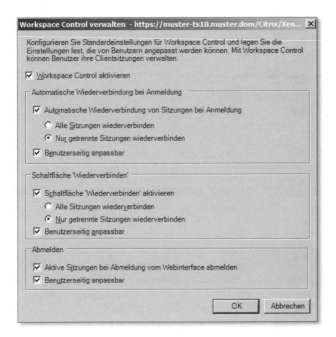

Abbildung 7.99 Workspace Control verwalten

Wie auch die *XenApp Services* bietet das Webinterface die Möglichkeit, *Workspace Control* zu nutzen. Hierbei können einem Benutzer bei der Anmeldung automatisch *getrennte* oder *alle* Sitzungen verbunden werden. Und genau an dieser Stelle liegt das Potential für Verwirrungen.

Um das Problem zu verdeutlichen stelle man sich einmal die Versandabteilung der Musterhandel GmbH vor. Hier stehen einige PCs, an denen über einen Barcode-Scanner Aufträge gescannt werden, zu denen dann über einen lokalen Drucker Etiketten gedruckt werden. Da die PCs an dieser Stelle ein reines »Druckwerkzeug« sind, arbeiten bisher alle Mitarbeiter mit einem gemeinsamen Benutzernamen *VERSAND* mit dem Passwort *versand123*. Lässt man die (fatale) Sicherheit einmal außen vor, so ist diese Vorgehensweise für die Mitarbeiter sehr einfach und praktikabel. Nun wird eine XenApp-Umgebung eingeführt, und die Mitarbeiter sollen über ein Webinterface mit den in Abbildung 7.99 gezeigten Standardeinstellungen arbeiten. Was passiert?

Der erste Benutzer meldet sich an. Er bekommt seine Anwendungen angezeigt, kann diese starten und beginnt zu arbeiten. Nun meldet sich ein zweiter Benutzer am Webinterface an. Auch er bekommt seine Anwendungen angezeigt und startet diese. In der nächsten Sekunde wundert er sich darüber, warum in der Anwendung schon der richtige Menüpunkt geöffnet ist und sein Kollege am Tisch nebenan lauthals über die »Sch...-EDV« schimpft. Er schmunzelt in sich hinein und sagt seinem Kollegen, er solle sich einfach mal neu anmelden, dann würde es bestimmt wieder gehen. Das macht der Kollege auch und ruft herüber, dass es tatsächlich wieder ginge. Ein Blick auf den Bildschirm lässt aber nun den zweiten schimpfen, da nun seine Anwendungen weg sind ... Je nach Gemüt der Mitarbeiter kann dieses Spiel beliebig lange fortgesetzt werden.

Die Gefahr des Workspace Control liegt darin, dass in der Standardeinstellung alle Sitzungen wieder verbunden werden, also auch die, die ein anderer Mitarbeiter, der mit dem gleichen Benutzernamen arbeitet, geöffnet hat. Man sollte sich also genau überlegen, ob man die Einstellungen oder die Benutzerstrategie ändert.

> **Hinweis**
> Diese Situation trifft auf das Webinterface und den Program Neighborhood Agent zu. Die Empfehlung geht ganz klar in die Richtung, jeden Benutzer mit einem individuellen Benutzernamen arbeiten zu lassen. Dies löst das Problem des Workspace Control und trägt zu einer wesentlichen Erhöhung der Sicherheit des Netzwerkes bei.

Load Balancing für Sites

Sofern eine sehr große Anzahl von Benutzern über das Webinterface auf die XenApp-Umgebung zugreifen soll, kann es sehr sinnvoll sein, nicht nur einen, sondern mehrere Server für das Webinterface zu nutzen. Eine Herausforderung, die an dieser Stelle auftauchen wird, ist die einheitliche Konfiguration der einzelnen Seiten. Um diese Herausforderung zu meistern, bietet das Webinterface die Möglichkeit, mehrere Seiten zu einer *Sitegruppe* zusammenzufassen, die eine zentrale und einheitliche Konfiguration aufweist.

> **Hinweis**
> Wichtig ist an dieser Stelle, dass nur Sites mit derselben Version und Konfigurationsquelle in einer Sitegruppe zusammengefasst werden können.

Sicheren Client-Zugriff verwalten

In nahezu jedem Fall, in dem man über einen webbasierten Zugriff auf Ressourcen spricht, spricht man auch über den Zugriff aus öffentlichen Netzen wie dem Internet. Da es aber nicht unbedingt der beste Weg ist, ein Webinterface und einen XenApp-Server mit einer offiziellen IP-Adresse in das Internet zu stellen, muss es eine Möglichkeit geben, diese Server hinter einem Firewall- oder NAT-(Network-Address-Translation-)System zu platzieren und dann darüber von außen auf die Server zuzugreifen. In der Tat gibt es eine Vielzahl von Möglichkeiten, einen solchen Zugriff zu realisieren, die in Abbildung 7.100 aufgezeigt werden.

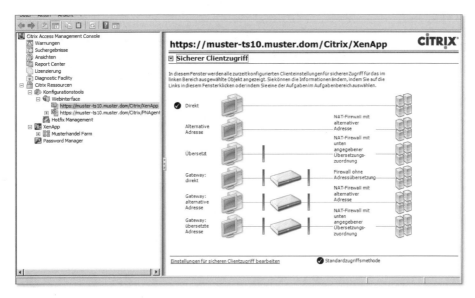

Abbildung 7.100 Sicherer Client-Zugriff

Die bisher genutzte Zugriffvariante ist der *direkte Zugriff*. Das bedeutet, dass der Client direkt mit dem Webinterface und den Terminalservern kommunizieren kann. Wie sieht aber nun eine Konfiguration mit einem NAT zwischen den Systemen aus, bei dem der Client an der externen Seite steht?

Nimmt man als Beispiel das in Abbildung 7.101 dargestellt Szenario, so müssen auf dem NAT-System zunächst zwei Veröffentlichungen eingerichtet werden. Zum einen muss jede Anfrage, die an die externe Schnittstelle (10.1.1.1) auf den Port 80 gerichtet wird, an das interne Webinterface (192.168.1.101) Port 80 weitergeleitet werden. Analog dazu muss jede Anfrage, die an die externe Schnittstelle auf Port 1494 gerichtet wird, auf den internen Terminalserver (192.168.1.100) auf Port 1494 weitergeleitet werden.

Ein Client, der von außen eine Verbindung mit dem Webinterface herstellen will, muss nun mit dem Browser auf die externe Schnittstelle (10.1.1.1) zugreifen und würde entsprechend auf das Webinterface umgeleitet. Das würde so auch funktionieren. Doch könnte er darüber auch eine Anwendung starten? Nein, könnte er nicht! An dieser Stelle stellt sich nun die Frage: *Warum nicht?* Liegt es am NAT? Liegt es am Terminalserver?

Ein pfiffiger Administrator wird an diesem Punkt eine benutzerdefinierte ICA-Verbindung mit der Program Neighborhood auf dem Client anlegen und versuchen, eine Verbindung mit der 10.1.1.1 herzustellen. Das würde ebenfalls funktionieren. Warum also nicht mit den veröffentlichten Anwendungen über das Webinterface?

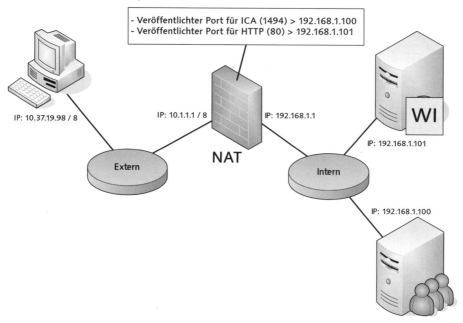

Abbildung 7.101 Aufbau einer NAT-Umgebung

Die Lösung hierfür ist in den *ICA-Dateien* finden. Das Webinterface kann von außen erreicht werden, weil es direkt auf einen Port antwortet. Genauso ist es mit dem ICA-Port bei einer benutzerdefinierten Verbindung. Die Anwendungsverknüpfungen im Webinterface hingegen sind ICA-Dateien, die durch den XML-Dienst mit Leben befüllt werden. In der Datei steht somit die interne Adresse des Terminalservers, die von außen nicht erreicht werden kann. Wie soll der XML-Dienst auch wissen, dass ein Client nicht direkt auf den Server zugreifen kann? Man muss es ihm sagen!

Über die Einstellung EINSTELLUNGEN FÜR SICHEREN ZUGRIFF BEARBEITEN kann für unterschiedliche Client-IP-Adressen konfiguriert werden, wie auf den Terminalserver zugegriffen werden soll.

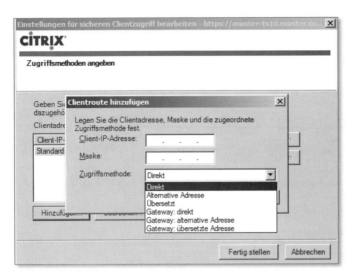

Abbildung 7.102 Einstellungen bearbeiten

Sofern kein *Gateway* verwendet werden soll, stehen neben der direkten Verbindung noch zwei Alternativen zur Verfügung, um den Zugriff über ein NAT-System zu realisieren.

- **Alternative Adresse**
  Bei der *alternativen Adresse* wird jedem Terminalserver über den Befehl *ALT-ADDR* eine virtuelle Adresse zugewiesen, die der externen Adresse entsprechen muss, über die er von außen erreichbar ist.

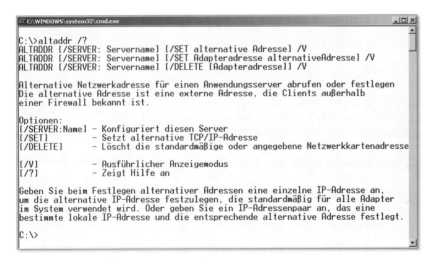

Abbildung 7.103 altaddr-Optionen

Für das gezeigte Beispiel müsste also auf dem Terminalserver der Befehl `ALTADDR /SET 10.1.1.1` ausgeführt werden. Sofern das Webinterface nun so konfiguriert wird, dass die alternative Adresse genutzt werden soll, wird in der ICA-Datei für den Verbindungsaufbau die so definierte Adresse eingetragen und eine Verbindung zu einer veröffentlichten Anwendung ist möglich.

▶ **Übersetzte Adresse**
Sofern nicht mit einer alternativen Adresse gearbeitet werden soll oder kann, besteht die Möglichkeit, mit einer *Adressübersetzung* zu arbeiten.

Hierbei wird nicht dem Terminalserver, sondern dem Webinterface mitgeteilt, wie Adressen angepasst werden müssen, damit ein Client darauf zugreifen kann.

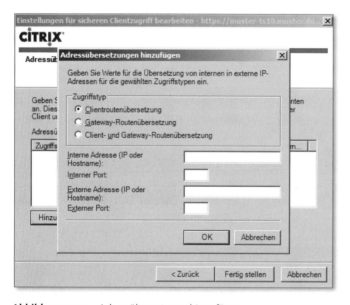

Abbildung 7.104 Adressübersetzung hinzufügen

Interessant ist bei der Adressübersetzung, dass auch die Einstellungen für den Port geändert werden können, was bei der alternativen Adresse nicht möglich ist.

Beide Varianten ermöglichen den Zugriff von außen, beinhalten jedoch keine Verschlüsselung der Daten mit SSL. Um eine Datenverschlüsselung zu erreichen, sollte das Secure Gateway oder das Access Gateway eingesetzt werden, die in den Abschnitten 7.7, »Secure Gateway«, und 7.8, »Access Gateway«, erklärt werden.

7.6.4 Einstellungsmöglichkeiten des Benutzers

Neben den administrativen Einstellungen über die Access Management Console kann auch der Benutzer eine Reihe von Einstellungsoptionen im Webinterface haben. Die ersten kommen noch vor der eigentlichen Anmeldung zum Vorschein, wenn der Menüpunkt EINSTELLUNGEN angeklickt wird.

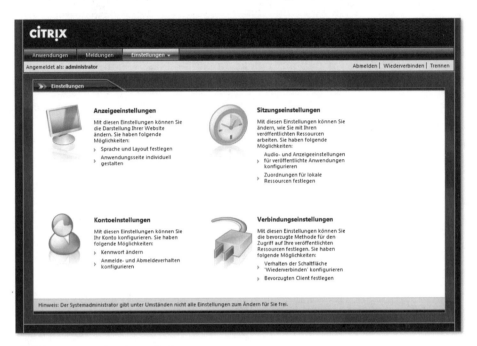

Abbildung 7.105 Erweiterte Optionen

> **Hinweis**
>
> Viele der beschriebenen Optionen sind nur sichtbar und konfigurierbar, sofern sie nicht von einem Administrator deaktiviert wurden. Oftmals kann es den Support erleichtern, wenn die Benutzer nicht zu viele Optionen angeboten bekommen. Auf der anderen Seite sind die Benutzer dann aber auch weniger in der Lage, auf spezielle Anforderungen, wie etwa einen speziell benötigen Client, zu reagieren.

7.7 Secure Gateway

Wie im vorherigen Abschnitt beschrieben, kann über das Webinterface auch eine Möglichkeit geschaffen werden, um beispielsweise aus dem Internet auf interne Anwendungen und Ressourcen zugreifen zu können. Ein wichtiger Faktor bei der Nutzung des Webinterface ohne weitere Komponenten ist die niedrige

Sicherheitsstufe. Sowohl der Zugriff auf die Webinterface-Seite als auch auf den Terminalserver über ICA erfolgt unverschlüsselt, so dass ein potentieller Angreifer theoretisch Anmeldeinformationen oder sonstige Inhalte abfangen und auswerten könnte.

Um an dieser Stelle mehr Sicherheit zu schaffen, wurde das Secure Gateway entwickelt, das in der Lage ist, sowohl den HTTP- als auch den ICA-Datenverkehr in einem verschlüsselten SSL-Paket zu bündeln und somit für eine hohe Übertragungssicherheit zu sorgen. Der Client kommuniziert somit quasi ausschließlich mit dem Secure Gateway und nicht mehr direkt mit dem Webinterface oder dem Terminalserver.

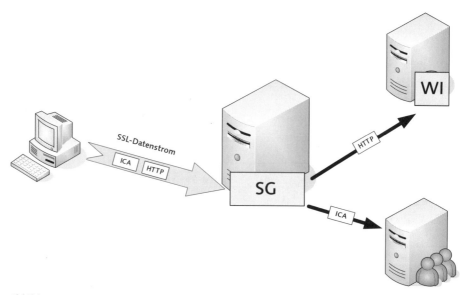

Abbildung 7.106 Funktionsweise des Secure Gateway

7.7.1 Komponenten des Secure Gateway

Aus Abbildung 7.106 ergibt sich bereits, dass das Secure Gateway nicht *ein Produkt* ist, das für den Zugriff auf Anwendungen genutzt werden kann, sondern eine Komponente, die sich in eine vorhandene XenApp-Umgebung eingliedert und vorhandene Strukturen nutzt. An einem funktionalen Betrieb eines Secure Gateway sind die folgenden Komponenten beteiligt.

- **XenApp-Farm**
  Die *XenApp-Farm* bildet die Basis für einen erfolgreichen Zugriff von außen, da hierin alle Ressourcen abgebildet werden.

- **Webinterface**
  Das *Webinterface* dient als Schnittstelle zwischen Benutzer und XenApp-Farm, da der Benutzer sich hieran authentifizieren muss und anschließend die für ihn zur Verfügung stehenden Anwendungen angeboten bekommt.

- **XML-Dienst**
  Der *XML-Dienst* bedient die Anfragen des Webinterface an die XenApp-Farm. Das Webinterface muss mit dem XML-Dienst kommunizieren können.

- **Secure Gateway**
  Das *Secure Gateway* ist der Ansprechpartner der Clients von außen und leitet die Anfragen der Clients an die internen Systeme weiter. Es sorgt zusätzlich für die Ver- und Entschlüsselung der Datenpakete des Clients.

- **Secure Ticket Authority**
  Für jede gesicherte Client-Sitzung wird ein Ticket benötigt. Die Secure Ticket Authority (STA) erstellt diese Tickets und weist sie den Client-Sitzungen zu.

  Seit dem Presentation Server 4.0 ist die Secure Ticket Authority ein Teil des XML-Dienstes und muss somit nicht mehr getrennt installiert werden. Unter älteren Versionen des Presentation Server war die Secure Ticket Authority ein eigenes Softwarepaket.

- **Client**
  Auf der Seite des Benutzers muss ein Client verfügbar sein, der das Secure Gateway unterstützt. Bei den aktuelleren Clients ist dies im Regelfall gegeben.

7.7.2 Anwendungsszenarien

Da das Secure Gateway somit in erste Linie für den Zugriff aus öffentlichen Netzwerken wie dem Internet eingesetzt wird, muss natürlich nicht nur dafür gesorgt werden, dass der Datenverkehr gesichert wird, sondern auch dafür, dass die Systeme geschützt sind. Aus diesem Grund gibt es einige exemplarische Einsatzvorschläge, wie ein Secure Gateway einzusetzen ist. Die Machbarkeit dieser Vorschläge hängt in erster Linie von der vorhandenen Firewall-Umgebung und den verfügbaren Geräten ab.

Grundsätzlich ist es in der aktuellen Version des XenApp möglich, alle Funktionen auf einem einzelnen Server zu konfigurieren. Trotz dieser Möglichkeit sollten die Komponenten aus Sicherheitsgründen auf unterschiedliche Systeme verteilt werden, die an bestimmten Stellen der Infrastruktur platziert werden sollten.

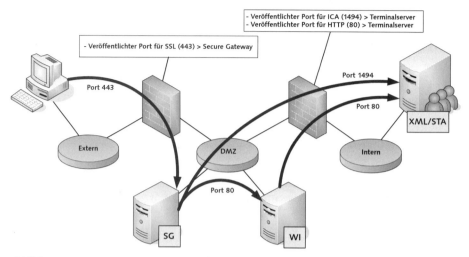

Abbildung 7.107 Vollständig getrenntes Szenario

Abbildung 7.107 zeigt beispielsweise ein vollständig getrenntes Szenario, in dem sich das Secure Gateway und das Webinterface in einer DMZ befinden. Auf der äußeren Firewall muss ausschließlich der Zugriff auf das Secure Gateway über den Port 443 konfiguriert werden. Die interne Firewall muss so eingestellt werden, dass das Secure Gateway über Port 1494 mit dem Terminalserver kommunizieren kann. Zusätzlich muss das Webinterface über Port 80 mit den Terminalservern kommunizieren können, um den Zugriff auf den XML-Dienst und die STA zu realisieren.

> **Tipp**
>
> Jegliche Kommunikation über Port 80, also HTTP, könnte auch über SSL realisiert werden. Hierzu müssten die entsprechenden Zertifikate und das Zertifikatsvertrauen eingerichtet werden und auf der Firewall die entsprechenden Ports geöffnet werden. Für den Zugriff auf den XML-Dienst kann es notwendig sein, mit dem SSL-Relay zu arbeiten, wenn nicht der ISAPI-Filter genutzt wird.

Ein anderes Szenario könnte so aussehen, dass nur das Secure Gateway sich in der DMZ befindet und alle anderen Komponenten im internen Netzwerk untergebracht sind.

Wie in Abbildung 7.108 dargestellt, können auch das Webinterface und der Terminalserver auf dem gleichen System liegen. Auch hierbei könnte die Kommunikation, die über Port 80 läuft, über SSL realisiert werden.

Diese Beispiele sollen verdeutlichen, dass es eine Vielzahl von unterschiedlichen Einsatzfällen gibt, die realisiert werden können. Es gibt im Grunde keine richtigen oder falschen Szenarien, sondern nur solche, die funktionieren, und solche, die es nicht tun. Die konkrete Planung und Umsetzung sollte immer von den jeweiligen Möglichkeiten abhängig gemacht werden.

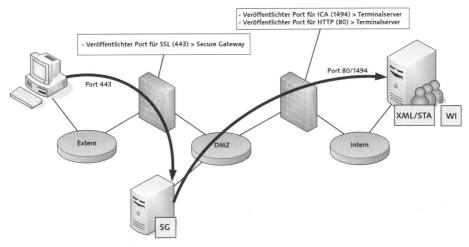

Abbildung 7.108 Terminalserver mit WI

7.7.3   Installation eines Serverzertifikates

Bevor das Softwarepaket des Secure Gateway installiert werden kann, muss auf dem Server ein Serverzertifikat eingerichtet werden, über das später die Kommunikation verschlüsselt werden kann. Im einfachsten Fall kann der IIS verwendet werden, um eine Zertifikatsanforderung vorzubereiten, die zur Erstellung eines Serverzertifikats genutzt werden kann.

Hierzu sollte von einer vertrauenswürdigen Zertifizierungsstelle ein Server-Zertifikat auf dem System installiert werden, das später das Secure Gateway beherbergen soll. Von größter Wichtigkeit ist hierbei der *Common Name* (CN) des Zertifikates. Dieser muss derselbe sein, über den später die Benutzer auf das Secure Gateway zugreifen sollen.

> **Hinweis**
>
> Stimmt später der Name im Zertifikat nicht mit dem Namen überein, auf den die Benutzer zugreifen oder ist die ausstellende Zertifizierungsstelle auf den Clients nicht als vertrauenswürdige eingestuft, können keine Verbindungen aufgebaut werden.

Darüber hinaus ist wichtig, dass bei der Installation des Zertifikates nicht die SSL-Funktionen des IIS aktiviert werden, da hierdurch der TCP-Port 443, welcher später für das Secure Gateway benötigt wird, schon belegt wäre.

7.7.4 Installation des Secure Gateway

Nach der Installation des Serverzertifikats kann die Installation des Secure Gateway von der *Installations-DVD* gestartet werden. Hierzu kann die Datei *\Secure Gateway\Windows\CSG_GWY.MSI* gestartet werden. Nach einem Informationsfenster und der Bestätigung des Lizenzvertrages folgt eine Abfrage, in der angegeben werden muss, ob das *Secure Gateway* oder der *Secure Gateway Proxy* installiert werden soll.

Der *Secure Gateway Proxy* kommt in Umgebungen zum Einsatz, in denen zwei demilitarisierte Zonen (DMZ) hintereinander durchlaufen werden. Hierbei ist der Secure Gateway Proxy im zweiten Hop angesiedelt und leitet den Datenverkehr des Secure Gateway an das interne Netzwerk weiter und umgekehrt. In diesem einfachen Fall ist die Option SECURE GATEWAY zu wählen.

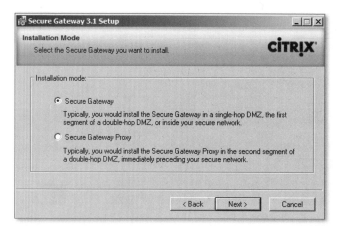

Abbildung 7.109 Installationsmodus

Im Rahmen der Installation muss als Nächstes das gewünschte Installationsverzeichnis angegeben werden. Da das Secure Gateway keine sonderlich großen Datenmengen mit sich bringt, kann die Standardvorgabe beibehalten werden. Im nächsten Schritt muss ein Dienstbenutzer für die Secure-Gateway-Dienste ausgewählt werden.

> **Hinweis**
>
> Dieser Punkt ist besonders sicherheitssensibel. Im einfachsten Fall kann, wie in Abbildung 7.110 gezeigt, das lokale Systemkonto ausgewählt werden. Hierdurch arbeitet das Secure Gateway jedoch mit Berechtigungen, die über die eines Administrators hinausgehen, was eine Vielzahl von potentiellen Sicherheitslücken öffnet. Der empfohlene Weg ist das Anlegen eines separaten Dienstbenutzers, der nur über die minimalsten Berechtigungen verfügt.

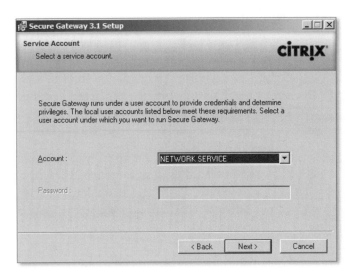

Abbildung 7.110 Konfiguration eines Dienstkontos

Nach einer Zusammenfassung der Eingaben werden die neuen Dateien kopiert. Im Anschluss an den Kopiervorgang startet automatisch ein Konfigurationsassistent, mit dem die Einstellungen des Secure Gateway definiert werden können.

Im darauf folgenden Schritt sollte grundsätzlich die *Advanced Konfiguration* genutzt werden, da hierbei alle Optionen aufgeführt werden.

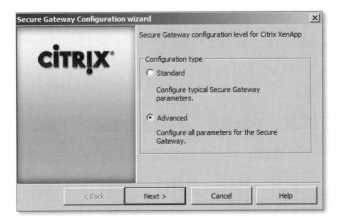

Abbildung 7.111 Auswahl der erweiterten Konfiguration

Bei der Abfrage des Serverzertifikates im nächsten Schritt zeigt sich deutlich, warum die Installation des Zertifikates vor der Konfiguration des Secure Gateway erfolgen sollte.

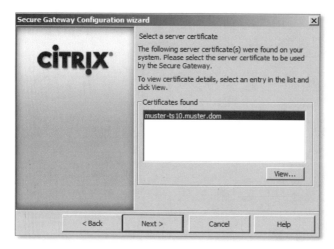

Abbildung 7.112 Auswahl des Serverzertifikates

Bei den Transport- und Verschlüsselungsprotokollen sollten immer die Standardeinstellungen beibehalten werden, da sie das höchste Maß an Sicherheit bieten.

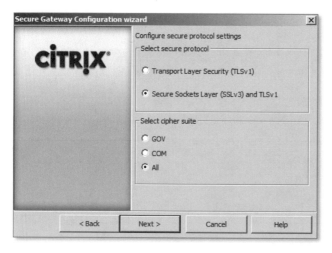

Abbildung 7.113 Transport und Verschlüsselung

Sofern in dem Server mehrere Netzwerkkarten vorhanden sind oder nicht alle externen Adressen kontaktiert werden sollen, kann dies in den nächsten Dialogschritten konfiguriert werden.

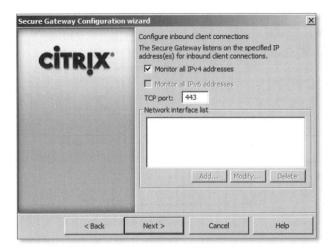

Abbildung 7.114 Zu bindende Netzwerkkarten und Ports

Nach einer Abfrage bezüglich Verbindungseinschränkungen erfolgt die Konfiguration der STA (Secure Ticket Authority).

Die Konfiguration der STA erfordert in einer DMZ-Umgebung ein wenig Überlegung, da der Name als voll qualifizierter Domänenname (FQDN) angegeben werden muss. Da dieser Name aber in der Regel aus der DMZ nicht in dieser Form erreichbar ist, kann es notwendig sein, hierfür einen lokalen *Host*-Eintrag zu erstellen.

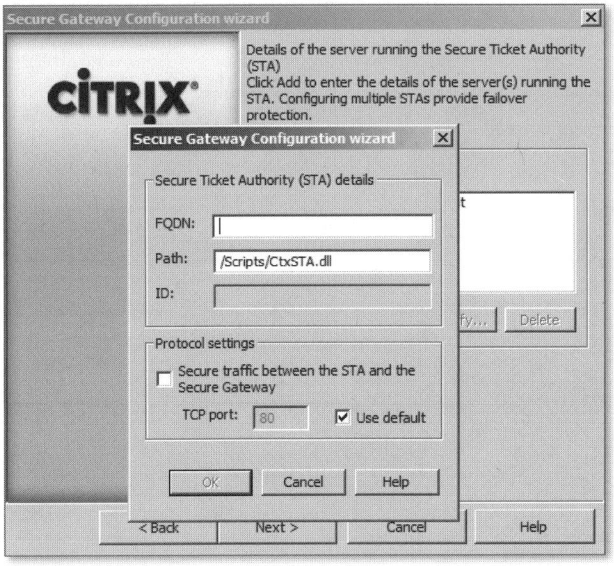

Abbildung 7.115 Konfiguration der STA

Nach einigen Abfragen bezüglich Verbindungslimits und Protokollierung erfolgt die Eingabe des Servers, der das Webinterface bereitstellt. Auch an dieser Stelle ist wieder darauf zu achten, dass der eingetragene Name erreichbar ist.

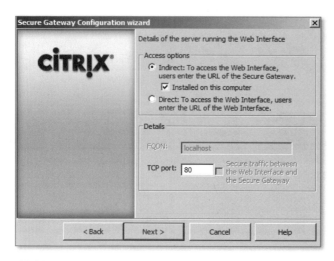

Abbildung 7.116 Zugriff auf das Webinterface

Nach der Bestätigung der Protokollierungstiefe und einem Neustart des Dienstes ist die Installation und Konfiguration des Secure Gateway abgeschlossen. Um sicherzustellen, dass die Konfiguration erfolgreich war und alle Komponenten funktional sind, können über das Windows-Startmenü die SECURE GATEWAY DIAGNOSTICS gestartet werden.

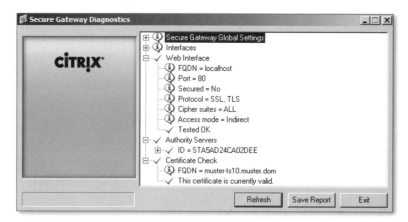

Abbildung 7.117 Secure Gateway Diagnostics

490

Die Secure Gateway Diagnostics lesen die aktuellen Einstellungen aus und prüfen die einzelnen Komponenten auf ihre Funktionalität. Sie bieten somit einen guten Anhaltspunkt für eventuelle Konfigurationsfehler.

7.7.5 Konfiguration des Webinterface

Um das Secure Gateway nun auch für den Start von Anwendungen über das Webinterface zu nutzen, muss noch ein letzter Konfigurationsschritt erfolgen. Zunächst muss dem Webinterface über EINSTELLUNGEN FÜR SICHEREN ZUGRIFF BEARBEITEN mitgeteilt werden, dass es ein Gateway nutzen soll.

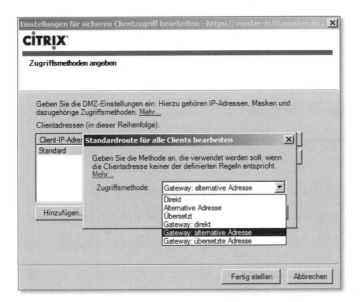

Abbildung 7.118 Sicheren Zugriff bearbeiten

> **Hinweis**
>
> Ob das Secure Gateway nun *direkt*, *alternativ* oder *übersetzt* mit dem Terminalserver kommunizieren kann, hängt von der jeweiligen Netzwerkumgebung ab. Noch ein kleiner Tipp: Am besten stellt man sich vor, das Secure Gateway wäre der Client. Wie würde er kommunizieren?

Im letzten Schritt muss nun nur noch konfiguriert werden, wo das Secure Gateway zu finden ist, wie in den Abbildungen 7.119 und 7.120 dargestellt.

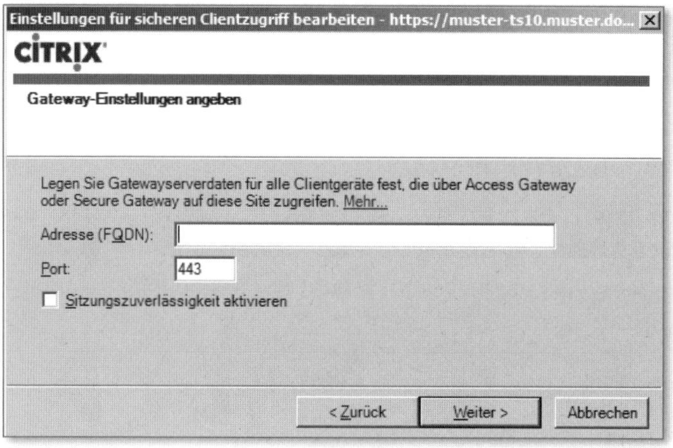

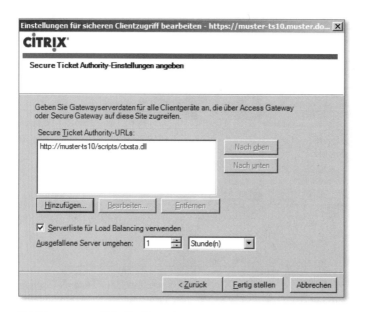

Abbildung 7.119 FQDN für den Zugriff von außen

Abbildung 7.120 STA-Konfiguration

Sollte beim Verbindungsaufbau eine SSL-Fehlermeldung erscheinen, sollte das Zertifikatsvertrauen der Clients geprüft werden. Sofern eine eigene CA für die Erstellung des Serverzertifikates genutzt wurde, muss das Root-Zertifikat auf allen Clients als *vertrauenswürdige Stammzertifizierungsstelle* für den *lokalen Computer* hinzugefügt werden.

Und nun, da die Konfiguration abgeschlossen ist, die schlechte Nachricht: Das Secure Gateway soll in seiner aktuellen Version 3.1 eingefroren werden und wird nicht mehr weiterentwickelt – sagt man. Das hat man allerdings auch schon bei der Version 3.0 des Secure Gateway gesagt.

Fakt ist jedoch, dass das Secure Gateway bei Citrix unter strategischen Gesichtspunkten keine Rolle mehr spielt. Sämtliche Funktionalitäten und Aufgaben sind vollständig auf das Access Gateway übergegangen.

Und die gute Nachricht? Mit diesem Thema geht es im nächsten Abschnitt weiter!

7.8 Access Gateway

Wie im letzten Abschnitt beschrieben, war das Secure Gateway lange Zeit die Komponente des XenApp, die für den gesicherten Zugriff von außen auf interne Ressourcen (in Form von veröffentlichten Anwendungen) zuständig war. Seit etwa vier Jahren wird es aber durch das Citrix Access Gateway in seinen verschiedenen Editionen ersetzt.

Bei diesem handelt es sich zum ersten Mal in der Geschichte von Citrix um ein Produkt, das nicht nur eine Software ist, sondern ebenfalls eine Hardwarekomponente bietet.

Wie der Produktname schon aussagt, handelt es sich hierbei um eine Zugriffslösung auf interne Ressourcen. Während über XenApp zwar von jedem Ort mit einer Internetanbindung auf die Anwendungen eines Unternehmens zugegriffen werden kann, ist ein direkter Zugriff auf Dateien oder Dienste bisher im Regelfall einer VPN-Lösung überlassen geblieben.

7.8.1 SSL-VPN über das Access Gateway Standard (Die Box)

Als ein de-facto-Standard hatte sich hierbei ein *IPSec-VPN* herausgebildet, bei dem über IPSec ein virtueller Tunnel zu der gewünschten Gegenstelle aufgebaut wird, durch den alle Daten verschlüsselt übertragen werden können. Dieser Tunnel funktionierte im Normalfall wie eine reguläre Netzwerkverbindung, der eine IP-Adresse zugewiesen werden und die wie jede andere Netzwerkverbindung zum Übertragen von Daten genutzt werden konnte.

Ein sehr großes Problem bei IPSec ist jedoch, dass hierfür zwei spezielle Protokolle, ESP und IKE, genutzt werden, die in den meisten Fällen an Firewalls nicht freigeschaltet sind. So kann es häufig vorkommen, dass eine VPN-Verbindung in das Unternehmensnetzwerk aus den Netzwerken von Partnern oder Kunden nicht aufgebaut werden kann, weil die benötigten Protokolle an der Firewall verweigert werden.

Abbildung 7.121 Anmeldemaske des Access Gateway

> **Kleiner Tipp**
>
> Für alle, die noch die alte Weiss-Rot-Gelb-Oberfläche des Access Gateway verwenden und gerne auch das in Abbildung 7.121 dargestellte Schwarz hätten – einfach auf Firmware 4.5.8 (oder höher) updaten.

An dieser Stelle kommt die Funktionalität des Access Gateway zum Tragen. Hierbei wird nicht über IPSec verschlüsselt, sondern über SSL, wie es beispielsweise auch für Bestellungen im Internet oder Online-Banking genutzt wird. Da es sich bei SSL um eine Verschlüsselung auf der Ebene der Anwendungen handelt, kann es durch Ports übertragen werden, die im Regelfall auf jeder Firewall freigeschaltet sind. Der Standard-Port ist hierbei der von *Secure Gateway* bekannte Port 443. Somit wird beim Access Gateway allein durch die Nutzung dieses *universellen SSL-VPN* eine weitaus größere Nutzbarkeit erreicht als bei IPSec-VPNs.

Wie auch beim Secure Gateway erfolgt der Aufbau des Tunnels über eine Anmeldung an einer Webseite, die dynamisch die benötigten Client-Komponenten zur Verfügung stellt, so dass keine manuelle Installation auf den Clients durchgeführt werden muss.

Sofern es sich beim Endgerät des Benutzers um seinen eigenen Rechner handelt, kann an dieser Stelle eine Client-Komponente lokal installiert werden, um bei späteren Anmeldungen den Weg über die Webseite zu vermeiden. Sollte es sich um einen öffentlichen PC, etwa in einem Internet-Cafe, handeln, könnte die Verbindung im Kioskmodus gestartet werden, bei der nur ein Java-Applet benötigt wird, das zur Laufzeit heruntergeladen und gestartet wird.

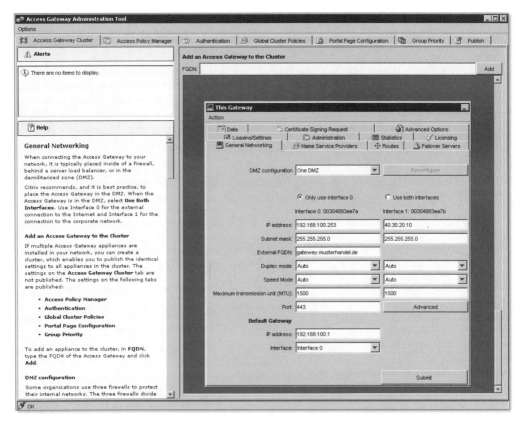

Abbildung 7.122 Die Netzwerkeinstellungen des Access Gateway

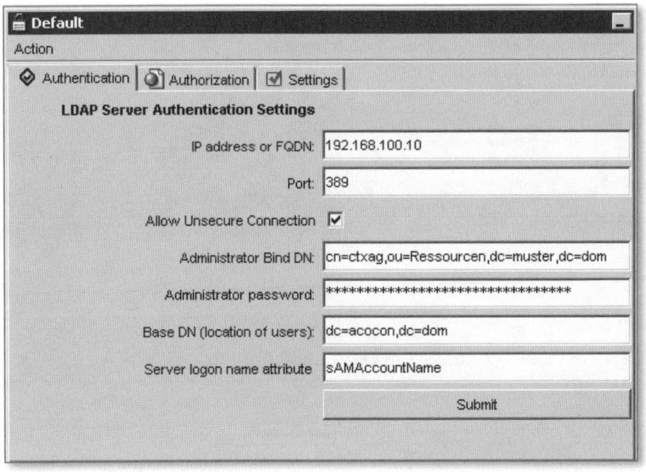

Abbildung 7.123 Authentifizierung über LDAP an einem Active Directory

Doch was ist nun der Vorteil für den XenApp? Der Vorteil liegt darin, dass das Access Gateway Standard als Ersatz für das Secure Gateway eingesetzt werden kann und somit alle Funktionen des Access Gateway genutzt werden können. Eine dieser Funktionen ist beispielsweise eine rudimentäre Endpunktanalyse, bei der der Client nach vorher definierten Richtlinien geprüft wird und darauf basierend entschieden werden kann, welche Kommunikationsprotokolle für den Client zur Verfügung stehen.

In Bezug auf die VPN-Funktionalität des Access Gateway könnte beispielsweise definiert werden, dass eine Replikation mit einem internen Mailserver nur dann erlaubt wird, wenn auf dem Client alle Sicherheits-Patches installiert sind und der Virenscanner auf einem aktuellen Stand ist. Ein Beispiel für die Konfigurationsrichtlinien ist in Abbildung 7.124 dargestellt.

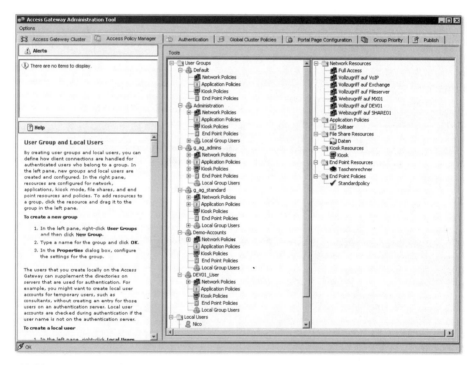

Abbildung 7.124 Konfiguration der Zugriffsrichtlinien

7.8.2 Der echte Mehrwert – Access Gateway Advanced (Die Software)

Der echte Mehrwert des Access Gateway zeigt sich jedoch erst, wenn es in der Advanced Edition – sprich: mit den separaten Softwarekomponenten im Hintergrund – betrieben wird.

Ab diesem Zeitpunkt steht eine Vielzahl von definierbaren und erweiterbaren Filterkriterien zur Verfügung, um die Zugriffe der Benutzer bis in die Applikationsebene hinein zu konfigurieren. So besteht hierbei beispielsweise die Möglichkeit, den Benutzern ohne die Installation einer Clientsoftware einen rein browser-basierten Zugriff auf Office-Dokumente zu gewähren. Oder über den *LiveEdit*-Client auf dem Endgerät zu steuern, wie mit zur Verfügung gestellten Dokumenten gearbeitet werden kann – können diese lokal gespeichert werden? Können diese gedruckt werden?

In Bezug auf die Integration mit XenApp könnte beispielsweise definiert werden, dass unternehmenskritische Anwendungen auf dem Terminalserver nur von einem Unternehmensrechner aus gestartet werden können.

Auch die VPN-Funktionalitäten können dahingehend erweitert werden, dass ein Tunnel zum internen Mailserver nur dann genutzt werden kann, wenn auf dem Endgerät ein aktueller Virenscanner installiert ist.

Die Architektur

In Bezug auf die Architektur stellt sich das Access Gateway in der Form dar, dass es eine Kombination aus der Access Gateway Hardware und der Software (ehemals: Advanced Access Controls) ist.

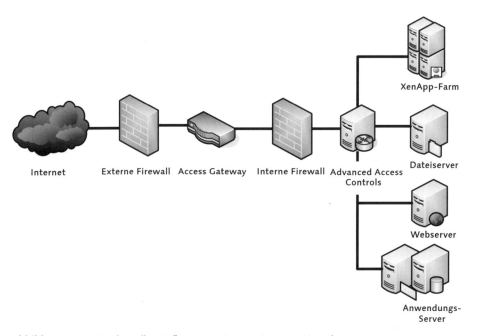

Abbildung 7.125 Struktureller Aufbau einer Access-Gateway-Umgebung

Aus Sicht des externen Benutzers wird immer nur ein Zugriff auf das Access Gateway in der DMZ passieren, von dem aus die gestellten Anfragen an die Advanced Access Controls im internen Netzwerk weitergeleitet werden. Hier wiederum werden die Endgeräteanforderungen mit dem Zugriffsversuch abgeglichen und entschieden, ob der Zugriff gestattet wird oder nicht.

Um die Access-Gateway-Hardware in einen solchen Verbund aufzunehmen, ist innerhalb der Konfiguration nur eine entsprechende Option zu aktivieren und die IP-Adresse der AAC Servers anzugeben, wie in Abbildung 7.126 gezeigt.

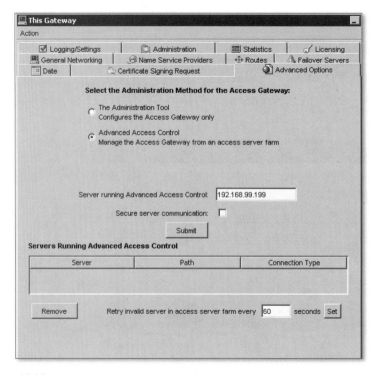

Abbildung 7.126 Aktivieren der AAC für die Access-Gateway-Hardware

Ab diesem Zeitpunkt kann auf der Box selber nur noch die Netzwerkkonfiguration geändert werden. Sämtliche anderen Einstellungen können dann nur noch über die AAC vorgenommen werden.

Bereitstellung der Advanced Access Controls

Um die Advanced Access Controls (= Access Gateway Advanced Edition) in einem Netzwerk bereitzustellen, wird nach Möglichkeit ein separater Server und ein SQL Server verwendet. Der Einsatz auf einem Terminalserver ist aus Leistungsgründen nicht empfehlenswert. Als SQL Server kann sowohl ein bereits existierendes System oder eine lokale SQL 2005 Express Edition verwendet werden.

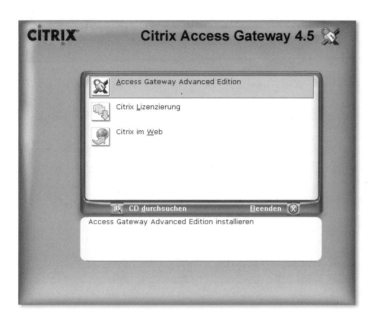

Abbildung 7.127   Autorun der Access-Gateway-CD

Die eigentliche Installation der AAC gestaltet sich sehr reibungslos.

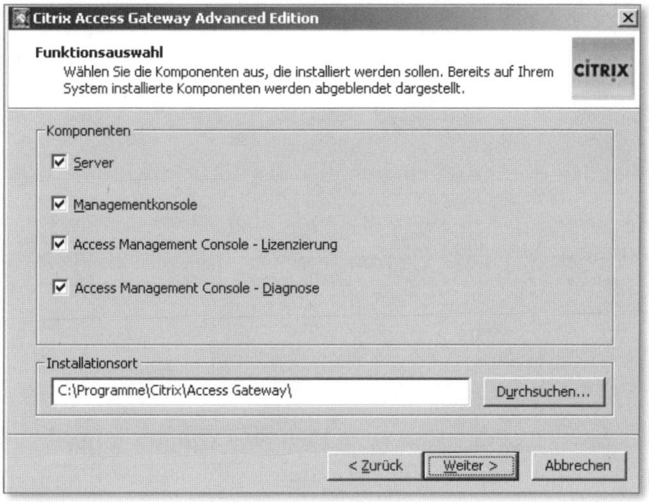

Abbildung 7.128   Auswahl der Funktionen

Nach der Auswahl der gewünschten Funktionen ist die Installation durch einfaches WEITER-Klicken ohne größere Hindernisse zu bewältigen.

Die einzige kleine Besonderheit, die dem einen oder anderen im ersten Moment etwas merkwürdig vorkommen mag, ist die in Abbildung 7.129 dargestellte Hinweismeldung, die die Empfehlung ausspricht, die Produkte des Microsoft Office – mit Ausnahme von Microsoft Outlook – auf dem Serversystem zu installieren.

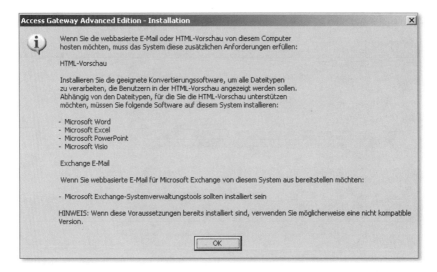

Abbildung 7.129 Hinweismeldung zur HTML-Vorschau

Hierbei handelt es sich um die eingangs beschriebene Funktion der clientlosen Betrachtung von Office-Dokumenten. Sofern ein Benutzer nur mit einem Browser auf die im Netzwerk abgelegten Office-Dokumente zugreifen möchte, nutzen die AAC ein lokal installiertes Microsoft Office, um aus den anwendungsspezifischen Dokumenten HTML-Dokumente zu erstellen. Diese wiederum können dann mit dem Browser betrachtet und gegebenenfalls ausgedruckt werden.

Nach Abschluss des Kopiervorgangs beginnt die eigentliche Bereitstellung der Software, die mittels der Option SERVERKONFIGURATION AUSFÜHREN gestartet werden kann (Abbildung 7.130).

Hierbei müssen im Wesentlichen ähnliche Informationen angegeben werden, wie bei der Installation eines XenApp-Servers (Abbildung 7.131).

Diese Informationen umfassen etwa den Namen der Server-Farm, die gewünschten Dienstkonten oder die Auswahl der gewünschten Datenbank (Abbildung 7.132).

Abbildung 7.130 Abschluss der Installation, Start der Konfiguration

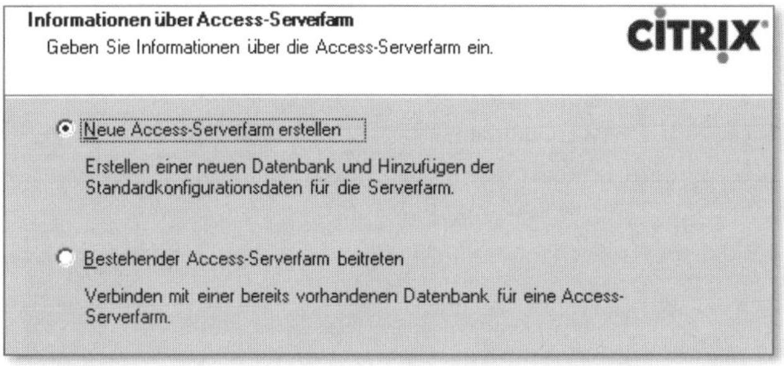

Abbildung 7.131 Neue Acces-Server-Farm erstellen

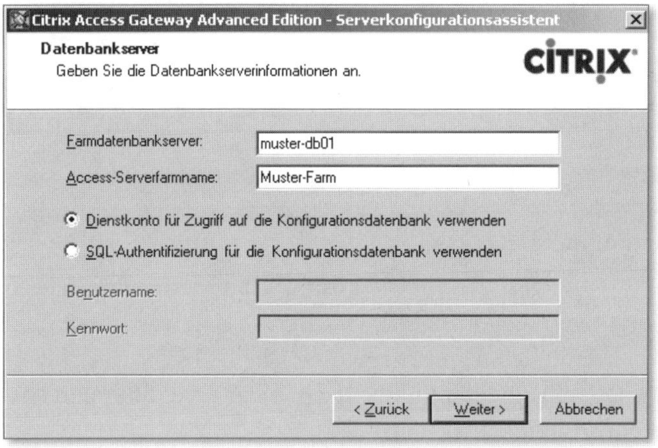

Abbildung 7.132 Konfiguration der Datenbankverbindung

Wie bei jedem Citrix-Produkt ist natürlich auch beim Access Gateway ein entsprechender Lizenzserver mit gültigen Lizenzen anzugeben. Die Konfiguration der Webseiten wiederum geschieht weitestgehend automatisch, so dass an dieser Stelle im Regelfall die Vorgabeeinstellungen genutzt werden können.

Nach dem Anschluss der Basiskonfiguration ist die initiale Bereitstellung abgeschlossen und das System kann über die Access Management Console verwaltet werden, wie in Abbildung 7.133 dargestellt.

Abbildung 7.133 Access Gateway in der AMC

Bereitstellen eines neuen Anmeldepunktes

Der Einstiegspunkt für die Benutzer, die auf die Lösung zugreifen sollen, ist ein sogenannter *Anmeldepunkt* (engl. Logon Point). Das Access Gateway unterstützt mehrere Anmeldepunkte, die einfach über unterschiedliche URLs adressiert werden. Die Erstellung eines neuen Anmeldepunktes kann in der AMC über den entsprechenden Kontextbefehl ausgeführt werden.

Abbildung 7.134 Anmeldepunkt erstellen

Nach der Benennung des Anmeldepunktes, der Auswahl der Anmeldeseite und der Authentifizierung können die vorhandenen XenApp-Farmen konfiguriert werden.

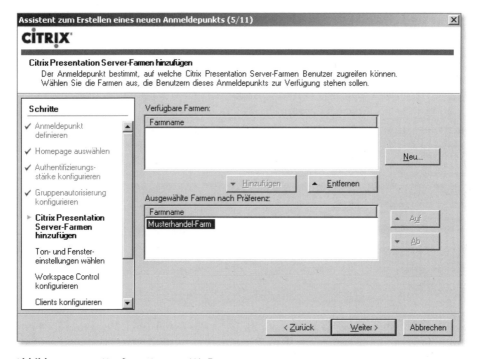

Abbildung 7.135 Konfiguration von XA-Farmen

Die Konfiguration der Server-Farmen geschieht hierbei nach dem bekannten Schema der Definition von Servern und ihren XML-Diensten.

> **Achtung**
>
> An dieser Stelle kann es notwendig sein, auf den XenApp-Servern die Option »An den XML-Dienst gesendeten Anfragen vertrauen« zu setzen. Dies ist davon abhängig, ob eine direkte Authentifizierung der AAC-Systeme gegenüber den Terminalserver möglich ist oder nicht.

Da es sich bei dem Access Gateway um eine Webanwendung handelt, können im Folgenden auch die bereits bekannten Konfigurationen der Clients, der Verbindungseinstellungen und des Workspace Control eingestellt werden.

Abbildung 7.136 Externen Zugriff zulassen

Sehr interessant ist im letzten Konfigurationsschritt die Option des externen Zugriffs über ein Gateway-Gerät. Im Standard ist diese Option deaktiviert, so dass eine Verbindung aus dem Internet nicht möglich ist. Soll dies jedoch ermöglicht werden, muss diese Option aktiviert werden.

Nach der Bestätigung des Assistenten folgt eine sehr wichtige Hinweismeldung.

Abbildung 7.137 Hinweis über Bereitstellung der Anmeldepunktes

Der Anmeldepunkt wurde zwar erstellt, jedoch muss er über die Serverkonfiguration noch wie beschrieben bereitgestellt werden.

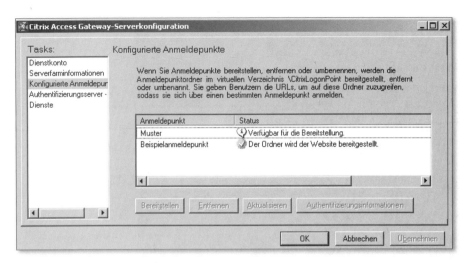

Abbildung 7.138 Bereitstellung über die Serverkonfiguration

Anschließend kann mit einem Browser auf den Logon Point zugegriffen werden.

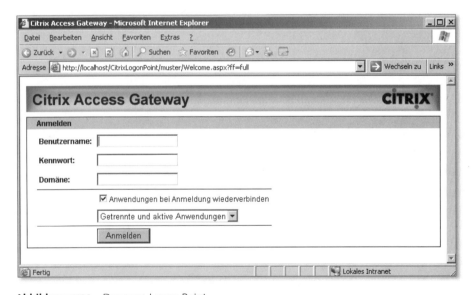

Abbildung 7.139 Der neue Logon Point

Info

Nebenbei: Natürlich gibt es hierfür die neue Optik – einfach an dieser Stelle den Hotfix AAC450W004 installieren. Dann ist die Optik wie in Abbildung 7.140 gezeigt. Die Funktionalität ist hiervon jedoch unberührt – und da ein weißer Hintergrund Druckfarbe spart, bleiben wir mal dabei ...

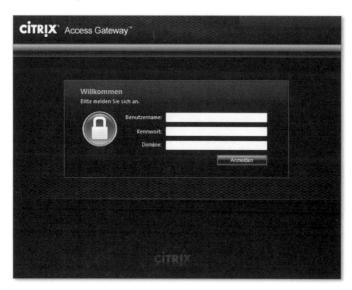

Abbildung 7.140 Logon Point mit neuer Optik

Der Pfad hierfür ist *http://[Servername]/CitrixLogonPoint/[Anmeldepunktname]*. Sogar eine Anmeldung kann hieran schon erfolgen. Die im Anschluss gezeigten Inhalte sind jedoch noch *überschaubar*.

Man könnte auch sagen, es beschränkt sich auf eine leere Seite, von der man sich aber wieder abmelden kann, wie in Abbildung 7.141 dargestellt.

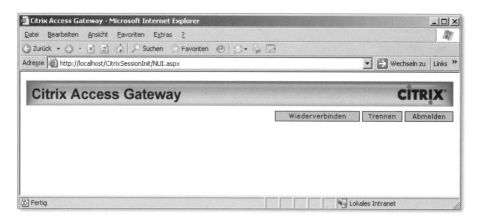

Abbildung 7.141 Die noch leere Seite

Somit müssen im nächsten Schritt ein paar Ressourcen definiert werden, auf die von den Benutzern zugegriffen werden soll.

Veröffentlichen von Ressourcen

Um nun Ressourcen innerhalb des Access Gateway Portals (auch NavUI genannt – Navigation User Interface) anzuzeigen, wird die AMC verwendet, um diese zunächst zu definieren.

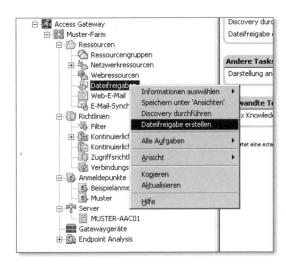

Abbildung 7.142 Erstellen einer neuen Dateifreigabe

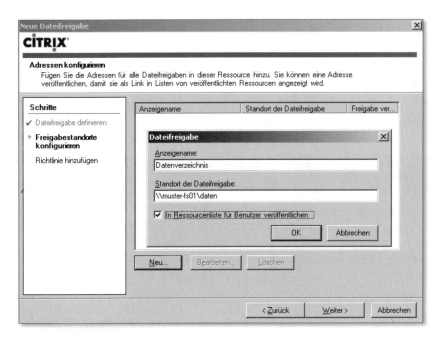

Abbildung 7.143 Konfigurieren der Pfade

Nach der Definition des Namens und des gewünschten Pfades können Zugriffsrichtlinien konfiguriert werden, die definieren, welche Benutzer(gruppe) unter welchen Bedingungen einen Zugriff bekommen sollen. Für den Einstieg empfiehlt sich zunächst das automatische Erstellen einer Standardrichtlinie.

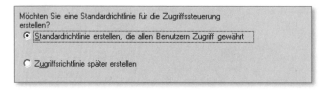

Abbildung 7.144 Standardrichtlinie erstellen

Meldet sich nun ein Benutzer an der Seite an, bekommt er das in Abbildung 7.145 gezeigte Bild zu sehen und kann nun auch das *Datenverzeichnis* öffnen.

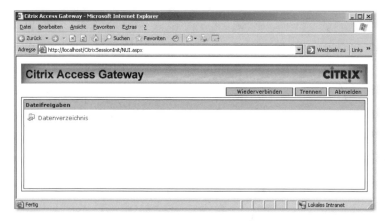

Abbildung 7.145 NavUI mit Dateifreigabe

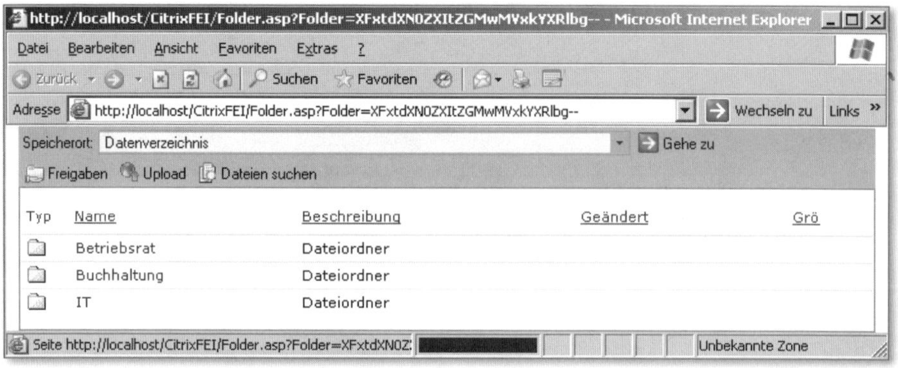

Abbildung 7.146 Inhalt des Datenverzeichnisses

Analog zu Dateifreigaben können natürlich auch Web-Ressourcen veröffentlicht werden.

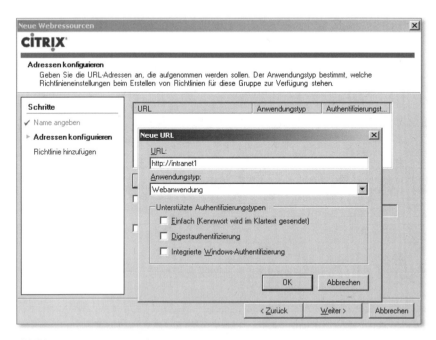

Abbildung 7.147 Neue Web-Ressource

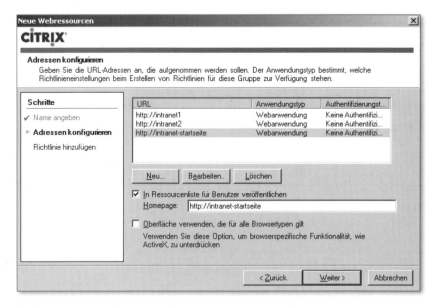

Abbildung 7.148 URLs und der Eintrag in der Ressourcenliste

Im Vergleich zu Datei-Ressourcen haben Web-Ressourcen jedoch die kleine Besonderheit, dass mehrere URLs für einen in der Ressourcen-Liste dargestellten Link eingetragen werden können. Der Hintergrund hierfür ist, dass in vielen Fällen von Webseiten viele unterschiedliche URLs genutzt werden.

Betrachtet man etwa Seiten wie Amazon oder Ebay etwas genauer, so sieht man dort auch, dass beispielsweise für Bilder oder Medieninhalte andere URLs genutzt werden. Die URL-Liste in der Web-Ressource ist der Weg, solche Fälle abzubilden.

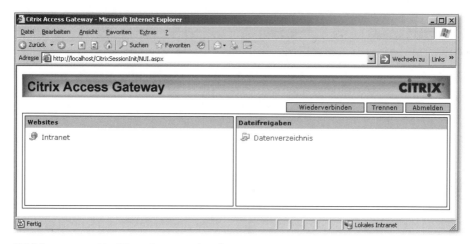

Abbildung 7.149 NavUI mit Datei- und Web-Ressourcen

Veröffentlichen von XenApp-Anwendungen

Aber wie kommen jetzt die XenApp-Anwendungen auf die Seite? Gibt es einen Menüpunkt »XenApp-Ressourcen«? Nein – der Weg führt wieder mal über das Webinterface.

Als Erstes muss eine neue Webinterface-Site erstellt werden, deren Authentifizierungspunkt *Advanced Access Control* ist, wie in Abbildung 7.150 dargestellt.

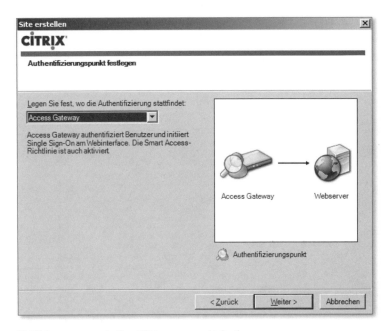

Abbildung 7.150 Authentifizierungspunkt festlegen

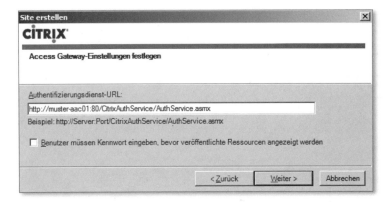

Abbildung 7.151 AG-Einstellungen festlegen

Anschließend muss eine neue Web-Ressource angelegt werden, deren Anwendungstyp »Webinterface 4.2 oder höher« sein muss.

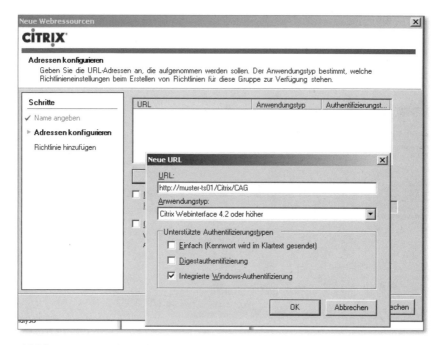

Abbildung 7.152 Webinterface-Web-Ressource

Natürlich sollten auch diese Ressourcen in die Liste der Benutzer eingeblendet werden. Das Ergebnis findet sich in Abbildung 7.153.

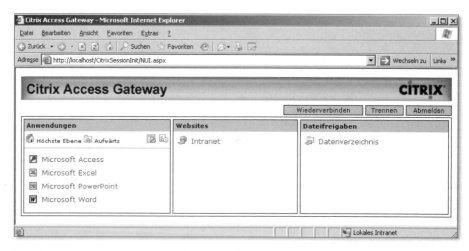

Abbildung 7.153 NavUI mit Anwendungen und Ressourcen

Arbeiten mit Richtlinien

Nachdem die Ergebnisse mittlerweile dem entsprechen, was man sich von einer solchen Lösung erhoffen würde, ist es nun an der Zeit, sich etwas genauer mit den Richtlinien auseinanderzusetzen.

Abbildung 7.154 Richtlinien

Grundsätzlich werden in der AMC zwei Arten von Richtlinien unterschieden – Zugriffsrichtlinien und Verbindungsrichtlinien. Die Zugriffsrichtlinien definieren, *auf was* zugegriffen werden kann. Die Verbindungsrichtlinien hingegen definieren *wie* zugegriffen werden kann.

> **Hinweis**
>
> Etwas verwirrend ist an dieser Stelle, dass beide Arten von Richtlinien jeweils unter beiden Menüpunkten angezeigt werden. Einzige Orientierungshilfe ist hierbei, dass die Verbindungsrichtlinien einen blauen »*Plöppi*« auf ihrem Symbol haben.

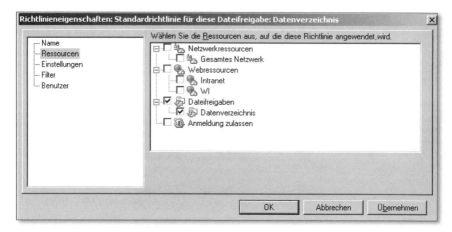

Abbildung 7.155 Ressourcen einer Zugriffsrichtlinie

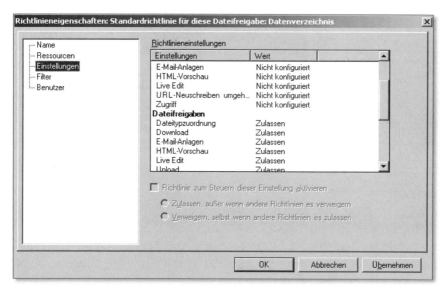

Abbildung 7.156 Zugewiesene Berechtigungen in einer Zugriffsrichtlinie

In einer Verbindungsrichtlinie dreht sich primär alles um die Berechtigungen einer SSL-VPN-Verbindung und deren Konfiguration, wie in Abbildung 7.157 dargestellt.

Das Interessante an beiden Typen von Richtlinien ist jedoch, dass sie durch die Konfiguration von Filtern eingeschränkt oder *gefiltert* werden können.

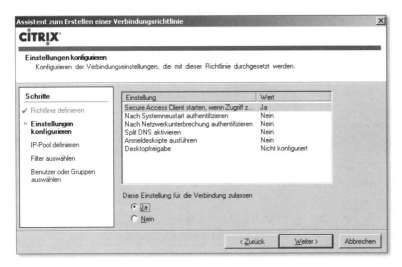

Abbildung 7.157 Einstellungen einer Verbindungsrichtlinie

Scans und Filter

Um einen Filter auf eine Richtlinie anwenden zu können, müssen zunächst die gewünschten Filterkriterien abgeprüft werden. Ein mögliches Filterkriterium könnte beispielsweise ein Service Pack oder ein Virenscanner auf dem Endgerät sein.

Um diese Information zu sammeln, muss auf dem Endgerät ein entsprechender *Scan* aufgeführt werden. Die durchzuführenden Scans wiederum können in der AMC im Bereich der Endpunktanalyse (EPA) definiert werden.

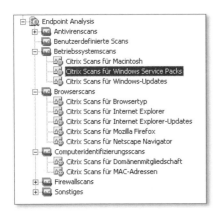

Abbildung 7.158 Endpunktanalyse

Ein Beispiel für einen Scan auf einen Service-Pack-Stand ist in Abbildung 7.159 dargestellt.

7 | Weitere Komponenten des XenApp

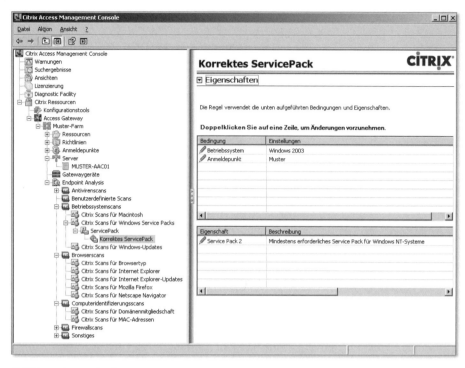

Abbildung 7.159 Prüfwerte eines Scans

Im Anschluss kann im Bereich RICHTLINIEN • FILTER ein neuer *Filter* erstellt werden, der die Ergebnisse der Endpunktanalyse nutzt.

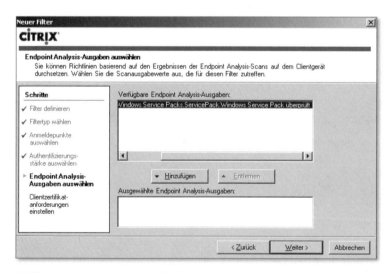

Abbildung 7.160 Neuer Filter für den Scan auf das Service Pack

Dieser Filter wiederum kann als *Filter*-Kriterium in eine Richtlinie eingebunden werden.

Abbildung 7.161 Gefilterte Zugriffsrichtlinie für den Zugriff auf das Datenverzeichnis

Nochmal zusammengefasst – was haben wir gemacht?

In den ersten Schritten haben wir eine Ressource für die Datenverzeichnisse angelegt und eine Zugriffsrichtlinie erstellen lassen, die den Benutzern einen Zugriff darauf gewährt.

Anschließend haben wir einen Scan definiert, der die Endgeräte auf ihr installiertes Service Pack prüft. Genau genommen einen Scan, der bei Windows 2003 prüft, ob Service Pack 2 installiert ist. Dieser Scan meldet somit salopp gesagt »ja« oder »nein«.

Basierend auf dem Ergebnis des Scans haben wir einen Filter definiert. Dieser wurde den Zugriffsrichtlinien zugewiesen und *filtert* diese nun.

Ist auf dem jeweiligen Endgerät ein Windows 2003 ohne Service Pack 2 im Einsatz, schlägt der Filter an und filtert die Richtlinie, die den Zugriff auf die Datenverzeichnisse gewährt. »Filtert« bedeutet in diesem Zusammenhang, die Richtlinie kann ohne Service Pack 2 nicht angewendet werden und der Zugriff auf die Ressource wird nicht gestattet.

Das Ergebnis wäre somit, dass die Ressourcen *Datenverzeichnis* im NavUI nicht angezeigt würde.

Filter und XenApp

Nachdem jetzt auch klar ist, wie Filter funktionieren, stellt sich die Frage, wie sie sich auf de XenApp auswirken. Die Antwort ist einfach – sie können direkt in einer veröffentlichten Anwendung genutzt werden.

7 | Weitere Komponenten des XenApp

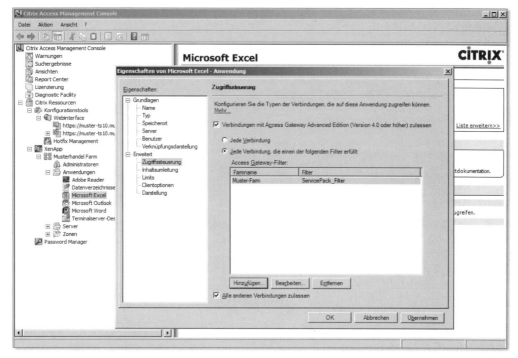

Abbildung 7.162 Zugriffssteuerung einer veröffentlichten Anwendung

In den Eigenschaften der Anwendung kann unter dem Punkt ZUGRIFFSSTEUERUNG eingetragen werden, aus welcher Access-Gateway-Farm welcher Filter erfüllt sein muss, damit die Anwendung zur Verfügung steht.

Konkret auf das vorliegende Beispiel bezogen bedeutet dies, dass Excel nur dann angezeigt wird, wenn auf dem Endgerät mit Windows 2003 wenigstens Service Pack 2 installiert ist.

Wohl gemerkt: Wenn es sich bei dem Endgerät um ein Windows-2003-System handelt! Für andere Systeme ist der Scan nicht aktiviert gewesen und müsste separat angelegt werden. Dies ist auch sehr sinnvoll, da für unterschiedliche Systeme unterschiedliche Service-Pack-Nummern aktuell sind.

Somit schließt sich an dieser Stelle der Kreis und die Anforderungen an eine sichere und flexible Zugriffsinfrastruktur können vollständig erfüllt werden.

7.8.3 High-End – Das Access Gateway Enterprise

Ergänzend zu den in den letzten beiden Abschnitten vorgestellten Access Gateway Editionen existiert noch eine dritte – die Enterprise Edition. Hierbei handelt es sich vom System her jedoch um eine vollständig andere Basis, da dieses Produkt der NetScaler-Welt entspringt.

Refresh Data			Select Group:	System Overview
	System Overview			
				Load Balancing | Interface
Up since	Mon Feb 2 11:54:41 2009	Last Transition time		Mon Feb 2 11:54:51 2009
CPU usage	13	System state		UP
Memory usage (MB)	150	Master state		PRIMARY
# SSL cards present	1	# SSL cards UP		1
System Disks			Used (%)	Available (MB)
/flash Used (%)			91	18
/var Used (%)			1	61,963
				more...
TCP Connections			Client	Server
All connections			4	16
Established connections			4	3
				more...
HTTP			Rate (/s)	Total
Total requests			0	7
Total responses			0	5
Request bytes received			0	3,281
Response bytes received			0	16,513
				more...
SSL			Rate (/s)	Total
Transactions			0	7
Session hits			0	9
				more...

Abbildung 7.163 Systemübersicht des Access Gateway Enterprise

Bei den Citrix-NetScaler-Produkten handelt es sich um sehr große und leistungsstarke Netzwerkinfrastruktur-Komponenten, die diverse Aufgaben in Bezug auf Zugriffe und Bandbreitenoptimierung erfüllen können.

Auch im Hinblick auf ihre Access-Gateway-Funktionalitäten sind diese Geräte die mit Abstand fortschrittlichsten. So bieten sie beispielsweise eine echte Hochverfügbarkeit oder auch globales Load Balancing, über das Zugriffe nicht zur zwischen »Boxen-Pärchen«, sondern auch zwischen geclusterten Systemen an unterschiedlichen Standorten verteilt werden können. Auch bei der Integration der Richtlinien in den XenApp und XenDesktop sind die aktuellen Versionen den beiden anderen Editionen jeweils einen Schritt voraus. Dafür ist die Administration jedoch nicht direkt vergleichbar und bedarf einer besonderen Einarbeitung.

Da im Rahmen der XenApp Platinum Edition zwar auch die Lizenzen für die Enterprise Edition enthalten sind, die Hardware jedoch separat erworben werden muss, während die Software-Komponente der Advanced Edition Bestandteil ist, wird die Enterprise Edition an dieser Stelle nicht weiter behandelt. Weitere Informationen zu diesem Thema finden sich unter *http://www.citrix.com/netscaler*.

7 | Weitere Komponenten des XenApp

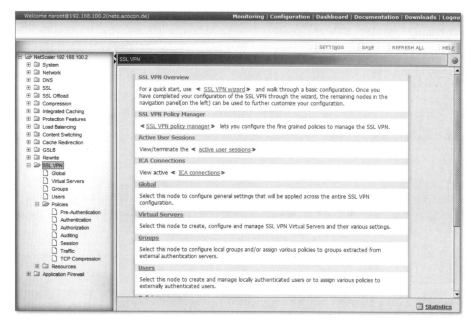

Abbildung 7.164 Regelwerke

7.8.4 Was bietet die XenServer Platinum Edition?

Nun ist dieses Buch aber keines zum Thema Access Gateway, sondern über den XenApp. Der Grund, warum dieses Thema hier trotzdem behandelt wird, ist einfach – der XenApp Platinum beinhaltet die Zugriffslizenzen für das Access Gateway in Form einer Universal CAL, die mit allen Editionen des Access Gateway eingesetzt werden kann. Einzig die jeweilige Hardware ist entsprechend der Unternehmensanforderungen separat zu beziehen.

Vor diesem Hintergrund und den deutlichen Mehrwerten, die sich durch den Einsatz des Access Gateway in einer XenApp-Umgebung ergeben, sollte dessen Einsatz auf jeden Fall evaluiert werden.

7.9 Webinterface for SharePoint (WISP)

Um dem Thema Webzugriffe und Webseiten nun noch die Krönung aufzusetzen, kann auch das Thema *Integration in eine vorhandene Portallösung* betrachtet werden.

Eine im Microsoft-Umfeld sehr verbreitete Lösung ist natürlich der SharePoint Server beziehungsweise die SharePoint Services. Die Idee hinter diesen Lösungen ist die zentrale und personifizierte Bereitstellung von Anwendungen und Informationen über eine Webseite. Bei dieser Strategie ist es nur konsequent, auch die XenApp-Ressourcen mit einzubinden, wie in Abbildung 7.165 dargestellt.

> **Hinweis**
>
> Gleiches gilt selbstverständlich auch für das IBM-WebSphere-Portal, das ebenfalls mit einem entsprechenden Citrix-Portlet versehen werden kann.

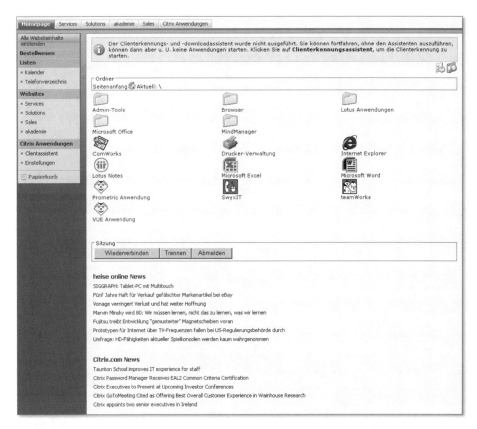

Abbildung 7.165 Integration der veröffentlichten Anwendungen über WISP

Um diese Anforderungen zu erfüllen, kann auf der MyCitrix-Internetseite das *WebInterface für Microsoft SharePoint* oder kurz: *WISP* heruntergeladen werden. Hierbei handelt es sich um eine Webanwendung, die in Form von mehreren Dateien daherkommt.

7 | Weitere Komponenten des XenApp

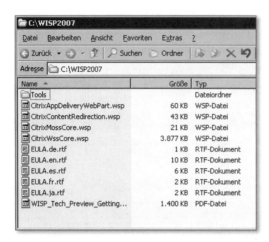

Abbildung 7.166 Die Dateien und Verzeichnisse des WISP

Im ersten Schritt sollten diese Dateien auf einen SharePoint Server kopiert werden, so sie dann zunächst mit administrativen Berechtigungen als Funktion hinzugefügt werden können. Hierzu können die folgenden Befehle verwendet werden:

- stsadm -o addsolution -filename CitrixWssCore.wsp
- stsadm -o addsolution -filename CitrixMossCore.wsp
- stsadm -o addsolution -filename CitrixContentRedirection.wsp
- stsadm -o addsolution -filename CitrixAppDeliveryWebPart.wsp

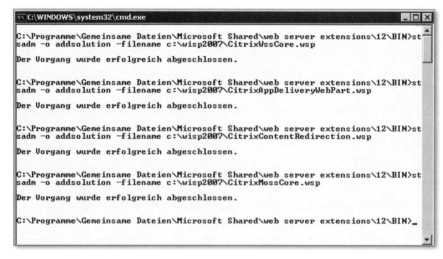

Abbildung 7.167 Installation der Funktionen

Anschließend müssen die Funktionen jeweils bereitgestellt werden. Dies geschieht über die in Abbildung 7.168 dargestellte Lösungsverwaltung innerhalb der SharePoint-Zentraladministration unter dem Punkt VORGÄNGE • LÖSUNGSVERWALTUNG.

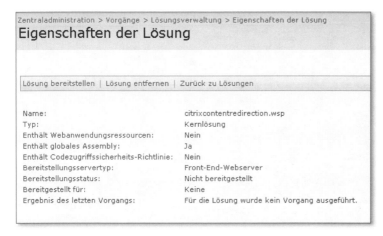

Abbildung 7.168 Bereitstellen der Lösungen

Hierbei muss die Lösung *CitrixWssCore.wsp* als erste bereitgestellt werden.

Abbildung 7.169 Status der Bereitstellung

Wie in Abbildung 7.169 dargestellt, kann anschließend der Status der Bereitstellung eingesehen werden. Der Vorgang kann, abhängig von der Größe der SharePoint-Farm, einige Zeit in Anspruch nehmen.

Sobald der Status für alle Komponenten auf *Bereitgestellt* gewechselt ist, kann mit dem nächsten Schritt fortgefahren werden, bei dem über die Startseite des Portals über die Option WEBSITEAKTIONEN • WEBSITEEINSTELLUNGEN die Verwaltung der *Websitesammlungs-Features* vorgenommen werden kann.

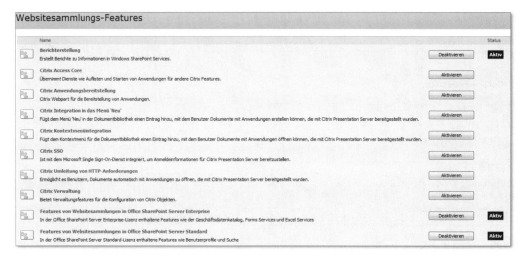

Abbildung 7.170 Websitesammlungs-Features

An dieser Stelle können die Citrix-Features aktiviert werden. Bei einem anschließenden Blick in die *Websitefeatures* lassen sich diese dann entsprechend auch aktivieren.

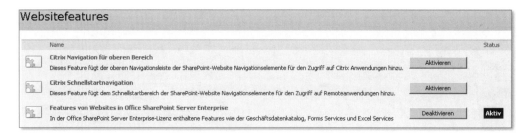

Abbildung 7.171 Websitefeatures

Direkt nach diesen Aktivierungen erscheinen neue *Navigationspunkte* auf der Portalseite und in der *Liste der häufig verwendeten Hyperlinks*. Wie in Abbildung 7.172 dargestellt, passiert diese Integration bereits nahtlos.

Um diese Navigationspunkte nutzen zu können, müssen sie zunächst wieder über die WEBSITEEINSTELLUNGEN konfiguriert werden (Abbildung 7.173).

Abbildung 7.172   Integration in die Navigation

Abbildung 7.173   Citrix-Verwaltung

Für diese Einstellungen kann allgemein festgehalten werden, dass sie quasi den Einstellungen der anderen webbasierten Clients entsprechen. Zusätzlich enthalten sie die Konfigurationen für die Integration von Dateitypen mit den Remoteanwendungen, wobei diese relativ selbsterklärend daherkommen.

Sofern alle Einstellungen korrekt konfiguriert wurden, können die Links genutzt werden, um die bereitgestellten Anwendungen aufrufen zu können.

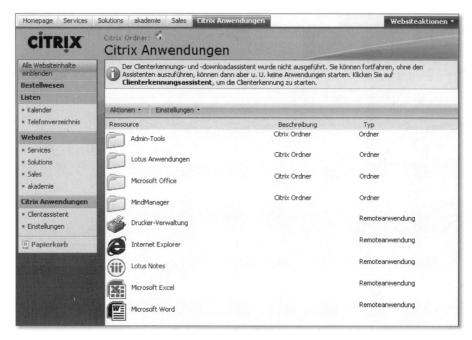

Abbildung 7.174 Der Inhalt des Anwendungslinks

Darüber hinaus existiert natürlich auch die eingangs dargestellte Möglichkeit, die Anwendungen in einem Webpart an einer beliebigen Stelle des Portals anzuzeigen.

Somit ist die Integration der beiden Produkte an dieser Stelle sehr nahtlos und mit verhältnismäßig geringem Aufwand zu realisieren.

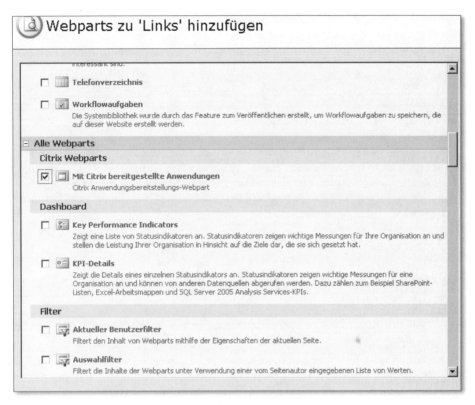

Abbildung 7.175 Hinzufügen des Citrix Webparts

> **Hinweis**
>
> Um dem Ganzen aber noch die Krone aufzusetzen: Selbstverständlich kann eine solche Lösung mit dem SharePoint Server und WISP auch über ein Access Gateway als Web-Ressource definiert und bereitgestellt werden. Sogar eine Nutzung dieser Seite als Alternative zum *NavUI* der Advanced Access Controls ist problemlos möglich.

7.10 Password Manager

Nachdem die Themen *Softwareverteilung*, *Überwachung* und *Webzugriff* nun umfassend behandelt worden sind, sollte auch das Thema *Sicherheit* nicht zu kurz kommen.

Wenn das Thema Sicherheit angesprochen wird, denken viele im ersten Moment an Firewalls, Verschlüsselung und bombensichere Rechenzentren. Alle diese Gedanken sind natürlich begründet und durchaus korrekt, aber spätestens wenn man nach Feierabend durch die Büros eines Unternehmens geht, wird man mit einem weitaus größeren Sicherheitsloch konfrontiert als man es sich je hätte träumen lassen – *gelbe Zettel mit Anmeldedaten und Passwörtern darauf!*

> **Hinweis**
>
> Um die Problematik zu verdeutlichen: Ein typischer Benutzer hat heutzutage etwa 15 Kennwörter, die er sich merken muss. Um sich hierbei das Leben etwas leichter zu machen, hat er im Kern zwei Möglichkeiten, die aber keineswegs eine befriedigende Lösung für die Sicherheit darstellen. Die erste Möglichkeit ist, dass er überall das gleiche Kennwort verwendet. Dieses kann er sich gut merken, aber aus Sicht des Unternehmens ist es wenig wünschenswert, dass ein Benutzer bei dem Zugriff auf die Personal- oder Kundendatenbank die gleichen Anmeldedaten verwendet wie bei seinem Freemailer-Konto. Die zweite Möglichkeit ist, dass der Benutzer immer unterschiedliche Kennwörter verwendet, sich diese aber nicht merken kann (denken Sie an die berühmt-berüchtigten gelben Zettel am Bildschirm).

Wie könnte jetzt aber ein Ausweg aus dieser Misere aussehen? Ganz einfach. Das Leben des Benutzers muss erleichtert werden.

Ein möglicher Ansatz hierbei wäre der Einsatz einer Single-Sign-On-Lösung, bei der dem Benutzer die Möglichkeit gegeben werden kann, seine Kennwörter von einem zentralen Dienst verwalten zu lassen, so dass er sich sie sich nicht merken muss. Der Citrix Password Manager bietet eine solche Lösung, bei der alle Benutzerkennwörter für diverse Anwendungen in einem benutzerbezogenen, zentralen Speicher abgelegt werden können und bei Bedarf – also bei Zugriff auf die jeweilige Anwendung – automatisiert eingetragen werden können. Auch automatische Kennwortänderungen sind möglich.

Eine aus Unternehmenssicht interessante Funktion ist der Einsatz von Kennwortrichtlinien, die die Benutzerpasswörter automatisiert in den einzelnen Anwendungen ändern und pflegen, so dass der Benutzer seine eigenen Anwendungskennwörter nicht einmal mehr selbst kennen muss. Nur seine primäre Windows-Anmeldung muss ihm bekannt sein.

Diese Möglichkeit öffnet für das Unternehmen beispielsweise auch die Tür, einen Benutzer bei dem Verlassen des Unternehmens an nur einer Stelle deaktivieren zu müssen und trotzdem direkt den Zugriff auf alle Systeme zu verweigern. Da er seine Kennwörter nicht mehr kennt, kann er sich auch nicht anmelden.

Insbesondere der hohe Integrationsgrad mit dem XenApp macht den Password Manager zu einer sinnvollen Erweiterung einer zentralen Anwendungsbereitstellungslösung.

7.10.1 Bereitstellung eines zentralen Speichers

Als erster Schritt der Installation muss der zentrale Kennwortspeicher erstellt werden. Hierfür stehen grundsätzlich drei Varianten zur Auswahl:

- **NTFS-Freigabe**
  Im einfachsten Fall wird auf einem Server eine neue NTFS-Freigabe erstellt, die die Konfigurationen und Kennwortspeicher der Benutzer in verschlüsselter Form enthält. Diese Variante ist die reibungsloseste, da sowohl die Erstellung als auch die Entfernung problemlos und ohne Wechselwirkungen mit anderen Systemen passieren kann.

- **Active Directory**
  Die Variante, die Informationen im Active Directory zu hinterlegen, ist eine sehr leistungsstarke und dem AD entsprechend ausfallsichere Form des zentralen Speichers. Ein häufiger Grund, diese Variante insbesondere in der Pilotierung nicht zu nutzen, ist die Tatsache, dass hierfür das Schema des Active Directory erweitert werden muss, was oftmals nicht gewünscht ist.

- **Novell-Freigabe**
  Die Novell-Freigabe entspricht in etwa der NTFS-Freigabe, nur für den Einsatz auf einem Novell Server.

Wie so häufig, kann die Installation über die Autorun-Funktion der XenApp-DVD gestartet werden. Nach der Auswahl der *Platinum Edition* und der *Single-Sign-On*-Lösung startet die Installation des Password Managers.

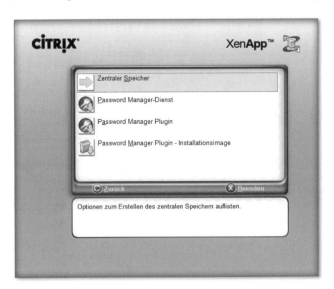

Abbildung 7.176 Installation

Über den Installationsassistenten kann unter ZENTRALER SPEICHER die gewünschte Variante direkt ausgewählt werden.

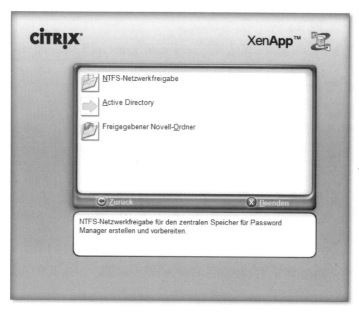

Abbildung 7.177 Zentralen Speicher erstellen

Wird hierbei etwa die Option der NTFS-Freigabe gewählt, erstellt der Assistent automatisch die entsprechenden Strukturen.

Abbildung 7.178 NTFS-Freigabe

Nach der Bereitstellung des zentralen Speichers und der Synchronisationsfreigabe kann mit der Installation des Password-Manager-Dienstes fortgefahren werden.

7.10.2 Installation des Password-Manager-Dienstes

Der Password-Manager-Dienst bietet diverse zentrale Funktionalitäten für den Password Manager, wie etwa eine Provisioning-Komponente oder ein Modul für die Nachverfolgung von Kennwortänderungen.

Die Installation der Komponenten verläuft weitestgehend selbsterklärend, einzig bei der Auswahl der Komponenten sind die entsprechenden Anforderungen abzubilden.

Abbildung 7.179 Auswahl der Komponenten

> **Hinweis**
>
> Einige dieser Komponenten benötigen ein installiertes Zertifikat auf dem Zielsystem, da sowohl für die Verschlüsselung als auch für die Authentifizierung auf Zertifikate zurückgegriffen wird.

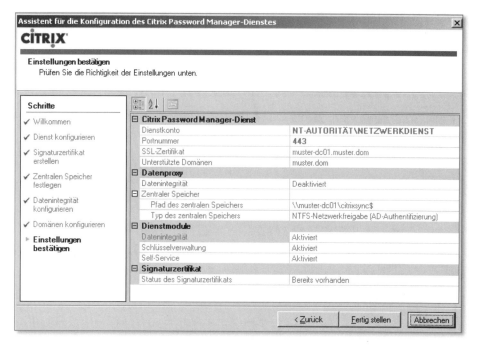

Abbildung 7.180 Zusammenfassung der Installation

7.10.3 Installation der Verwaltungskonsole

Um die Umgebung schlussendlich auch verwalten zu können, muss selbstverständlich auch die Access Management Console mit installiert werden.

Wie wir uns vielleicht erinnern, ist die Verwaltungskonsole des Password Managers bereits in der Access Management Console des XenApp verankert gewesen, so dass an dieser Stelle nur dann ein Handlungsbedarf besteht, wenn die Konsole auf einem weiteren System zur Verfügung gestellt werden soll.

Diese Installation unterscheidet sich im Kern nicht von den anderen AMC-Installationen. Nach der Installation muss ebenfalls wieder ein Discovery ausgeführt werden, der jedoch nun eine weitere Eingabe verlangt – den Ort des zentralen Speichers, wie in Abbildung 7.181 dargestellt. Anschließend steht die Konsole zur Verwaltung des Password Managers bereit.

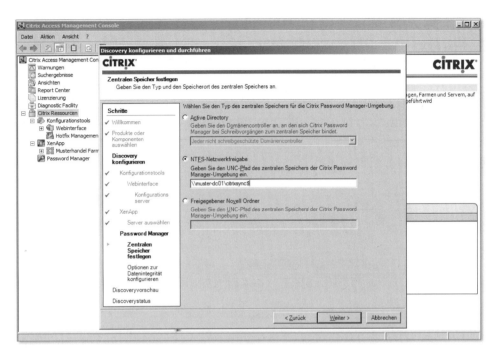

Abbildung 7.181 Discovery für Password Manager

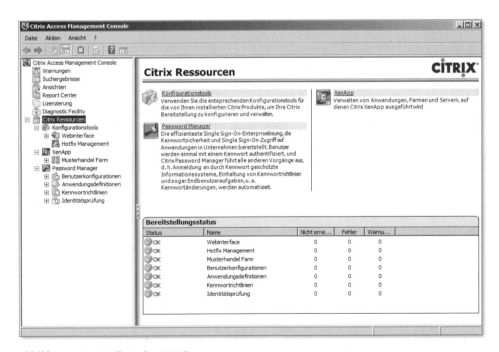

Abbildung 7.182 Vollständige AMC

7.10.4 Definieren von Anwendungen

Wie eingangs beschrieben, arbeitet der Password Manager mit *Anwendungsdefinitionen*, die mit entsprechenden Richtlinien versehen und den Benutzern zugewiesen werden können.

Über das Kontextmenü des Navigationspunktes kann über die Option ANWENDUNGSDEFINITION ERSTELLEN eine neue Definition erstellt werden, wie in Abbildung 7.183 gezeigt.

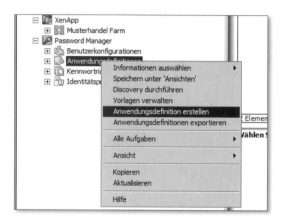

Abbildung 7.183 Anwendungsdefinition erstellen

Im ersten Schritt des daraufhin startenden Assistenten kann gewählt werden, um welche Art von Anwendung es sich bei der neuen Definition handeln soll. Darüber hinaus stehen auch einige Vorlagen zur Verfügung, die direkt genutzt werden können.

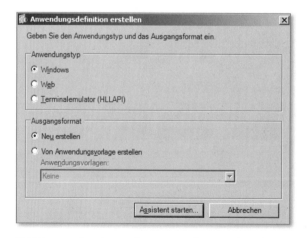

Abbildung 7.184 Anwendungstyp und Anwendungsformat

Für den ersten Versuch sollte an dieser Stelle ein neues Format erstellt werden, um einen Einblick in die Möglichkeiten des Assistenten zu erhalten. Als Anwendungsbeispiel soll an dieser Stelle einmal eine Webseite betrachtet werden. Über ASSISTENT STARTEN kann mit der Definition fortgefahren werden.

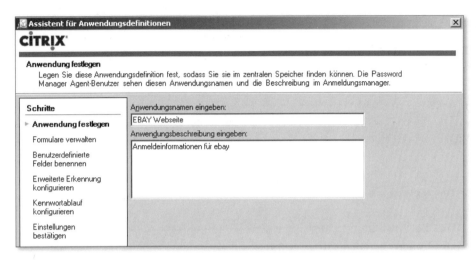

Abbildung 7.185 Anwendung festlegen

Im nächsten Schritt sind die zu nutzenden Formulare zu definieren, wobei zwischen Anmeldeformularen und Formularen für Kennwortänderungen unterschieden werden kann.

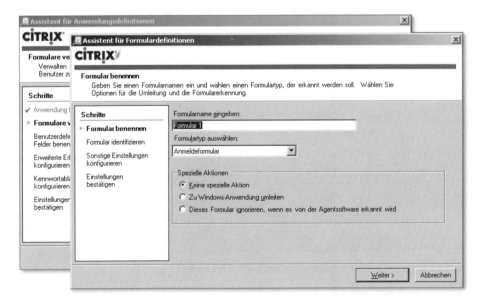

Abbildung 7.186 Formular benennen

7 | Weitere Komponenten des XenApp

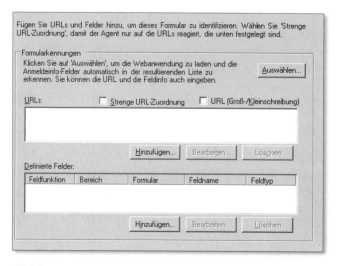

Abbildung 7.187 Formularerkennung

Über die Einstellungen der Formularerkennung kann der Password-Manager-Definition mitgeteilt werden, woran die Anwendung beziehungsweise die Webseite bei ihrem Aufruf erkannt werden kann.

Über die Schaltfläche AUSWÄHLEN kann die Auswahl direkt in der Anwendung erfolgen.

Abbildung 7.188 Formularerkennungsassistent

Nach der Erkennung des Formulars müssen die wichtigen Felder definiert werden. Dies sind natürlich die Felder für den Benutzernamen und das Kennwort.

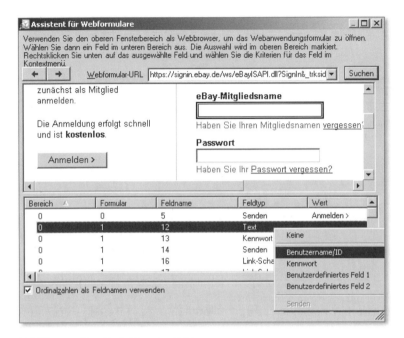

Abbildung 7.189   Definition der Felder

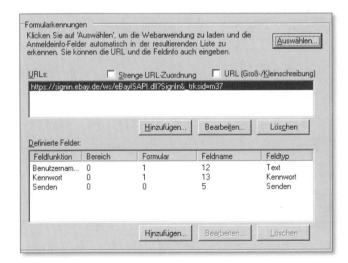

Abbildung 7.190   Das erfasste Formular

Im letzten Schritt des Assistenten kann anschließend definiert werden, ob beispielsweise die Anmeldedaten automatisch gesendet werden sollen, wenn die Webseite aufgerufen wird oder ob hier noch weitere Spezifikationen notwendig sind.

Abbildung 7.191 Automatisches Senden und erweiterte Einstellungen

Mit diesem Schritt ist die Definition des Formulars abgeschlossen und die Definition der Anwendung kann fortgesetzt werden. Hierzu zählen etwa Einstellungen wie die Anpassung von benutzerdefinierten Feldern oder weitere Einstellungen für das automatische Senden.

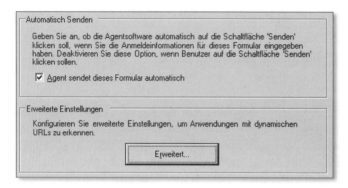

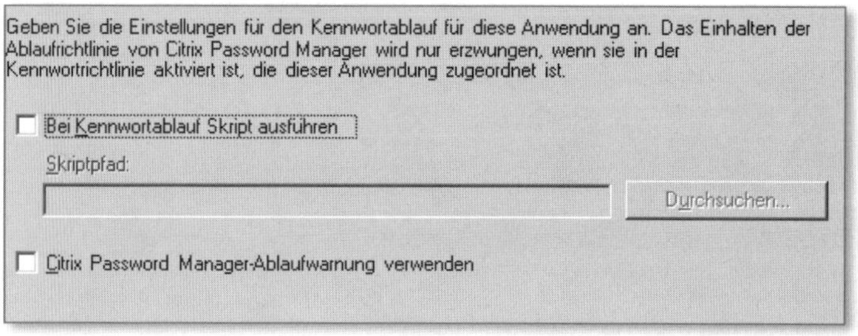

Abbildung 7.192 Kennwortablauf

Auch besteht die Möglichkeit, bei Kennwortablauf eine Warnung generieren zu lassen oder ein Skript auszuführen.

Sind auch diese Einstellungen getroffen, ist die Anwendung vollständig definiert und kann für die Zuweisung genutzt werden.

> **Hinweis**
>
> Auf ähnliche Art und Weise werden beispielsweise auch die Formulare für die Kennwortänderungen erstellt.

Abbildung 7.193 Die fertige Anwendung in der AMC

Was dieser Abschnitt sehr schön zeigt, ist die Einfachheit der Anwendungsdefinition. Wenn es zu kompliziert wäre, neue Anwendungen zu definieren, würde eine solche Lösung wahrscheinlich keine hohe Lebenserwartung haben.

7.10.5 Erstellen von Benutzerkonfigurationen

Auch die Erstellung und Verwaltung von Benutzerkonfigurationen erfolgt wieder über den entsprechenden Menüpunkt BENUTZERKONFIGURATION HINZUFÜGEN in der Access Management Console.

Da eine Konfiguration auf einen bestimmten Benutzer oder eine bestimmte Benutzergruppe ausgerichtet wird, können die gewünschten Objekte im Active Directory gewählt werden, wie in Abbildung 7.194 dargestellt.

Im Anschluss kann die gewünschte Edition des Password Managers gewählt werden, die im Rahmen des XenApp Platinum dem Password Manager for XenApp entspricht.

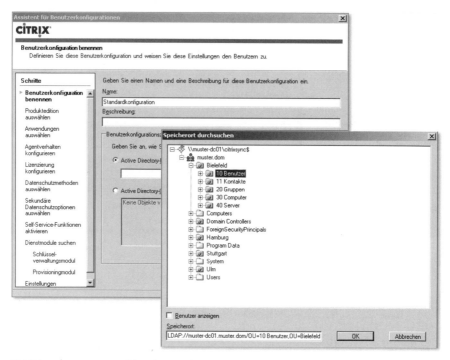

Abbildung 7.194 Auswählen des Konfigurationsziels

Bei der in Abbildung 7.195 dargestellten Auswahl der Anwendungen kann direkt auf die im Vorfeld definierten Anwendungen zurückgegriffen werden. Darüber hinaus wird jeder Anwendung die Kennwortrichtlinie zugewiesen, die für die Anwendung gelten soll. Näheres zu den Richtlinien findet sich in Abschnitt 7.10.6, »Arbeiten mit Kennwortrichtlinien«.

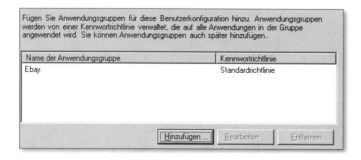

Abbildung 7.195 Auswahl der Anwendungen

Der nächste Konfigurationsschritt bezieht sich auf das Verhalten des Agenten auf dem jeweiligen Endgerät.

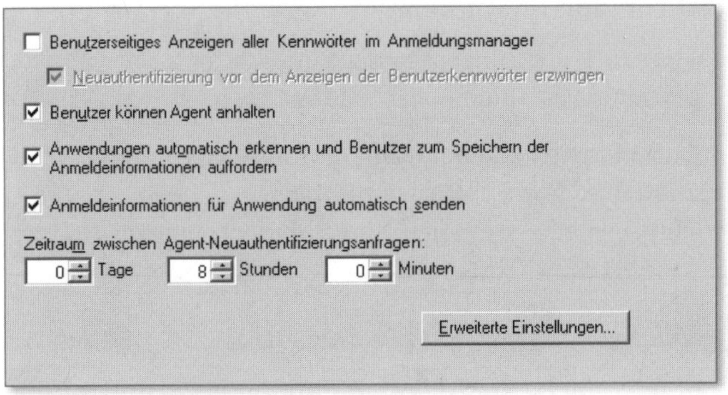

Abbildung 7.196 Agentenverhalten konfigurieren

Nach den Einstellungen für die Lizenzierung und den Datenschutz kann die Konfiguration für den sekundären Datenschutz eingestellt werden. Auch die weiteren Konfigurationsoptionen können entsprechend der System- oder Organisationsvorgaben gesetzt werden.

Alle an dieser Stelle gesetzten Einstellungen können jederzeit in den Eigenschaften der *Benutzerkonfiguration* geändert werden, wie in Abbildung 7.197 gezeigt.

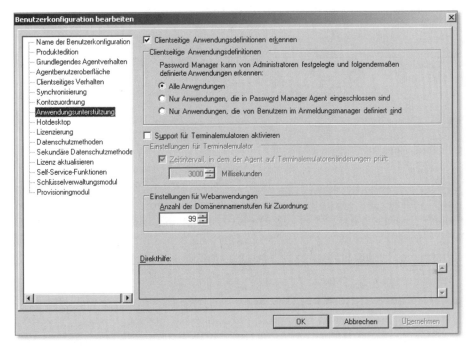

Abbildung 7.197 Eigenschaften der Benutzerkonfiguration

7.10.6 Arbeiten mit Kennwortrichtlinien

Um Sicherheit und Funktionalität der eingepflegten Kennwörter zu gewährleisten, können sie über sogenannte Richtlinien bearbeitet werden.

Hierin finden sich granularste Einstellungen für die Definition von Voraussetzungen und Vorgaben von Kennwörtern. Wie im vorangegangenen Abschnitt gezeigt, können diese Richtlinien wiederum den Anwendungen zugewiesen werden.

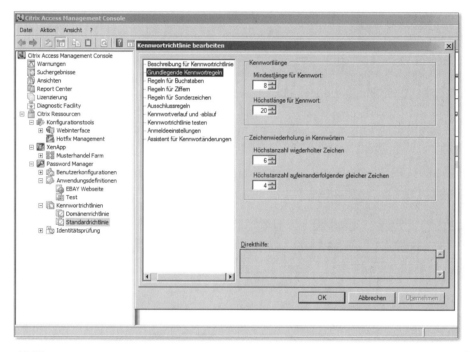

Abbildung 7.198 Eigenschaften einer Richtlinie

Wichtig ist an dieser Stelle, dass auf jeden Fall vor dem Einsatz der Richtlinien eine Konfiguration der fragenbasierten Authentifizierung durchgeführt werden sollte. Diese dient dazu, den Benutzern bei Problemen mit ihrer Primäranmeldung oder der Anmeldung in einer Anwendung eine Authentifizierung anhand der hier definierten Fragen vornehmen zu können.

7.10.7 Konfiguration der Dienste

Nachdem nun das Produkt installiert und einige Inhalte konfiguriert sind, sollten auch die während der Installation ausgewählten Dienste konfiguriert werden.

Hierzu kann im Startmenü unter PROGRAMME • CITRIX • PASSWORD MANAGER der Punkt DIENSTEKONFIGURATION gewählt werden.

Nach dem Willkommensbildschirm können zunächst die Einstellungen für das zu verwendende Zertifikat und die Dienstkonten vorgenommen werden, wie in Abbildung 7.199 gezeigt.

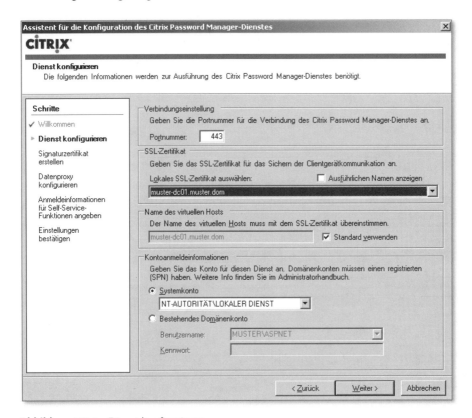

Abbildung 7.199 Dienst konfigurieren

Bei der Konfiguration des Signaturzertifikates im zweiten Schritt kann die Laufzeit desselbigen bestimmt werden. Im Regelfall sollte die Standardeinstellung von zwölf Monaten beibehalten werden, da ein jährlicher Wechsel einen guten Kompromiss zwischen Sicherheitsbedenken und Umstellungsaufwand darstellt.

Im nächsten Schritt muss wieder der zu verwendende zentrale Speicher angegeben werden. Im konkreten Fall handelt es sich hierbei natürlich wieder um die vor der Installation erstellte NTFS-Freigabe, wie in Abbildung 7.200 dargestellt.

Als Konto für den Zugriff auf den zentralen Speicher sollte anschließend ein dediziertes Konto mit den entsprechenden Berechtigungen eingetragen werden.

7 | Weitere Komponenten des XenApp

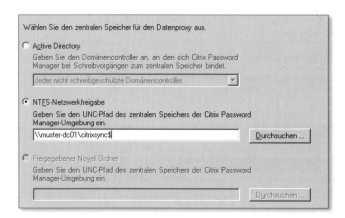

Abbildung 7.200 Datenproxy konfigurieren

> **Hinweis**
>
> Die Verwendung eines Kontos mit allgemeinen Administrator-Berechtigungen ist hierbei nicht empfehlenswert, da die Sicherheit der Gesamtumgebung hierdurch kompromitiert werden könnte.

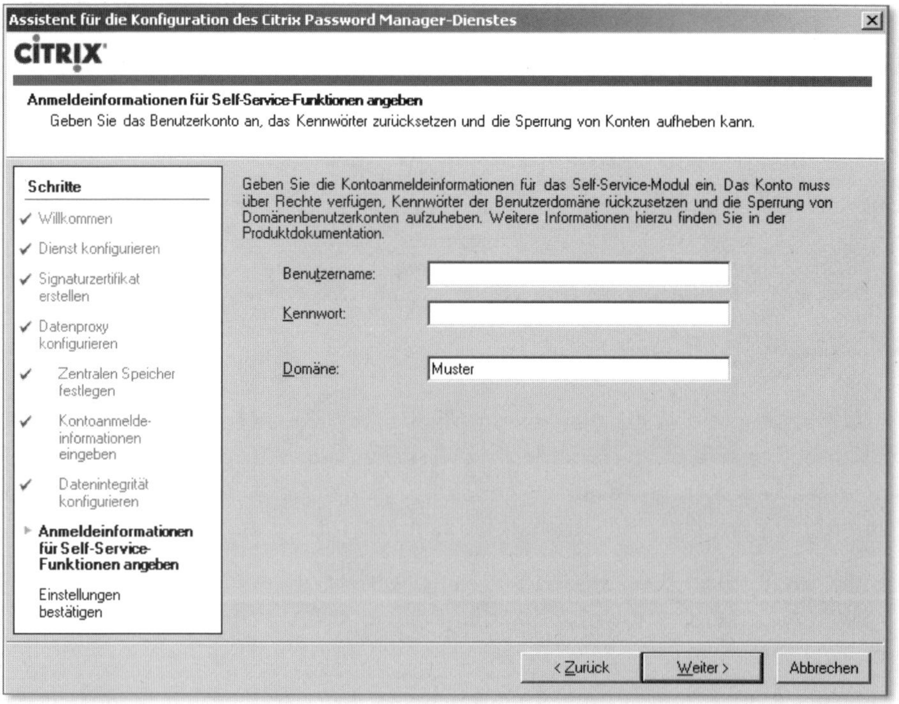

Abbildung 7.201 Self-Service-Funktionen konfigurieren

Gleiches gilt für das Konto des Self-Service-Dienstes, welches auch ein dediziertes Konto mit den explizit benötigten Berechtigungen sein sollte (Abbildung 7.201).

Mit diesem Schritt ist die Konfiguration abgeschlossen und nach einer kurzen Zusammenfassung fährt das System mit der Erstellung der Komponenten fort.

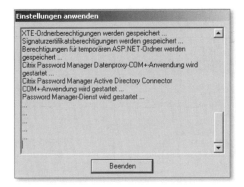

Abbildung 7.202   Einstellungen anwenden

> **Hinweis**
>
> Im Hinblick auf die konkreten Sicherheitanforderungen und Konfigurationen des Password-Manager-Dienstes empfiehlt sich auf jeden Fall ein Blick in den Admin Guide, der auf der Installations-DVD im Ordner *Documentation* enthalten ist.

7.10.8   Installation des Agents

Um nun schlussendlich die Funktionalitäten des Password Managers auf einem Endgerät (oder einem Terminalserver) nutzen zu können, muss auf dem jeweiligen System noch ein entsprechender Agent installiert werden.

Abbildung 7.203   Installation des Agents

Nach der Bestätigung der Lizenzvereinbarung und dem üblichen Willkommensbildschirm können die gewünschten Funktionen und das Installationsverzeichnis gewählt werden.

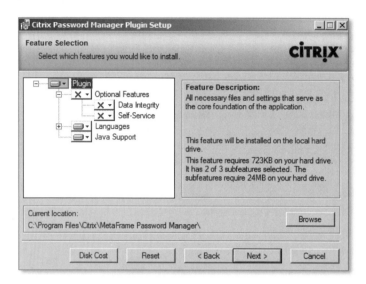

Abbildung 7.204   Auswahl der Funktionen

Da auch der Agent eine Verbindung zum zentralen Datenspeicher benötigt, kann dieser im nächsten Schritt angegeben werden, wie in Abbildung 7.205 gezeigt.

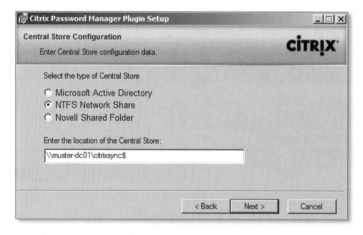

Abbildung 7.205   Zentralen Speicher konfigurieren

Nach der Auswahl des Speichers hat der Installationsassistent alle notwendigen Informationen gesammelt und der Kopiervorgang kann gestartet werden. Anschließend muss das System neu gestartet werden, um die notwendigen Anpassungen am Anmeldeprozess (GINA-Chaining!) wirksam werden zu lassen.

> **Hinweis**
>
> Sofern der Agent auf einem Terminalserver installiert wird, ist natürlich zu bedenken, dass dies in einer Wartungszeit passieren sollte, um einen Neustart des Systems im laufenden Betrieb zu vermeiden.

Um das Massen-Roll-Out des Agents zu vereinfachen, besteht darüber hinaus über die Installations-DVD auch die Möglichkeit, den Agent neu zu paketieren und als fertiges Paket mit den korrekten Einstellungen etwa über eine Softwareverteilung automatisiert ausrollen zu können.

7.10.9 Verwendung des Agents

Nach dem Neustart des Systems ist der Agent aktiv und jeder konfigurierte Benutzer wird bei seiner Anmeldung zur Konfiguration seiner Kennwortinformationen aufgefordert, wie in Abbildung 7.206 dargestellt.

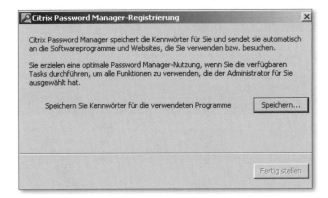

Abbildung 7.206 Erste Verwendung des Agents

> **Hinweis**
>
> Sofern der Benutzer nicht über eine Konfiguration verfügt, also während der Erstellung der *Benutzerkonfiguration* nicht eingebunden wurde, kommt es an dieser Stelle zu einer Fehlermeldung, die beschreibt, dass eine Synchronisierung mit dem Datenspeicher nicht möglich ist. In diesem Fall sollte die Benutzerkonfiguration entsprechend erweitert werden.

Der Benutzer bekommt nun die Liste der ihm zugewiesenen Anwendungsvorlagen angeboten, um hierin seine Anmeldeinformationen zu hinterlegen.

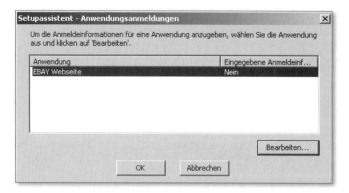

Abbildung 7.207 Anwendungsanmeldungen

Über die Schaltfläche BEARBEITEN können die einzelnen Anwendungen editiert werden.

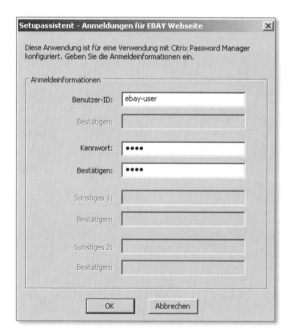

Abbildung 7.208 Eingabe der Anmeldeinformationen

Nachdem diese Schritte für alle zugewiesenen Anwendungen abgeschlossen sind, ist die initiale Konfiguration ebenfalls abgeschlossen und kann über FERTIG STELLEN beendet werden.

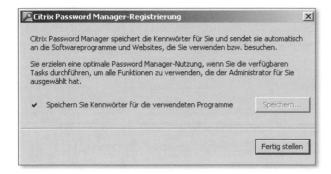

Abbildung 7.209 Abschluss der Initialkonfiguration

Ab diesem Zeitpunkt steht der Agent für die Verwendung bereit und trägt automatisch die hinterlegten Anmeldeinformationen in die definierten Anwendungen ein, sobald diese aufgerufen und erkannt werden.

In der Taskleiste ist er hierbei im System Tray erkennbar, wie in Abbildung 7.210 gezeigt.

Abbildung 7.210 Password Manager im System Tray (ganz links)

Über das Kontextmenü des Symbols können die Optionen eingesehen und der Anmeldungsmanager aufgerufen werden, der die Verwaltungsschnittstelle des Benutzers darstellt.

Abbildung 7.211 Anmeldungsmanager

Im Anmeldungsmanager können die verwalteten Anwendungen eingesehen und bearbeitet werden. Auch besteht hier beispielsweise die Möglichkeit, eine Anwendung zu kopieren, um bei ihrem Aufruf zwischen unterschiedlichen Anmeldedaten auswählen zu können – um beim Beispiel zu bleiben: etwa der private und der Firmen-Ebay-Account.

7.10.10 Integration mit der XenApp-Umgebung

Sofern der Password Manager Agent auf einem XenApp-Server eingesetzt wird, kann er mit Hilfe von XenApp-Richtlinien konfiguriert werden, was das Roll-Out und die Verwaltung in der Server-Farm wesentlich vereinfachen kann.

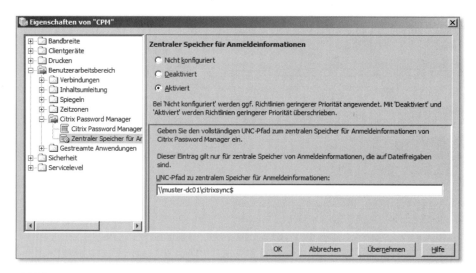

Abbildung 7.212 Password-Manager-Richtlinien im XenApp

7.11 Portable Profiles

Neben den bisher beschriebenen Komponenten gibt es seit Anfang 2009 eine weitere Erweiterung, die in das XenApp-Portfolio eingeflossen ist – die *Portable Profiles* oder wie sie auch genannt werden: der *Citrix User Profile Manager*.

Diese Lösung, die Citrix von einer deutschen Firma aufgekauft hat, bietet die Möglichkeit, die Profile der Benutzer zentral zu verwalten.

Zwar wurde in diesem Zusammenhang auch häufig mit regulären Server-gespeicherten Profilen gearbeitet, jedoch stießen diese sehr leicht an ihr Grenzen und insbesondere in dem Fall, dass mehrere Betriebssysteme – zum Beispiel Windows Server 2003 und Windows Server 2008 – in die Lösung eingebunden waren, entpuppten sie sich als wahre Fehleroase.

Der Citrix User Profile Manager geht hierbei einen anderen Weg, indem er konsequent die gewünschten Inhalte der Benutzerprofile umleitet und exportiert, während die ungewünschten (z. B. Temporär-Dateien oder sonstiger Ballast) bei jeder Abmeldung des Benutzers verworfen werden.

Um dieses Ziel zu erreichen, kommt der UPM erstaunlich schlank daher, wie Abbildung 7.213 belegt.

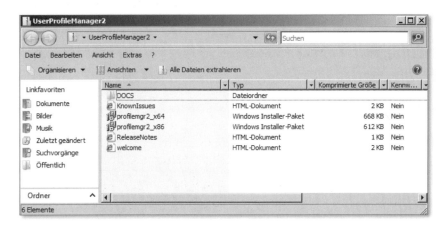

Abbildung 7.213 Das Installationspaket

Im Kern handelt es sich bei der Installation um ein MSI-Paket (32 Bit oder 64 Bit), das auf dem Zielsystem installiert werden muss, und eine administrative Vorlage für die Einbindung in eine Active-Directory-Gruppenrichtlinie.

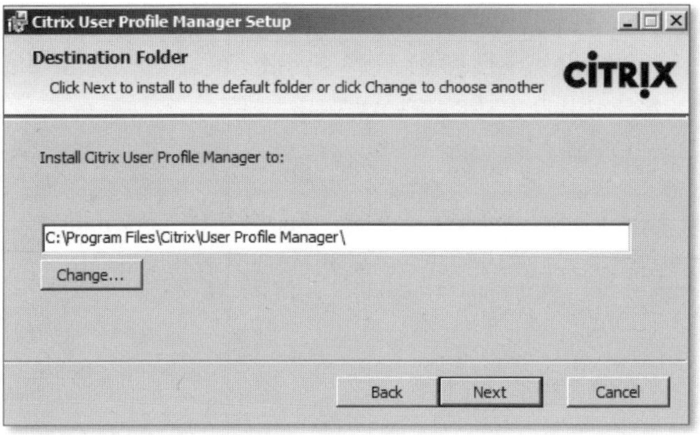

Abbildung 7.214 Installationspfad

Nachdem der Dienst auf den gewünschten Systemen installiert wurde, kann die Konfiguration der Profilverwaltung über die Gruppenrichtlinienerweiterung durchgeführt werden, wie in Abbildung 7.215 gezeigt.

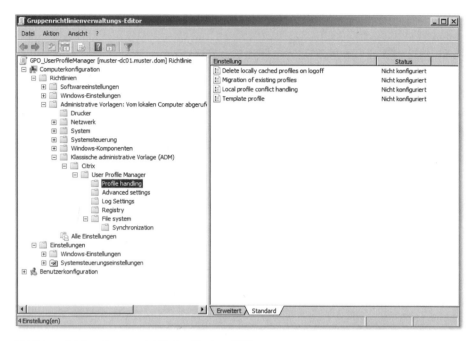

Abbildung 7.215 Gruppenrichtlinien für den UPM

Sind diese Einstellungen für die jeweilige Umgebung korrekt getroffen, speichert der Dienst die persönlichen Einstellungen des Benutzers jeweils in seinem zentralen Speicher. Meldet sich der Benutzer mit einem Profil neu an, werden die zuvor gespeicherten Einstellungen in sein Profil eingefügt, um ihm seine gewohnte Umgebung zu bieten. Da der Benutzer hierdurch die Möglichkeit gewinnt, bei jeder Anmeldung mit einem »frischen« Profil zu starten, kann die Leistung der Benutzerprofile deutlich verbessert werden.

> **Wichtig**
>
> An dieser Stelle ist es sehr schwer, eine konkrete Aussage über *korrekte* oder *sinnvolle* Einstellungen zu treffen, da diese insbesondere in Bezug auf Benutzerprofile sehr stark vom jeweiligen Anwendungsfall abhängig sind. Hier sollte auf jeden Fall etwas experimentiert werden, bevor die Lösung für die Benutzer aktiviert wird.

7.12 XenApp for UNIX

Wie in Kapitel 3, »Windows-Server-2008-Terminaldienste«, bereits beschrieben, wurde mit der Access Suite 4.0 auch eine neue Version des Presentation Server for UNIX veröffentlicht. Hierbei handelt es sich um eine Presentation-Server-Version, die für den Einsatz auf Solaris-, HP-UX- und IBM-AIX-Systemen gedacht ist. Seit dieser Version unterstützt der Presentation Server for UNIX auch die Zusammenfassung von mehreren Servern zu einer Server-Farm, um eine zentrale Verwaltung und Überwachung der Umgebung bereitstellen zu können. Ebenso kann nun auch auf die Citrix-Lizenzierung für die Verwaltung von Verbindungslizenzen zugegriffen werden.

> **Hinweis**
> Eine Zusammenfassung von Servern mit XenApp für Windows und XenApp for UNIX in einer Server-Farm ist nicht möglich. Sofern beide Systeme eingesetzt werden sollen, müssen auch zwei Server-Farmen erstellt werden.

Durch die aktuelle Version des XenApp for UNIX wird es nun auch möglich, auf komfortable Art und Weise UNIX- und Java-Anwendungen für beliebige Clients zur Verfügung zu stellen. Insbesondere in Umgebungen, in denen bereits ein entsprechendes Betriebssystem im Einsatz ist und das System noch freie Ressourcen bietet, könnte somit die Implementierung des XenApp for UNIX ein weiterer logischer Schritt in Richtung der Anwendungszentralisierung sein.

Ein wesentlicher Punkt für die Überlegung in die Richtung des XenApp for UNIX ist jedoch, dass die Struktur und Verwaltung der Server-Farm sich in einigen Punkten grundlegend von denen einer Windows-Server-Farm unterscheiden. So kommunizieren in einer UNIX-Server-Farm beispielsweise nicht IMA-Dienste, sondern *Management Services* der Farm-Mitgliedsserver miteinander. Diese Kommunikation geschieht auch nicht über Port 2512, sondern über Port 2897, den sogenannten *Secure Communication Channel*. Der Server, der die primäre Kopie des Datenspeichers – eine Textdatei – der Server-Farm hält, ist der *Management Service Master* der Server-Farm.

Ein weiterer Unterschied findet sich in der Konfiguration von IP-Subnetzen. Während diese unter Windows über Zonen abgebildet werden, sollten sich unter UNIX alle Mitglieder einer Server-Farm im gleichen Subnetz befinden. Sollte dies nicht der Fall sein, müssen *ICA-Gateways* konfiguriert werden, um den Datenaustausch über die Subnetzgrenzen hinweg zu ermöglichen.

> **Info**
>
> Anhand dieser Unterschiede im Aufbau und in der Verwaltung der Server-Farmen lässt sich deutlich erkennen, dass beim XenApp for UNIX zunächst ein erster Schritt in Richtung einer Server-Farm gegangen wurde. Sollte dieses Produkt eine weite Verbreitung finden, wird es sich womöglich in einer späteren Version nahtlos in eine Windows-Server-Farm einbinden lassen.

7.13 Workflow Studio

Betrachtet man einmal die in den letzten zwölf Abschnitten beschriebenen Technologien, gewinnt man schnell einen Eindruck der Möglichkeiten aber auch der möglichen Komplexität einer XenApp-Umgebung. Geht man dann womöglich sogar noch einen Schritt weiter und denkt über die Integration der anderen Delivery-Center-Lösungen – wie etwa XenServer oder XenDesktop – nach, so sollte ebenfalls deutlich werden, dass die Produkte einzeln oder auch in Kombination miteinander eingesetzt werden können, um beispielsweise sehr komplexe Szenarien bedienen zu können oder um auch einfach nur das Maximum an Dynamik im Rechenzentrum realisieren zu können.

Besonders in größeren Umgebungen, in denen alle oder zumindest mehrere dieser Lösungen und Komponenten zum Einsatz kommen, stellt sich dann natürlich die Frage, wie diese Umgebungen aufgebaut und verwaltet werden können.

Natürlich wird an dieser Stelle dann relativ schnell das Stichwort der »Automatisierung« fallen, um insbesondere Standardtätigkeiten nicht mehr manuell durchführen zu müssen, oder um fertige Ablaufpläne für besondere Grenzsituationen zu schaffen.

Verlässt man einmal kurz das Citrix-Resort und wendet sich Microsoft zu, so erkennt man schnell, dass auch dort diese Anforderung bekannt ist – jedes Produkt hat zwar ein tolles und buntes Verwaltungswerkzeug, mit dem wunderbar Einzelsysteme administriert werden können, aber wenn es um das Thema der Automatisierung geht, ist der Nutzen von grafischen Oberflächen meistens gering.

Um genau an dieser Stelle eingreifen zu können, wurde bei Microsoft vor einigen Monaten die Entscheidung getroffen, bei neuen Produkten zwar eine grafische Oberfläche zu bieten, diese aber im Hintergrund nur Befehle an eine noch umfassendere und leistungsfähigere Skriptschnittstelle übergeben zu lassen – die PowerShell war geboren.

> **Historisches**
>
> Die Verwaltungskonsole des Exchange 2007 war das erste Werkzeug, das vollständig nach diesem Prinzip arbeitete und noch bis heute arbeitet (wenn auch mit einigen Anpassungen und Erweiterungen durch das erste Service Pack). Der Ansatz hat sich also grundsätzlich erst einmal bewährt.

Schwenkt man den Blick nun wieder zu Citrix, so liegt natürlich die Überlegung nahe, eine ähnliche Herangehensweise zu wählen. Auf Grund der engen Kooperation mit Microsoft liegt es womöglich sogar nahe, die gleiche Herangehensweise zu wählen – und ja: so ist es auch!

Die kommenden Produkte werden also Schritt für Schritt mit leistungsstarken PowerShell-Schnittstellen und Commandlets versehen, um vollständig über diesen Weg verwaltet werden zu können. Aus strategischer wie funktionaler Sicht handelt es sich hierbei um einen großartigen Schritt nach vorne.

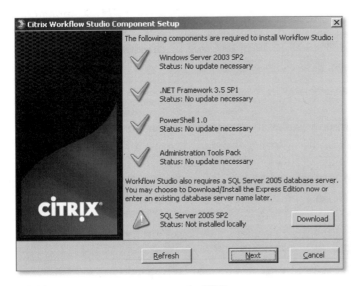

Abbildung 7.216 Voraussetzungen des WFS

Und genau an dieser Stelle kommt das Workflow Studio ins Spiel, bei dem es sich im Kern um eine grafische Oberfläche für die Workflow-Generierung und Ansteuerung von entsprechenden Schnittstellen handelt.

> **Hinweis**
>
> Besonders zu diesem Produkt lohnt ein regelmäßiger Blick in das Citrix Developer Network, da hier auch schon fertige Workflows für diverse Anwendungsfälle zum freien Download bereitstehen.

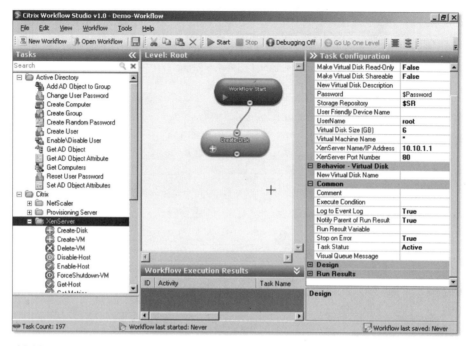

Abbildung 7.217 Workflow Studio

Hierüber können Workflows anhand von mitgelieferten Vorlagen oder eigenen Skripten erstellt werden, die anschließend dazu genutzt werden können, definierte Abläufe in beliebiger Häufigkeit zu reproduzieren – und dies nicht nur für den XenApp, sondern auch für die anderen Produkte des Delivery Centers und anderer PowerShell-fähiger Produkte.

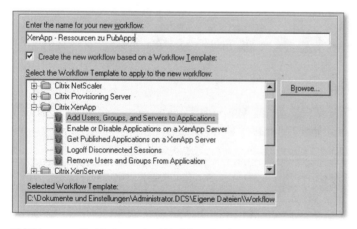

Abbildung 7.218 Vorlagen des Workflow Studio

Grau ist alle Theorie. Wie wird es denn in der Praxis gemacht, wenn es einmal nicht nach Leitfaden geht?

8 Best Practices

Neben den theoretischen Grundlagen und Standardkonfigurationen des XenApp gibt es eine Reihe von Anforderungen und Voraussetzungen, die scheinbar von der Theorie abweichen und so nicht zu erfüllen sind. In den folgenden Abschnitten werden einige dieser Fälle aufgegriffen und mit ihren möglichen Lösungsansätzen behandelt.

8.1 Update einer älteren XenApp-Version

Natürlich kann nicht in jedem Fall davon ausgegangen werden, dass der Einstieg in die Welt des Citrix XenApp mit der Version 5.0 erfolgt. In vielen Fällen sind bereits Umgebungen mit älteren Versionen des XenApp aktiv, die auf die aktuelle Version migriert werden sollen.

Entgegen den früheren Auflagen dieses Buches ist dieses Thema im Falle des Upgrades auf XenApp 5.0 relativ schnell abgehandelt – es gibt keinen »Update«-Pfad mehr mit dieser Systemaktualisierung.

Der Grund dafür ist, dass der »echte« XenApp 5.0 als Plattform Windows Server 2008 voraussetzt. Es ist somit nicht möglich, vorhandene Systeme mit XenApp 4.5 auf Windows Server 2003 direkt zu aktualisieren.

Was jedoch möglich und auch offiziell von Citrix supported wird, ist der Parallelbetrieb von XenApp 4.5 HR03 mit XenApp 5.0 in einer Server-Farm. Auf diese Weise kann eine rollierende Migration der einzelnen Server durchgeführt werden, ohne die komplette Farm neu aufsetzen zu müssen.

> **Hinweis**
>
> Es empfiehlt sich immer, als Erstes die *Citrix-Lizenzierung* auf die neue Version zu migrieren, bevor ein Update eines der Server durchgeführt wird. Sobald dies geschehen ist, sollte als erster Server der *Farm-Metric-Server* und der *Datensammelpunkt* der Farm aktualisiert bzw. die Rollen auf einen aktuellen Server verschoben werden, da hier alle dynamischen Informationen der Server-Farm erfasst werden (müssen).

Wobei natürlich die Installation jedes einzelnen Servers eine Neuinstallation inklusive des Betriebssystems ist.

8.2 Automatisches Roll-Out von XenApp-Servern

Insbesondere dann, wenn eine große Anzahl von Terminalserver-Systemen – eventuell während einer Migration – neu ausgerollt werden muss, wird häufig das Thema *Automatisierung* angesprochen.

Wie viele andere Anwendungen, bietet auch der XenApp 5 eine Möglichkeit der automatisierten Installation und Verteilung. Hierbei handelt es sich v.a. um unbeaufsichtigte Installationen, die in drei Varianten durchgeführt werden können.

- **Installation mit einer Antwortdatei**
  Antwortdateien stellen die einfachste und nachvollziehbarste Variante der automatisierten Installation. Hierbei handelt es sich im Kern um einfache Textdateien, die direkt editiert oder mit anderen Dateien verglichen werden können. Für den Einstieg in das Thema der Installationsautomatisierung ist diese Variante mit Sicherheit die geeignetste.

- **Installation über Windows-Installer-Befehle**
  Über Windows-Installer-Befehle können die Antworten auf die einzelnen Abfragen während des Setups direkt in Form von Parametern mit dem Setup aufgerufen werden. Diese Variante ist somit ein geeigneter Weg, einen Scriptaufruf für eine automatisierte Installation zu gestalten.

- **Windows-Installer-Transformationen**
  Der dritte Fall ist die Installation über eine vorkonfigurierte Transformationsdatei (*.MST), die die notwendigen Einstellungen für die unbeaufsichtigte Installation enthält. Die erstellten MST-Dateien können anschließend beispielsweise zusammen mit der MSI-Datei verwendet werden, um XenApp über das Active Directory auf die gewünschten Server zu verteilen.

Im Folgenden werden die drei Varianten kurz mit ihren jeweiligen Konfigurationsschritten beschrieben.

8.2.1 Installation mit einer Antwortdatei

Wie eingangs bereits beschrieben, handelt es sich bei der automatisierten Installation über eine Antwortdatei um eine sehr einfache und eingängige Variante, da die Antwortdatei mit einem beliebigen Editor geöffnet und angepasst werden kann.

Auf der XenApp-Installations-DVD findet sich im Verzeichnis *Support\Install* eine exemplarische Antwortdatei mit dem Namen *UnattendedTemplate.txt*, die als Basis für eigene Antwortdateien genutzt werden kann.

```
*****************************************************************

[Farm Settings]
FarmName=Farm
FarmAdministratorUsername=Administrator
FarmAdministratorDomain=

*****************************************************************
* Einschränkungen für das Spiegeln von Sitzungen
*
* In diesem Abschnitt geben Sie an, ob das Spiegeln aktiviert
* ist. Wenn Spiegeln aktiviert ist, können Sie in diesem
* Abschnitt festlegen, welche Einschränkungen für das Spiegeln
* gelten sollen.
*****************************************************************

[Shadowing Restrictions]
AllowShadowing=Yes
ProhibitRemoteControl=No
ProhibitNotificationOff=No
ProhibitLoggingOff=No

*****************************************************************
* Citrix XML-Dienst
*
* In diesem Abschnitt können Sie angeben, wie die XML-
* Unterstützung hinzugefügt werden soll.
*
* Der Standardport für den XML-Dienst ist 80.
* Sie können den Standardport 80 gemeinsam mit IIS verwenden
* (falls installiert) oder Sie können einen dedizierten Port
* für den XML-Dienst verwenden.
*
* Ist "ExtendIIS" auf "No" gesetzt, wird der angegebene Port
* für den Citrix XML-Dienst verwendet und "EnableVirtualScripts"
* wird ignoriert.
```

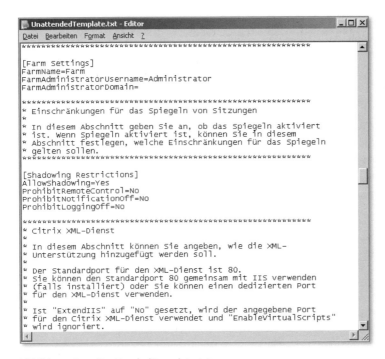

Abbildung 8.1 UnattendedTemplate.txt

Nachdem die gewünschten Anpassungen an der Antwortdatei vorgenommen wurden, kann sie über den Befehl *UnattendedInstall [Pfad]MPS.msi [Antwortdatei.txt]* gestartet werden.

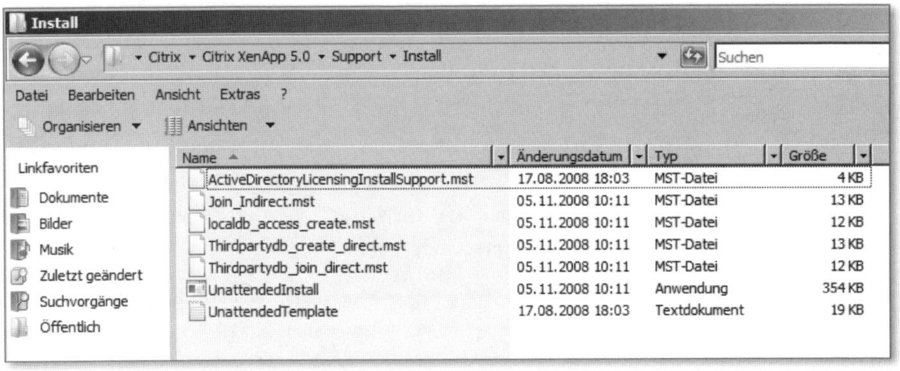

Abbildung 8.2 Der Inhalt des »Support\Install«-Verzeichnisses

> **Hinweis**
>
> Bei dem Befehl `UnattendedInstall` handelt es sich um einen spezifischen Befehl, der ebenfalls im Verzeichnis *Support\Install* auf der XenApp Installations-DVD zu finden ist, wie in Abbildung 8.2 dargestellt.
>
> Kennwortinformationen können leider nicht mehr in der Antwortdatei übergeben werden, so dass diese in der Kommandozeile eingegeben werden müssen. Dies macht eine vollständig unbeaufsichtigte Installation auf diesem Weg leider unmöglich.

8.2.2 Installation über Windows-Installer-Befehle

Neben der Installation über eine Antwortdatei können auch Windows-Installer-Befehle für die automatisierte Installation verwendet werden. Hierbei wird die Installation über den Befehl `msiexec` aufgerufen, der als Parameter zunächst `/i [Pfad]\MPS.MSI` benötigt, um zu wissen, welche Anwendung installiert werden soll. Als weitere Parameter können die Antworten auf die zu konfigurierenden Werte in der Form `Eigenschaft="Wert"` übergeben werden.

Einige Eigenschaften mit ihren möglichen Werten sind etwa die folgenden:

- `CTX_MF_NEW_FARM_NAME="Musterhandel Farm"`
- `CTX_MF_USER_NAME=Administrator`
- `CTX_MF_DOMAIN_NAME=MUSTER`
- `CTX_MF_FARM_SELECTION=Create`
- `CTX_MF_CREATE_FARM_DB_CHOICE=Local`
- `CTX_MF_LICENSE_SERVER_NAME=muster-dc01`
- `CTX_MF_XML_PORT_NUMBER=80`
- `CTX_MF_XML_CHOICE=Share`

Eine vollstänge Übersicht über die verfügbaren Eigenschaften und deren möglicher Werte finden sich Anhang des *Admin Guides* zum XenApp 5.0.

8.2.3 Windows-Installer-Transformationen

Die dritte Variante der automatisierten Installation setzt den Einsatz von spezieller Software für die Erstellung und Bearbeitung von Windows-Installer-Paketen voraus. Sofern diese vorhanden ist, kann das MSI-Paket hiermit geöffnet werden, um die gewünschten Konfigurationen und Anpassungen in einer dedizierten MST-Datei ablegen zu können. Diese kann später über einen entsprechenden Parameter für die Installation genutzt werden.

Der notwendige Befehl hier ist:

```
msiexec /i [Pfad]\MPS.MSI TRANSFORMS=[Pfad]\[MST-Datei]
```

> **Hinweis**
>
> Im Support\Install-Verzeichnis auf der Installations-DVD finden sich auch einige exemplarische MST-Dateien, die als Vorlagen verwendet werden können.

8.3 Migration von Anwendungen

Immer, wenn die Entscheidung im Raume steht, die Server-Farm komplett neu zu installieren – sei es wegen einer Versions-Migration oder aus anderen Gründen – ist eines der stärksten Argumente gegen diese Maßnahme der Aufwand für die erneute Veröffentlichung der Anwendungen. Damit soll jetzt Schluss sein. In den folgenden beiden Abschnitten werden zwei Möglichkeiten aufgezeigt, die Einstellungen von veröffentlichten Anwendungen zu exportieren und anschließend wieder zu importieren.

8.3.1 Anwendungs-Export/-Import über die Access Management Console

Die erste Möglichkeit ist ein Export von Anwendungseinstellungen über die Access Management Console.

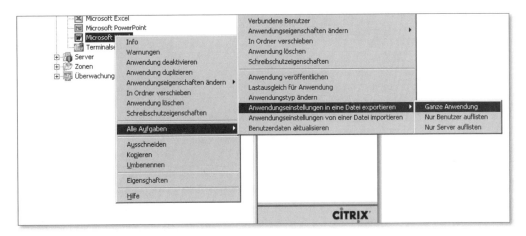

Abbildung 8.3 Anwendungseinstellungen in Datei exportieren

Hier kann über das Kontextmenü einer Anwendung über ALLE AUFGABEN • ANWENDUNGSEINSTELLUNGEN IN EINE DATEI EXPORTIEREN • GANZE ANWENDUNG ein entsprechender Assistent aufgerufen werden, der die Einstellungen in einer Datei speichert.

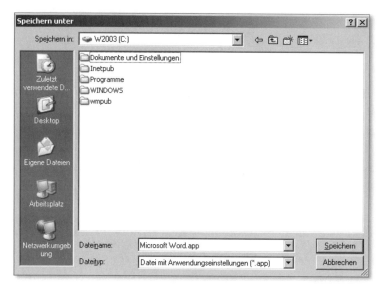

Abbildung 8.4 Speichern unter

Das Ergebnis ist die in Abbildung 8.5 dargestellte XML-Datei, die auf dem gleichen Weg in der Access Management Console wieder importiert werden kann.

```
<?xml version="1.0" encoding="utf-8"?>
<ArrayOfAppCmoBaseState xmlns:xsi="http://www.w3.org/2001/XMLSchema-instance" xmlns:xsd="http://www.w3.or
  <AppCmoBaseState>
    <FarmName>Musterhandel Farm</FarmName>
    <AppName>Microsoft Word</AppName>
    <BrowserName>Microsoft Word</BrowserName>
    <AppTypes>
      <AppProtocolTypes>InstalledIca</AppProtocolTypes>
    </AppTypes>
    <Status>Enabled</Status>
    <AppConnectionVal>Explicit</AppConnectionVal>
    <Description>Microsoft Word</Description>
    <StreamedPackageAddress />
    <StreamedPackageArguments />
    <CommandLine>"d:\programme\microsoft office\OFFICE11\winword.EXE"</CommandLine>
    <WorkingDirectory>d:\programme\microsoft office\OFFICE11</WorkingDirectory>
    <ServerBindings>
      <AppServerBinding>
        <ServerUid>3673248497613668545</ServerUid>
        <ServerName>MUSTER-TS01</ServerName>
        <CommandLine />
        <WorkingDirectory />
        <LoadEvaluatorName>&lt;Keine&gt;</LoadEvaluatorName>
        <LoadEvaluatorUid>0</LoadEvaluatorUid>
      </AppServerBinding>
    </ServerBindings>
    <Users>
      <SimpleUser>
        <MfAAType>MFAccountAuthorityNTDomain</MfAAType>
        <AAName>MUSTER</AAName>
        <MfAccountType>MFAccountGlobalGroup</MfAccountType>
        <AccountName>G_CTX_MS-Word</AccountName>
        <UserId>0XA/NT/MUSTER/S-1-0X05-21--2109395114-312647099-254063495-1118</UserId>
      </SimpleUser>
    </Users>
    <PnFolder>Microsoft Office</PnFolder>
    <AddToStartMenu>true</AddToStartMenu>
    <PlaceUnderProgramsFolder>false</PlaceUnderProgramsFolder>
    <StartMenuFolder />
    <AddToClientDesktop>true</AddToClientDesktop>
    <AllowMSAMConnections>true</AllowMSAMConnections>
```

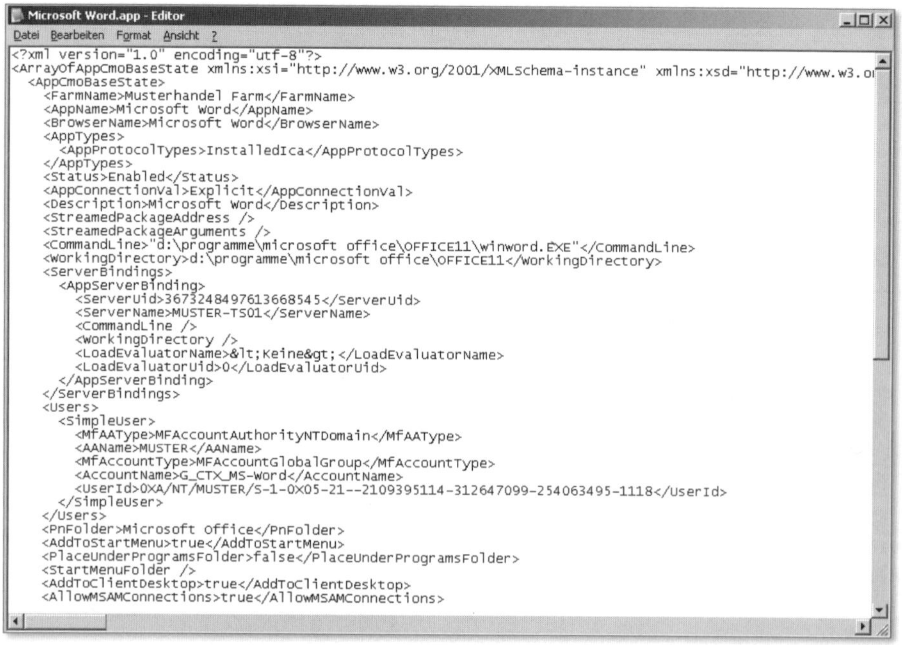

Abbildung 8.5 Microsoft Word.app

8.3.2 PAT.EXE

Bei PAT.EXE handelt es sich um ein Kommandozeilen-Werkzeug, das kostenfrei aus dem Internet heruntergeladen werden kann. Es ermöglicht den Export und Import von veröffentlichten Anwendungen in eine normale Textdatei.

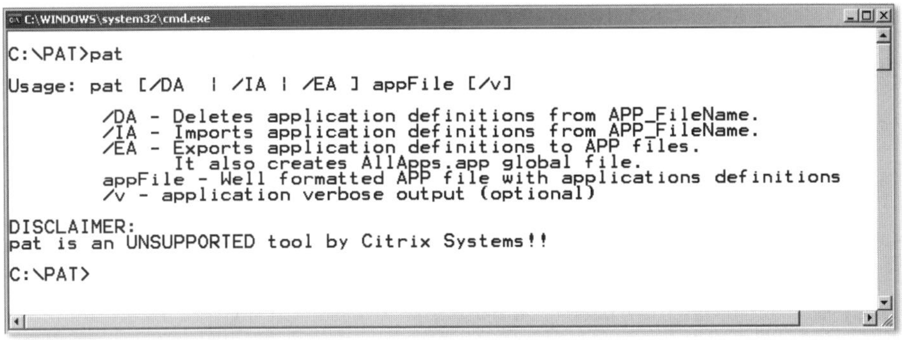

```
C:\PAT>pat
Usage: pat [/DA | /IA | /EA ] appFile [/v]

        /DA - Deletes application definitions from APP_FileName.
        /IA - Imports application definitions from APP_FileName.
        /EA - Exports application definitions to APP files.
              It also creates AllApps.app global file.
        appFile - Well formatted APP file with applications definitions
        /v - application verbose output (optional)
DISCLAIMER:
pat is an UNSUPPORTED tool by Citrix Systems!!
C:\PAT>
```

Abbildung 8.6 PAT.EXE-Parameter

So kann über den Befehl `PAT.EXE /EA` ein kompletter Export aller Anwendungen der Server-Farm geschehen, wobei sowohl für jede Anwendung eine einzelne, also auch eine gesamte *AllApps.app* angelegt wird, wie in Abbildung 8.7 dargestellt.

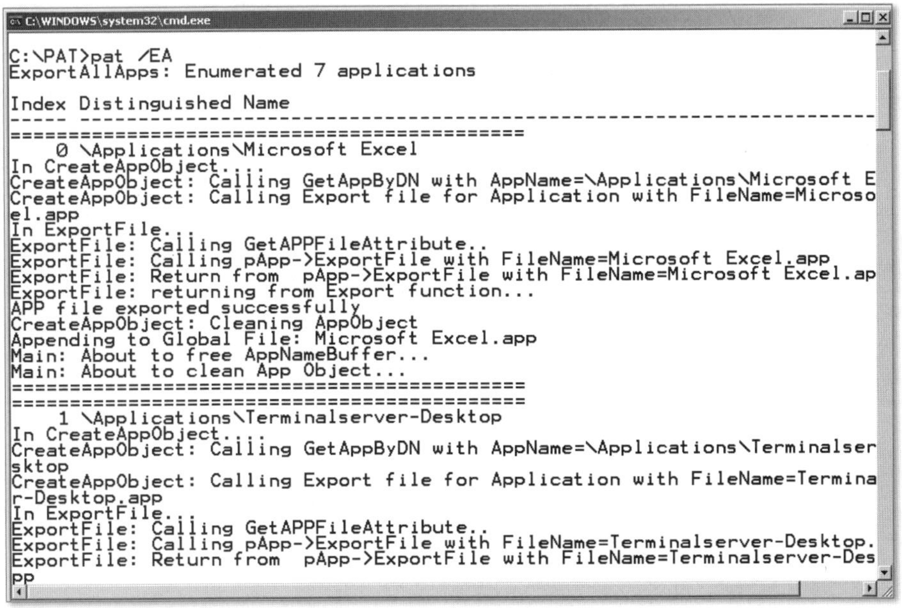

```
C:\PAT>pat /EA
ExportAllApps: Enumerated 7 applications

Index Distinguished Name
----- -------------------
========================================
    0 \Applications\Microsoft Excel
In CreateAppObject...
CreateAppObject: Calling GetAppByDN with AppName=\Applications\Microsoft E
CreateAppObject: Calling Export file for Application with FileName=Microso
el.app
In ExportFile...
ExportFile: Calling GetAPPFileAttribute..
ExportFile: Calling pApp->ExportFile with FileName=Microsoft Excel.app
ExportFile: Return from  pApp->ExportFile with FileName=Microsoft Excel.ap
ExportFile: returning from Export function...
APP file exported successfully
CreateAppObject: Cleaning AppObject
Appending to Global File: Microsoft Excel.app
Main: About to free AppNameBuffer...
Main: About to clean App Object...
========================================
========================================
    1 \Applications\Terminalserver-Desktop
In CreateAppObject...
CreateAppObject: Calling GetAppByDN with AppName=\Applications\Terminalser
sktop
CreateAppObject: Calling Export file for Application with FileName=Termina
r-Desktop.app
In ExportFile...
ExportFile: Calling GetAPPFileAttribute..
ExportFile: Calling pApp->ExportFile with FileName=Terminalserver-Desktop.
ExportFile: Return from  pApp->ExportFile with FileName=Terminalserver-Des
pp
```

Abbildung 8.7 Aufruf von PAT /AE

8 | Best Practices

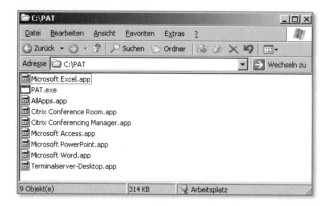

Abbildung 8.8 Das Ergebnis

Im Gegensatz zu der im vorherigen Abschnitt vorgestellten Export-Variante über die AMC erstellt PAT.EXE keine XML-Dateien, sondern nutzt ein INI-Format für die Ablage der Informationen.

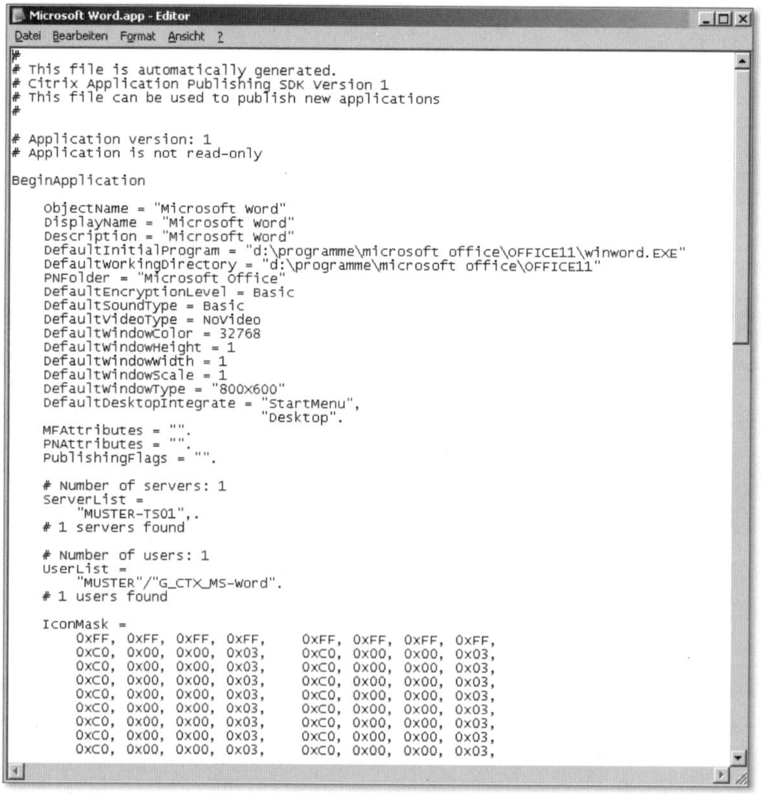

Abbildung 8.9 Von PAT.EXE erstellte APP-Datei

Genau hierin liegt auch ein kleiner Nachteil der Anwendung – dadurch, dass die Werte jeweils in Anführungszeichen dargestellt werden, wie in Abbildung 8.9 gezeigt, hat PAT.EXE einige Probleme mit veröffentlichten Anwendungen, bei denen im Startaufruf ebenfalls mit Parametern in Anführungszeichen gearbeitet wird. Ein Import einer solchen Anwendung ist ohne manuelle Anpassungen nicht möglich.

Davon einmal abgesehen handelt es sich hierbei um eine sehr einfache aber überaus effiziente Möglichkeit, eine regelmäßige Sicherung der veröffentlichten Anwendungen durchzuführen – und sei es nur für Dokumentationszwecke.

> **Ein kleiner Tipp**
> Natürlich lässt sich der Befehl auch in einer *geplanten Task* einsetzen.

8.4 Erstellung einer »Remote-Admin-Station«

Welcher Administrator kennt das Problem nicht – da hat man das erste Mal seit zwei Jahren Urlaub bekommen und muss diesen vorzeitig Beenden, weil im Unternehmen etwas »brennt«. Wie schön wäre es doch jetzt, wenn man direkt vom Hotelzimmer aus aktiv werden könnte und das Problem vielleicht in fünf Minuten gelöst hätte, anstatt auf einen sauer verdienten Urlaubstag zu verzichten?

An dieser Stelle ein kleiner Denkanstoß: Die eigentliche Frage im Zusammenhang mit den Tätigkeiten eines Administrators ist, mit welchen Werkzeugen er arbeitet, um seine Aufgaben zu erfüllen. Es ist nicht davon auszugehen, dass es noch viele Administratoren gibt, die für jede Änderung an einem Computer oder einem Benutzerobjekt ihren Platz verlassen, um im Serverraum an der Konsole des Domänencontrollers aktiv zu werden.

Eine Arbeitsweise, die sich weitestgehend eingebürgert hat, ist das Arbeiten mit dem Remotedesktop oder den Verwaltungswerkzeugen in der MMC. Aber sind diese Werkzeuge denn an den Arbeitsplatz-PC des Administrators gebunden? Nein, sie können im Prinzip auf jedem Rechner installiert und genutzt werden, also auch auf einem Terminalserver.

Aus diesem Grund gilt die generelle Empfehlung, auf einem der Terminalserver, eventuell sogar auf einem dedizierten Geräte, das nur von den Administratoren genutzt wird, die Softwarepakete zu installieren und von dort aus in der Farm zu veröffentlichen, die für die administrativen Tätigkeiten benötigt wird. Im ersten

Schritt gibt es zwei Anwendungen, die auf jeden Fall für die Administratoren veröffentlicht werden sollten.

- **Remotedesktop-Verbindung**
  Über eine veröffentlichte *Remotedesktop-Verbindung* kann über eine Terminalsitzung, die beispielsweise über ein Secure Gateway aus dem Internet aufgebaut werden könnte, praktisch jeder Windows 200x-Server aus der Ferne verwaltet werden.

- **Microsoft Management Console (MMC)**
  So gut wie alle Microsoft-Systeme werden mittlerweile über MMC-Snap-Ins verwaltet. Sobald also eine MMC auf einem Terminalserver für die Administratoren veröffentlicht wird, kann über diese MMC das gewünschte Snap-In geladen werden und die Administration kann beginnen.

  Da nicht alle Snap-Ins für jedes System automatisch zur Verfügung stehen, müssen diese natürlich zuvor installiert werden. Für die Windows-Tools geschieht dies über das ADMINPAK.MSI aus dem System32-Verzeichnis. Für Anwendungen wie Exchange, den LCS oder den SQL Server müssen die entsprechenden Verwaltungstools auf dem Terminalserver installiert werden, um auf die Snap-Ins zugreifen zu können.

Selbstverständlich sind der Fantasie an dieser Stelle keine Grenzen gesetzt. Auch die Clients anderer Remote-Verwaltungstools können auf dem Terminalserver installiert werden, um darüber auf die entsprechenden Endgeräte zugreifen zu können.

Um die Idee zu vervollständigen könnte früher oder später darüber nachgedacht werden, beispielsweise in den Serverräumen mit KVM-Switches zu arbeiten, auf die auch mit einer Client-Anwendung über das Netzwerk zugegriffen werden kann. Sobald diese Client-Anwendung auf dem Terminalserver veröffentlicht wird, können selbst BIOS-Einstellungen an den Servern sicher über das Internet von einem beliebigen Ort aus erledigt werden.

8.5 Dokumentation

Eines der brisantesten, aber auch wichtigsten Themen im Bereich der Datenverarbeitung ist die *Dokumentation*. Da es sich nach einer geläufigen Ansicht bei Dokumentationen nicht nur um ein wichtiges Hilfsmittel, sondern vor allem um ein zeitfressendes Ärgernis handelt, sollte man sich ein paar grundsätzliche Gedanken dazu machen, was wann wie von wem dokumentiert wird. Eine Sache steht sicher fest – die »eierlegende Wollmilchsau« im Bereich der Dokumentation wurde noch nicht gefunden.

Aus diesem Grund sollen an dieser Stelle ein paar Überlegungen in den Raum gestellt werden, die vielleicht helfen können, den zu investierenden Zeiteinsatz zu reduzieren, somit die Pflege der Dokumentation zu fördern und effektiv etwas zu erschaffen, das im Ernstfall auch eine Hilfe darstellt. Die nachfolgenden Ideen basieren auf eigenen Erfahrungen und dienen nur als mögliche Ansätze, wie die eine oder andere Anforderung an die Dokumentation erfüllt werden könnte. Es soll sich hierbei nicht um eine »Weltformel« handeln, die auf alles eine Antwort bietet.

8.5.1 Eine kleine Ist-Analyse

Ein in der Praxis sehr häufig anzutreffendes Szenario sieht so aus, dass dem zuständigen Administrator zu irgendeinem Zeitpunkt bewusst wird, dass er eine Dokumentation seines Netzwerkes und der genutzten Dienste benötigt. Um diese Dokumentation möglichst vollständig zu erstellen, öffnet er sein Microsoft Word, öffnet ein neues Dokument und beginnt Screenshots aus jeder ihm bekannten Verwaltungskonsole in dieses Dokument einzufügen, um nach Möglichkeit jede Einstellung festzuhalten. Nachdem diese Aktion abgeschlossen ist – das Dokument umfasst bereits 250 Seiten mit Bildern – beginnt der Administrator, die NTFS-Berechtigungen des Dateiservers zu dokumentieren. Hierzu wird in diesem Fall mit Microsoft Excel gearbeitet. In einer leeren Tabelle werden jeweils in die erste Spalte der Verzeichnisname und in die zweite Spalte die Namen der Benutzer eingetragen, die Zugriff auf dieses Verzeichnis haben. Nach vielen Arbeitstagen sind die Dokumente erstellt und die Dokumentation ist fertig.

Leider, leider muss zwei Tage später eine Änderung an einem der Dienste durchgeführt werden, und da der Administrator gerade nicht den entsprechenden Screenshot in seiner Dokumentation zum Ersetzen findet, nimmt er sich fest vor, sich die Einstellungen zu merken und sofort nachzupflegen, wenn etwas mehr Zeit ist. *Dies wird natürlich nie geschehen!*

8.5.2 Die beste Dokumentation ist ein gutes Konzept!

Wie kann nun aber realisiert werden, dass die Erstellung und Pflege einer aktuellen Dokumentation nicht mehr so zeitaufwendig sind? Ein sehr hilfreicher Ansatz wäre, in vielen Bereichen nicht die konkrete Einstellung, sondern das Konzept zu dokumentieren. Ein Beispiel hierfür könnte die Vergabe von Berechtigungen auf Verzeichnisse sein. Statt die Berechtigungen auf jedem Verzeichnis im Detail zu dokumentieren, könnte es wesentlich übersichtlicher und dokumentationsfreundlicher sein, zunächst ein »sauberes« Konzept zu etablieren und nur dieses zu dokumentieren.

Ein solches Konzept könnte so aussehen, dass beispielsweise nicht mehr alle Berechtigungen auf Benutzer- und Gruppenebene erteilt werden, sondern ausschließlich auf der Ebene von domänenlokalen Gruppen, die von ihrer Benennung so aussagekräftig bezeichnet sind (z.B. Typ, Ziel, Berechtigung: DL_Datenordner_Lesen), dass jedem sofort klar wird, um welche anhängenden Berechtigungen es sich handelt. Diese domänenlokalen Gruppen wiederum enthalten nur globale Gruppen, in denen die Benutzer zusammengefasst sind.

> **A>G>DL<P-Konzept**
> Dieses Vorgehen entspricht dem *A>G>DL<P*-Konzept, nach dem laut Microsoft Berechtigungen vergeben werden sollen. Hierbei werden die Benutzerkonten (A = Accounts) in globalen Gruppen organisiert (z.B. Abteilungs- oder Teamgruppen), die dann den domänenlokalen Gruppen (DL) als Mitglieder hinzugefügt werden. Die Berechtigungen (P = Permissions) werden ausschließlich den domänenlokalen Gruppen erteilt.

Sofern diese Struktur und die Benennungsrichtlinien dokumentiert werden und Ausnahmen nicht gemacht werden, ist dies für einen Fachmann wesentlich hilfreicher als eine Tabelle mit 2000 Einträgen, die womöglich längst nicht mehr aktuell sind. Ein solches Gruppenkonzept lässt sich natürlich auch auf veröffentlichte Anwendungen in der XenApp-Farm anwenden.

8.5.3 XenApp: Was sollte exakt dokumentiert werden

Neben der konzeptionellen Dokumentation gibt es natürlich auch einige Punkte, die konkret festgehalten werden müssen. In Bezug auf den XenApp wären dies beispielsweise:

- die Konfiguration des Datenspeichers
- die Konfiguration der Zonen und Datensammelpunkte
- die Einstellungen am ICA-Protokoll
- die Eigenschaften der Anwendungen (z.B. über PAT.EXE)
- die Laufzeit von Zertifikaten
- die Kommunikationswege zwischen den Servern

Hierbei kann die Einbindung von Screenshots in die Dokumentation wesentlich dazu beitragen, die konkreten Einstellungen schneller zu erfassen, als es in Textform geschehen könnte.

8.5.4 Änderungsnachweise erleichtern das Leben

Ein weiterer wichtiger Punkt bei jeder Dokumentation ist die Pflege eines Änderungsnachweises. Hierbei sollte jede Änderung an der Dokumentation mit der

Art der Änderung, dem Grund der Konfigurationsänderung, dem Datum und dem Namen des Administrators festgehalten werden. Zum einen wird hierdurch sichergestellt, dass der Versionsstand der Dokumentation nachvollziehbar ist, und zum anderen kann zu jeder Änderung der entsprechende Ansprechpartner identifiziert werden.

8.6 Verwalten des Datenspeichers

Der Datenspeicher stellt die wichtigste Instanz der gesamten XenApp-Farm. Deshalb ist ein besonderes Augenmerk auf seinen Speicherort, die Art der Datenbank und seine Sicherung zu richten.

8.6.1 Ein kleiner Blick in den Datenspeicher

Um sich ein besseres Bild vom Aufbau des Datenspeichers machen zu können, sollte man einmal die Gelegenheit nutzen, einen kleinen Blick in die Datenbank des Datenspeichers zu werfen. Sofern der Datenspeicher in einer Access-Datenbank gehalten wird, befindet er sich im Installationsordner im Unterverzeichnis *Independent Management Architecture* und trägt den Namen *MF20.MDB*.

> **Achtung**
> Um die Konsistenz des Datenspeichers nicht zu gefährden, sollte immer nur eine Kopie der Datei geöffnet werden und es sollten niemals manuelle Änderungen an ihm vorgenommen werden.

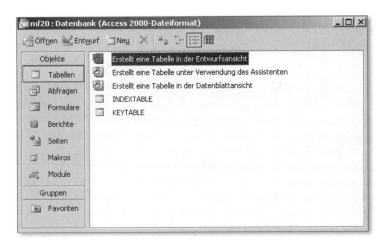

Abbildung 8.10 Datenspeicher in einer Access-Datenbank

Ein Blick in die Tabellen der Datenbank verdeutlicht, dass manuelle Änderungen an den Inhalten mit sehr hoher Wahrscheinlichkeit nicht von Erfolg gekrönt wären.

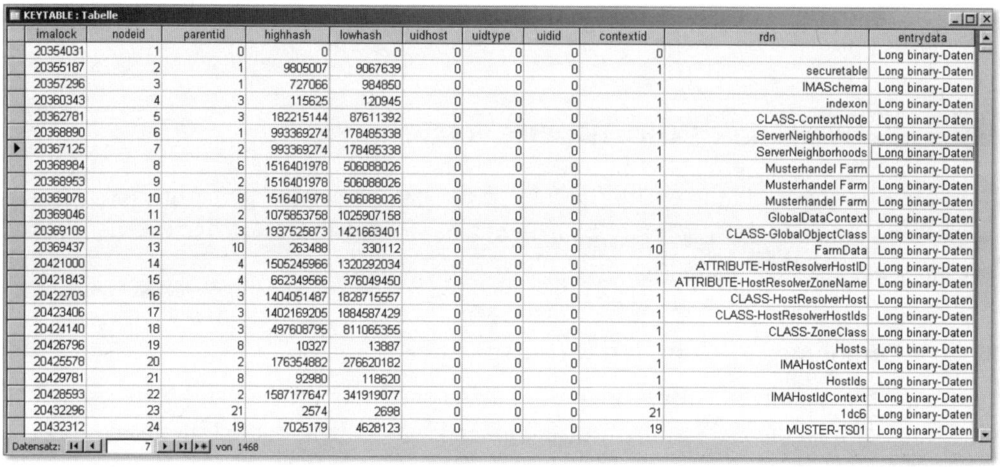
KEYTABLE : Tabelle

imalock	nodeid	parentid	highhash	lowhash	uidhost	uidtype	uidid	contextid	rdn	entrydata
20354031	1	0	0	0	0	0	0	0		Long binary-Daten
20355187	2	1	9805007	9067639	0	0	0	1	securetable	Long binary-Daten
20357296	3	1	727066	984850	0	0	0	1	IMASchema	Long binary-Daten
20360343	4	3	115625	120945	0	0	0	1	indexon	Long binary-Daten
20362781	5	3	182215144	87611392	0	0	0	1	CLASS-ContextNode	Long binary-Daten
20368890	6	1	993369274	178485338	0	0	0	1	ServerNeighborhoods	Long binary-Daten
20367125	7	2	993369274	178485338	0	0	0	1	ServerNeighborhoods	Long binary-Daten
20368984	8	6	1516401978	506088026	0	0	0	1	Musterhandel Farm	Long binary-Daten
20368953	9	2	1516401978	506088026	0	0	0	1	Musterhandel Farm	Long binary-Daten
20369078	10	8	1516401978	506088026	0	0	0	1	Musterhandel Farm	Long binary-Daten
20369046	11	2	1075853758	1025907158	0	0	0	1	GlobalDataContext	Long binary-Daten
20369109	12	3	1937525873	1421663401	0	0	0	1	CLASS-GlobalObjectClass	Long binary-Daten
20369437	13	10	263488	330112	0	0	0	10	FarmData	Long binary-Daten
20421000	14	4	1505245966	1320292034	0	0	0	1	ATTRIBUTE-HostResolverHostID	Long binary-Daten
20421843	15	4	662349566	376049450	0	0	0	1	ATTRIBUTE-HostResolverZoneName	Long binary-Daten
20422703	16	3	1404051487	1828715557	0	0	0	1	CLASS-HostResolverHost	Long binary-Daten
20423406	17	3	1402169205	1884587429	0	0	0	1	CLASS-HostResolverHostIds	Long binary-Daten
20424140	18	3	497608795	811065355	0	0	0	1	CLASS-ZoneClass	Long binary-Daten
20426796	19	8	10327	13887	0	0	0	1	Hosts	Long binary-Daten
20425578	20	2	176354882	276620182	0	0	0	1	IMAHostContext	Long binary-Daten
20429781	21	8	92980	118620	0	0	0	1	HostIds	Long binary-Daten
20428593	22	2	1587177647	341919077	0	0	0	1	IMAHostIdContext	Long binary-Daten
20432296	23	21	2574	2698	0	0	0	21	1dc6	Long binary-Daten
20432312	24	19	7025179	4628123	0	0	0	19	MUSTER-TS01	Long binary-Daten

Datensatz: 7 von 1468

Abbildung 8.11 Inhalt einer Tabelle des Datenspeichers

Interessant ist an dieser Stelle zu sehen, dass die Datenbank nur zwei Tabellen enthält. Wie später gezeigt wird, enthält die Datenbank auf einem SQL Server mehr Tabellen, wodurch auch begründet ist, warum nach einer Migration des Datenspeichers auf eine SQL-Datenbank nicht wieder zu Access zurück migriert werden kann.

8.6.2 Sichern und Wiederherstellen des Datenspeichers

Um die Datenbank des Datenspeichers sichern zu können, spielt es eine große Rolle, wo und auf welchem Datenbanksystem sich die Datenbank befindet. Sollte sich die Datenbank bereits auf einem SQL Server befinden, kann sie dort über einen Sicherungs- oder Wartungsauftrag mit den Möglichkeiten des entsprechenden Datenbanksystems gesichert und wiederhergestellt werden.

Handelt es sich beim Datenspeicher um eine Access- oder SQL-Express-Datenbank, so muss sie mit einem speziellen Befehl gesichert werden, da sie sich permanent im Zugriff befindet. Der hierfür benötigte Befehl ist `DSMAINT BACKUP` mit dem Sicherungspfad als weiterem Parameter.

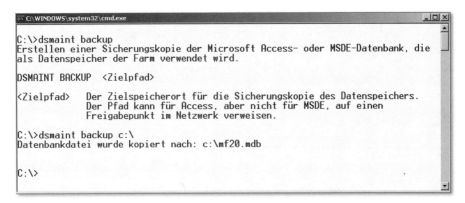

Abbildung 8.12 DSMAINT BACKUP zur Sicherung des Datenspeichers

> **Tipp**
>
> Da ein Verlust oder eine Inkonsistenz des Datenspeichers zu einer kompletten Neuerstellung der Server-Farm führen würde, sollte die Sicherung regelmäßig, am besten über einen geplanten Task, durchgeführt werden.

Über den Befehl DSMAINT RECOVER kann die so erstellte Sicherung der Datenbank auf dem Server wiederhergestellt werden.

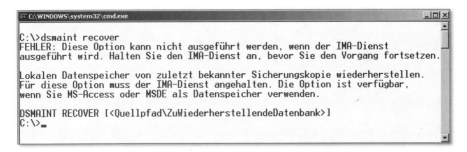

Abbildung 8.13 DSMAINT RECOVER zur Wiederherstellung der Datenbank

> **Hinweis**
>
> Da bei dieser Aktion die aktuelle *MF20.MDB* ersetzt wird, muss hierfür der IMA-Dienst beendet werden, da die anderenfalls geöffnete Datei nicht überschrieben werden könnte.

8.6.3 Was tun, wenn's brennt?

Sofern die Datenbank des Datenspeichers regelmäßig gesichert wird, kann man sich also relativ sicher fühlen. Doch was ist, wenn der Server, der die Datenbank bereitstellt, aus irgendeinem Grund nicht mehr verfügbar ist? Wie kann in einem solchen Fall der Datenspeicher wiederhergestellt werden? Grundsätzlich gibt es hierfür zwei Möglichkeiten, die jedoch beide mit der gleichen Aktion beginnen. Zunächst sollte auf einem der verbliebenen Server der Befehl CHFARM ausgeführt werden.

Abbildung 8.14 Warnmeldung von CHFARM

Wie in Abbildung 8.14 dargestellt, dient dieser Befehl dazu, die Farmeinstellungen eines Servers ohne eine Neuinstallation des XenApp zu ändern.

Abbildung 8.15 Neue Farm erstellen

An dieser Stelle sollte eine neue Server-Farm erstellt werden, wobei der Datenspeicher wieder in einer Access-Datenbank liegen sollte.

Nach dem Konfigurieren der neuen Farminformationen und dem Neustart des IMA-Dienstes befindet sich der Server nun somit in einer neuen Server-Farm mit einem eigenen Datenspeicher, wie ein Blick in die Access Management Console zeigt.

Um nun wieder auf den Datenspeicher der alten Server-Farm zugreifen zu können, muss auf dem Server der IMA-Dienst beendet werden und mittels DSMAINT RECOVER die Sicherung der alten Datenbank wiederhergestellt werden.

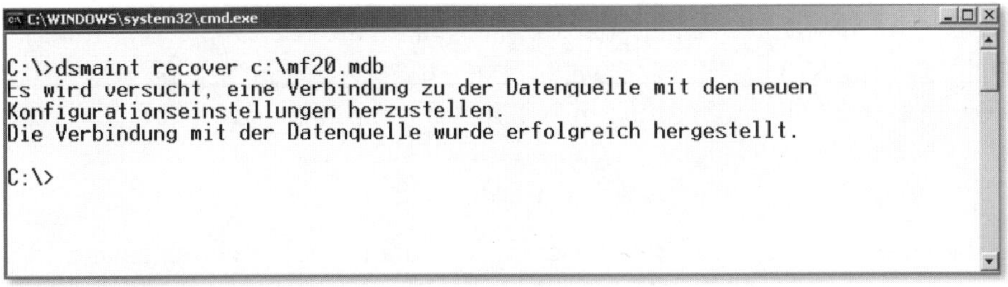

```
C:\>dsmaint recover c:\mf20.mdb
Es wird versucht, eine Verbindung zu der Datenquelle mit den neuen
Konfigurationseinstellungen herzustellen.
Die Verbindung mit der Datenquelle wurde erfolgreich hergestellt.
C:\>
```

Abbildung 8.16 DSMAINT RECOVER zur Wiederherstellung der Datenbank

Anschließend kann der Server neu gestartet werden und der Datenspeicher der alten Farm ist auf dem neuen Server aktiv. In einigen Fällen kann es vorkommen, dass der IMA-Dienst nicht gestartet werden kann, dann sollte der lokale Hostcache über den Befehl DSMAINT RECREATELHC neu initialisiert werden.

Nun muss nur noch dafür gesorgt werden, dass die restlichen Server der Farm den neuen Server als Datenspeicher nutzen. Eine Möglichkeit hierfür wäre, auf allen Servern ebenfalls CHFARM auszuführen und sie somit zu neuen Mitgliedern der Server-Farm zu machen.

Dieses Vorgehen ist vom Grundsatz her sehr einfach, zieht jedoch eine Reihe von manuellen Nacharbeiten mit sich, da alle Anwendungen an die nun neuen Serverobjekte erneut zugewiesen werden müssen. Die andere Alternative wäre, den verbliebenen Servern mittels des Befehls DSMAINT FAILOVER den neuen Speicherplatz des Datenspeichers mitzuteilen. Auf diese Weise kann die Server-Farm in relativ kurzer Zeit wieder produktiv geschaltet werden.

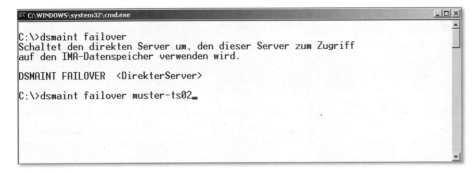

Abbildung 8.17 DSMAINT FAILOVER auf den anderen Servern

8.6.4 Verschieben des Datenspeichers

Ab einer bestimmten Größe wird es sich in einer Server-Farm nicht mehr vermeiden lassen, den Datenspeicher nicht mehr lokal auf einem der Server zu halten, sondern auf ein separates Datenbanksystem auszulagern. Hierbei ist der Weg dorthin unabhängig von der Art des neuen Datenbanksystems (SQL, Oracle, DB2), sofern ein Client für das jeweilige Datenbanksystem auf den Servern installiert ist. Der ODBC-Treiber für den SQL Server steht im Standard auf allen Windows Servern zur Verfügung, während die ODBC-Treiber für Oracle oder DB2 über den jeweiligen Client installiert werden müssen.

Der erste Schritt vor der Migration der Datenbank ist die Erstellung einer neuen Datenbank auf dem entsprechenden Datenbankserver. Zusätzlich sollte ein neuer Benutzer angelegt werden, der über Schreibberechtigungen in der neuen Datenbank verfügt.

> **Hinweis**
>
> In vielen Fällen kann es notwendig sein, für die Migration höhere Berechtigungen zu vergeben, da der Benutzer neue Tabellen anlegen und Einstellungen ändern können muss. Nach der Erstellung der Strukturen sollten diese Berechtigungen jedoch wieder auf das benötigte Mindestmaß reduziert werden, um die Sicherheit des Datenbankservers nicht zu gefährden.

Anschließend muss auf dem Server, der aktuell den Datenspeicher hält, eine neue ODBC-Datenquelle in Form einer *Datei-DSN* angelegt werden, in der der Pfad zu der neuen Datenbank definiert wird.

Abbildung 8.18   ODBC-Datenquellen: Datei-DSN

Um sich die Arbeit bereits an dieser Stelle zu erleichtern, sollte die neue Datei-DSN nicht im Standardpfad erstellt werden, sondern direkt im IMA-Verzeichnis des XenApp, wie in Abbildung 8.18 gezeigt.

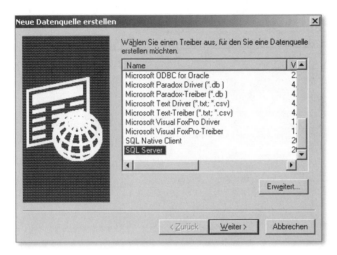

Abbildung 8.19 Auswahl des Datenbanktreibers

Nach der Auswahl des entsprechenden Datenbanktreibers können der Name und die Einstellungen der Datenquelle definiert werden.

Abbildung 8.20 Name und Speicherort der Datenquelle

Um den Überblick über die erstellten Datenquellen zu behalten, sollte generell jeder Datenquelle eine Beschreibung hinzugefügt werden, die aussagt, um welche Art Datenquelle es sich handelt und für welchen Einsatzzweck sie erstellt wurde.

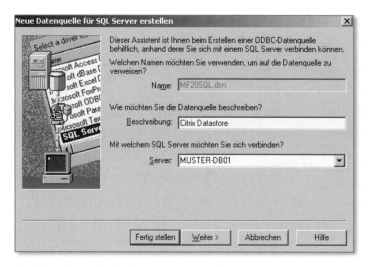

Abbildung 8.21 Beschreibung und Name des Datenbankservers

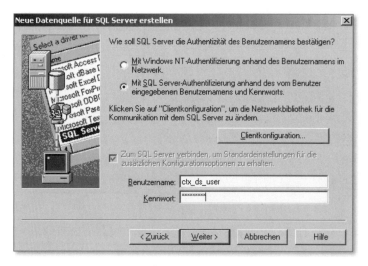

Abbildung 8.22 Authentifizierung an der Datenbank

Bei der Auswahl der Standarddatenbank sollte darauf geachtet werden, dass die korrekte Datenbank aus der Liste der verfügbaren Datenbanken ausgewählt wird, um Fehler in den Datenbankstrukturen zu vermeiden.

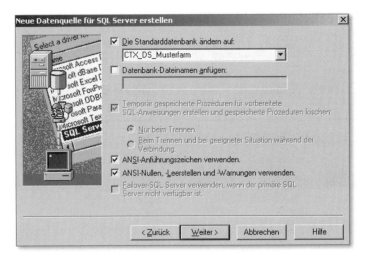

Abbildung 8.23 Festlegen der Standarddatenbank

Um die Funktionalität der Datenquelle sicherzustellen, sollte nach der Beendigung des Assistenten ein Verbindungstest durchgeführt werden.

Abbildung 8.24 Verbindungstest der neuen Datenquelle

Nachdem die Verbindung erfolgreich getestet wurde, kann der ODBC-Administrator geschlossen werden und eine Kommandozeileneingabe geöffnet werden, um eine Konfiguration der Datenbank und die Migration der Daten durchzuführen.

Zunächst müssen die Daten des aktuellen Datenspeichers in die neue Datenbank migriert werden. Der hierzu benötigte Befehl ist DSMAINT MIGRATE mit den entsprechenden Parametern für die alte und die neue ODBC-Datenquelle. Eine konkrete Ausprägung des Befehls könnte beispielsweise so aussehen:

```
dsmaint migrate /SRCDSN:"C:\PROGRAMME\CITRIX\INDEPENDENT MANAGEMENT
ARCHITECTURE\MF20.DSN" /DSTDSN:"C:\PROGRAMME\CITRIX\INDEPENDENT
MANAGEMENT ARCHITECTURE\MF20SQL.DSN" /DSTUSER:ctx_ds_user
/DSTPWD:Citr!x
```

Abbildung 8.25 Aufruf von DSMAINT MIGRATE

Nach dem Aufruf des Befehls erscheint das in Abbildung 8.26 dargestellte Informationsfenster, das darauf hinweist, dass noch einmal sichergestellt werden soll, dass das zukünftige Datenbanksystem vom XenApp als Datenspeicher unterstützt wird.

Abbildung 8.26 Hinweismeldung bezüglich des neuen Datenbanksystems

Anschließend beginnt die Migration der Daten in die neue Datenbank, die über das Verlaufsfenster nachvollziehbar ist.

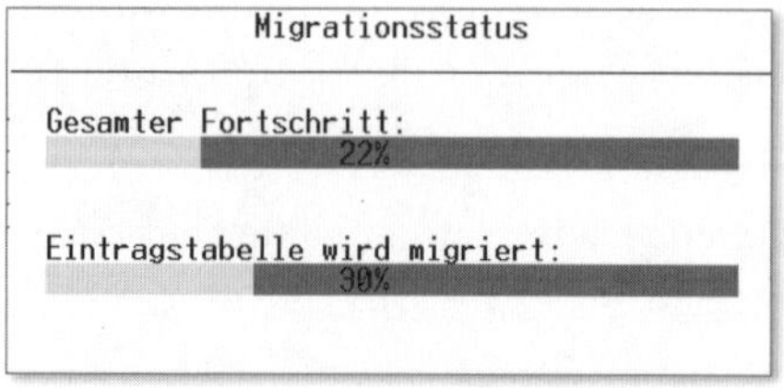

Abbildung 8.27 Statusfenster der Migration

Im letzten Schritt muss der Server dahingehend umkonfiguriert werden, dass er zukünftig die neue Datenquelle als Verbindung zum Datenspeicher nutzt. Dies kann ihm mit dem Befehl DSMAINT CONFIG mitgeteilt werden.

Abbildung 8.28 DSMAINT CONFIG

Mit diesem Schritt ist die Migration des Datenspeichers auf diesem Server abgeschlossen. Alle anderen Server der Farm sind bis zu diesem Zeitpunkt hiervon noch nicht betroffen, da sie über den IMA-Dienst des ehemaligen Datenspeicher-Servers *indirekt* auf die Daten zugreifen.

Um nun alle Server der Farm *direkt* auf den Datenspeicher zugreifen zu lassen, muss auf allen Servern die ODBC-Datenquelle angelegt werden und anschließend über DSMAINT CONFIG die Umstellung auf die neu erstellte Datenquelle erfolgen. Mehr Informationen über den direkten und indirekten Zugriff auf den Datenspeicher finden sich in Abschnitt 4.1.2, »Datenspeicher/Data Store«.

8.7 Erstellen einer gesicherten Benutzersitzung

In jeder Situation, in der viele Benutzer auf einem zentralen System arbeiten, ist dem Schutz und der Sicherheit dieses Systems ein besonderes Augenmerk zu widmen. Hierbei spielt es grundsätzlich keine Rolle, ob nur über die Microsoft-Terminaldienste, einen XenApp oder über einen XenDesktop zugegriffen wird. Der erste Aspekt, der hierbei beachtet werden sollte, ist immer die grundsätzliche Steuerung der Berechtigungen, welche Benutzer überhaupt in der Lage sein sollen, sich auf einem Terminalserver anzumelden. Hierzu können sowohl für das RDP- als auch für das ICA-Protokoll über die *Terminaldienstekonfiguration* die entsprechenden Berechtigungen gesetzt werden.

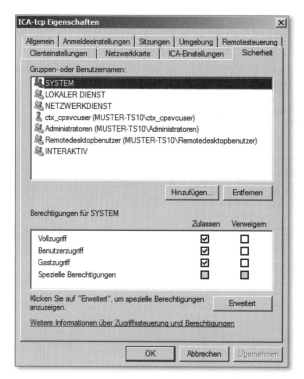

Abbildung 8.29 Berechtigungen auf Verbindungsprotokolle

Hierbei kann es sehr sinnvoll sein, eigene Gruppen im Active Directory anzulegen, über die die Zugriffe gesteuert werden können. Auf diese Weise sind die Terminalserver bereits vor unberechtigten Benutzern geschützt. Doch was ist mit den berechtigten Benutzern? Können diese nicht auch erheblichen Schaden anrichten? Ja, das können sie. Und aus diesem Grund sollte nicht nur der Zugriff auf eine Sitzung, sondern auch die Umgebung innerhalb der Sitzung entsprechend abgesichert werden. Seit Windows 2000 bieten hierfür die Active-Directory-Gruppenrichtlinien sehr flexible und leistungsstarke Möglichkeiten der Steuerung der Desktopumgebung und der Konfiguration eines Computersystems.

8.7.1 Active-Directory-Gruppenrichtlinien – Basiswissen

Um die Möglichkeiten der System- und Benutzerkonfiguration mit Gruppenrichtlinien einschätzen und nutzen zu können, ist es wichtig, sich ein wenig mit deren Funktionsweise auseinander zu setzen.

Da es sich bei diesem Buch um ein Werk über XenApp und nicht über das Active Directory und die Gruppenrichtlinien handelt, werden versierte Administratoren an dieser Stelle vielleicht nicht viel Neues finden und sich fragen, warum diese »Basics« hier genannt werden. Der Grund ist einfach – in der Praxis trifft man auf relativ viel Unwissenheit in Bezug auf die Funktion und die Möglichkeiten von Gruppenrichtlinien, weshalb an dieser Stelle einige entscheidende Merkmale ausgeführt werden. Wer meint, alles über Gruppenrichtlinien zu wissen, kann direkt zu Abschnitt 8.7.2, »Effektiver Einsatz von Gruppenrichtlinien im Terminalserverumfeld«, springen.

Aufgaben und Aufbau der Registry

Um zu verstehen, was Gruppenrichtlinien machen, sollte man sich kurz die Funktionsweise eines Windows-Systems vor Augen halten. Hierbei gibt es eine Reihe von Systemanwendungen, die dafür sorgen, dass man bei jedem Start des Systems den gewohnten Desktop angezeigt bekommt und seine Anwendungen starten kann. Da in jedem Menschen auch ein kleines Spielkind steckt, gibt es viele Einstellungen, die getroffen werden können – einige für den *persönlichen Touch*, wie die Farben des Desktops oder der Bildschirmschoner. Andere für die Konfiguration des Systems, wie beispielsweise der Computername oder seine IP-Adresse. Alle diese Einstellungen werden auf Windows-Systemen in der *Registry* gespeichert. Das heißt, dass es für jede Einstellung, die man in einer Anwendung treffen kann, einen Schlüssel in der Registry gibt, der diese Einstellung speichert und dafür sorgt, dass die Einstellung beim nächsten Start des Systems angewendet wird. Die Registry eines Computers ist somit nichts anderes als ein zentraler Speicher für Konfigurationseinstellungen.

Je intensiver man sich mit dieser Materie auseinandersetzt, umso mehr kommt man zu der Erkenntnis, dass es nicht die *eine* Registry gibt, sondern dass es sich bei der Registry um eine aus mehreren Teilen zusammengesetzte Datenbank handelt. Es gibt einen Teil für die Konfiguration der Computereinstellungen (HKLM_LocalMachine) und einen Teil für die Einstellungen des Benutzers (HKLM_CurrentUser). Beim Start des Rechners beziehungsweise bei der Anmeldung des Benutzers werden diese beiden Teile zu der Registry zusammengesetzt.

> **Info**
>
> Die Registry setzt sich aus mehren Teilen zusammen. Bis Windows NT konnte man ihre beiden Teile sogar direkt identifizieren – die SYSTEM.DAT und die USER.DAT. Seit Windows 2000 existiert die SYSTEM.DAT in dieser Form nicht mehr, sie wurde durch mehrere Systemdateien ersetzt. Vom Prinzip her gibt es aber nach wie vor die Trennung zwischen Benutzereinstellungen und Computereinstellungen in der Registry.

Aufgabe von Gruppenrichtlinien

Doch was hat die Registry mit den Gruppenrichtlinien zu tun? Ganz einfach – die Registry enthält alle Einstellungen eines Systems. In den Gruppenrichtlinien können diese Registry-Schlüssel über ein aussagekräftiges Frontend konfiguriert und in die Registries der einzelnen Computer geschrieben werden, um die gewünschten Einstellungen von einer zentralen Stelle aus zu setzen.

> **Hinweis**
>
> Unter den Windows-NT-System-Richtlinien (POLEDIT.EXE) wurden über Richtlinien tatsächlich *hart* die Werte in der Registry eines Computers überschrieben. Bei Gruppenrichtlinien werden die gewünschten Werte mit einer höheren Priorität in einen Unterschlüssel hinzugefügt. Dies hat den Vorteil, dass durch ein Entfernen der Gruppenrichtlinien wieder die vorherigen Einstellungen aktiv werden können. Dies war unter Windows NT noch anders – dort mussten die Einstellungen immer manell rückgängig gemacht werden.

Betrachtet man nun ein Gruppenrichtlinienobjekt (*GPO – Group Policy Object*), so findet man in ihm die Struktur der Registry, also die Trennung nach Benutzer- und Computereinstellungen, abgebildet.

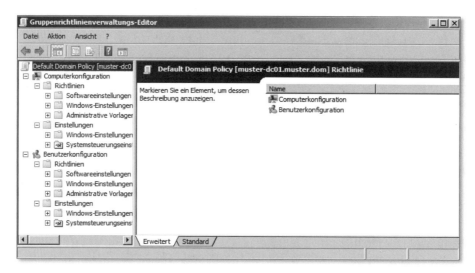

Abbildung 8.30 Aufbau eines Gruppenrichtlinienobjektes

Generell kann man sich also vor Augen halten, dass alle Einstellungen, die für das gesamte System gelten, immer unter *Computerkonfiguration* zu finden sind, während alle benutzerbezogenen Einstellungen in der *Benutzerkonfiguration* definiert werden.

Zuweisung von Gruppenrichtlinien

Grundsätzlich können Gruppenrichtlinien an drei Stellen gebunden werden – an *Active-Directory-Standorten (Sites)*, an *Domänen* und an *Organisationseinheiten (OUs)*. Als kleiner Sonderfall besteht zusätzlich die Möglichkeit, auf einem System mit einer *lokalen Richtlinie* zu arbeiten. Der Einfachheit halber werden im Folgenden nur die Bindungen an OUs betrachtet. Diese Einführung dient schließlich nicht als ausführlicher Einblick in alle Funktionen und Eigenschaften von Gruppenrichtlinien.

> **Hinweis**
>
> Ein altes Gerücht, das sich immer noch wacker hält, besagt, dass man *Gruppen*richtlinien an *Gruppen* zuweisen kann oder muss. Es sei an dieser Stelle noch einmal deutlich gesagt – das ist Unsinn! Die Bezeichnung *Gruppen*richtlinie kommt daher, dass die darin befindlichen Einstellungen *gruppiert* dargestellt werden. Sie hat also nichts mit Gruppenobjekten in der Domäne zu tun.

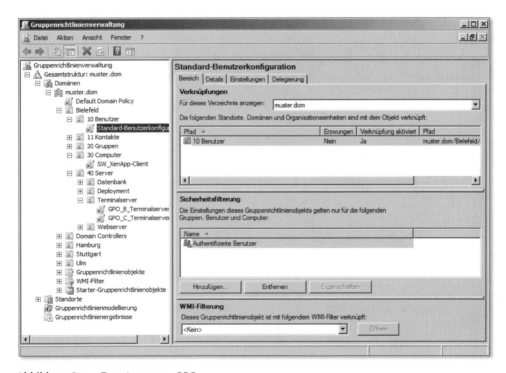

Abbildung 8.31 Zuweisung von GPOs

Gruppenrichtlinien können ausschließlich auf Benutzer- oder Computerkonten angewandt werden. Konkret bedeutet dies, dass man ein GPO an eine Organisationseinheit (OU) bindet, die dann die Benutzer- oder Computerobjekte enthalten muss. Sofern eine Benutzerkonfiguration in der GPO definiert ist, müssen die Benutzerobjekte in der entsprechenden OU liegen. Sofern eine Computerkonfiguration verteilt werden soll, müssen die Computerobjekte in der OU liegen. Ein typisches Zuweisungsszenario ist in Abbildung 8.31 dargestellt.

Auf diese Weise kann beispielsweise für die Benutzer in der *Standard-Benutzerkonfiguration* eingestellt werden, was in ihrem Startmenü nicht angezeigt werden soll.

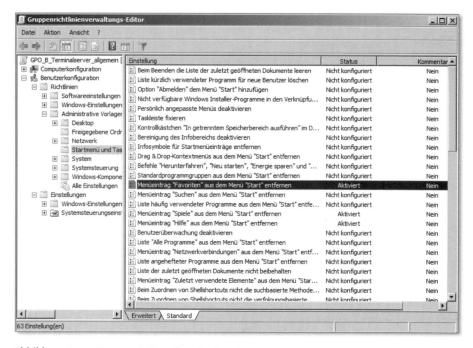

Abbildung 8.32 Startmenü-Vorgaben für Benutzer

Die auf diese Weise getroffenen Einstellungen würden somit für alle Benutzer gelten, die sich in der Organisationseinheit »*Bielefeld\10 Benutzer*« befinden. Es würde hierbei auch keine Rolle spielen, an welchem Computer die Benutzer sich anmelden, da die Richtlinie direkt auf ihr Benutzerobjekt angewendet wird.

Berechtigungen auf Gruppenrichtlinien

Was wäre aber nun, wenn in der beschriebenen OU ein Benutzer läge, für den die Einstellung nicht gelten soll? Gibt es eine elegante Möglichkeit, einzelne Benutzer aus dem »Wirkungskreis« der Gruppenrichtlinie herauszuziehen, ohne sie in eine andere OU zu verschieben?

Um diese Frage zu beantworten, muss man wissen, dass die Anwendung von Gruppenrichtlinien mit einem kleinen Paradoxon verbunden ist. Obwohl die Richtlinien einen Benutzer im Regelfall einschränken, muss er *berechtigt* sein, diese anzuwenden. Hierzu verfügt jedes Gruppenrichtlinienobjekt über eine eigene Zugriffsberechtigungsliste, die besagt, wer dieses Objekt anwenden darf.

Um also sicherzustellen, dass jedes Gruppenrichtlinienobjekt zunächst für alle Benutzer gilt, wird der Gruppe der *authentifizierten Benutzer* die Berechtigung *Gruppenrichtlinie übernehmen* zugewiesen, wie in Abbildung 8.33 gezeigt. Möchte man nun erreichen, dass die Richtlinie für einen bestimmten Benutzer oder eine bestimmte Gruppe nicht angewendet wird, so muss man nur die *Übernahme verweigern*. Über eine solche Verweigerung kann somit ein bestimmter Benutzerkreis von der Gruppenrichtlinie ausgeschlossen werden.

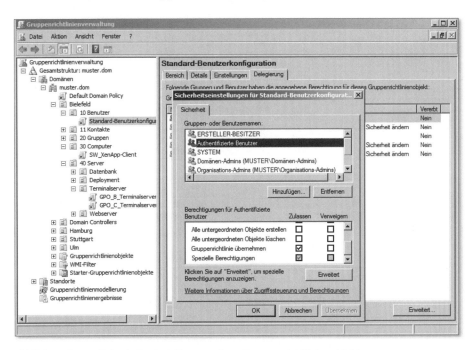

Abbildung 8.33 Sicherheitseinstellungen eines Gruppenrichtlinienobjektes

Es geht aber auch anders herum: Soll eine Richtlinie wiederum nur für eine spezielle Gruppe gelten, so könnte das Recht zur Übernahme der Richtlinie den authentifizierten Benutzern entzogen werden (Häkchen entfernen!) und nur einer eigens dafür angelegten Gruppe zugewiesen werden. Somit ist man in der Lage, über die Berechtigungen des Gruppenrichtlinienobjektes zu steuern, für wen eine Richtlinie gelten soll.

Loopback der Computerkonfiguration

Mit dem bisherigen Wissen ist man nun in der Lage, explizit zu steuern, für wen welche Richtlinie gelten soll. Was ist aber, wenn auch eine Abhängigkeit mit dem aktuellen Computer des Benutzers geschaffen werden soll? Für das vorliegende Szenario könnte eine Anforderung sein, dass die Benutzer auf ihren lokalen Arbeitsplatz-PCs ohne Einschränkungen arbeiten können sollen, während sie auf einem Terminalserver mit Gruppenrichtlinie eingeschränkt werden sollen. Helfen hierbei Berechtigungen? Nein, hier wird eine weitere Technik benötigt, die es ermöglicht, eine Benutzerkonfiguration von einem Computerobjekt abhängig zu machen.

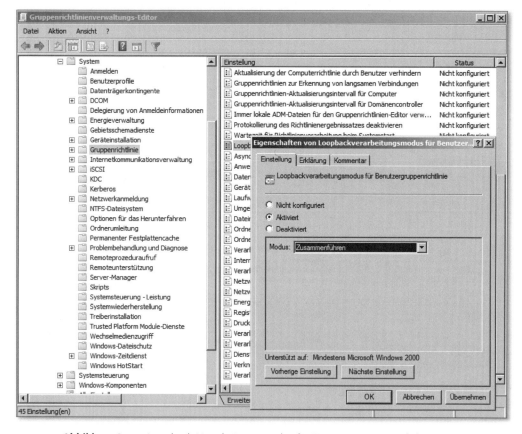

Abbildung 8.34 Loopback-Verarbeitungsmodus für Benutzergruppenrichtlinie

Die Aktivierung der Einstellung *Loopback-Verarbeitungsmodus für Benutzergruppenrichtlinie* bewirkt, dass nun nicht mehr nur die vorhandenen Computereinstellungen, sondern dass auch die Benutzereinstellungen, die in Richtlinien über dem Computerobjekt gebunden sind, auf die Benutzerumgebung angewendet werden. Es wird somit also möglich, Benutzereinstellungen zu definieren, die nur auf dem entsprechenden Computer gelten.

Neben Terminalservern sind beispielsweise öffentlich zugängliche Kiosk-PCs ein häufiges Einsatzgebiet für die Loopback-Verarbeitung. Ein ähnliches Ergebnis könnte auch durch den Einsatz von WMI-Filtern erreicht werden. Wegen der höheren Komplexität der Erstellung solcher Filter werden sie jedoch an dieser Stelle nicht weiter beachtet.

8.7.2 Effektiver Einsatz von Gruppenrichtlinien im Terminalserver-Umfeld

Verbindet man nun die in den vorangegangenen Abschnitten genannten Möglichkeiten von Gruppenrichtlinien mit dem Einsatzgebiet eines Terminalservers, so bieten sich ungeahnte Möglichkeiten. Eine Konfiguration könnte also beispielsweise so aussehen, dass auf der Organisationseinheit, die die Computerobjekte der Terminalserver enthält, zwei Gruppenrichtlinien angelegt werden. Eine davon enthielte die gesamte Computerkonfiguration und die Einstellungen für den Loopback-Modus.

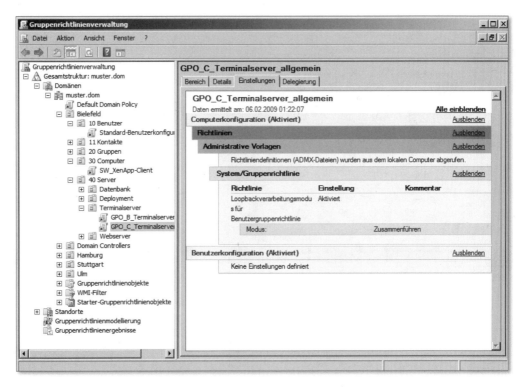

Abbildung 8.35 Richtlinie für Computerkonfiguration

8 | Best Practices

Die zweite Gruppenrichtlinie enthielte die gesamte Benutzerkonfiguration.

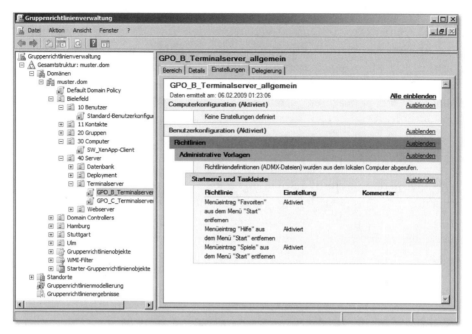

Abbildung 8.36 Richtlinie für Benutzerkonfiguration

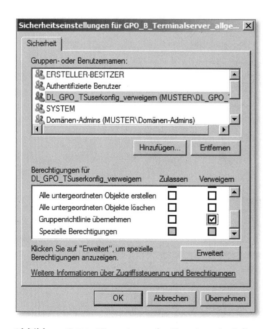

Abbildung 8.37 Verweigern der Benutzereinstellungen für eine Gruppe

Grundsätzlich könnten diese Einstellungen auch mit nur einem Gruppenrichtlinienobjekt realisiert werden. Es gibt jedoch einen guten Grund, die Einstellungen auf zwei Objekte aufzuteilen. Wenn an dieser Stelle mit zwei GPOs gearbeitet wird, besteht nun die Möglichkeit, über Berechtigungen auf das Objekt *GPO_B(für Benutzer)_Terminalserver_allgemein* die Einstellungen der Richtlinie für einige Benutzer, beispielsweise Administratoren, nicht gelten zu lassen.

8.7.3 Erweitern der Einstellungsmöglichkeiten

Neben den beschriebenen Konfigurationsmöglichkeiten mit Gruppenrichtlinien werden früher oder später Einstellungen gewünscht sein, die nicht in den Gruppenrichtlinien zu finden sind. Um auf solche Anforderungen reagieren zu können, sind die Gruppenrichtlinien in dem Bereich *Administrative Vorlagen* mit sogenannten *ADM-Dateien* erweiterbar.

Abbildung 8.38 Vorlagen hinzufügen/entfernen

Im Internet findet sich zu nahezu jeder Windows-Anwendung bereits eine Reihe von ADM-Dateien, die in die Gruppenrichtlinien eingebunden werden können. Eine Suche nach *.ADM* wirkt hierbei oft Wunder.

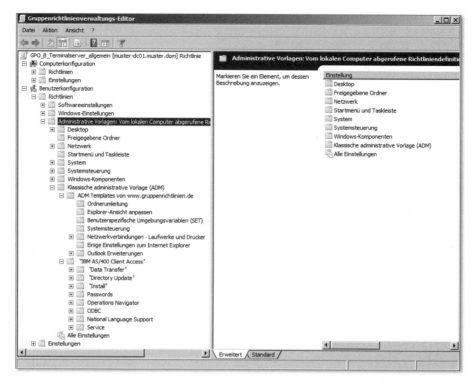

Abbildung 8.39 Importierte Vorlagen

Für den Bereich der Microsoft-Anwendungen sollte auf jeden Fall ein Blick in das *Office Resource Kit (ORK)* und das *Zero Administration Kit (ZAK)* geworfen werden, da sich hierin eine große Anzahl von Richtlinienvorlagen befinden.

8.8 Problemfälle der Ressourcenveröffentlichung

Sofern bei einer XenApp-Umgebung ausschließlich über veröffentlichte Anwendungen gearbeitet werden soll, werden früher oder später einige Anforderungen auftauchen, die mit den bisherigen Methoden scheinbar nicht abgedeckt werden können. In den folgenden Abschnitten sollen einige der häufigeren Vertreter dieser *Problemfälle* kurz erläutert werden.

8.8.1 Veröffentlichen des Windows Explorers

Die erste Anforderung, die bei der Arbeit ausschließlich mit veröffentlichten Anwendungen auf die Administratoren zukommen wird, ist der Wunsch nach einer Veröffentlichung des Windows Explorers. Sofern hierbei nach dem Standardschema, also mit dem Befehlszeilenaufruf EXPLORER.EXE, gearbeitet wird, fällt schnell auf, dass hierdurch eine Desktopsitzung geöffnet wird.

Der Grund hierfür liegt im Design von Windows. Der Explorer erfüllt hierbei nicht nur die Funktion als Dateibrowser, sondern er stellt bei seinem ersten Aufruf nach der Anmeldung eines Benutzers auch die Desktopumgebung. Wenn ein Benutzer also mit veröffentlichten Anwendungen arbeitet und den Explorer aufruft, erkennt dieser, dass der Benutzer noch keine Desktopumgebung (auf dem Terminalserver) hat und erstellt diese.

Diese Funktion ist mit dem Namen EXPLORER.EXE fest in Windows verdrahtet. Um sie zu umgehen gibt es zwei Möglichkeiten – man könnte statt des Windows Explorers den Internet Explorer veröffentlichen, der die gleichen Funktionalitäten im Hinblick auf Dateizugriffe bietet, oder man erstellt eine Kopie der EXPLORER.EXE unter einem anderen Namen und veröffentlicht diese. Konkret könnte man also eine Kopie der EXPLORER.EXE unter dem Namen EXPLOR.EXE im Windows-Verzeichnis der Terminalserver erstellen und diese veröffentlichen.

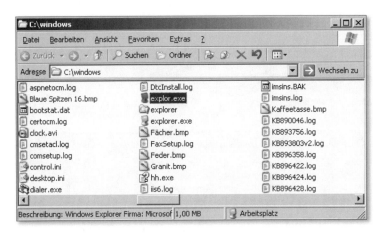

Abbildung 8.40 Kopie der EXPLORER.EXE

> **Hinweis**
>
> Da es bei Patches oder Service Packs vorkommen kann, dass die EXPLORER.EXE durch ein neue Version ersetzt wird, sollte man darauf achten, in diesen Fällen auch eine neue Kopie für die EXPLOR.EXE zu erstellen.

Alternativ dazu könnte auch der Internet Explorer mit einem Parameter für ein lokales Laufwerk – etwa dem Home-Verzeichnis des Benutzers – veröffentlicht werden. Der Internet Explorer schaltet in diesem Fall direkt wieder in den Windows-Explorer-Modus und erzielt somit auch das gewünschte Ergebnis.

> **Hinweis**
>
> Einziger Schönheitsfleck bei dieser Variante – bei Einsatz des Internet Explorer 7 muss das Sicherheitslevel weit gedrosselt werden, da sonst das Explorer-Fenster als eigener Prozess gestartet wird und das Internet-Explorer-Fenster mit einer Fehlermeldung im Hintergrund stehen bleibt. Für die Veröffentlichung an einen Benutzer ist dies natürlich *unschön*.

8.8.2 Zugriff auf den Druckerordner des Servers

Eine weitere Anforderung, die wahrscheinlich sehr schnell von den Benutzern gestellt werden wird, ist der Wunsch nach einem Zugriff auf den Druckerordner des Terminalservers, um darüber neue Netzwerkdrucker hinzuzufügen oder vorhandene Drucker zu verwalten. Um den Druckerordner des Servers an die Benutzer zu veröffentlichen, muss er zunächst auf dem Server »greifbar« gemacht werden. Hierzu muss im Dateisystem der Ordner *C:\Printers.{2227A280-3AEA-1069-A2DE-08002B30309D}* angelegt werden, der symbolisch für den Druckerordner in der Systemsteuerung steht. Nach der Erstellung erscheint dieser Ordner im Explorer unter dem Namen *C:\CPrinters*, wie in Abbildung 8.41 dargestellt.

Abbildung 8.41 Der Druckerordner im Dateisystem

Nun muss dieser Ordner nur noch veröffentlicht werden. Da eine direkte Veröffentlichung dieses Ordners nicht möglich ist, wird er über den Internet Explorer veröffentlicht. Hierzu wird eine neue veröffentlichte Anwendung erstellt, deren Programmpfad *[Pfad zur iexplore.exe] C:\CPrinters.{2227A280-3AEA-1069-A2DE-08002B30309D}* sein muss.

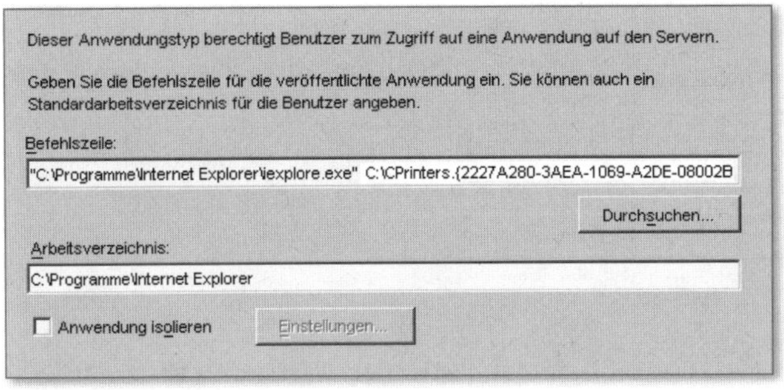

Abbildung 8.42 Befehlszeile der Druckerordner-Veröffentlichung

> **Hinweis**
>
> Sofern nicht mit Server-gespeicherten Terminaldiensteprofilen gearbeitet wird, kann es notwendig sein, den Druckerordner für jeden Server separat zu veröffentlichen.

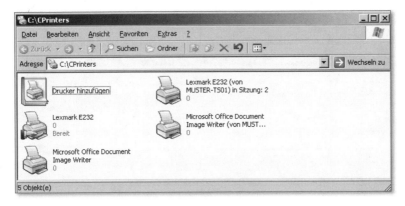

Abbildung 8.43 Druckerordner-Veröffentlichung

8.8.3 Veröffentlichen von Internetseiten oder Verzeichnissen

Der einfachste Weg, Internetseiten oder Verzeichnisse zu veröffentlichen, geht über die Veröffentlichung eines *Internet Explorers* mit dem entsprechenden Verzeichnis oder der entsprechenden URL als Parameter.

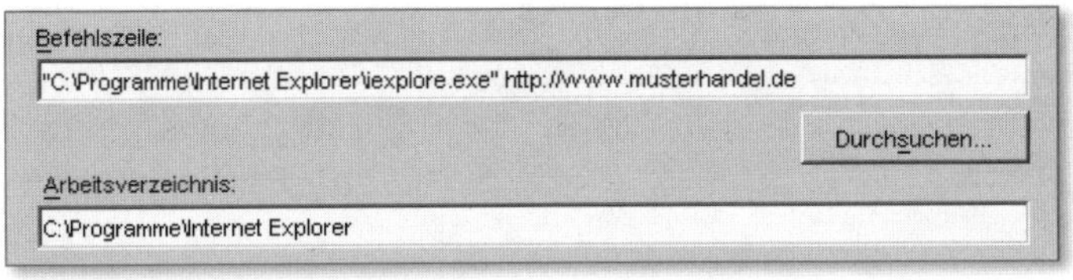

Abbildung 8.44 Veröffentlichen einer Internetseite

> **Hinweis**
>
> Diese Art der Veröffentlichung eines Verzeichnisses oder einer Adresse ist nicht mit der *Veröffentlichung eines Inhaltes* über die Presentation Server Console zu verwechseln. Während bei einer Inhaltsveröffentlichung nur ein Link verteilt wird, über den der Client direkt auf die Ressource zugreift, wird bei der hier beschriebenen Variante komplett über den Terminalserver zugegriffen.

8.9 Citrix CDN – Hilfe auch für Planung und Verwaltung

Ein ganz wesentliches Problem bei der Planung und Skalierung einer Presentation-Server-Umgebung ist die Analyse der Serverlast und die Simulation von Serververhalten. Zu diesen Themen gibt es eine Reihe von Hilfsmitteln von ganz unerwarteter Stelle – die *Software Development Kits (SDKs)* zu den jeweiligen Citrix-Produkten. Diese SDKs können kostenfrei über das *Citrix Developer Network (CDN)* heruntergeladen werden.

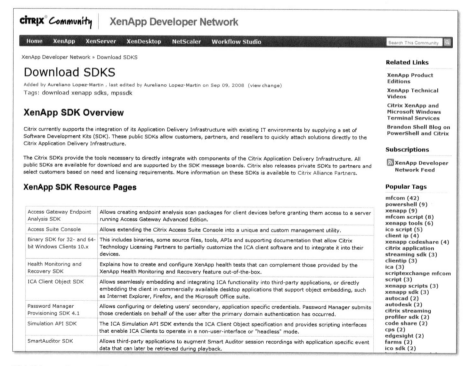

Abbildung 8.45 CDN-Startseite

Bei Bedarf lassen sich die SDKs oftmals direkt auf einem der Terminalserver installieren.

> **Hinweis**
> Teilweise unterliegen die SDKs speziellen Lizenzvereinbarungen, die trotz des kostenfreien Zugangs zu den Tools natürlich nicht missachtet werden dürfen.

8.9.1 XenApp SDK

Im Software Development Kit des XenApp findet sich eine Vielzahl von Programmbeispielen, die über das SDK realisiert worden sind. Diese Beispiele sind natürlich vor allem für Entwickler von großem Wert, da sie konkrete Umsetzungen der XenApp-Entwicklungen präsentieren. Aber auch Administratoren sollten einen genaueren Blick auf die mitgelieferten Beispielprogramme werfen, da sie viele interne Informationen der XenApp-Farm preisgeben können. So bietet beispielsweise das in Abbildung 8.46 gezeigte VB.NET-Beispiel *FarmInfo* sehr viele Informationen über Anwendungen und Server auf einen Blick und sogar die Möglichkeit zur Änderung einiger Einstellungen.

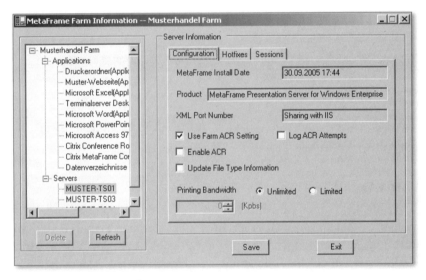

Abbildung 8.46 Farm-Information

Auch das Quick Citrix Administrator Management Tool (*QAdmin*), das zur schnellen Verwaltung von XenApp-Administratoren dient, kann sich als sehr hilfreich erweisen.

Eines der leistungsstärksten Werkzeuge ist *CSCMC*, das einen Überblick über nahezu alle Verwaltungsmöglichkeiten der Standardwerkzeuge bietet.

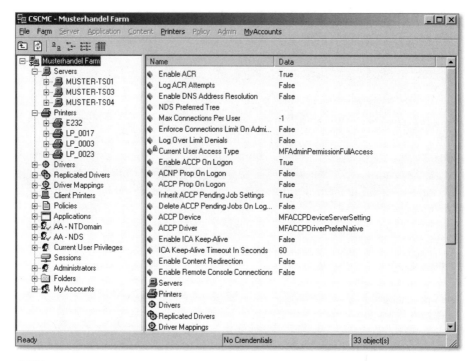

Abbildung 8.47 CSCMC

Zusammenfassend kann man sagen, dass es auf jeden Fall empfehlenswert ist, einmal einen Blick in das XenApp SDK zu wagen.

8.9.2 Citrix Server Test Kit

Sobald es darum geht, fundierte Aussagen über die Leistungsfähigkeit oder die Anforderungen an einen Terminalserver zu treffen, hat man akuten Bedarf an einer Simulation von Benutzerverbindungen auf einen Server. Mit dem Citrix Server Test Kit können solche Simulationen realisiert werden, indem virtuelle Benutzer Anwendungen auf dem Server starten.

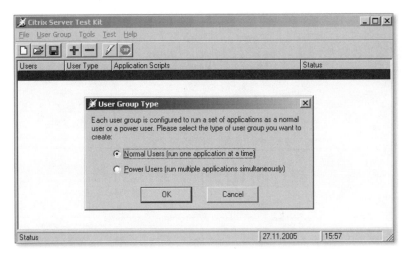

Abbildung 8.48 Citrix Server Test Kit

Hierbei wird über einen Assistenten definiert, wie viele Benutzer die Simulation umfassen soll und mit welchen Anwendungen diese arbeiten sollen.

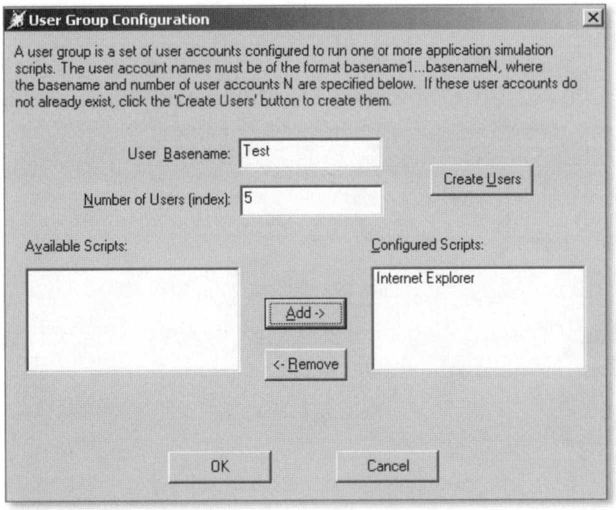

Abbildung 8.49 Erstellen der Benutzerdefinition

Um das Verhalten der Benutzersitzungen an der Realität zu orientieren, können Anwendungsskripte erstellt werden, die die echten Anwendungen des Unternehmens in die Simulation einbinden.

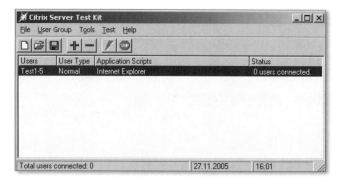

Abbildung 8.50 Status der Simulation

> **Hinweis**
>
> An dieser Stelle muss man jedoch klar sagen, dass die Möglichkeiten durchaus begrenzt sind. Aus diesem Grund platziert Citrix an dieser Stelle nun sein Produkt *EdgeSight for Load Testing*, das in Bezug auf Leistungs- und Verfügbarkeitstests einen wesentlichen Mehrwert bietet.

8.10 CitrixTools.Net

Eine sehr hilfreiche Webseite ist CitrixTools.Net. Auf dieser Seite finden sich zahlreiche freie Tools, die die Verwaltung einer XenApp-Umgebung deutlich vereinfachen können. Drei dieser Tools seien hier exemplarische einmal kurz genannt.

8.10.1 Session Monitor

Der Session Monitor ist ein sehr schlankes kleines Werkzeug, das einen guten Überblick über aktive und getrennte Sitzungen der Server-Farm liefert. Über eine Auto-Refresh-Funktion können darüber hinaus die gezeigten Informationen stets aktuell gehalten werden (Abbildung 8.51).

8.10.2 Fast Publishing

Noch nützlicher ist das Fast Publishing Tool, über das sehr schnell Anwendungen veröffentlicht werden können (Abbildung 8.52).

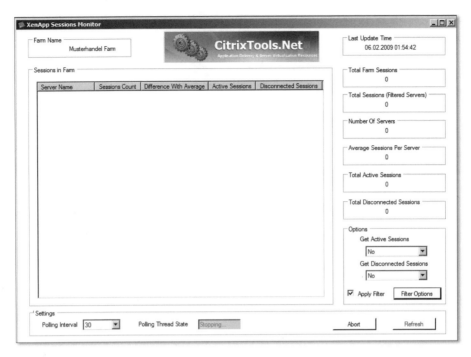

Abbildung 8.51 Session Monitor

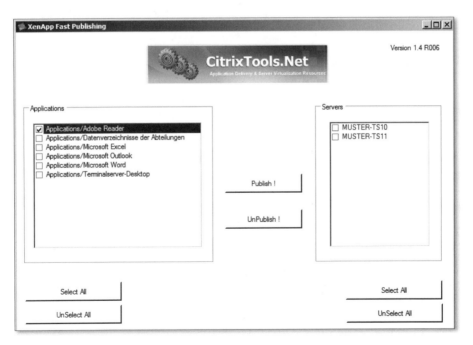

Abbildung 8.52 Fast Publishing

8.10.3 App Manager

Die Krone der Schöpfung ist jedoch der App Manager, über den auf einen Blick alle Anwendungseinstellungen konfiguriert werden können.

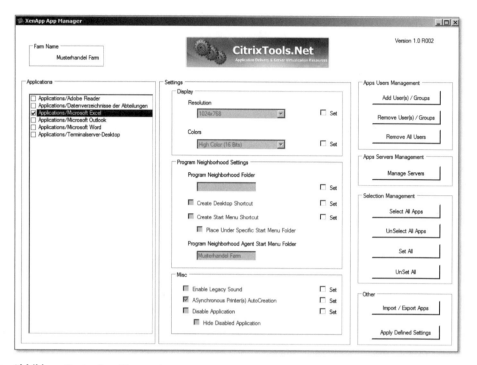

Abbildung 8.53 App Manager

Auch in der besten Umgebung können Fehler auftreten. In diesem Kapitel sollen zum einen Lösungsstrategien und Tools vorgestellt werden, und zum anderen einige häufige Probleme mit ihren jeweiligen Lösungen dargestellt werden.

9 Troubleshooting

Je größer eine Server-Farm wird und je länger sie in Betrieb ist, umso größer wird die Wahrscheinlichkeit, dass doch einmal ein Fehler auftritt. Doch wie sollte man sich in einem solchen Fall verhalten und welches sind die Werkzeuge, die bei der Problemlösung helfen können?

9.1 Grundsätzliches Vorgehen bei Fehlern

Abhängig davon, in welchem Zusammenhang ein Problem oder Fehler auftritt, gibt es unterschiedliche Schritte, die unternommen werden sollten, um sich der Problemursache und somit der Problemlösung zu nähern. Natürlich können an dieser Stelle nicht alle Lösungswege für die möglichen Probleme aufgezeigt werden. Es geht an dieser Stelle primär darum, die Zusammenhänge zwischen den einzelnen Komponenten aufzuzeigen, die bei der Fehlersuche hilfreich sein können.

9.1.1 Probleme beim Verbindungsaufbau

Eine der häufigsten und mannigfaltigsten Problemsituationen wird ein fehlgeschlagener Verbindungsaufbau eines Benutzers sein. Da es hierfür sehr viele Ursachen geben kann, sollten die folgenden Schritte ausgeführt werden, um das Problem einzugrenzen.

- **Direkte Verbindung**
  Sofern die Benutzer eine Verbindung über ein Webinterface oder ein Secure Gateway herstellen, sollte zunächst versucht werden, eine direkte Verbindung über einen lokalen Client herzustellen. Im Zweifel sollte sogar so weit gegangen werden, eine benutzerdefinierte Verbindung zu erstellen, um Fehler im ICA-Browsing auszuschließen.

- **Remotedesktop-Verbindung**
  Um sicherzugehen, dass es sich bei dem Problem nicht um Fehler auf der Windows-Seite handelt (TS-Lizenzierung, Domäne …), sollte auf jeden Fall eine Verbindung über den Remotedesktopclient getestet werden. Sollte diese ebenfalls fehlschlagen, ist das Problem nicht mehr ausschließlich im XenApp-Bereich zu suchen.

- **Anderer Arbeitsplatz**
  Da Verbindungsprobleme häufig von dem Arbeitsplatz des Benutzers abhängig sind (Microsoft-TS-CALs, Client-Version, Netzwerkkonfiguration …), sollte der Benutzer versuchen, sich von einem anderen Arbeitsplatz aus anzumelden.

- **Anderer Benutzername**
  Um weitere Schlüsse ziehen zu können, sollte ein anderer Benutzer eine Anmeldung von dem PC des betroffenen Benutzers aus versuchen. Hierdurch können Probleme am Endgerät ausgeschlossen werden.

- **Ereignisanzeige des Servers**
  Bei jedem Fehler sollte ein Blick in die Ereignisanzeige des Servers geworfen werden, da jeder Verbindungsaufbau hier seine Spuren hinterlässt.

- **Blick in die Dokumentation**
  Wie in Abschnitt 8.5, »Dokumentation«, beschrieben, ist eine aktuelle Dokumentation eine Grundvoraussetzung für den Betrieb einer XenApp-Umgebung. Bevor an dieser Stelle weiter nach der Fehlerquelle gesucht wird, sollte in den Änderungsnachweisen der Dokumentation geprüft werden, was die letzte Änderung am System war und ob diese eventuell den Fehler provoziert haben könnte.

9.1.2 Probleme bei der Integration von Client-Ressourcen

Ein weiteres breites Fehlergebiet ist die Einbindung von Client-Ressourcen in die Benutzersitzungen auf dem Terminalserver. Falls hierbei Probleme auftreten, sollten die folgenden Schritte abgearbeitet werden.

- **ICA-Protokolleinstellungen**
  Auf jedem Server sollte geprüft werden, ob die Eigenschaften des ICA-Protokolls den gewünschten Einstellungen entsprechen oder ob eine benötigte Funktion deaktiviert ist.

- **Richtlinien**
  Da viele Einstellungen für die Endgeräte mittlerweile über Richtlinien abgebildet werden können, sollte auch stets geprüft werden, ob eine Richtlinieneinstellung das Fehlverhalten auslöst.

- **ICA-Client**
  Da das Einbinden von Client-Ressourcen auch über Einstellungen an der Clientsoftware konfiguriert werden kann, sollte geprüft werden, ob an dieser Stelle alle Einstellungen korrekt sind.

- **Druckertreiber**
  Sollte es sich bei der einzubindenen Ressource um einen Drucker handeln, kann geprüft werden, ob ein passender Treiber für den Drucker verfügbar ist beziehungsweise ob einer der universellen Druckertreiber von XenApp verwendet werden kann.

- **Ereignisanzeige des Servers**
  Auch bei diesen Fehlern sollte ein Blick in die Ereignisanzeige des Servers geworfen werden, da auch die Integration von Client-Ressourcen an dieser Stelle dokumentiert wird.

- **Blick in die Dokumentation**
  Auch an dieser Stelle sollte wieder in den Änderungsnachweisen der Dokumentation geprüft werden, was die letzte Änderung am System war und ob diese eventuell den Fehler provoziert haben könnte.

9.1.3 Probleme mit dem Datenspeicher oder Lizenzserver

Für den Fall, dass die Funktionalität der Server-Farm nicht mehr voll verfügbar ist, hängt dies mit sehr hoher Wahrscheinlichkeit mit dem Datenspeicher zusammen.

- **Lokaler Hostcache**
  Wenn einer der Server anscheinend Probleme mit den Informationen der Server-Farm hat, kann zunächst sichergestellt werden, dass es sich hierbei nicht um fehlerhafte Informationen in seinem lokalen Cache handelt. Der Befehl `DSMAINT RECREATELHC` löscht den vorhandenen lokalen Hostcache und erstellt diesen neu.

> **Achtung**
> Dieser Befehl sollte mit einiger Vorsicht genossen werden. Sofern der Datenspeicher oder der Lizenzserver tatsächlich das Problem darstellen und nicht wiederhergestellt werden können, ist der lokale Hostcache das letzte Mittel, die Server-Farm noch für eine gewisse Zeit aktiv zu halten, um währenddessen eine mögliche neue Farm oder einen neuen Lizenzserver zu implementieren.

- **Verbindungscheck**
  Es sollte auf niedriger Ebene geprüft werden, ob die Server in der Lage sind, eine Verbindung mit dem Datenspeicher oder dem Lizenzserver herzustellen.

9 | Troubleshooting

Der erste Test wäre ein *PING* auf die Adresse des Servers (Name und IP-Adresse!), um die IP-Verbindung zu testen. Sollte dieser Test erfolgreich sein, könnte über *Telnet* ein Verbindungstest mit dem Dienst durchgeführt werden, also beispielsweise *TELNET [LIZENZSERVER] 27000* um den Dienstport zu testen.

- **Unterschiedliche Server**
  Um sicherzugehen, dass das Problem nicht an einem der Server liegt, sollten die Funktionalitäten auch immer von anderen Servern der Farm aus getestet werden.

Selbstverständlich sollten diese Schritte ebenfalls wieder mit einem Blick in die Ereignisanzeige und in den Änderungsnachweis der Dokumentation kombiniert werden. Viele dieser Schritte sind eins zu eins auch auf andere Fehlersituationen übertragbar.

9.2 Werkzeuge zur Fehlersuche und -analyse

Neben den bereits bekannten Werkzeugen des XenApp gibt es noch eine Reihe von weiteren Tools, die speziell im Fehlerfall von großem Nutzen sein können.

9.2.1 ACRCFG

Über ACRCFG können die Einstellungen für die automatische Wiederverbindung von Clients konfiguriert werden.

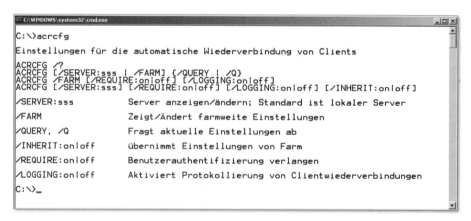

Abbildung 9.1 ACRCFG

9.2.2 APPUTIL

Durch den Aufruf von APPUTIL können Informationen über Anwendungen in der Server-Farm abgerufen werden.

Abbildung 9.2 APPUTIL

Dies bezieht sich sowohl auf veröffentlichte Anwendungen als auch auf beispielsweise Installation Manager Pakete, wie in Abbildung 9.2 dargestellt.

9.2.3 AUDITLOG

Mit dem Befehl AUDITLOG können Berichte über die An- und Abmeldungen von Benutzern erstellt werden.

9 | Troubleshooting

```
C:\>auditlog /?
Berichte zu Anmelde-/Abmeldevorgängen erstellen.

AUDITLOG [benutzername | sitzung] [/BEFORE:mm/tt/jj] [/AFTER:mm/tt/jj]
    [/WRITE:Dateiname | [/TIME | /FAIL | /ALL | /DETAIL]] [/EVENTLOG:Dateiname]
AUDITLOG [/CLEAR[:Sicherungsdateiname]]

Benutzername         Benutzer, für den ein Protokoll erstellt wird
Sitzung              Sitzung, für die ein Protokoll erstellt wird
/BEFORE:mm/tt/jj     Vorgänge nach mm/tt/jj protokollieren
/AFTER:mm/tt/jj      Vorgänge nach mm/tt/jj protokollieren
/WRITE:Dateiname     Ausgabe in Datei 'Dateiname' senden
/TIME                An-/Abmeldezeiten melden, n. verwendet mit /fail o. /detail
/FAIL                Fhlgschlg. Anmldg. melden, n. verwendet mit /time o. /all
/ALL                 Alle An-/Abmeldungen protokollieren, n. verwendet mit /fail
/DETAIL              Detailprotokoll für alle Vorgänge, n. verwendet mit /time
/EVENTLOG:Dateiname  'Dateiname' als Eingabe für AUDITLOG verwenden
/CLEAR:Dateiname     Protokoll löschen, altes Protokoll als 'Dateiname' speichern

C:\>_
```

Abbildung 9.3 AUDITLOG

Diese können im einfachsten Fall direkt auf dem Bildschirm ausgegeben werden.

Abbildung 9.4 Ausgabe eines Standardberichtes

9.2.4 CLTPRINT

Über den Befehl `CLTPRINT` lassen sich die Client-Druckereigenschaften anzeigen und die Anzahl der Pipe-Exemplare des Client-Druckers setzen.

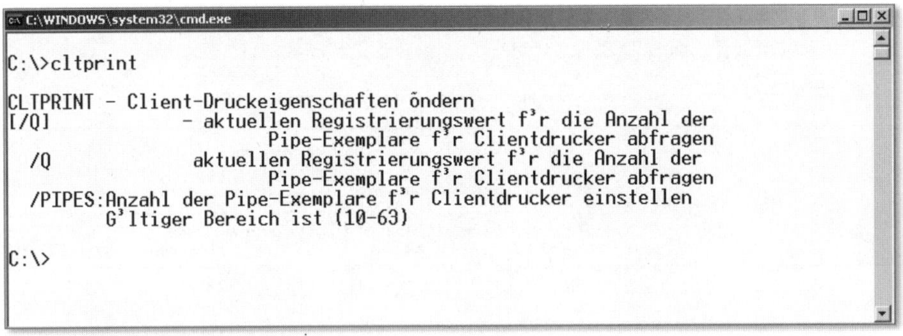

```
C:\>cltprint

CLTPRINT - Client-Druckeigenschaften ändern
  [/Q]           - aktuellen Registrierungswert f'r die Anzahl der
                    Pipe-Exemplare f'r Clientdrucker abfragen
  /Q             aktuellen Registrierungswert f'r die Anzahl der
                    Pipe-Exemplare f'r Clientdrucker abfragen
  /PIPES:Anzahl der Pipe-Exemplare f'r Clientdrucker einstellen
          G'ltiger Bereich ist (10-63)

C:\>
```

Abbildung 9.5 CLTPRINT

> **Hinweis**
> Die Pipes werden genutzt, um Daten von den Anwendungen an die Druckerwarteschlangen der Clients zu senden. Die Anzahl der Pipes definiert somit, wie viele Aufträge gleichzeitig verarbeitet werden können.

Nach einer Änderung der Einstellungen muss die Druckerwarteschlange neu gestartet werden.

9.2.5 CSHADOW

Der Befehl `CSHADOW` dient zur Überwachung von Benutzersitzungen. Hierbei kann über die ICA-Sitzungsnummer oder eine Sitzungskennung auf die Sitzung eines Benutzers zugegriffen werden.

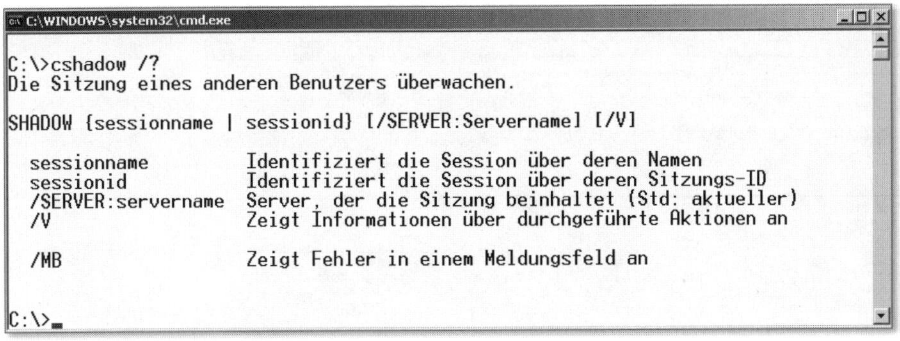

```
C:\>cshadow /?
Die Sitzung eines anderen Benutzers überwachen.

SHADOW {sessionname | sessionid} [/SERVER:Servername] [/V]

  sessionname        Identifiziert die Session über deren Namen
  sessionid          Identifiziert die Session über deren Sitzungs-ID
  /SERVER:servername Server, der die Sitzung beinhaltet (Std: aktueller)
  /V                 Zeigt Informationen über durchgeführte Aktionen an

  /MB                Zeigt Fehler in einem Meldungsfeld an

C:\>
```

Abbildung 9.6 CSHADOW

9.2.6 CTXKEYTOOL

Über das im *Support*-Ordner auf der Installations-DVD enthaltene *CTXKEYTOOL* können die Schlüssel für die IMA-Verschlüsselung verwaltet werden.

```
C:\WINDOWS\system32\cmd.exe

Verwendung: ctxkeytool {generate | load | backup} <Dateipfad>
            ctxkeytool {query | enable | disable | newkey}

  generate: Erstellen eines neuen Farmschlüssels und Speichern am
            angegebenen Dateipfad
            Z. B.: ctxkeytool generate c:\farm_key.key
      load: Verwendung:
            1) Laden eines Farmschlüssels auf einem Server ohne
               vorhandenen Schlüssel
            2) Laden des richtigen Farmschlüssels auf einen Server, auf
               dem es bereits einen Schlüssel gibt
            3) Laden eines neuen Schlüssels auf einem Server und die Farm
            Z. B.: ctxkeytool load c:\farm_key.key
     query: Anzeigen des IMA-Verschlüsselungsstatus der Farm und des
            Geräts
            Z. B.: ctxkeytool query
    backup: Sichern des bestehenden Farmschlüssels in einer Datei
            Z. B.: ctxkeytool backup c:\farm_key.key
    enable: Aktivieren der IMA-Verschlüsselung für die Farm.
            Verwenden Sie diese Option nur, wenn Sie die
            IMA-Verschlüsselung wieder aktivieren.
            Bei der Erstaktivierung verwenden Sie die Option 'newkey'.
            Z. B.: ctxkeytool enable
   disable: Deaktivieren der IMA-Verschlüsselungsoption für die Farm
            Z. B.: ctxkeytool disable
    newkey: Erstellt mit dem lokalen Farmschlüssel einen
            neuen Schlüssel im Datenspeicher
            Z. B.: ctxkeytool newkey

C:\>_
```

Abbildung 9.7 CTXKEYTOOL

9.2.7 DRIVEREMAP/DRIVEREMAP64

Der `DRIVEREMAP`- bzw. `DRIVEREMAP64`-Befehl dient zur Umlegung der Laufwerksbuchstaben auf einem Server. Im Regelfall ist dies nur zum Zeitpunkt der Installation zu nutzen.

> **Hinweis**
>
> Nicht mehr unter Windows Server 2008.

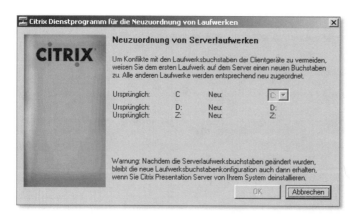

Abbildung 9.8 DRIVEREMAP

9.2.8 DSCHECK

Das Kommandozeilentool *DSCHECK* dient zur Analyse des Datenspeichers und zur Prüfung seiner Konsistenz.

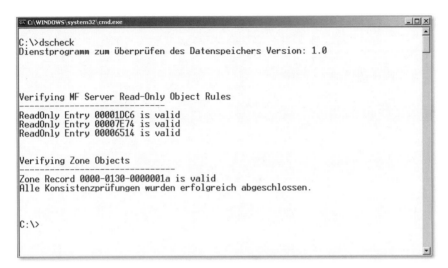

Abbildung 9.9 DSCHECK

Sofern hierbei inkonsistente Datensätze gefunden werden, können diese mit dem Parameter `DSCHECK/CLEAN` entfernt werden.

> **Hinweis**
>
> Bevor ein Löschen von inkonsistenten Datensätzen durchgeführt wird, sollte der Datenspeicher gesichert werden.

9.2.9 ENABLELB

Über `ENABLELB` können Server dem Lastausgleich zugeführt werden.

Abbildung 9.10 ENABLELB

9.2.10 ICAPORT

Dieser Befehl zeigt Informationen über die aktuellen ICA-Listener und bietet die Möglichkeit, diese zu ändern.

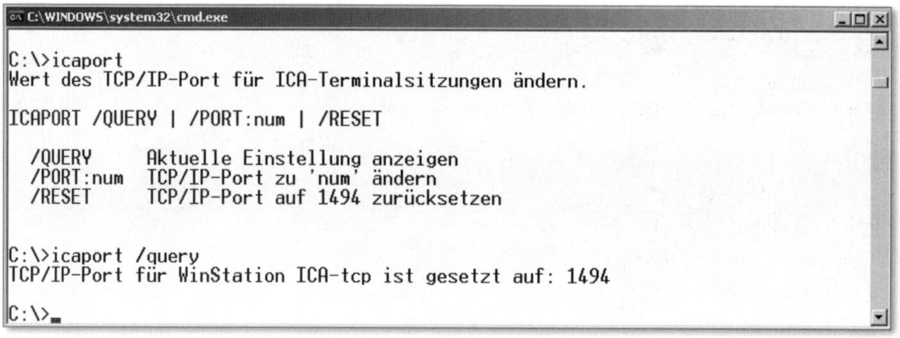

```
C:\>icaport
Wert des TCP/IP-Port für ICA-Terminalsitzungen ändern.

ICAPORT /QUERY | /PORT:num | /RESET

    /QUERY      Aktuelle Einstellung anzeigen
    /PORT:num   TCP/IP-Port zu 'num' ändern
    /RESET      TCP/IP-Port auf 1494 zurücksetzen


C:\>icaport /query
TCP/IP-Port für WinStation ICA-tcp ist gesetzt auf: 1494
C:\>
```

Abbildung 9.11 ICAPORT

9.2.11 QAIE

Der Befehl `QAIE` zeigt Informationen über vorhandene isolierte Anwendungsumgebungen an.

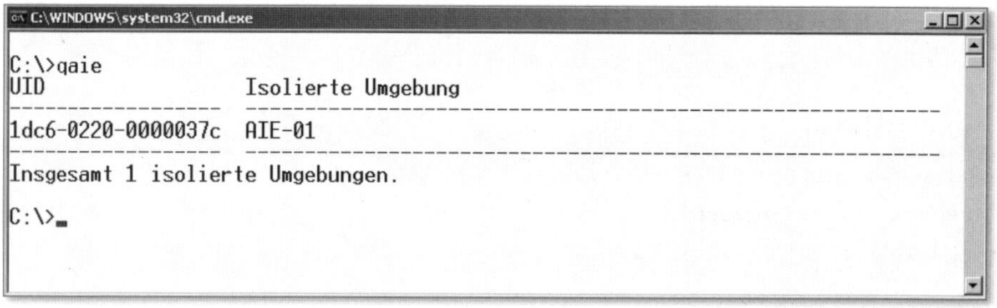

```
C:\>qaie
UID                   Isolierte Umgebung
---------------------------------------------------
1dc6-0220-0000037c    AIE-01
---------------------------------------------------
Insgesamt 1 isolierte Umgebungen.
C:\>
```

Abbildung 9.12 QAIE

9.2.12 QFARM

Um sich auf der Kommandozeilenebene detaillierte Informationen über die Einstellungen der Server-Farm anzeigen zu lassen, kann der Befehl QFARM genutzt werden.

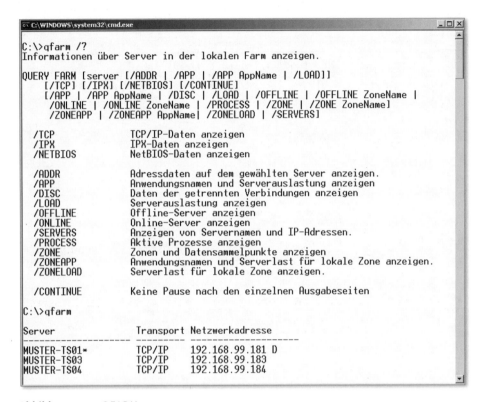

Abbildung 9.13 QFARM

9.2.13 QSERVER

Analog zu den Möglichkeiten von QFARM in Bezug auf die Server-Farm bietet der Befehl QSERVER Informationen über einzelne Server in der Farm.

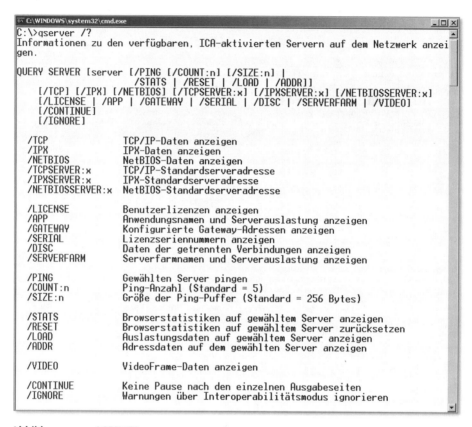

Abbildung 9.14 QSERVER

9.2.14 DSVIEW

Das Tool DSVIEW bietet einen Zugriff auf den Datenspeicher und den lokalen Hostcache des Servers. Dieses Tool ist im Standard nicht installiert und muss von Hand aus dem Verzeichnis *\Support\Debug\W2K3* der Installations-DVD in das System32-Verzeichnis der Citrix-Installation kopiert werden.

Abbildung 9.15 DSVIEW

9.2.15 FTACLN

Dieses Tool löscht verwaiste Dateitypzuordnungen in der Registry, falls das System unsauber beendet wurde. Das Tool FTACLN ist im Standard nicht installiert und befindet sich im Verzeichnis *\Support\Debug\W2K3* der Installations-DVD.

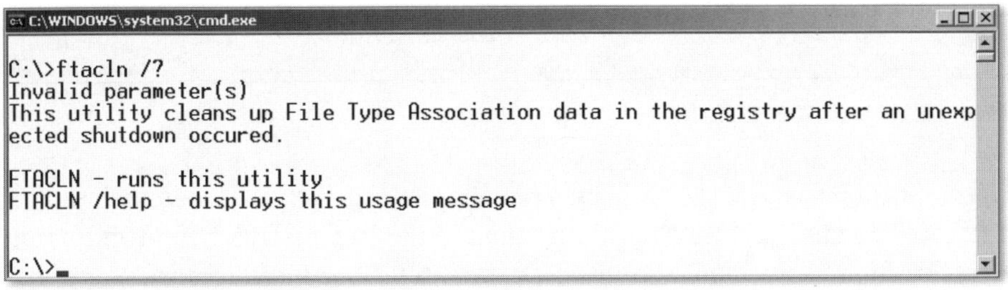

Abbildung 9.16 FTACLN

9.2.16 MSGHOOK

Das Tool MSGHOOK wird vom Citrix-Support genutzt, um Fehler im System zu analysieren. Es protokolliert jegliche Systemaktivität von XenApp. Dieses Tool ist im Standard nicht installiert und muss von Hand aus dem Verzeichnis *\Support\ Debug\W2K3* der Installations-DVD in das System32-Verzeichnis der Citrix-Installation kopiert werden.

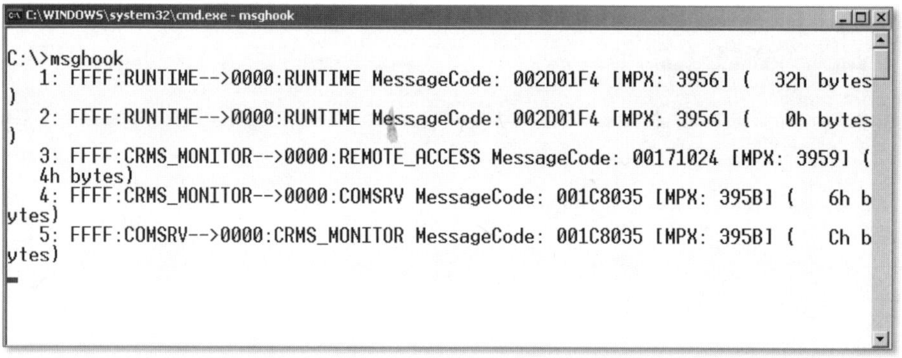

Abbildung 9.17 MSGHOOK

9.2.17 QUERYDC

Über den Kommandozeilenbefehl QUERYDC können Informationen über die Datensammelpunkte der Server-Farm angezeigt werden.

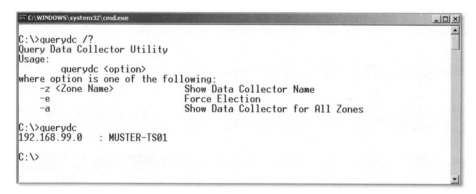

Abbildung 9.18 QUERYDC

Über den Befehl QUERYDC -e kann eine Neuauswahl des Datensammelpunktes ausgelöst werden. Dieses Tool ist im Standard nicht installiert und muss von Hand aus dem Verzeichnis *\Support\Debug\W2K3* der Installations-DVD in das System32-Verzeichnis der Citrix-Installation kopiert werden.

9.2.18 QUERYDS

Der Befehl QUERYDS liefert Informationen aus dem Datenspeicher. Er ist vergleichbar mit DSVIEW. Dieses Tool ist im Standard nicht installiert und muss von Hand aus dem Verzeichnis *\Support\Debug\W2K3* der Installations-DVD in das System32-Verzeichnis der Citrix-Installation kopiert werden.

```
C:\>queryds
Query Dynamic Store Utility
Usage:
        queryds /table:<tablename> [/query:<querystring>]

Query String is optional, but you need to specify a TableName.

Here are some of the table names you can use:
        For Subscription table      -->  SubscriptionTable
        For Service Locator table   -->  ServiceTable
        For Program Neighborhoods   -->  PN_Table
        For Connected Sessions      -->  Conn_Sessions
        For Disconnected Sessions   -->  Disc_Sessions

For a complete list of table names available, type:
        queryds tables

C:\>
```

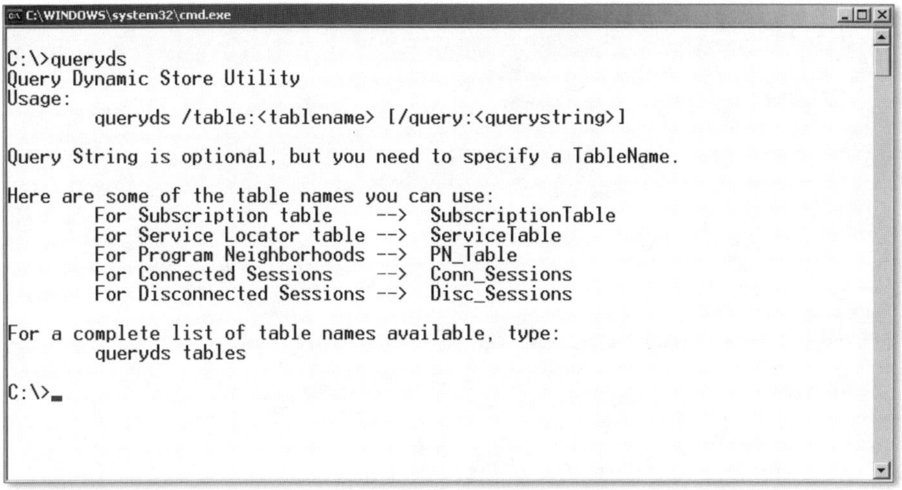

Abbildung 9.19 QUERYDS

9.2.19 QUERYHR

Über QUERYHR können Informationen über das aktuelle *Host Ranking* angezeigt werden. Das Host Ranking ist von großer Wichtigkeit, wenn die Auswahl eines neuen Datensammelpunktes angeschoben wird. Die Prozesse bei der Auswahl des Datensammelpunktes werden in Abschnitt 4.1.4, »Datensammelpunkt/Data Collector«, erläutert. Dieses Tool ist im Standard nicht installiert und muss von Hand aus dem Verzeichnis *\Support\Debug\W2K3* der Installations-DVD in das System32-Verzeichnis der Citrix-Installation kopiert werden.

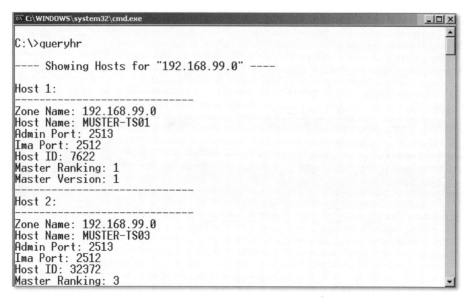

Abbildung 9.20 QUERYHR

9.2.20 MIGRATETOSQLEXPRESS

Sollte einmal der Bedarf bestehen, den Datenspeicher von Access auf einen SQL Server 2005 Express Edition zu migrieren, kann dies nicht auf die bereits beschriebene Variante durchgeführt werden, sondern muss mit einem speziellen Werkzeug erledigt werden. Im Verzeichnis *Support\SQL2005_Express_SP1* liegt hierfür der Befehl MIGRATETOSQLEXPRESS.

Abbildung 9.21 MIGRATETOSQLEXPRESS

Über diesen Befehl kann ein entsprechender Migrationsassistent gestartet und konfiguriert werden.

9.2.21 TWCONFIG

Eine mögliche Konfiguration der Grafikleistung kann mittels des Befehls TWCONFIG durchgeführt werden.

Werkzeuge zur Fehlersuche und -analyse | 9.2

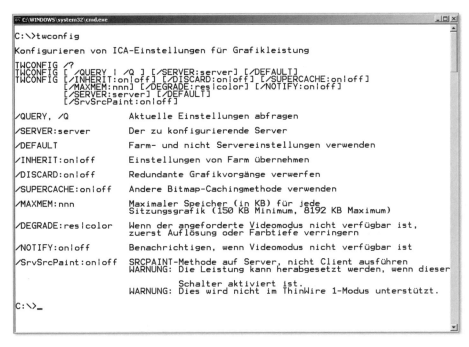

Abbildung 9.22 TWCONFIG

Wie in Abbildung 9.22 dargestellt, bietet dieser Befehl sowohl diverse Möglichkeiten der Abfrage als auch der Konfiguration.

9.2.22 RADEDEPLOY

Bei RADEDEPLOY handelt es sich um einen Befehl des Citrix Streaming Clients, über den die Anwendungsprofile auf dem Endgerät verwaltet werden können.

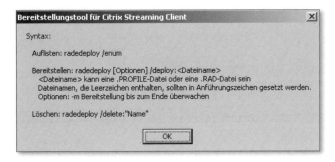

Abbildung 9.23 RADEDEPLOY

9.2.23 CLIENTCACHE

CLIENTCACHE ist ebenfalls ein Befehl des Citrix Streaming Clients und dient, wie der Name schon sagt, zur Definition des Clientcaches.

Abbildung 9.24 CLIENTCACHE

9.2.24 MEDEVAC

Das Programm MEDEVAC ist ein separat herunterladbares Tool von Citrix, das für die Analyse der XenApp-Umgebung eingesetzt werden kann.

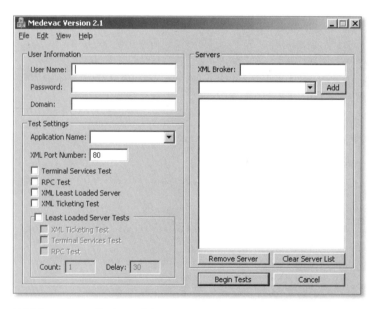

Abbildung 9.25 Medevac 2.1

Hierzu verbindet es sich in Echtzeit auf die Farm und analysiert die wichtigsten Komponenten, wie etwa den XML-Dienst oder die RPC-Verbindungen.

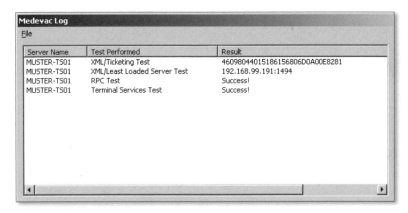

Abbildung 9.26 Medevac Log

Auf diese Weise kann mit relativ geringem Aufwand die Basisfunktionalität der Server-Farm geprüft werden.

9.2.25 StressPrinters

Eine der häufigsten Fehlerquellen im XenApp-Umfeld sind die Drucker beziehungsweise die Druckertreiber. Insbesondere wenn mit Sitzungsdruckern gearbeitet wird, kommt es immer mal wieder zu merkwürdigen Phänomenen mit den Treibern der Hersteller.

Um an dieser Stelle endlich mehr Klarheit zu bekommen, hat Citrix ein Tool veröffentlicht, über das die Druckertreiber geprüft und gestresst werden können – *StressPrinters*.

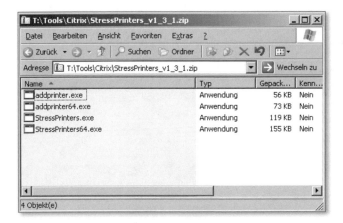

Abbildung 9.27 Der Inhalt des Downloads

Im Kern handelt es sich hierbei um ein Werkzeug zur Erstellung von Druckern und um eines zur Überprüfung der Treiber auf der Serverseite.

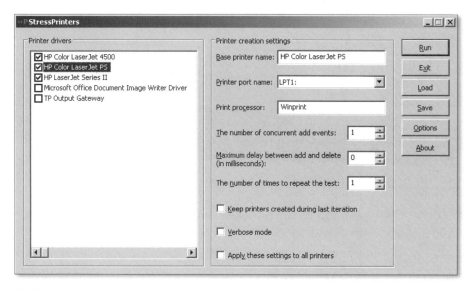

Abbildung 9.28 StressPrinters

Durch eine echte Simulation des Ladens und Entladens von Druckertreibern können Aussagen über die Stabilität und Kompatibilität der entsprechenden Treiber getroffen werden.

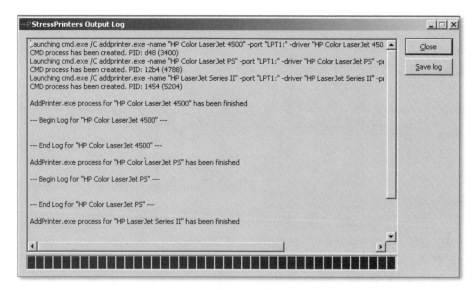

Abbildung 9.29 Protokoll des Tests

9.3 Häufige Probleme

Da es einige Probleme gibt, die in der Praxis relativ häufig auftreten, sollen diese hier kurz genannt und die Lösungen beschrieben werden.

9.3.1 Bei aktivierter Sitzungszuverlässigkeit keine Verbindungen möglich

Nachdem auf einem Server mit mehreren Netzwerkkarten die Sitzungszuverlässigkeit aktiviert wurde, können Benutzer keine Verbindungen zu diesem Server aufbauen. Dieses Problem liegt mit sehr hoher Wahrscheinlichkeit darin begründet, dass das ICA-Protokoll nur auf einzelne Netzwerkadapter gebunden ist. Damit die Sitzungszuverlässigkeit funktioniert, muss das ICA-Protokoll auf alle Netzwerkadapter gebunden sein, da der XTE-Dienst über den internen Adapter kommuniziert.

9.3.2 Richtlinienzuweisung und Novell-Client

Sofern auf einem Terminalserver ein Novell-Client installiert ist, treten Probleme mit der Zuweisung von Richtlinien zu Benutzern und Gruppen auf. Es gibt einige Probleme mit der Authentifizierung von Benutzern sowohl an einer Netware-NDS als auch an einer Active-Directory-Domäne. In diesen Fällen sollten die Richtlinien auf die NDS-Gruppen zugewiesen werden. Eine Zuweisung auf die Windows-Gruppen funktioniert in den meisten Fällen nicht fehlerfrei.

9.3.3 Veröffentlichte Anwendungen plötzlich verschwunden

Veröffentlichte Anwendungen müssen immer mindestens einem Server zugewiesen sein. Sofern alle Server aus einer veröffentlichten Anwendung entfernt werden, wird diese automatisch gelöscht. Um beispielsweise für einen Wartungszeitraum den Zugriff auf einen Server zu verhindern, sollten stattdessen die Anmeldungen auf diesem Server deaktiviert werden.

9.3.4 Timeout am Webinterface

Benutzer werden nach einiger Zeit vom Webinterface abgemeldet, auch wenn sie in einer veröffentlichten Anwendung arbeiten. Bei diesem Verhalten handelt es sich nicht um einen Fehler, sondern um die Auswirkungen eines Timeout-Wertes für das Webinterface. Bei Bedarf kann dieser Timeout-Wert in der Datei *inetpub\wwwroot\Citrix\Metaframe\web.config* geändert werden, indem der Parameter `<sessionState timeout="60" />` an der passenden Stelle hinzugefügt wird.

```
<configuration>
<system.web>
<sessionState timeout="60" />
<compilation debug="false" defaultLanguage="C#">
<assemblies>
```

> **Hinweis**
>
> Dieser Parameter ist *case-sensitive*, er unterscheidet also nach Groß- und Kleinschreibung und sollte deshalb genau so übernommen werden. Ein Neustart des Webdienstes ist nicht notwendig, da die Einstellungen sofort angewandt werden.

Seit dem Webinterface 4.5 kann diese Einstellung aber auch über die AMC vorgenommen werden.

9.3.5 Entfernen von korrupten Lizenzdateien

Fehlerhafte oder korrupte Lizenzdateien können unter Umständen nicht aus dem entsprechenden Verzeichnis gelöscht werden, da sie im Zugriff stehen. Um diese Lizenzdateien löschen zu können, müssen die folgenden Dienste beendet werden: CitrixLicensing, Citrix Licensing WMI, License Management Console for Citrix Licensing und der WWW-Publishingdienst.

9.3.6 Systemstillstand bei Einsatz von /PAE und /3GB in BOOT.INI

Durch den kombinierten Einsatz der BOOT.INI-Schalter /PAE und /3GB kann es zu Problemen auf Terminalserver-Systemen kommen, die einem kompletten Systemstillstand ähneln. Der Grund hierfür ist die Tatsache, dass über den Schalter /PAE die physikalische Adresserweiterung aktiviert wird. Dies verändert die Speicherverwaltung auf dem Server. Durch den Schalter /3GB wird dem Server mitgeteilt, nur 1 GB Arbeitsspeicher für seinen Systemkern zu nutzen. Auf einem Terminalserver ist dies jedoch oftmals zu wenig und führt deshalb häufig zu Fehlersituationen.

9.3.7 XenApp lässt sich nicht deinstalllieren

In einigen seltenen Situationen kann es vorkommen, dass sich ein XenApp-Server nicht von einem Server deinstallierten lässt (etwa wenn keine Verbindung zu einem Datenspeicher möglich ist). In diesen Situationen kann die Deinstallation erzwungen werden. Der Befehl hierfür ist:

```
msiexec /uninstall "[Laufwerk]\ XenApp Server\[OS]\mps.msi" CTX_MF_
FORCE_SUBSYSTEM_UNINSTALL="Yes"
```

Das steh' ich nun, ich armer Tor! Und bin so klug als wie zuvor.
– Goethe, Faust I

10 Ausblick

Genau diese Feststellung sollte natürlich nicht das Ergebnis der Lektüre dieses Buches sein. Stattdessen sollte bislang sowohl ein breiter Überblick als auch ein fundierter Einblick in die Welt des Citrix XenApp geboten worden sein.

Nun ist es aber ein offenes Geheimnis, dass sich auch der größte Funktionsumfang oder die breiteste Produktpalette noch durch weitere Werkzeuge erweitern lässt. Aus diesem Grund sollen in diesen letzten Abschnitten noch einige weitere Produkte und Werkzeuge gezeigt werden, die die Funktionen des XenApp noch weiter ausdehnen oder für weitere Bereiche interessant machen.

10.1 SafeWord for ...

Sobald man über den XenApp und den Zugriff von außen spricht, spricht man auch immer gleich über das Thema Tore zum Netzwerk und Sicherheit des Zugriffs. Mit dem Webinterface und dem Access Gateway erstellt man ein solches Tor zum Netzwerk und übernimmt gleichzeitig die Verantwortung, dafür zu sorgen, dass nur berechtigte Benutzer durch dieses Tor schreiten können.

Doch wie wird dieser Schutz sichergestellt? Im Standardfall durch einen Benutzernamen und ein Kennwort. Das Problem dabei ist, dass die Sicherheit in diesem Fall ausschließlich von der Qualität des Kennwortes und dem Verhalten des Benutzers abhängt. Ist das Kennwort gut zu merken (Vorname des Lebenspartners, Name des Hundes …), kann es eventuell leicht erraten werden. Sind die Kennwortanforderungen zu hoch (komplexe Kennwörter, mindestens 15 Zeichen), können sich die Benutzer die Kennwörter nicht merken und schreiben sie auf ihre Schreibtischunterlage. In den meisten Fällen ist es also nahezu unmöglich, nur mit einer Kombination aus Benutzername und Kennwort eine hohe Sicherheit herzustellen.

10.1.1 Zwei-Faktor-Authentifizierung: Die Philosophie

Doch wie kann dieses Problem gelöst werden? Wie kann eine Anmeldung sicher gemacht werden? Nach den heute gängigen Theorien nur durch einen weiteren Faktor, der der Anmeldung hinzugefügt wird, so dass nicht nur der Benutzername und das Kennwort, sondern eine weitere Information oder Komponente für die Anmeldung benötigt wird.

Lange Zeit galt in diesem Zusammenhang der Einsatz von Zertifikaten als Allheilmittel. Viele Benutzer mussten eine Diskette oder einen USB-Stick mit einem Zertifikat bei sich haben, um dieses für die Anmeldung nutzen zu können. Sofern sie dieses Zertifikat nicht bei sich hatten, konnten sie sich nicht anmelden. Falls ein Unternehmensfremder Zugriff auf ein solches Zertifikat bekam, konnte dies zu einem Austausch aller Zertifikate führen.

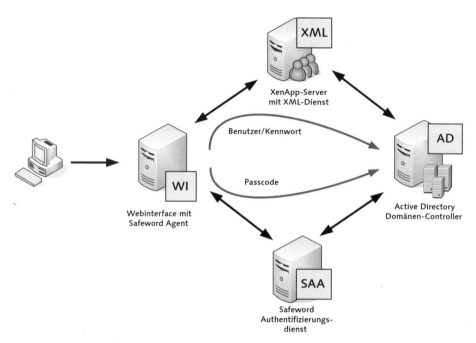

Abbildung 10.1 Authentifizierungswege bei Anmeldung über das Webinterface

In der letzten Zeit gilt jedoch der Einsatz von Einmalschlüsseln, sogenannten *Passcodes*, als die effektivste Möglichkeit, die Anmeldung sicherer zu gestalten. Bei dieser Technik erhält der Benutzer eine physikalische Komponente, ein *Token*, das abhängig von der Zeit und seiner Seriennummer bestimmte Zeichenfolgen generiert. Auf der Seite der Server läuft ein Verwaltungsdienst für die Token, der eine Zuordnung zwischen dem Benutzer und der Seriennummer des

Tokens hält. Versucht ein Benutzer nun, sich beispielsweise über das Webinterface anzumelden, muss er neben seinem Benutzernamen und seinem Passwort auch den Passcode eingeben. Alle diese Informationen werden von den jeweiligen Diensten geprüft und erst bei korrekter Eingabe aller Faktoren wird der Benutzer angemeldet.

Um diese Funktion nutzen zu können, muss ein Authentifizierungsserver im Netzwerk implementiert werden, der über eine Verbindung zum Active Directory verfügt. Auf dem Server, auf dem das Webinterface bereitgestellt ist, muss ein Agent installiert werden, der die vom Benutzer eingegebenen Passcodes gegen den Authentifizierungsserver prüft.

10.1.2 Integration in das Active Directory

Um eine direkte Verknüpfung zwischen den Benutzerobjekten im Active Directory und den für die Authentifizierung zu nutzenden Token herstellen zu können, integriert sich der Authentifizierungsserver in das Active Directory. Hierzu wird während der Installation das Schema des Active Directory erweitert, um die zusätzlichen Attribute für die Token-Authentifizierung aufnehmen zu können. Anschließend können die Token über ihre Seriennummern in das Active Directory importiert und den Benutzern zugewiesen werden.

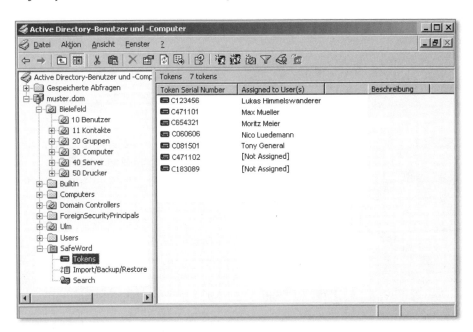

Abbildung 10.2 Importierte Token im Active Directory

10 Ausblick

Wie bei jeder Erweiterung des Active Directory müssen die entsprechenden Verwaltungswerkzeuge installiert sein, um die neuen Eigenschaften verwalten zu können. Nach der Zuweisung einer Token-Seriennummer an einen Benutzer kann in den Eigenschaften des Benutzerobjektes der Status eingesehen werden.

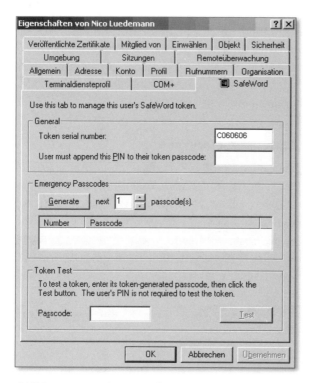

Abbildung 10.3 Token-Verwaltung am Benutzerobjekt

Zusätzlich besteht an dieser Stelle auch die Möglichkeit, die Funktionen des Token zu testen oder manuell Passcodes zu generieren, falls ein Benutzer sein Token nicht zu Hand haben sollte und sich telefonisch einen entsprechenden Passcode durchgeben lassen will.

10.1.3 Integration mit dem Webinterface

Um nun die SafeWord-Authentifizierung mit einem Webinterface nutzen zu können, muss auf dem entsprechenden Server ein Client installiert werden, der so konfiguriert wird, dass er mit dem Authentifizierungsdienst kommunizieren kann. Hierzu muss in den *Authentication Settings* die IP-Adresse des entsprechenden Systems eingetragen werden, wie in Abbildung 10.4 dargestellt.

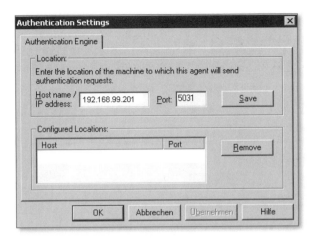

Abbildung 10.4 Verbindung zum Authentifizierungsdienst

Anschließend kann über eine Richtlinie definiert werden, welche Benutzer sich mit einem Token anmelden müssen und bei welchen Benutzern womöglich eine Anmeldung mit Benutzername und Passwort ausreichend ist. Hierdurch kann eine Trennung zwischen kritischen und unkritischen Benutzerkonten abgebildet werden, was zu mehr Komfort für die Benutzer führt.

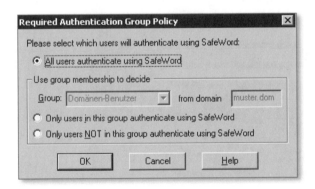

Abbildung 10.5 Authentifizierungsrichtlinie

Im letzten Schritt muss in der Konfiguration des Webinterface die Authentifizierung mit SafeWord aktiviert werden, damit das Webinterface für den Anmeldevorgang auf den SafeWord Agent zurückgreift.

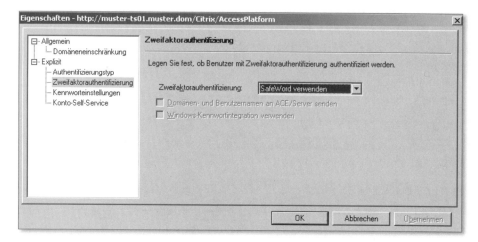

Abbildung 10.6 Aktivieren der Zwei-Faktor-Authentifizierung am Webinterface

Mit diesem Schritt ist die Konfiguration abgeschlossen und die Zwei-Faktor-Authentifizierung ist für das Webinterface aktiviert.

Abbildung 10.7 Erweiterte Anmeldemaske

Natürlich existieren auf dem Markt auch alternative Produkte für eine Mehrfaktor-Authentifizierung. An dieser Stelle soll jedoch ein exemplarischer Überblick über eine mögliche Lösung gegeben werden, der die grundsätzlichen Möglichkeiten aufzeigt, ohne in die Tiefe der Konfiguration zu gehen.

10.2 64-Bit-Systeme

Ein nach wie vor sehr aktuelles Thema ist der mögliche Einsatz von 64-Bit-Systemen. Bereits seit dem Presentation Server 4.0 ist eine eigene 64-Bit-Version verfügbar, die die Möglichkeiten der Plattform unterstützt.

Betrachtet man die aktuellen Informationen zum Thema *64 Bit*, so hat man oftmals das Gefühl, dass hierbei von einer Weltformel für alle aktuellen Probleme gesprochen wird. Scheinbar ist es ein Wunder, dass Systeme mit 8, 16 oder 32 Bit überhaupt jemals laufen konnten.

Aber im Ernst – die Zeit der 64-Bit-Systeme ist angebrochen. Alle aktuellen CPU-Generationen bieten eine direkte Unterstützung und Software-Hersteller wie Microsoft oder SAP kündigen verbindlich an, dass die kommenden Versionen ihrer Serversoftware nur noch auf 64-Bit-Systemen unterstützt werden. Microsoft hat hierbei mit Exchange 2007 bereits den ersten Schritt gemacht.

Im Terminalserver-Umfeld greift dieses Thema – zumindest in den Medien – in ähnlichem Maße um sich, da das Thema Skalierung hiermit auf ein vollständig neues Niveau gehoben werden kann. Dies ist faktisch auch der Fall, jedoch sollten einige Aspekte bedacht werden, die an dieser Stelle kurz erläutert werden sollen.

- **Treiberunterstützung**
  Eines der größten Probleme bei der Implementation von 64-Bit-Systemen ist die Treiberunterstützung. Dies bezieht sich mittlerweile nicht mehr auf die Treiber für die Serverhardware oder Netzwerkkarten, sondern auf ganz einfache Komponenten wie Drucker. Wenn es für einen Drucker keine 64-Bit-Treiber gibt, könnten diese nicht auf dem Terminalserver eingesetzt werden. Insbesondere für Spezialdrucker wird dies schnell zu einem K.-o.-Kriterium.

- **Virenscanner**
  Es muss unbedingt darauf geachtet werden, dass die eingesetzten Virenscanner ebenfalls 64-Bit-fähig sind. Dies hat zwei Gründe – zum einen kann ein 32-Bit-Virenscanner das System stark ausbremsen, und zum anderen wäre er durch seinen begrenzten Adressbereich nicht in der Lage den gesamten Arbeitsspeicher nach Viren zu durchsuchen.

- **Hardware-/Software-Anforderungen**
  Im allgemeinen Verständnis wird als Grund für den Einsatz von 64-Bit-Systemen die bessere Hardwareunterstützung, insbesondere im Hinblick auf CPUs und Arbeitsspeicher, angeführt. Dies ist zunächst auch so. Ein 64-Bit-System kann beispielsweise wesentlich mehr Speicher adressieren als ein 32-Bit-System. Der Haken dabei ist jedoch, dass der Speicher hierbei anders eingeteilt

wird. Führt man zum Beispiel eine 32-Bit-Anwendung auf einem 64-Bit-Betriebssystem aus, so wird sie deutlich mehr Speicher belegen, als auf einem 32-Bit-Betriebssystem.

Um Umkehrschluss bedeutet dies Folgendes: Werden etwa die vorhandenen Terminalserver mit einem 64-Bit-System neu installiert und die vorhandenen Anwendungen weiter genutzt, werden faktisch weniger Benutzer pro Server möglich sein.

Der einzige Ausweg aus dieser Misere ist das Nachrüsten von Speicher und nach Möglichkeit der Einsatz von 64-Bit-Anwendungen.

> **Hinweis**
>
> Warum wird dieser Punkt in den Medien so wenig angesprochen? Weil von anderen Maßstäben ausgegangen wird. In den Beispielkalkulationen wird als Referenzsystem etwa ein Server mit 8 CPUs und 64 GB Arbeitsspeicher eingesetzt. Mit einem 32-Bit-Betriebssystem werden hierbei aber beispielsweise nur 4 GB unterstützt und 60 GB Arbeitsspeicher sind verschwendet. Auf einem Terminalserver bedeutet dies etwa 25–35 Benutzer. Wird auf diesem System nun ein 64-Bit-Betriebssystem installiert, wird der gesamte Arbeitsspeicher unterstützt und es wäre tatsächlich möglich 150 oder 200 Benutzer auf ihm arbeiten zu lassen.
> Es ist wie so oft immer eine Frage der Ausgangsbasis.

Wenn diese Punkte verantwortungsvoll bedacht und eingeplant sind, steht dem *großen Abenteuer 64 Bit* nichts mehr im Wege und Benutzerzahlen von 150–250 Usern pro Server rücken in greifbare Nähe.

Auf der anderen Seite stellt sich natürlich die Frage, ob es vor dem Hintergrund der möglichen Problemfälle überhaupt sinnvoll ist, Windows in einer 64-Bit-Version zu nutzen oder ob es nicht andere Alternativen gibt, mehr Benutzer auf eine Hardware zu bringen – hierzu geht's weiter im folgenden Abschnitt, *Citrix XenServer*.

10.3 Citrix XenServer – virtuelle XenApps zum Greifen nahe?

Wie im vorangegangenen Abschnitt bereits ausgeführt, ist ein klarer Trend in Richtung 64-Bit-Computing zu erkennen – nicht zuletzt, weil aktuelle Hardware in der Lage ist, Skalierungen anzunehmen, bei denen 32-Bit-Betriebssysteme keine Chance haben, die vorhandenen Ressourcen auch nur annähernd auszunutzen.

Eine leistungsstarke und sinnvolle Alternative könnte in diesem Zusammenhang der Einsatz eines XenServers als Virtualisierungsplattform sein.

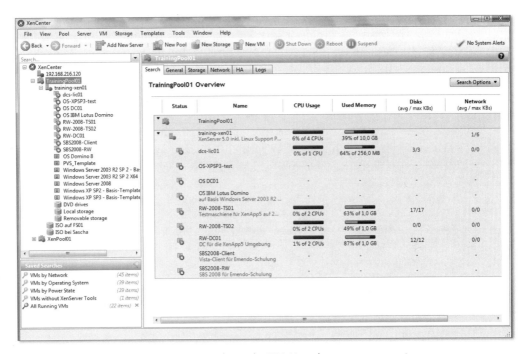

Abbildung 10.8 Das XenCenter zur Verwaltung der VM-Umgebung

In Bezug auf die Funktionalitäten der Server-Virtualisierung hat Citrix mit dem XenServer eine eigene Lösung, die genutzt werden kann, um virtuelle Serversysteme abbilden zu können.

Technisch gesehen handelt es sich hierbei bei dem XenServer um eine Mischform zwischen Bare-Metal- und Paravirtualisierung. Bare-Metal deshalb, weil der Xen-Server direkt auf die Hardware aufgebracht wird und nicht – wie etwa der VMware Server (ehemals GSX) – ein installiertes Windows oder Linux als Plattform voraussetzt.

Auf der anderen Seite handelt es sich aber um eine Paravirtualisierung, da das virtualisierte Betriebssystem »wissen« muss, dass es virtualisiert ist und sich die Systemressourcen mit anderen virtuellen Systemen teilen muss. In erster Linie gilt dies für virtualisierte Linux-Systeme. Für Windows-Systeme ist darüber hinaus ein kleiner »Trick« notwendig, um diese mit dem XenServer virtualisiert betreiben zu können – die CPUs des Hosts-Systems müssen Virtualisierungsschnittstellen bieten: also Intel VT oder AMD-V. Ohne an dieser Stelle zu sehr in die technischen Details einsteigen zu wollen, liegt dies darin begründet, dass bei dem XenServer keine Hardware emuliert wird, wie dies etwa bei VMware ESX (auch bei VMware Server und VMware Workstation) der Fall ist.

Der Hypervisor dient nur dazu, die Ressourcenzugriffe auf CPU und RAM zu steuern, die sonstige Hardware aber wird direkt adressiert – auch mit den echten Treibern. Sämtliche Verwaltungs- und Infrastrukturfunktionalitäten des XenServer befinden sich parallel zu den Gastsystemen und nicht darunter, wie etwa bei VMware.

Durch diese Architektur und eine spezielle Optimierung für den Einsatz als Virtualisierungsplattform für XenApp können in Bezug auf die Leistung sehr gute Ergebnisse bei der Virtualisierung von Terminalservern erreicht werden.

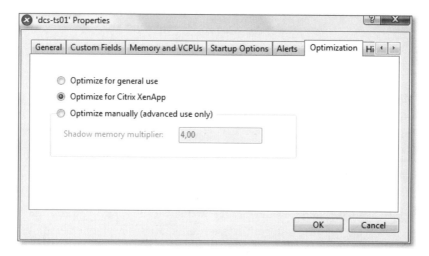

Abbildung 10.9 Optimiert für XenApp

Nehmen wir hierzu ein kleines Beispiel: Man stelle sich vor, man wäre in der Lage, auf einem aktuellen Server (Dual-QuadCore-CPU, 16 GB RAM) vier virtuelle Terminalserver laufen zu lassen, die nur geringfügig langsamer wären als würden sie direkt auf »Blech« laufen. Dann würde man auf diesen Server vier Mal so viele Benutzer bringen können, als würde man direkt auf ihm einen 32-Bit-Terminalserver installiert haben.

> **Hinweis**
> Der limitierende Faktor ist bei 32 Bit der Arbeitsspeicher mit maximal 4 GB.

Und genau so ist es – anhand von echten Projekte lässt sich so bereits sagen, dass Größenordnungen von 120–180 Benutzern auf einem aktuellen Server machbar sind – ohne auf 64-Bit-Windows gehen zu müssen.

Alleine vor diesem Hintergrund macht eine Evaluation des XenServer sehr viel Sinn. Denn dazu kommen dann ja auch die weiteren Vorteile der Virtualisierung, wie etwa mehr Flexibilität oder Energieersparnisse.

10.4 XenDesktop

Eine weitere sehr interessante Lösung des Delivery Centers ist der XenDesktop. Diese Lösung dient der Virtualisierung von Desktops und deren Bereitstellung über ICA.

Grundsätzlich kann natürlich auch mit einem XenApp ein Desktop veröffentlicht werden, aber was hierbei nie vergessen werden darf, ist die Tatsache, dass es sich bei diesen Desktops dann jeweils immer nur um Sitzungen von mehreren Benutzern auf dem gleichen System handelt – Terminalsitzungen eben. Insbesondere im Thin-Client-Umfeld hat dies natürlich eine breite Daseinsberechtigung, aber auf der anderen Seite dürfen auch die einschränkenden Aspekte von veröffentlichten Desktops auf Terminalservern nicht aus den Augen gelassen werden:

- **System- und Softwareverwaltung**
  Der erste und offensichtlichste Punkt im Hinblick auf Terminalsitzungen ist natürlich der Schutz des Systems und der Systemstabilität. So ist im Regelfall ein großes Interesse darein zu legen, dass die Benutzer nicht über lokale Administrationsberechtigungen auf dem Terminalserver verfügen: Ein Benutzer, der etwa Software installieren oder deinstallieren könnte, oder gar über die Berechtigungen verfügen würde, dass System herunterzufahren, könnte damit direkt die Produktivität aller anderen Benutzer auf dem Server gefährden oder reduzieren.

- **Leistungsverfügbarkeit**
  Trotz aller neuen Funktionen im XenApp besteht latent die Gefahr, dass ein Benutzer oder eine Anwendung unter Volllast das gesamte System zum erliegen bringt. Auch hierbei würde ein einzelner Benutzer die Arbeitsfähigkeit von allen anderen beeinträchtigen können.

- **Systemspezifische Eigenschaften**
  Anwendungen, die etwa mit dem Computernamen als Schlüssel für Datenbankzugriffe oder Dateisperren arbeiten, können auf Terminalservern nicht

eingesetzt werden. Vereinzelt existieren sogar Anwendungen, die hart-kodiert ein Client-Betriebssystem für die Installation voraussetzen.

Und genau an dieser Stelle setzt der XenDesktop an. Bei ihm handelt es sich um eine Lösung, bei der Windows-Desktops, also Windows XP und Vista, an einer zentralen Stelle im Rechenzentrum betrieben werden können und die Benutzer sich jeweils – ähnlich dem Terminalserver – auf diese Desktops verbinden. Hierbei hat dann wiederum jeder Benutzer seinen individuellen Desktop, auf dem er seine benötigten Berechtigungen haben kann, auf dem er Software installieren und deinstallieren kann und den er sogar neu starten kann, ohne die anderen Benutzer damit zu beeinträchtigen.

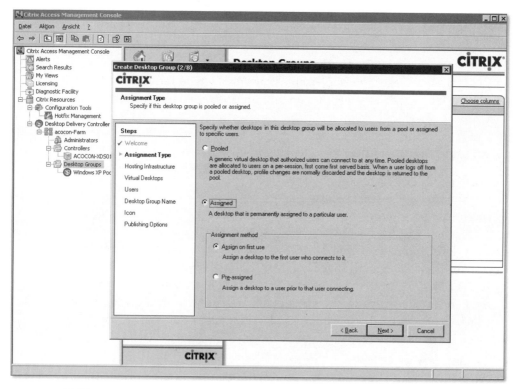

Abbildung 10.10 Veröffentlichen einer Desktop-Gruppe

Als Basis wird hierbei auf XenApp-Technologien zurückgegriffen, die für den Einsatz in einer Desktop-Virtualisierung angepasst und erweitert wurden.

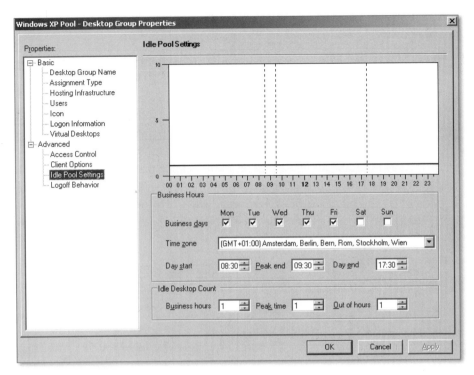

Abbildung 10.11 Einstellungen der Desktop-Gruppe

Somit ist der XenDesktop durchaus als ernstzunehmendes und leistungsstarkes Produkt in den kommenden Konzeptionen zu berücksichtigen – in einigen Fällen womöglich als Ergänzung oder gar Alternative zu XenApp.

10.5 Weiterführende Ressourcen

Wie immer am Ende eines Buches muss man feststellen, dass es leider nicht möglich ist, alle Aspekte und Funktionen einer Lösung umfassend und für jede Interessenslage passend zu beschreiben.

Aus diesem Grund ist es umso wichtiger, weitere Ressourcen in den Prozess des Know-how-Aufbaus einzubeziehen. Deshalb sollen an dieser Stelle einige sehr hilfreiche weitere Ressourcen aufgezählt werden.

- **Citrix-Webseite**
  Die Hauptwebseite der Firma Citrix findet sich im Netz unter *http://www.citrix.com*. Hier finden sich jeweils aktuelle Informationen über die Produkte, die Strategien und allgemeine News. Neben der Originalseite aus den Verei-

nigten Staaten ist auch die deutsche Seite unter *http://www.citrix.de* sehr zu empfehlen.

- **Citrix Knowledge Base**
  Unter der Adresse *http://support.citrix.com* findet sich die Knowledge Base zu den Citrix-Produkten sowie das Developer Network. Man kann sich im Regelfall sicher sein, dass man ein Problem niemals als Erster hat, so dass sich hier im Regelfall schon Lösungsansätze finden lassen.

- **Citrix Community Site**
  In den letzten Monaten hat Citrix enorm im Bereich der Community-Aktivitäten aufgeholt und dazu eine eigene Webseite gestartet. Unter *http://community.citrix.com* finden Sie Blogs, Foren und weitere Informationen zu allen Citrix-Produkten – auch den brandaktuellen bzw. noch geplanten. Sehr interessant und empfehlenswert.

- **Deutsche Citrix User Group (DCUG)**
  Die DCUG ist eine große Community zu den Citrix-Produkten und angegliederten Themen. Neben der Citrix Knowledge Base finden sich hier die besten Hilfestellungen und ein reger Erfahrungs- und Meinungsaustausch. Das Forum ist erreichbar unter *http://www.dcug.de*.

- **Thomas Kötzings Homepage**
  Auf seiner Homepage unter *http://www.thomaskoetzing.de* werden aktuelle News, Tipps und vor allem viele hilfreiche Werkzeuge für die Arbeit mit XenApp und dem Webinterface angeboten. Insbesondere wenn es um das Thema *Anpassungen* geht, wird man auf dieser Seite mit Sicherheit fündig.

- **Dr. Bernhard Tritschs Homepage**
  Mit einem größeren Schwerpunkt im Bereich der Microsoft-Terminaldienste finden sich auf der Homepage von Dr. Bernhard Tritsch unter *http://www.wtstek.de* und *http://www.drtritsch.com* viele nützliche Hinweise und Tipps zu den Themen der Windows-Server-2008-Terminaldienste und der Skalierung von Systemen.

- **Brian Madden's Homepage / Douglas A. Brown's Homepage**
  Als bekannte Größen im Bereich des Server-based Computing und zukunftsweisender Technologie haben sowohl Brian Madden als auch Douglas A. Brown auf ihren jeweiligen Homepages immer sehr aktuelle Informationen und Neuigkeiten zu Produkten und Strategien. Erreichbar sind diese Inhalte unter *http://www.brianmadden.com* bzw. *http://www.dabcc.com*.

- **Diverse Admin-Guides**
  Zu allen Citrix-Produkten finden Sie auf den DVDs und im Support-Bereich auf der Citrix-Seite eine Vielzahl von Admin Guides zu den einzelnen Produkten. Diese sind auf jeden Fall empfehlenswert, da sie viel Hintergrundwissen

und Referenzen bieten. Da diese Admin Guides regelmäßig aktualisiert werden, sollten die Internetressourcen stets auf Aktualisierungen geprüft werden.

- **www.nico-luedemann.de**
  Zu guter Letzt sollten Sie auch hin und wieder ein Blick auf meine Homepage werfen, da ich stets bemüht bin, aktuelle Informationen und Tipps & Tricks an dieser Stelle zu veröffentlichen. Und da wäre es besonders schade, wenn sie niemand lesen würde.

10.6 Wie geht es weiter?

Wie auch schon in der letzten Auflage soll am Ende des Buches wieder ein wenig über die Zukunft spekuliert werden – auch wenn man sagen muss, dass dies immer schwieriger wird. Ehrlicherweise müssen sich viele mittlerweile eingestehen, dass beispielsweise die rasanten Entwicklungen der letzten Monate und insbesondere der starke Vormarsch von Citrix nicht vorhersehbar gewesen sind.

Und so wird es weitergehen: Für mich steht fest, dass die großen Hersteller momentan mit einem beinahe unheimlichen Nachdruck an neuen Produkten und Technologien arbeiten, so dass es unmöglich erscheint, vorauszusagen, wohin der Weg wohl führt.

Ich denke aber, dass Citrix sich mit dem Delivery Center recht gut aufgestellt hat. Nicht zuletzt auch durch die Integration in bereits vorhandene Strukturen wird dem aktuellen Produktportfolio ein gewisser Stellenwert am Markt sicher sein, so dass es auf jeden Fall sinnvoll erscheint, sich mit den einzelnen Lösungen auseinanderzusetzen – ganz gleich, ob die Lösung dann unter dem Strich die gewünschten Funktionen bieten oder nicht: Die Investition von Gedanken und Überlegungen in dieses Themengebiet wird nicht verschwendet sein.

Ich hoffe, Sie haben beim Lesen dieses Buches die gewünschten Informationen erhalten und auch ein wenig Spaß gehabt. Und wer weiß – vielleicht *lesen* wir uns dann ja in einigen Monaten beim Buch über XenApp 6.0.

Index

64bit 629

A

Access Gateway 47
Access Management Console 237
Access Suite 46
Access Suite Console 325, 454
Access-Suite-Lizenzierung 140, 153
Accounting 428
ACRCFG 604
ADM-Dateien 589
Administrative Vorlagen → ADM-Dateien 589
Administrator 192, 219
ADMINPAK.MSI 566
AIE 296
ALTADDR 479
Alternative Adresse 479
Änderungsnachweis 568
Anmeldeinformationen 318
Anmeldepunkt 502
Anwendungsdefinition 534
Anwendungsgruppe 312
Anwendungspriorität 294
Anwendungsprofil
 Alternativ 263
Anwendungstyp 329
Apache 143
App Receiver 140, 350
Application Delivery 48
APPSRV.INI 321
APPUTIL 605
ASP.NET 152
AUDITLOG 605
Authentifizierung 462

B

Bandbreite 257, 363
Berechtigungen 220
 Benutzerdefiniert 224
 ICA-Protokoll 304

 Nur lesen 224
 Volle Administration 224
Bitmapcache 321
Black-Hole-Effekt 284
BOOT.INI 622

C

CDN 402, 594
CGP 134
CHANGE USER 113
change user 113
CHFARM 572
Citrix Developer Network → CDN 594
Citrix Password Manager 465
Citrix User Profile Manager → Portable Profiles
Citrix-Verbindungskonfiguration 300
Clear Type Schriftglättung 55
Clientbereitstellung 470
CLIENTCACHE 618
Clienteinstellungen 77, 303
Clientfallback 471
Clientsoftware 305
CLTPRINT 607
CMC → Presentation Server Console 127
CN 485
Code-Injection 429
Common Gateway Protocol → CGP
Common Name → CN 485
common_strings_de.properties 469
Conferencing Manager 46
config.xml 330
CPU-Auslastungs-Management 55
CSCMC 595
CSHADOW 607
CTXGINA.DLL 182
CTXKEYTOOL 193, 608
CTXUPRN.INF 368
CTXXMLSS 374
Custom Installation Wizard 409
Customer Care 170

D

Data Collector → Datensammelpunkt 122
Data Store → Datenspeicher 117
Dateitypzuordnung 252
Datensammelpunkt 122, 124, 149
   Auswahlprozess 123
Datensicherheit 37
Datenspeicher 117, 147, 190
   Direkter Zugriff 119
   Indirekter Zugriff 119
   Sichern 570
   Verbindung 204
   Wiederherstellen 570
DB2 118
DCOM 128, 237
Desktop Experience 87
Deutsche SoftGrid User Group 636
Diebstahlschutz 38
Discovery 214, 237, 454
DMZ-Einstellungen 491
DNS 228, 282, 379
Dokumentation 226, 566
DRIVEREMAP 608
DRIVEREMAP64 608
Drucker
   Druckserver importieren 372
   Kompatibilitätslisten 367
   Lokal am Client 360
   Lokal am TS 359
   Netzwerkdrucker am Client 360
   Netzwerkdrucker am TS 359
   Treiber 364
   Treiberreplikation 366
   Zuweisen 372
DSCHECK 609
DSMAINT
   BACKUP 570
   CONFIG 579
   FAILOVER 573
   MIGRATE 577
   RECOVER 571, 573
   RECREATELHC 210, 573, 603
   RECREATERADE 210
   REFRESHLHC 121
DSVIEW 613
Dynamisches Rechenzentrum 51

E

EASY Licensing 60
Easy Print 82
EasyCall 57
Echo Generation 49
EdgeSight 175, 430, 440
EdgeSight for Load Testing 443
Edition 144, 189
   Advanced 53
   Einstellen 382
   Enterprise 53
EMF 369
ENABLELB 609
Endpunktanalyse → EPA
Enhanced Metafiles → EMF 369
EPA 515
Ereignisprotokollierung 321
Erweiterte XenApp-Konfiguration 127

F

Fallback-Druckerteiber 82
Farm 115, 377
   Beitreten 203
   Erstellen 190
FarmInfo 595
Fat Clients 37
FLEX Licensing 61
FlexLM 142
FQDN 489
FTACLN 613
Fully Qualified Domain Name → FQDN 489

G

GELA 61
GINA-Chaining 182, 332, 547
GPO → Gruppenrichtlinien 580
GPUPDATE 350
Grafische Benutzeroberfläche 39
Gruppenrichtlinien 580
   Berechtigungen 584
   Loopback 586
   Softwareverteilung 347
   Übernehmen 585
   Zuweisung 583
GUI → Grafische Benutzeroberfläche 39

H

Host Ranking 123
Hostcache → Lokaler Hostcache 121
HOSTNAME 170

I

IBM WebSphere 521
ICA 133, 213
   Browsing 134, 228
   Datei 341
   Verbindungskonfiguration 299
   Virtuelle Kanäle 137
   Vorlagendatei 451
ICA32PKG.MSI 342
ICAPORT 610
ILB 285
IMA → Independent Management Architecture 116
IMALHC.MDB 209
Independent Computing Architecture → ICA 133
Independent Management Architecture 116
Installation Manager 403
Intelligent Load Biasing → ILB
Investitionsschutz 38
IPv6-Unterstützung 54
ISAPI-Filter 206, 211, 374

K

Konfigurationswebseite 325
Konto-Self-Service 466

L

Lastenausgleich 281
Lastenauswertungsprogramme 283
Laufwerke
   Neuzuordnung 177
Legacyaudio 255
License Management Console → LMC 158
LiveEdit 497
Lizenzierung 146
   Aktivieren von Lizenzen 164
   Lizenzcode 166
   Zuweisung von Lizenzen 169

Lizenzierungsmodus 72
LMC 158
   Aktuelle Verwendungsdaten 162
   Benutzeradministration 163
Load Balancing für Sites 476
Load Balancing → Lastenausgleich 281
Logon Point → Anmeldepunkt
Lokaler Hostcache 121

M

Management Service Master 553
Management Services 553
MDAC 119, 152
MEDEVAC 618
Metaframe 44
Metaframe-Einstellungen 384
MF20.MDB 569
MIB 447
Microsoft Management Console → MMC 184
MIGRATETOSQXPRESS 616
MMC 184, 232
MPS.MSI 560
MS-DOS 38
MSGHOOK 614
MSGINA.DLL 182
msiexec 560
Multi-User-Betriebsystem 35
MyCitrix 165

N

NAP 99
NAT 477
NavUI 507, 527
NDS 378
Network Access Protection → NAP
Network Address Translation → NAT 477
Netzwerkrichtlinien- und Zugriffsdienste → NAP
NFuse 45
Novell Directory Services → NDS 378
Novell-Client 621

O

ODBC 117, 204
ODBC-Datenquelle 579
   Datei-DSN 574

Index

Office Resource Kit 590
OLP → Open Licensing Program 60
Open DataBase Connectivity → ODBC 117
Open Licensing Program 60
Open Systems Interconnection → OSI-Modell 137
OpsMgr 449
Oracle 118
ORK 409
ORK → Office Resource Kit 590
OS/2 39
OSI-Modell 136, 137

P

Passthrough 181, 234, 340
Password Manager 46, 175
PAT.EXE 563
PC-DOS 38
PCL 369
PLB → Preferential Load Balancing
PN.INI 322
POLEDIT.EXE 582
Portable Profiles 550
PostScript 369
PowerShell 111
Preferential Load Balancing 55, 293
Presentation Server Console 127, 180, 199, 231
   Präferenzen 234
Presentation Server SDK → SDK 595
Printer Retention 372
Priorität
   Höchste 123
   Keine 123
   Standard 123
Produktcode 383
Program Neighborhood 139, 307
Program Neighborhood Agent 139, 325
Project Tarpon 411

Q

QAdmin 595
QAIE 610
QFARM 611
QSERVER 612
QUERYDC 614
QUERYDS 615
QUERYHR 615

R

RADEDEPLOY 617
RDP 213
RDP → Remote-Desktop-Protokoll 67
Remoteanwendungen 87
RemoteApp 87
Remotedesktop 65
Remotedesktopbenutzer 219
Remote-Desktop-Protokoll 67
Remoteunterstützung 65, 67
Remoteverwaltung 65
Report Center 392
Resource Manager 430
Ressourcenautorisierungsrichtlinie 97
Return on Investment → ROI 34
Richtlinien 353
ROI 34

S

SafeWord 623
Sandbox 411
SDK 595
Seamless Application Access 55
Secure Access Manager 46
Secure Communication Channel 553
Secure Gateway Diagnostics 490
Secure Gateway Proxy 486
Secure Ticket Authority → STA 483
Server Test Kit 596
Serverstandort 310
Serverzertifikat 485
Service Packs 152
Session Reliability → Sitzungszuverlässigkeit 134
Session Sharing 257
SharePoint 520
Shrink Wrap 60
Simulation → Server Test Kit 596
Simulationen 596
Sitzungsverzeichnis 104
Sitzungszuverlässigkeit 134, 316, 379

Index

SmartAuditor 56, 175
Smooth Roaming 136
SNMP 445
   Agent 445
   Dienst 445
Software Development Kit → SDK 595
Softwarepakete
   Erstellen 410
Softwarevirtualisierung 411
SpeedScreen 317
Spiegelung 195
SQL Server 118
SSL 255, 482
STA 483, 489
Stammzertifizierungsstelle 492
StressPrinters 619
stsadm 522
Subscription Advantage 168

T

Tastenkombinationen 321
TCO 34, 37
TCP-Port
   135 128
   1494 135, 360, 477
   2512 116, 231
   2513 128, 231
   2598 134, 136
   27000 142
   2897 553
   443 472
   80 374, 477
TCPview 135
Terminaldienste-Gateway 95
Terminalserver-IP-Adressumleitung 107
Thin Clients 37
Thinwire 137
Timeout
   ICA-Verbindungen 302
   Sitzungszuverlässigkeit 135
   Webinterface 621
Tomcat 143, 160
Total Cost of Ownership → TCO 34
TS-CAP 98, 100
TSWeb 94
TWCONFIG 616

U

Übersetzte Adresse 480
UnattendedTemplate.txt 559
Unbeaufsichtigte Installation 558
Universeller Druckertreiber 365, 369
Universelles SSL-VPN 494
UPD → Universeller Druckertreiber 365
Update 233

V

Verbindungsautorisierungsrichtlinie 97
Verbindungslimits 380
Verbindungsrichtlinien 513
Verbindungszugriffssteuerung 380
Veröffentlichen 239
   Anwendungen 242
   Befehlszeile 245
   Desktops 265
   Druckerordner 592
   EXPLORER.EXE 591
   Inhalte 269
   Internetseiten 593
   Ressourcen 239
   Verzeichnisse 593
Verschlüsselung 255
VideoFrame 45
Virtuelle IP-Adressen 54, 384
Virtuelle IP-Prozesse 387
Virtuelle Speicheroptimierung 55
Virtuelles Loopback 384, 387
VPN-Lösung 493

W

WANscaler 57
WBEMTEST 109
Webclient 339
Webinterface 139
   Branding 467
   Clientbereitstellung 470
   Installation 186
WFCLIENT.INI 322
Wiederherstellungsaktion 402
Windows Management Instrumentation →
   WMI 109

Windows-based Terminals 44
WinFrame 44
WinView 44
WISP 520
WMI 109, 190
Workspace Control 136, 475
WTSUPRN.INF 368

X

XML-Dienst 126, 196, 211, 241, 374, 451
   ISAPI-Erweiterung 127
XTE Server 134

Z

ZAK → Zero Administration Kit 590
ZDC → Datensammelpunkt 124
Zero Administration Kit 590
Zertifikatsvertrauen 484
Zone 124, 149
Zonenpräferenz 126
Zugriffsrichtlinien 513
Zugriffssteuerung 518
Zwei-Faktor-Authentifizierung 624

www.galileocomputing.de

Konzepte und Lösungen für den Einsatz von Windows 7

Deployment von System und Applikationen

Gruppenrichtlinien, Sicherheit, mobile Clients u.v.m.

Ulrich B. Boddenberg

Windows 7 für Administratoren

Das umfassende Handbuch

Das Buch liefert erprobte Konzepte und Lösungswege für die erfolgreiche Implementierung und den Betrieb von Windows 7 als Clientsystem. Es vermittelt Administratoren und Beratern praxisnahes Wissen zu Grundlagen, Windows Server 2008-Technologien, Client-Management, mobilen Clients, Sicherheit, Automatisierung u.v.m.
Ein echtes Lösungsbuch mit viel Hintergrundwissen.

804 S., 2010, 49,90 Euro, 83,90 CHF
ISBN 978-3-8362-1501-5

>> www.galileocomputing.de/2242

www.galileocomputing.de

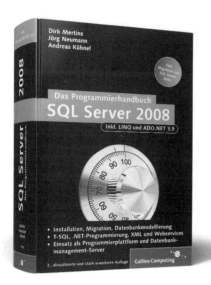

Installation, Migration, Datenbankmodellierung

T-SQL, .NET-Programmierung, XML und Webservices

Einsatz als Programmierplattform und Datenbankmanagement-Server

Dirk Mertins, Jörg Neumann, Andreas Kühnel

SQL Server 2008

Das Programmierhandbuch

Vom ersten Datenbankentwurf und den SQL-Grundlagen, der Migration von SQL Server 2000 und 2005 bis hin zu den neuen Features und konkreten Programmierbeispielen beschreiben die Autoren alles Notwendige, um den SQL Server 2008 als Programmier-Plattform und Datenmanagement-Server zu nutzen. Inkl. LINQ und ADO.NET.

1148 S., 3. Auflage 2009, 59,90 Euro, 99.90 CHF
ISBN 978-3-8362-1395-0

\>\> www.galileocomputing.de/2110

Galileo Computing

www.galileocomputing.de

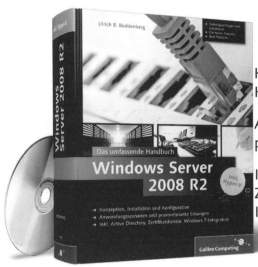

Konzeption, Installation und Konfiguration

Anwendungsszenarien und praxisrelevante Lösungen

Inkl. Active Directory, Zertifikatdienste, Windows 7-Integration, Hyper-V

Ulrich B. Boddenberg

Windows Server 2008 R2

Das umfassende Handbuch

Hier erfahren Sie vom Experten alles über den Windows Server 2008 R2, was ein Profi wissen muss: von der Installation und Migration über Interoperabilität und Vista im Netz bis hin zur Hochverfügbarkeit.

1410 S., 3. Auflage 2010, 59,90 Euro, 99,90 CHF
ISBN 978-3-8362-1528-2

>> www.galileocomputing.de/2286

Galileo Computing

www.galileocomputing.de

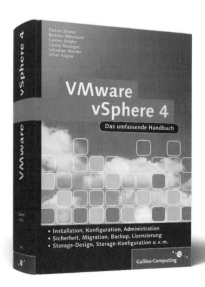

Installation, Konfiguration, Administration

Sicherheit, Migration, Backup, Lizenzierung

Storage-Design, Storage-Konfiguration u. v. m.

Dennis Zimmer, Bertram Wöhrmann, Carsten Schäfer, Günter Baumgart, Sebastian Wischer, Oliver Kügow

VMware vSphere 4

Das umfassende Handbuch

Wenn Sie mit VMware vSphere 4 Ihre IT-Infrastruktur noch effizienter auslasten, einfacher administrieren und so Aufwand und Kosten reduzieren wollen, dann ist dieses Buch Ihr unverzichtbarer Begleiter! Profitieren Sie von zahlreichen Praxistipps und Expertenwissen z. B. zur Administration von ESX und vCenter, Ausfallsicherheit, Planung und Einrichtung von Storage, Verwaltung der Infrastruktur u.v.m.

1052 S., 2010, 89,90 Euro, 149,– CHF
ISBN 978-3-8362-1450-6

>> www.galileocomputing.de/2179

In unserem Webshop finden Sie unser aktuelles
Programm mit ausführlichen Informationen,
umfassenden Leseproben, kostenlosen Video-Lektionen –
und dazu die Möglichkeit der Volltextsuche in allen Büchern.

www.galileocomputing.de

Galileo Computing

Wissen, wie's geht.